洞头年鉴

2023

DONGTOU YEARBOOK

温州市洞头区委史志编纂委员会
温州市洞头区地方志研究室
编

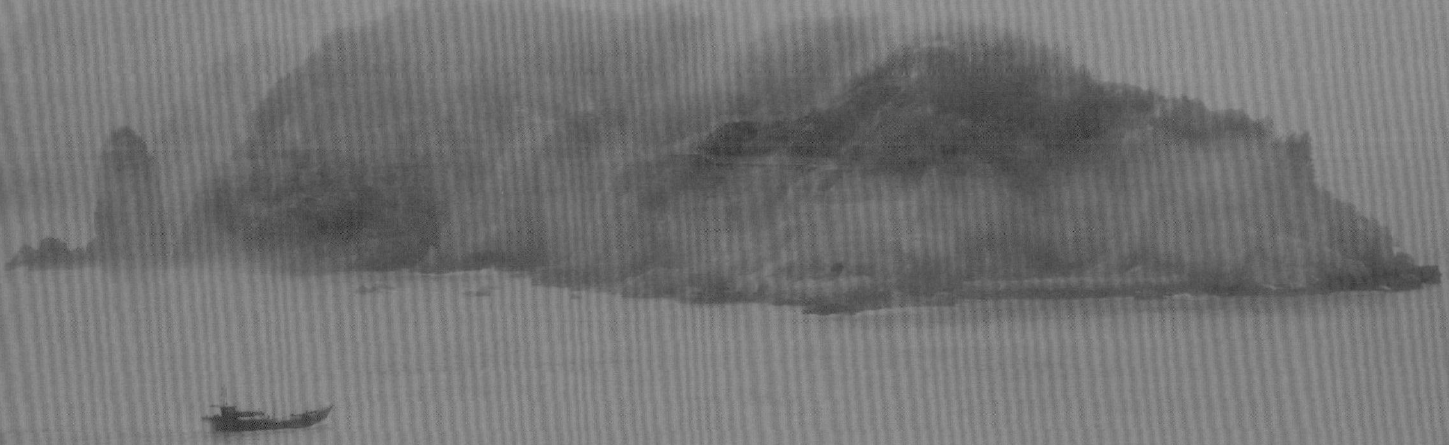

方志出版社
Publishing House of Local Records

图书在版编目（CIP）数据

洞头年鉴．2023 / 温州市洞头区委史志编纂委员会，温州市洞头区地方志研究室编．—北京：方志出版社，2023.11

ISBN 978-7-5144-5910-4

Ⅰ．①洞… Ⅱ．①温… ②温… Ⅲ．①区（城市）—温州— 2023 —年鉴 Ⅳ．① Z525.54

中国国家版本馆 CIP 数据核字 (2023) 第 236411 号

责任编辑：刘方圆
责任校对：张玉霞
责任印制：梅中英
出 版 者：方志出版社
地　　址：北京市朝阳区潘家园东里 9 号（国家方志馆 4 层）
邮　　编：100021
网　　址：http://www.zgfzcb.cn
发　　行：方志出版社图书营销中心（010-67110500）
印　　刷：温州市北大方印务有限公司
开　　本：889 毫米 ×1194 毫米　1/16
印　　张：28
字　　数：946 千字
版　　次：2023 年 11 月第 1 版
印　　次：2023 年 11 月第 1 次印刷
定　　价：320.00 元

温州市洞头区委史志编纂委员会

《洞头年鉴》编辑部

编辑说明

一、《洞头年鉴》由中共温州市洞头区委、温州市洞头区人民政府主办，温州市洞头区委史志编纂委员会、温州市洞头区地方志研究室负责编纂，于1991年起开始编纂，2015年起正式出版。《洞头年鉴（2023）》为第33卷。

二、《洞头年鉴（2023）》以马克思列宁主义、毛泽东思想、邓小平理论、“三个代表”重要思想、科学发展观、习近平新时代中国特色社会主义思想为指导，坚持辩证唯物主义和历史唯物主义的立场、观点和方法，实事求是记载2022年度洞头自然、政治、经济、文化、社会、生态环境等方面基本概貌和发展状况；以记述为主，务求真实性、实用性。

三、《洞头年鉴（2023）》记述时限为2022年1月1日至12月31日，个别资料时间有延溯。记述范围为2022年的洞头区境。其中，“附录”中的报告不受时间限制。

四、《洞头年鉴（2023）》采用分类编辑法，全书主体内容设栏目、分目、条目为基本记述层次，共含32个栏目、227个分目、1254个条目。文中配图照177幅、表格66张。卷首设特载、专记、大事记、区情概览等，主体部分设中共洞头区委等26个栏目，卷尾设附录、索引，全书约95万字。《洞头年鉴（2023）》框架结构设计基本延续上年。其中，“人民团体”改为“群众团体”，“商贸服务”改为“商贸”，“环境保护”改为“生态建设”，“居民生活”改为“社会生活”。

五、《洞头年鉴（2023）》照片多由相关部门、单位提供，部分照片由区融媒体中心、摄影协会等提供，部分资料照片因历史等原因无法署名摄影者。

六、《洞头年鉴（2023）》采用记述体。数字用法、标点符号用法分别采用国家标准《出版物上数字用法》（GB/T 15835—2011）、《标点符号用法》（GB/T 15834—2011），计量单位采用国家技术监督局1993年12月发布的《量和单位》系列国家标准，农田土地单位沿用“亩”。作者署名在条目文尾，一个分目下连续多个条目均为同一作者的，署名于最后条目文尾。

七、《洞头年鉴（2023）》行文中首次出现当地部门、单位均用全称，其他采用规范简称。文中未标明党派的“区委”均指“中共温州市洞头区委”，“党员”均为中共党员”。

八、《洞头年鉴（2023）》各项资料均由洞头区各有关部门、单位提供，正式引用时以《2022年洞头区国民经济与社会发展统计公报》《洞头统计年鉴（2022）》为准。部分数据、表格，均在文尾注明引述来源。

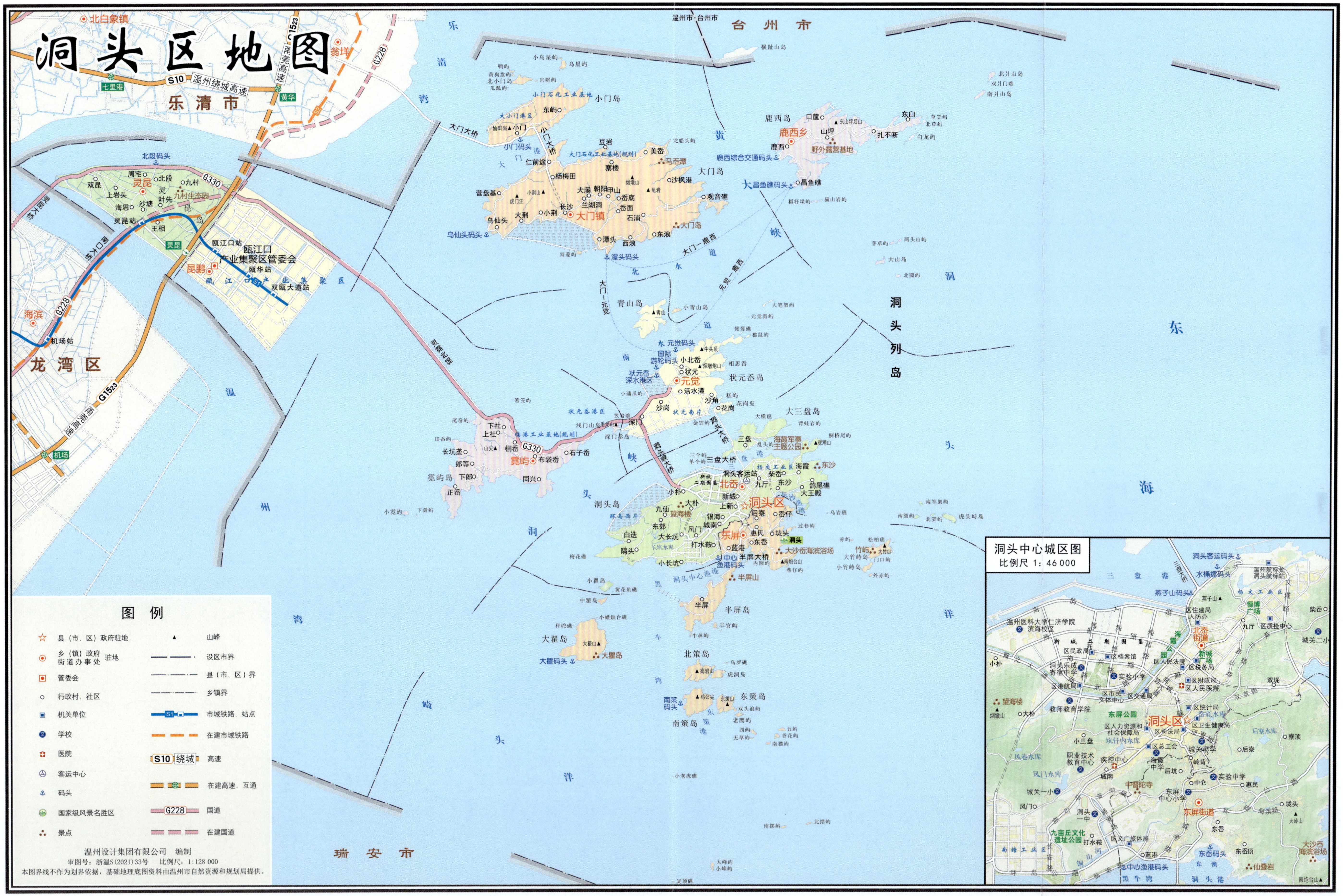
洞头区地图
北白象镇
翁垟
七里港
S10 温州绕城高速
G1523 甬莞高速
G228
黄华
乐清市
台州市
温州市·台州市
乐清湾
小门岛
鹿西岛
鹿西乡
野外露营基地
鹿西综合交通码头
大门岛
大门镇
大门大桥
小门大桥
小门码头
乌仙头码头
灌头码头
大昌鱼礁码头
黄大岙
大门一鹿西
北水道
大门一元觉
元觉一鹿西
青山岛
洞头列岛
东海
灵昆
灵昆岛
灵昆站
瓯江口站
瓯江口产业集聚区管委会
瓯华站
双瓯大道站
昆鹏
瓯江口产业集聚区
海滨
机场站
机场
龙湾区
温州湾
北段码头
G330
元觉
状元岙岛
状元岙深水港区
国际游轮码头
元觉码头
状元南片
状元岙港区
霓屿
霓屿岛
灵霓北堤
洞头峡
洞头岛
北岙
洞头区
东屏
大三盘岛
三盘大桥
洞头客运站
中心渔港码头
半屏大桥
大沙岙海滨浴场
半屏山
半屏岛
竹屿
大瞿岛
大瞿岛码头
北策岛
南策岛
东策岛
南策码头
洞头洋
黑牛湾
瑞安市
洞头中心城区图
比例尺 1：46 000
洞头客运码头
洞头区
北岙街道
东屏街道
东屏公园
九亩丘文化遗址公园
中心渔港码头
东岙码头
大沙岙海滨浴场
仙叠岩
图例
县（市、区）政府驻地
乡（镇）政府 街道办事处 驻地
管委会
行政村、社区
机关单位
学校
医院
客运中心
码头
国家级风景名胜区
景点
山峰
设区市界
县（市、区）界
乡镇界
市域铁路、站点
在建市域铁路
高速
在建高速、互通
国道
在建国道
温州设计集团有限公司　编制
审图号：浙温S(2021)33号　比例尺：1:128 000
本图界线不作为划界依据，基础地理底图资料由温州市自然资源和规划局提供。

洞头海岛荣誉

- 中国羊栖菜之乡（2003）
- 全国双拥模范县（2007/2012）
- 国家计划生育优质服务示范县（2009）
- 全国海钓基地（2009）
- 中国十大摄影发烧风景区（2009）
- 中国最佳海岸摄影地（2009）
- 国家AAAA级旅游景区（2009）
- 国家卫生县城（2010）
- 国家级海洋公园（2012）
- 全国平安建设先进县（2013）
- 国家海洋生态文明建设示范区（2013）
- 国家义务教育发展基本均衡县(市、区)（2013）
- 平安中国建设示范县(市、区、旗)（2013/2021）
- 中国七夕文化之乡（2014）
- 国家生态文明建设示范区(国家生态县)（2014）
- 国家级生态保护与建设示范区（2015）
- 中国“十大美丽海岛”（2015）
- 国家海洋牧场示范区（2017）
- 全国十大美丽国家海洋保护区（2017）
- 全国“两山”实践创新基地（2018）
- 国家海洋经济发展示范区（2018）
- 中国诗歌之岛（2019）
- 全国信访工作“三无”县(市、区)（2020）
- 国家慢性病综合防控示范区（2020）
- 中国(洞头)渔民画之乡（2020）
- 全国平安建设最高荣誉“长安杯”（2021）
- 中国紫菜之乡（2021）
- 中国生态大黄鱼之乡（2021）
- 全国先进基层党组织（2021）
- 全国妇女爱国主义教育基地（2021）
- 全国文旅融合特色创新示范区（2022）

- 浙江省重点风景名胜区（1991）
- 浙江省文明县城（2007）
- 浙江省最值得去的五十个景区之一（2007）
- 浙江省森林城市（2012）
- 浙江省美丽乡村先进县（2014）
- 浙江省园林城市（2015）
- 浙江省教育基本现代化县(区)（2016）
- 浙江省首批生态文明建设示范县(区)（2017）
- 浙江省美丽乡村示范县（2017）
- 浙江省首批一星“平安金鼎”（2017）
- 浙江省食品安全区（2018）
- 浙江省全域旅游示范区（2019）
- 部省共建乡村振兴示范省先行创建单位（2019）
- 浙江省旅游发展十佳县(市、区)（2020）
- 浙江文化和旅游产业融合发展十佳县区（2020）
- 浙江省第一批生态文明建设实践体验地（2022）
- 浙江省第一批高质量发展建设共同富裕示范区最佳实践(生态文明建设先行示范)（2022）

洞头十年十景

2022 年，中共中央宣传部举行“中国这十年”系列主题新闻发布活动。中共浙江省委、中共温州市委举行相关主题新闻发布会。中共洞头区委在这十年间，坚持把习近平总书记的殷殷嘱托作为洞头发展的领航灯塔，感恩奋进、接续奋斗，推动海上花园各项事业发生了历史性变革、取得了历史性成就，创造了沧海巨变的“精彩十年”，重要经济社会指标实现了倍增，地区生产总值从 2012 年的 44 亿元增加到 2022 年的 137.16 亿元，总量是 2012 年的近 3 倍多，一般公共预算收入是 2012 年的 3.69 倍，城乡居民人均可支配收入分别是 2012 年的 2.34 倍和 3.29 倍。

第一个缩影：从一条大道的贯通，看市区一体新景

330 国道洞头段通车，让海岛从此告别了没有国道的历史。洞头以交通一体化接轨市区一体化，区域内相继投用大门大桥、南口大桥、北口大桥、甬台温复线灵昆段，228 国道、325 省道、211 省道洞头段相继开工建设，实现国道、高速、轻轨“从无到有”的重大跨越。

①	②	⑤	⑥
③	④	⑦	

① 2018年2月7日，330国道洞头段通车（郭卫民摄）
② 2016年1月21日，大门大桥竣工试通车
③ 2019年11月15日，甬台温高速复线灵昆至苍南段通车（王建平摄）
④ 2021年10月15日，11省道安吉至洞头公路洞头霓屿至北岙段工程开工，图为大桥效果图
⑤ 2022年1月27日，228国道洞头灵昆段通车（李建安摄）
⑥ 2018年2月13日，温州瓯江南口大桥通车
⑦ 2022年5月27日，温州瓯江北口大桥通车

第二个缩影：从一个港口的兴起，看向海图强新景

状元岙港区开港，建成5万吨级泊位4个，浙南闽北首个国际邮轮港开港运行，开通国际外贸航线11条。洞头获批国家级海洋经济发展示范区，浙能、华港两大LNG百亿工程开工建设，运达、金风等风电项目签约落户，诚意药业主板上市，实现了从“海岛之区”到“海洋强区”的转变。

① ② ③ ④ ⑤ ⑥ ⑦

①2008年8月29日，状元岙深水港区试开港

②状元岙港区开通国际货运航线

③2017年12月9日，温州国际邮轮港开港运行

④浙能温州液化天然气(LNG)项目

⑤2021年9月16日，华港液化天然气(LNG)储运调峰中心项目储罐升顶仪式举行

⑥2022年4月28日，洞头区超百亿级重大新能源产业项目“温州洞头风电零碳产业园项目”和“温州深远海海上风电海工装备制造及服务基地项目”签约落户。

⑦2017年3月15日，浙江诚意药业股份有限公司在上交所主板成功上市

第三个缩影：从一尾黄鱼的增值，看现代渔业新景

洞头鹿西岛生态大黄鱼售价是普通养殖黄鱼的近5倍。洞头坚持放大渔业的传统优势，加快传统渔业转型，形成了智能渔城、生态牧场、蟹公寓等养殖新模式，创成了国家级渔业健康养殖示范区、国家海洋牧场示范区。改革试点走向全国，渔船证书“电子证照”“一网通办”等改革成为国家试点，“渔小二”审批改革在全国复制推广，数智渔业入选省数字乡村“金翼奖”十佳应用。渔农品牌持续打响，海洋食品产业园建成投产，集齐了中国羊栖菜之乡、中国紫菜之乡、中国生态大黄鱼之乡三张国家级金名片。

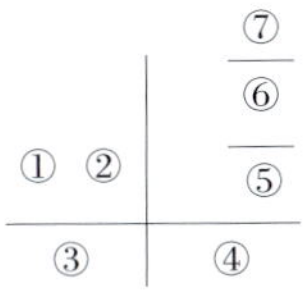

① 2021年2月5日，中国渔业协会授予洞头区“中国生态大黄鱼之乡”称号，2月17日举行授牌仪式

② 2021年2月5日，中国渔业协会授予洞头区“中国紫菜之乡”称号，2月17日举行授牌仪式

③ 白龙屿生态海洋牧场

④ 海洋食品产业园全景图

⑤ 2021年2月，中国渔业协会发文授予温州市洞头区“中国紫菜之乡”和“中国生态大黄鱼之乡”两个称号。图为“中国紫菜之乡”牌匾

⑥ 2021年2月，中国渔业协会发文授予温州市洞头区“中国紫菜之乡”和“中国生态大黄鱼之乡”两个称号。图为“中国生态大黄鱼之乡”牌匾

⑦ 2003年11月20日，中国优质农产品开发服务协会授予洞头县“中国羊栖菜之乡”称号

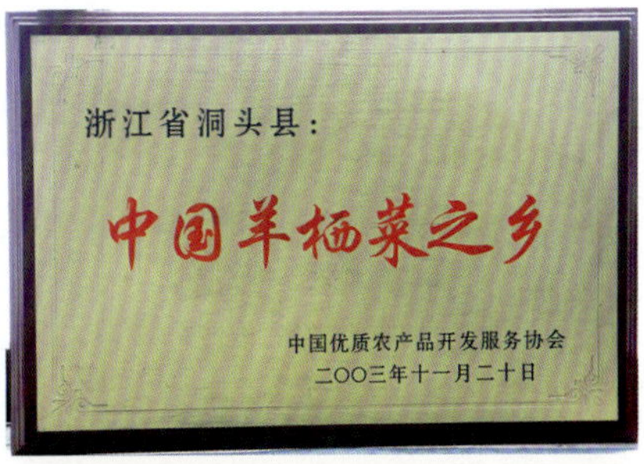

第四个缩影：从一批业态的涌现，看全域旅游新景

洞头区旅游新业态不断涌现，海上花园成为越来越多游客念念不忘的旅游目的地。全区 A 级景区村覆盖率 90.7%，旅游业增加值占地区生产总值比重达到 9.6%。梦幻海湾、青山欢乐岛等重磅文旅项目加速建设，中屿等到你、韭菜岙沙滩等网红打卡点广受游客青睐，国际“铁三”、全国海钓等品牌赛事大获成功，国家海上国民休闲运动中心落户洞头，获评全国文旅融合特色创新示范区，创成全省首批全域旅游示范区。

	⑤	⑦
①	⑥	⑧
②	③	④

① 2013年10月11日，第六届中国·洞头国际矶钓名人邀请赛暨全国海钓锦标赛开幕式举行
② 韭菜岙沙滩
③ 东岙沙滩
④ 青山岛旅游度假区效果图（青山岛度假区）
⑤ 2018年10月14日，2018温州国际铁人三赛暨O2长距离铁人三项系列赛测试赛在洞头举行
⑥ 旅游新业态——傲帆项目（区文广旅体局提供）
⑦ 中屿等到你景区（陈智悦 摄）
⑧ 国家海上国民休闲运动中心整体功能设计图

第五个缩影：从一处门户的亮相，看岛城建设新景

洞头坚持拓展海上花园的城市功能，城市框架不断拓展，“小岛迁、大岛建”“旧城疏、新城聚”，让海岛加速迈向城市化，新城二期、状元南片、霓屿新区、大门新区等板块日新月异。建成投用大门 220 千伏和本岛 110 千伏回路，陆域引调水第二通道、浙南水运中心码头等一批重大基础设施项目陆续开工建设。海上花园“北生产、中生活、南生态”的城市格局基本形成。

①	②	⑤
③	④	⑥

① 2022年4月20日上午，洞头区陆域引调水工程一期开工仪式在鹿西乡昌鱼礁码头举行
② 浙南水运中心码头工程效果图
③ 新城二期鸟瞰图（来源温州发布）
④ 霓屿新区
⑤ 迎宾环线扮靓洞头入城口和新城沿线景观（郭卫民摄）
⑥ 状元南片鸟瞰图（来源温州发布）

第六个缩影：从一间石厝的变迁，看共同富裕新景

洞头通过海岛石厝的保护修复，招商引资，石头房摇身一变成为精品民宿，不仅开辟了强村富民的新路子，更引发了乡村振兴的变革。建成美丽乡村风景线 10 条、花园村庄 70 个，入选省级未来乡村建设试点村 5 个，获评全市首个省新时代美丽乡村示范区。

①	②	③	④
⑤	⑥		
⑦	⑧	⑨	

① 沿海山居民宿

② 花田花地民宿

③ 白迭汐语民宿

④ 2022年4月，霓屿街道上下社片区入选第二批省级未来乡村建设试点村

⑤ 2022年4月，北岙街道海霞片区入选第二批省级未来乡村建设试点村

⑥ 2022年4月，北岙街道南塘片区入选第二批省级未来乡村建设试点村

⑦ 2022年2月，半屏社区入选浙江省第一批未来乡村建设试点村

⑧ 石头房摇身变为精品民宿（区委宣传部提供）

⑨ 2022年4月，东屏街道东岙片区入选第二批省级未来乡村建设试点村

第七个缩影：从一座沙滩的修复，看碧海蓝天新景

洞头坚持像保护眼睛一样保护生态环境，累计增殖放流海洋生物超10亿单位，鹿西鸟岛两度登上央视《朝闻天下》栏目，荣获国家级海洋公园等20余张生态金名片。修复蓝湾两次入选国家级试点，修复成果在新中国成立70周年大型成就展上亮相，洞头诸湾入选了全国美丽海湾案例，海岛公园入选全省大花园“耀眼明珠”。

①	②	③	④
		⑤	⑥
⑦	⑧	⑨	⑩

① 王山头沙滩修复
② 东岙沙滩实现黄沙变黄金，渔村蝶变奔共富（郭卫民摄）
③ 韭菜岙沙滩修复
④ 同心公园岸线修复
⑤ 花岗岸线整治修复
⑥ 2019年9月23日，洞头区蓝色海湾整治东岙沙滩修复成果在中华人民共和国成立70周年大型成就展上亮相
⑦ 鹿西鸟岛
⑧ 霓屿十里湿地红树林
⑨ 破堤通海工程
⑩ 2021年5月14日，龙湾、洞头、乐清三地法检联合在洞头国际放生态举办全省首个海湾生态司法保护协作机制启动仪式（曾琳玉摄）

推进资源税改革
中国资源税改革进程
6月1日
11月1日
5月1日
12月1日
2010年
2011年
2014年
2015年
2016年
2017年
12月1日
12月1日
7月1日

“三地法检六院”
生态司法保护协作机制启

第八个缩影：从一座大学的落成，看幸福民生新景

洞头坚持践行以人民为中心的发展理念，教育事业迈上新台阶，温州医科大学仁济学院等一批高品质校园建成投用，创成全市首个国家义务教育优质均衡先行创建区。“医共体”改革获省政府督查激励，创成了国家慢性病综合防控示范区，温州社会福利养老院落户建成。望海楼跻身中国历史文化名楼，中国摄影岛、中国诗歌之岛、中国渔民画之乡等花落洞头。

①	②	③	④
	⑤	⑥	⑦
⑧	⑨	⑩	⑪

① 2018年9月15日，温州医科大学仁济学院新校区正式启用（余佩遥摄）
② 2022年1月25日，元觉义校新校区正式揭牌投用（区融媒体中心提供）
③ 2018年8月28日，霓屿义校教育学校正式揭牌启用（区融媒体中心提供）
④ 2019年9月8日，洞头区乐成寄宿中学揭牌（区融媒体中心提供）
⑤ 2020年10月5日，温州市教师教育院洞头分院正式揭牌启用（区融媒体中心提供）

⑥ 2020年6月2日，洞头区创成国家级慢性病综合防控示范区。图为慢病大数据研究中心成立仪式
⑦ 2022年6月，温州市社会福利养老院正式建成
⑧ 2014年7月，获评中国七夕文化之乡
⑨ 2017年12月14日，中国诗歌之岛落户洞头
⑩ 2020年9月，获评中国（洞头）渔民画之乡
⑪ 2012年11月，望海楼跻身中国历史文化名楼（陈裕法）

第九个缩影：从一座金杯的捧回，看整体智治新景

洞头坚持抓牢平安洞头建设，实现省级平安区十七连创，捧回全省首批“一星平安金鼎”、全市唯一的平安中国建设最高荣誉“长安杯”，实现了平安中国建设示范区三连创，成为全国最具安全感的地方之一。“海上枫桥”落地生根，实现省级“无信访积案区”四连创，两度被授予全国信访工作“三无区”称号。

	①	②
③	④	⑤
⑥	⑦	⑧

① 2021年12月15日，洞头捧回温州市唯一的“长安杯”（区委宣传部提供）
② 治安巡逻
③ 2020年4月14日，洞头区获授全省首批一星平安金鼎
④ “三色三级”军警民巡防
⑤ 武警抢险救援
⑥ 国家宪法日广场宣传活动
⑦ 洞头边防大队燕子山所联合洞头海事、港航、渔政等部门开展联合执法行动
⑧ 举行全员接处警暨夏季大巡防工作启动仪式

长安杯

向老兵学习

练严格要求

锋女子民兵连建连六十周年军事课目汇报演示

纪念洞头先锋女子民兵连建连60周年暨全面打造新时代民兵建设重要窗口会议

第十个缩影：从一支连队的发展，看海霞铸魂新景

洞头坚持弘扬海霞精神，坚定赓续“红色根脉”，举办女子民兵连建连60周年系列活动，“爱岛尚武·励志奉献”的海霞精神被纳入浙江红色精神谱系，女子民兵连党支部获评全国先进基层党组织，打造新时代民兵建设“重要窗口”稳步推进。洞头区海霞培训中心、海霞青年营建成投用，女子民兵连纪念馆入选全国爱国主义教育基地。

①	②	
③	④	
⑤	⑥	⑦

① 海霞精神在洞头历久弥新、红色基因代代相传（区委宣传部提供）

② 2020年6月20日，洞头先锋女子民兵连建连60周年军事科目汇报演示

③ 2020年6月20日，纪念洞头先锋女子民兵连建连60周年暨全面打造新时代民兵建设重要窗口会议在洞头召开

④ 2021年6月28日，洞头先锋女子民兵连党支部被中共中央评为全国先进基层党组织（洞头先锋女子民兵连提供）

⑤ 2022年6月24日，海霞青年营开业

⑥ 2021年11月22日，温州市洞头区海霞培训中心落成启用

⑦ 2017年3月29日，洞头先锋女子民兵连纪念馆获评全国爱国主义示范基地（洞头先锋女子民兵连提供）

总　目

目　录

特　载

专　记

大事记

区情概览

中共洞头区委

洞头区人民代表大会

洞头区人民政府

政协洞头区委员会

中共洞头区纪委 洞头区监委

群众团体

法　治

军　事

农业　水利

海洋与渔业

经济管理

工业　信息化

交　通

城乡建设

商　贸

旅游业

金融业

生态建设

教　育

科学技术

文 化

卫　生

体　育

社会生活

人物和荣誉

街道 乡镇

附　录

索　引

中共温州市洞头区委全会报告（摘要）

全面学习贯彻落实党的二十大精神 纵深推进三变战略 打造国际生态旅游岛 在中国式现代化进程中书写共同富裕海上花园新篇章

——在中共温州市洞头区委二届三次全体（扩大）会议上的报告

中共温州市洞头区委书记 郭云强

（2022年12月30日）

这次区委全会的主要任务是，坚持以习近平新时代中国特色社会主义思想为指导，深入学习贯彻党的二十大精神，认真贯彻落实省委十五届二次全会、市委十三届三次全会工作部署，回顾总结2022年工作，研究部署2023年任务，审议通过《中共温州市洞头区委关于全面学习贯彻落实党的二十大精神坚定扛起“两个先行”使命担当在中国式现代化进程中书写共同富裕海上花园新篇章的决定》，推动全区上下忠诚拥护“两个确立”，坚决做到“两个维护”，坚定不移地沿着习近平总书记指引的海上花园道路勇毅前行，努力为全面建设社会主义现代化国家、全面推进中华民族伟大复兴贡献洞头力量、展现洞头作为。

下面，我代表区委常委会向全会报告工作。

一、全面总结2022年工作，坚定建设海上花园的信心决心

今年以来，区委常委会深学笃行习近平新时代中国特色社会主义思想，坚定践行习近平总书记殷殷嘱托和重要指示批示精神，深入贯彻落实中央和省委、市委决策部署，聚焦稳进提质、除险保安、塑造变革，全面推开产业聚变、城市蝶变、幸福跃变三大战略，聚力建设“名副其实的海上花园”，推动各项事业迈上新台阶。前三季度，全区（不含海经区）实现地区生产总值77.17亿元，同比增长6.4%；一般公共预算收入8.09亿元，增长48.5%；城乡居民人均可支配收入分别达到49109元和31596元，分别增长6.8%、8.6%。

一年来，区委常委会团结带领全区干部群众大力弘扬海霞精神、奋力干事创业，重点抓了9个方面工作：

一是认真学习宣传贯彻党的二十大精神。区委常委会始终把学习宣传贯彻党的二十大精神作为首要政治责任，先后召开全区领导干部会议、区委常委会会议、区委常委会扩大会议、区委理论学习中心组专题学习会等，推动领导干部以身示范、先学一步、学深一层。通过开办理论课堂、开设专题专栏，引导全区党员干部群众准确把握党的二十大精神，深刻领悟“两个确立”的决定性意义，增强“四个意识”、坚定“四个自信”、做到“两个维护”。通过举办船老大宣讲、上门宣讲等400余场多种形式的线上线下宣讲活动，确保党的二十大精神传达到全区每个支部、每位党员。全力做好二十大决策部署承接落地工作，对标对表开展大抓落实、大赛比活动，推动二十大精神在洞头落地生根、开花结果。

二是全面推开区第二次党代会“三变战略”部署。区委常委会认真落实区第二次党代会部署要求，把“三变战略”贯穿于全年工作始终、抓实抓细。坚持放大优势，破题产业聚变，成功签约总投资108亿元温州新能源电池材料产业园、总投资102亿元运达风电零碳产业园、总投资26亿元金风海工装备基地，运达储能装备项目、投资20亿元的状元岙5、6号码头开工建设，新辟美西、俄罗斯远洋集装箱干线，集装箱吞吐量达53万标箱，海洋比较优势逐步彰显。坚持规划优先，谋篇城市蝶变，新组建城建委，以“一岛一功能”海域海岛发展战略规划、海上花园城市设计、国际生态旅游岛产业规划搭建“1+3+N”规划体系，逐步绘就中国式未来海岛的美丽意象。纵深推进文明城市创建工作，推出“以十招治十乱”组合拳，市对区创文评价稳居前列；30公里迎宾环线入岛门户广受好评，海岛公园入选全省大花园“耀眼明珠”，海峡同心共富特色产业风貌区创成省级首批样板区，霓屿街道创成美丽城镇建设省级样板。坚持可触有感，聚力幸福跃变，基础设施全面补短，投资65亿元的进岛第二通道甬莞高速洞头支线，变不可能为可能，仅用半年时间实现了从概念设想到工可审查；投资7.2亿元的陆域第二引调水工程、投资20.7亿元的211省道洞头段、投资3.6亿的浙南水运中心码头稳步有序推进，投资6.7亿元的新人民医院即将投用。教育质量稳步提升，初中教育质量进入全市中游，普高上线率52.68%，比2021年提升13.33%，其中特殊线上线人数翻一番；4所省一级特色示范普高对全区招生名额由18人增至32人，市本级5所普高对全区招生名额新增25人。

三是精准施策稳住经济大盘。区委常委会坚决落实“疫情要防住、经济要稳住、发展要安全”的要求，精准打好稳经济大盘组合拳。坚持人民至上、生命至上，牢牢守住不发生规模性疫情底线，围绕“两防一保两促进”，动态优化调整防控策略措施，千方百计加强医疗等能力建设，有力维护生产生活正常秩序。坚持助企纾困、优化环境，千方百计助企惠企稳企，深入开展“万名干部助万企”活动，全面落实上级各类助企纾困政策，出台“稳经济8条”“10大金融政策包”等一揽子政策，累计兑现资金6.85亿元。千方百计优化营商环境，历时两年的“圈句号”专项行动基本收官，岙仔旧村改造等一批历史遗留问题得到圆满解决。全面开展“综合查一次”改革，全力护航非公企业健康成长。坚持增加主体、激发活力，千方百计引育市场主体，全年新设市场主体2130家，引进大学生4069人、培育技能人才1389人。千方百计激发市场活力，开展“海在彼岸·美在洞头”文旅消费季、中国旅行者大会生活节等活动，中屿等到你、韭菜岙烟花音乐节等广受游客青睐，建成中普陀文化园一期、海霞青年营、金岙101、韭菜岙村旅融合等文旅项目。

四是全力以赴提升高质量发展动能。区委常委会坚持完整准确全面落实新发展理念，努力构建新发展格局、实现高质量发展。全力扩大固定资产投资，年度投资60亿元的97个区级重点项目顺利推进，浙能、华港两大百亿LNG项目完成主体建设，前三季度固定资产投资增速居全市第二。成功纳入上级规划重点项目30余个。大力推进增资扩产、转换动能，华田特种钢、华顺燃料油、方舟机械等项目建成投产，投资10亿元的诚意超级鱼油项目即将投产，全年新开工亿元以上产业项目5个，实现到位内资25.1亿元、同比增长21%，全年盘活低效工业用地225亩、空置厂房2.3万平方米。新成立区科技局，加速实施科技企业“双倍增”计划、“双清零”行动，累计创成国家科技型中小企业31家、省科技型企业79家。巩固挖掘渔农业优势，羊栖菜、紫菜、大黄鱼本地育苗率分别达100%、70%、40%，“北参南养”、软壳蟹等新品种养殖规模持续扩大，落地全国首单羊栖菜养殖保险，增强了养民抗风险能力；远洋渔业发展持续向好，全年捕捞产量超1700吨。海洋食品产业园入园企业23家、投产企业13家，产值突破1.4亿元，获评国家级农业科技园区示范区。全面强化要素保障，全年消化批而未供土地421.7亩、处置供而未用土地530亩。因获全省“无违建”争先创优示范区，得到省增减用地指标60亩奖励。全年发行专项债项目17个，获各类专项奖补资金超10亿元，前三季度全区金融业存贷款实现20.2%的高增长。

五是多措并举促共富。区委常委会始终践行以人民为中心的发展思想，坚持定期召开共同富裕领导小组例会，深入实施扩中提低12项行动，形成强村富民、低收入家庭综合帮扶、共富工坊等共富实招，洞头修复蓝色海湾打造生态共富海岛样板案例入选全省首批共同富裕最佳实践。全域建设“共享社·幸福里”，健全区乡村三级办实事制度，办成“幸福要事”区级127件、街镇级30件、村级276件，65周岁及以上老年人、持证残疾人、困难群众享受免费乘坐公交，大门—

洞头客运班线投入运营。全国义务教育优质均衡先行创建区成效明显，职教中心迁建二期工程、元觉义务教育学校等建成投用，海霞中学与温州市南浦实验中学合作实施集团化办学，采取多种举措提升教学质量。全方位推进健康洞头建设，“山海提升工程”效应不断释放，连续三年获健康浙江建设考核优秀，“温州益康保”参保率居全市第一。一体推进儿童友好城市、老年友好城市、青年发展型城市建设，以全龄友好让群众有感。东海贝雕艺术博物馆入选省级非遗工坊创建单位，区渔文化艺术普及工程被列入省公共文化高质量发展案例，海霞文化入选省文化标识创新培育项目。体现共同富裕成效的获得感、幸福感、安全感、认同感群众“四感”评价居全市第一。

六是抓实抓细美丽海岛建设。区委常委会坚持以工匠之心抓精建精美，推进美丽中国海岛实践。抓实美丽海洋保护，搭建“非法倾倒渣土预警平台”，全年预警非法倾倒渣土车292辆次、查处16辆次；竣工投用浙南首个500吨国家溢油设备库，海事溢油应急处置水平得到提升；创成首批省级生态文明建设实践体验地，生态环境公众满意度稳居全市第一。抓实美丽海湾建设，总投资近30亿元的“洞头诸湾·共富海上花园”EOD项目成功纳入中央生态环保金融支持项目储备库，成为全国首个海洋环境综合治理类EOD项目、全市首个成功获批入库的EOD项目。蓝湾二期工程通过验收，获批省级蓝色海湾整治项目，洞头诸湾入选全国8个美丽海湾案例。抓实美丽渔村提升，连续4年获评省新时代美丽乡村工作优胜区，全市仅洞头获评首批省新时代美丽乡村示范区，北岙街道海霞片区、南塘片区、东屏街道半屏片区、霓屿街道上下社片区创成省第二批未来乡村，三盘桥头至白迭公路上榜浙江省“十大最美农村路”，入围全国“四好农村路”示范县创建单位。新组建海上花园绿化彩化美化委员会，全民动员推进栽花种树工程，稳步打造一城姹紫嫣红、山花烂漫。

七是坚定不移做好改革文章。区委常委会坚持把深化改革作为洞头发展的关键一招。数字化改革方面，升格区大数据中心，迭代优化数字化改革“1612”体系，老年食堂“e食无忧”、社会救助尽职免责等3个应用在全省推广，“数智渔业”获全省首届数字乡村“金翼奖”十佳应用。基层智治方面，“大综合一体化”行政执法改革迈出坚实步伐，“海上一支队伍”获评全市十佳标志性成果，城市运行中心、社会治理中心实现一体融合运行。全面加强城乡社区和网格建设，创成省级城乡社区治理与服务创新实验区。创新经验方面，“海上枫桥”经验获省委书记调研肯定、省委副书记批示肯定和《人民日报》、央视等主流媒体报道。海上花园建设两获省长批示支持，美丽乡村建设经验获常务副省长批示肯定。高质量完成县域共青团基层组织改革全国试点工作。全市唯一连续四年获“浙台经济社会融合发展突出贡献单位”荣誉称号。创新招法解决村级留用地使用难题，东沙不夜港项目实现区乡村三级共赢。

八是做深抓细除险保安各项工作。区委常委会坚持统筹发展和安全，深入开展“无问题村居创建”“信访积案清零”等护航行动，努力为党的二十大胜利召开营造良好的氛围。抓实抓细“除险保安百日攻坚”“平安洞头大起底大整治大提升”等专项行动，刑事、治安警情同比分别下降15.9%、21.5%，电诈发案率同比下降27.1%，亡人交通事故数、死亡人数同比均下降33.3%，平安浙江指数、平安三率均位居全省前列，实现省级平安区十七连创。认真贯彻落实习近平法治思想，全面加强法治洞头建设，召开全区公安工作会议、区委法院工作会议、区委检察工作会议，出台《区委关于全面支持检察工作高质量发展的意见》，深入推进未成年人保护工作，获评法治浙江（法治政府）建设优秀单位，北岙街道海霞村、东屏街道中仑村、霓屿街道桐岙村创成省级民主法治村，法治建设社会满意度位居全市前列。

九是全面加强党的政治建设。区委常委会坚持旗帜鲜明讲政治，始终注重全面加强党的政治建设。注重常学常悟、落细落实习近平总书记的殷殷嘱托。新一届常委班子第一时间重走习近平总书记海上花园调研之路，反复重温习近平总书记对洞头的殷殷嘱托，坚定扛起建设“名副其实的海上花园”的重要使命。注重落实“第一议题”制度，第一时间对标对表落实习近平总书记重要讲话和重要指示批示精神，确保“国之大者”落地落细。注重加强区委常委会班子自身建设。严肃党内政治生活，区委常委会出台实施《关于以党的政治建设为统领全面加强区委班子建设的决定》，修订区委议事规则，认真贯彻落实民主集中制，严格规范“三重一大”议事程序，不断提高把方向、谋大局、定政策、促改革的能力。注重发挥统揽全局、协调各方作用。区委旗帜鲜明地支持人大、政府、政协和监委、法院、检察院依法依章程履行职能。严格履行意识形态工作责任制、党管武装责任。加快推动干部队伍系统性重塑，构建“人事贯通”干部全过程考核体系。爱国统一战线持续巩固扩大，新乡贤、民族、宗教等工作扎实推进。区四套班子精诚团结，区乡村三级同心同向，极限拼搏、专业作战、务实苦干的作风蔚然成风。注重压实全面从严治党责任。落实全面从严治党主体责任，严格执行中央八项规定及其实施细则精神，高效高质推进“七张问题清单”整改、完成省委巡视反馈问题整改。高质量实现二届区委巡察工作开篇起步。深化监督执纪问责，重点强化对“一把手”、领导班子、关键岗位、年轻干部的政治监督，开展“躺平式”干部、损害营商环境问题等专项整治，严肃查处了一批违纪违法案件，巩固风清气正良好政治生态。

总之，区委二届一次全会以来的成绩来之不易。这是党中央和省市委坚强领导、关心支持的结果，是全区上下团结奋斗、顽强拼搏的结果。在此，我代表区委常委会，向全区广大党员干部，向各民主党派、工商联、无党派人士，向驻洞解放军、武警官兵、公安、消防、海事、海警队伍指战员和民兵预备役人员，向海内外洞头人、新老洞头人，向老领导、老同志和社会各界人士，表示衷心的感谢，并致以崇高的敬意！

在肯定成绩的同时，我们也要清醒地认识到存在的短板：一是科技和人才对高质量发展的支撑不够有力，制造业投资和民间投资力度还需加大，产业链培育还需下较大力气；二是城市品质提升较慢，老城有机更新效果不够突出；三是优质教育、医疗、养老供给仍然不足，供气、管网等市政设施还得提升。四是部分党员干部适应新形势、创造性落实的本领不足，干部作风不严不实问题时有发生，全面从严治党仍需持续加强。对此，我们要高度重视，采取有力措施，切实加以解决。

二、深刻领会党的二十大精神的核心要义，把思想和行动统一到党中央决策部署上来

学习党的二十大精神是一个常读常新、常学常悟、常用常进的过程，我们要把学习宣传贯彻党的二十大精神作为当前和今后一个时期的首要政治任务，在全面学习、全面把握、全面落实上下功夫，切实用党的二十大精神统一思想、统一意志、统一行动。

第一，深刻把握坚决拥护“两个确立”、坚决做到“两个维护”的根本政治要求。党的二十大取得的所有成果中最重要最根本的是，再次宣示了“两个确立”的决定性意义，明确了最大的政治、最大的大局、最大的原则。新时代10年的伟大变革，最根本的原因在于有习近平同志作为党中央的核心、全党的核心掌舵领航，在于有习近平新时代中国特色社会主义思想科学指引，也充分证明了“两个确立”有着扎实的思想基础、理论基础、实践基础和群众基础。“两个确立”是党在新时代取得的重大政治成果，反映了全党全军全国各族人民共同心愿，对新时代党和国家事业发展、对推进中华民族伟大复兴历史进程具有决定性意义，是新时代引领党和国家事业从胜利走向新的胜利的政治保证，是战胜一切艰难险阻、应对一切不确定性的最大确定性、最大底气、最大保证。我们要深刻领悟“两个确立”的决定性意义，牢记“国之大者”，坚决做到“两个维护”，始终在思想上政治上行动上同以习近平同志为核心的党中央保持高度一致。

第二，深刻把握习近平新时代中国特色社会主义思想的世界观和方法论。党的二十大赋予了当代中国共产党人不断谱写马克思主义中国化时代化新篇章的庄严历史责任。中国共产党为什么能，中国特色社会主义为什么好，归根结底是马克思主义行，是中国化时代化的马克思主义行。我们深刻认识到，习近平新时代中国特色社会主义思想是坚定自觉坚持和发展马克思主义的典范，实现了马克思主义中国化时代化新的飞跃。“两个结合”深刻阐明了马克思主义在中国创新发展的内在机理，也是继续坚持和发展马克思主义的根本要求。“六个坚持”从世界观和方法论的高度深刻阐述了推进理论创新的科学方法、正确路径，集中展现了习近平新时代中国特色社会主义思想根本的政治立场、彻底的理论品格、独有的精神气质、科学的思想方法，为继续推进党的理论创新解决了“船”和“桥”的问题。我们要健全学懂弄通习近平新时代中国特色社会主义思想深化机制，坚持好、运用好贯穿其中的立场观点方法，坚持不懈用党的创新理论最新成果武装头脑、指导实践、推动工作；坚定不移沿着“八八战略”指引的道路奋勇前行，自觉从习近平总书记对浙江对温州对洞头的指示批示中找方向、找思路、找方法，不断放大洞头的特色优势、激发发展潜能。

第三，深刻把握以中国式现代化全面推进中华民族伟大复兴的使命任务。党的二十大深刻阐明了中国式现代化的中国特色、本质要求、重大原则，把我们党对中国式现代化的认识提升到一个新高度，把中国式现代化的战略地位提升到了一个新高度。我们深刻认识到，中国式现代化的“5个中国特色”“9条本质要求”“5项重大原则”，既是对我们和其他国家现代化建设历史经验的深刻总结，也是对世界现代化理论的重大丰富和发展，打破了现代化就是西方化的话语体系。中国式现代化为新时代新征程的伟大探索提供了理论创新、实践创新、制度创新更为广阔的舞台，为世界上其他发展中国家推进现代化提供了全新选择、为世界社会主义发展注入了新动力、为全球和平与发展贡献了中国智慧。我们要深刻理解中国式现代化理论和全面建设社会主义现代化国家战略布局的关系，坚定不移沿着中国式现代化这条光明大道走下去，不断丰富海岛实践成果，让中国式现代化在洞头展现可观可感的现实图景。

第四，深刻把握全面建设社会主义现代化国家战略布局的科学性和必然性。党的二十大坚持从战略上、全局上科学把握我国发展面临的新的战略机遇、战略任务、战略阶段、战略要求、战略环境，明确了中华民族从站起来、富起来到强起来的清晰思路和战略抓手。我们深刻认识到，这些战略部署赋予社会主义现代化强国新的丰富内涵，彰显了全局性谋划、战略性布局、整体性推进。在战略目标上，明确了全面建成社会主义现代化强国的时间表、路线图，体现了战略目标的一贯性、整体性、系统性。在战略布局上，明确了经济建设、政治建设、文化建设、社会建设、生态文明建设等方面目标任务，充实了全面建设社会主义现代化国家战略布局。在战略考量上，对教育科技人才、全面依法治国、国家安全等3个方面工作进行重点部署，充分体现了抓关键、补短板、防风险的战略考量。我们要全面对标党的二十大作出的各项决策部署，谋划一批牵一发动全身的战略性举措，着力补短板、扬优势、挖潜能、防风险，推动洞头各项事业发展取得突破性进展。

第五，深刻把握以人民为中心的发展思想。党的二十大把人民立场作为党的根本政治立场，彰显坚持人民至上这一根本价值取向，描绘以人民为中心的时代画卷。我们深刻认识到，江山就是人民、人民就是江山，打江山、守江山，守的是人民的心。从理论维度看，坚持人民至上是我们党的鲜明本质特征，体现了马克思主义中国化时代化理论成果的价值内核，体现了习近平新时代中国特色社会主义思想的理论精髓和鲜明价值底色。从历史维度看，党的历史是一部践行党的初心使命的历史，是一部党与人民同呼吸、共命运、心连心的历史。从实践维度看，我们党坚持发展为了人民、发展依靠人民、发展成果由人民共享，新时代的伟大成就是党和人民一道拼出来、干出来、奋斗出来的。我们要坚持人民至上，强为民之心、强为民之志、强为民之能，站稳人民立场、把握人民愿望、尊重人民创造、集中人民智慧，推动现代化建设成果更多更公平惠及洞头全体人民。

第六，深刻把握以伟大自我革命引领伟大社会革命的战略思想。党的二十大深刻分析党所处的历史方位、党情发展变化，明确了坚定不移全面从严治党、深入推进新时代党的建设新的伟大工程的形势任务，是党的建设制度机制更加成熟更加定型的重要标志。我们深刻认识到，勇于自我革命是我们党最鲜明的品格，是我们党最大的优势，也是我们党区别于其他政党的显著标志。新时代新征程，党面临的“四大考验”“四种风险”将长期存在，全面从严治党永远在路上，党的自我革命永远在路上，要在坚持和发展中国特色社会主义的历史进程中始终成为坚强领导核心，必须时刻保持解决大党独有难题的清醒和坚定。我们要落实新时代党的建设总要求，以党的政治建设统领党建各项工作，落实党的自我革命制度规范体系，一体推进不敢腐、不能腐、不想腐，全面推进党的自我净化、自我完善、自我革新、自我提高，将制度优势更好地转化为治理效能。

第七，深刻把握发扬奋斗精神、增强斗争本领、坚持团结奋斗的时代要求。党的二十大强调发扬斗争精神、增强斗争本领，坚持团结奋斗，这是从新时代伟大斗争实践中总结出来的重要经验，也是胜利实现第二个百年奋斗目标的重要保证。我们深刻认识到，发扬斗争精神、增强斗争本领是形势和任务的需要，团结奋斗是中国共产党和中国人民最显著的精神标识。新时代新征程，必然会遇到各种可以预见的和难以预见的风险挑战甚至惊涛骇浪，只有始终保持斗争的精神、团结的状态、奋进的姿态，才能打赢各种遭遇战、攻坚战。我们要激发精神力量、保持昂扬精神状态，依靠顽强斗争打开事业发展新天地，团结一切可以团结的力量，依靠团结奋斗不断创造海上花园新的辉煌。

三、走好实现第二个百年奋斗目标的赶考之路，在中国式现代化进程中书写共同富裕海上花园新篇章

党的二十大全面部署未来五年乃至更长时期党和国家事业发展的目标任务和大政方针，明确了以中国式现代化全面推进中华民族伟大复兴的使命任务。洞头作为习近平总书记嘱托建设“名副其实的海上花园”的地方，在推动中国式现代化上担负着为全省乃至全国海岛创新探路的重大使命。站在海上花园建设二十周年的新起点，区委对标党的二十大精神，一体学习贯彻中央经济工作会议及省委十五届二次全会、省委经济工作会议、市委十三届三次全会部署要求，对区第二次党代会的重大决策部署进一步丰富完善、深化细化，形成了《中共温州市洞头区委关于全面学习贯彻落实党的二十大精神 坚定扛起“两个先行”使命担当 在中国式现代化进程中书写共同富裕海上花园新篇章的决定》，并提交全会审议。当前和今后一个时期，我们要深入学习贯彻党的二十大精神，坚持以习近平新时代中国特色社会主义思想为指导，紧扣省委忠实践行“八八战略”、努力打造“重要窗口”主题主线和推进“两个先行”目标任务，落实市委“在中国式现代化进程中续写温州创新史”的总体部署，把洞头工作放到中国式现代化的宏大场景中谋划推进，以学懂弄通做实习近平总书记对洞头的殷殷嘱托为方向指引，大力弘扬海霞精神，以产业聚变、城市蝶变、幸福跃变为战略路径，以国际生态旅游岛为海上花园的窗口标识，以共同富裕为海上花园的内涵支撑，昂扬极限拼搏、专业作战、务实苦干的奋进姿态，在中国式现代化进程中书写共同富裕海上花园新篇章。具体来说，要做到五个坚定不移：

一是坚定不移以中国式现代化引领海上花园“名副其实”。党的二十大指出，中国式现代化既有各国现代化的共同特征，又有十分鲜明的中国特色，具体有5个中国特色、9条本质要求、5项重大原则。省委十五届二次全会，在提出“两个先行”的奋斗目标基础上，提出了加快打造“八个高地”的具体目标。市委十三届三次全会，对照中央和省委要求，也提出了实现“八个现代化”的具体任务。回答好海岛地区如何实现中国式现代化的时代命题，既要深刻理解把握海岛在中国式现代化新征程中所肩负的共性使命，更要牢牢把握海岛在中国式现代化新征程中所肩负的个性任务。海岛是世界现代化国家的重要构成单元，既承接着人类对于大海母亲的深深依恋，更寄托着人类对于美好幸福生活的无限向往。我国海岛地区的现代化，承担着东西方文明交流互鉴现代化具体路径的使命任务。洞头是全国仅有的十四个海岛区县之一，是全国知名的海岛女民兵原型地、海霞精神诞生地，更是习近平总书记殷切嘱托要“真正建设成为名副其实的海上花园”的地方。我们要建设“名副其实的海上花园”、打造中国式现代化海岛样板，必须深刻领悟党的二十大报告中关于中国式现代化的具体论述，以省委“八个高地”、市委“八个现代化”为理论指引，把推进现代化与建设海上花园结合起来，努力以中国式现代化引领海上花园的“名副其实”，用“名副其实的海上花园”不断丰富中国式现代化的海岛实践。

二是坚定不移把“三变战略”作为海上花园的战略路径。产业聚变、城市蝶变、幸福跃变是区第二次党代会确定的五年发展战略路径。其中，产业聚变是经济基础，城市蝶变是能级支撑，幸福跃变是最终目标。对照省委十五届二次全会提出的“找准基本路径不折腾”的要求，我们要坚定既定战略路径，并对标对表、纵深推进。产业聚变，要对标二十大报告提出的“建设现代化产业体系”，重点把握“推动战略性新兴产业融合集群发展”“发展海洋经济，保护海洋生态环境，加快建设海洋强国”等工作导向，落实“一岛一功能”产业布局，抢占“新能源新材料新制造”等赛道，打造国家经略海洋实践先行区。城市蝶变，要对标二十大报告提出的“推进以人为核心的新型城镇化”，重点把握“提高城市规划、建设、治理水平”“实施城市更新行动”“加强城市基础设施建设”等工作导向，加速落地海上花园城市空间设计成果，努力实现城市空间、形态、设计、风貌、能级的全方位提升。幸福跃变，要对标二十大报告提出的“共同富裕”“着力解决好人民群众急难愁盼问题”，重点把握“实施就业优先战略”“健全社会保障体系”“推进健康中国建设”等民生工作导向，让百姓对于幸福指数的提升更加真切可感。

三是坚定不移把国际生态旅游岛作为海上花园的窗口标识。习近平总书记指示我们，“海岛旅游是一项朝阳产业，随着人民生活水平的提高，旅游的形式和人数会不断增多，潜力很大”“滨海休闲旅游也要注意生态环境保护”。市委十三届二次、三次全会均提出，要高标建设洞头国际生态旅游岛，获得省长高度认可。洞头是百岛之区，拥有极为优美的岸线、海湾、海洋，是极为稀缺、能代表中国与世界进行对话的资源。我们理解，国际生态旅游岛是海上花园建设成效的外在形态和最佳辨识度，也是中国式现代化海岛的具象表达和窗口标识，是美丽中国的海岛样板。我们要以国际生态旅游岛规划为引领，突出海岛韵、瓯越味、国际范，梯度建设AAAAA级景区、国家级旅游度假区、特色风情街区等旅游单元，全面打造“天上俯瞰、海上观光、岛上度假、沙滩漫步、水中潜泳”的独特海岛旅游体验，构建以观光为基础、休闲为支撑、度假为核心、运动为特色的立体产品业态，努力成为全球知名的东方海岛旅居生活目的地。

四是坚定不移把共同富裕作为海上花园的内涵支撑。习近平总书记勉励我们，“温州半岛工程搞好了，洞头就可以后来居上，实现从海岛经济向半岛经济转型，也就可以缩小同发达地区之间的差距”。省委十五届二次全会对海岛的共同富裕浓墨重彩，并明确了山区海岛共富政策同享的重大利好。市委十三届三次全会也提出，要加快海岛跨越崛起、推动海岛地区实现共同富裕。我们理解，海上花园的内涵支撑就是共同富裕，一个名副其实的海上花园，应该是主客共享、宜居、宜业、宜游的地方，人民群众对美好生活的向往在这里能够得到最佳体验和满足。我们要做深做透洞头的共同富裕文章，坚持自力更生、以干得助，坚持精神富足与物质富裕同步推进，坚持就业优先实现“扩中提低”，坚持以“人的一天、人的一生”引领公共服务优质共享，坚持强化“一老一小”“一病一残”等关怀服务，稳步建成一批展现共同富裕海上花园辨识度、美誉度、影响力的共富单元。

五是坚定不移把极限拼搏、专业作战、务实苦干作为奋进姿态。习近平总书记教导我们，“往往困难的地区付出的努力是超出常规的”“既要扎扎实实、脚踏实地，有超前思想，又要讲求科学精神，善于抓住机遇”。习近平总书记2003年在洞头的调研讲话，不仅是对洞头发展方向上的精准指导，也对广大党员干部如何干工作提出了更高要求。省委十五届二次全会提出，要“激励奋发进取不懈怠”“干劲必须加持，闯劲必须加速，拼劲必须加力”，要“用数字说话、凭实绩交卷、以成效检验”。“极限拼搏、专业作战、务实苦干”是区委对干部队伍工作状态和能力素养的一贯要求。我们必须时刻保持“干就干得最好、做就做到极致”的拼劲和闯劲，怀着“躺着想事、坐着议事、站着干事”的热情和激情，以“超前半步”的工作主动赢得发展先机，用干部的“拼搏指数”刷新洞头的“赶超速度”，实现“直道加速、弯道超车”。

四、抓实基础、谋划长远，交出海上花园建设20周年高分答卷

2023年是贯彻落实党的二十大精神的开局之年，是“八八战略”实施20周年，也是海上花园建设20周年。迈上新征程，要全面贯彻落实党的二十大精神，按照中央和省市委的总体部署，扎实推进共同富裕，纵深推进产业聚变、城市蝶变、幸福跃变战略，加速打造国际生态旅游岛，努力形成一批反映海上花园20周年建设成效的标志性、突破性、开创性成果。重点要抓实五大基础：

（一）抓实海上花园经济基础，交出产业聚变高分答卷。坚持稳字当头、稳中求进，坚定不移推进高质量发展，加快构建现代海洋产业体系，筑牢海上花园的发展“硬支撑”。

一是迈出动能转换新步伐。大力推进科技创新一号工程，强化企业创新主体地位，开展科技进步提升三年行动，高水平建设海洋生物科技示范孵化基地、海洋科学研究院等创新平台，全社会R&D占比达2.35%以上，逐步形成各类科创主体百舸争流、各种创新成果不断涌现的新格局。持续深化“腾笼换鸟、凤凰涅槃”行动，抓好“两化”改造，加快低效用地盘活、园区配套提升，努力实现工业产值突破百亿大关。坚持挖掘渔农业传统优势，以争创国家级渔港经济区为目标，加快“两菜一鱼”品牌化、规模化建设，大力培育海洋食品、预制菜等产业，推动投资10亿元的全国最大单体冷库华盛水产项目落地建设，坚定不移打造海洋食品产业园。大力扶持远洋渔业健康发展，抓实渔船安全管理、鱼货销售服务、行业补助落实等关键环节。推进服务业高质量发展，做好业态培育、首店招引等工作，打造多层次消费新场景。实施营商环境优化提升“一号改革工程”，全面落实助企纾困各项措施，大力帮助企业“促招引、拓市场、抢订单”，全力推动本土企业增资扩产、做大做强，千方百计降低企业生产、经营成本，打通融资堵点、提振发展信心。

二是深耕现代产业新赛道。深耕新能源产业赛道，下力气加快推动LNG冷能利用项目签约落地、风电零碳产业园开工建设、储能装备制造基地建成投产，实质性推进海工装备基地矿地利用和港区规划调整，实施超百亿元的洞头1号、2号风电场、大门西滩涂光伏三大风光资源开发，努力成为温州打造全国新能源产能中心和应用示范城市重要支撑。深耕新材料产业赛道，加快招引格林美、青山、伟明等头部企业落户小门岛，推动新能源电池材料产业园项目开工建设，争取纳入省世界一流化工新材料基地规划布局。深耕海洋生物产业赛道，依托温医大滨海校区、丰富海洋资源等比较优势，大力招引海洋生物医药科研机构、产业项目，投产诚意年产1000吨超级鱼油EPA项目，加速金海蕴生物上市步伐。深耕全域旅游赛道，谋划创建国家AAAAA级旅游景区、国家级旅游度假区，集中力量打造海岛音乐节、环岛马拉松、海钓邀请赛、铁人三项等有流量的辨识度活动，承接国内游轮停靠业务，开工建设国家水上国民休闲运动中心、马岙潭、大沙岙等文旅项目，建成投用青山欢乐岛一期，运营东沙不夜港项目，打响竹屿岛“全球最孤独的星辰大海露营地”、鹿西岛“全球最佳候鸟迁徙观测地”的品牌，打造滨海婚礼旅拍目的地、海鲜美食最佳体验地、海洋产品电商孵化地，创新书写“冬季游、周末游、全时游、跳岛游”文章。

三是打出双招双引新攻势。下非常之功抓招商引资，做好无中生有、有中做优文章，用好“联席+专班+驻点”等招商机制，大胆探索中介招商、基金招商等新模式，高规格举办海上花园招商大会，努力招引超亿元产业项目8个以上，全年实现到位内资25亿元。探索发展数字经济，加大金融领域招商引资，持续做大总部经济，大力招引海运业相关企业总部落户。坚持“一切围绕项目转、一切盯着项目干”，常态化开展项目谋划赛比会和要素保障赛比会，做深项目前期、做实要素保障，努力新开工建设百亿级项目1个，竣工启用浙能和华港LNG项目，保持固定资产投资稳定增长。强化“以产引才、以才促产”战略思维，依托新兴产业发展优势，加强柔性引才、校地育才、本土留才，培育“渔家厨娘”“民宿管家”等六类人才，以产业链布局人才链、以人才链促进产业链。

（二）夯实海上花园品质基础，交出城市蝶变高分答卷。实质推进“城市蝶变”，形成落子生金、有机更新、焕然一新的城市建设场景。

一是发挥规划引领作用。树立“主人要有主见”意识，坚持乐瓯洞一体错位发展、协同发展，完善“1+3+N”规划体系，高质量完成国土空间总体规划，用好“三区三线”划定成果。以海域海岛发展战略规划为引领，系统谋划“一岛一功能”布局，争取研究成果纳入国家和省级上位规划。以海上花园城市风貌设计方案为引领，形成国土空间总体设计成果、重点片区详细设计方案，加速推动规划成果落地转化。以国际生态旅游岛规划为引领，以旅游品质提升促进城市形象塑造。完善城市蝶变建设管理等机制，创新海岛版“三线三度三性”全域美丽空间管控机制，建筑立面、色彩、层高等风貌导控形成固化机制，展示全域优美的天际线、海岸线、山脊线。统筹城乡基础设施改造升级和城镇人口集聚，促进老城疏、新城聚、渔村兴。加速融入乐瓯洞一体化，深化交通、市政、综保区、公共服务等领域协作，促进优势互补、融合发展。

二是完善基础设施建设。大干交通，举全力保障甬莞高速公路洞头支线2023年6月底前开工，打造致富路、景观路相融合的大通道，努力成为金丽温开放新通道的重要节点；织密“外快内畅”交通路网，全力推进211省道洞头段等建设，开工环海西路，下决心畅通节假日交通“内循环”，实施城乡道路综合整治行动，争创全国“四好农村路”示范区；抢抓国家重点水运工程用海政策窗口期，谋划推进状元岙港2-4号码头建设，完善港口集疏运通道，争取新开通一批近洋航线，全力打造近洋航运中心，促进港城融合发展。大抓市政，加快推进市政公用设施一体化，加大生态环保水利设施等领域固投力度，提速陆域引调水工程，谋划海上风电电网输出通道，加速推进瓯江口灵昆至洞头本岛大陆管输气工程前期工作，加快全域污水管网建设，力争至2026年全面补齐水、气、路等市政设施短板。

三是提升城市功能品质。坚持国际视野、东方韵味、海岛特色，实施“城市蝶变”两年行动，推进打造一批特色风情街区、一系列知名的城市文化地标等“六个一”城市辨识度场景，建设新城二期城市蝶变标志性工程，展现“亲海望海、海天一色、诗意栖居、浪漫岛城”的滨海城市景象。发挥绿化委统筹作用，以迎宾环线支线和环岛路为重点，实施重点区域绿化彩化美化提升，建成迎亚运区级工程，全线打造姹紫嫣红、山花烂漫、四季常绿的花园景致，重点打造全省最具辨识度的三角梅体验区域。深入实施城市更新行动，以针灸理念、绘画手法推进“微改造、精提升”，提升城市景观设计、植入城市文化符号，加快推进老城社区配套设施提升（一期）等项目，建设一批高品质示范街区。做强北岙主城区功能，打造环海西湖城市风貌样板区，加快建成同心特色小镇，全力加速大门、霓屿等重点片区新型城镇化建设，打造美丽花园城镇升级版。健全文明城市建设十大长效机制，高品质打造“花园有礼”文化地标，大力培育全国、省级文明单元，构建以“百家信”为核心的社会诚信文明体系，努力以文明之风塑造文明之城。

（三）抓实海上花园民生基础，交出幸福跃变高分答卷。聚力逐步实现人民群众对美好生活的向往，健全完善为民办实事机制，切实把群众“盼的事”变成我们“干的事”，不断提升人民群众获得感幸福感。

一是深化海岛共富实践。蹄疾步稳、拉长长板、补齐短板、创新求变，争创省级共同富裕海岛实践样板。大力推进“扩中提低”实践，用好省市支持海岛共同富裕政策，迭代升级强村富民等共富实招，强化困难群体兜底性保障，构建低收入家庭综合帮扶体系，争取县域综合类共富示范区试点，扎扎实实保障好重点人群“人的一天、人的一生”全生命周期需求。一体推进共富单元建设，紧扣“三基三主”“一村一特色”开展全域未来乡村创建，秉持未来社区理念引领城市社区改造提升，描绘“全域未来、共富共美”未来海岛新景象。加快走出强村富民新路，鼓励村集体发展村旅融合、物业租赁等项目，探索村级留用地开发模式改革、强村公司村级物业管理试点，深度激活闲置农房和石厝村落等资源。

二是厚植美丽生态本底。坚持保护优先不动摇，开展生物多样性本底调查，坚定不移加强无人岛、鸟岛等保护，不断提升生态系统多样性、稳定性和持续性，争创全国生态文明建设示范区。以实施EOD生态环境项目为龙头，联动国家级和省级蓝湾整治，统筹抓好海岛、海湾、海滩系统性治理修复，打造鱼虾成群、人海和谐的优美画卷。以自然生态要求抓山体生态修复，力争杭州亚运会前主要干线两侧山体基本修复到位。深入打好治水治气治土治废治塑攻坚战，开展生态环境基础设施提升三年行动，全域推进“无废城市”建设，打造青山常在、绿水长流、空气常新的美丽洞头。稳妥推进碳达峰碳中和，持续挖掘红树林等“蓝碳”潜力，建成一批省级低（零）碳试点村社，让绿色低碳理念深入人心。

三是增强优质民生供给。坚持教育优先发展，用好省市优质学校结对等支持政策，加快教学质量“拔尖扩中提低”，争取开工海悦城幼儿园、实施教育第二、第三幼儿园迁建等校网优化基础提升工程，创成全国义务教育优质均衡发展区和全国学前教育普及普惠区。深化健康洞头建设，扩大“山海提升工程”成效，建成投用区人民医院改扩建工程（一期），加强与温医大战略合作，整合资源谋划建设区域高端康复中心。构建老年友好城市，深化海岛“邻里式”等养老模式探索，加快社会适老化改造提升，投用区中心敬老院，免费为80岁以上老人投保“温州益康保”。构建儿童友好城市，打造新一批试点单元、重点项目，以一米高度托举城市未来。推进文化洞头建设，高品质实施望海楼、女子连纪念馆提升工程，大力提升中普陀文创板块，挖掘海霞、海陶、渔民画、渔绳结等文化元素和非遗文化活态场景，打造海上花园城市品牌、IP形象及标识体系。健全完善住房保障政策和制度，适度发展公租房、重点发展保租房、合理发展人才房，促进建筑业和房地产市场稳健发展。

（四）抓实海上花园基层基础，交出区域治理高分答卷。坚持和发展“海上枫桥”经验，树立“平安稳定是所有工作的桶底”理念，强化底线思维、忧患意识，坚决守住不发生区域性系统性风险的底线，全面提升治理体系和治理能力现代化建设水平。

一是放大改革综合效应。实体组建国有资源开发公司，做大做强城发、旅发、开发三大国企，强化国企投融资能力、项目建设及运营能力，深化国企改革，遴选高层次、有潜力的优秀年轻干部进入国企团队，更好发挥国企支撑引领作用。强化改革赋能，以问题导向、效果导向推进重大改革、数字化改革、微改革，以改革实效提升群众获得感。争取全省重点海域自然资源确权登记试点，推动要素市场化配置改革、海洋版“两山合作社”等出成果、见实效。探索“大综合一体化”行政执法改革新实践，优化运行“陆上＋海上一支队伍”执法体系，实施镇街“一支队伍管执法”，加快形成突破性进展、标志性成果。

二是深化民主法治建设。加强和改进新时代人大工作，推进全过程人民民主基层单元建设，积极争取温州市人大常委会制定关于促进和保障洞头海上花园建设的决定。全面发展政治协商民主，建好用好“请你来协商”“民生议事堂”等平台，深化协商民主实践创新。健全大统战工作格局，充分聚合新乡贤、民主党派、无党派人士、统战团体等资源力量，做大做好党外干部“蓄水池”，不断提升民族宗教工作水平。深化以“双屏论坛”为核心的两岸半屏山系列交流活动，打造全省对台交流基地样板示范，争取列入海峡两岸交流基地（国家级）培育名单。全面推进依法治区，抓实法治建设“八大抓手”，保障行政诉讼发案量和败诉率持续低位运行，全力创建“法治浙江（法治政府）建设示范区”。

三是提升社会治理效能。科学精准抓疫情防控，持续优化完善防控措施，加强分级诊疗体系和能力建设，最大程度保护人民生命安全和身体健康，最大限度减少疫情对经济社会发展的影响。落细落实抓除险保安，迭代完善“3030”隐患闭环管控机制，加强消防安全、道路交通、涉海涉渔等重点领域专项整治，常态化推进扫黑除恶，严厉打击电信网络诈骗、养老诈骗等违法犯罪，确保省平安区“十八连创”，夺取全省首批二星平安金鼎。固本强基抓社会治理，充分发挥网格作用，建设现代社区；完善矛盾纠纷多元化解机制，保持信访积案动态清零，争创全国信访工作示范区、全省信访工作现代化示范区；加快“两个中心”从物理整合向化学融合转型，建立功能集成、综合研判、扁平高效的综合指挥体系，推动“162”体系与“141”体系数智贯通。

（五）抓实海上花园政治基础，交出党建统领高分答卷。坚定贯彻党的自我革命战略部署和全面从严治党战略方针，以高水平党建引领高质量发展。

一是永葆绝对忠诚的政治本色。学深悟透习近平总书记重要指示批示精神，深入开展“六学六进六争先”活动，引导广大全区上下用二十大精神统一思想、坚定信心、增强斗志，把拥护“两个确立”、做到“两个维护”转化为听党指挥、为党尽责的实际行动。进一步加强常委会自身建设，认真贯彻民主集中制，严格规范党内政治生活，强化“三重一大”决策制度、重大事项请示报告制度、政治家访制度等刚性落实。迭代升级以“七张问题清单”为牵引的党建统领工作机制，确保上级各项决策部署在洞头一贯到底。深入开展海上花园建设20周年系列活动，向全省全国全方位展现城市形象、发展历程，汇聚全区上下团结奋斗的磅礴力量。抓紧抓牢意识形态工作，持续加强网络综合治理和网络文明建设，确保意识形态领域绝对安全。大力弘扬海霞精神，选树培育一批弘扬海霞精神的典型人物、典范家庭；打造《海霞》电影户外观影辨识度场景，打造立体展示《海霞》电影文化IP的体验场馆，让海霞IP体系覆盖全域重要节点，争创国家全民国防教育基地，加快打造全省新时代民兵建设重要窗口。坚持党管武装，加强国防动员和后备力量建设，推动退役军人工作高质量发展，创成省级“双拥”模范区。

二是锻造奋发有为的干部队伍。全面贯彻落实新时代好干部标准，坚持事业为上、德才兼备、五湖四海、任人唯贤，不拘一格大胆选用能担重任、推动发展的干部，以海霞精神引领干部队伍“爱岛尚武励志奉献”，加快推进干部队伍系统性重塑。加强年轻干部接续贯通培养，推动全区优秀中层干部系统性交流、多岗位培养，持续优化干部队伍梯次结构。试行“专岗专用”机制，做强青年思享汇等赋能平台，打造一支“主业精通、一专多能”的干部队伍。突出“以事找人、人事贯通”导向，优化“全程积分指数”机制，构建多维度精准评价体系。大兴求真务实之风，力促各级党员干部通过深入实际的调查研究，找结合点、抓关键处、出关键招，实现组织要求与群众需要相结合、上级的一般号召与本地具体实际相结合，坚定不移以奋斗实干推动事业发展。大力倡导干部提升守正创新解难能力，努力破解机械执法等各方面反映较多的问题。完善容错免责、精准问责、回炉锻造等机制，用活职务职级“双向通道”，让“能上能下”成为管好用好干部新常态。

三是构筑全面过硬的战斗堡垒。抓实抓好机关党建、农村党建，实施村社组织分类精细管理，开展村社干部队伍“届中体检”，探索村社干部跨村挂职、兴村治社名师帮带制，推动履职水平提升、后备力量建强。深入推进“共享社·幸福里”扩面提质，扎扎实实办好群众可感的“幸福要事”。打造“共富工坊”海岛样板，引进“共富职业经理人”，推出“两菜一鱼”“渔家厨娘”等十大工坊特色品牌。深化全域党建联建，推动机关、国企、学校等各领域全域建强，擦亮“海霞红”基层党建品牌。

四是打造风清气正的清廉高地。坚持严的主基调，统筹推进纪律监督、监察监督、派驻监督、巡察监督，筑牢中央八项规定精神堤坝，统筹推进“三不腐”机制建设，强化“一把手”等关键对象监督。深化“纪巡审”联动，严厉惩治重点领域的新型腐败、隐性腐败。紧盯清廉洞头建设，抓实清廉单元建设，聚焦基层小微权力运行和群众“急难愁盼”化解，常态化开展漠视侵害群众利益问题、损害营商环境问题等专项整治。拓展数智监督场景，持续推进公权力大数据监督场景发挥实效，深化“数智巡察”等平台运用，打造系统集成的立体监督体系。

五是迭代抓人促事的制度工具。坚持以“六抓六促”凝聚全区上下干事创业的决心恒心信心。抓目标管理、促凝心聚力，提升区党政领导班子紧盯事项咬合度、颗粒度，构建紧盯事项目标分析机制、年度评价机制，以盯压责、以盯促办。抓专班作战、促关键突破，持续优化兵团作战机制，构建重点领域柔性专班，扁平化、攻强点、补弱项推动重点工作、关键事项落地落实。抓实绩赛比、促争先创优，营造比学赶超浓厚氛围，建立“双月项目赛比、单月要素比拼”机制，推动“一会三比”成为干部亮绩平台，开展“揭榜挂帅”行动，建立“谁能谁上、谁行谁干”的鲜明导向。抓服务基层、促重心下移，以“周二下沉”为主载体，抓紧抓实区领导“一联八”机制，深化三级办实事制度，全面推进驻村连心，构建服务直通基层、解难直通一线、问需直达群众的畅循环。抓贯通穿透、促大抓落实，持续优化“贯通穿透”督考机制，把清单工作法、钉钉子工作法、闭环管理法、迭代升级法融入抓工作促落实方方面面，活用战疫、创文等宝贵经验，让“一表统管”“V字模型”“复盘复核”等战法实招成为破难攻坚的法宝。

2022年12月30日，中共温州市洞头区委二届三次全体（扩大）会议现场
（区融媒体中心提供）

温州市洞头区人民代表大会常务委员会工作报告（摘要）

——在温州市洞头区第十五届人民代表大会第二次会议上的报告

温州市洞头区人大常委会主任 刘素婷

（2023年2月15日）

2022年主要工作

2022年是党的二十大胜利召开之年，也是本届区人大常委会履职的开局之年。一年来，在区委的坚强领导下，常委会坚持以习近平新时代中国特色社会主义思想为指导，以学习贯彻党的二十大精神为主线，认真落实中央人大工作会议和省、市、区党代会精神，深入践行全过程人民民主理念，全面落实“四个机关”定位要求，惟实励新、奋勇争先，实现新一届人大工作良好开局。全年举行7次常委会会议、13次主任会议，检查13部法律法规实施情况，听取和审议专项工作报告32项，作出决议决定13项，任免国家机关工作人员62人次，充分发挥民主法治建设的第一线作用，为创新建设共同富裕海上花园作出积极贡献。

一、坚持举旗铸魂，牢牢把握人大工作正确政治方向

常委会把政治建设放在首位，坚持党的领导、人民当家作主、依法治国有机统一，以实际行动践行对党绝对忠诚。

强化党的理论武装。坚持以习近平新时代中国特色社会主义思想为指引，深入学习贯彻党的二十大精神，深刻领悟“两个确立”的决定性意义，增强“四个意识”、坚定“四个自信”、做到“两个维护”。坚持把学深悟透习近平法治思想、习近平总书记关于坚持和完善人民代表大会制度的重要思想摆在突出位置，严格落实“第一议题”制度，通过常委会党组、理论学习中心组、专题培训班等形式，组织集中学习28次、专题培训和讲座7次，进一步强化使命信心，不断提高人大“奋进新征程、建功新时代”的思想自觉和行动自觉。

坚持党的全面领导。常委会党组坚决维护区委统揽全局、协调各方的领导地位，严格落实党领导人大工作各项制度，及时向区委请示报告常委会年度监督计划、工作要点、重点代表建议等重要事项，并协助区委做好“党领导人大工作”考核。坚持党管干部与人大依法任免相统一，依法任命新一届区政府组成人员及其他地方国家机关工作人员，善于使党组织推荐的人选成为国家机关领导人员。区委高度重视人大工作，区委书记郭云强出席区人大常委会会议、民主恳谈会，走进代表联络站，并多次对人大工作提出要求、作出批示，为人大依法履职指明了方向。

贯彻区委决策部署。紧紧围绕区委中心任务谋划推进人大工作，认真贯彻落实区第二次党代会精神，把“三变战略”贯穿始终，做到区委工作重心在哪里、人大工作就跟进到哪里。积极领办区委重大课题，精心组织开展状元岙港及状元片区发展、区域性康复研究中心打造等方面专项研究，提出深度对策建议。面对去年以来各种风险挑战和不确定因素，主任会议成员深入一线、靠前指挥，积极带动人大代表和人大干部投身疫情防控战场，助力全区打赢疫情防控攻坚战；全力投身文明城市建设大会战，助力协调解决农贸市场道路优化、空中飞线整治等一批城市治理难题；积极开展“一联八”下沉活动，深入企业、学校、工地、村居，帮助梳理解决问题67个，充分彰显人大服务中心大局的责任担当、使命情怀。

二、坚持突出重点，全力助推经济社会发展和改革攻坚

常委会用好宪法和法律赋予的监督权，围绕中心、服务大局，寓支持于监督之中，积极助推建设名副其实的海上花园。

聚焦经济稳进提质。统筹疫情防控和经济社会发展，听取审议上半年国民经济和社会发展计划执行情况报告，制定人大助力经济稳进提质5方面20条具体措施，开展助企纾困系列活动，推动解决复工复产、保供畅供等方面问题。组织召开优化营商环境专题询问会，对《中华人民共和国节约能源法》《浙江民营企业促进条例》《温州“两个健康”先行区建设促进条例》实施情况进行检查，为贯彻落实“疫情要防住、经济要稳住、发展要安全”凝聚共识和力量。审查批准财政决算和预算调整方案，召开部门预算草案听证会，加强预算执行监督，全面审查136家预算单位申报项目，保障重点领域财政支出。强化57个审计查出问题整改监督，健全长效机制，增强整改成效，整改率达95%。加强国有资产监督，听取审议国有资产管理情况综合报告及行政事业性国有资产管理情况专项报告，推动国有资产管理更趋

规范、更加科学。跟踪监督预算绩效管理情况，11项清单式审议意见得到有效落实。

聚焦重大项目推进。开展重大投资项目审查监督，表决通过陆域引调水工程等6个政府重大投资项目，促进科学决策。积极开展重大建设项目调研视察，及时掌握建设动态，督促政府部门强化责任、破难攻坚，全力助推浙能、华港两大LNG项目顺利完成主体工程，华田特种钢、华顺燃料油等项目建成投产。监督推进"腾笼换鸟"整治提升，支持政府引入牧声科技等项目，助力激活低效工业用地和闲置厂房。主任会议成员按照区委部署，积极领办医院改扩建、青山欢乐岛等十多个重点项目，一线破难题，全力抓推进。密切关注新能源电池材料产业园、运达风电零碳产业园等重大项目招引，助力全区积聚产业转型发展新动能。

聚焦海岛共同富裕。深入践行以人民为中心发展思想，开展扩中提低专项监督和《中华人民共和国就业促进法》贯彻实施情况执法检查，助推低收入家庭综合帮扶、共富工坊建设，促进零就业家庭实现动态清零、城镇登记失业率低位运行；专项监督健康洞头建设，提出"将健康融入所有政策"，推进"全生命周期"健康管理等意见建议，督促优质医疗资源扩容和区域均衡布局；专项监督推进无障碍环境建设，针对性提出增强全社会无障碍意识、推进无障碍设施规范化建设等意见建议，助力打造更有"温度"的城市；专题调研鹿西教育发展，支持区政府制订《优化鹿西小学"小而优"学校建设实施方案》，推动鹿西生均公用经费提高、校舍环境改善；监督推进教育"双减"、未成年人保护、安全生产等工作，促进补短板、强弱项，提升共同富裕成色。深入推进区民生实事项目人大代表票决制，在做好"民主定"的同时抓好"后续督"，通过实地察看、座谈交流、问题交办等方式，推动77项省市区民生实事全部按时完成。联动区政府征集并办理60件"幸福微实事"，助力"共享社·幸福里"扩面提质。

聚焦城乡品质提升。听取和审议区政府关于环境状况和环境保护目标完成情况的报告，条目式提出8类问题整改清单，助力持续打好蓝天、碧水、净土、清废保卫战。持续关注国土空间规划编制情况，专题召开国土空间规划编制调研座谈会，推动规划编制更接地气、更具实效。深入开展综合交通工作监督，专题视察重大交通项目建设，助力甬莞高速洞头支线加快项目前期工作，211省道洞头段、浙南水运中心、沙岙综合交通码头等项目有序推进。监督推动城市基础设施建设，有效助力市政设施规划、建设、管养衔接和作用发挥。深入开展城乡住房保障体系建设专项监督，提出加大保障性租赁住房供给、改善老旧集镇居住环境等意见建议，让保障性住房更有保障。开展乡村振兴促进"一法一条例"执法检查和农村人居环境提升专项监督，推动营造"干净、整洁、有序"农村人居环境，建设宜居宜业和美乡村。

聚焦法治洞头建设。维护宪法权威，加强宪法及法律宣传教育、贯彻实施。全力协助区委开展海上花园立法前期工作，积极争取市人大指导支持，顺利列入全市2023年立法计划，及时完成基层意见征求和草案编制工作。开展《浙江省公共数据条例》执法检查，强化数字化改革法治保障。听取和审议法治政府建设及20个区政府组成部门主要负责人依法履职情况，加强对行政权力运行的制约和监督。上下联动开展《浙江省综合行政执法条例》执法检查，大力助推"陆上和海上各一支队伍管执法"改革，促使行政资源有效整合，执法效能大幅提升。着眼优化法治环境，深入调研区法院和区检察院机关建设，听取审议公安机关执法规范化情况，开展社区矫正专题调研，作出《关于加强新时代检察机关法律监督工作的决定》，促进司法公平正义。密切联系区监委，支持依法开展工作。首次听取审议规范性文件备案审查工作报告，并将"两院"规范性文件纳入备案审查范围，全年备案审查规范性文件17件、纠正2件，切实维护国家法治统一。

三、坚持守正创新，奋力打造全过程人民民主基层实践高地

常委会强化责任意识和使命担当，创新推进基层人大工作，努力在践行全过程人民民主中不断丰富洞头实践。

做深做实理论研究。认真学习习近平总书记关于全过程人民民主的一系列重要论述，深入贯彻浙江省《关于深入贯彻中央人大工作会议精神推动新时代人大工作高质量发展的意见》，探索建立区级目标体系、工作体系、评价体系，强化人大制度理论阐释。提请大会审议和修改《温州市洞头区人民代表大会议事规则》，将全过程人民民主全面贯彻到人大各项工作中。组织力量开展全过程人民民主课题研究，《数字赋能基层单元建设的实践和路径探索》《"全过程人民民主"视域中基层人大协商的实践与思考》等4篇论文在省、市人大理论研讨会获奖。

建好用好基层单元。建成投用区级联络总站，提档升级各街镇联络站，形成基层单元"1+8"布局全覆盖。制定区人大代表接待选民制度、周二固定进站日计划，推进基层单元规范化建设、常态化运行。出台人大核心业务下沉和国家机关工作人员进站办法，不断拓宽基层人大工作平台渠道，丰富全过程人民民主实践内涵。创新“双评双联”工作机制，提名“全省最佳基层单元建设实践案例”。开展基层立法联系点建设，全力发挥立法征询“直通车”作用，积极配合市人大常委会开展《温州市全民健身促进条例（草案）》等15部法规草案立法调研。积极探索重大事项“四见面”人大协商机制，举办重点代表建议办理民主恳谈会、海上花园立法意见征求会、局长进代表联络站等系列活动，推动人大及“一府一委两院”在决策、执行、监督落实各个环节汇集更多民意民智。

创先创优数智成果。对标省市人大数字化改革体系架构，推动线上场景与线下阵地有机结合，全数承接市人大“一老一小e关爱”“护水e路行”等8个应用场景，挂牌市级示范站1个、特色站2个。强化群众意见网上办，开辟“代表同行”端口，收集民意两千余条，转交基层治理“四平台”处理102条。创新打造区级人大数字化理论成果、实践成果，3项数字化改革项目获首届“温州市人大工作与时俱进通报表扬”，其中“海上花园·e言洞见”项目获特别奖，相关经验做法得到省市人大充分肯定，被《温州改革》专门刊发。应用场景上线以来，促成20个政府组成部门、25个专项监督议题接受代表评议；推动人大与检察机关、审计部门叠加监督合力，备案完成91个检察建议、35条审计动态；打通区委督查系统，代表“线上”建议实现闭环管理。

四、坚持优化服务，充分发挥代表主体作用

常委会不断改进代表工作，拓宽代表知情知政渠道，完善机制和平台，全力支持和保障代表依法履职、为民代言。

完善服务保障。及时制定新一届区人大代表培训计划，组织2期专题培训班，培训代表200余人次。在“双联系”工作常态化的基础上，建立常委会领导班子联系街镇人大制度，并将全区各级人大代表全员编入基层代表联络站，积极组织和指导代表开展活动，进一步密切了常委会与代表、代表与人民群众的联系。建立健全代表履职登记制度，切实抓好代表履职应用系统的宣传培训，为代表履职提供便捷服务。广泛征集全国、省、市级层面的建议素材，组织全国、省、市人大代表围绕海洋经济、对外大交通等重要事项，向全国、省、市人代会提出43件议案、建议。健全代表向原选举单位述职制度，组织部分市人大代表向区人大常委会报告履职情况。

丰富履职方式。深入开展代表主题活动，组建8个专业代表小组，发动全区各级人大代表积极参与“六访六促”助力建设共同富裕海上花园活动，广泛了解民情、听取民意、汇聚民智，凝心聚力共促中心工作；在全市率先开展助力文明城市建设“六个一”专项行动，组织成立11支代表志愿者队伍，走上街头、深入楼院，清理垃圾、整治乱象、服务居民，充分展现“人大红”的靓丽风采。拓宽代表参与常委会工作的广度和深度，全年共组织代表小组视察活动64次，组织代表参加立法调研、专题视察、执法检查等活动1300余人次，有效拓宽代表参政议政渠道。

抓实建议督办。健全代表建议闭环管理机制，建立“线上”代表建议办理制度，扎实开展代表建议办理评审，加强对办理工作的沟通协调、动态管理和跟踪问效。深化重点建议督办机制，确定3件重点建议、20件跟踪建议由区政府领导牵头领办，加快环东沙港经济高质量发展等一批事关全区改革发展的重点建议得到有效落实。区十五届人大一次会议以来，代表提出的146件建议，都在规定时限内答复代表，其中已解决或基本解决的有138件，代表满意率达100%。开展代表优秀建议评选活动，通报表扬13件建议。

五、坚持固本强基，不断提升常委会自身履职能力和水平

常委会主动适应新时代人大工作要求，深化“四个机关”建设，不断提高履职水平，为各项工作顺利开展提供有力保障。

突出党建引领。充分发挥常委会党组把方向、管大局、保落实的作用，认真履行全面从严治党主体责任和意识形态工作责任，严格落实中央八项规定及其实施细则精神。大力实施“红色根脉强基工程”，深入抓好机关党组织建设，严肃党内政治生活和组织生活，全面落实“三会一课”、领导干部过双重组织生活、民主评议等制度，完善全员绩效考核，推动党建工作和业务工作深度融合。高标准创成“五紧争先”党建品牌，相关课题连续两年在全市组织条线获奖。用情做好老干部、工会、信访等工作，机关活力和凝聚力进一步增强。

强化建章立制。贯彻落实党中央关于健全人大组织制度、选举制度和议事规则的决策部署，对原有规章制度进行全面梳理、有效整合，依法作出关于加强自身建设的决定，组织修订区人大常委会、主任会议、党组会议、各专门委员会议事规则，完善区人大常委会议题审议、专题询问等工作制度机制，不断提升常委会履职能力和水平。建立完善人大机关干部“周学习、月交流、年述职”工作机制，对常委会及机关工作实行清单式管理，构建闭环工作体系，做到事事有回应、件件有着落。

增强整体实效。进一步密切与上级人大常委会的联系，积极配合上级人大常委会开展工作，承办全市人大换届后首次各县（市、区）人大联席会。持续提升人大门户网站、微信公众号等宣传平台，围绕重大活动开展宣传策划，推出一批高质量人大信息，省人大采用22篇、市人大采用137篇，均创历史新高，其中《洞头人大全力助推打造乡村振兴样板》被省人大信息专篇刊出，并获省人大领导批示。加强对街镇人大工作的联系指导，深入贯彻修改后的地方组织法和乡镇人民代表大会工作条例、街道人大工作条例，建立季度联席会议制度，以基层单元建设为牵引，聚焦主责主业，推动街镇人大规范化建设走深走实。鼓励支持街镇人大立足工作实际，创新实践、打造特色，形成了“共富e站·霓有话说”“一老一少e关爱”等一批街镇人大工作品牌。特别是指导霓屿街道建成全省首批人大践行全过程人民民主基层单元，并在全市作典型发言。

各位代表！一年来，常委会各项工作取得的成绩，是区委正确领导的结果，是常委会组成人员、全体代表和街镇人大共同努力的结果，是区政府、区监委、区法院、区检察院积极配合的结果，也是全区人民和社会各界大力支持、热情帮助的结果。在此，我谨代表区人大常委会，表示衷心的感谢！

在看到成绩的同时，我们也清醒认识到存在的问题和不足，主要是：依法监督的精准性和实效性有待增强，重大事项决定权行使还不够充分，与人大代表和人民群众的联系需要进一步密切，常委会会议审议质量需要进一步提高，人大干部塑造变革能力需要进一步提升。对此，我们将虚心听取各方意见，认真加以改进。

2023年主要任务

2023年是全面贯彻落实党的二十大精神开局之年、是“八八战略”实施20周年，也是海上花园建设20周年。区人大常委会工作的总体要求是：高举习近平新时代中国特色社会主义思想伟大旗帜，在区委的坚强领导下，全面贯彻党的二十大精神和省委、市委、区委的重大决策部署，以建设名副其实的海上花园为方向指引，高站位服务中心大局、高水平依法履职行权、高效能聚合代表力量、高标准加强自身建设，充分发挥人大在全面深化民主法治建设、打造全过程人民民主基层实践高地的主力军作用，昂扬极限拼搏、专业作战、务实苦干的奋进姿态，努力在中国式现代化进程中，为书写共同富裕海上花园新篇章提供有力保障。

一、始终坚持同心同向，在对党绝对忠诚上更加坚定自觉。深入学习党的二十大精神，深学笃行习近平新时代中国特色社会主义思想，深化总书记关于坚持和完善人民代表大会制度的重要思想研究，做到学懂弄通、灵活运用，指导推进新时代人大工作。坚持和落实党对人大工作全面领导的制度机制，严格执行请示报告制度，不折不扣贯彻区委决定和指示精神，通过人大法定程序，善于使区委的主张成为全区人民的共同意志，善于使党组织推荐的人选成为国家机关领导人员，不断巩固党的执政基础。

二、聚力服务中心大局，在助推高质量发展上更加尽心尽力。完整准确全面贯彻新发展理念，聚焦创新、改革、开放三个高质量发展关键词，支持性监督政府大力实施数字经济创新提质、营商环境优化提升、地瓜经济提升能级三个“一号工程”。针对“十四五”规划中期评估、国际生态旅游岛打造、现代化产业体系培育、城市有机更新、国土空间规划、创新要素集聚、海域海岛发展等重点工作，加大监督推动，促进区委重大决策部署落实。坚持民有所呼、我有所应，加强对社会保障、就业帮扶、环境保护、医养康养、和美乡村、儿童友好城市建设等民生热点的监督，助力办好群众“幸福要事”，不断满足人民日益增长的美好生活需要。

三、保障人民当家作主，在发展全过程人民民主上更加精准主动。贯彻落实宪法法律规定，在民主选举、民主决策、民主协商、民主管理、民主监督等各个环节，落实保障全过程人民民主的各项举措。拓宽民主渠道，进一步探索人大协商，完善民主恳谈、代表参与听证等机制，不断丰富民意表达渠道，为问计于民、民主决策奠定基础。开展民主评议，积极探索民主监督形式，组织实施政府部门工作评议和法检“两官”工作评议。办好民生实事，在民生实事项目征集确定、具体工作推进和满意度测评的全过程，充分征求广大群众意见建议，确保实事选优、实事办好。数字征集“幸福微实事”，建立“线上”全流程跟踪督办机制，开辟解决群众“小急难”问题的“快车道”。加强全过程人民民主基层单元建设，全面推进“双下沉”走深走实，有力推动人大监督任务与基层单元功能有机贯通、“一府一委两院”听取民意与基层单元作用发挥有机衔接、基层立法联系点与基层单元等民主民意表达平台有机融合，促进全过程人民民主落实在基层、见效在基层。

四、深化拓展代表工作，在发挥代表主体作用上更加充分有效。深化完善“双联系”工作机制，进一步密切联系代表、联系群众，常态化开展“局长·代表面对面”活动，充分发挥桥梁纽带作用。开展生成性学习、系统性培训，进一步提高代表综合素质。持续强化代表履职管理，健全完善代表履职积分、履职档案管理等机制，开展代表述职评议活动，不断增强履职意识，提升履职能力。优化代表履职服务，积极组织代表开展视察、调研、监督、执法检查等工作，进一步丰富闭会期间人大代表履职活动，助推经济社会各项事业高质量发展。深化代表建议办理，引导代表广泛调研、深入思考，形成有深度、有价值的意见建议；切实加强建议办理全流程管理，健全完善分类办理、重点督办、反馈评价等机制，强化建议办理“回头看”，持续提高建议办理实效。积极宣传人大代表先进事迹，充分展现履职风采，不断激发履职热情。

五、全面加强自身建设，在打造“四个机关”上更加扎实过硬。坚持以党的政治建设为统领，整体谋划推进组织、作风、纪律、制度建设，努力打造有信念的政治机关、讲民主的权力机关、懂变革的工作机关、有情怀的代表机关。加强人大常委会党组、常委会班子和人大工作队伍建设，强化对专、工委和机关工作领导，优化人大干部培训教育；落实全面从严治党主体责任，纵深推进清廉人大建设。深化人大调查研究，按照发展民主、践行法治的理念要求，推动更多实践创新上升为理论成果，固化为制度规范。强化人大新闻宣传，讲好人大故事，推动人民代表大会制度深入人心。深化人大数字化改革，迭代升级“海上花园·e言洞见”，强化与街镇人大的联系联动，推动全区人大工作高效协同、整体智治、创新发展。

温州市洞头区人民政府工作报告（摘要）

在温州市洞头区第十五届人民代表大会第二次会议上的报告

温州市洞头区人民政府区长　何莉平

（2023年2月14日）

一、2022年工作回顾

2022年是党和国家历史上具有里程碑意义的一年，也是本届政府的开局之年。一年来，我们坚持以习近平新时代中国特色社会主义思想为指导，全面落实“疫情要防住、经济要稳住、发展要安全”重要要求，在市委、市政府和区委的坚强领导下，在区人大和区政协的监督支持下，按照区第二次党代会决策部署和区十五届人大一次会议明确的目标任务，统筹抓好“稳进提质、除险保安、塑造变革”，积极推动产业聚变、城市蝶变、幸福跃变，各项事业发展迈上新台阶。实现地区生产总值137.16亿元（含海经区），同比增长5.4%；一般公共预算收入10.62亿元，增长3.3%；城乡居民人均可支配收入为60315元、39091元，分别增长6.2%和8.6%，增速均居全市第一，固定资产投资增速等15项指标位列全市前三。

这一年，我们坚持外引内育，积极构建产业转型新格局。招大引强成果丰硕，成功签约温州新能源电池材料产业园、运达风电零碳产业园两大百亿项目，实现历史性突破。新开工亿元以上产业项目5个，到位内资49.3亿元，增长146.5%。全年盘活存量建设用地214亩，获得省用地奖励指标60亩。制造业加快转型升级，高端储能装备制造项目当年签约、当年开工，诚意超级鱼油、中油石脑油项目试生产，新升规上限企业18家，“专

2023年2月14日，温州市洞头区第十五届人民代表第二次会议现场　（区融媒体中心提供）

精特新”入库培育企业6家，华田特种钢、华顺燃料油等项目建成投产。狠抓“腾笼换鸟、凤凰涅槃”专项行动，激活低效工业用地225亩，盘活闲置厂房2.3万平方米。临港产业不断壮大，浙能、华港两大LNG项目完成主体工程，投资20亿元的状元岙港区5、6号泊位开工建设，开辟直达美国西海岸远洋新干线，集装箱吞吐量达58万标箱。海运业运力规模保持全市领先。渔农业加快发展，远洋渔业全年捕捞产量超1700吨，“两菜一鱼”年产值7.2亿元，“蟹公寓”“北参南养”等模式激发水产养殖新动能。海洋食品产业园入驻企业31家、投产23家，产值突破2亿元，获评温州国家农业科技园区示范区。

这一年，我们坚持高效统筹，坚实迈出稳进提质新步伐。坚持人民至上、生命至上，围绕“防得住、打得赢、放得开”，因时因势调整优化疫情防控政策措施，创新开发“村社战疫”系统，迭代完善“七队五单”机制，提升医疗救治能力，实现平稳渡峰。开展经济稳进提质攻坚行动，坚持“政策+服务”协同发力，精准打好稳经济组合拳。全面落实上级助企纾困政策，出台“稳经济八条”“十大金融政策包”等一揽子政策，累计兑现各类惠企资金6.85亿元，市场主体稳定在1.3万余家，金融存贷款余额实现25.3%的高幅增长。向上争资成效显著，全年累计争取上级补助资金15.39亿元，新增发行17个专项债项目8.86亿元，同比增长63.6%。深入开展“万名干部助万企”活动，上线为企服务平台，全面开展“综合查一次”改革，护航“两个健康”。提振旅游消费，投用海霞青年营、金岙101、中普陀文化园一期等项目，开展“海在彼岸·美在洞头”文旅消费季、中国旅行者大会生活节等活动，“中屿等到你”、韭菜岙沙滩等网红地广受游客青睐，获评中国美丽乡村休闲旅游行精品景点线路。

这一年，我们坚持精建精美，奋力推进城乡融合新发展。组建城市建设管理委员会，以“一岛一功能”海域海岛发展战略规划、海上花园城市设计和国际生态旅游岛规划搭建“1+3+N”规划体系，谋划布局中国式未来海岛建设。交通投入持续加大，211省道洞头段主跨施工，开工建设浙南水运中心码头，瓯江北口大桥正式通车，开通大门至洞头客运班线，投资67亿元的本岛对外第二通道甬莞高速洞头支线项目仅用半年时间实现从概念设想到工可审查，刷新省内高速公路前期推进速度。城市有机更新稳步实施，建成旧城雨污管网一期，完成海兴路、海虹路提升改造和海韵大道建设，新增城区公共停车位2417个。建成置信新天地、元觉安置房一期等项目，完成望海山庄、新城花苑老旧小区改造，霓屿街道创成美丽城镇建设省级样板。灵昆全域整治快速推进，腾空1013户、拆除840户。打好“以十招治十乱”组合拳，文明城市创建评价稳居全市前列。半屏片区获评全省首批“新时代富春山居图样板区”，海霞、南塘、上下社等片区创成省第二批未来乡村，全市唯一获评省新时代美丽乡村示范区。

这一年，我们坚持生态优先，全面彰显美丽海岛新风貌。海洋生态保护不断加强，搭建“非法倾倒渣土预警平台”，投用浙南首个500吨国家溢油设备库，有效提高海洋污染应急处置水平。更高层级推进环境修复提升，组建海上花园绿化彩化美化委员会，全民动员栽花种树，扮靓入岛门户，30公里迎宾环线广受好评，三盘桥头至白迭公路上榜浙江“十大最美农村路”，洞头海岛公园入选全省大花园“耀眼明珠”。“洞头诸湾·共富海上花园”EOD项目取得国开行授信23亿元，成为全国首个海洋环境综合治理类EOD项目。国家蓝湾二期工程通过验收，获批省级蓝湾整治项目，洞头诸湾入选全国8个美丽海湾优秀案例。77省道料场、观音礁废弃矿山完成整治，中央、省级生态环保督察反馈问题实现销号。创成全省首批生态文明建设实践体验地，生态环境公众满意度稳居全市第一。

这一年，我们坚持改革创新，有效提升区域发展新活力。迭代优化数字化改革“1612”体系，升格大数据管理中心，老年食堂“e食无忧”等3个应用在全省推广，“浙海安康—海洋灾害智防”成为省级最优场景，“数智渔业”获得全省首届数字乡村“金翼奖”，“工程档案全过程归集服务系统”成为全省标准。“大综合一体化”改革全面推进，“海上一支队伍管执法”获评全市十佳标志性成果，上线使用11个基层治理“一件事”，城市运行中心、矛调中心实现一体融合，高标创成省级城乡社区治理与服务创新试验区。要素市场化配置改革不断深化，成功争取市级试点3个。上线“全民授信”2.0版，全国首创羊栖菜养殖保险，创新推出“地理标志证明商标”和集体商标质押贷款。新设立区科技局，深入实施科技企业“双倍增”计划，创成国家高新技术企业3家、科技型企业31家。推出“面向未来”人才计划，新增技能人才1390人，高校毕业生招引率全市第一。国防动员体制改革稳步推进，征兵工作连续两年获评省级先进单位。

这一年，我们坚持民生为本，持续推进共同富裕新实践。认真办好77项省市区民生实事和433件幸福要事，全年民生支出24.5亿元，占一般公共预算支出的73.3%。实施“扩中”“提低”12项行动，形成强村富民、低收入家庭综合帮扶等共富实招，建成50个“共富工坊”，群众“四感”评价全市第一，生态共富海岛样板案例入选全省首批共同富裕最佳实践。教育事业稳步发展，建成区职教中心二期和瓯江口第二、第三幼儿园，市区重点中学统筹招生名额由18人增加到32人，全国学前教育普及普惠区创建高分通过省级评估。健康浙江考核获得三连优，“山海”提升工程获省级优秀，创成省级健康促进区。院前急救体系进一步健全，血管造影DSA正式投用。建成乡村博物馆3家，东海贝雕艺术博物馆入选国家级非遗工坊典型案例，海霞文化入选省文化标识创新培育项目。社会保障更加有力，全年城镇新增就业1932人，城镇调查失业率为4.7%。推进全龄友好社会建设，建立老、少、妇、残等特殊群体关爱服务机制，基本养老保险、医疗保险参保率保持98%和99%以上。高质量完成平安护航党的二十大等各项任务，抓好“平安洞头大起底大整治大提升”等专项行动，防汛防台、防灾减灾能力有效提升，平安浙江指数、平安三率均居全省前列，实现省平安区十七连创。

这一年，我们坚持善作善成，牢固树立有为政府新形象。始终把政治建设摆在首位，迅速掀起学习宣传贯彻党的二十大精神热潮，深刻领悟“两个确立”的决定性意义，不断提高政治判断力、政治领悟力、政治执行力。法治政府建设向纵深推进，深入实施“八五”普法规划，创新“调委会+共享法庭”高效解纷模式，实现行政执法监督指导室街镇全覆盖，法治建设考核全市第一。自觉接受人大、政协和社会各界监督，累计办复人大代表建议146件、政协委员提案115件。工作作风持续增强，实行兵团化作战，优化“项目盯”专班机制，历时两年的“圈句号”行动基本收官，妥善解决一批历史遗留问题。大兴调查研究之风，积极开展“一联八”等干部下沉工作。深化干部全程积分考核，树立“以事找人、以事论人”导向。坚持政府过“紧日子”，压减一般性支出4793万元，工程审价共计核减9546.6万元。党风廉政建设常抓不懈，建立“纪巡审”联动监督机制，保持正风肃纪高压态势。

此外，民宗、统计、侨务、退役军人事务、气象和关心下一代等工作取得新成绩，工青妇、文联、社科联、残联、工商联、红十字、慈善等事业加快发展。

各位代表！过去一年，我们面对复杂严峻的外部环境和超预期因素冲击的叠加影响，保持住了定力，经受住了考验，一些盼望多年的大事要事实现了重大突破。所有成绩的取得，是习近平新时代中国特色社会主义思想科学指引的结果，是上级大力支持和区委统揽全局、正确领导的结果，是全区广大干部群众凝心聚力、顽强拼搏、团结奋斗的结果。在此，我代表区人民政府，向全区人民，向人大代表、政协委员和离退休老干部，向驻岛部队、武警官兵以及长期以来关心支持洞头建设与发展的各界朋友们，表示衷心的感谢和崇高的敬意！

在肯定成绩的同时，我们也要看到前进道路上还有不少困难和问题：一是产业链培育还需提速，临港产业发展水平不高，科技和人才对高质量发展的支撑不够有力；二是城市建设相对滞后，市政基础设施仍需补短板，吸引创业创新的功能配套还不完善，新城城市核心还未形成，老城有机更新进展未达预期；三是教育、医疗、养老等公共服务优质供给不足，与群众期待还有差距；四是政府系统少数干部改革创新意识、专业素养与推进现代化建设要求还不相适应。我们一定直面这些问题，采取有力措施，认真加以解决。

二、2023年主要目标任务和重点工作

党的二十大擘画了全面建设社会主义现代化国家、以中国式现代化全面推进中华民族伟大复兴的宏伟蓝图，吹响了奋进新征程的时代号角。今年是全面贯彻落实党的二十大精神的开局之年，是“八八战略”实施20周年，也是习近平总书记提出“真正把洞头建设成为名副其实的海上花园”殷切嘱托20周年，做好今年工作，使命光荣、意义重大。展望新的一年，我们要深刻理解中国式现代化理论与海上花园建设目标的关系，科学谋划、积极作为、顺势而为，以踏石留印、抓铁有痕的工作劲头，创造团结奋斗新业绩。

根据区委二届三次全会精神，今年政府工作的总体要求是：深入学习贯彻党的二十大精神，坚持以习近平新时代中国特色社会主义思想为指导，紧扣省委忠实践行“八八战略”、努力打造“重要窗口”主题主线和推进“两个先行”目标任务，落实市委“在中国式现代化进程中续写温州创新史”的总体部署，把洞头工作放到中国式现代化的宏大场景中谋划推进，以建设名副其实的海上花园为方向指引，大力弘扬海霞精神，以产业聚变、城市蝶变、幸福跃变为战略路径，以国际生态旅游岛为海上花园的窗口标识，以共同富裕为海上花园的内涵支撑，昂扬极限拼搏、专业作战、务实苦干的奋进姿态，在中国式现代化进程中书写共同富裕海上花园新篇章。建议主要预期目标为：地区生产总值增长6%，一般公共

预算收入增长10%以上，城乡居民人均可支配收入分别增长6%和7%，限上固定资产投资增速与经济发展基本同步，研发投入强度达到2.45%。

为实现上述目标和要求，我们在具体工作中，必须锚定发展第一要务，紧抓经济恢复重要窗口期，精准高效落实政策体系，千方百计扩投资、促消费，全力以赴拼经济、稳增长，奋力跑出经济发展加速度；必须做强项目第一支撑，坚持“项目为王、谋划为先、招商为重、落地为要”工作理念，围绕“三变”战略路径，加快重大基础设施、重要发展平台和重点产业项目建设，以“一子落”带动“满盘活”；必须坚持创新第一动力，敢于摆脱定势、突破常规，以改革开放的思维推进理念创新、科技创新、制度创新、服务创新，抢占新赛道、做强新动能、开辟新空间，积蓄高质量发展后劲，在区域发展格局中奋勇争先；必须牢记民生第一责任，以百姓之心为心，着力解决人民群众关心的教育、医疗、养老、就业、社保等关键问题，稳步建成一批标志性共富基本单元，真正让全区人民共享发展成果；必须强化实干第一保障，树立重实干、办实事、求实效的鲜明工作导向，不断优化责任体系、考核体系和督查体系，以“时不我待、只争朝夕”的紧迫感，奋力交出海上花园建设20周年高分答卷。重点做好七方面工作：

（一）坚定不移抓产业、促转型，增强实体经济硬核力

坚持把发展经济的着力点放在实体经济上，加快形成高质量发展的现代化产业体系。

竞逐新兴产业赛道。抢抓产业发展新风口，努力实现新赛道弯道超车。大力发展新能源产业，启动投资超百亿元的洞头1号、2号风电场、大门西滩涂光伏三大风光资源开发，开工建设风电零碳产业园和海工装备基地矿地利用项目，加快LNG冷能利用项目落地、高端储能装备制造项目建成投产，努力成为温州打造全国新能源产能中心和应用示范城市的重要支撑。大力发展新材料产业，锁定格林美、青山、伟明等头部企业落户，开工建设新能源电池材料产业园，大小门片区争取纳入省世界一流化工新材料基地规划。大力发展海洋生物医药产业，谋划海洋生物医药产业园，对接招引医药链主型科研机构、产业项目，助推诚意超级鱼油项目达产见效。

提升制造业效益。深化数字赋能，抓好传统制造业转型升级。实施数字经济创新提质“一号发展工程”，鼓励引导企业开展智能化改造，提升企业数字化水平，力争数字经济核心产业增加值增长10%以上。积极推动制造业企业触网转型，打造区电商公共服务中心，逐步完善全区电子商务产业体系，全年实现网络零售额7亿元以上。持续深化新一轮“腾笼换鸟、凤凰涅槃”攻坚行动，引导小微企业成链发展，整治低效企业用地200亩，实施“工业上楼”行动，盘活闲置厂房2万平方米，建成南塘蓝领公寓，实现园区提质升级。深入实施“小升规”“专精特新”培育计划，推进质量、标准、品牌和信用建设，净增规上企业6家，大力支持本土高成长型企业增资扩产，鼓励企业上市，工业产值努力突破百亿大关。

加快全域旅游发展。锚定国际生态旅游岛定位，对标国家AAAAA级旅游景区、国家全域旅游示范区和国家级旅游度假区创建标准，进一步丰富旅游产品，做优游客体验。建成投用青山岛旅游度假区一期，开工建设马岙潭、大沙岙、燕子山“管海者”中心和“玩海者”基地等一批文旅项目，启动国家海上国民休闲运动中心建设，大力支持游轮游艇、帆船帆板等新业态发展。积极发展海上游、空中游、跳岛游，打造星辰大海露营地。以中屿景区提升为抓手，打造滨海浪漫旅拍目的地。以建设离岛慢生活度假区为目标，推进鹿西综合交通码头配套工程建设、鹿西渔港至白龙屿道路沿线环境提升，打造候鸟迁徙观测地。招引知名文旅集团，推进民宿产业迭代升级，培育海岛特色“宿集”品牌。霓屿创成省AAA级景区镇，东岙创成省金AAA级景区村。借亚运之风，办好全国海钓邀请赛、铁人三项赛等活动，打造“海上运动赛事之城”。抢抓消费复苏机遇，加大旅游市场营销力度，做强韭菜岙等文旅商圈，办好一月一主题促消费系列活动，最大限度集聚旅游人气。

（二）坚定不移抓项目、扩投资，筑牢高质量发展压舱石

坚持以项目看发展论英雄，开展“十四五”规划中期评估，进一步扩大有效投资、优化投资结构、提高投资效益，全年完成固定资产投资75亿元以上。

高站位谋划项目。聚焦交通、能源、水利、科技、文旅、城市建设、农业农村等九大领域，滚动谋划推进今后五年一批夯基础、补短板的重大项目，争取10个以上项目纳入省市扩大有效投资计划盘子。发挥政府投资撬动作用，激发民间投资活力，引导国企加大投资，充分挖掘全社会投资潜力。紧盯50个在库预备项目，加快项目前期，做深项目论证，落实业主组建、资金筹措、审批要件等关键环节，让更多预备项目成为开工项目。

大力度推进项目。以“开局就是决战、起步就要冲刺”的奋斗姿态，抓好130个年度重点建设项目，确保74个新建项目一季度开工率不低于20%，上半年不低于60%，

10月底前全部开工，竣工启用浙能和华港LNG项目。升格项目攻坚机制，围绕重大交通建设、两新项目落地、环境整治提升等关键工作，实行区领导挂帅、实体化专班推进，常态化开展晾晒比拼、跟踪督考，形成“一切围绕项目转、一切聚焦项目干”的强大合力。更精准招引项目。深入实施“招大引强”三年攻坚行动，完善招商引资联席会议制度，实行项目动态管理、闭环评估。高规格举办海上花园招商引智大会，建立驻点招商、中介招商、基金招商、洞商回归的靶向性清单，大力招引“高大上、链群配”项目。提速招商成果转化，全年招引落地亿元以上项目8个，其中单体制造业项目2个，开工百亿级项目2个，实现到位内资30亿元以上，实际使用外资2000万美元以上。

全方位保障项目。积极研究、争取、用好中央五大政策和省“8+4+1”政策体系，及时破解项目落地的堵点卡点。加强项目用地保障，努力处置“五未”土地和历史围填海遗留问题，工业用地（用海）供应500亩以上。加大向上争资力度，盘活存量资产，充分用好政策性开发性金融工具，争取专项债资金6亿元以上。完善项目全生命周期管理，推动审批“串联变并联”、项目“拿地即开工”。更大力度推进政策处理攻坚行动，保障项目无障碍施工。

（三）坚定不移抓改革、谋创新，打造动能转换强引擎

坚持以牵一发动全身重大改革引领撬动系统性变革，以高水平创新开放助推高质量发展。

持续优化营商环境。实施营商环境优化提升“一号改革工程”，在坚持“两个毫不动摇”中促进“两个健康”。用好政企直通车、帮企云2.0等线上线下服务平台，推动一系列降本减负政策直达快享，助力企业轻装上阵。加强和改善财政金融服务，支持企业技改攻关，确保普惠小微企业贷款增速不低于各项贷款平均增速。深化“减证便民”行动，推动全领域政务服务一网通办、掌上通办。做好第五次全国经济普查工作。推行“综合查一次”联合执法机制，优化企业发展环境，大力帮助企业“促招引、拓市场、抢订单”。畅通企业发展难题反映渠道，设立“企业家接待日”，每月召开政企恳谈会，建立企业问题“一表通管”闭环解决机制，合力打造最优营商环境，让企业家在洞头创业有信心、投资能放心、发展更安心。

全面深化重点领域改革。加快数字应用向各领域延伸覆盖，提升一体化智能化公共数据平台支撑能力。深化“大综合一体化”改革，优化运行“陆上＋海上一支队伍”执法体系，实施街镇“一支队伍管执法”。加快海洋版“两山合作社”改革，争取全省重点海域自然资源确权登记试点，实体化运作资源开发公司，激活公共码头、沙滩滩涂等资源，探索“资源—资产—资金”转化通道。深化国资国企改革，强化企业投融资和项目建设运营能力。探索打造“蓝色金融”，拓展海岛动产抵押融资模式。打好乡村集成改革组合拳，优化村级留用地开发模式，引入乡村职业经理人，激活石厝村落资源，实现全区闲置农房盘活200幢以上。

厚植科技创新土壤。强化科创主体培育，深入实施“双倍增”“双迈进”计划，力争规上工业研发经费增长15%，新增国家高新技术企业2家、国家级科技型企业35家、省级科技型企业12家以上。强化科创平台建设，建成投用海洋生物科技示范孵化基地，新入驻企业20家以上，实现技术交易额2.5亿元以上。深入推进“510+”行动，争取引进领军型人才项目1个，新增博士创新工作站2个，新增技能人才1200人以上。扎实推进青年发展型城市建设，深入实施人才新政16条，筹集建设人才保障房，以产业引人才，以人才育产业，促进人才链、创新链、产业链深度融合。

加强高水平开放合作。实施“地瓜经济”提能升级“一号开放工程”，坚持走出去和引进来相统一。高站位融入长三角一体化发展战略，主动对接乐瓯洞一体化发展，联动海经区开展多领域合作，积极承接温州“三综一联”国家级开放平台溢出效应。依托状元岙港，探索建设进口冻肉水果基地。谋划建设跨境电商发展集聚区，实现出口额6000万元，增长15%以上，招引进口商品零关税商城落户。继续深化以“双屏论坛”为核心的系列对台交流活动，争取列入海峡两岸交流基地培育名单。

（四）坚定不移抓基础、强功能，建设海岛特色品质城

实施城市蝶变两年攻坚行动，提升城市发展能级，匠心打造迎宾大道、城市阳台、特色商业街区等辨识度场景，建设宜居宜业宜游花园城市。

坚持大干交通。全力保障甬莞高速洞头支线6月开工，打造高速路、致富路、景观路相融合的大通道，努力成为金丽温开放新通道的重要节点。抢抓国家重点水运工程用海政策窗口期，谋划推进状元岙港区2–4号泊位和国际邮轮专用泊位项目前期，争取新开辟航线2条以上，加快打造近洋航运中心。投用浙南水运中心码头、沙岙码头，新增大门至鹿西客车渡，实现岛际交通快速“软连接”。畅通城乡路网，加快推进211省道洞头段建设，开工环岛西路、沙岙至观音礁支线公路、330国道疏港公路等工程，实施北岙鸽隔线、大门马观线、东屏育才路等城乡道路“白改黑”工程，打通断头路、梗阻路8条以上，争创“四好农村路”全国示范。

提速片区开发。高质量完成国土空间总体规划，以“1+3+N”规划体系引领城乡基础设施改造，集聚城镇人口，促进老城疏、新城聚、渔村兴，打好城市蝶变“一核六片”大会战。以北岙新城区为核心阵地，全面整治提升新城一期地下管网等基础设施，积极构建新城广场商圈，建成海悦城未来社区，启动“梦幻海湾”水上项目开发，建设新城二期城市阳台，串联燕子山水陆综合开发，打造海上会客厅。老城片区加快有机更新，完成中心街风貌改造项目，提升中普陀文化园周边配套设施。同心小镇片区注重特色发展，建设东屏休闲渔业服务平台，打造蓝港星光经济圈，加快垅头湾、岙仔B地块、黄金海岸等项目建设，构建中心渔港至东沙渔港海洋旅游带。元觉片区夯实产城融合基础，全面完成状元南片市政道路和水系治理工程。霓屿布袋岙新区加快提升服务配套，建成交通场站、邻里中心项目，建设霓好未来社区。大门黄岙新区尽快完善功能，建成防洪排涝一期工程，开工建设长沙商务综合体和社会事务服务中心，有序开展朝阳社区更新。灵昆、昆鹏片区以TOD未来社区和产业创新中心为引领，推进全域整治、系统重塑、蝶变升级。统筹推进城乡道路序化、洁化、美化、亮化、文化和功能化，以迎宾环线和环岛路为重点，建成绿化彩化、“上改下”等26项迎亚运系列工程，健全运维管养机制。落实文明城市建设十大长效机制，培育全国、省级文明单元5个，构建以“百家信”为核心的社会诚信文明体系，创成省示范文明城区。

（五）坚定不移抓环境、重转化，做好乡村共富大文章

厚植美丽生态本底，拓展“两山”转化通道，深化海岛共富实践，实现乡村由表及里、形神兼备的全面提升。

持续做优生态环境。坚持保护优先，开展生物多样性本底调查，加强南北爿山、红树林湿地等栖息地保护，争创全国生态文明建设示范区。梯次实施EOD生态环境项目，申报国家生态海岸带修复项目，推进大门、鹿西蓝湾整治，统筹治理海洋、海岛、湾滩环境，打造省级美丽海湾先行区。提高山体生态修复标准，完成网寮鼻、田岙屿等4处治理工程。持续打好蓝天、碧水和净土保卫战，清淤新城海滨河，落实生态环保督察问题整改，实现污染防治动态清零，创建省级“无废城市”。加快绿色发展示范转型，抓好6个省级低碳街镇、村社建设，引领形成绿色低碳生活风尚。

倾力打造和美乡村。秉持“三基三主”“一村一品”要求，以乡村建设“十大工程”和村貌整治为抓手，开展和美乡村“示范引领、全域整洁”行动，建立示范村提升项目清单和落后村整治问题清单，全面提升农村人居环境。推动东沙港、海霞村连片发展，建成“东沙不夜港”项目，突出“最鲜渔市排档”“妈祖平安文化”“渔港风情演绎”三大亮点，让海霞文化引领乡村产业、海霞元素融入旅游体验，打造渔旅、文旅融合共富样板。加强村庄主题风貌建设，做好“微改造、精提升”，创成县域城乡风貌省级样板区，新增2个省级美丽宜居示范村。深化“共享社·幸福里”建设，精心打造31个重点创建单位，省级善治示范村覆盖率全力保持全市第一，让乡村既充满活力又幸福和谐。

积极发展现代渔农业。深化“科技强农、机械强农”行动，注重扶大招强，以龙头企业带动渔农民生产致富。争创国家级渔港经济区，建立现代渔农业服务体系，推进旅游、餐饮、体验等多业态发展。补齐做强“两菜一鱼”产业链，大黄鱼、紫菜本地育苗率分别提升到100%和80%，试点羊栖菜“六统一”标准化生产，海洋食品产业园入驻企业产值达到3亿元以上。开工全国最大“库架合一”智能化单体冷库项目，建设冷链物流中心。提升养殖质效，拓展海上声波无网养殖，探索深远海网箱养殖，招引千万级养殖项目落地。打造洞头渔农业产品区域公共品牌，推出“浪尖到舌尖”IP形象店。建设海洋产品电商孵化地，新增10个农村电商示范服务站，引导渔民转产转业，打开渔农产品新销路。

扎实抓好共富工作。大力推进“扩中”“提低”行动，用好省市支持海岛共同富裕政策，争取县域综合类共富示范区试点。强化困难群体兜底性保障，推出共富服务政策包，深化“一户一策”帮扶清单，构建低收入家庭综合帮扶体系，实现个性需求兑现2000人以上，低收入农户收入增长15%以上。迭代升级强村富民等共富实招，围绕来料加工、农旅融合等六大领域建成30个“共富工坊”，加大“渔家厨娘”“民宿管家”等特色职业培育力度，力争村级集体经济总收入达2亿元，经营性收入超50万元行政村44个以上。

（六）坚定不移抓服务、优供给，回应人民群众新期盼

以人民对美好生活的向往为目标，加快推进社会事业和民生服务优质均衡共享，提升人民群众的获得感和幸福感。

优先发展教育。持续加大基础教育投入，启动海悦城幼儿园建设和教育二幼、三幼迁建工程，加快大门中心幼儿园建设，大门小学搬入黄岙新区，推进鹿西小学“小而优”学校建设。进一步优化校网布局，探索公办初中寄宿管理，创成全国义务教育优质均衡发展区和全国学前教育普及普惠区。借助龙湾中学、瓯海中学、南浦实验中学、市教研院等优质结对资源，采取跟岗学习、送教进校、教研共建等方式，加大优秀校长教师培养力度。用好省市支持政策，争取省属高校定向招生名额。聚力抓教学质量，中考学业水平进入全市中等，洞一中评级由C1档提升到B2档，职业教育产教融合水平持续提升。

深化健康洞头建设。投用区人民医院改扩建工程一期，强化疾控体系建设，扎实做好新冠病毒感染“乙类乙管”工作。深化“山海”提升工程，区人民医院创成二级甲等综合性医院。进一步完善中医药服务体系，提升区中医院急救及住院收治能力。深化医疗体制改革，推动优质医疗资源向基层倾斜，加大医务工作者岛域间流动力度，提升离岛医疗急救水平。持续推进医共体建设，深化“两慢病”改革，稳步扩大家庭医生队伍，探索医防融合精细化管理服务。加强与温医大战略合作，谋划建设区域高端康复中心。倡导全民健身，完善体育设施布点，构建“10分钟健身圈”。

做好“一老一小”服务。推进老年友好型城市创建，打造政府兜底普惠、居家养老健全、市场高端服务、医养康养结合的综合养老服务体系，建成示范型老年友好街镇1个、村社4个。投用区中心敬老院，完善区、镇（街道）、村（社区）三级居家养老服务网络，改造提升居家养老服务中心10家，新增老年食堂及助餐点6个，老年助餐配送村社覆盖面80%以上。深入实施康养联合体建设，建设“智慧健康站”6家，免费为80岁以上老人投保“温州益康保”。夯实儿童友好型城市创建基础，出台生育补贴等系列支持政策，开工建设托育综合服务中心，打造一批儿童友好服务阵地。

推进文化洞头建设。策划开展“海上花园”建设20周年系列活动，全面展示洞头经济社会文化丰硕成果。深入挖掘海洋文化，加快闽瓯文化研究成果应用，打造非遗传承活态场景，建设海上花园城市品牌、IP形象及标识系统。改造提升望海楼和女子连纪念馆，开机拍摄新《海霞》电影。实施文化惠民工程，强化基层文化队伍建设，鼓励支持文艺精品创作。举办全国渔民画文创设计大赛等活动，打响“中国渔民画之乡”“中国诗歌岛”“中国摄影岛”品牌。

持续完善社会保障体系。实施“就业增收”幸福工程，实现城镇新增就业1300人以上，城镇调查失业率控制在5%以内。积极推动新业态新就业群体人员社保参保，实现全区基本养老参保率98.6%以上，医保参保率99%以上。开展“慈善惠民”等五大行动，推行残疾人“关爱有声”应用，打造“真爱到家·救助联合体”。筹集保障性租赁用房210套以上，着力解决新市民、青年群体阶段性住房困难问题。采取有效措施稳定物价，全力守护居民“菜篮子”。

各位代表，民之所盼，政之所向。前期经广泛征集、精心遴选、反复论证，区政府梳理形成了“交通畅行”“口袋公园”“快递进村”等12件民生实事候选项目，提请本次大会票决。我们将压实责任、强化督导，保质保量、限期完成。

（七）坚定不移抓除险、保平安，推动区域治理现代化

统筹发展和安全，强化底线思维、忧患意识，全面提升治理体系和治理能力现代化建设水平。

坚决守牢安全底线。严格落实“3030”隐患闭环管控机制，常态化开展消防、道路交通、涉海涉渔等重点领域专项整治，坚决有力遏制较大以上事故发生。提高防灾减灾救灾能力，完善防汛防台抗旱应急工作机制，开工建设黄岙、布袋岙等海塘安澜工程。防范化解经济金融风险，加强产业链供应链、民间金融等领域风险的监测、排查、预警和处置。开工建设粮食储备中心库，不断提高粮食安全和应急物资保障能力。加强食品药品全链条闭环监管，助推温州国家食品安全示范市创建。

提高基层治理效能。打造“海霞故里·海上枫桥”党建引领基层治理品牌，完善矛盾纠纷调解机制，保持信访积案动态清零，争创全国信访工作示范区。高标准完成市域社会治理现代化创建验收任务，强化社会治理中心实体化运作，迭代优化基层智治大脑，创新“五社联动”机制，争创国家级城乡社区治理和服务创新实验区。优化网络生态治理，营造清朗网络空间。依法加强宗教事务管理。做好亚运会等重点时段安保维稳工作，常态化推进扫黑除恶，严厉打击电信网络诈骗、养老诈骗等违法犯罪，确保省平安区“十八连创”，夺取全省二星平安金鼎。

推动军民融合发展。大力弘扬“海霞精神”，打造新时代民兵建设重要窗口和全民国防教育样板。深化国防动员体制改革，扎实做好征兵、人防、海防等工作，争创国防动员现代化示范区、军民联防重要展示示范区。做好退役军人服务保障工作，推进“崇军服务示范带”“荣军商圈”扩面提质，创建省级“双拥模范城”，进一步巩固军政军民团结大好局面。

三、建设新时代服务型政府

各位代表，力量源于团结，奋斗创造奇迹。面对新形势新任务新要求，我们将始终坚持党的领导，全面加强思想淬炼、政治历练、实践锻炼、专业训练，更好担负起“保一方平安、护一方百姓、促一方发展”的时代重任。

坚守矢志不渝的忠诚信仰。深入学习贯彻习近平新时代中国特色社会主义思想，学深悟透党的二十大精神，坚持好、运用好贯穿其中的立场观点方法，把坚定捍卫“两个确立”、坚决做到“两个维护”作为首要标准，把绝对忠诚始终镌刻在灵魂深处、流淌于血液之中、体现到具体行动上，确保“中央有号召、省市有部署、洞头见行动”，用实干实绩实效践行忠诚、诠释忠诚、检验忠诚。

秉持规范严谨的法治思维。加强法治政府建设，坚持以法治定规矩、划界限、促治理，全面落实合法性审查制度，健全完善政府法律顾问制度，提高行政决策质量、效率和公信力。持续深化政务公开，及时回应社会关切，高质量办好人大建议、政协提案。依法接受人大监督，自觉接受政协民主监督，主动接受监察监督、群众监督、舆论监督，加强审计监督、司法监督、统计监督，让权力在阳光下运行。

发扬拼搏奋进的实干作风。树立追求卓越、勇争一流的争先意识，以“拼、抢、闯”的姿态争资源、上项目、聚合力，大力弘扬“事事马上办、人人钉钉子、个个敢担当”的尽责作风，做到“说一件、干一件、成一件”。积极践行“一线工作法”，持续开展“项目化管理、清单式交办、节点式督查”，让抓落实成为政府工作的鲜明底色，以干部的“辛苦指数”提升洞头的“发展指数”和群众的“幸福指数”。

永葆清正廉洁的政治本色。坚定扛起贯彻全面从严治党主体责任，深化“清廉洞头”建设，更严更细落实中央八项规定及其实施细则精神，驰而不息整治“四风”。坚持政府过“紧日子”，严格控制和压减一般性支出，集中财力办大事、实事、要事。坚持源头防腐，突出抓好公共资源、项目招投标等重点领域和关键环节监管，用好审计监督成果。积极构建亲清政商关系，持续巩固风清气正的政治环境。

政协温州市洞头区委员会工作报告（摘要）

——在政协第九届温州市洞头区委员会第二次会议上的报告

温州市洞头区政协主席　汪慧平

（2023年2月13日）

2022年工作回顾

2022年是中共二十大胜利召开之年，是全区上下协力同心高质量建设共同富裕海上花园的重要一年，也是九届区政协开局之年。一年来，在中共温州市洞头区委的坚强领导下，区政协及其常委会坚持以习近平新时代中国特色社会主义思想为指导，深入学习贯彻习近平总书记关于加强和改进人民政协工作的重要思想，认真贯彻落实中共二十大精神和省市区党代会精神，充分发挥专门协商机构作用，围绕中心大局认真履职尽责，树立质量导向积极探索创新，为高质量建设共同富裕海上花园贡献政协智慧和力量。

一、擎旗铸魂紧跟核心，在加强党的全面领导中体现政协站位

一年来，我们忠诚履职，准确把握政协组织的政治属性，引导各界人士旗帜鲜明讲政治，努力在坚定捍卫“两个确立”，坚决做到“两

2023年2月14日，中国人民政治协商会议第九届温州市洞头区委员会第二次会议现场
（区融媒体中心提供）

个维护”上展现更强担当。

党的领导见行见效。坚持把中国共产党的全面领导贯穿到政协工作全过程、各方面，坚决扛起“落实下去、凝聚起来”的政治责任。区委高度重视政协工作，及时听取政协意见建议，把政协工作纳入党委工作全局一体谋划、一体推进，全力支持政协事业发展。区政协自觉把助力区第二次党代会确立的目标任务作为重要政治责任和履职主题主线，深入开展贯彻落实中央和省市区委政协工作会议精神“回头看”，严格执行重要事项请示报告制度，主动向区委报告区政协党组及常委会的工作情况。坚决贯彻落实区委的决策部署，积极组织政协委员和机关干部投身疫情防控、助企纾困、招商引资、创文创卫等中心任务和重要活动，始终与党政工作同频共振，党委重视、政府支持、政协主动、各方配合、社会关注的良好格局进一步巩固。

理论武装走深走心。始终把学习宣传贯彻中共二十大精神作为筑牢共同思想政治基础的主轴，组织委员重走海上花园调研之路，重温习近平总书记殷殷嘱托，感悟初心使命，汲取奋进力量。开展“矢志不渝跟党走，同心奋进新征程”为主题的大学习大宣讲大调研大落实活动，政协党组带头开展专题学习交流，主席会议成员分赴界别组、委员会客厅等基层一线专题宣讲，团结引领党派团体、各界人士切实增强“四个意识”、坚定“四个自信”、做到“两个维护”。坚持“第一议题”制度，创新建立习近平新时代中国特色社会主义思想学习座谈会制度，构建以党组理论学习中心组学习为引领的多层次学习制度体系。深化政协理论研究，围绕“人民政协与全过程人民民主”“民生议事堂”2个专题征集理论文章12篇，省市获奖7篇。

党的建设出新出彩。充分发挥政协党组领导核心作用，压紧压实全面从严治党主体责任，积极探索具有政协特色的党建工作新路径，培育“三聚协力·同心向党”党建品牌，常态化开展“三访三助”“两地双评议”等活动93场次，切实以党建强引领、促履职、聚共识、带队伍。完善政协党的组织体系，建立专门委员会党员委员履职临时党支部7个、界别组临时党小组6个，认真落实党组成员同党外委员谈心谈话、党员委员联系党外委员等制度，高质量推动政协党的组织和党的工作“两个全覆盖”。支持区纪委区监委派驻纪检监察组履行职责，进一步巩固政协机关风清气正的良好政治生态。

二、群策群力服务中心，在助推共富花园建设中展现政协作为

一年来，我们精准履职，始终把聚焦聚力共同富裕海上花园建设作为工作主线，深入践行全过程人民民主理念，综合运用政协各种履职方式，集聚资源、集聚智慧、集聚力量，以高质量履职服务高质量发展。

政治协商与党政“同轴运转”。突出人民政协“专”的特色，紧贴发展大局建言资政。全会协商优势更加突出。积极引导广大委员为我区经济发展、城市建设和社会治理等出点子、建净言，提交大会发言材料53篇，涉及经济、社会、文化等方面的意见建议310余条，区委书记亲自阅批17件，区长多次现场回应委员关切。专题协商主题更加鲜明。围绕“推进新型城镇化建设 助推城市蝶变”召开首次专题议政性常委会，围绕加快海霞营地建设、健全养老服务体系、培育生态大黄鱼产业链、加快传统制造业集聚升级、推进儿童友好城市建设等开展专题协商42场次，提出意见建议530余条，被区委区政府及相关部门吸收采纳410余条。多元协商内容更加广泛。组织实施“助企开门红”“助力共同富裕示范区建设专题协商议事月”等系列活动，围绕打造特色美食街区、推进公用事业市区管理一体化、争取浙江自贸区政策红利、探索温台海湾生态环境司法保护协作机制等课题，开展调研视察、对口协商、界别协商，累计召开座谈会40余场次。全年向区委区政府报送政协专报15期，得到主要领导批示交办10件，为党委政府破解难题、科学决策提供有力支撑。

民主监督与发展“同向发力”。突出协商式监督优势，着力在参与中监督、在监督中服务。以专项监督力促工作落实。围绕数字化改革、省级“5+4”助企政策体系落实情况开展三级联动专项集体民主监督。紧盯党委政府重要决策部署，聚焦全国文明城市创建、常态化疫情防控等重点任务，第一时间发出倡议书，发动全区政协委员和机关干部开展助力行动和专项监督27场次。创新“协商回访”监督机制，聚焦国际生态旅游岛、未来乡村建设、“大综合一体化”行政执法改革、农业合作社发展、城乡物价稳控等18个专题开展回访监督，向相关部门提出意见建议96条，形成协商监督互为促进的工作格局。以多维监督释放集成效应。持续擦亮“百岛连心桥·委员有话说”监督品牌，开展培育游艇产业助力海洋经济发展等联动监督8场次。配合市政协《政情民意中间站》访谈栏目，聚焦民办博物馆良性发展等问题开展协商交流，助力东海贝雕艺术博物馆入选省级非遗工坊名单，海陶艺术馆入选全省第二批乡村博物馆，为温州打造“中国民办博物馆之城”增色添彩。完善对基层站所、窗口服务单位常态化监督机制，积极推荐政协委员担任人民陪审员、特邀监督员，持续助推全区政风行风转变。以分类监督提升提案质效。区委区政府主要领导带头领办重点提案，区政协领导班子牵头督办提案，全面优化提案“双向评议”工作，开展提案承办单位走访、提案办理“回头看”等活动，不断提高提案质量和提案办理质量。一年来，共收到委员提案146件，审查立案的115件提案全部办复，提办双方满意度持续提升。

参政议政与民生“同声相呼”。紧扣党政点题主动作为。围绕“迎宾环线”建设、“中国摄影岛”打造、问题村居整治、招商引资、除险保安等开展调研、接续建言，助推海岛公园入选全省大花园“耀眼明珠”。区政协班子成员积极投身防疫一线，驻点指导，献计出力，助力创成省级健康促进示范区。紧盯民生实事担当作为。扎实推进民生议事堂“三位一体”建设全覆盖，充分发挥8个街道（乡镇）政协联络组作用，建成基层“协商驿站”28个，努力把政协制度优势转化为基层治理效能。全年共开展搬迁村转产转业、离岛应急救治、住宅小区供水改造等民生议事活动16场，助力解决痛点、堵点民生问题30余个。紧贴基层关切有效作为。积极编发报送社情民意信息27期，上级党委政府和政协采用12篇，其中关于建立完善无合法来源证明进口货物联合处置机制的建议被全国政协采用，关于出台分布式光伏发电项目管理规范的建议被省政府办公厅采用，关于打造百工名城，擦亮“百工之乡”文化金名片的建议获市领导批示。积极搭建知情明政平台，专题听取全区数字化改革、扩中提低专项行动、纪检监察、法检等工作情况通报16场次，引导委员把准履职重点，提高建言质量。

三、团结联谊广筑同心，在凝聚共识力量中发挥政协作用

一年来，我们聚力履职，牢牢把握加强思想政治引领、广泛凝聚共识这一中心环节，搭好团结联谊“大舞台”，画好凝心聚力“同心圆”，形成共襄洞头高质量发展的强大合力。

强化宣传引导固圆心。制定《关于加强和改进区政协宣传工作的实施意见》，压紧压实意识形态工作主体责任，建立与宣传部门、新闻媒体联系协作机制。加强政协重要会议、重要活动的宣传策划，坚持报、网、端、微、屏协同发力，形成新媒体优先发布、报纸深度挖掘、全媒体覆盖的传播矩阵。深化“同心”系列宣传品牌建设，创设“学习二十大·政协委员说”新媒体栏目，积极引导委员利用自身影响力主动发声，人民网、光明日报、浙江日报、联谊报、学习强国等省级以上媒体刊发报道30余条次，不断讲好“中国式协商”故事，传播政协聚识“好声音”，政协组织的感召力影响力进一步彰显。

搭建平台载体聚人心。出台《关于加强和促进人民政协凝聚共识工作的实施意见》《关于加强和改进委员学习工作的实施意见》等系列文件，完善主席会议成员联系界别、委员联系服务界别群众制度。坚持“书香政协”铸魂赋能，以政协书画院为依托，积极打造“海上花园文化会客厅”，围绕“建设共同富裕海上花园”等主题，常态化开展资政议政、崇学沙龙、同心茶话、艺术展览、名家笔会等活动32场次，线上建言1万余条，广大委员在互动交流、品鉴悦读中明大势、识大局、提境界，同心协力促发展的共同意愿更加强烈。建强委员履职阵地，推进7个委员工作室特色化、标准化建设，让委员工作室成为推动政协工作向基层延伸、深入服务群众的重要平台。

深化联络联谊增信心。支持和保障民主党派、工商联和无党派人士参与政协履职活动30余场次，巩固社会各界多渠道合作、多形式建言、多平台参政的良好局面。加强宗教团体、民族村走访联系，助推寮顶回族村军事坑道文化园入选市级民族团结进步教育单位。推动构建亲清政商关系，开展“一联八”挂钩联系走访活动，深入了解企业、群众所需所求，助推解决问题40余个。密切与港澳台同胞、海外侨胞侨团的沟通联系，持续跟踪服务两岸商品集市、台湾嘉仁游艇等项目，联络世界温州人联谊会、侨商会、华商会等团体，引导鼓励乡贤回归、能人带富。深化“三访三助”“六送下乡”等活动，拉伸履职宽度、拓展履职广度、做实履职深度，重点在扶贫助残、捐资助学、应急救护、防疫物资捐赠、老年食堂建设等方面，开展聚力行动85场次，发动委员累计捐款捐物770余万元。

四、倾注干事创业恒心，在提升履职能力中彰显政协新貌

一年来，我们高效履职，主动适应增强现代化履职能力的新要求，加强队伍建设，注重协同联动，努力以务实作风展现新时代人民政协新样子。

高集成构建政协制度运行体系。强化系统思维，认真贯彻《中国共产党政治协商工作条例》，完善综合性和专项性制度相配套、政协工作和党政工作相衔接的制度机制。制定全体会议、党组会议、常委会会议、主席会议工作规则，协商工作规则、专门委员会通则等16项制度，修订党建工作、政协履职、机关运行等规定，逐步形成权责清晰、程序规范、运行高效的制度体系，切实提升履职整体效能。加强互通互融，建立与省市政协、民主党派、区直部门的协作机制，形成上下联动、左右协同的工作格局。

高水平推进政协履职工作创新。完善专题协商、提案协商、基层协商和监督协商“四位一体”的协商民主新格局，创新推动政协协商民主建设落到实处。深入开展“一县一亮点”创建工作，打造履职精品，形成《创新“协商＋回访”机制 推进政协履职成果转化落实》亮点项目，获全市评比二等奖。深入推进“数字政协”建设，全面贯通省市政协“六大在线”综合应用，自建学思笃行、百岛连心桥、委员履职考核、提案系统等特色场景应用4个，开展在线履职活动37场次，放大“协商之治”与“数字之治”的融合叠加优势。

高标准加强政协“两支队伍”建设。持续加强委员队伍建设，制定《关于强化政协委员责任担当的实施意见》，举办政协委员履职培训班2期，不断提升委员履职能力。强化委员履职服务管理，修订完善委员履职情况量化考评办法，组织开展政协常委年度述职、争先创优活动，评选优秀提案6件、先进界别组2个、优秀委员和先进界别组召集人22名，委员履职积极性明显提高。实施委员“暖心”工程，开展主席接待委员日、走访看望委员等活动，建好有温度的“委员之家”。持续加强机关干部队伍建设，以党建统领的学习型、服务型、创新型、智慧型、清廉型“五型”机关建设为抓手，扎实推进模范机关、清廉机关建设，着力培育一流政治品质、争创一流工作业绩、锤炼一流实干作风、锻造一流过硬队伍，政协机关服务保障能力得到新提升、精神面貌呈现新气象。

各位委员、同志们，一年来区政协所取得的工作成绩，是中共温州市洞头区委坚强领导和上级政协关心指导的结果，是区人大常委会、区政府、社会各界大力支持的结果，是历届区政协老领导、老同志热情关心的结果，是政协各参加单位和广大政协委员共同努力的结果。在此，我代表区政协常委会向所有关心支持政协工作的各级领导、各界人士和为政协事业发展作出贡献的广大委员致以崇高敬意和衷心感谢！

在看到成绩的同时，我们也清醒认识到，工作中还存在一些问题和差距，主要表现在政协协商民主体系有待进一步完善，凝聚共识的针对性实效性有待进一步提高，数字政协共建共享和迭代升级有待进一步推进，政协委员联系服务界别群众的方式有待进一步优化等，这些都需要认真研究，不断加强和改进。

2023年工作任务

2023年是全面贯彻落实中共二十大精神的开局之年，是“八八战略”实施20周年，也是海上花园建设20周年，做好新一年政协工作意义重大、使命光荣。区政协工作的总体要求是：坚持以习近平新时代中国特色社会主义思想为指导，全面学习贯彻中共二十大精神，深入贯彻落实习近平总书记关于加强和改进人民政协工作的重要思想，坚定捍卫“两个确立”，坚决做到“两个维护”，奋力推进“两个先行”，在中共温州市洞头区委的坚强领导下，以建设名副其实的海上花园为方向指引，聚焦聚力产业聚变、城市蝶变、幸福跃变，深入践行全过程人民民主，坚持发扬民主和增进团结相互贯通、建言资政和凝聚共识双向发力，充分发挥专门协商机构作用，奋力当好新时代加强和改进人民政协工作排头兵，努力在以中国式现代化引领共同富裕海上花园建设中贡献政协智慧和力量。

一、铸牢忠诚之魂，以更高站位坚定跟党走、奋进新征程

毫不动摇坚持中国共产党对政协工作的全面领导这一根本政治原则，切实增进“同心向党”的政治共识。深入学习贯彻中共二十大精神。完善习近平新时代中国特色社会主义思想学习座谈会制度，深入开展“同心跟党走、奋进新征程、建功新时代”系列活动，夯实深刻领悟“两个确立”、坚决做到“两个维护”的思想根基，坚定不移做习近平新时代中国特色社会主义思想的忠实信仰者、坚定维护者、实践引领者。持续深化政协党的建设。构建政协党的组织体系、责任体系、制度体系，紧紧围绕中共中央决策部署和省市区委工作要求履职尽责，全面落实党建工作、党风廉政建设、意识形态工作责任制，擦亮“三聚协力·同心向党”党建工作品牌，切实把党的组织建到政协履职链上，高质量推动政协党的组织和党的工作“两个全覆盖”，努力形成以党建强政治、促履职、带队伍、增团结的良好局面。

二、激发政协之能，以更强担当赶考共富路、助推新发展

坚持党政工作推进到哪里，政协履职就跟进到哪里。锚定共同富裕海上花园建设，紧扣“三变战略”“七个坚定不移”等目标任务，同心勠力、同轴发力、同向助力，积极打造全过程人民民主实践新高地。紧跟省市决策部署汇智聚力。围绕实施数字经济“一号发展工程”、营商环境优化提升“一号改革工程”、地瓜经济提能升级“一号开放工程”等，开展形式多样、高效务实的协商监督活动，提高建言靶向性和含金量。紧贴党政工作重点协商议政。聚焦新兴产业发展提速、传统制造业转型提质、“外快内畅”交通路网构建、港城融合发展等开展专题协商，围绕国家级全域旅游示范区创建、绿色低碳高质量发展、全域美丽空间管控、滨海城市文化地标打造等开展民主监督，着眼推进乐瓯洞一体化发展、跨境电商发展集聚区建设、存量成长型企业培优、地域文化挖掘和提升等开展专题调研，助推共同富裕海上花园高质量发展。紧盯群众关注热点献计出力。聚焦燃气扩面、供水改造、助残服务、创富致富等开展协商议事，围绕政府民生实事项目实施、强村富民行动落实等开展民主监督，就综合养老服务体系建设、托育机构普及普惠发展等开展专题调研，助力提升群众获得感。紧扣基层治理难点建言献策。聚焦推进和美乡村建设等开展专题协商，围绕深化“大综合一体化”行政执法改革等开展民主监督，对完善基层矛盾纠纷多元化解机制等开展专题调研，助力区域社会治理体系建设和治理能力现代化水平提升。

三、凝聚奋进之力，以更大格局画好同心圆、勇担新使命

高举团结和民主两大旗帜，坚持一致性和多样性统一，把凝聚共识融入政协各项履职中，最大限度把党的主张转化为各界人士的共同意志和自觉行动。注重团结聚共识。广搭民主党派、工商联和无党派人士在政协履职的平台，密切同民族宗教界人士、港澳台侨代表人士、新的社会阶层人士的团结联谊，加强在外商会、乡贤、知名人士的走访联系，形成从党内到党外、从委员到界别群众的凝心聚力工作格局。发挥委员会客厅、委员工作室等阵地作用，深化委员联系界别群众机制，深入开展“大走访大调研大服务大解题”“六送下乡”等系列惠民服务，鼓励支持委员就近就地开展结对联系、调查研究、民情互动等群众工作，更好倾听人民呼声、反映人民诉求、集中人民智慧。注重文化凝共识。大力推进“书香政协”建设，依托政协书画院、海上花园文化会客厅、委员在线读书主题群等平台载体，构建线上线下相结合，多层次立体化读书矩阵，高质量开展委员读书交流活动，营造新时代人民政协崇学新风尚。充分发挥文史资料“存史资政、团结育人”功能，积极参与闽瓯文化研究，编辑出版洞头文史资料、书画艺术作品集等，涵养洞头文化底蕴，做到以文化人、以文聚人。注重宣传扩共识。做好政协新闻宣传工作，做优《百岛连心桥·委员有话说》栏目，密切与省市区新闻媒体沟通联系，加强政协主题宣传策划，创设“百岛崇学·书韵共享”广播栏目，形成全媒体协同发力的传播新格局，以“好声音”赢得共鸣，用“正能量”汇聚合力。

四、恪尽协商之责，以更实举措提质增效能、开创新局面

深入落实《中国共产党政治协商工作条例》，扎实推进专门协商机构建设，积极探索协商民主的新路径和新载体，凸显全过程人民民主的鲜明特征和优势作用。深化协商平台建设。持续建好用好“请你来协商”等平台，进一步擦亮民生议事堂“三位一体”工作品牌，加快推进协商驿站建设，构建系统完备的协商制度体系，促进政协协商与基层协商有机融合。丰富民主监督形式。加强与党政工作有效衔接，完善知情明政、办理反馈等机制，寓监督于协商会议、视察调研、提案办理、反映社情民意等活动中，探索政协民主监督与纪委监委专责监督融合机制，集成运用专项集体民主监督、联动监督等形式，提高民主监督实效。深化“数字政协”建设。全面贯通省市政协统建应用，迭代升级委员履职考核、提案系统等自建特色应用，有效开展网络议政、远程协商等履职活动，推进政协工作全方位、系统性重塑，切实把互联网这个“最大变量”转化为更好广集众智、广聚共识的“最大增量”。提升履职工作质效。不断深化“基层吹哨 政协报到”、履职成果转化、提案“双向评议”等机制，以更大力度推进新时代政协工作提质增效。持续开展“一县一亮点”创建、优秀理论文章征集评选等活动，努力打造更多具有洞头辨识度的工作精品。

五、夯实履职之基，以更高标准重塑变革力、焕发新气象

全面贯彻新时代党的自我革命战略部署和全面从严治党战略方针，积极推进现代化履职能力建设，以奋进者的姿态交出政协履职高分答卷。全面加强委员队伍建设。突出抓好委员专业知识、专业能力、专业精神的培育，全面提升与专门协商机构相匹配的过硬本领。优化政协委员队伍结构，加强委员学习培训，完善履职服务管理，健全评价激励机制，展示委员时代风采。全面加强专委会自身建设。培育专委会履职亮点，推动专委会“专”出特色、“专”出质量、“专”出水平。加强政协界别组、街道（乡镇）政协联络组的联系指导，充分发挥界别组作用，鼓励支持联络组开展活动，更好彰显政协特色优势。全面加强机关队伍建设。坚持严管厚爱相结合，深入推进“五型”机关建设，不断提高政协机关干部素质能力，教育引导机关干部弘扬高度负责、吃苦耐劳、无私奉献精神，为高效履职提供优质服务。密切与省市政协上下联动、与兄弟单位协同协作，着力增强政协工作的贯通力、凝聚力。

洞头区学习贯彻中共二十大精神

2022年，洞头区委始终把学习宣传贯彻中共二十大精神作为首要政治责任，扎实开展“六学六进六争先”学习实践活动，通过专题学习、宣传宣讲、对标落实等活动，确保中共二十大精神传达到全区每个支部、每位党员，引导全区上下深刻领悟“两个确立”的决定性意义，增强“四个意识”、坚定“四个自信”、做到“两个维护”，推动二十大精神在洞头落地生根、开花结果。

一是把握精神实质，推动中共二十大精神走心入脑。组织收听收看中国共产党第二十次全国代表大会开幕会，收集党员干部、群众热议1500多条。印发《中共温州市洞头区委关于认真学习宣传贯彻党的二十大精神的通知》，通过“六维共学”，实现学习全面覆盖。开展中共二十大精神学习“原文通读”活动，各街道（乡镇）工（党）委、区直属各单位党委（党组）理论学习中心组开展学习研讨会，撰写学习心得体会，通过集体学习、专家辅导、研讨交流、个人自学等方式，实现全区干部学习全覆盖。召开全区领导干部大会传达贯彻中共二十大精神，利用“海上花园 名家讲坛”“周一夜学”“主题党日”等线下载体，联动“学习强国”“网络学院”“百岛洞头”等线上平台，推出高品质微课网课，引导党员干部主动学、深入学、循环学。召开区委理论学习中心组研讨会，组织专家学者围绕新观点新论断新思想开展系统研究，形成洞头学践结合的理论成果。开展中共二十大知识测试、青年理论赛，进一步激发全民爱党之情。引导企业合理利用微时间、微阵地、微载体，打造非公企业“工前课堂”“车间课堂”等学习品牌，利用班组晨会、工前十分钟、餐间休息等时间组织党员职工开展学习，引领企业高质量发展。围绕党史、习近平总书记重要讲话精神等23个学习主题，组织学习活动1050多场次。

二是组织“一团三讲”，掀起中共二十大精神宣讲热潮。组建“区委党的二十大精神大宣讲团”，开展“书记带头讲、局长条线讲”“专家深入讲、记者互动讲”“干部入户讲、青年流动讲”，形成多维度宣讲格局。组织船老大宣讲团、海霞宣讲团等基层特色宣讲队伍，进机关、进社区、进农村、进企业、进校园、进军营、进网络，开展集中宣讲。发挥海霞培训中心、洞头先锋女子民兵连纪念馆等阵地作用，采取“基层点单”“巡回报告”形式，深入开展“党的二十大精神基层巡讲”活动200多场。

三是突出“四端发力”，全面营造学习宣传浓厚氛围。做好中共二十大重要文件的发布和解读报道，积极反映全区各单位学习宣传贯彻中共二十大精神的动态和举措。区级媒体利用“报、台、网、微、端、屏”等全面开展宣传，开设“一把手谈”等专题专栏，深入宣传全区上下学习贯彻情况。持续开展“奋进新征程，建功新时代”主题宣传活动，全面宣传推介中共十八大以来温州取得的重大成就，讲好温州谱写“两个先行”篇章的生动故事。围绕中共二十大等主题主线，在央视、《人民日报》、新华社等中央主流媒体报道洞头1996条（次）。

（曾琦钰琼）

洞头区创成全国义务教育优质均衡发展先行区

2022年4月20日，教育部公布的义务教育优质均衡先行创建县（市、区、旗）名单，洞头区入选。2018年启动创建工作，洞头区委、区政府把义务教育优质均衡发展作为落实习近平总书记建设“共同富裕”和“海上花园”指示的孵化器奠基石。围绕四项“基本任务”和20项“攻坚清单”，针对陆岛实际，确立以“优质均衡发展，夯实区域社会共富基础”为思路，聚焦“保障体系”“优化配置”“生本德育”“队伍建设”等方面持续发力，先行先试。2021年6月和9月分别通过省级初评与复评督导评估。

一、完善保障体系，夯实教育基础。健全长效工作机制，完善区长专题研究教育工作会议制度、区主要领导挂钩学校、区人大政协专题调研监督、部门联动攻坚克难等制度，形成合力巩固创建成果局面。加大财政投入。“十三五”期间，全区教育投入21.14亿元，年均增长8.8%。2021年，教育总投入5.74亿元。一般公共预算教育支出为4.76亿元，比2020年增长3.88%，占全区一般公共预算收入的14.27%。优化校网布局。根据《洞头区教育设施专项规划》，通过新建、合并、迁建、扩建等形式，调整优化校网布局。新建实验小学、霓屿义校、迁建海霞中学、改扩建灵昆中学、拆建东屏中心小学综合楼等工程，推进元觉义校建设。把霓屿3所中小学整合成义务教育学校，城关三小并入实验小学，引进知临教育集团首创洞头区民办乐成寄宿中学。全区每年财政安排1000万元“小型基建”专项建设资金，探索温州市乡村“小而优”温馨校园建设，办好家门口优质学校。全区义务教育学校布局合理，校容校貌日新月异。

二、高位配置资源，促进共享共惠。实施教育装备信息化再提升3.0工程，全区中小学实现智慧黑板与一体机等交互式多媒体装备再升级覆盖面100%。深化“温馨教室“工程，三年内完成公办学校教室空调和新风系统全覆盖。利用教育信息化获省级1000万元奖补资金，撬动区配套资金3000万元，升级建成了IPv6，教育城域网宽为5G等硬件条件，满足全岛域“互联网＋教育”要求。围绕以智慧校园全岛屿覆盖，创客教育2.0技术，建设“全国智慧教育示范区”为目标，探索构建了创客教育大平台、课程体系、导师团队、评价体系建设等研究，带动以区域信息化促进优质均衡教育。坚持岛际交流，优化师资调配。出台《温州市洞头区中小学教职工校际流动实施办法》迭代流动新政3.0版，提出“393交流”办法，即教师3年可流动、9年应流动、至少3所学校工作经历。依据岛际实际，分为交流型、服务型和调剂型的普通教师和骨干教师交流，重点解决了名优师资源校际优化配置，实现岛际资源利用最优化。修订《洞头区乡村教师支持计划》，着力提高离岛教师待遇，同教龄同职称条件下，相对于城区教师工资，离岛小学教师每月多1860元。深化合作办学，缩小校际差距。深化城乡集团化办学，根据学校特点，建立紧密型、联盟型、合作型、托管型等模式，通过“名校＋新校”“强校＋弱校”“互联网＋义务教育”“本岛＋外岛”等结对形式，重点探索优化“紧密型”集团校中人财物统一管理最佳方式。借智深化北京“均优”教育集团托管灵昆中学；借力民办知临中学落户洞头“鲶鱼”资源，实现公办与民办校际间良性互动，最大限度实现教育公平。

三、突出以生为本，深化“五育”教育。搭建“五育”载体，通过沉浸式教育，以原生态场景熏陶，彰显教育的魅力。以德育为核心，注重学生全面发展。把“爱岛尚武，励志奉献”海霞精神、“众志成城”五岛连桥精神和“守望相助”“兰小草”精神，贯穿于德育教育全过程中，培养爱党爱国爱家乡情怀。深入落实劳动教育，成立区中小学劳动教育指导中心，推出区校两级劳动教育清单，利用省级劳动教育项目试点学校和市级劳动教育示范校，辐射全区，区级劳动教育示范基地建设实现全覆盖。以“心健”为抓手，聚焦学生全面发展。着力抓好“身心健康”教育，100%学校建有标准心理健康咨询室，教师心理健康证90%以上。通过建立机制，常态化落实心理健康教育。健全全区关爱弱势群体身心健康制度。借助大课间、“双减”平台，因地制宜增加文体2+1活动内容，培育高雅兴趣，促进心理健康。以“作业”为突破口，实现“轻负高质”。聚焦精准作业新模式改革。通过建章立制，全面健全“作业”管理措施，推进“精准作业”改革，探索“双减”背景下的“精准作业543”行动。制定《洞头区中小学作业指南》，突出“轻负高质”，实施核心素养作业“1+2+N”（必选型1+定制型2+自选型N）新样态项目，被列为温州市作业改革实验区研究项目，作专题发言。小学推进“分级分段分项”学业测评变革，赢得《浙江教育在线》媒体关注与认可。推进“精准辅导”行动。建立“薄弱学科、薄弱班级、关键学生”的“三包联”制度。教研员包联学科薄弱校，学校领导采取1+2方式包联班级，骨干教师采取“1+N”方式包联薄弱学生，层层补齐短板，为教育质量提升保驾护航。

四、注重管理实效，锻造教育队伍。提升党建引领力。坚持党组织统领，全面实施校长书记“一肩挑”，厘清学校管理决策及实施程序。全区所有学校均创设党建品牌，利用党员名师工作室，素养提升、亮牌示范、志愿服务活动月等抓手，深入开展党性教育。成立“教育党校”，建立党校培训学习、特色活动等管理制度。构建15分钟红色教育圈，成为“教育党校”教育主阵地；精心开发海霞文化课程和红色研学线路，打造红色研学模式；实施支部书记领衔教育教学重点项目，深入推进党建工作与学校发展水乳交融，相得益彰。提升校长领导力。以中小学校长职级制改革为抓手，强化校长行政领导力与课程建设力。持续深入以学校发展规划中“重点与特色”品牌发展为抓手，持续项目化推进，每年通过“校长想定、结果亮相、同台阐述、专家评议”等流程，凝练升华学校办学特色品牌，打造高品质现代化校园。扎实校园文化软实力建设，催生内涵发展，以学校核心文化引领，打造“理念文化、标识文化、制度文化、活动文化、班级文化”等整体链，实现文化一致性，通过文化元素浸润，构筑擦亮师生成长底色的亮丽风景线。借力“长三角”名优校长优质资源，有效促进校长品牌与文化领导力的提升。提升教师教育力。区委区政府出台《洞头区基础教育质量提升“扬帆行动”实施方案》，以“扬帆行动”为抓手，部署义务教育强基三大行动，通过师资队伍建设、办学机制优化、绩效分配改革、教育质量评价等举措，力促基础教育教学质量大提升。开设名师工作室16个，遍布全岛域，培育区域骨干教师，辐射年轻教师；与浙师大联合办班，实施“卓越教师”专项培养计划；推荐教师参加教育部乡村教师培训，参加浙派名师培训，组织教师参加省网络名师工作室学习。实施新教师“三三行动”培养计划，采取三个月集中跟岗、三年“青蓝结对”的方式，加快新教师成长。2022年，洞头区新增特级教师1名，省教坛新秀1名，市级名师5名。

（王余坚）

全省首批生态文明建设实践体验地创成

2022年8月31日，浙江省美丽办组织开展生态文明建设实践体验地评选工作，评选出第一批13个生态文明建设实践体验地，洞头区入选，成为全市首个省级生态文明建设实践体验地。洞头区以东岙村、半屏韭菜岙沙滩、南北爿山岛为示范点，展示洞头践行“绿水青山就是金山银山”理念，全面做好海岛保护、修复、提升三篇文章，利用生态杠杆撬动美丽经济，逐渐走出一条“碧海蓝天”向“金山银山”转化的海上花园共同富裕之路。

一、尊重自然本色。洞头区充分坚持保护优先、自然恢复为主，通过蓝色海湾整治、山水林田湖草生态修复试点，实现“水清滩净、鱼鸥翔集、人海和谐”的美丽景象。实施“破堤通海”工程，破开曾经让洞头实现陆海相连的灵霓大堤，让时隔15年的“两片海”重新联通，为瓯江洄游鱼类让道，恢复鱼虾繁衍栖息地；打造“十里湿地”，种植万亩海藻场、千亩红树林、百亩柽柳林，增加潮间带生物多样性，海洋碳汇功能逐渐体现；建设“生态海堤”，15千米硬化海堤修复成为“堤前”湿地带、“堤身”结构带、“堤后”缓冲带的滨海绿色廊道；修复被过度挖掘、侵蚀蜕化的10个砂砾滩，修复面积15万平方米。完成国家级海洋牧场人工鱼礁3.6万空方投放，2016年以来累计增殖放流海洋生物超7亿单位。央视《新闻联播》《焦点访谈》及《美丽中国》纪录片第一集《水清岸绿》相继报道洞头生态修复成效，入选新中国成立70周年成就展。

二、扮靓海岛花园。通过严格控制海岛天际线、山脊线与海岸线，保持山、海、城、岛之间独特景观风貌。洞头从2015年起不再审批新增围填海，实施最严格的无居民海岛保护措施，最大限度保护海岛生态安全。全面实现污染企业退居入园，淘汰全区所有燃煤锅炉，渔粉加工业全面退出，近岸高污染网箱全部“退养还海”，腾出宝贵生态空间。实施古渔村保护行动，对21个历史文化村落严格实行规划管控，全区4000多幢石屋魅力得到完好保持。建立海湾垃圾治理体系，年均清理海洋垃圾6000多吨，每月开展最美、最脏沙滩考核排名并向社会公布，入选生态环境部首批美丽海湾优秀案例。

三、催生美丽经济。在“绿水青山就是金山银山”理念带动下，洞头区秉持生态美带动产业美、生活美目标，依托可开发滩涂、沙滩、渔港等13类海洋资源优势，打造离岛游、跳岛游生态圈。实施十大花园细胞工程，建成10条美丽乡村风景线、70个花园村庄，扮靓精致全域大花园，涌现出“七彩洞头村”“中屿等到你”等一批网红打卡点、网红民宿、网红渔村等。盘活古村落成为民宿集聚地，形成白迭、花岗等13个精品民宿村，截至2021年年底，全区共有民宿498家5306张床位，接待游客695万人次，过夜游客占比为41%，户均年收入超15万元，海岛人民搭上“两山”转化的共同富裕快车道，深刻感受到碧海蓝天也是金山银山。

（应凌锋）

洞头区"共享社·幸福里"建设

2022年,洞头区现代社区暨"共享社·幸福里"建设涉及6个街道乡镇(不含灵昆)83个村社,包括行政村65个、城市社区16个、未改制农村居2个和小区44个。制定村社(小区)"共享社·幸福里"建设三年行动计划,实现全区83个村社和44个小区全覆盖。发挥机关党员"两地双评议"制度优势,实施小区"一包五联"机制,全年共有机关干部常态化下沉服务2200多名。聚焦服务"一老一小",梳理建立"幸福要事项目库",累计办理"幸福要事"433件,完成率100%;开展党建引领老年助餐服务"四个一"系列活动,创新打造"e食无忧"场景,串联邻里食堂、集中取餐点共72个,助餐覆盖面100%。

一、聚焦多元参与,推进共治共享。坚持以党建统领,想方设法把"上下左右"各方资源下沉到村社(小区),全方位充实创建攻坚工作力量。选优配强"领雁力量"。实现全区44个小区党组织组建全覆盖,注重从机关事业单位离退休党员、乡贤能人中选聘书记,实行小区党组织书记"社提街任"机制,小区党组织书记全部由社区推选后,由街道(乡镇)任命。深入挖掘"内部力量"。持续深化机关党员"两地双评议"机制,2200多名机关党员干部全部认岗、亮相并开展服务。通过不定期举办小区文化节、邻里节、趣味运动会等活动,鼓励医生、教师、律师、技术人才等有专业知识技术的小区居民,利用一技之长为小区居民开展服务活动,增进邻里关系,排摸全区各村社(小区)兴趣小组成员688人。联动区民政局开展专职社区工作者的招聘,全区共有专职社区工作者86名。用足用好"部门力量"。创新实施小区"一包五联"机制,即"每个小区都有1个包联部门、1名包联部门下沉干部、1名街镇联系领导、1名街镇驻小区干部、1名村社两委干部以及1名住建部门联系指导员",明确协调解决问题、开展暖心服务、督促任务攻坚3方面职责,全区52个住宅小区实现全覆盖,确保"有人监管、有人督促、有人协助"。

二、聚焦群众需求,保障民生服务。聚焦"一老一幼"提升精准服务。全力推动"我为老人做一餐、我为老人捐一餐、我为老人送一餐、我为老人助一餐"等党建引领老年助餐服务"四个一"系列活动,巩固拓展老年食堂运营成果,提高老年助餐服务覆盖面。全年建成老年食堂30家,助餐点42家,村居覆盖率78.26%。加快推进社区公共服务和设施适儿化改造,打造儿童阅读"微空间"、儿童运动"微场所"等儿童友好空间。紧盯"幸福要事"破解急难愁盼。紧扣乡村振兴、共同富裕等重点工作,结合本地实际,围绕便民利民类、结对帮困类、交通出行类、基础设施类、群众活动类、公共服务类、环境改善类等七方面重点,按照每年每个部门2件、街道(乡镇)5件、村社3件实事的底线要求,梳理建立"幸福要事项目库",入库433件"幸福要事"。通过全流程跟踪督办、全过程对外公开、全方位比擂争先的方式,紧盯落地见效。打造"共富工坊"聚力扩中提低。结合洞头地域特色和产业特点,以街镇为单位,排摸梳理村社闲置劳动力、企业共富项目(岗位)供给、村社产业需求等"共富三张清单",搭建共富创业基地,做实部门连村社、强村带弱村、村企抱团发展、串点成线等机制,激活渔农业产品、洞头传统文化等本土特色产业,逐步形成了"一街一特色一品牌"的共富工坊,有力推动农民增收、企业增效、集体增富。打造大门来料加工、东屏旅游文创、霓屿厨娘产业、鹿西黄鱼养殖等共富工坊47个,带动渔农民致富增收1602名。

三、聚焦基层治理,建强社区力量。深化网格智治体系。把疫情防控、文明城市创建等攻坚工作作为检验"共享社·幸福里"建设的主战场,调整优化全科网格152个,细致划分1785个微网格,按照"1+3+X+Y"的模式配备网格人员力量,建立人员数据库,全年全区网格治理队伍共有3001人。常态化用好"六队三单""分组包户""组团包联"等工作机制,加强人员培训和实战演练,确保基层动力主轴一贯到底。激发社会组织活力。大力开展"红社惠民"行动,积极引入社会公益组织,鼓励社会组织开展为民服务、养老照顾、公益慈善,促进和谐、文体娱乐和农村生产技术服务,构建固定的联系服务机制,通过"点单+派单+接单"机制,避免供需"不对路"、活动"一阵风",目前共发动19家社会组织结对26个村社,充分发挥志愿者的专业优势,面向群众开展各类服务活动,全年共开展活动30多场,服务群众1000人次。夯实除险保安工作。主动对标"除险保安"重大部署,结合"共享社·幸福里"建设,集中开展村社(小区)"大走访、大调研、大排查"行动,地毯式扫清风险隐患,逐项制定化解和防范措施,确保"发现一个、整治一个、销号一个",把工作落实落细到最小单元。同时,建立"村社微治理防疫一览图",健全包联走访微网格机制,制定网格重点人员、重点场所、重点事项"三张清单",把问题隐患化解在萌芽状态。

(刘 欢)

洞头区共同富裕示范区海岛样板建设

2022年，洞头区贯彻全省高质量发展建设共同富裕示范区推进大会精神，推进共同富裕示范区海岛样板建设，加快打造一批标志性成果，探索一批共富机制性制度性创新模式。创成温州市首个国家义务教育优质均衡先行创建区。洞头诸湾入选全国8个美丽海湾案例。海岛公园入选全省大花园“耀眼明珠”。成功争取全国海洋类EOD项目。创建省级未来社区1个、省级未来乡村5个。洞头海峡同心共富特色产业风貌样板区获评省级风貌样板区试点。

一、注重上下联动，全域一体构建共富工作机制。建立工作体系。围绕系统构架图（1.0版），找跑道、定目标、建体系、抓改革。制订年度共富工作要点和行动计划，制定突破性抓手、典型案例、特色亮点、专项试点、村社项目、共富实招等六张清单。构筑政策体系。分类施策、靶向发力，因时因地制定研究共同富裕政策近20项，如区共富办制定出台就业增量提质、强村富民、慈善发展等行动方案，区委组织部制定党建引领“共富工坊”建设，区委宣传部制订高质量打造海上花园文化高地加快推进共同富裕海岛样板建设的行动计划等。明确目标体系。聚力聚焦关键指标，开展“砍尾脱后、争先进位”攻坚行动，对12项落后指标和7项争先指标按时间节点要求逐条对照、逐项分析、逐个落实，确保年度考核在全市争先进位。

二、实施十二项行动，精准施策缩小三大差距。洞头区设立八大专班做法，把共富12项行动作为重点抓手，每一项行动由区领导领衔推进。实施低收入群体托底帮促行动。全量归集各类救助帮扶政策。选取东屏街道作为低收入家庭综合帮扶集成改革试点区域。鼓励低收入农户创办养殖业、来料加工业、地方特色手工业，参与技能培训，实现“零就业家庭”清零。

实施重点群体就业创业促进行动。新增城镇就业1558人。开发公益性岗位55个，帮扶低收入家庭劳动力实现就业74人。完成各类技能培训30期，技能人才培训3042人次。

实施中小企业主和个体工商户扩容提质行动。推动个体纾困政策精准惠及商户112家。发放个体户创业担保贷款118万元。

实施特色产业富民攻坚行动。做优养殖、民宿、星光经济等富民产业，推进“两菜一鱼”地理标志富农。推行“北参南养”新模式，推进鹿西规模化养殖、黄鱼岛智慧渔场建设。盘活闲置农房和宅基地，全区农房盘活率超25%，带动农户就业3000多人。

实施强村富民集成改革行动。推进霓屿强村公司共富联盟、大门共富工坊、北岙艺术家入村等工作。用好街镇强村公司，发挥2亿元海岛振兴基金作用，全年村级集体开工共富项目32个，总投资24571万元。

实施要素市场化配置行动。推进海洋版“两山合作社”探索实践，探索海洋生态产品价值实现机制。落地全市首笔地理标志证明商标质押贷款全区首笔碳减排贷款。推进全民授信工作。上线“全民授信”2.0版，推动“全民授信”扩面提额，惠及百姓10535户8.97亿元。

实施普惠养老托育服务行动。聚焦“一老一小”优化公共服务，新增持证养老护理员10人，每万名老人持证养老护理员33.48人，新增托育机构3家、托位130个。养老服务方面，在打水鞍社区、后寮村、布袋岙村建设3所集照护、保健、访视为一体的服务驿站，推进老年食堂规范化管理。托育服务方面，实行“日托”“临时托”“延时托”等多种灵活入托方式，实现每千人拥有托位4.65个，居全市前列。启动儿童友好城市建设，打造海窑艺术中心等儿童友好实践基地10个。

实施共同富裕未来单元建设行动。新建海悦城未来社区，入选省第五批未来社区创建名单。推进省级未来乡村试点建设，新增“北岙古渔村”“霓屿上和下睦·花园新社”“东屏东岙·七夕明月湾”“北岙红色福地·海霞故里”等四个省级未来乡村试点，推动智慧场景落地。洞头海峡同心共富特色产业风貌样板区获评省级风貌样板区试点。

实施慈善发展促进行动。制定出台慈善发展促进行动实施方案、慈善共富积分激励管理办法（试行），加强慈善捐赠激励、慈善组织监督管理等工作。

实施精神文明高地建设行动。弘扬海霞精神“十二个一”工程，洞头先锋女子民兵连纪念馆项目入选中宣部红色基因库数字化项目试点。打造海霞村共富场景，发展培训、研学、文创销售等产业。举办干部培训32期，开发无线电测向、光电射击运动等8项课程，开展海霞精神进校园和海霞板凳讲等活动3期，推出“海霞少年育苗行动”项目。常态化开展宣讲工作1000多场。

实施现代社区建设和“共享社·幸福里”建设行动。全域推进“共享社·幸福里”建设，累计完成“幸福要事”152件。完成15个“两无”小区的党组织和自管小组组建工作。打造“1+5”幸福单元新场景10个。

实施数字治理强基行动。打造

区域整体智治海岛样板，助力海上枫桥建设，打造“海域智管”等多跨场景，“数智渔业”获得省数字化项目“金翼奖”。

三、开展“五城联创”，实干实效提升公共服务品质。实施“浙江有礼·兰草馨香”十大行动。制定印发《洞头区高水平深化文明城市建设三年行动方案》《洞头区全国文明城市十大顽疾专项整治工作方案》等指导性文件，整改提升全区全部89个新时代文明实践所站。建成亚洲螺钿艺术博物馆。完成50个品质文化生活圈建设。推进儿童友好城市建设。出台《洞头区关于建设儿童友好城市的实施意见》，完成同心公园、区人民医院等7个试点单元适儿化改造方案，打造10个儿童友好实践基地。推进青年发展型城市建设。实施家燕归巢、乡村振兴领头雁、青年之家等一批洞头辨识度项目，建立青跑堂、青书会、青手作、青影评等社群联盟19个，打造“15分钟青年社交圈”。创成省级青创农场3家，培育农创客、新农人100名。推进老年友好城市建设。推进老年食堂规范化管理办法、养老服务优质均衡发展扶持政策、康养联合体建设实施办法等“1+X”的老年友好城市建设政策集成。制定养老服务设施布局方案，形成养老服务一张图。推进区中心敬老院项目建设，投用温州市福利养老院，设立老年食堂爱心基金，募集善款30多万元。推进平安法治示范城市建设。高水平推进平安洞头、法治洞头建设，创新“一网一图一码一库一队”五一工作法。成功夺得平安中国建设最高荣誉“长安杯”。连续17年获得省级平安区，捧回全省首批一星平安金鼎。

四、聚焦“三个一批”，因地制宜打造共富标志性成果。加快打造一批标志性成果。推进蓝湾生态富民。采用“村企共建”模式，修复后的沙滩租赁给企业管理、维护等。村民通过参与陆域配套设施建设、后续运营等方式获取收益，实现农民转产增收、企业获益增效。洞头“修复蓝色海湾打造生态共富海岛样板”入选全省首批共同富裕示范区最佳实践。已两次入选全国蓝色海湾整治试点。在生态文明国际论坛“海洋生态保护论坛”和全省十大海岛公园建设推进会上作介绍及典型交流发言。推进党建引领“共富工坊”建设。依托全域旅游、来料加工、渔农产品销售和海上养殖等洞头特色产业，陆续建立厂房式、居家式、联盟式等共富工坊2.0版47家，吸纳农村就业人数1602人，带动低收入农户增收300多人。创新发展“海上枫桥”模式。推进海上枫桥样板工程，在多调联动、诉源治理、调解组织、志愿服务等领域先行先试，全力防范化解各类矛盾风险隐患。“百岛洞头”长治久安，十多年保持命案零发，群众满意度保持在98%以上，治理工作多次获中央政法委调研肯定，海上枫桥模式成为共同富裕的生动实践。

加快探索一批共富机制性制度性创新模式。构建共富创收新机制。东屏街道“以屋生财”“抱团取暖”等共富创收模式，撬动温州左舍等社会资本联动开发“海天左舍”“小巷餐厅”“转角小酒馆”等精品业态，发展沙滩经济、物业经济，每年为村居创收超100万元。推进共富联盟实体化运作，霓屿街道借力霓虹强村公司和三条龙旅游发展有限公司2个平台，串联起产业发展与群众增收，在街道农发公司的基础上，10个村注资300万元用于强村公司起步发展。出台《社会资本参与海洋生态修复项目建设管理试行办法》，吸引10多家民企参与海洋生态修复项目。探索社会资本参与海洋生态修复以来，已实施七大PPP项目，带动社会总投资近50亿元，民间投资占比由30%提升至70%以上。构建共富型大社保机制。开展“医保纾困·携手共富”行动，全区资助完成困难群众城乡参保4522人和益康保资助参保4925人，多渠道筹措资金帮助自付5万元以上贫困人员化解高额医疗费用。构建养老供给化服务机制。出台区《老年食堂规范化管理办法》，建立老年食堂三星级评定机制，老年食堂“e食无忧”场景应用入选2022年省“两会”“数字化改革成果展”VR场景和全省民政数字化改革第一批优秀应用，获全市养老服务改革突破试点创新案例第一名。

加快谋划一批重大改革方案。研究出台《温州市洞头区困难群众提低兜底保障工作实施方案》，初步建立帮扶政策数据库，提出提低兜底保障政策及就业创业帮扶举措。开展强村富民集成改革。引导组建强村公司共富联盟。实施要素市场化配置改革，推动海洋版两山合作社实践。开展闲置农房和宅基地激活工作，适度放活农房使用权。累计整村保护性开发虎皮房村落13个，激活闲置农房631栋，形成伴精选、玖栖海上桃源里等精品民宿群落13个，带动渔农户就业673人，民宿户均年收入超15万元。推进海岛普惠金融改革2.0版。制定《洞头区金融助力共同富裕海岛样板建设实施方案》，落地全市首笔地理标识证明商标抵押贷款，创新巾帼"共富贷”“海洋碳汇贷”等产品。

（厉海晓）

大事记

1月

5日，全区数字化改革项目成果观摩会和数字化改革工作推进会召开。会议听取洞头渔业产业大脑、老年食堂e食无忧应用、“浙海安康”海洋灾害应用、基层政治生态数智应用及议题管理系统等五大系统应用演示等汇报。区委书记郭云强主持并讲话。区领导林铁参加会议。

同日，洞头温州佳海食品有限公司博士创新站和温州新亮水产种业有限公司博士创新站认定为2021年温州市博士创新站。

6日，区委召开检察工作会议。区法院、区公安分局、区司法局作交流发言。区委书记郭云强作部署讲话，市检察院党组书记、代检察长柴峥涛到会指导。

7日，2022年温州市海港口岸疫情防控应急演练在洞头区开展。

8日，浙江省文化和旅游厅公布首批100个“浙江文化标识”培育项目，洞头区海霞文化项目名列其中。

10日，洞头区首家券商营业部——财通证券洞头营业部正式揭牌营业。

12日，“永远跟党走”温州市党史学习教育主题报告会洞头专场举行，聆听洞头先锋女子民兵连代表曾秀红等7位先进事迹报告。

13日，全区领导干部会议召开。会议传达市委十二届十四次全体会议精神，研究部署洞头贯彻落实工作。

同日，洞头区教育第三幼儿园被评定为2021年省一级幼儿园。

14日，区委信访工作会议召开。

20日，浙江省委办公室、省人民政府办公室命名2021年度浙江省新时代美丽乡村示范县名单，温州市洞头区入榜。

21日，洞头区开展新冠肺炎疫情防控“六大机制”实战演练。

22日，全区领导干部会议召开，传达学习省“两会”精神，研究部署贯彻落实意见。区委书记郭云强传达省委书记袁家军重要讲话精神、省政府工作报告精神并讲话；区人大常委会党组书记刘素婷传达省十三届人大六次会议精神；区政协主席汪慧平传达省政协十二届五次会议精神。

同日，洞头区召开党史学习教育总结会议。市党史学习教育第二巡回指导组到会指导，区领导郭云强、汪慧平、刘素婷、林铁等参加会议。

24日晚，区委常委会召开，传达学习习近平总书记在省部级主要领导干部学习贯彻中共十九届六中全会精神专题研讨班开班式上的重要讲话精神等，研究部署贯彻落实工作。

同日，浙江省旅游民宿产业联合会公布2021年度白金宿、金宿和银宿名单。洞头白迭汐语、水云见·潮民宿获评浙江省银宿。

25日，元觉义校新校区正式揭牌投用。

27日，全省第一批未来乡村建设试点名单公布，洞头区东屏街道半屏片区入选。

28日，洞头区信用智治综合改革（百家信）入选第三届“新华信用杯”全国信用案例。

29日，洞头诸湾优秀案例入选生态环境部“2021年美丽海湾提名案例”。

2月

9日，全区公安工作会议召开。

10日，2021年度党（工）委

书记抓基层党建和人才工作述职评议会、洞头区“村社擂台·三比三看”暨“党建连心·邻里守望”行动推进会召开。

同日，洞头区实验中学、东屏社区学校获评“浙江省现代化学校”。

12日，元觉街道获评2021年度浙江省“五水共治”（河长制）工作考核优秀乡镇（街道）。

14日，区委办公室印发《关于建立治“四风”树新风“1+X”协同监督工作制度的通知》。

17日至19日，政协第九届洞头区委员会第一次会议在洞头剧院召开。出席委员178名，实到委员161名。大会听取和审议汪慧平代表政协第八届洞头区委员会常务委员会向大会所作的工作报告和张释忠受政协第八届洞头区委员会常务委员会委托向大会所作的提案工作情况报告，并通过相关决议。选举产生政协第九届温州市洞头区委员会主席、副主席、秘书长和常务委员。大会期间，收到委员提案146件。

18日至20日，温州市洞头区第十五届人民代表大会第一次会议在洞头剧院召开。出席大会的代表189名，实到183名。大会听取和审议代区长何莉平代表区人民政府所作的政府工作报告和区人大常委会代主任张孚标向大会所作的工作报告等，并通过相关决议。选举产生洞头区人大常委会主任、副主任、委员，区长、副区长，区监察委员会主任，区法院院长，区检察院检察长。选举产生出席温州市第十四届人民代表大会代表20人。大会期间，收到代表建议144件。

21日，区委理论学习中心组召开（扩大）学习会，围绕《中国共产党纪律检查委员会工作条例》和党风廉政开展专题学习研讨。会议学习《中国共产党纪律检查委员会工作条例》；观看《中国共产党纪律检查委员会工作条例》解读视频；区领导林铁等围绕《中国共产党纪律检查委员会工作条例》谈学习体会。

22日，洞头区儿童友好城市建设工作领导小组成立，领导小组办公室（设在区妇联）。

同日，区委办印发《关于建立“实干争先强执行、共富花园大赶考”工作机制的通知》，重点实施六大工作制度。

23日，区委、区政府决定命名东屏街道垅头村、元觉街道花水潭村2个村和温州市洞头区北岙街道社区卫生服务中心、温州市洞头区综合行政执法局、中华联合财产保险股份有限公司洞头支公司、温州市洞头鹿港船舶修造厂4个单位为新一批洞头区文明村和文明单位。

28日，全区领导干部大会召开，传达学习温州市第十三次党代会精神，部署贯彻落实意见。

3月

2日，洞头区“迎亚运·讲文明·提品质”大会战志愿服务进网格活动启动。区领导郭云强、刘素婷、林铁、林上达、肖晓锵、郑雪园等参加活动。

4日，洞头区公共事务延伸管理服务中心暨政务服务中心瓯江口片区分中心入驻揭牌。

同日，洞头贝雕亮相中央电视台科教频道《探索·发现》栏目大型纪录片《匠人·匠心》。该片着重介绍洞头省级非遗项目贝雕技艺，展示洞头贝雕加工贝壳、切割、设计、雕刻等环节及成品。

8日，“海霞家国情共富大花园”2022年洞头区庆祝“三八”国际妇女节暨“芳华奋进巾帼建功”体验拓展活动在海霞广场举办。全区各界妇女代表、妇联干部近200人分别在主会场和2个分会场参加活动。

9日，省人大常委会副主任赵光君一行到洞头区调研。赵光君一行先后到霓屿街道下社村、东屏街道东岙村、洞头先锋女子民兵连考察红色教育基地调研。市人大常委会副主任仇杨均，区领导郭云强等陪同调研。

同日，区委决定在全区范围内开展政治生态建设状况评价工作。通过数据采集、动态监测、整改修复、全面自查、精准画像评价流程；实现三向抄告机制、三重审核机制、“廉动”净化机制等保障机制。

同日，“洞头羊栖菜”地理标志证明商标质押融资签约仪式举行，融资金额1亿元。

14日，全区领导干部大会召开，传达学习全国“两会”精神，研究部署贯彻落实意见。

15日，全国人大代表、浙江迪特高强度螺栓有限公司热处理车间主任滕宝贵到车间宣讲全国“两会”精神。

18日，洞头区获2021年度法治浙江（法治政府）建设优秀单位称号。

同日，洞头区获评中长期青年发展规划试点优秀单位。

23日，浙江省委副书记、省长王浩到洞头调研海洋经济发展、重大项目建设、生态环境保护、企业生产等情况。

24日，区委、区政府通报2021年度乡村振兴五星级示范村创建评定结果：东屏街道蓝港社区洞头片、元觉街道沙角村、东屏街道半屏社区为五星级示范村；大门镇大荆村、霓屿街道上社村、北岙街道大长坑村、鹿西乡东臼村获评单项奖。

25日，洞头区霓屿街道上下社片区、北岙街道海霞片区、北岙街道南塘片区、东屏街道东岙片区入选浙江省第二批未来乡村创建村名单。

同日，洞头区中屿旅游驿站获评浙江省二级旅游驿站。

29日，温州港5座5万吨至10万吨级码头集中开工，包括温州港状元岙港区二期工程5#、6#泊位。

同日，区委办、区府办印发《洞头区关于建设儿童友好城市的实施意见》。力争通过三年实现儿童友好元素在村（社区）、学校、医院、场馆、公园等公共空间全覆盖。

30日，全区巡察工作会议暨二届区委第一轮巡察工作动员部署会召开。

同日，全区基层党建工作会议暨党建引领“共享社·幸福里”全域建强工作推进会召开。会议展播全区及区外市内基层党建典型案例专题片，北岙街道、元觉街道、区教育局、区卫生健康局、洞头旅发公司作交流发言。

4月

1日，洞头区人民政府与中国农业发展银行温州分行签订合作框架协议，意向性总授信额度150亿元。

2日，洞头区连续17年获“平安区”称号。

7日，温州市洞头区科学技术局揭牌。

11日，市委书记刘小涛到市十四届人大一次会议洞头代表团与代表们审议市人大常委会和市中级人民法院、市人民检察院工作报告。

同日，洞头区法学会召开第六次会员代表大会，选举产生新一届理事会和领导班子。

13日，全区领导干部会议召开，传达学习市“两会”精神及市委书记刘小涛在参加洞头代表团审议的重要讲话精神，研究部署贯彻落实意见。

14日，洞头区创成省级食品安全示范县（市、区）。

15日，市政协主席陈作荣、市政协副主席陈胜峰一行到洞头督查全国文明城市建设工作。

18日，洞头作为海岛公园类入选全省第二批大花园耀眼明珠名单。

同日，国家税务总局温州市洞头区税务局纳税服务股（办税服务厅）、温州洞头海事处半屏海巡执法大队、温州市洞头区文化馆获评2020—2021年度浙江省青年文明号。

20日，洞头区入选教育部公布的义务教育优质均衡先行创建县（市、区、旗）名单，温州市唯一、浙江省仅4家。

同日，洞头区陆域引调水工程一期开工仪式在鹿西乡昌鱼礁码头举行。

23日，大门镇中心幼儿园工程正式开工建设。

同日，洞头区首个健康驿站正式揭牌启用。

24日，北岙街道鸽尾礁村、大门镇小门村、鹿西乡山坪村获评2021年度浙江省级善治示范村。灵昆街道双昆村、灵昆街道海思村获评浙江省善治村。

27日，洞头区《蓝土地文库》（第八辑）首发式暨“洞头青年作家专辑”发布会举行。

28日，浙江诚意药业股份有限公司固体制剂车间主任、工程师、中级工符帮武获全国五一劳动奖章。

同日，洞头区超百亿级重大新能源产业项目“温州洞头风电零碳产业园项目”和“温州深远海海上风电海工装备制造及服务基地项目”签约落户。

29日，洞头区委办公室、区政府办公室印发《洞头区基层治理系统建设暨数字化社会治理中心作战方案》。基本建成“1+6+N”的区乡基层治理智治系统（实体化打造1个区级数字化社会治理中心，做实建强6个街镇社会治理中心，重塑N个“一件事”流程）。

30日17时45分，温州首条直达美国洛杉矶的远洋集装箱干线开航。

5月

5日，洞头区城南路路段全线贯通。

13日，省委书记袁家军一行到洞头区开展考察调研与下访接访。先后察看诚意药业、东岙村和洞头区社会治理中心，了解洞头区蓝色海湾助力共同富裕、海洋生物医药产业、社会矛盾纠纷排查调处等情况，面对面接待约访群众。

同日，省科技厅党组书记何杏仁到洞头调研科技创新工作。

同日，省民政厅党组书记沈铭权一行到洞头调研养老服务工作。

15日，洞头区林加帅家庭获评全国最美家庭。

16日，区委理论学习中心组举行专题学习会，深入学习贯彻《信访工作条例》。

18日，2022年“兵团化作战”第一次擂台比拼活动举行。

同日，洞头区首个金融系统“共享法庭”在洞头农商银行正式启用，实现金融借款纠纷化解“一次不跑”。

19日，市委“大综合一体化”行政执法改革专项督查组一行到洞头调研，实地督察区“大综合一体化”行政执法改革推进工作情况。

同日，洞头区12幅渔民画作品入选“乡村百景图画卷绘共富”浙江省现代农民绘画（农民画）创作展。

20日，浙江温州海洋经济发展示范区正式挂牌。

同日，全市各县（市、区）人大常委会第78次联席会议在洞头召开，研究部署立法、代表、人大数字化改革等方面工作。市人大常委会主任葛益平、陈建明、王蛟虎、陈永光、刘峰参加会议。活动期间，先后考察区人大代表溢香联络点、韭菜岙沙滩、洞头先锋女子民兵连纪念馆等，了解基层人大工作、蓝色海湾富民工程等情况，并开展全过程人民民主、人大数字化改革专题培训。

同日，市政协主席陈作荣到洞头督查全国文明城市建设工作。

21日，2022年中小学生体育节羽毛球比赛在霓屿义校举行，全区16所学校80余名学生参赛。

22日，区委书记郭云强带队到龙港市、瓯海区考察交流，学习借鉴兄弟县市区在社会治理、行政执法、乡村振兴、疫情防控等方面先进经验和做法。

23日，区委理论学习中心组举行专题学习会，深入学习《习近平法治思想学习纲要》。

24日，洞头区首宗跨境不动产线上转移登记办理。

25日，区委办、区府办印发《洞头区全国文明城市建设工作“十个一律”责任追究办法》，包含追责情形、追责方式、追责程序。

26日，全区建设平安洞头工作会议暨区委政法工作会议召开。

27日，温州瓯江北口大桥正式通车。瓯江北口大桥全长7.9千米，连接乐清黄华与灵昆岛。大桥采用双向六车道设计，设计速度每小时100千米。大桥于2017年开工建设，总投资约88.36亿元。

同日，温州洞头区“修复蓝色海湾·打造生态共富海岛样板”入选全省“生态文明建设先行示范”最佳实践。

同日，市人大常委会主任葛益平一行到洞头开展六一国际儿童节慰问和儿童友好城市建设工作调研。

28日至29日，洞头区党政考察团到湖州市安吉县和杭州市临安区、余杭区考察。

29日，洞头区第七届家庭文化节暨首届海洋童玩节启动。

30日，区委理论学习中心组举行专题学习会，深入学习习近平在十九届中共中央政治局第三十七次集体学习会上的重要讲话精神。

同日，区委党建工作会议暨全区宗教工作会议召开。

同日，洞头区非遗百家坊（海陶）入选2022年度市首批“瓯越非遗百家坊”。

6月

1日，省政协副主席陈铁雄率队到洞头调研。

2日，状元岛河道水系治理工程（水工部分）通过竣工验收。该工程位于状元南片垦区，是状元南片市政基础设施工程PPP项目的重要组成部分，项目概算投资2.0484亿元。于2016年12月31日开工建设。

同日，洞头区海霞学院入选“第二批浙江省政法系统思想政治教育基地”。

3日，洞头区健康驿站工程（二期）开工，建设内容包含隔离间200间，医护间50间。8月31日，工程通过竣工验收。

6日，区委书记郭云强主持召开区委理论学习中心组（扩大）学习会，深入学习习近平总书记关于完整、准确、全面贯彻新发展理念的重要指示精神，落实省委关于高质量发展建设共同富裕示范区建设的部署要求，以新发展理念引领创新建设共同富裕海上花园。会议视频学习《浙江省委书记袁家军分享践行新发展理念的五点体会》，区政府领导围绕《2022年高质量发展建设共同富裕示范区重点指标情况通报》，谈创新工作思路。

同日，区委全面深化改革委员会第一次会议暨数字化改革领导小组会议召开。

8日，青海省海西州委副书记、格尔木市委书记汪山泉率党政代表团到洞头区调研民俗风情文化、海洋经济发展、蓝湾整治、红色基地打造等。

同日，洞头区召开委法院工作会议。

10日，温州港灵昆24—28号泊位工程一阶段完成沉桩施工。

15日，全市毒品集中公开销毁活动在洞头区举行。

17日，省发改委副主任吴红梅一行到洞头调研海洋经济发展情况，市委常委、常务副市长杨胜杰，区委副书记、区长何莉平等陪同调研。

21日，美国国家科学院院士、中科院外籍院士林海帆（洞头籍）当选国际干细胞学会主席。

同日，洞头区教育局、实验小学、元觉义务教育学校、霓屿义务教育学校、洞头职业技术教育中心等入选浙江省智慧教育平台地方和学校试点名单。

23日，省第十五次党代会代表林忠民到渔船宣讲党代会精神。

同日，城关中心幼儿园揭牌。

24日，东屏街道入选第四批市级“四好农村路”暨美丽乡村公路示范乡镇（街道）。

同日，洞头区民宿女管家张丽凡参加2022年浙江省民宿女管家技能竞赛获得浙江省民宿女管家技能竞赛个人综合项目一等奖。

28日，洞头区“神奇百岛·风情洞头”自驾之旅上榜2021浙江共享共富十佳自驾旅行精品线。

29 日，区委书记郭云强到大门镇沙枫港村宣讲省第十五次党代会精神。

同日，区委副书记林铁到元觉街道开展省第十五次党代会精神宣讲活动。

30 日，“护航二十大·忠诚保平安”洞头区 2022 平安大巡防暨夏季治安打击整治“百日行动”启动，行动持续到 9 月 20 日。

7月

1 日，区委印发《中共温州市洞头区委关于认真学习宣传贯彻省第十五次党代会精神的通知》，要求充分认识省第十五次党代会的重要意义，深刻理解和把握省第十五次党代会的精神实质，精心组织省第十五次党代会精神的学习宣传贯彻。

4 日，区委理论学习中心组召开（扩大）学习会，专题学习《干在实处勇立潮头——习近平浙江足迹》与省第十五次党代会精神。

同日，洞头区“雏鹰计划”护航成长暨 2022 年第一期“青年思享汇”活动举行。

5 日，省委党史和文献研究室主任刘芸带队到洞头宣讲省第十五次党代会精神并开展省第十次党史工作会议贯彻落实情况调研。

同日，区委办印发《“海上花园”建设 20 周年系列活动策划方案》。要求全面总结“海上花园”建设成就，深入开展“海上花园”形象宣传，精心谋划“海上花园”文艺创作，巩固提升“海上花园”城市品质，提炼形成“海上花园”理论成果。

同日，洞头区举行“村社擂台·三比三看”活动暨 2022 年度全区村社党组织书记示范培训。区委书记郭云强讲授“开班第一课”。

同日，全区宣传思想文化系统召开宣讲会，深入学习贯彻省第十五次党代会精神。

6 日，洞头区“童享友好共绘未来”——首届儿童友好主题创意绘画大赛举行。

7 日，洞头区举行华峰集团“百岛教育基金”助学签约仪式。5 年内，华峰集团有限公司向洞头捐赠资金 500 万元。

8 日，全国政协文化文史和学习委员会副主任刘佳义一行到洞头调研民俗文化发展情况。

9 日至 10 日，“洞头区农商银行”杯温州市第三十七届业余乒乓球等级积分联赛（洞头站）开赛，全市 250 余名乒乓球爱好者参加。

14 日，区政协主席汪慧平在区第三会议室宣讲省第十五次党代会精神。

15 日，洞头区开展“翰墨书共富丹青绘跃变”名家画写海上花园活动。

19 日，农业农村部渔业渔政局局长刘新中一行到洞头调研渔业发展工作。

20 日，市委宣讲团成员、市委组织部常务副部长李坚到洞头宣讲省第十五次党代会精神。

22 日，洞头区陆域引供水二期工程——霓屿紫菜园市政工程配套设施建设项目通过竣工验收投用。该项目实施范围在霓屿街道紫菜产业园片区及霓南片区，总投资概算为 2311.47 万元，建设内容包括新建 DN200–300 沿线给水管 7.1 千米，新建 5000 立方米每天加压泵房一座，300 立方米清水池 2 座，泵站占地面积 1080 平方米。

同日，洞头区东屏街道东岙村入选省首批金 3A 景区村庄培育名单。

23 日至 24 日，“中国诗歌之岛”·第三届海岸线青年诗会在洞头区举行。

26 日，区委印发《关于党建统领网格智治 筑强基层治理单元的工作方案》。到 2022 年底，全面构建“1+6+83+X+N”[1 个区级、6 个街道（乡镇）、83 个村社、X 个网格、N 个微网格] 基层治理架构，建立健全上下全贯通、工作全链条、网格全覆盖、基层全联动的社会治理工作机制。

同日，洞头区非遗百家坊（贝壳画）入选温州市 2022 年度第二批“非遗百家坊”名单。

27 日，区委二届二次全体（扩大）会议暨区政府第二次全体会议召开。区委书记郭云强代表区委常委会作报告，区委副书记、区长何莉平作贯彻落实讲话。区委常委林上达、戴冕、郑锋利、吴肃锋、赵爽等参加。全会审议通过《关于以党的政治建设为统领全面加强区委班子建设的决定》《中国共产党温州市洞头区委员会工作规则》。

27 日至 28 日，2022 年全国台联第十九届台胞青年千人夏令营浙江分营活动走进洞头。

30 日，洞头连港环岛公路（洞头三盘桥头至白迭段公路）入选浙江省首批“十大最美农村路”名单。

31 日，区海霞培训中心被确定为“中共浙江省委党校（浙江行政学院）现场教学基地”。

8月

2 日，省人大社会委主任委员林天宁一行到洞头区开展《浙江省安全生产条例（修订草案）》立法调研。

4 日，洞头第 15 届七夕民俗风情节在东岙渔村举行。活动包含“七夕成人礼”“七夕奇妙游”“七夕百态兴”等环节。成人礼包括诵祝文、少儿集体祈福、成人宣誓、焚七星亭等祈福环节。

同日，“守好红色根脉 赓续海霞精神”交响辉映系列音乐会洞头专场在望海楼上演。

6日至7日，2022年洞头区“文明创建杯”青少年儿童乒乓球等级积分赛火热开赛。

8日，区委理论学习中心组（扩大）学习会召开，深入学习领会《习近平谈治国理政》第四卷和习近平在省部级主要领导干部专题研讨班上重要讲话精神。

11日，省民政厅副厅长余新荷率队到洞头调研儿童之家建设管理使用情况。

同日，洞头区第二届“工会杯”五人制足球赛在东屏街道蓝港社区开赛。

18日，大门镇大陆引水工程正式投用。该工程从乐清引水至小门岛配水站，管道全长19.4千米，其中洞头段管道长10.3千米，日送水能力4.9万吨，项目总投资2.04亿元。

22日，区委理论学习中心组举行专题学习会，学习《总体国家安全观学习纲要》。

24日，“温州擂台·六比竞赛”2022年第二次县（市、区）比看现场会召开，区委书记郭云强代表洞头做工作汇报燕子山海上休闲运动中心项目、滨海医疗康养中心项目。市委副书记、市长张振丰作点评，郭云强表态。

同日，浙江诚意药业股份有限公司正式取得保健食品生产许可证，成为温州市第一家获批生产保健食品的企业。

26日，浙江运达风电股份有限公司完成霓屿街道田岙屿A-01a地块土地摘牌。

同日，洞头区中仑村史馆、海陶艺术馆、朝阳民俗馆三家博物馆上榜浙江省第二批乡村博物馆名单。

31日，洞头区入选浙江省第一批生态文明建设实践体验地。

同日，洞头区数智渔业获评2022浙江数字乡村“金翼奖”十佳应用。

9月

2日，洞头区青年作家谢健健入选中国作家协会会员名单。

同日，洞头区北岙街道白迭村上榜2021年度全省美丽宜居示范村创建优秀村庄。

4日，区委办印发《关于规范“三重一大”事项议事规则的实施意见》。包含决策事项、决策程序、决策执行、责任追究等。

7日，洞头籍运动员叶轩成获浙江省第十七届运动会帆板男子乙组长距离赛个人金牌。

同日，洞头区城关小学凭借“阳光体育大课间”特色活动入选温州市首批中小学体育大课间特色学校。

8日，洞头区“优质教育·学在洞头”教育工作会议暨庆祝第38个教师节大会召开。

9日，运达股份温州洞头高端储能装备制造与示范应用一体化项目开工奠基仪式在洞头举行。项目总投资约10.8亿元，主要建设高端储能装备制造项目和独立储能电站，涵盖pack集成、储能电池集成产业及示范应用项目等。一期投资3.5亿元。

16日，2022中国旅行者大会生活节暨“海在彼岸·美在洞头”点亮洞头国际不夜岛活动在东岙沙滩开幕。

20日，市委副书记、政法委书记张加波到洞头调研并督导除险保安百日攻坚行动。

21日，“温州这十年·洞头”主题新闻发布会举行。

22日，洞头区“海上花园·蓝色牧歌休闲游”精品线路、5个景点上榜2022中国美丽乡村休闲旅游行精品景点线路。

同日，洞头区第九届“职工杯”运动会篮球比赛暨温州市第二届全民篮球赛在区文体中心落下帷幕。比赛采用小组循环赛、交叉赛决出冠亚军，共有机关、企事业单位及街道12支代表队参加比赛。冠军为教育系统代表队，亚军为综合执法代表队，季军为公安系统代表队。

23日，区妇联获评浙江省“人民满意的公务员集体”。

24日，江苏省常熟市沙家浜“阿庆嫂”专程到洞头先锋女子民兵连参观学习，共同解读红色精神传承密码，共话富裕奔小康。

28日，东屏街道东岙顶村入选省美丽庭院特色村名单，为全区首个。

30日，第九个国家烈士纪念日，郭云强、何莉平、刘素婷、汪慧平等区四套班子领导及驻洞部队官兵、退役军人、烈士家属等社会各界代表到烈士陵园，向革命英雄敬献花篮，寄托对先烈的无限哀思。

同日，洞头区“洞头诸湾·共富海上花园”生态环境导向的开发(EOD)项目纳入中央生态环保金融支持项目储备库。

同日，“喜迎二十大同心共奋进”暨纪念洞头解放70周年书画艺术展在区政协书画院开展。

10月

8日，区委印发《关于全面支持检察工作高质量发展的意见》，加强党对检察工作的绝对领导，健全完善检察机关依法履职的部门间衔接配合机制。

同日，洞头区获评浙江省2021年度无违建创新争优示范县（市、区）。

同日，洞头海峡同心共富特色产业风貌样板区入选2022年度省第二批城乡风貌样板区名单。

12日，浙江省市场监管局党委书记、局长章根明一行到洞头调研除险保安及数字化改革工作。

同日，省经信厅副厅长叶健松一行到洞头调研指导风电零碳产业园项目等。

同日，洞头区状元南片市政道路工程通过竣工验收。状元南片市政道路工程施工合同总造价3.42亿元。

同日，全区清廉洞头建设推进会召开。

同日，洞头区召开区委统战工作会议暨统一战线工作领导小组会议。

同日，全区“大综合一体化”行政执法改革推进会召开。

17日，区委、区政府印发《洞头区重点工作“砍尾脱后、争先进位”专项行动方案》。

18日，洞头黄鱼岛海洋渔业集团有限公司、温州星贝海藻食品有限公司、浙江东一海洋集团有限公司入选浙江省百家渔业共富主体名单。

22日，中国工程院院士、温州医科大学校长李校堃一行到洞头调研生命健康产业。

25日，区委分别召开常委会会议和全区领导干部会议，传达学习贯彻中共二十大精神。

26日，区政府召开党组会议，传达学习中共二十大精神。

同日，区人大常委会召开党组扩大会议，传达学习贯彻中共二十大精神。

同日，洞头区残疾人联合会第二次代表大会召开，选举产生新一届主席团、执行理事会。

27日，区红十字会与区妇联举行合作协议签订仪式，标志着洞头区红十字儿童友好基金正式成立。

31日，区委理论学习中心组召开“学习贯彻党的二十大精神”专题学习会。会议学习传达《中共中央关于认真学习宣传贯彻党的二十大精神的决定》及全省宣传文化系统学习宣传贯彻党的二十大精神视频学习会议精神，区领导围绕“学习中共二十大精神”谈学习体会。

同日，省政协文化文史和学习委副主任吕建楚一行到洞头调研公共文化服务体系建设、文旅融合发展等工作。

同日，洞头区开展中共二十大报告“应知应会”知识测试。

11月

1日，省健康促进区评估专家组一行到洞头开展健康促进区建设工作评估。

3日，洞头区第四届民营企业家庆祝大会召开，大会表彰十名优秀民营企业家。

4日，洞头区交通运输行业党委成立。

7日，“礼赞二十大奋进新征程”洞头区宣传贯彻中共二十大精神文艺演出暨第三届“民星秀”活动在东屏街道中仑村举行。

同日，海霞中学上榜温州市首批“数学家摇篮工程”领军学校名单。

8日，温州日报洞头分社揭牌。

10日，洞头区水上搜救中心正式挂牌成立。

10日，浙江省农业农村厅、浙江省“千村示范、万村整治”工作协调小组办公室、浙江省财政厅公布第三批新时代美丽乡村共同富裕示范带名单，洞头区“海上花园”新时代美丽乡村共同富裕示范带入选省第三批共同富裕新时代美丽乡村示范带。

14日，温州市洞头区工会召开第九次代表大会。选举产生新一届领导机构。

15日，“海上花园·e言洞见”人大代表履职应用启动。

16日，洞头区举行学习贯彻中共二十大精神报告会。区委书记郭云强作专题宣讲报告。

同日，区委书记郭云强到北岙街道东沙村宣讲中共二十大精神。

17日，温州市第六个“兰小草”爱心宣传日活动在洞头新城广场举行。市慈善总会会长仇杨均、区委书记郭云强、市委宣传部副部长曾伟等出席活动。活动表彰2022年感动洞头十大最美人物，发布弘扬诚信美德——“百家信”2.0。第六家接力单位温州日报报业集团给第七家接力单位温州市人大常委会授旗，继续以“兰小草”名义完成未来18年慈善捐款。

18日，区委副书记、区长何莉平到基层开展中共二十大精神宣讲。

19日至12月2日，中央广播电视总台社教节目中心科教频道《探索·发现》到洞头东海贝雕艺术博物馆拍摄纪录片《螺钿幻彩》。

21日，全省“六学六进六争先”巡回宣讲团到洞头区海霞红港与大长坑村宣讲。

23日，省妇联“红船女儿心向党”中共二十大精神宣讲进高校，首站活动走进温州医科大学仁济学院滨海校区。

同日，区人大常委会主任刘素婷到大门镇宣讲中共二十大精神。

24日，区委常委、组织部部长赵爽赴元觉义校、元觉街道沙角村、北岙街道海霞村等地宣讲中共二十大精神。

24日至25日，由省发展改革委和交通运输厅联合组织的甬莞高速公路（G1523）洞头支线工程可行性研究报告评审会议在洞头召开。项目路线全长约22.15千米，估算总投资约60亿元。项目采用《公路工程技术标准》。

28日，市委常委、温州军分区司令员王辉到洞头宣讲中共二十大精神。并到浙江诚意药业股份有限公司、寮顶村走访调研企业发展、乡村振兴等工作。

29日，市委宣讲团成员、市委宣传部副部长魏平生到洞头宣讲中共二十大精神，并开展走访调研。

30日，区委印发《关于进一步规范重大事项请示报告工作的通知（试行）》。明确请示报告事项，规范报送程序和方式，明确报送要求和时效，严格责任落实和监督。

同日，东屏街道岙仔村上榜2022年浙江省综合减灾示范社区名单。

12月

1日，浙江开放大学洞头学院举行揭牌。

同日，洞头区方舱医院二期工程通过竣工验收。医院位于南塘工业区，建设内容包含床位500张、医护休息室、物资库房、洗消房、办公室、污水处理系统、配电房等。一期工程于8月建成。

同日，洞头区实验小学、洞头区实验中学入选第三批温州市劳动教育示范学校名单。

2日，洞头大沙岙景区、仙叠岩景区、半屏上景区和南炮台山景区获评2022年度温州市“无废景区”。

同日，2022年度全区社会治理（平安建设）创新项目擂台赛在海霞红港举行。

4日，市委副书记、市长张振丰率队到洞头调研“共同富裕海上花园”建设情况。

同日，洞头区除养老院、福利院、中小学、幼儿园等特殊场所外，乘坐公共汽车等公共交通工具，进入公共场所，不再查验核酸检测阴性证明、不再扫“场所码”。通过药店购买“四类”药品的人员，不再要求核酸检测和赋码促检。

5日，区委理论学习中心组召开文物保护专题学习会。

5日至6日，洞头区通过浙江省语言文字工作督导评估。

6日，洞头区广大干部群众收听收看江泽民同志追悼大会，深切悼念江泽民同志，缅怀江泽民同志的光辉业绩，颂扬江泽民同志的伟大情操和崇高品质。

7日，洞头区“智慧城市—智慧文旅”支撑模块入选全省“文旅大脑”改革试点名单。

11日，浙江省“千村示范、万村整治”工作协调小组办公室公布2022年度全省深化“千万工程”建设新时代美丽乡村（农村人居环境提升）工作优胜县名单，温州市洞头区列入2022年度全省深化“千万工程”建设新时代美丽乡村（农村人居环境提升）工作优胜县名单，洞头区东屏街道列入2022年度浙江省美丽乡村示范乡镇名单，洞头区北岙街道大长坑村列入2022年度浙江省美丽乡村特色精品村名单。

15日，区委工作务虚会召开。

16日，洞头区人民医院获评温州市首批“三星儿童友好医院”称号。

18日，霓屿街道下社村获评浙江省清廉村居建设示范村。

20日，全球首个大黄鱼智能无网声波海洋牧场在鹿西乡正式投用，20万尾大黄鱼鱼苗进行投放试养殖。

21日，洞头区海霞村入选市级文化和旅游消费集聚区，半屏山1.1文创中心、尼珂波咖啡烘焙工厂、“艺+”手作、雅绿洗护用品工作室等4家单位入选第二批温州市文化和旅游消费集聚区与特色文旅消费示范点名单。

同日，霓屿街道入选2022年度美丽城镇省级样板名单，元觉街道入选基本达标城镇名单。

22日，全区领导干部会议召开，传达学习省委十五届二次全体（扩大）会议暨省委经济工作会议和市委十三届三次全体（扩大）会议精神，部署贯彻落实意见。

27日，洞头区陆域引调水工程一期霓屿岛隧洞段爆破。

同日，洞头区知味园、小石屋渔家乐2家餐饮店入选2022年省级“百县千碗”美食体验店名单。

同日，洞头区海陶艺术馆文创作品“海陶·隐·案头缸”获2022年全省博物馆文创大赛金奖。

29日，洞头区上榜2022年度“四好农村路”全国示范县创建单位名单。

30日，中共温州市洞头区委二届三次全体（扩大）会议举行。区委常委会主持会议。区委书记郭云强代表区委常委会作工作报告。区委副书记何莉平、林铁出席。全会强调，要坚定不移以中国式现代化引领海上花园“名副其实”；要坚定不移把“三变战略”作为海上花园的战略路径；要坚定不移把共同富裕作为海上花园的内涵支撑；要坚定不移把极限拼搏、专业作战、务实苦干作为奋进姿态。审议通过《中共温州市洞头区委关于全面学习贯彻落实党的二十大精神坚定扛起“两个先行”使命担当在中国式现代化进程中书写共同富裕海上花园新篇章的决定》。

（洞头年鉴编辑部）

自然地理

【位置面积】洞头区第三次全国国土调查面积（包括瓯江口）272.95平方千米。全区现辖北岙、东屏、元觉、霓屿、灵昆、昆鹏6个街道，大门镇和鹿西乡。全境位于北纬27°40′00″~28°5′00″，东经120°52′30″~121°30′00″之间，地处浙东南沿海瓯江出海口。南与瑞安市的北麂、北龙乡（大北列岛）隔海相望；西与龙湾永强相对；北望乐清、玉环两市。

【地形地貌】洞头区侵蚀丘陵地貌分布广泛，约占全区陆地面积的91%。其中，高丘陵（海拔250米以上）主要分布于大门岛以及鹿西、霓屿、状元岙等岛的中部和洞头岛的西部，山坡较陡，一般30°~40°，特别是边缘地带，常有大于40°的陡坡或陡崖出现，顶部较平缓，坡度一般15°~25°。最高山峰烟墩山位于大门岛，海拔高391.8米。高丘陵以凸形坡及直线形坡为主，部分地段为复合形坡。低丘陵（海拔低于250米）主要分布于洞头岛、半屏岛、三盘岛、小门岛以及鹿西、霓屿、状元岙等岛边角部位，山顶部较平缓，为10°~25°，山坡坡度25°~35°，局部坡麓地带有超过35°陡坡及陡崖。低丘陵的山坡地形以凸形坡和直线形坡为主，局部为阶梯状复合形坡。堆积地貌主要分布于大门岛、灵昆岛和洞头岛，分布零星。其中洪积平原零星分布于大岛屿的沟谷及山麓地带，上游坡度10°~15°，下游坡度3°~10°。海积平原主要分布于洞头岛、灵昆岛、大门岛及小门岛，在霓屿岛及半屏岛亦有小块分布，地势平坦。境内无大河发育，溪流多发源于山体中部，向四周呈辐射状独流入海，其特点是数量多、流域面积小，长度短，比降大，枯水期多断流。

【海洋生物资源】洞头海域渔业资源丰富，能捕捞的鱼类300多种，其中常见40多种。主要鱼类有小黄鱼、黄姑鱼、棘头梅童鱼、鲚鱼、鳓鱼、鮸鱼、鲳鱼、鲈鱼、魟鱼、黄鲫、龙头鱼、海鳗、带鱼、马鲛鱼、白姑鱼、石斑鱼、竹荚鱼、鲨鱼、鳎鱼、东方鲀、鲻鱼、鲥鱼、海鲫等。岩礁潮带生物159种，占总数

紫菜养殖（拍摄于2021年10月） （郭卫民）

的48.4%；泥质潮间带生物142种，占总数的44.1%；沙滩潮间带生物33种，占总数的10.2%。主要常见品种有：泥蚶、缢蛏、泥螺、彩虹明樱蛤、青蛤、疣荔枝螺、瘤荔枝螺、锯缘青蟹、龟足、藤壶、弹涂鱼、粗腿厚纹蟹、棒锥螺、棘刺牡蛎、艾氏活额寄居蟹、痕掌沙蟹、海蟑螂、厚壳贻贝、石花菜、海萝、鼠尾藻、孔石莼、紫海胆、瓦氏马尾藻、紫菜、羊栖菜等。浮游植物81种，以近岸广温广盐种为主；浮游动物78种（类）（不包括鱼卵仔鱼），以近海暖水类群和近海暖温带类群为主；底栖生物45种，以沿岸广温低盐种和近岸广温广盐种为主。

南北爿山省级海洋特别保护区珍稀鸟类51种，其中国家一级保护动物有黄嘴白鹭1种，国家二级保护有普通鵟、红隼、游隼和凤头鹰4种；省重点保护动物有中白鹭、夜鹭、棕背伯劳、红尾伯劳、褐翅燕鸥、大凤头燕鸥和黑枕黄鹂7种，历年繁殖期间高峰期，约有350只黄嘴白鹭、4000只黑尾鸥亲鸟筑巢、产卵。有维管植物67科166属199种，海域有游泳生物23种，其中鱼类14种，甲壳类9种。

【港口资源】洞头港口资源丰富，拥有状元岙、大小门岛等，可利用岸线近30千米，其中可建万吨级以上泊位的深水线15千米，可布置1万～20万吨级泊位90多个，是温州深水大港的重要港口。且水域条件、集疏运条件好，横穿洞头列岛中部的北水道是巨轮进出温州的咽喉，南面黑牛湾是瓯江口外靠近远洋航线的最大天然锚地。目前在建的状元岙港区共规划码头作业区4个，深水泊位25个，总长度7100米，设计年吞吐能力7000万吨，其中集装箱500万标箱。已建成7号、8号、9号泊位5万吨级（兼靠10万吨级）集装箱专用泊位。大小门岛港区划分为小门岛、大门东和大门西3个作业区，规划港口岸线14.6千米，可形成年通过能力1.15亿吨。建有亚洲最大的天然气液化储运基地。

【矿产资源】洞头区境内已发现的矿种有饰面花岗岩、建筑石料和海砂等，具有找矿潜力的有地热等，可供开采地共30处，分别为饰面用花岗岩6处、建筑用石料22处、海沙1处、地热1处。花岗岩主要分布在大门、青山岛、隔头、北策、牛鼻孔、大爬山、大瞿等岩体，岩性包括钾长花岗岩、花岗岩、花岗斑岩等。花岗岩开采利用以大门钾长花岗岩为主，其次有隔头花岗岩。建筑用石料以凝灰岩和花岗岩为主，主要岛屿内均有分布。海砂主要分布于灵昆岛瓯江北口、南口和大门岛南侧、西侧海域。地热主要分布于北岙街道。

【旅游资源】洞头素有“百岛之县”“东海明珠”美称。洞头是国家AAAA级旅游景区、全国海钓基地、中国十大摄影发烧风景地、中国最佳海岸摄影地，是浙江省重点风景名胜区、浙江省最值得去的50个景区之一。

全区七大景区400多个景点，风光旖旎，山海兼胜，人文荟萃，气候宜人，富有“岛奇、礁美、滩佳、鱼鲜、生态优”特色，融海上游览、海上运动、海上体验、海洋文化、渔乡风情于一体，与雁荡山、楠溪江构成温州“山—江—海”旅游金三角。

仙叠岩，位于洞头区城东南2.7千米处，景区巨石摩天，危石层叠，险峻多姿，蔚为奇观，是听涛、观海、赏石的绝佳去处。观音驯狮、海天独径、祭海石猪、金鹰迎客、蛤蟆欲仙、仙童戴帽、十二生肖等景观，栩栩如生，千姿百态。珍珠礁岩石错落有致，十八钓鱼台拾级而起，可垂钓写生、捡螺拾贝。被誉为“中国岩雕第一人”的中国美院洪世清教授创作的30多处岩雕作品，加上名家书写的诗词作品摩崖，更增添赏石品画的雅趣。

大沙岙海滨浴场，呈半环抱形，沙滩平坦开阔，沙质属铁板砂，细柔而不松软，走在上面犹如踏在地毯上，舒适惬意。这里是晒日光浴、游泳冲浪的好地方，还可进行沙滩排球、自行车赛，晚间可举行篝火晚会，放歌劲舞，尽情欢乐。沙滩四周奇礁兀立，有海豹回头、

状元岙港区

猛虎下岗、将军观天、龟石岩等景观。浴场边的南炮台山是东海海防要塞，可观鸥鸟、听松涛，一洗尘嚣，是赏海上日出的好去处。

半屏山景区，位于洞头区城南3千米处，民谣曰“半屏山，半屏山，一半在大陆，一半在台湾”，大陆半屏山即为此。景区东部沿岸断崖峭壁，犹如刀削斧劈，直立千仞。连绵数千米的海上天然岩雕长廊在全国堪称一绝，被誉为“神州海上第一屏”。有惟妙惟肖的迎风屏、赤象屏、鼓浪屏、孔雀屏、渔翁扬帆、黄金印、虾将岩、乌龙腾海等四屏十八景，荡舟观浪，听涛赏景，堪称奇绝。景区西部的大沙龙沙滩曲长宽阔，可捡螺、拾贝、戏耍、冲浪。

大瞿景区，位于洞头城区西南约9千米，与附近的双峰山、南摆屿、鸟岛等组成岛礁景区，面积约6.05平方千米，有“七十二胜景”。岛上山奇石巧、林密花香，被誉为“海上绿洲”，岛东南部石景荟萃，有千奇百怪的“千佛山”、生动传神的大卫岩，以及百鱼图、石佛观海、仙童击鼓、大象吸水等景观。大瞿山顶有明末抗清名将郑成功练兵的校场遗址。位于大瞿岛东南方的双峰山、北摆山、南摆山为鸥鸟、鹭鸶等候鸟的聚集地。

仙叠岩

竹屿景区，位于洞头城区东侧约6.5千米海域处，面临浩瀚东海，由大竹屿、小竹屿、虎头屿、北猫屿、笔架屿等数十座岛礁组成，景区面积约3.8平方千米。域内天蓝海碧，鸥鸟翔集。游人可观奇礁怪石，听海涛潮响，更能一览虎头屿国际灯塔雄姿。大竹屿有数千平方米的天然大草坪，被誉为“东海第一大天然草坪”，宜开展孤岛生存、探险野营、海上生态观光等活动。

大门景区，面积约4.5平方千米，以马岙潭度假区为核心，呈辐射状向大门岛东南延伸，包括石和尚、龟岩峰、舢舨岩、马岙潭沙滩、观音礁等十多个景点。这里候鸟翔集、沙滩平坦、山青水蓝、石奇滩佳，享有“温州夏威夷”美誉，是观看日出日落、避夏消暑、度假休闲，以及品尝生猛海鲜的好去处。

鹿西鸟岛，位于鹿西岛东北面，即北爿山屿、南爿山屿，合称南北鸟岛，合称南北鸟岛，岛上阳光充足，周边鱼类繁多，每年都有数以万计的海鸟在此安家筑巢，繁衍生息，形成极为罕见的鸟岛奇观。

半屏山景区

洞头先锋女子民兵连纪念馆，2000年（建连40周年）时建造。初建于1976年，2010年、2015年、2020年三次修缮。展示了女子民兵连成长的不寻常历程。女子民兵连成立于20世纪60年代，是一支有着辉煌历史的连队，铸就了“爱岛尚武，励志奉献”的海霞精神，其事迹曾被写成长篇小说《海岛女民兵》，拍成电影《海霞》，载入《中国共产党历史》（第二卷）。为全国爱国主义教育示范基地、国家国防教育基地、全国红色旅游经典景区、全国妇女爱国主义教育基地，全省干部党性教育基地，省党史教育基地、中宣部红色基因库数字化项目试点。

望海楼，始建于南朝元嘉十一年（434），距今已有1500多年历史。位于洞头本岛海拔227米的烟墩山，是洞头旅游标志性建筑。建有望海楼主楼、颜延之雕像、诗词碑廊、同辉亭、泓澄亭、心赏亭等景观。主楼设海洋民俗文化展厅和观景厅，是观赏百岛美景、领略渔村风情的窗口。楼内有启功、沈鹏、韩美林、李铎、朱关田等名家墨宝。作为洞头历史文化的窗口和百岛旅游第一景的望海楼，以其历史悠久、建筑雄伟、海洋民俗文化气息浓郁，跻身国内名楼之列，被誉为“气吞吴越三千里，名贯东南第一楼”，2012年11月加入中国名楼协会。

海霞军事文化园，原海霞军事主题公园，是全国知名的以海防军事为教育背景的主题文化公园。地处洞头海霞村胜利岙岛，整体面积40万平方米。建有“海霞电影棚”“军事演练区”“华山险道”“丛林战道”“国防知识画廊”“军事器材展览室”“CS真人模拟对抗赛”等，陈列着退役战机、军舰、火炮，有军事拓展等项目。海霞军事文化园以“传承红色海霞精神，推进强国强军强民”为主旋律，军事体验和运动休闲为导向，涵盖户外山地拓展、高空玻璃栈道体验、海陆空装备实景展示互动、爱国主义研学教育、红色文化传承多种功能定位，是海岛运动休闲文化的首选地。获评国防教育训练基地、爱国主义教育基地，并入选省级著名海防红色旅游线路。

2021年，大竹屿草坪

中普陀寺，是集佛陀教育、文化旅游、慈善安养于一体的修炼经法圣地。寺院分弘法、修行及综合服务三个区，建筑整体格调体现唐代和明清建筑风格中的清、畅、哀、亮、微、妙、和、雅之韵，突出实用庄严。弘法区建有大雄宝殿、天王殿、钟楼、鼓楼、圆通殿、念佛堂、戒台、放生池等。大圆通殿内供奉着高9米、由13吨纯铜铸造而成的千手千眼观世音坐像，是众多普陀寺中之最。寺内观音圣像陈列馆，收藏的观音佛像、图片、字画等，在各地观音寺院中最为丰富。

大龙山永福寺，是仿明清建筑风格的佛教寺院，是释迦牟尼佛之道场，具有300多年历史。庄严肃

2010年12月，望海楼雪景　（叶凌志 摄）

穆的殿堂楼阁从翠山碧岭中拔地而起，325 尊樟刻和石刻佛像、释迦牟尼佛和十八罗汉威仪端详，尽显海天佛国之风采，是领略海岛风光、感受佛教文化的绝佳去处。

白马古道，连接小朴村和望海楼，属于望海楼森林绿道的一部分，由清风圃、托楼廊、涵秀台和木栈道组成，全长 1300 米。沿道上下间，浓荫遮蔽；廊台高低处，岛礁入眼，是登山健体、观涛览胜的首选地。小朴村建有白马寺，传承马灯民俗活动。过去村民外出，这里是通道之一。

中屿景区，距温州市区约 60 千米，距洞头城区约 8 千米。景区面积约 0.68 平方千米，主要包含"中屿等到你"婚纱摄影基地、妈祖主题公园、烟墩山森林公园、花岗渔村等景点。其中"中屿等到你"婚纱摄影基地坐落于中屿岛，又称"小洱海"，以石奇、礁美、洞幽而著称，坐拥洞头夏季最蓝的海域。

灵昆九村生态园，位于灵昆街道九村，占地面积 13.33 公顷。园区内分为科普教育区、亲子互动文化区、水上娱乐运动区、拓展培训区、林果采摘区、民俗文化区、欧陆风情街、野炊烧烤区、休闲垂钓区；3D 油画区、真人 CS 区等 20 多个区域，可垂钓、采摘、划船、与小动物玩耍等。是一座以农业为主题的生态休闲园。

（洞头年鉴编辑部）

气候

【概况】洞头区属于亚热带海洋性季风气候区。冬无严寒，夏少酷暑，春季温暖，秋季干爽，四季分明；全年光照充足，雨水丰沛，温暖湿润。年平均气温 18.1℃，最冷月（1 月）平均气温 8.1℃，最热月（8 月）平均气温 27.8℃，年极端最高气温 34.9℃，出现在 2011 年 8 月，年极端最低气温 -3.3℃，出现在 2016 年 1 月。年平均降水量 1404.1 毫米，年平均雨日 191.7 天，降水量年际差异显著，最大年降水量 1913.1 毫米，出现在 2005 年，最小年降水量 785.8 毫米，出现在 2003 年。全年降水量分布不均匀，6 月最多，月降水量为 194.2 毫米；12 月降水量最少，月降水量为 54.6 毫米。5—9 月是本地区主汛期，降水量为 793.5 毫米，占全年降水量 56.5%，是全年主要降水期。年平均相对湿度 78.7%，最小相对湿度 1.3%。年均日照时数 1845.6 小时；年平均蒸发量 1437.8 毫米；年平均风速 3.8 米 / 秒，最多风向为北偏东北风。平均无霜期 348 天，最短无霜期 281 天，最长无霜期 366 天。主要气象灾害有热带气旋、暴雨、大雾、干旱、大风、强对流天气（雷暴、冰雹）等。台风影响盛期在 7—9 月，平均 2.2 个，台汛期间全区主要受到台风 2211 号"轩岚诺"和 2212 号"梅花"影响，强度中等，未受台风正面袭击。

【气温】2022 年，洞头区年平均气温偏高，总降水量偏少，全年降水强度分布很不均匀，梅汛期降水偏多，出梅后受西太平洋副热带高压影响出现大范围、持续性晴热天气，全区出现中度气象干旱。全年平均气温 18.7℃，较常年（18.1℃）偏高 1.6℃；逐月平均气温（1 月、3 月、4 月、7—9 月、11 月）较常年偏高，（2 月、5 月、6 月、10 月、12 月）较常年偏低，其中 3 月偏高幅度最大，异常偏高 2.8℃，12 月偏低幅度最大，异常偏低 1.2℃。全年极端最高温度为 34.3℃，出现在 8 月 26 日；年极端最低气温

中普陀寺　（叶凌志 摄）

1.9℃，出现在 12 月 8 日。区高温日数 0 天，历史最多为 1 天，出现在 1978 年。入春时间为 2 月 28 日，常年为 3 月 5 日；入夏时间为 6 月 4 日，常年为 6 月 1 日；入秋时间为 10 月 9 日，常年为 10 月 13 日；入冬时间为 12 月 17 日，常年为 12 月 27 日。

【降水】2022 年，洞头区降水总量 1157.5 毫米，较常年(1402.7 毫米)偏少。全年降水日数 154 天，较常年（190.8 天）偏少 19.3%。各月份雨量分布极不均匀，降雨量最少为 7 月，降雨量 0 毫米，较常年同期雨量异常偏少 100%，为历史同期最小值；降雨量最多为 6 月，降雨量 272.9 毫米，较常年同期雨量异常偏多 39%。入汛到出汛期间本站雨量为 563.5 毫米，较常年（909.4 毫米）偏少 38%。

【日照】2022 年，洞头区总日照时数 1741.9 小时，较常年（1849 小时）偏少 107.1 小时。全年仅 4 月、7—9 月日照时数较常年同期略微偏多，其余月均较常年同期偏少。其中 5 月、11 月日照时数明显偏少。出梅后，日照时长明显偏多，晴热天气持续，气象干旱形势严峻。

【蒸发】2022 年，洞头区蒸发总量 1463.5 毫米，较常年（1446.1 毫米）偏多 1.2%。7—10 月蒸发量稳定在一年最高水平，与常年一致。7 月和 12 月蒸发量有跳跃式变化。

【梅雨】2022 年，洞头区梅雨期为 6 月 10 日至 6 月 26 日，梅期 16 天，比常年（30 天左右）少 14 天；梅雨期降水量为 202.3 毫米，较历年同期（131.4 毫米）偏多 53.9%；共计经历 2 轮降雨集中期，分别是 6 月 12—14 日、6 月 18—20 日。本次梅汛期无灾情。

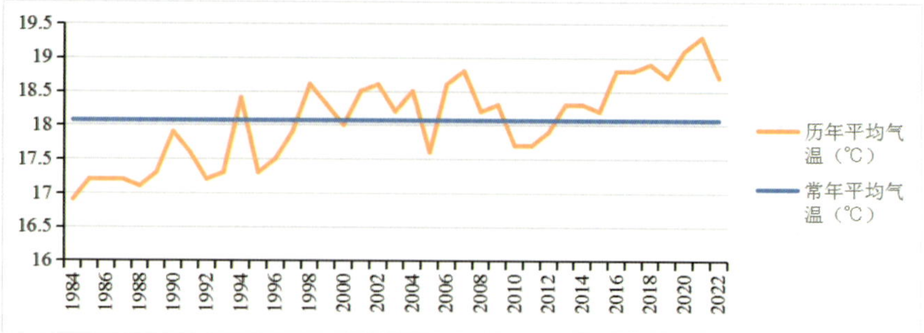

图1 1984—2022年洞头区历年平均气温演变图

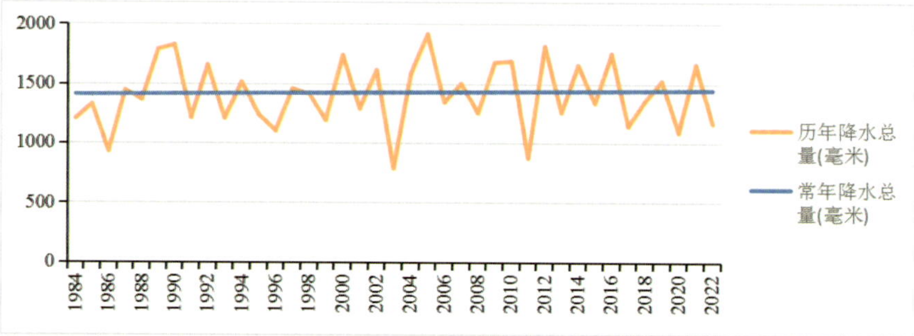

图2 1984—2022年洞头区历年总降水量演变图

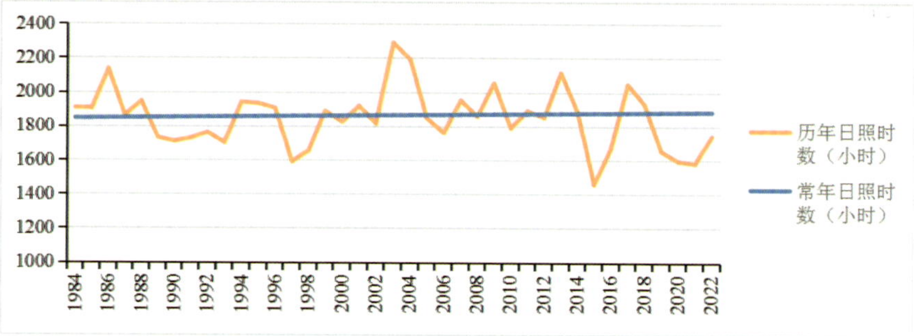

图3 1984—2022年洞头区历年总日照时数演变图

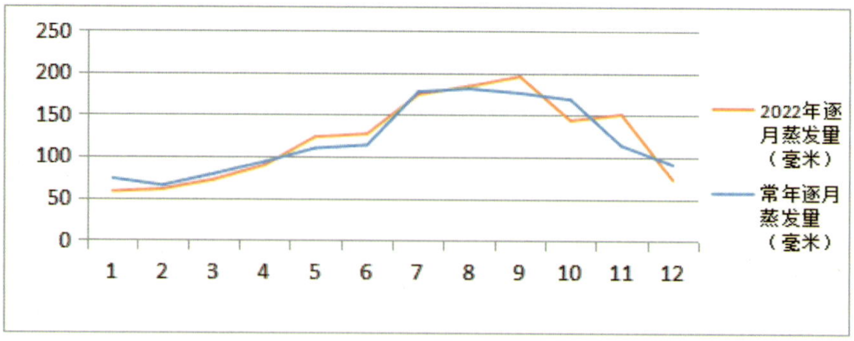

图4 2022年洞头区逐月蒸发量与常年同期平均曲线图

【台风】2022 年，台汛期为 7 月至 9 月，台风影响个数 2 个，且集中在初秋 9 月。9 月 1 日 8 时至 5 日 8 时，受 2022 年 11 号台风“轩岚诺”外围环流和冷空气共同影响，全区最大风力出现在东屏南炮台 24 米/秒（9 级），面雨量 7.4 毫米，最大降水量站点为东屏南塘 13.4 毫米，其中，全区出现 9 级风的站点有 10 个，8 级风的站点有 8 个，7 级风的站点有 9 个。本次台风过程全区范围内无灾情。受 2022 年

12 号台风“梅花”外围环流和冷空气共同影响，9 月 11 日 20 时至 14 日 22 时，全区最大风力出现在虎头屿 24.3 米 / 秒（9 级），面雨量 36.5 毫米，最大降水量站点为大门站 65.8 毫米。其中，全区出现 9 级风的站点有 5 个，8 级风的站点有 11 个，7 级风的站点有 12 个，此次台风过程大长坑村村民方均其屋顶坍塌，无人员伤亡。

【霾】2022 年，全区霾日数 4 天，较 2021 年（1 天）明显偏多。1 月出现霾天数最多，总共 3 天；12 月出现 1 天霾天气，空气质量较前些年转差。

【干旱】2022 年，洞头区受全球大气环流异常、副热带高压范围偏大强度偏强的影响，7—8 月出现持续性、大范围晴热干旱，本站最高温度达到 34.3℃，雨量仅为 20.1 毫米，较常年（282.3 毫米）显著偏少 92.9%，为有记录以来第二低，偏少九成以上，气象干旱程度达到中度。高温事件综合强度达有气象记录以来最强，盛夏高温用电负荷高，电网迎峰度夏压力巨大；气象干旱关键期与“三伏”重合，造成典型伏旱，导致农作物减产。

（邵建红）

历史人文

【历史沿革】据九亩丘出土文物考证，早在 3000 多年前，洞头列岛就有人类活动。

春秋战国，为瓯越之地。秦，属闽中郡。

西汉始元二年（前 85），属回浦县，隶属会稽郡。

东汉建武元年至三年间（25—27），改回浦县为章安县。永和三年（138）析章安县东瓯乡置永宁县，遂为永宁县地，仍隶属会稽郡。

三国，属吴国永宁县地。太平二年（257），分会稽郡东部置临海郡，永宁县属之。

东晋太宁元年（323），分临海郡立永嘉郡，以永宁县为郡治。宁康二年（374）分永宁县置乐成县，今洞头区境遂为乐成县地。

隋开皇九年（589），改永宁县为永嘉县，隶处州，今洞头区境为永嘉县地。开皇十二年（592），改处州为括州。

唐武德五年（622），分括州置东嘉州，分永嘉县复置乐成县，今洞头区境又为乐成县地，隶东嘉州。武德七年（624），又撤乐成县并入永嘉县，今洞头区境地复为永嘉县地。贞观元年（627），废东嘉州，永嘉县隶括州。上元二年（675），分括州置温州，设州治于永嘉。载初元年（689），复置乐成县，隶温州，今洞头区境复为乐成县地。

五代十国时，乐成县属吴越国。后梁开平二年（908）改乐成为乐清，今洞头区境为乐清县地，仍属温州。南宋咸淳元年（1265）属瑞安府。元，属温州路。明，属温州府。

清雍正六年（1728），置玉环厅，隶温州府，今洞头区境划玉环厅第二十都。

民国元年（1912），改玉环厅为玉环县，隶瓯海道，今洞头区境为玉环县第四区。民国 22 年（1933），同属玉环，第四区的灵昆岛改属永嘉县。民国 25 年（1936），洞头境为玉环县三盘区。

1949 年 10 月 8 日，洞头境首次解放。

1952 年 1 月 15 日，洞头全境最后解放，仍属玉环县。

1953 年 6 月 10 日，中央人民政府批准洞头置县，隶浙江省温州地区专员公署。

1958 年 5 月 29 日，国务院批准撤销洞头县建制，7 月 1 日起，划归玉环县。

1959 年 1 月 7 日，国务院决定撤销玉环县建制。4 月 1 日，洞头划归温州市。

1964 年 10 月 31 日，国务院批准恢复洞头县建制，隶温州地区专员公署。

1965 年 3 月 1 日起，洞头县人民委员会正式对外办公。

1981 年 9 月 22 日，温州地区和温州市合并，洞头改隶浙江省温州市。

2015 年 7 月 23 日，国务院批准洞头撤销县建制，设为温州市洞头区，并将温州市龙湾区灵昆街道划归洞头区管辖。9 月 2 日，温州市洞头区正式挂牌成立。

【行政区划】1953 年 7 月，洞头置县后，下设 3 个区、1 个镇、18 个乡。此后，行政区划多次变更，至 1990 年底，全县设 1 个区、2 个镇、11 个乡、90 个建制村、10 个居委会。

1991 年 3 月 18 日，北岙镇下街居委会析为创新居委会和赴学居委会。

1992 年 4 月 3 日，大门乡尾岙村更名为大门乡美岙村。同年 5 月 18 日，经浙江省民政厅批准，撤销大门区公所；将大门乡、浪潭乡并入黄岙镇，同时更名为大门镇。至此，洞头县辖 2 个镇、9 个乡、90 个建制村、11 个居委会。

1994 年 1 月 25 日，元觉乡状中、状南、状北 3 个村合并为状元村。元觉乡改设为 7 个建制村。同年 7 月 30 日，双朴乡增设双兴村，双朴乡改设为 14 个建制村。至此，全县建制村 89 个。

1995 年 2 月 23 日，鹿西乡烟墩岗村撤销，并入鹿西村；鹿西乡改设为 6 个建制村。至此，全县建制村 88 个。

1996 年 8 月 17 日，经浙江省民政厅批准，洞头乡改为建制镇，同时更名为东屏镇。至此，全县设3个镇、8个乡、88个建制村、11个居委会。

2001年11月16日，经浙江省人民政府批准：撤销双朴乡、三盘乡、北沙乡并入北岙镇；撤销半屏乡并入东屏镇；撤销霓南乡、霓北乡，合并为霓屿乡。至此，全县设3个镇、3个乡、88个建制村、11个居委会。

2002年4月30日，北岙镇的埭口村、苔岙村、双兴村撤销，合并为北岙镇城南社区居委会。至此，洞头县设3个镇、3个乡、85个建制村、12个居委会。同年11月2日，霓屿乡官财岙村改名为同兴村。

2003年4月29日，北岙镇的岭背、上街、新街、中街、后街、创新、赴学等7个居委会撤销，重新调整组建为岭背、上新、城中、银海4个社区居委会。北岙镇改设为23个建制村5个居委会。同时，东屏镇寮顶村更名为寮顶民族村。至此，全县设3个镇、3个乡、85个建制村、9个居委会。

2004年6月，大门镇沙岩居委会撤销。同年7月14日，北岙镇新城社区居委会成立。同年12月15日，东屏镇前坑寮村、惠头寮村合并，并更名为惠民村。至此，全县设3个镇、3个乡、84个建制村、9个居委会。

2005年3月1日，北岙镇桐桥村更名为海霞村。截至2005年底，全县设3个镇、3个乡、84个建制村、9个居委会。

2006年末，辖3个镇、3个乡：北岙镇、大门镇、东屏镇，元觉乡、霓屿乡、鹿西乡；84个行政村、7个社区、2个居民区（新增1个社区，减少1个居民区）。

2011年，经省政府批复：撤销北岙镇建制，在原北岙镇行政区域内设立北岙街道办事处；调整后，北岙街道办事处辖6个社区、23个行政村；街道办事处驻镇前街1号。撤销东屏镇建制，在原东屏镇行政区域内设立东屏街道办事处；调整后，东屏街道办事处辖16个行政村；街道办事处驻府前路51号。撤销元觉乡建制，在原元觉乡行政区域内设立元觉街道办事处；调整后，元觉街道办事处辖7个行政村；街道办事处驻繁府路15号。撤销霓屿乡建制，在原霓屿乡行政区域内设立霓屿街道办事处；调整后，霓屿街道办事处辖10个行政村；街道办事处驻滨海北路2号。调整后，洞头县辖北岙、东屏、元觉、霓屿4个街道办事处和大门镇、鹿西乡。

2015年7月23日，国务院正式批复同意撤销洞头县，设立温州市洞头区，将温州市龙湾区灵昆街道划归洞头区管辖。以原洞头县和龙湾区灵昆街道的行政区域为洞头区的行政区域。洞头区辖北岙、灵昆、东屏、元觉、霓屿5个街道，大门镇、鹿西乡。其中，灵昆街道辖9个行政村、4个社区。至此，全区辖93个行政村、7个社区。温州市洞头区人民政府驻北岙街道县前路12号。

2018年10月10日，区政府同意撤销北岙街道打水鞍村村民委员会建制，设立打水鞍社区居民委员会。至此，全区有8个社区，92个行政村，2个未改制居。

2019年4月，洞头区撤销北岙街道小朴村、风门村、九厅村建制，改设社区；撤销西山头村、大岙村、阜埠岙村、擂网岙村，下尾村建制，合并设立三盘社区。撤销大门镇甲山村、长沙村建制，改设社区；撤销沙岙村、枫树坑村建制，合并设立沙枫港村。撤销东屏街道洞头村、大瞿村、南策村建制，合并设立蓝港社区；撤销松柏园村、大北岙村、金岙村、外埕头村建制，合并设立半屏社区。至此，全区有74个行政村、16个城市社区、2个未改制居。

2020年12月30日，温州市政府批复同意在瓯江口产业集聚区

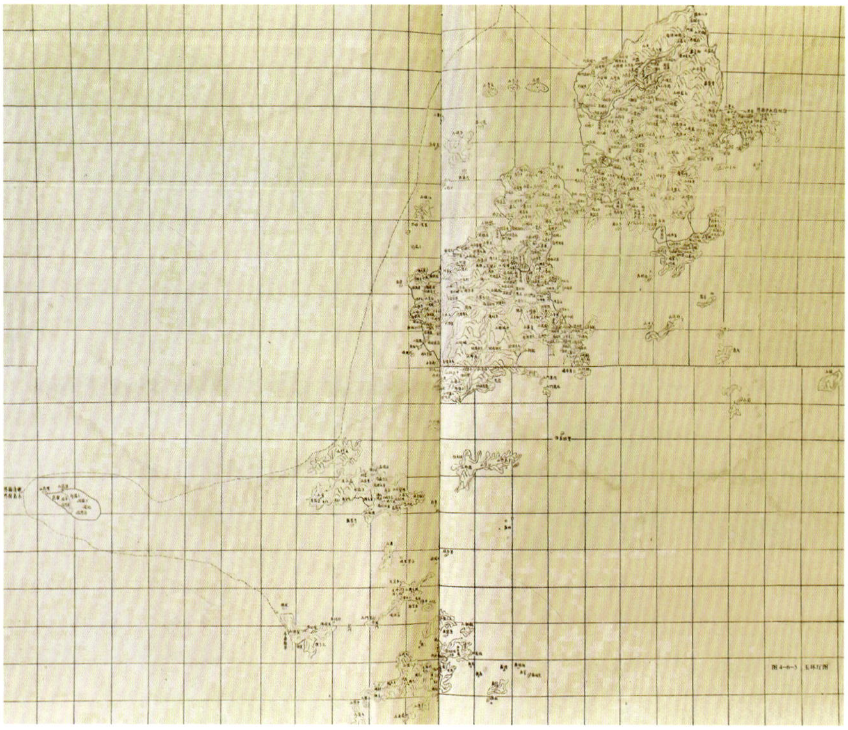

清光绪十九年（1893）玉环厅图

范围内增设昆鹏街道，无下辖村居，办事处设在灵蓉街66号。至此，洞头区下辖北岙、灵昆、东屏、元觉、霓屿、昆鹏6个街道和大门1个镇、鹿西1个乡。

2022年10月28日，昆鹏街道增设雁鸿社区。至此，全区有74个行政村、17个城市社区、2个未改制居。

【方言】 洞头区居民大多原是从闽浙沿海地区迁徙而来，故以操闽南话和温州话两种方言为主。洞头区居民方言使用的分布特点，大致为南片岛屿居民大多数以操闽南话方言为主；西、北两片岛屿居民均操温州话方言；而中片岛屿居民两种方言交错夹杂。按行政区域分，北岙、东屏居民大多数操闽南话方言，灵昆、大门、鹿西居民均操温州话方言，而霓屿和元觉居民夹杂操闽南话方言、温州话方言。按常住人岛分，洞头岛、半屏岛、南策岛、大瞿岛、胜利岙岛、花岗岛、青山岛7个岛屿居民以操闽南话方言为主，灵昆岛、大门岛、鹿西岛、小门岛、人三盘岛、屿仔岛6个岛屿居民以操温州话方言为主，而霓屿岛、状元岙岛居民夹杂两种方言。闽南话方言使用范围约40平方千米，占全区陆地面积的30%左右，使用人口约占全区总人口44%；而温州话方言使用范围约100平方千米，占全区陆域面积的70%左右，使用人口约占全区总人口的56%左右。

【区树区花】 区树，台湾相思，别名相思树、相思子，属于含羞草科金合欢属，常绿乔木，高达15米，喜光，根深材韧，抗风力强，花期5月，花色金黄，花串硕大、艳丽芬芳，花期长达两个月左右。对土壤要求不严，耐干旱贫瘠，病虫害少，萌芽力强，是生态绿化、四旁植树的好树种。原产台湾、福建、

台湾相思树

广东、海南皆有栽培，树姿具有南国风味，洞头区自19世纪80年代开始引种栽植，现已广泛分布于各乡镇岛屿。

区花，三角梅，别名叶子花、勒杜鹃，属紫茉莉科叶子花属，原产于南美巴西、秘鲁，其为热带植物，喜高温的气候环境，亦较耐干热，不耐寒冷，忌霜冻，对土壤肥力要求不高，树干多刺，常绿木质大藤本植物，枝条常呈拱形下垂，花多数为三朵聚生一处，花色多样，有淡红、大红、紫红、淡黄、乳白，一株多色，多用于庭园、宅旁。近年来洞头区在城市绿化美化中大量栽植。

三角梅

2007年1月24日，洞头县第十一届人大常委会第三十三次会议决定：台湾相思树、三角梅为洞头县县树、县花。

【历史文化】 洞头列岛早在3000多年前即有人类活动，北岙街道风门村的九亩丘遗址和大门岛的岙底等处，曾出土新石器晚期的石斧、石刀及石矛。据相关志书记载，古时洞头岛被称为“中界山”，大门岛名为“青岙山”。南北朝刘宋时，洞头隶属永嘉郡的永嘉县。南朝·宋·元嘉十一年（434），永嘉太守谢灵运卸任后由颜延之接替，乘船巡察到过大门岛，并在岛上筑“望海亭”以观海景，距今已有1580多年。唐代时洞头属乐成县。唐宝历元年（825），温州刺史张又新到洞头、大门等地，寻望海亭遗址，触景生情，作诗两首。从颜延之建亭到张又新寻亭，其间378年，人去亭毁，只见灵海翠峰，积水沧浪，诗人无比感慨。《全唐诗》收有张又新诗作17首，写洞头的占2首。清朝也有诗人对洞头的描写。如诗人王步霄的《三盘颂》，就是对洞头百岛的赞美。

【名人诗词】

望海亭

〔唐〕张又新

灵海泓澄匝翠峰，昔贤心赏已成空。
今朝亭馆无遗制，积水沧浪一望中。

三盘颂

〔清〕王步霄

苍江几度变桑田，海外桃源别有天。
云满碧山花满谷，此间少住亦神仙。

海蜇诗

〔清〕王步霄

美利东南甲玉川，贩夫坐贾各争先。
南商云集帆樯满，泊遍秋江海蜇船。

三盘山

〔清〕吕荣

见说三盘峻，沧溟一览收；
却愁行处险，聊作望中游。
雪浪云边叠，烟霞日下浮；
地遥身未历，心为境勾留。

颜延之塑像

渔船叹

〔清〕陆玉书

冲风冒雨趁来潮，猎食渔船拼力摇。
雾里帆樯云里棹，汗淋头面水淋腰。
直将性命争鱼蟹，能耐饥寒度莫朝。
举网不空喧妇子，竟忘辛苦说逍遥。

双昆

〔清〕张振夔

群山叠嶂夹江流，潮势东来地欲浮。
人拟关梁开外市，天教砥柱奠中州。
明知沧影终如电，不信桑田已有畴。
共目恬波清似镜，萑苻时事碍行舟。

【民间歌谣】

洞头岛屿歌①

温州对出洞头山，百个岛屿好名声。
先出朝凤又朝龙，无故也出君王城。
又出铜盘鼠头凤，连出双凤无正宫。
有鞍无马难得跑，大鞍出跑小南宁。
大小民府无官做，冬瓜虽大不爬藤②。
北鹿给贼先霸占，土地宫帝无显灵。
铜钟无锤敲不响，壳菜无肉空挂名。
牛皮做鼓敲无声，畚箕没耳挑难成。
大小街鱼没上市，大巨校场没练兵。
东边也出一石佛，石佛拜潮明又明。
大小中鱼得着水，一年四季无鱼腥。
巴仑无肉煮不熟，白鹭无翅难飞行。
判官无庙难下海，柴梳无篦难梳成。
连出三策无巡按，将军骑马步难行。
泽国江山一字水，双排丞相分两边。
四将盘花战一将，五将盘花一条龙。
也出东洋斧头屿，此斧出战不伤人。
斧头内面一竹屿，篾刀劈开作两爿。
竹屿内面箬笋屿，万船过此提不能。
箬笋屿内仙叠石，仙人叠石真出神。
铁桶江山永不变，回头一看是半屏。
若问此诗啥人作，洞头渔岙路蛮人③。

①闽南话方言歌谣，每句中都包含地名。
②爬藤：抽藤。
③路蛮人：周鸣岐，民间艺人，后被日寇杀害。

大门山地名谣④

大门高，小门低，
横岐东南是鹿西。
黄大岙无风打大暴，
金鸡头金鸡不会叫。
浪潭岩头打大浪，
无风也会兴浪杠。
观音礁观音不上天，
沙岙凉床无人眠；
尾岙米桶吃不完，
豆腐岩豆腐卖不焉⑤。
老鼠尾老鼠躲岩边，
杨梅田唔有杨梅结。
洞桥头洞桥无人行，
唔有船儿渡人龙船坑。
百花庙龟岩对甲山，
小门山嘴大篓岩。
营盘基营盘不扎兵，
乌仙头仙人不上天。
大荆出王，小荆出将，
长沙山头出个石和尚，
兰湖洞背出个老幺娘。

④温州话方言歌谣，每句都含有地名。
⑤焉：臭。

人际社交⑥

一台戏大家唱，
一只船大家撑。
瞒天瞒地，
瞒不着隔壁邻舍。
千年亲戚，
万年唇边。
落难全靠亲兄弟，
驶船全靠四边风。
海水阔阔，
总有一日会流拢。
人靠嘴水，
船靠潮水。
唇和舌也会相碍。
亲兄弟，
明账目。

⑥闽南话方言。

观象测潮⑦

初一十五，
吃饱下涂。
月上山，
潮涨滩；
月光正，
潮涨平。
春分、秋分，
日夜平分。
未吃端午粽，
破衣破袄不愿放。
初八廿三“半晡”平。
清明谷雨，
大小做母。
三月洋，
海水当眠床。
初三“帝”⑧，
“帝”到无水洗脚白。

⑦闽南话方言。
⑧“帝”：退潮。

【海岛习俗】 温州（洞头）婚嫁习俗。洞头婚嫁礼仪随着社会的发展，人们生活水平的不断提高而发生着变化。旧时男女婚姻由“父母之命，媒妁之言”而定，从媒人上门说亲到结婚有很多礼节，共有十四个步骤：一是合婚，媒人说媒，测算男女双方的“生月”；二是定亲，择定吉日，男方准备“盘担”到女方家；三是送日，结婚前一个月，择取结婚佳期；四是纳彩，俗称“挑盘”，一般在结婚前1—3天进行；五是分汤圆，结婚前三天，新郎家挨家挨户分送汤圆；六是修面，通常在结婚前一天17—18时，为新娘开颜修面，俗称“摘面”；七是唱哭嫁歌，从新娘梳头开始，到跪拜祖宗牌位、辞别亲人、跨炉火、上花轿，一直到花轿上路一半止；八是娘舅礼，外甥结婚，娘舅送大礼；九是安床，迎娶前一晚，请两位属龙属虎的人到新房进行“安床”；十是迎娶；十一是新娘酒；十二是闹洞房与冬瓜诗，冬瓜诗是客人自由发挥的诗作，孩子们向新娘要糖果，俗称“讨冬瓜”；十三是“缘茶”与“拜公”，婚后第三天早晨，家人烧好“缘茶”，在厅桌摆上汤圆和糖果等，新娘新郎要祭拜祖宗，俗称“拜公”；十四是“三人返”，婚后第十四天早晨，女方家请新娘、新郎赴宴，也称“请女婿”或“回门”。

上梁。“上梁”是新宅落成的一个重要标志，“梁”是一根4米长的横木，用来连接房柱支撑屋顶，梁一上就意味着房子主体工程结束。过程虽简单，但对木匠师傅、新宅主人而言却是大事。对木匠师傅来说，中梁要计算准确，按放稳当。对主人家人而言，上梁意味着新房已建成，家宅平安，人财两旺。因此，上梁前必须选吉日良辰，“拜梁”抛红圆，梁上“钉八卦”、挂“五谷种”。安放“中梁”时，鞭炮一响木匠师傅的锤子随即敲响，主人在屋顶向四方抛红圆，口里念着吉祥语，这时新房四周大人和小孩开始抢红圆，场面十分热闹。上梁关系到房东一家人命运前程，寄托老百姓安居乐业美好愿望。

迎头鬃。“迎头鬃”大约始于清咸丰年间，其实质是对渔业生产先进的表彰仪式。“迎头鬃”活动在每年鱼汛结束时，评出海洋捕捞作业产量最高的渔船，被评上者称作“扛头鬃”。然后选定吉日举行“迎头鬃”仪式，届时，当地渔行主和乡绅们率领众人给“扛头鬃”渔船送去“头鬃旗”和“红包”，且端上用红布披盖着的大猪头，一路上敲锣打鼓燃放鞭炮，送到“扛头鬃”渔船老大家中。船老大会举办酒席宴请大家，席间交谈往年生产经验和新年生产打算。然后在船上祭拜海神，再把“头鬃旗”升到桅上。渔民们都把“扛头鬃”视为极高荣誉。

送顺风。洞头“送顺风”习俗，过去是给新下山（第一次去捕鱼生产）小伙子送纸蓬包，内装红枣、桂圆、荔枝等。送顺风现已扩展到工厂、商店开张，姑娘出嫁、入学、参军等领域。传说财神赵公明运送银子，把船化成纸船，纸船恰巧被一小学童发现并拴住，不能航行。神仙托梦给学校先生，先生给学童送点礼品，放掉纸船，神仙驾船顺风顺水。“送顺风”习俗由此沿袭传承，给新入学的孩子送书包、文具盒、笔，给读大学、参军的人送脸盆或旅行袋，给出嫁姑娘添妆等。

海岛祝寿礼俗。为五十岁以上的老人过生日称为“做寿”，在洞头流传有二三百年历史。旧时民间过生日有“度坎儿”说法，“坎儿”是指每个人在寿命上的关口。从五十岁起，每隔十年左右就有一个坎。在洞头，为老人做寿是家族中一件大事。祝寿中所有活动全都围绕着老人进行，如为其发送请帖，布置寿堂，举办寿宴，叩拜祝福等，或有请法师作敬，献三牲敬天公，请戏班唱祝寿戏餐。出嫁的女儿们要送上祝寿礼金，挑送礼盒笼，内侄送寿礼。祝寿时，寿星老坐厅堂正位，接受亲友和晚辈的祝福和叩拜，辈分不同，拜礼有别。来宾每人都向寿星老献一份祝寿礼金，仪式完毕，开始举行寿宴，回礼给左邻右舍和来贺寿的亲朋好友。

做祭。“做祭”是专门为去世的亲人而设的一种特别形式的民俗。最重要的一次是去世亲人的周年祭日，在其后每年祭日都要祭祀。每逢上辈人忌日，家里的儿子或孙子要祭拜，已出嫁的姐妹或姑母一家要回家参与祭拜，即使因各种原因不能亲自前来，也要由家人作代表，带上冥币、纸制手提袋等。中午要在自己家中逝世亲人木主牌或祖宗炉前摆上菜肴，点烛拈香祭拜，以示不忘上辈人养育之恩与骨肉亲情，略表做晚辈孝顺之心及怀念之情。祭祀对象一般上溯三代。在洞头民间，各家各户不论家庭经济状况如何，上辈人的“祭”一定要做，否则视作不孝，会受到亲戚、邻居指责。

拜天公。农历正月初九“拜天公”是海岛居民新年伊始最隆重、最神圣的祭祀活动。据说这一天是天公诞辰，所谓“天公”，指玉皇大帝，也泛指居住在九重天上的天神。经考证始于明末清初，闽南、瓯越一带沿海移民择居洞头列岛时始。一般在初八夜十二时过后，听到公鸡第一声报晓，各家各户当家人和参拜天公的家庭成员起床。大家穿戴整齐，洗脸净手后，打开大门，一家人十分虔诚地摆设“拜天公”的用具和供品。祭拜始，由当家人点亮大红蜡烛，点燃一大把香，分发给参拜的家庭各位成员，由当家人领头，一齐跪在地上，脸朝上天，参拜“天公”，祈求各自心愿或表示对天公的感恩。拜毕，把香插在香炉内，待香烛燃烧过半，开始烧化供奉“天公”用的神币大金和金元宝。烧化完毕，开始鸣鞭炮，宣告“拜天公”结束。“拜

“迎头鬃”习俗

天公”有两种形式，一种是各家各户单独祭拜，一种是左邻右舍或姓氏宗族共同结合进行“团祭”（天公会）。

（洞头年鉴编辑部）

【洞头特产】洞头羊栖菜，俗名大麦菜，属褐藻门马尾藻科暖温带性海藻，生长在低潮带岩石上，多分布于沿海地区，其中浙江沿海最多。羊栖菜肉质肥厚多汁，营养丰富，既是食品，又是中药材，《名医别录》《本草纲要》都有以其入药记载。据现代科学检测，羊栖菜含有丰富的钙及人体必需的矿物质、B族维生素、17种氨基酸等。研究发现，这些有效成分具有软化血管、降低血压、血脂，改善血糖值、增进大脑健康发育、抗肿瘤等多种功效。欧美、日本等国称之为“现代饮食生活的理想食品”、长寿食品，是婴幼儿和老年人理想的天然佳品，有“海里人参”的美誉。洞头羊栖菜自1989年人工试养成功后，开始推广养殖，历经30多年发展，现已成为洞头区浅海藻类养殖主要品种之一。全区从事羊栖菜养殖有28个渔村、专业养殖户800多人，从事羊栖菜产品加工出口企业10家，羊栖菜食品加工企业9家，开发即食羊栖菜、羊栖菜茶、羊栖菜酱、羊栖菜饮料等系列产品10多个，2003年11月12日，洞头被中国优质农产品开发服务协会命名为“中国羊栖菜之乡”。

洞头紫菜，属红藻类，原野生于岩礁上。很早就被人们认识、利用。早在2000年前的汉代，就有关于紫菜食用记载；北宋年间，紫菜受到朝廷垂顾，成了进贡珍贵食品；明代李时珍《本草纲目》把紫菜入药，更是提高紫菜身价。当代医学科学揭示，紫菜营养丰富，含蛋白质、钙、铁、磷、锌等微量元素，有明显增强细胞免疫和体液免疫功能，可促进淋巴细胞转化，提高机体免疫力，所以适用于高血压、高胆固醇等心血管患者食用。用于甲状腺肿大、水肿、慢性支气管炎、咳嗽等病治疗。1968年，洞头紫菜试养成功，并在全县推广，50多年来，洞头紫菜已成为区域优势特色渔农产业，养殖规模、产量、产值均居全省前列。养殖模式也更多样化，包括滩涂毛竹插杆、深水彩播插杆、玻璃钢、全浮翻转式养殖技术等。洞头紫菜实现规模化养殖同时也加大产品深加工领域发展，专业化合作社和企业相继创办而成。2021年2月5日，中国渔业协会授予洞头区“中国紫菜之乡”称号。

鹿西大黄鱼，又名黄鱼、大黄花鱼，俗称黄瓜鱼，硬骨鱼纲，鲈形目，为传统“四大海产”（大黄鱼、小黄鱼、带鱼、乌贼）之一，是中国近海主要经济鱼类。中国沿海大黄鱼主要分布于黄海南部至台湾海峡北部，包括吕泗洋、岱衢洋、嵊山渔场、猫头洋、洞头洋、

鹿西黄鱼

福建的官井洋直至闽江口海域及珠江口以西至琼州海峡南海区。鹿西大黄鱼养殖历史悠久。鹿西岛大山屿海区、仰天岙海区、北山后海区及白龙屿海区，水深10—15米，无论是水质、水流、水温均适应养殖生态大黄鱼，自古就是东海大黄鱼栖息地，天然小鱼虾丰富、流急浪大，因而该地出产的黄鱼具有肉质呈蒜瓣状、色泽金黄、口感鲜美嫩滑等特点。鹿西是温州市菜篮子供应基地和洞头区渔业捕捞基地之一，鹿西岛海域是洞头渔业捕捞场地和野生大黄鱼传统产区，特别是二十世纪五六十年代达到盛产量高峰。随着钢质渔轮的发展，洞头渔场海洋生物资源日益枯竭，尤其是野生大黄鱼等名贵鱼种濒临绝种。2000年，浙江省提出依靠科技进步，发展海洋产业。2014年，浙江东一海洋经济发展有限公司开始在白龙屿养殖鹿西大黄鱼，养殖面积43.33公顷（650亩）。2016年，黄鱼岛海洋渔业有限公司引进抗风浪深水网箱44口，在鹿西岛东南方向7千米处大山屿和仰天岙海区开始养殖大黄鱼，养殖面积17.33公顷（260亩）。2017年，白龙屿生态海洋牧场被农业部授予“国家级海洋牧场示范区”称号。2018年，黄鱼岛海洋渔业有限公司被农业农村部、财政部联合授予“海水鱼产业技术体系示范基地”称号。2019年，黄鱼岛海洋渔业集团有限公司大黄鱼获得有机产品认证。2020年，浙江东一海洋集团有限公司大黄鱼获得有机产品认证。2021年6月，白龙屿大黄鱼被中国（福州）国际渔业博览会评为本届渔博会金奖产品。2021年2月5日，中国渔业协会授予洞头区“中国生态大黄鱼之乡”称号。

灵昆香瓜，又名甜瓜、白菊瓜、白啄瓜。是葫芦科黄瓜属一年生蔓性草本植物，叶心脏形。花单性，黄色，雌雄同株，或为两性花。瓜呈球、卵、椭圆或扁圆形，皮色黄、白、绿或杂有各种斑纹。原产热带，全国各地普遍栽培，为夏季的优良果品之一。灵昆岛属亚热带海洋性季风气候区，四季分明，冬暖夏凉，温暖湿润，雨量充沛，日照充足，土壤肥沃，适宜甜瓜生长。灵昆甜瓜为白皮甜瓜种，具有果皮脆薄、表面光滑、色泽白色，平均果重150千克，大果达250千克，果肉香甜，回味爽口。

（刘冠竹）

【民族】 2022年，洞头区人口以汉族为主，人口占全区总人口的98%以上。少数民族有回族、蒙古族、苗族、彝族、壮族、布依族、朝鲜族、满族、锡伯族、侗族、瑶族、白族、土家族、黎族、畲族、土族、布朗族等，其中回族人口占少数民族总人口的97.73%。

人口变迁

【概况】 2022年底，根据公安分局统计口径，洞头区户籍总户数5.25万户，比上年增加405户；户籍总人口数15.37万人，比上年减少280人；平均每户2.92人，略低于上年，与全省持平。其中，男性7.84万人，比上年减少215人，占人口总数的51.04%；女性7.52万人，比上年减少65人，占人口总数的48.96%。男女性比为104.25。全区城镇人口6.8万人，

2022年洞头区户籍人口一览表

表1

地区别	总户数（户）	总人口（人）	出生率（‰）	自然增长率（‰）	其中			
					城镇人口（人）	农村人口（人）	男（人）	女（人）
全　区	52547	153680	4.95	−1.21	67976	85704	78440	75240
北岙街道	17808	48747	5.12	−0.65	32479	16268	24667	24080
灵昆街道	5992	23438	6.78	1.11	6130	17308	11868	11570
东屏街道	7897	21041	3.32	−3.61	15438	5603	10632	10409
元觉街道	3636	10816	3.51	−0.18	5322	5494	5424	5392
霓屿街道	4795	14496	5.45	−1.31	2236	12260	7412	7084
昆鹏街道	272	584	11.99	11.99	584	0	260	324
大门镇	9803	26742	4.71	−2.77	5787	20955	13988	12754
鹿西乡	2344	7816	4.22	−2.18	0	7816	4189	3627

（区公安分局提供）

乡村人口 8.57 万人。

【年龄结构】 2022 年，全区总人口中，17 岁以下人口 2.52 万人，占总人口的 16.38%，18—34 岁人口 2.73 万人，占总人口的 17.76%，35—59 岁人口 6.81 万人，占总人口的44.30%，60 岁以上人口 3.31 万人，占总人口的 21.56%。

【出生性别情况】 2022 年，洞头区出生 762 人（男 392 人、女 370 人），比上年少出生 145 人（男少 73 人，女少 72 人），出生率 4.95‰；新生孩子男女性比为 105.95。

【人口自然增长】 2022 年，洞头区死亡 949 人（男 543 人，女 406 人），比上年少死亡 26 人（男少 21 人，女少 5 人），死亡率 6.18‰，死亡人口男女性比为 133.74；人口自然增长率 -1.21‰。出生率、自然增长率、死亡率均低于上年。

【人口迁移】 2022 年，洞头区迁出人口 608 人，比上年少迁出 126 人，其中迁往外省 289 人，比上年少 13 人，迁出率 3.96‰，比上年低 0.81 个千分点。迁入洞头区 640 人，比上年增加 169 人，其中从外省迁入 357 人，比上年增加 55 人，迁入率 2.32‰，比上年下降 0.74 个千分点。

（邵菲菲）

2022年洞头区发展综述

【概况】 2022 年，洞头区辖街道 6 个（其中灵昆街道和鲲鹏街道属托管）、镇 1 个、乡 1 个，17 个社区、2 个居民区，74 个行政村。户籍总人口 15.36 万人，人口自然增长率 -1.42‰。全年实现地区生产总值 137.16 亿元，比上年增长 5.4%；全区人均地区生产总值 89166 元。

【经济建设】 2022 年，洞头区实现农林牧渔业总产值 159836 万元，比上年增长 13.1%。渔业产值 155038 万元，增长 13.5%。规模以上工业增加值 34.93 亿元，比上年增长 14.8%。其中，高新技术增加值、战略性新兴增加值、数字经济核心产业制造业增加值分别比上年增长 22.8%、38.8%、125.1%；工业用电量 1.69 亿千瓦时，比上年下降 2.1%，规上工业企业利润总额 4.02 亿元，比上年下降 7%。全年限额以上固定资产投资比上年增长 25.8%，其中民间项目投资增长 5.2%。实现建筑业总产值 68.38 亿元，比上年下降 27.1%。全年完成社会消费品零售总额 61.38 亿元，比上年增长 16.2%。批零住餐实现销售总额 351.45 亿元，比上年增长 21.5%，其中限上批零住餐销售额 299.83 亿元，增长 24.6%。电子商务交易额 6.7 亿元，比上年下降 2.7%。全年外贸进出口总额 23.6 亿元，比上年增长 29.67%，其中出口额 7.72 亿元，增长 21.12%。全年接待游客 291.2 万人次，比上年下降 4.4%，实现旅游总收入 34.6 亿元，比上年下降 3.1%。全区共有海运企业 19 家，总运力规模 93.5 万载重吨。全社会货运量 4080万吨，货物周转量366.53亿吨·千米，港口货物吞吐量 1000 万吨，全社会客运量 797 万人次。全年实现财政总收入 27.23 亿元，比上年增长 3.3%，其中一般公共预算收入 17.31 亿元，下降 1%。全年专利申请受理量 274 件，专利授权量 357 件，其中发明专利授权 25 件。新增国家级高新技术企业 15 家，累计 57 家；新增省级科技型企业 31 家，累计 149 家。

【政治建设】 2022 年，洞头区委常委会深学笃行习近平新时代中国特色社会主义思想，坚定践行总书记殷殷嘱托和重要指示批示精神，深入贯彻落实中央和省委、市委决策部署。把学习宣传贯彻中共二十大精神作为首要政治责任，扎实开展“六学六进六争先”学习实践活动，通过专题学习、宣传宣讲、对标落实等活动，确保中共二十大精神传达到全区每个支部、每位党员，引导全区上下深刻领悟“两个确立”

2022年11月21日，全省学习贯彻党的二十大精神“六学六进六争先”巡回宣讲活动走进洞头区
（区融媒体中心提供）

的决定性意义，增强“四个意识”、坚定“四个自信”、做到“两个维护”，扎实做好党的二十大决策部署承接落地工作，推动党的二十大精神在洞头落地生根、开花结果。全面贯彻习近平新时代中国特色社会主义思想，跟进学习习近平总书记最新重要讲话、重要指示、重要批示精神，建立省市领导调研洞头讲话精神闭环落地机制，清单化逐一抓好落实。建立贯通全区各级党组织的“周一夜学”机制，围绕党史、习近平总书记重要讲话精神等23个学习主题，组织学习活动1050多场次。坚决贯彻中共二十大作出的重大决策部署，对标省委忠实践行“八八战略”，努力打造“重要窗口”和市委打造“千年商港、幸福温州”战略部署，谋划与洞头实际相结合的实施路径和落实举措，实现大干交通、谋大招强、数改深化、共富开局、治理提效、党建引领等工作新突破，抓实规划体系、教育发展、基础设施等大事要事。领悟习近平总书记对洞头的殷殷嘱托，组织5次集中学习和专题调研。高规格筹建规委会、建委会，以“一岛一功能”海域海岛发展战略规划、海上花园城市设计、国际生态旅游岛产业规划搭建“1+3+N”规划体系，建立规划赛比跟进机制，定期跟进研判规划设计推进情况。区人大常委会协助区委做好“党领导人大工作”考核。坚持党管干部与人大依法任免相统一，依法任命新一届区政府组成人员及其他地方国家机关工作人员。区政协组织政协委员和机关干部投身疫情防控、助企纾困、招商引资、创文创卫等中心任务和重要活动。

高效高质推进“七张问题清单”整改、完成省委巡视反馈问题整改。严格落实意识形态工作主体责任，推进党史学习教育常态长效机制建设，出台《关于高水平推进新时代思想政治工作的实施意见》，实现500人以上村居文化礼堂全覆盖；大力弘扬海霞精神，实施弘扬海霞精神“十二个一”工程，海霞青年营建成投用，海霞培训中心承接培训班120多期，培训近万人。制订干部队伍系统性重塑三年行动计划，搭建招商引智“事上练”等平台，持续优化干部队伍素质结构。实施年轻干部全链培育“雏鹰计划”，深化“青年思享汇”品牌，创设“三新”共享课堂，全年新提任的科级干部中35岁左右及以下年轻干部18人，占42.9%，区直单位年轻干部占比从上年度的7%提升到10.5%。深化“两地双评议”“村社吹哨、部门报到”等制度，构建干部力量立体式下沉体系，助力“抗疫情、创文明、保平安”。出台《区委关于全面支持巡察工作高质量发展的意见》，《巡察推动“两个健康”先行区创建》入选中央巡视案例库。强化对“一把手”、领导班子、关键岗位、年轻干部的政治监督，开展“躺平式”干部、损害营商环境问题等专项整治。累计培育清廉单元125家，全域清廉格局加快构建。

【文化建设】2022年，洞头区拥有区图书馆、区文化馆、区非遗展览馆、区文体中心、洞头先锋女子民兵连纪念馆等一批文化场馆。建成半屏社区文化驿站1个，创成省第二批乡村博物馆3家：区海陶艺术馆、区中仑村史馆、区朝阳民俗馆。东海贝雕艺术博物馆入选省级非遗工坊创建单位，区渔文化艺术普及工程被列入省公共文化高质量发展案例，海霞文化入选省文化标识创新培育项目。推进“中国诗歌之岛”“中国渔民画之乡”“中国

洞头同心旅游小镇 （陈益科 摄）

摄影岛”文化品牌打造。持续深化闽瓯文化研究，挖掘洞头特色非遗文化。深入实施文化惠民。完成50个品质文化生活圈打造，完成3家乡村博物馆和1家非遗百家坊建设，建成亚洲螺钿艺术博物馆并入选省级非遗工坊。举办“书香洞头”全民阅读节等各类文化活动500多场，居民综合阅读率95.5%，排名居全市第一名，全省第三名。推进文旅数字化改革，完成“岛游通”数字化改革项目建设。

全区共有文化馆1个，乡镇文化站7个，图书馆1个，总藏书46.4万册；艺术表演280场，艺术表演观众47.1万人次；拥有文化设施建筑面积6.61万平方米；国家级非物质文化遗产2个，省级非物质文化遗产13个，市级非物质文化遗产88个；省级文物保护单位3处，区级文物保护单位33处；拥有文化信息资源共享基层支中心1个，省文化强镇1个，市级文化强镇1个，省级文化示范村（社区）9个，市级文化示范村（社区）28个，区级文化示范村（社区）29个。

【社会建设】2022年，洞头区共有小学9所，招生970人，在校生6333人，小学学龄儿童入学率达100%；初中4所，招生831人，在校生2465人，初中入学率达100%；九年一贯制学校3所，招生316人，在校生1178人；完全中学1所，招生339人，在校生1771人，毕业生694人；中等职业教育学校（含技工学校）2所，招生377人，在校生1064人，毕业生383人。义务教育中小学专任教师938人，中等职业教育学校（含技工学校）专任教师84人。全区共有幼儿园21所，其中省一级幼儿园4所，省二级幼儿园7所，省三级幼儿园10所；在园幼儿7838人，幼儿园专任教师318人。洞头区全国义务教育优质均衡先行创建区成效明显，职教中心迁建二期工程、元觉义校等建成投用，海霞中学与温州市南浦实验中学合作实施集团化办学。

年末，全区共有医疗卫生机构95个，其中医院3家，卫生院（社区卫生服务中心）7家，社区服务站15家，村卫生室28家，个体诊所医务室32家。卫生技术人员842人，其中执业（助理）医师398人，平均每千人拥有医生2.56人；注册护士324人。医疗机构年诊疗121.45万人次；医疗卫生机构床位数412张，平均每千人拥有床位2.65张。妇幼健康管理服务不断强化，实现连续18年孕产妇零死亡，产妇住院分娩比例达100%。5岁以下儿童死亡率1.6‰，婴儿死亡率1.6‰。全方位推进健康洞头建设，“山海提升工程”效应不断释放，连续三年获健康浙江建设考核优秀，创成省健康促进区，“温州益康保”参保率居全市第一。一体推进儿童友好城市、老年友好城市、青年发展型城市建设，以全龄友好让群众有感。全年城镇新增就业1932人，下岗失业人员实现再就业116人。年末城镇登记失业人员404人，城镇登记失业率1.71%。举办大型专场招聘会8场，其中赴外招聘2场，开发公益性岗位53个，安置就业困难人员上岗35人。全年劳动合同签订率为98.54%，与上年持平。

【生态文明建设】2022年，洞头区坚持生态立区，始终践行“绿水青山就是金山银山”理念，搭建“非法倾倒渣土预警平台”，全年预警非法倾倒渣土车292辆次、查处16辆次；竣工投用浙南首个500吨国家溢油设备库，海事溢油应急处置水平得到提升；创成首批省级生态文明建设实践体验地，生态环境公众满意度稳居全市第一；坚定不移保护生物多样性，实现中华鲟海水驯化。总投资近30亿元的“洞头诸湾·共富海上花园”EOD项目纳入中央生态环保金融支持项目储备库，成为全国首个海洋环境综合治理类EOD项目、市首个成功获批入库的EOD项目。蓝湾二期工程通过验收，获批省级蓝色海湾整治项目，洞头诸湾入选全国8个美丽海湾案例。新组建海上花园绿化彩化美化委员会，全民动员推进栽花种树工程。完成77省道料场生态治理工程、观音礁废弃矿山生态治理工程和边坡绿化提升工程。三盘桥头至白迭公路上榜浙江省“十大最美农村路”，入围全国“四好农村路”示范县创建单位。累计建成国家级生态街道（乡镇）5个，省级生态街道（乡镇）1个，市级生态村65个，生态村覆盖率95.0%；国家级绿色学校1家，省级绿色学校10家，市级绿色学校8家；省级绿色社区3个，市级绿色社区5个。全年空气质量有效监测天数359天，其中空气质量达优良的天数350天，环境空气质量优良率97.5%，PM2.5年均浓度为18微克/立方米。

（洞头年鉴编辑部）

中共洞头区委

综述

【概况】2022年，中共温州市洞头区委员会深学笃行习近平新时代中国特色社会主义思想，坚定践行总书记殷殷嘱托和重要指示批示精神，贯彻落实中央和省委、市委决策部署，聚焦稳进提质、除险保安、塑造变革，全面推开产业聚变、城市蝶变、幸福跃变三大战略，聚力建设"名副其实的海上花园"。区委常委会始终把学习宣传贯彻中共二十大精神作为首要政治责任，推动领导干部以身示范、先学一步、学深一层。引导全区党员干部群众准确把握中共二十大精神，深刻领悟"两个确立"的决定性意义，增强"四个意识"、坚定"四个自信"、做到"两个维护"。开展线上线下宣讲活动400多场。全年实现地区生产总值137.16亿元（含海经区），同比增长5.4%（含海经区，5.8%）；城乡居民人均可支配收入分别增长6.2%和8.6%，增速均居全市第一位。

【落实区第二次党代会成效】2022年，洞头区委常委会落实区第二次党代会部署要求，把"三变战略"贯穿于工作，签约总投资108亿元温州新能源电池材料产业园、总投资102亿元运达风电零碳产业园、总投资26亿元金风海工装备基地，运达储能装备项目、投资20亿元的状元岙5号、6号码头开工建设，新辟美西、俄罗斯远洋集装箱干线，集装箱吞吐量53万标箱。组建城建委，以"一岛一功能"海域海岛发展战略规划、海上花园城市设计、国际生态旅游岛产业规划搭建"1+3+N"规划体系。推进文明城市创建工作，推出"以十招治十乱"组合拳，市对区创文评价稳居前列；30千米迎宾环线入岛门户广受好评，海岛公园入选全省大花园"耀眼明珠"，海峡同心共富特色产业风貌区创成省级首批样板区，霓屿街道创成美丽城镇建设省级样板。投资65亿元的进岛第二通道甬莞高速洞头支线，实现从概念设想到工可审查工程可行性研究报告通过评审；投资7.2亿元的陆域第二引调水工程、投资20.7亿元的211省道洞头段、投资3.6亿元的浙南水运中心码头稳步推进，投资6.7亿元的新人民医院即将投用。教育质量稳步提升，初中教育质量进入全市中游，普高上线率52.68%，同比提升13.33%，其中特殊线上线人数翻一番；4所省一级特色示范普高对全区招生名额由18人增至32人，市本级5所普高对全区招生名额新增25人。

【精准施策稳住经济大盘】2022年，区委常委会围绕"两防一保两促进"，动态优化调整防控策略措施，维护生产生活正常秩序。深入开展"万名干部助万企"活动，全面落实上级各类助企纾困政策，出台"稳经济8条""10大金融政策包"等一揽子政策，累计兑现资金6.85亿元。"圈句号"专项行动基本收官，岙仔旧村改造等一批历史遗留问题解决。开展"综合查一次"改革，全力护航非公企业健康成长。坚持增加主体、激发活力，全年新设市场主体2130家，引进大学生4069人、培育技能人才1389人。开展"海在彼岸·美在洞头"文旅消费季、中国旅行者大会生活节等活动，中屿等到你、韭菜岙烟花音乐节等广受游客青睐，建成中普陀文化园一期、海霞青年营、金岙101、韭菜岙村旅融合等文旅项目。

【提升高质量发展动能】2022年，区委常委会全力扩大固定资产投资，推进年度投资60亿元的区级重点项目97个，浙能、华港两大百亿LNG项目完成主体建设，固定资产投资增速等15项指标位列全市前三位。纳入上级规划重点项目30多个。华田特种钢、华顺燃料油、方舟机械等项目建成投产，投资10亿元的诚意超级鱼油项目即将投产，全年新开工亿元以上产业项目5个，实现到位内资25.1亿元、同比增长21%，全年盘活低效工业用地15公顷、空置厂房2.3万平方米。新成立区科技局，加速实施科技企业“双倍增”计划、“双清零”行动，累计创成国家科技型中小企业31家、省科技型企业82家。羊栖菜、紫菜、大黄鱼本地育苗率分别为100%、70%、40%，扩大“北参南养”、软壳蟹等新品种养殖规模，全国首单羊栖菜养殖保险落地。全年捕捞产量超1700吨。海洋食品产业园入园企业23家、投产企业13家，产值突破1.4亿元，获评国家级农业科技园区示范区。全年消化批而未供土地28.11公顷（421.7亩）、处置供而未用土地35.33公顷（530亩）。获全省“无违建”争先创优示范区，获省增减用地指标60亩奖励。全年发行专项债项目17个，获各类专项奖补资金超10亿元，金融存贷款余额增长25.3%。

【多措并举促共富】2022年，区委常委会定期召开共同富裕领导小组例会，深入实施扩中提低12项行动，形成强村富民、低收入家庭综合帮扶、共富工坊等共富实招，洞头修复蓝色海湾打造生态共富海岛样板案例入选全省首批共同富裕最佳实践。全域建设“共享社·幸福里”，健全区乡村三级办实事制度，办成“幸福要事”区级127件、街镇级30件、村级276件，65周岁及以上老年人、持证残疾人、困难群众享受免费乘坐公交，大门—洞头客运班线投入运营。入选教育部公布的义务教育优质均衡先行创建县（市、区、旗）名单，职教中心迁建二期工程、元觉义务教育学校等建成投用，海霞中学与温州市南浦实验中学合作实施集团化办学。连续三年获健康浙江建设考核优秀，“温州益康保”参保率居全市第一位。推进儿童友好城市、老年友好城市、青年发展型城市建设。东海贝雕艺术博物馆入选省级非遗工坊创建单位，区渔文化艺术普及工程列入省公共文化高质量发展案例，海霞文化入选省文化标识创新培育项目。

【美丽海岛建设】2022年，区委常委会抓实美丽海洋保护，搭建“非法倾倒渣土预警平台”，全年预警非法倾倒渣土车292辆次、查处16辆次；浙南首个500吨国家溢油设备库竣工投用；创成首批省级生态文明建设实践体验地，生态环境公众满意度稳居全市第一位。总投资近30亿元的“洞头诸湾·共富海上花园”EOD项目被纳入中央生态环保金融支持项目储备库，成为全国首个海洋环境综合治理类EOD项目、温州市首个成功获批入库的EOD项目。蓝湾二期工程通过验收，获批省级蓝色海湾整治项目，洞头诸湾入选全国8个美丽海湾案例。连续4年获评省新时代美丽乡村工作优胜区，作为全市唯一获评首批省新时代美丽乡村示范区，北岙街道海霞片区、南塘片区、东屏街道半屏片区、霓屿街道上下社片区创成省第二批未来乡村，三盘桥头至白迭公路上榜浙江省“十大最美农村路”，入围全国“四好农村路”示范县创建单位。新组建海上花园绿化彩化美化委员会，全民动员推进栽花种树工程。

【做好改革文章】2022年，区委常委会迭代优化数字化改革“1612”体系，老年食堂“e食无忧”、社会救助尽职免责等3个应用在全省推广，“数智渔业”获评全省首届数字乡村“金翼奖”十佳应用。“大综合一体化”行政执法改革迈出坚实步伐，“海上一支队伍”获评全市十佳标志性成果，城市运行中心、矛调中心实现一体融合运行。创成省级城乡社区治理与服务创新实验区。“海上枫桥”经验获省委书记调研肯定、省委副书记批示肯定和《人民日报》、央视等主流媒体报道。海上花园建设两获省长批示支持，美丽乡村建设经验获常务副省长批示肯定。完成县域共青团基层组织改革全国试点工作。全市唯一连续四年获“浙台经济社会融合发展突出贡献单位”称号。创新招法解决村级留用地使用难题，东沙不夜港项目实现区乡村三级共赢。

【除险保安工作】2022年，区委常委会坚持统筹发展和安全，深入开展“无问题村居创建”“信访积案清零”等护航行动。抓实抓细“除险保安百日攻坚”“平安洞头大起底大整治大提升”等专项行动，刑事、治安警情同比分别下降15.9%、21.5%，电诈发案率同比下降27.1%，亡人交通事故数、死亡人数同比均下降33.3%，平安浙江指数、平安三率均位居全省前列，实现省级平安区十七连创。出台《区委关于全面支持检察工作高质量发展的意见》，推进未成年人保护工作，获评法治浙江（法治政府）建设优秀单位，北岙街道海霞村、东屏街道中仑村、霓屿街道桐岙村创成省级民主法治村，法治建设社会满意度位居全市前列。

（张玲玉）

全面深化改革

【概况】2022年，洞头区委召开全面深化改革委员会会议2次，研究审议改革工作15项，推出牵一发动全身重大改革15项。调整全面深化改革专项小组和数字化改革系统跑道设置，推动全面深化改革、数字化改革、共同富裕改革一体融合。深化海岛普惠金融改革2.0版，推进“全民授信”2.0版迭代升级，惠及百姓1.17万户，授信额度11.63亿元。全国首创羊栖菜养殖保险试点、全省首单海钓人员意外保险落地，全市首创“地理标志证明”和集体商标质押贷款。开展低收入家庭综合帮扶集成改革，初步建立洞头区低收入家庭帮扶政策资源库，包含救助帮扶政策资源54项。探索心智残疾人全生命周期庇护机制，投入150万元建成特殊儿童康教综合服务中心，累计开展各类特殊儿童帮教活动6次、受益211人次，改革经验在《温州改革(探路者)》刊发。实行“日托”“临时托”“延时托”等多种入托方式，新增托育机构3家、托位130个，洞头区每千人拥有3岁以下婴幼儿托位4.72个，居全市第一位。推进“大综合一体化”行政执法改革，统筹执法监管、执法检查、执法协作等执法活动。梳理涉海自然资源、生态环保等事项68项及海上港口、航道、水运三大块执法事项207项，统一划转至区海洋与渔业执法队行使。深化以集体经济为核心的强村富民集成改革，鼓励村集体发展农业服务、物业租赁、农旅融合等项目，全区81个村社年可支配收入15万元以上。深化农村宅基地制度改革试点，推进闲置农房和闲置宅基地改革激活，全年激活农房187幢，带动社会资本20518万元，带动农户增收2032.75万元。海上花园全域生态综合集成改革获市改革突破奖银奖。“海上一支队伍管执法”入选市首批“大综合一体化”行政执法改革标志性成果。“渔小二”办证系统、蓝湾整治修复机制创新等2项改革入选温州市续写创新史“十年百项”重大改革典型案例。

【数字化改革】2022年，洞头区推进区级特色应用19个，形成理论成果52篇，制度成果76项。以“两菜一鱼”为切入点，打造“数智渔业”应用，为全区渔民1.2万人、涉渔企业88家提供线上服务，获全省首届数字乡村“金翼奖”十佳应用，并在市观摩会演示发言，相关改革经验在省《数字化改革(工作动态)》刊发。老年食堂“e食无忧”应用入选省“一地创新，全省共享”“一本账S0”，实现全区29家老年食堂使用全覆盖，累计提供助餐服务36万余人次，老年人就餐服务满意度达99%以上。建设“工程档案全过程归集服务系统”，创成全省工程档案统一标准，实现工程档案“即归即约即验收”，在档案归集上提效60%，工程竣工验收提速30%。上线“浙海安康”海洋灾害智防应用，台风过境期间，调动点位巡查1000多人次，转移危险区域人员2万余人次，船只进港避风1099艘。村社战疫、“百家信”等3个应用在省数字化改革推进会亮相。推动省市重大应用在基层贯通集成，上线运行基层智治系统1.0版，基本构建“1+6+N”社会治理平台功能体系，对接8个系统平台事件流，梳理城市运行指标290个，初步形成“一屏观全域、一网管全局”社会治理新格局。推进基层治理“一件事”集成改革，梳理形成13个重要、高频、急迫、多跨区级特色“一件事”。

2022年6月6日，洞头区委全面深化改革委员会第一次会议暨数字化改革领导小组会议召开（区融媒体中心提供）

【要素市场化配置改革】2022年，洞头区将要素市场化配置改革作为区级牵一发动全身重大改革之一，联动推进土地、用能等七大要素，争取到市级要素试点3个。推进海洋版“两山合作社”探索实践，开展资源情况摸排，形成集沙滩、滩涂、石厝、岸线等首批7种资源资产数据清单。委托浙江大学开展涉海地区GEP（生态系统生产总值）

核算，完成2019年度、2020年度两项核算报告。北岙街道、东屏街道、霓屿街道开展试点，探索“厂房+村集体土地+石厝”“滩涂+沙滩”等模式。推进生态环境治理和旅游产业融合，总投资近30亿元的“洞头诸湾·共富海上花园”EOD项目纳入中央生态环保金融支持项目储备库，成为全国首个海洋环境综合治理类EOD项目。打造新能源产业集聚区，以全市风光资源统筹为依托，按照“全产业链发展”原则，打造风电零碳产业园、储能装备制造基地、海工装备制造基地等三大示范项目。推进老旧工业园区改造提升，制定出台《工业低效用地处置管理办法》等配套政策11项，全年盘活低效工业用地208.2亩、空置厂房1.6万平方米以上，完成竣工投产增资扩产项目5个。

【**微改革微创新**】2022年，洞头区评选年度十佳“微改革、微创新”案例。创新机动车上牌“一件事”，设立温州市唯一一个保险公司的机动车登记服务站，实现机动车上牌只要跑一地。开发并投用医保“飞药商城”微信小程序，创新医保线上购药方式，推出手机下单、送药上门、医保支付等全方位服务。探索推进公共机构“低碳楼宇”建设，在区行政服务中心进行能源托管型服务，成为全市首家公共机构合同能源管理项目。搭建“渣土非法倾倒预警平台”，督促引导执法部门对渣土非法倾倒问题实现精准打击，预警准确率提升至95%以上。创新开发“智慧公章+”系统，实现重要用章事项全过程自动留痕留底，避免村级工程、政策补助等公章“偷盖”“私盖”等风险发生。医保购药一件事、试点涉海类作业”共富保险超市”、创新“客货邮”融合模式等微改革分别在“学习强国”App和“中国蓝新闻”《浙江日报》等国家、省级媒体报道。

（叶郑洁）

政策研究

【**概况**】2022年，中共温州市洞头区委政策研究室牵头完成《中共温州市洞头区委关于全面学习贯彻落实党的二十大精神 坚定扛起“两个先行”使命担当 在中国式现代化进程中书写共同富裕海上花园新篇章的决定》《2021年度洞头区“八八战略”实施综合评估报告》等区委重大文稿的起草工作。聚焦区委区政府决策部署，完成《基层疫情防控漏洞及对我区的建议》《我区招引建筑企业应关注的要点》《关于我区义务教育阶段发展情况的调查报告》等重要课题，刊发《洞头政研》20期，获区委区政府主要领导批示9次。组织开展洞头区2023年工作思路调研，精心谋划区领导牵头调研课题56个，协助召开区委理论务虚会。谋划一批部门和街道（乡镇）调研课题，汇编刊发《2021洞头区优秀调研成果文集》《2021洞头区重点调研课题文集》。筹备召开区委财经委第六次会议，研究区级国有企业布局结构优化、部门监管国有企业职责、国企历史债务划分、投资重点建设项目移交管理办法等，推动区委对事关全局财经工作及时作出研究部署。牵头推进区决策咨询委员会筹建工作，协助筹备市决咨委调研座谈会。

（陈莲芙）

【**洞头区“实干争先强执行、共富花园大赶考”工作机制**】2022年2月22日，为全面推动中央、省市委重大决策部署和区第二次党代会确定的重点工作落实，引导全区各级党组织树立“实干导向、基层导向、前列导向”，区委、区政府建立“实干争先强执行、共富花园大赶考”工作机制，开展作风建设年活动，擦亮“极限拼搏、专业作战、务实苦干”干部标签，全面形成心齐、气顺、劲足、实干、争先氛围。总体目标是围绕区第二次党代会确定“城市蝶变、产业聚变、幸福跃变”阶段性战略重点创先争优，赶考共同富裕海上花园，以硬核实绩和高分答卷迎接中共二十大胜利召开。工作导向是突出实干导向、基层导向、前列导向。具体载体是通过制度化专业学习、系统化基层减负、立体化走访联心、兵团化攻坚克难、阶段化分步推进、科学化目标考核、闭环化监督问效、常态化擂台比拼、数字化改进流程、导向化干部激励，形成具有洞头辨识度的系统工作组合拳。主要任务是以精简会议活动制度为核心，统筹全年会议活动安排，严格会议审批，压缩会议时间，杜绝陪会等会，提高会议效率，推动基层减负增效；以区领导“一联八”制度为核心，挂钩联系街道（乡镇），联系村社，重点项目，联系企业（规上企业、重点企业），异地商会，河道、道路，新的社会阶层人士、宗教界代表人士、宗教活动场所，学校，专业人才及在外洞头知名人士，推动领导重心下移；以立体式“驻村联心”制度为核心，改善党群干群关系；以三级办实事制度为核心，解决“急难愁盼”问题；以兵团化作战制度为核心，攻坚“四个聚力”重点；以“三级比擂·实干争先”制度为核心，营造比学赶超氛围。

【**洞头“海上花园”建设20周年系列活动方案**】2022年7月5日，为更好地展示洞头“海上花园”20年各项成就，凝聚创新书写建设共同富裕“海上花园”新篇章思想动能，掀起高水平建设“海上花园”

新热潮，区委区政府策划开展“二十个一”系列活动，通过5个专题，全面展现海岛人民对建成“海上花园”的美好愿景。主要任务是全面总结“海上花园”建设成就，撰写一篇“海上花园”重要文章，发布一套“海上花园”建设标准，评选一批“海上花园”标志事件，展现一批“海上花园”发展成就；深入开展“海上花园”形象宣传，重走一次“海上花园”调研之路，组织一场“海上花园”主题发布，组织一批“海上花园”媒体探访，推出一批“海上花园”宣传报道；精心谋划“海上花园”文艺创作，打造一首“海上花园”纪念歌曲，拍摄一部“海上花园”专题片，推出一批“海上花园”文艺精品，组织一台“海上花园”文艺汇演；巩固提升“海上花园”城市品质，举办一场“海上花园”主题赛事，开工一批“海上花园”建设项目，建成一条“海上花园”迎宾路线，表彰一批“海上花园”模范人物；提炼形成“海上花园”理论成果，推介一项“海上花园”精神谱系，举办一批“海上花园”主题研学，形成一套“海上花园”理论体系，召开一场“海上花园”推进大会。

【洞头区关于高质量打造海上花园文化高地 加快推进共同富裕海岛样板建设行动计划】 2022年6月24日，区委印发《关于高质量打造海上花园文化高地 加快推进共同富裕海岛样板建设的行动计划（2022年）》。建设目标是以提升城市精神凝聚力、地域文化辐射力、城市品牌影响力、公共文化服务力、文化产业竞争力和数智赋能引领力为主攻方向，全面实施十大文化行动计划，走出一条具有洞头特质的文化建设之路，加快打造与高质量发展建设共同富裕海岛样板相适应的新时代文化高地。主要任务是开展文化资源优化行动，高标准规划建设一批代表洞头形象、展现洞头特色的公共文化场馆，推进文化建设与城市发展有机融合；开展海霞文化赋能行动，加快海霞营地核心区建设，形成“一馆一院一营一路一园”新布局，全面激活海霞红色活力；开展文明实践润心行动，深入实施文明城市、文明村镇、文明单位、文明校园等群众性精神文明创建活动，全力打造下社、东岙、半屏等一批乡风文明示范村（社区）；开展传统文化传承行动，深入研究洞头海洋民俗文化根脉，形成一批以谱牒文化为龙头、以海洋民俗文化为重点的闽瓯文化研究成果；开展文化精品创作行动，抓好一批以海岛元素为主题的村歌、故事、舞蹈、戏剧等具有洞头地域特色的文化艺术精品创作；开展群众文化普及行动，探索建立未来社区、未来乡村文化落地机制，打造“共享社·幸福里”试点样板；开展文化产业提质行动，加快推进青山欢乐岛、梦幻海湾、白鹭湾海渔文化等一批重大文旅招商项目建设，培育一批在全市具有影响力的文旅体企业；开展城市文化培育行动，持续做好“海上花园 百岛洞头”文旅IP形象传播，并做好成果应用和展示，形成社会共识和共鸣；开展文化品牌提升行动，推进相思树、三角梅等文化挖掘，做好区树区花等文化品牌符号建设和推广；开展文化人才引育行动，深化非遗代表性传承人的认定、管理和扶持工作，壮大非遗项目传承人队伍。

（张玲玉）

【“兵团化作战”擂台比拼】 2022年，为加快推进全区各项工作落地落实，区委围绕共富花园“四个聚力”的重点任务，确立以“兵团化作战”制度为核心，重塑“1+4+N”作战指挥体系，即1个总指挥部、4个兵团、11个作战部。5月18日，“兵团化作战”第一次擂台比拼活动举行，树立“创新争先”干事导向，营造“比拼赶超”氛围。8月31日，举行经济社会形势分析会暨兵团化作战第二次比拼擂台赛，研判重点工作进展情况，部署下阶段工作任务。11月16日，召开三季度经济社会形势分析会暨兵团化作战第三次比拼擂台，明确四季度冲刺重点，谋划明年发展重大问题。通过书面通报、日报特刊、视频展示、网络投票等方式，亮晒各作战部作战计划、作战报告。11个作战部代表上台汇报当前作战进展、主要短板问题及下一步作战计划，区长根据短板提出整改提升要求，区委书记作总结讲话。全区上下贯彻“极限拼搏、专业作战、务实苦干”精神，成功签约两大百亿项目，推进甬莞高速洞头支线、211省道洞头段，EOD（生态环境导向的开发模式）项目成功纳入中央生态环保金融支持项目储备库，30千米迎宾环线入岛门户广受好评。

（黄 龙）

重要会议

【区委全委会议】 2022年，洞头区委二届全体（扩大）会议召开2次。

7月27日，区委二届二次全体（扩大）会议暨区政府第二次全体会议召开。全会坚持以习近平新时代中国特色社会主义思想为指导，深入学习贯彻省第十五次党代会、市第十三次党代会、市委十三届二次全会精神，总结上半年工作，部署下阶段任务，审议通过了《关于以党的政治建设为统领全面加强区委班子建设的决定》《中国共产党温州市洞头区委员会工作规则》。全会强调要攻坚产业高质量发展、攻坚城市高品质建设、攻坚幸福高水平创造、攻坚区域高效能治理。要牢牢把握新时代党的建设总要求和党的组织路线，以思想铸魂坚定“两个维护”的政治忠诚，以作风提升锻造引领发展的干部铁军，以全域建强筑牢全面过硬的基层堡垒，以清廉建设涵养风清气正的政治生态，以奋发有为营造全域争先的良好态势，为创新书写“两个先行”洞头篇章提供坚强保障。区委书记郭云强代表区委常委会作报告，区委副书记、区长何莉平作贯彻落实讲话。区委常委林上达、戴冕、郑锋利、吴肃锋、赵爽等参加会议。

12月30日，区委二届三次全体（扩大）会议召开，区委书记郭云强代表区委常委会作工作报告。全会强调抓实海上花园经济基础，交出产业聚变高分答卷；抓实海上花园品质基础，交出城市蝶变高分答卷；抓实海上花园民生基础，交出幸福跃变高分答卷；抓实海上花园基层基础，交出区域治理高分答卷；抓实海上花园政治基础，交出党建统领高分答卷。会议审议通过《中共温州市洞头区委关于全面学习贯彻落实党的二十大精神 坚定扛起“两个先行”使命担当 在中国式现代化进程中书写共同富裕海上花园新篇章的决定》。区委副书记何莉平、林铁等出席会议。

【区委常委会会议】2022年，区委常委会共举行常委会会议43次。会议具体情况如下：

1月10日，二届区委常委会举行第二次区委常委扩大会议。会议学习传达中共中央总书记习近平在中共十九届六中全会第二次全体会议上的重要讲话《以史为鉴、开创未来，埋头苦干、勇毅前行》、中央农村工作会议精神、刘小涛书记在市委常委会上深入学习贯彻中共十九届六中全会精神的讲话精神以及中共中央总书记习近平关于党史学习教育的重要指示精神等，研究部署下步工作；审议《区人大常务委员会工作报告（送审稿）》《区政协常务委员会工作报告（送审稿）》《区人民法院工作报告（送审稿）》《区人民检察院工作报告（送审稿）》《区政府工作报告（送审稿）》《关于温州市洞头区2021年国民经济和社会发展计划执行情况与2022年国民经济和社会发展计划草案的报告（送审稿）》《2022年重点建设项目计划（送审稿）》《洞头区2021年财政预算执行情况和2022年财政预算（草案）》《政协第九届温州市洞头区委员会第一次会议建议名单（送审稿）》和区“两会”有关人选建议名单以及2021年度全面从严治党主体责任落实暨清廉洞头建设考核结果；听取重点项目建设百日攻坚情况、平安稳定百日攻坚情况、安全生产百日攻坚情况等汇报、区第二次党代会报告主要任务分解情况汇报及2021年洞头区政治生态建设情况汇报。会议还研究其他工作。

1月24日，二届区委常委会举行第三次区委常委扩大会议。会议学习传达中共中央总书记习近平在省部级主要领导干部学习贯彻中共十九届六中全会精神专题研讨班开班式上重要讲话精神、全国宣传部长会议和全省宣传思想工作会议精神等，研究部署下步工作；审议《关于区领导疫情防控工作任务分工的通知（送审稿）》《区人大常务委员会工作报告（送审稿）》《区政协常务委员会工作报告（送审稿）》《区人民法院工作报告（送审稿）》《区人民检察院工作报告（送审稿）》《三级干部大会方案（送审稿）》《关于进一步改进会议及区级领导同志活动新闻报道的通知（送审稿）》；研究区委提名的“两会”换届选举各类候选人建议名单；听取2021年度公安工作情况报告。会议还研究其他工作。

1月27日，二届区委常委会举行第四次区委常委扩大会议。会议听取关于小门岛产业配套园矿地综合开发利用项目普通建筑用石料（凝灰岩）矿采矿权摘牌情况汇报。会议还研究其他工作。

1月28日，二届区委常委会举行第五次区委常委扩大会议。会议学习传达中共中央总书记习近平对政法工作重要指示、中央及省委政法工作会议、市“冬奥会”维稳安保部署会议精神，中共十九届中央纪委六次全会及省纪委十四届七次全会精神，省委巡视工作专题，全省全面推开排查整顿农村发展党员违规违纪问题工作部署会精神，研究部署下步工作；听取疫情防控、安全生产、地质灾害防治等重大专项工作情况汇报；审议《区纪委二届二次全体（扩大）会议方案（送审稿）》《区纪委二届二次全会工作报告（送审稿）》《关于建立治“四风”树新风“1+X”协同监督制度的通知（送审稿）》；研究2021年度表彰表扬有关事宜。会议还研究其他工作。

2月10日，二届区委常委会举行第六次区委常委扩大会议暨纪委党建工作会议。

2月14日，二届区委常委会举行第七次区委常委扩大会议。会议传达学习习近平二十三次莅温考察精神（一）、省委办公厅关于贯彻落实《党委（党组）网络意识形态工作责任制实施细则》意见、市纪委十二届七次全会精神、全市FKB工作会议精神，部署下步工作；审议《关于建立“实干争先强执行、共富花园大赶考”工作机制的通知（送审稿）》《洞头区排查整顿农村发展党员违规违纪问题工作实施方案（送审稿）》《第十二届市政协委员建议人选名单（送审稿）》；

研究区十五届人大一次会议有关人选建议名单。会议还研究有关事宜。

2月21日，二届区委常委会举行第八次区委常委扩大会议。会议传达学习习近平二十三次莅温考察精神（六）、省委高质量发展建设共同富裕示范区推进大会精神、市委政法工作会议精神，部署下步工作；审议《关于建立政治生态协同分析研判机制的实施意见（送审稿）》《关于开展政治生态建设状况评价工作的通知（送审稿）》《洞头区2021年法治政府建设年度报告（送审稿）》。

2月28日，二届区委常委会举行第九次区委常委扩大会议。会议传达学习《中共中央 国务院关于做好2022年全面推进乡村振兴重点工作的意见》、十三届市委一次全会精神（《中国共产党温州市委员会工作规则》《中共温州市委关于以党的政治建设为统领全面加强市委班子建设的决定》）、中国共产党温州市第十三次代表大会精神以及全国及省、市公安局长会议精神，部署下步工作；审议《温州市洞头区公务员年度考核优秀等次比例审核操作办法（送审稿）》；研究全区公务员职级晋升事宜。会议还研究有关事宜。

3月7日，二届区委常委会举行第十次区委常委扩大会议。会议传达学习中共中央总书记习近平在中央党校（国家行政学院）中青年干部培训班开班式上的重要讲话精神；研究《省委办公厅关于进一步加强巡视整改和成果运用的实施意见》、省委高质量发展建设共同富裕示范区推进大会、全省数字化改革推进大会、全省“大综合一体化”行政执法改革推进大会等贯彻落实意见；审议《2021年度乡村振兴五星级示范村评定及奖补方案（送审稿）》《深化监督、以案促治任务分解表》。会议还研究其他工作。

3月14日，二届区委常委会举行第十一次区委常委扩大会议。会议传达学习全国“两会”精神、全国疫情防控工作电视电话会议及全市疫情防控工作座谈会精神；研究市委书记刘小涛关于安全生产工作批示的贯彻落实意见及全区2022年度安全生产工作、全国及省市组织部长会议的贯彻落实意见、洞头统一战线风险隐患及应对措施；听取市委市政府主要领导指示批示贯彻落实情况的汇报。会议还研究其他工作。

3月15日，二届区委常委会举行第十二次区委常委扩大会议。会议研究部署全区疫情防控工作。

3月21日，二届区委常委会举行第十三次区委常委扩大会议。会议传达学习中共中央政治局常务委员会会议及国务院、省市疫情防控工作有关会议精神，研究部署贯彻落实意见；审议《洞头区关于建设儿童友好城市的实施意见（送审稿）》《关于深入贯彻落实省委“红色根脉强基工程”高水平打造新时代党建高地海岛样板的意见（送审稿）》；听取2022年汛前地质灾害防治工作情况的汇报、关于区委议事协调机构领导职务调整方案等汇报；审议《2021年度洞头区“八八战略”实施综合评估报告（送审稿）》。

3月24日，二届区委常委会举行第十四次区委常委扩大会议。会议传达学习省长王浩调研洞头指示精神，研究部署下步工作。

3月28日，二届区委常委会举行第十五次区委常委扩大会议。会议专题学习“三防”工作经验教训（河南郑州“7·20”特大暴雨灾害调查报告），研究部署全区贯彻落实意见；听取2022年一季度经济稳增长工作情况汇报、市对区“七张问题清单”情况汇报；研究省长王浩在洞头调研精神的贯彻落实意见、疫情防控工作、洞头区十大领域风险责任清单（亲清政商关系落实不够到位）风险隐患及应对措施等；审议《中共温州市洞头区委常委会2022年工作要点（送审稿）》。会议还研究有关事宜。

4月18日，二届区委常委会举行第十六次区委常委扩大会议。会议传达学习中共中央总书记习近平考察调研海南指示精神、省市“扫黄打非”电视电话会议精神，并研究部署下步工作。会议专题研究安全生产工作、防汛工作以及保密工作；听取王浩省长调研指示精神贯彻落实情况汇报、全区农村发展党员违规违纪问题排查整顿工作有关情况汇报等；审议《洞头区全国文明城市十大顽疾专项整治行动方案（送审稿）》《2022年度行风政风双评议活动方案（送审稿）》《关于汲取周江勇案件教训开展以案促治工作的实施方案（送审稿）》。

5月14日，二届区委常委会举行第十七次区委常委扩大会议。会议传达中共中央总书记习近平在庆祝中国共产主义青年团成立100周年大会上的重要讲话精神、省委书记袁家军调研洞头讲话精神；研究全国文明城市建设工作。

5月16日，二届区委常委会举行第十八次区委常委扩大会议。会议传达学习中共中央总书记习近平在十三届全国人大五次会议内蒙古代表团审议时的重要讲话精神、中央财经委员会第十一次会议精神、省委书记袁家军调研舟山重要讲话精神、省长王浩有关批示精神；专题研究生态环境保护工作、信访工作；研究一季度市对区“七张问题清单”问题管控力指数有关事宜、市委全面依法治市委员会第四次会议的贯彻落实意见、中央及省市巡视巡察工作有关会议精神的贯彻落实意见等；审议《关于全域开展党建引领“共享社·幸福里”建设暨全区住宅小区党建工作的实施方案（送审稿）》。

5月23日，二届区委常委会举行第十九次区委常委扩大会议。会议传达学习《习近平法治思想学习纲要》、黄建发在省委统一战线工作领导小组会议上的讲话精神、《市政府办公室 关于世界一流化工新材料基地对接情况的汇报》文件精神以及2022年全省、全市对台工作会议精神，并研究部署下步工作；研究全市制造业与民营经济高质量发展大会暨“两个健康”再深化推进会的贯彻落实意见、关于进一步贯彻落实中共中央政治局常务委员会会议疫情防控工作有关精神的意见。会议专题研究意识形态工作；审议《2022年党风廉政建设和反腐败工作组织领导与责任分工（送审稿）》。会议还研究有关事宜。

5月25日，二届区委常委会举行第二十次区委常委扩大会议。会议传达学习市委书记刘小涛在“大综合一体化”行政执法改革工作座谈会上的主持讲话精神、在全市未来乡村建设暨村貌整治现场推进会上的讲话精神以及在统筹疫情防控和经济发展工作会议上的讲话精神，研究部署下步工作。

5月30日，二届区委常委会举行第二十一次区委常委扩大会议。会议传达学习中共中央总书记习近平在中共十九届中共中央政治局第三十七次集体学习会上的重要讲话精神、中共中央总书记习近平在中共中央政治局会议上的重要讲话和国务院稳增长稳市场主体保就业视频座谈会精神、全省组织部部长视频会精神，研究部署下步工作；研究研究洞头区十大领域风险责任清单（常态化疫情防控的重大考验）风险隐患及应对措施、《关于进一步规范机关事业单位和国有企业公开招录（招聘）管理工作的通知（送审稿）》修订等；听取洞头区校园安全风险防范措施及责任落实情况的汇报；审议《2022年度区直单位、街道（乡镇）绩效考核办法（送审稿）》。

6月6日，二届区委常委会举行第二十二次区委常委扩大会议。会议研究全国文明城市建设攻坚行动意见、中央及省委巡视巡察工作有关会议精神的贯彻落实意见以及有关案件处理事宜；听取区宗教专项工作汇报。会议还研究有关事宜。

6月15日，二届区委常委会举行第二十三次区委常委扩大会议。会议传达学习《关于进一步严肃干部选拔纪律的通知》《省纪委关于浙江水利水电学院党委委员、人事处长黄正福拉票问题追责问责情况的通报》、区委选人用人工作专项检查“回头看”有关精神，研究部署下步工作；听取省委省政府主要领导调研精神贯彻落实及向上对接争取情况汇报、近期全区“七张问题清单”工作推进情况汇报；研究平安维稳工作、第二批省市信访积案化解工作、文明城市创建工作等；审议《温州市洞头区规范民办义务教育发展专项工作实施方案（送审稿）》。会议还研究有关事宜。

6月27日，二届区委常委会举行第二十四次区委常委扩大会议。会议重温习近平调研洞头重要指示精神，专题学习贯彻省党代会精神，研究部署下步工作；研究“招大引强”工作等事宜；审议《洞头区打造高质量发展建设共同富裕示范区海岛样板2022年度工作要点和行动计划（送审稿）》《关于我区贯彻落实〈市委办公室 市政府办公室 关于开展“救在身边”十大行动 推进应急救护事业高质量发展的实施方案〉任务分解清单（送审稿）》《关于党建统领网格智治筑强基层治理单元的工作方案（送审稿）》《2022年度全面从严治党主体责任考核办法（送审稿）》；听取《中共浙江省委统一战线工作领导小组运行机制系统性重塑方案》落实情况汇报。

7月4日，二届区委常委会举行第二十五次区委常委扩大会议。会议传达学习中共中央总书记习近平在湖北武汉考察重要讲话精神、最高检察院检察长张军调研洞头精神，并研究部署下步工作；研究2022年区委专题班培训计划事宜；听取区人大常委会党组上半年工作情况汇报，区政协党组上半年工作情况汇报，区总工会、团区委、区妇联2022年上半年工作情况汇报，区委二届二次全体（扩大）会议暨区政府第二次全体会议筹备工作汇报；审议《2022年度洞头区党委（党组）落实意识形态工作责任制考核办法（送审稿）》。会议还专题研究全面从严治党工作和其他工作。

7月11日，二届区委常委会举行第二十六次区委常委扩大会议。会议传达学习习近平总书记23次到温州考察精神、袁家军在省委十五届一次全会上的讲话精神及《中共浙江省委关于加强省委班子政治建设忠实践行“八八战略”坚决做到“两个维护”奋力推进“两个先行”的决定》，研究部署下步工作；听取数字化改革综合评价有关情况汇报；研究洞头区十大领域风险责任清单（能耗“双控”压力与产业升级之间的结构性矛盾）风险隐患及应对措施、洞头区十大领域风险责任清单（自然灾害、安全生产等突发事件）风险隐患及应对措施；审议《关于推动党史学习教育常态化长效化的实施办法（送审稿）》《洞头区优秀村社党组织书记到龄后参考享受机关事业退休人员待遇暂行办法（送审稿）》。

7月18日，二届区委常委会举行第二十七次区委常委扩大会议暨全区领导干部会议，学习传达市委十三届二次全体（扩大）会议精神。

7月23日，二届区委常委会举行第二十八次区委常委扩大会议。会议通报林晓峰接受纪律审查和监察调查有关情况。

7月23日，二届区委常委会举行第二十九次区委常委扩大会议。会议传达学习中宣部《让群众过上好日子——习近平正定足迹》等四部图书出版座谈会精神、全省依法维护信访秩序现场推进会精神、全国安全生产电视电话会议精神，研究部署下步工作；审议《区委二届二次全体（扩大）会议暨温州市洞头区政府第二次全体会议方案（送审稿）》《区委二届二次全体（扩大）会议暨区政府第二次全体会议工作报告（送审稿）》《关于以党的政治建设为统领 全面加强区委班子建设的决定（送审稿）》《中国共产党温州市洞头区委员会工作规则（送审稿）》；听取《洞头区落实国家统计督察反馈问题整改方案》落实情况汇报、省委省政府主要领导调研精神贯彻落实及向上对接争取情况汇报、全区关于袁家军在山区26个县高质量发展暨山海协作工程推进会上讲话精神贯彻落实情况的汇报等。会议还研究有关事宜。

8月8日，二届区委常委会举行第三十次区委常委扩大会议。会议传达学习中共中央政治局会议精神、中央统战工作会议精神，研究部署下步工作。会议专题研究疫情防控工作；听取区党风廉政建设和反腐败斗争领域突出问题、薄弱环节及相关对策的汇报及1月至6月“七张问题清单”问题管控力指数及近期工作推进情况汇报等。会议还研究其他工作。

8月22日，二届区委常委会举行第三十一次区委常委扩大会议。会议传达学习省长王浩关于洞头“海上花园”相关基础设施建设批示精神和省政府专题研究会议精神、中共中央总书记习近平在辽宁考察讲话精神、中央及省市有关领导重要批示精神、《总体国家安全观学习纲要》《唐山“6·10”事件舆情及处置情况复盘报告》《关于当前我省意识形态领域形势的通报》及省委常委、宣传部部长王纲在全省宣传文化系统专题研讨班上的讲话精神，研究部署下步工作；听取《关于建立健全领导干部自然资源资产离任审计评价指标体系的意见》解读意见及落实措施的汇报、2022年矿山治理修复项目清单和海洋卫片督察整改清单情况汇报、除险保安工作情况汇报；研究洞头区十大领域风险责任清单；审议《关于深入推进新时代思想政治工作的实施方案（送审稿）》《洞头区全链培育年轻干部“雏鹰计划”实施方案（送审稿）》。会议还研究有关事宜。

8月30日，二届区委常委会举行第三十二次区委常委扩大会议。会议传达学习2022年度长三角地区主要领导座谈会及成果发布会精神、上级领导有关批示精神、全省各级人大常委会主任学习会精神、2022年全省政协主席暑期读书会暨加强和改进新时代人民政协工作专题研修班精神及全市老旧工业区改造提升现场推进会精神，研究部署下步工作；听取2022年全市第二次县（市、区）比看现场会精神贯彻落实意见的汇报、“大综合一体化”行政执法改革专项督查整改情况汇报以及洞头区增资扩产项目推进情况汇报。

9月6日，二届区委常委会举行第三十三次区委常委扩大会议。会议研究有关事宜。

9月19日，二届区委常委会举行第三十四次区委常委扩大会议。会议传达全市城乡社区工作会议暨“共享社·幸福里”建设推进会精神，并研究部署下步工作；听取1月至7月“七张问题清单”问题管控力指数及近期工作推进情况汇报、洞头区2022年法治建设部分落后指标进展情况汇报；审议《温州市洞头区重点项目“百日攻坚”行动方案（送审稿）》《优化鹿西小学“小而优”学校建设实施方案（送审稿）》《关于我区贯彻落实〈市委办公室 市政府办公室关于开展“救在身边”十大行动推进应急救护事业高质量发展的实施方案〉任务分解清单（送审稿）》等；研究《洞头区防范宗教渗透蔓延“1+2+N”系统工作机制清单（送审稿）》。会议还专题研究疫情防控工作和其他工作。

9月27日，二届区委常委会举行第三十五次区委常委扩大会议。会议传达学习《中央办公厅关于浙江省嘉兴市有关问题查处情况的通报》。会议还专题研究疫情防控工作等。

10月8日，二届区委常委会举行第三十六次区委常委扩大会议。会议传达学习中央审计委员会第五次会议精神、海洋强省建设推进会精神以及市委常委会会议有关精神，研究部署下步工作；审议《洞头区重点工作“砍尾脱后、争先进位”专项行动方案（送审稿）》《温州市洞头区区级党政机构职责管理办法（送审稿）》《温州市洞头区事业单位管理岗位职员等级晋升制度实施细则（试行）（送审稿）》《温州市洞头区关于进一步加强新时代高素质专业化公务员队伍建设三年行动计划（送审稿）》《温州市洞头区公务员职级晋升指导意见（修订）（送审稿）》。会议还研究其他工作。

10月8日，二届区委常委会举行第三十七次区委常委扩大会议。会议传达学习中国共产党第十九届中央委员会第七次全体会议公报精神，上级基层减负有关文件精神并听取我区贯彻落实情况汇报；研究温州液化天然气（LNG）接收站项目用地手续不完整行为处置相关事宜；审议《洞头区2022年盘活国有资产方案（送审稿）》等。会议还专题研究疫情防控工作和全面从严治党工作。

10月25日，二届区委常委会举行第三十八次区委常委扩大会议。会议传达学习中国共产党第二十次全国代表大会精神，研究部署下步工作等；审议《关于贯彻落实“百县争创、千乡晋位、万村过硬”工程争创省级“红色根脉”强基示范区的方案（送审稿）》。会议还研究有关事宜。

11月8日，二届区委常委会举行第三十九次区委常委扩大会议。会议研究有关事宜。

11月11日，二届区委常委会举行第四十次区委常委扩大会议。会议传达学习全省深化“千万工程”建设新时代美丽乡村现场会精神、省长王浩在《关于温州市要求支持洞头海上花园基础设施建设请示研究情况的报告》上的批示及市委市政府主要领导有关批示精神，研究部署下步工作；听取2022年全市第三次县（市、区）比看现场会精神贯彻落实意见的汇报；审议《洞头区“好人好报 德者有得”关怀帮扶工作实施意见（试行）（送审稿）》。会议还专题研究疫情防控工作等。

11月28日，二届区委常委会举行第四十一次区委常委扩大会议。会议传达学习省市新冠肺炎疫情防控工作会议精神、省委有关领导关于国防动员改革工作有关批示及讲话精神以及省军区第十三次代表大会精神，研究部署下步工作；听取1月至10月“七张问题清单”问题管控力指数及近期工作推进情况汇报、“腾笼换鸟、凤凰涅槃”攻坚行动推进情况汇报等；审议《洞头区“护苗成长”专项行动实施方案（送审稿）》《关于进一步加强统计工作的通知（送审稿）》《关于进一步规范重大事项请示报告工作的通知（试行）（送审稿）》。会议还研究其他工作。

11月30日，二届区委常委会举行第四十二次区委常委扩大会议。会议专题研究疫情防控工作。

12月12日，二届区委常委会举行第四十三次区委常委扩大会议。会议传达学习省长王浩在山区海岛高质量发展座谈会上的讲话及市长张振丰在共同富裕海上花园建设座谈会上的讲话精神、中共中央政治局会议有关精神，研究部署下步工作；听取洞头区决策咨询委员会筹建情况汇报等。会议还专题研究安全生产工作、全面从严治党工作和其他工作。

12月26日，二届区委常委会举行第四十四次区委常委扩大会议。会议传达学习《习近平关于依规治党论述摘编》、国务院常务会议精神、省委十五届二次全体会议暨省委经济工作会议和市委十三届三次全体（扩大）会议精神，研究部署下步工作；审议《区委二届三次全体（扩大）会议方案（送审稿）》《区委二届三次全体（扩大）会议工作报告（送审稿）》《关于全面学习贯彻落实党的二十大精神 坚定扛起“两个先行”使命担当 在中国式现代化进程中书写共同富裕海上花园新篇章的决定（送审稿）》；研究洞头国有资源开发建设有限公司实体化运作有关事宜、区人大代表调整事宜。会议还专题研究党管武装工作、意识形态工作和其他工作。

【全区领导干部会议】 2022年1月22日，洞头区领导干部会议在区第三会议室召开。会议传达学习省“两会”精神，研究部署贯彻落实意见。区委书记郭云强传达省委书记袁家军重要讲话精神、省政府工作报告精神并讲话。区人大常委会党组书记刘素婷传达省十三届人大六次会议精神，区政协主席汪慧平传达省政协十二届五次会议精神。区委委员、候补委员；区人大常委会、区政府、区政协领导班子成员；区人武部政委、区法院院长、区检察院代检察长；各街道（乡镇）党政主要负责人；区直属各单位、省市属有

2022年1月22日，洞头区领导干部会议在区政府第三会议室召开
（区融媒体中心提供）

关单位主要负责人等参加会议

2月28日，全区领导干部大会在区第三会议室召开。会议传达学习温州市第十三次党代会精神，研究部署全区贯彻落实意见。区委书记郭云强主持会议并讲话。区领导何莉平、刘素婷、汪慧平、林铁等区四套班子领导；区人武部政委、区法院院长、区检察院检察长；区直属各单位、省市属有关单位主要负责人；各乡镇（街道）党（工）委主要负责人等参加会议。

3月14日，全区领导干部大会在区第三会议室召开。会议传达学习全国“两会”精神，研究部署全区贯彻落实意见。区委书记郭云强主持会议并讲话。区领导何莉平、林铁等区四套班子领导；区人武部政委、区法院院长、区检察院检察长；担任过县处级职务的老干部；全国人大代表；部分区直属各单位、省市属有关单位主要负责人参加主会场会议。设置区分会场（区人大五楼会议室）和街镇（乡镇）分会场，部分区直属有关单位、省市属有关单位主要负责人和各街道（乡镇）班子成员分别在分会场参加会议。

4月13日，全区领导干部会议在区政务服务中心召开。会议传达学习市“两会”精神及市委书记刘小涛在参加洞头代表团审议的重要讲话精神，并研究部署全区贯彻落实意见。区委书记郭云强主持会议并讲话。区领导何莉平、刘素婷、汪慧平、林铁等区四套班子领导；区人武部政委、区法院院长、区检察院检察长；区直属各单位、省市属有关单位主要负责人；各乡镇（街道）党（工）委书记等参加会议。

6月24日，全区领导干部大会在区第三会议室召开。会议传达学习省第十五次党代会精神，要求以创新建设共同富裕海上花园的新实践、新探索、新路径，为推动实现“两个先行”作出更多洞头贡献。区委书记郭云强主持并讲话。区领导何莉平、刘素婷、汪慧平、林铁等参加会议。

7月18日，区委常委会（扩大）会议暨全区领导干部会议在区第三会议室召开。会议传达学习市委十三届二次全体（扩大）会议精神，研究部署洞头贯彻落实意见。区委书记郭云强主持并讲话。区领导何莉平、刘素婷、汪慧平等参加会议。

10月25日，全区领导干部会议在区政务服务中心召开。会议传达学习贯彻中共二十大精神，动员全区上下把思想和行动统一到中共二十大精神上来，进一步坚定信心、克难攻坚，在高质量发展中创新书写“两个先行”洞头篇章。区委书记郭云强主持会议并讲话。区委副书记、区长何莉平传达中共二十大主要精神以及省委、市委领导干部会议精神。

12月22日，全区领导干部会议在温州教师教育院洞头分院四楼报告厅召开。会议传达学习省委十五届二次全体（扩大）会议暨省委经济工作会议和市委十三届三次全体（扩大）会议精神，部署全区贯彻落实意见。区委书记郭云强主持会议并讲话，区领导刘素婷、林铁等区四套班子领导；区人武部政委、区法院院长、区检察院检察长；区直属各单位、省市属有关单位主要负责人；各乡镇（街道）党（工）委主要负责人参加会议。

【书记抓基层党建和人才工作述职评议会】 2022年2月10日，2021年度党（工）委书记抓基层党建和人才工作述职评议会、洞头区“村社擂台·三比三看”暨“党建连心·邻里守望”行动推进会召开。会上亮晒全区基层党建、人才工作相关指标数据。各街道（乡镇）党（工）委书记与区直单位负责人述职。与会人员现场测评。会上还举行“村社擂台·三比三看”，通过指标晾晒、示范展播、表彰先进、交流发言等形式，集中检验上年全区村社干部的履职实绩。区委书记郭云强出席会议并讲话，市委组织部副部长赵晓奔和市委基层党建工作第四督导组到会指导，区领导林铁等参加会议。

【“实干争先强执行 共富花园大赶考”动员大会】 2022年2月11日，洞头区召开“实干争先强执行 共富花园大赶考”动员大会。会议通报省级以上荣誉和区级考评、表彰文件；颁发海洋经济发展贡献突出企业及企业家、区长质量奖、重要窗口先进集体、头鬃旗最优单位、年度考核优秀单位、专项工作特别奖、全面从严治党主体责任落实暨清廉洞头建设考核优秀单位、全区“模范机关”单位、海豚奖、行风政风双评议最满意单位以及海龟奖、行风政风双评议最不满意单位等奖项；举行区领导“一联八”领办及12个作战部授旗仪式；相关单位、群体代表发言。区委书记郭云强作动员讲话，区委副书记、代区长何莉平作工作部署，汪慧平、刘素婷、林铁等区四套班子领导参加会议。区直各单位班子成员和科室负责人，各街道（乡镇）班子成员和科室负责人，基层站所负责人，各村（居）党支部书记、村（居）委会主任在分会场以视频形式参加会议。

【洞头区儿童友好城市建设工作动员部署会】 2022年2月16日，洞头区儿童友好城市建设工作动员部署会召开。会上观看温州市建设儿童友好城市宣传片；区妇联介绍了儿童友好城市建设典型案例，并汇报了《洞头区关于建设儿童友好城市的实施意见（征求意见稿）》和试点单元及重点项目任务清单（第一批）；与会人员围绕儿童友好城市建设进行了交流讨论。区委书记郭云强强调，要践行“人民至上”的重要理念，从儿童抓起，从基础做起，凝聚儿童友好的社会共识，打造儿童友好城市滨海样板，助力建设共同富裕海上花园。区领导汪慧平、刘素婷、林铁等参加会议。

【“优质教育·学在洞头”教育工作会议】 2022年9月8日，洞头区“优质教育·学在洞头”教育工作会议暨庆祝第三十八个教师节大会主会场设在温州市教师教育院洞头分院报告厅召开。会议表彰252名教师、教育工作者及15个先进集体等奖项。举行华峰百岛教育基金捐赠、温州南浦实验中学与洞头区海霞中学集团化办学授牌仪式。区委书记郭云强出席会议并讲话，区领导何莉平、刘素婷、汪慧平，教师代表、全体新教师、退休教师代表；区直属有关单位、省市属有关单位主要负责人，街道（乡镇）党委或政府主要负责人；区教育局班子成员及局机关（直属单位）中层正职干部等参加会议。各校全体教职工在各中小学、幼儿园分会场参加会议。

（张玲玉）

综合党务工作

【概况】 2022年，中共温州市洞头区委员会办公室履行好参谋助手、综合协调、督查考绩、服务保障、机要保密“五大职能”，完成重要领导洞头调研考察76次，保障各类大中小型会议活动719场次。全年累计收发文6500多件，备案规划性文件52件。新增《接待手册S1版》等大型活动保障手册，降低新成员准入门槛。全年处置各类紧急信息130件，全省突发快响应用综合评价五星级。构建以文辅政体系助推区委决策落实，搭建区决策咨询委员会组织架构和议事规则，完成各类综合材料共计220多篇，编发洞办通报17期、区委常委会会议纪要44期、区委专题会议纪要9期，刊发《洞头政研》20期。总结提炼美丽乡村、闲置农房盘活、村貌整治等一系列典型做法，在省市工作交流会上推广洞头经验。全年累计编发党委信息1889篇，聚焦疫情防控、招商引资、项目建设、产业升级、改革创新、生态保护、信访投诉等重点工作编发问题聚焦信息63篇。创设《洞头信息（每日关注）》信息载体，获区委主要领导批示251期，批示率近50%。持续巩固“文山会海”整治成果，落实精简会议相关规定，全年累计召开三类会议总数126个，同比下降30.8%。全区党政机关两类文件同比下降20.87%。组织开展各类学习120多次，参观永嘉县红十三军教育基地、源头村等红色基地，实地践行初心使命。深化“六个一”干部淬炼机制，全方位锻炼委办铁军。组织开展干部职工党团活动、工会活动、家访谈心、领导慰问、组建办公室跑团等活动20多次。持续推进志愿服务，深入东沙村等10个村社开展志愿服务520多人次。

（陈志翔）

【目标督查】 2022年，区委办利用数字化改革，健全督查事项人事贯通管理。全年办理领导批示691期；办理疫情防控专项批示76期，印发督查专报175期，印发督查通报47期。督办省市主要领导调研、考察、座谈会等交办事项128项，参与疫情防控“三办合一”，其间共督办疫情专项指令165项；开展文明城市创建专项督查，印发专项督办单15期，督办事项120多项。督办落实市委主要领导批示、交办等12项重要事项，实现督查工作全年零失分。完成“七张问题清单”媒体督查市、区应用场景全面贯通，完善全区街道（乡镇）和区直部门全量库管理机制，实施全过程闭环管理；2022年度问题管控力量化指数排名全省第二档（四星半）。省级、市级清单问题总数94个，办结率80.85%；区级清单问题总数217个，办结率82.95%。通过《洞头区科级领导干部全程积分考核办法》，将督查事项全过程纳入领导个人考核计分。

（周巧燕）

【绩效考核】 2022年，区委办构建“以事找人、人事贯通”评价体系和横向到边、纵向到底的“贯通穿透式”工作体系，按月对重点指标（工作）进行亮晒比拼和激励。对指标实行三色预警提醒。全年约谈亮红灯干部157人次，面谈亮绿灯干部98人次，并把亮晒情况作为干部考核评优、晋升表彰的重要参考。建立“兵团作战、实干争先”比拼机制，每季度集中举办兵团化作战比拼擂台暨经济社会形势分析会，各作战部、各重点单位负责人逐一上台汇报，采取视频亮晒、媒体直播、网络投票等方式，邀请区四套班子领导、各单位一把手、代表委员、市民群众等进行测评，通报比拼结果。针对短板指标持续落后、核心问题化解不力等问题，提出务实举措，启动“砍尾脱后、争先进位”专项行动。全年组织各单位共累计专题研究考核落后指标300多次、开展向上对接200次，实现高质量发展绩效综合评价、共同富裕、数字化改革、七张问题清单、全市六比竞赛等相关考核事项“砍尾脱后、进等升位”。通过推进区领导“一联八”下沉走访，提升问题化解质效，区领导累计走访2131次，累计收集问题734个，化解问题679个，化解率92.51%。开发三服务督查系统，综合集成需求收集、问题发布、进展跟踪、办结评价、统计分析等功能，实现疑难精准定位、领导实时督查、单位多跨协同、评价直通基层，力争形成“区四套班子领导、区级相关部门、街镇”三个层面齐抓共管、同向发力良好局面。

（宋铁蛋）

【保密工作】2022年，温州市洞头区国家保密局创新实施保密除险保安“五全”工程，即创新实施“全区域”保密系统建设、“全覆盖”保密教育培训、“全周期”保密管理、“全方位”保密督查、“全闭环”保密服务保障等“五全”工程，全区涉密人员管理、定密管理、网络保密管理等保密“三大”管理，全部实现线数字化上实时监管，组织召开全区纳入监管涉密人员参加保密线上培训，重点岗位人员安装信息提醒系统。完成资产处置、财务审计和内网项目验收工作，外网终端年平均在线活跃率排名全市第一位。专题编写《区委书记保密工作指示批示精神》《洞头区保密隐患共性清单》《洞头区保密工作纪律要求》等本土化教材，组织开展洞头保密特色教育。市对区保密检查中实行“零扣分”。

（丁国欣）

2022年洞头区委及其办公室制发的重要文件选目一览表

表2

序号	文号	文件名称
1	洞委发〔2022〕2号	批转《关于召开温州市洞头区第十五届人民代表大会第一次会议的请示》的通知
2	洞委发〔2022〕3号	批转《关于召开政协第九届温州市洞头区委员会第一次会议的请示》的通知
3	洞委发〔2022〕4号	关于2021年度全面从严治党主体责任落实暨清廉洞头建设考核结果的通报
4	洞委发〔2022〕6号	关于表彰2021年度重要窗口建设先进集体和个人的通报
5	洞委发〔2022〕7号	关于表扬2021年度洞头区平安建设突出贡献集体和个人的通报
6	洞委发〔2022〕8号	关于表扬2021年度洞头标准改革突出贡献集体和个人的通报
7	洞委发〔2022〕9号	关于表扬2021年度招才引税工作突出贡献集体和个人的通报
8	洞委发〔2022〕10号	关于公布2021年度洞头区专项工作特别奖的通报
9	洞委发〔2022〕11号	关于命名新一批洞头区文明村、文明单位的通报
10	洞委发〔2022〕13号	关于2021年度乡村振兴五星级示范村创建评定结果的通报
11	洞委发〔2022〕18号	关于印发《2022年度区直单位、街道（乡镇）绩效考核办法》的通知
12	洞委发〔2022〕20号	关于认真学习宣传贯彻省第十五次党代会精神的通知
13	洞委发〔2022〕21号	关于党建统领网格智治 筑强基层治理单元的工作方案
14	洞委发〔2022〕22号	中国共产党温州市洞头区委员会工作规则
15	洞委发〔2022〕23号	关于以党的政治建设为统领 全面加强区委班子建设的决定
16	洞委发〔2022〕26号	关于全面支持检察工作高质量发展的意见
17	洞委发〔2022〕28号	关于印发《洞头区重点工作“砍尾脱后、争先进位”专项行动方案》的通知
18	洞委发〔2022〕29号	关于认真学习宣传贯彻党的二十大精神的通知
19	洞委发〔2022〕30号	关于进一步规范重大事项请示报告工作的通知（试行）

续表2

序号	文号	文件名称
20	洞委发〔2022〕32号	关于2022年度行风政风双评议结果的通报
21	洞委办发〔2022〕2号	关于坚决落实党政机关过紧日子要求的通知
22	洞委办发〔2022〕3号	关于印发《区第二次党代会工作报告主要任务和责任分解》的通知
23	洞委办发〔2022〕4号	关于进一步改进会议及区级领导同志活动新闻报道的通知
24	洞委办发〔2022〕6号	关于建立治“四风”树新风“1+X”协同监督工作制度的通知
25	洞委办发〔2022〕7号	关于印发《洞头区排查整顿农村发展党员违规违纪问题工作实施方案》的通知
26	洞委办发〔2022〕8号	关于建立“实干争先强执行、共富花园大赶考”工作机制的通知
27	洞委办发〔2022〕9号	关于开展政治生态建设状况评价工作的通知（试行）
28	洞委办发〔2022〕11号	印发《洞头区关于建设儿童友好城市的实施意见》的通知
29	洞委办发〔2022〕14号	关于印发《洞头区2022年度行风政风双评议活动实施方案》的通知
30	洞委办发〔2022〕15号	印发《洞头区基层治理系统建设暨数字化社会治理中心作战方案》的通知
31	洞委办发〔2022〕16号	印发《关于加强区直机关部门机关纪委建设的意见》的通知
32	洞委办发〔2022〕18号	关于印发《2021年度全面从严治党主体责任检查考核情况反馈意见的整改方案》的通知
33	洞委办发〔2022〕20号	关于印发《洞头区全国文明城市建设工作“十个一律”责任追究办法（试行）》的通知
34	洞委办发〔2022〕22号	关于印发《洞头区驻点招商引智工作管理办法（试行）》的通知
35	洞委办发〔2022〕23号	关于印发《2022年党风廉政建设和反腐败工作组织领导与责任分工》的通知
36	洞委办发〔2022〕26号	印发《关于全域开展党建引领“共享社·幸福里”建设暨全区小区党建工作的实施方案》的通知
37	洞委办发〔2022〕28号	印发《关于加强政务服务中心建设的实施方案》的通知
38	洞委办发〔2022〕29号	印发《关于高质量打造海上花园文化高地加快推进共同富裕海岛样板建设的行动计划（2022年）》的通知
39	洞委办发〔2022〕35号	关于印发《进一步加强新闻宣传工作的实施意见》的通知
40	洞委办发〔2022〕37号	关于印发《温州市洞头区推进“大综合一体化”行政执法改革工作实施方案》的通知
41	洞委办发〔2022〕39号	印发《关于推动党史学习教育常态化长效化的实施办法》的通知
42	洞委办发〔2022〕51号	印发《关于进一步加强新时代高素质专业化公务员队伍建设行动计划》的通知
43	洞委办发〔2022〕52号	关于印发《洞头区委贯彻落实“三重一大”事项集体决策制度的实施细则（试行）》
44	洞委办发〔2022〕53号	印发《关于深化“青廉工程”提升年轻干部廉洁自律能力的实施意见》的通知

续表2

序号	文号	文件名称
45	洞委办发〔2022〕54号	关于印发《洞头区创建全省“红色根脉”强基示范区行动方案》的通知
46	洞委办发〔2022〕57号	印发《关于实施残疾人家庭共同富裕“369工程”的意见》的通知
47	洞委办发〔2022〕58号	关于印发《洞头区“护苗成长”专项行动方案》的通知
48	洞委办发〔2022〕59号	关于进一步加强统计工作的通知

（区委办公室提供）

组织工作

【概况】 2022年底，洞头区有基层党组织522个，党员7740名。其中，党委26个，党总支26个、党支部470个；非公有制经济单位党委1个、党总支2个、党支部37个、联合支部45个，企业党员653名。全区党员中，女性党员2490名、少数民族206名；45岁及以下3196名，大专及以上4249名。全年发展党员221人，其中女性党员97人，占43.89%；年龄在35岁以下的党员143人，占64.70%；大专以上文化程度180人，占81.45%。

中共温州市洞头区委组织部修订《洞头区干部大监督工作机制信息沟通办法》，落实领导干部个人重要事项“即时报告+集中报告”制度。实施年轻干部全链培育“雏鹰计划”，深化“青年思享汇”品牌，创设“三新”共享课堂。组建“共享社·幸福里”跨小区党建联建，实施“一包五联”机制。持续推进村级集体经济发展，全年村级开竣工项目41个，总投资额3.03亿元。村级集体经济总收入18305.16万元，同比增长15.7%，经营性收入10307.3万元，增长21.2%。

全年调配干部5批次127人次，其中新提任科级干部42人次（提任正科13人次，提任副科29人次），转任科级重要岗位8人次，提任区管党组成员6人次，平职交流71人次。截至年底，全区公务员1031名，参照公务员法管理机关事业单位工作人员154名。其中，综合管理类公务员889人，执法勤务237人、警务技术7人，法官检察官32人、法官（检察官）助理及书记员20人；男性878人，占74.1%，女性307人，占25.9%；35周岁以下387人，占32.7%，35周岁以上40周岁以下180人，占15.2%，40周岁以上50周岁以下343人，占28.9%，50周岁以上275人，占23.2%；全日制研究生学历共28人，占2.4%，全日制大学本科学历453人，占38.2%，全日制大专及以下学历704人，占59.4%。

【党建联建工作】 2022年，洞头区通过民宿党建联建，推进“舌尖联盟”和“浪尖联盟”建设，发挥党组织实质作用，推动辖区民宿产业规范化发展，推行“轮值式”主题党日，依托“海霞宿客汇”民宿党建阵地举办联盟沙龙10多次，服务游客8600人次。依托全省首个海上党群服务阵地，拓展“海上红网格”，加强陆、滩、港、海联动，搭建以海上“红老大”领航、

2022年7月4日，洞头区开展“雏鹰计划”护航成长暨2022年第一期“青年思享汇”活动
（区融媒体中心提供）

岸上“渔小二”代办服务体系，涵盖海渔事纠纷调解等7项服务功能，全年共开展渔船体检810艘次，整改安全隐患404项。制定海岛“共富工坊”建设实施方案，梳理出台“1+1+N”专项扶持政策和“共富四张清单”，建成六大类47个“共富工坊”，惠及群众1602人，人均月增收2500元以上。

【党建统领网格智治】2022年，洞头区开展“党建连心·邻里守望”行动，建立“村社微治理防疫一览图”，发动党员干部下沉助力5000多名，提升基层应急处置能力。深化“村社吹哨、部门报到”机制，健全路长、段长、点长、楼长、网格长等“五长统管制”，开展村社创文挂旗考赛，调动下沉助力文明城市创建近4.5万人次，在全市9轮测评中4次获第一名。推进新城社区融合型大社区大单元建设攻坚，配齐配强专职社工队伍，按照“1+3+X+Y”模式配备网格人员力量，完善网格架构和运行机制，调整优化网格152个、微网格1785个，常态化用好“七队三单”“分组包户”“组团包联”等工作机制，加强人员培训和实战演练，全面筑强最小治理单元。

【党建引领“共享社·幸福里”建设】2022年6月8日，为进一步加强村（社区）、小区等基本单元基层组织建设，根据省市区委有关部署要求，区委办公室印发《关于全域开展党建引领“共享社·幸福里”建设暨全区小区党建工作的实施方案》。主要内容是构建“一核多元”统领体系，组建小区党支部，选优小区党组织书记，配强小区业委会，健全力量下沉机制；打造“优享和谐·幸福单元”，小区整体提升，梳理“关键小事”，深化党群联心；打造“多元共治·幸福单元”，健全议事规则，完善管理机制，提升行为规范；打造“阵地共享·幸福单元”，打造“1510”党群服务圈，推动资源“错峰共享”，打造“一老一小”服务阵地；打造“服务乐享·幸福单元”，深化“项目汇·幸福事”载体，推进资源共享共助，丰富文娱活动内容；打造“善作善成·幸福单元”，注重干部教育培训，建立导师帮带机制，积极培育社工队伍。加强专职社区工作者队伍管理，完善选聘任用、考核管理、激励保障等工作机制，着力打造一支专业化、职业化、规范化的专职社区工作者队伍。目标到2022年底，党建引领“共享社·幸福里”建设的领导体制、主要任务、工作标准、保障体系全面建立，全区打造20个左右的具有标志性、引领性、示范性的村（社区）、小区。全年完成重点单元创建23个。

【干部管理机制】2022年，洞头区根据省市选人用人高质量发展动态指标，定期开展干部队伍结构分析研判，全区街道（乡镇）、部门领导班子中年轻干部占比分别居全市第一位、第二位。重塑“以事找人、人事贯通”考评用人机制，优化全程积分考核办法，实施“兵团化作战”、疫情防控等专项考核，结合“共富花园大赶考”指标亮灯等开展专项谈话500多人次，考准干部实绩表现；升级科级干部动态排名应用系统，建立考核数据“驾驶舱”，了解干部在攻坚一线和日常工作表现情况，相关做法获得人民网、《光明日报》等媒体报道。出台《进一步加强接近退休年龄转岗干部管理的工作方案》，明确退出领导岗位干部工作岗位和职责。制订印发《关于进一步加强新时代高素质专业化公务员队伍建设行动计划》，从加强政治建设、优化来源结构、提升整体素能、激发生机活力等方面作出具体部署。综合运用考录、选调、调任、商调等方式，分层分级分类建好数量充足、结构优良的“蓄水池”。全年吸收52名年轻化、高学历人才进入公务员队伍。坚持职级晋升、表彰奖励向在重点工作、重大项目中实绩突出的集体及个人倾斜，全年激励晋升7人，嘉奖5人。组织做好全国、全省“人民满意公务员集体”和“人民满意公务员”推荐评选工作；区妇联获评全省“人民满意公务员集体”。

【年轻干部全链培育】2022年，洞头区突出“制度化”顶层设计，加强年轻干部宏观规划和培养路径优化，制定实施年轻干部全链培育“雏鹰计划”，从全领域储备、多维度培育、全时域管理、常态化选用4个方面提出重塑机制12项，动态储备“雏鹰人才库”年轻干部跟踪培养约150名，相关做法获浙江信息、人民网、《光明日报》、温州组工等刊发报道。建立中层关键岗位备案管理制度，把全区118个综合岗位、核心业务科室及重要下属单位中层正职纳入备案管理。开展制度性交流干部工作，把工作经验单一的优秀年轻干部、专业干部作为重点对象，首批实现跨单位交流单位28家干部30名。

【干部教育培训】2022年，洞头区核定指导区直部门“三新”培训班次37期，牵头举办产业动能转换、城市高品质建设等区委专题班2期，参训干部职工2561人次；组织“浙里共富善治”讲坛、疫情防控能力等线上专题培训78期，累计培训2万余人次；严格落实城区联合党校主体责任，全年调训干部参加城区主体班次学习53名。优化教育实践路径，搭建年轻干部“事上练”平台，先后选派干部参与疫情防控、兵团作战、招商引智等重要任务攻坚350多名。深挖富有“洞头味”“海霞味”特色教育资源，新评定市级干部教育培训现场教学示范基地1个、现场教学点3个。深化“青年思享汇”“三新”共享课堂等教育品牌，举办专场活动4期，累计交流培训338人次，相关做法在学习强国和《光明日报》《温州日报》等刊发。

【干部监督管理】2022年，洞头区修订《洞头区干部大监督工作机制信息沟通办法》，严格落实领导干部个人重要事项“即时报告+集中报告”制度，收集个人年度有关事项报告387份、月度重大事项报告201条。落实领导干部经责审计、任职廉政公开承诺等“一把手”监督措施，联合区审计局举行机关事务管理中心领导干部离任经济事项集中交接仪式。开展全区领导干部亲属从业及从事经营活动大起底，组织农商行股份转让、退出，规范领导干部廉洁从政从业行为，构建“亲清”政商关系。

【人才引育】2022年，洞头区推出“面向未来”人才计划，召开“才聚百岛·智创未来”引才发布会，发布“百岛菁英”引才计划20个岗位，吸引1044人报名，其中硕博788人，择优招引人才16名。持续攻坚“510+”计划，线上线下组织乡村巡回招聘、“千企万岗”云聘会等12场，“人才导游云探岗”等招才做法登上《中国组织人事报》。全年大学生招引数3069人。强化本土人才培育，谋划实施“才聚百岛”特支计划，推出技能人才“展翅行动”行动，全年累计培育技能人才1293人，培育省特级教师1人，浙江工艺美术大师1人，浙江工匠2人。创新推出关心关爱产业工人技能人才“暖心八条”，在技能提升、认定上予以帮扶指导，相关做法在《中国组织人事报》和《温州信息》刊登。

【人才管理服务保障】2022年，洞头区推出人才助力共同富裕“十大行动”。推进产教融合工作，累计建成产教融合站点5个。发挥博士创新站聚才引智作用，建成哈尔滨工业大学、温州大学等博士创新站5个。成立科技特派员创新联盟，为“两菜一鱼”产业发展把方向、解难题、育人才。建立区领导“一联八”挂钩联系人才机制，推出“人才思享汇”专刊，创优人才展示宣传平台。举办青年人才沙龙等活动10多场。推出“人才专属礼遇卡”，为人才“吃住行游购娱”提供一站式服务。累计认定各类人才2500多名。深入调研谋划人才新政16条，推荐“伴·精选”获批院士专家疗休养基地，开展人才房配租配售工作，进一步打响“我在海边有间房”服务品牌。

（金文阳）

宣传工作

【概况】2202年，中共温州市洞头区委宣传部以习近平新时代中国特色社会主义思想为指导。出台《关于高水平推进新时代思想政治工作的实施意见》，推进党史学习教育常态长效机制建设。推出海岛渔船“青年聊”、田间地头“青年唠”、红色军营“青年说”等系列宣讲活动，洞头特色板凳宣讲法入选市宣讲典型案例。创新推出“理论宣讲渔船课堂”“红色宣讲员”走进渔船边，面向渔农民、民宿业主等群体开展宣讲近60场次。成立海霞宣讲理论工作室，组织开展“微宣讲”“微讲吧”“微视频”“微故事”等“四微”活动。牵头组织全区学习宣传贯彻中共二十大精神，开展中共二十大知识测试、青年理论赛。围绕中共二十大等主题主线，在国家、省、市各级媒体刊发报道超1万篇（次）。建立周一夜学机制，印发《“周一夜学”十条规范》，常态化开展“精选+自选”学习、测试、无领导小组讨论等活动1050多场。承办中央网信办“大国之重@共同富裕”主题宣传活动；舞蹈作品《擂鼓声声迎归帆》获文化部群星奖并在中央电视台三套播出；创新推出“舆情@”网络负面舆情处置闭环工作机制，获评2022年度“微改革微创新”十佳案例。牵头推进海霞营地建设；居民综合阅读率为95.5%、居全市第一位、全省前茅。“百家信”应用作为省数字文化诚信改革创新案例向省委书记做汇报。

【思想理论宣传教育】2022年，洞头区通过区委理论学习中心组、“海上花园·名家讲坛”、百岛云讲坛等学习载体，指导全区读书班活动。开展相关重大理论主题基层宣讲1000多场，实现机关、村居、企业、学校、社区、军营、网络等“七进”全覆盖。举办“微党课”比赛、红色故事赛，做好海霞讲解员培训班、红色海霞研学活动等，推出“周一夜学”学习制度，重点围绕共同富裕、海洋经济等23个学习主题，常态化开展“精选+自选”学习活动1050场。继续发挥各级党委宣讲团、海霞宣讲团等宣讲队伍作用，开展中共二十大精神等主题宣讲。开展海岛渔船“青年聊”、田间地头“青年唠”、红色军营“青年说”等系列宣讲活动，其中洞头特色板凳宣讲法入选市宣讲典型案例；创新推出“理论宣讲渔船课堂”，由“红色宣讲员”走进渔船边，面向渔农民、民宿业主等宣讲全会精神，全年开展宣讲近60场次。

2022年11月16日，洞头区委书记郭云强到北岙街道东沙村宣讲中共二十大精神
（区委宣传部提供）

【重大主题宣传】2022年，洞头区围绕学习宣传贯彻中共二十大、“续写创新史、走好共富路”、千年商港等主题主线，挖掘海霞精神、海洋经济、城市蝶变等特色选题，在中央电视台、《人民日报》、《浙江日报》等中央级、省市级主流媒体累计刊发涉洞头报道1万余条。组织女民兵、专家学者连线中共二十大代表，热议中共二十大报告，畅谈海霞精神新传承，在《浙江日报》推出全媒体主题报道，获人民日报客户端首屏推荐。在央视等媒体推出《浪尖采海鲜 美味润舌尖》等一系列报道。聚焦洞头平安建设，在《人民日报》刊发《浙江温州洞头公安创新推出“五联融合”工作法优化警务服务 守护群众平安》报道。在温州市人民大会堂召开“温州这十年”系列主题新闻发布会洞头专场，讲述洞头10年精彩蝶变，受到人民网、中国新闻网、中国网和《浙江日报》《温州日报》等10多家重点媒体报道推送。承办“大国之重@共同富裕”主题宣传活动，深入挖掘洞头共同富裕故事、人物、案例、场景，推出一系列新闻报道，各级媒体累计刊发（播）报道200多条（篇），其中中央网信办全网推送2条，省委网信办全网推送3条。开展“飘洋过海来洞头”网络国际传播活动，邀请国际网红主播开展“十看”洞头活动，在海外发布、华人头条等平台推送。

【主流舆论传播】2022年，洞头区制定出台《关于进一步加强新闻宣传工作的实施意见》《关于进一步加强新闻宣传选题报送工作的通知》《洞头区境外媒体记者来洞采访管理服务工作协调机制》等规范性制度。成立“学习强国”学习平台洞头编辑部，入驻单位55家，供稿员共100多名，全年累计供稿1300多条，录用刊发400多条。开展全区领导干部媒介素养暨新闻发言人培训班，加强全区新闻发言人制度建设。洞头发布、百岛洞头等新媒体策划制作《专家说防疫》《抗“疫”战场上的硬核“战士”们》《核酸检测那些事 微冷的秋风中那一丝丝浓浓的暖意》等作品。开通推特账号“邂逅洞头”，累计发稿365篇，拥有粉丝1224名。在《人民日报》（海外版）等海外媒体平台推出《“东海明珠”数洞头》等多篇推文，把洞头海洋民俗文化和秀丽风光推向海外。

【宣传征阵地建设】2022年，洞头区创新推出“理论宣讲渔船课堂”，“红色宣讲员”到渔船边，面向渔农民、民宿业主等群体宣讲。成立海霞宣讲理论工作室，完善宣讲员选拔推荐机制，组织开展“微宣讲”“微讲吧”“微视频”“微故事”等“四微”活动。发挥农村应急广播作用，在疫情防控期间循环播报宣传标语和重要提醒。国庆、区“两会”等重要节点提升霞光大道、环岛公路等路段广告灯箱宣传效果。

【文化阵地和项目建设】2022年，区委宣传部实施文化资源优化行动，推进重大文化项目建设，建成东海贝雕艺术博物馆，建设文化驿站1家、非遗百家坊1家、乡村博物馆3家和“15分钟品质文化生活圈”50个，其中东海贝雕艺术博物馆被列为省非遗工坊创建单位。每万人拥有公共文化设施面积6350平方米，名列全省前茅。推进海霞营地建设，“海霞文化”被列为浙江省文化标识创新培育项目。迭代升级韭菜岙沙滩公园和“中屿等到你”项目。举办摄影、诗歌、渔民画等系列活动，擦亮三大文化品牌。组织旅发、海霞培训、海窑文化、禹悦文创等公司参展2022温州文博会，搭建“海上花园 霞光璀璨”主题馆，获得优秀组织奖和创意奖。举办海洋文化节、“书香洞头”全民阅读节、文化和自然遗产日系列活动，累计开展公益培训、文化走亲、送戏下乡、全民阅读等各类文化活动500多场，居民综合阅读率95.5%，排名全市第一、全省第三。

（郭雅楠）

统一战线

【概况】2022年，洞头区委常委会会议专题研究统战领域相关工作8次，区委主要领导作出批示71次。中共温州市洞头区委统战部开展统一战线方针政策、重要会议精神等学习研究45次，拓宽线上线下宣传渠道，结合民族宗教理论政策下基层、党外人士“双走访”、企业“进访助”、“安巢暖侨基层行”等载体，深入统战团体组织、民营企业等传播党的创新理论。召开第四届民营企业家大会，表彰优秀企业家10名。持续开展“亲清直通车·政企恳谈会”、民营经济人士“双走访”活动，走访服务企业、在外商会等200多次，帮助20家企业发布招聘岗位186个。设立“E心共富”网联直播间，开展“知联同心·共富同行”“新力在洞·益心服务”等系列活动，促成新联会、知联会与半屏社区、寮顶村结对联系。引导民主党派参与大黄鱼产业链、自贸区扩容等课题调研，参加“文明城市创建”“儿童友好城市创建”“共同富裕建设”等协商活动。知联会、新联会等统战团体投入战疫前线，区工商联牵头民营企业组建抗疫志愿运输队，企业主动捐赠笔记本电脑等物资支援防疫工作。区委统战部微信公众号等统战阵地发布各类教育、宣传信息100多条。东岙乡贤助力生态宜居入选市级“乡乡兴”工作典型案例。

2022年11月23日，2022年洞头区无党派人士认定仪式举办
（区融媒体中心提供）

【洞头区“贤聚百岛·共富有我”行动实施】2022年5月10日，为全面贯彻落实《洞头打造高质量发展建设共同富裕示范区海岛样板实施方案（2021—2025年）》，按照市委统战部“新乡贤·新家园鹿鸣计划”部署，区委统战部制定《洞头区“贤聚百岛·共富有我”行动实施方案》。主要任务是聚焦联络联谊，促进精神回归，建立健全规章制度，动态完善个人信息，做好本地新乡贤眷属的帮扶解困等工作；聚焦创业就业，促进项目回归，宣传洞头创业就业的发展环境，引导新乡贤参与助力乡村产业项目建设；聚焦基层治理，促进智力回归，打造共建共治共享的社会治理格局，发挥在外甬商会、在外新乡贤的桥梁纽带作用，突出新乡贤二代、高校洞头籍学生、高层次人才回流，推动人才返乡下乡创业就业；聚焦乡风文明，促进公益回归，开展乡贤文化“进礼堂、进家庭、进村民”，设置“同心墙”“乡贤榜”，发挥新乡贤表率示范作用，带领村民参与文明乡村、美丽庭院、垃圾分类等建设等。完善新乡贤工作联席会议制度，成立新乡贤工作领导小组。

【统战干部队伍建设】2022年，洞头区深入实施无党派人士青苗计划、民营企业家青蓝接力行动，新排摸新生代企业家108名，新认定无党派人士21名，发展民革党员3名，持续完善组统联席会议、双走访等机制。修订完善部务议事规则、财务管理、保密管理等工作制度，打造“政治上坚定、精神上振奋、业务上精通、作风上过硬”服务型统战干部队伍。

【乡贤工作】2022年，洞头区对8家已创成及6家培育中的基地开展特色化品牌建设。新乡贤在实践基地投资超2亿元，举办沙滩夜市、海鲜民宿节等活动近60场，带动周边致富超5000万元。围绕生产生活、政策宣传等内容走访慰问港澳同胞、侨胞、新乡贤、在外洞商家属等群体672人次，开展体检、送检上门活动12场次，覆盖400多人。发动新乡贤主动参与村社事务，开展“新乡贤·公益助富”优化基层社会治理等行动，开展百姓议事、代表夜聊、乡贤恳谈等线下活动100多场次，推动人才、智力、资金、项目、慈善文化等要素进基层，街道（乡镇）新乡贤爱心基金实现全覆盖，村社新乡贤理事会、新乡贤个人设立慈善基金14个。“中屿等到你”文旅摄影基地和东川农业基地获批市级乡贤助乡兴实践基地，东岙乡贤助力生态宜居入选市级“乡乡兴”工作典型案例。

【林海帆当选国际干细胞学会（ISSCR）主席】2022年6月21日，洞头籍科学家林海帆当选国际干细胞学会（ISSCR）主席。林海帆，现任美国耶鲁大学尤金—希金斯讲席教授（终身）、耶鲁大学干细胞中心创始主任、耶鲁大学医学院细胞生物学系、遗传学系、妇产科与生殖科学系教授。国际干细胞研究协会（ISSCR）成立于2002年，是干细胞科学界的领先专业组织，代表67个国家和地区4001多名成员，该学会汇集从事基础研究和应用研究研究人员、临床医生、学者和行业代表。

（周佳佳）

机构编制管理

【概况】2022年，洞头区制定《洞头区派驻执法人员“区属乡用”管理办法（试行）》《洞头区党政机构职责管理办法》《洞头区权责清单动态管理办法》《洞头区机关事业单位编外用工管理规范补充规定》，印发《关于建立街道（乡镇）事业编制专项“周转池”的通知》《关于建立全区公办中小学校教职工事业编制专项“周转池”的通知》《关于进一步规范机关事业单位和国有企业公开招录（招聘）管理工作的通知》《关于进一步规范机关事业单位机构编制数字化管理的通知》。完成“大综合一体化”改革，精简执法队伍5支，转隶人员45人次，赋权街道（乡镇）执法事项119项，实现街道（乡镇）“一支队伍管执法”全覆盖，行政执法力量下沉60.8%。推进基层治理体系建设，梳理公布两批“1612”体系贯通应用事项清单，认领监管事项9132项，行政检查覆盖100%。优化大门岛分区管委会体制。开展区级部门机构编制执行情况和使用效益评估。升级机构编制数字化管理流程，开发国有企业数智编制系统。完成教育、文化、卫生领域18家事业单位公益指数试点工作。建立街道（乡镇）事业编制周转池、教育领域教师编制周转池，全年共核准用编行政事业编制356名、国有企业员工编制37名、编外用工159名。强化事业单位事中事后监管，完成事业单位法人新设登记、变更34家及全区事业单位法人年度报告公示127家。

【“大综合一体化”改革】2022年，洞头区推进“大综合一体化”改革，优化综合行政执法机构设置，完成“大综合一体化”改革机构编制调整方案制定、区综合行政执法指导办公室设置和人员转隶等工作，共转隶分流涉改部门人员45人次，形成“1+8+1”行政执法队伍构架，梳理“陆域一支队伍管执法”执法事项1164项，涵盖执法领域23个。完成7个街道（乡镇）执法中队加挂“街道（乡镇）综合行政执法队”牌子，实现街道（乡镇）“一支队伍管执法”全覆盖；明确各街道（乡镇）法制审核机构，完成各街道（乡镇）党政综合办公室增挂政策法规科牌子（昆鹏街道除外）。依法赋权街道（乡镇）执法事项，首批赋权执法事项119项。落实部门执法力量下沉街道（乡镇），下沉比率60.8%。出台实施《洞头区派驻执法人员“区属乡用”管理办法（试行）》，规范部门派驻人员、编制管理。探索推进“海上一支队伍管执法”，依托区海洋与渔业执法大队，融合海洋（海域）开发利用和海岛海洋生态环境保护、渔政渔港渔船渔业行政执法，梳理执法事项435项。

【基层治理体系建设】2022年，洞头区持续推进基层治理体系建设，加快推进数字化社会治理中心工作，完成区社会矛盾纠纷调处化解中心更名为区社会治理中心，挂区城市运行中心、区综合信息指挥中心牌子，印发区社会治理中心“三定”，升级强化指挥中心对职能部门统筹协调枢纽作用。完成6个街道（乡镇）综合信息指挥室建设迭代并增挂社会治理中心牌子。完成街道（乡镇）内设机构、事业机构和部门派驻站所归口管理体制机制，实行党建统领、经济生态、平安法治、公共服务模块化运行。出台《洞头区党政机构职责管理办法》《洞头区权责清单动态管理办法》，理顺职责关系和协调流程，规范职责下放与承接管理，规范权责清单、政务服务清单和街道（乡镇）“属地管理”事项责任清单的动态调整管理，建立健全清单准入和动态管理机制。完成梳理第一批、第二批“1612”体系贯通应用清单和事项清单，涵盖全区部门单位19家、重大应用18个、事项27个。持续推进监管事项清单梳理认领工作，全区相关部门共认领监管事项9132项，认领率100%。

【机构体制优化】2022年，洞头区优化调整机构体制机制，设立中共温州市洞头区委教育工作委员会，健全教育领域党建领导体制；组建中共温州市洞头区委社会建设委员会，与区发改局合署办公；升级区大数据管理中心机构规格；完成区海霞学院更名为区海霞培训中心、浙江广播电视大学洞头分校更名为浙江开放大学洞头学院，调整区国防动员办公室、区人民防空办公室机构挂牌，完成国防动员体制改革工作。理顺部门职责定位，优化大门岛分区管委会体制，撤销大门岛分区管委会设置，职责工作由大门镇承接；调整区海洋与渔业发展研究中心机构规格并更名为区海洋经济科技服务中心；完成区委改革办、区经信局、区科技局等“三定”优化；制定印发海霞文旅培训发展有限公司和洞头排水有限公司机构编制规定，完善两家国有企业职责。梳理完善灵昆街道、昆鹏街道托管事项清单，推进洞头区与海经区委托衔接管理。

【事业编制专项“周转池”建立】 2022年，洞头区持续优化盘活机构编制资源，深化事业编制周转管理制度，印发《关于建立街道（乡镇）事业编制专项“周转池”的通知》，建立街道（乡镇）人员编制周转使用制度，实施分类编制管理，保障重点街道（乡镇）和重点领域的用编需求，促进基层治理资源优化重配。印发《关于建立全区公办中小学校教职工事业编制专项“周转池”的通知》，建立教育领域教师编制周转池，加强中小学教师编制统筹管理。

【机构编制监督管理】 2022年，洞头区印发《关于进一步规范机关事业单位和国有企业公开招录（招聘）管理工作的通知》，建立多部门“联审共管”协作机制，管理规范公开招录（招聘）集中申报审核等。严格执行日常用编计划申报审批制度，统筹用好编制存量，全年共核准用编行政事业编制356名、国有企业员工编制37名、编外用工159名。出台《洞头区机关事业单位编外用工管理规范补充规定》，组织开展全区编外用工清理规范，督促整改违规问题3例，完成全区自定编制消化27名。印发《关于开展区级政府部门机构编制执行情况和使用效益评估工作的通知》，开展区级部门机构编制执行情况和使用效益评估，完成10家区级政府部门综合评估工作，相关做法在《浙江机构编制》刊发。推进机构编制数字化监管，印发《关于进一步规范机关事业单位机构编制数字化管理的通知》，集成机构编制“内跑”平台、数字化管理应用系统和事业单位登记管理系统三大管理应用，规范机构编制数字化管理流程。探索国企机构编制数字化管理新模式，启动开发建设国有企业数智编制系统，打造机构编制数智管理“新场景”。

【事业单位登记管理】 2022年，洞头区持续提升事业单位常态监管，开展事业单位登记管理事中事后监督检查，全面核查事业单位法人登记信息，组织开展事业单位法人公示信息“双随机、一公开”抽查工作，全年办理事业单位法人设立登记1家、变更33家，完成全区127家事业单位法人年度报告公示工作，公示率100%。

（陈美美）

对台事务

【概况】 2022年，洞头区贯彻落实上级对台工作决策部署，把海峡两岸同心工作融入海上花园建设。举办“同心闹元宵”“端午情·同心梦”台胞连心联谊等活动，开展海峡两岸青年“相约七夕”海洋民俗文化体验营、台生千人夏令营浙江分营洞头站等活动，全年接待海峡两岸各界嘉宾610人次。鼓励在洞头台青摄制《台青看洞头》系列视频，人民网、新华网、中新网、“学习强国”学习平台等媒体和平台总点击量超百万次。推动秀漾台青双创辅导中心、温州台协会员之家等项目落户洞头，为台胞台青交流互动、创业帮扶指导等提供新服务平台。储备研究惠台政策，落实台胞服务专员、台事预约全程代办等制度，开展春节、端午等佳节慰问，落实台胞择校转学、退税申报、银行业务代办、居住证办理证明、台青公寓拎包入驻等系列服务。开展疫苗接种绿色通道、台胞疫苗注册、台青回乡手续、入境防疫隔离等服务。持续跟踪秀漾台青双创辅导中心、海峡两岸商品集市等项目，专班服务嘉仁游艇海上文旅项目，助力项目完成公司注册，并在洞头水桶擂码头试运营，实现区外资零突破。洞头区连续四年获评浙台经济社会融合发展突出贡献单位，典型经验在全省台办主任会议发言。

【连续4年获评浙台经济社会融合发展突出贡献单位】 2022年3月31日，全省对台工作会议在杭州召开，洞头区再获浙台经济社会融合发展突出贡献单位，为全市唯一连续4年获此荣誉的县（市、区）。洞头区持续优化“大对台”工作格局，成立对台工作领导小组，专班统筹落实同心岛、同心小镇建设，推动台青筑梦家园建设。增设下属副科级事业单位台商台胞服务中心，实现人员扩编。把台青人才纳入区“三年百名”中高层次人才招引计划，引进台湾高学历人才到事业单位就业2名。创成市级台湾青年实践实习基地5家。打造半屏山省级对台交流基地核心区，投用台胞之家、台青公寓、台青驿站等青创配套设施，涉台重点项目金岙101同心村已部分对外开放，台湾嘉信游艇项目落地运营，梳理形成五大文旅对台交流平台，建设基层交流网格化站点。连续12年举办海峡两岸半屏山系列交流活动，连续5年举办“双屏论坛”交流盛会。打造“台事通”服务品牌，设立“台事通”专窗、专网，打造“最多跑一次”台胞版。

【全国台联第十九届台胞青年千人夏令营浙江分营活动】 2022年7月27日，2022年全国台联第十九

2022年7月27日，2022年全国台联第十九届台胞青年千人夏令营浙江分营活动走进洞头（区台办提供）

届台胞青年千人夏令营浙江分营到洞头活动，50多名在浙高校台湾大学生以及在浙就业创业的台胞青年组成参访团参加。参观望海楼，赏沙滩海景，感受海陶非遗文化，共同探寻洞头与台湾的情缘故事。2022年全国台联台胞青年千人夏令营在全国31个省级组织（含新疆生产建设兵团）及中国港澳台地区同时举办。作为对台交流重要品牌活动，从2004年开始，夏令营始终坚持以“龙脉相传·青春中华”为主题，以弘扬中华文化为目的，以海峡两岸青年交流为主要特色。活动由全国台联主办、浙江海外联谊会、浙江省台湾同胞联谊会承办。

【海峡两岸青年“相约七夕”海洋民俗体验营活动】 2022年8月3日至5日，洞头区举办海峡两岸青年“相约七夕”海洋民俗体验营活动，20多名在温创业就业台青、高校在读台生、暑期在洞头的台湾实习生、在洞台青等参加体验营活动，体验洞头海洋民俗的独特风情。其间，体验营青年参观体验望海楼、洞头东海贝雕艺术博物馆，了解洞头海岛民俗文化。

【“献礼党的二十大”两岸半屏山交流成果展】 2022年9月14日至25日，区委台办开展“献礼党的二十大”两岸半屏山交流成果展暨涉台宣传走基层系列活动，先后在洞头区政务服务中心二楼和新城广场展示洞头与台湾交流成果，宣传普及1949年以来海峡两岸关系发展史。活动共分发宣传册近300份，吸引干部群众580多人观展。

（罗丽丽）

区直机关党建

【概况】 2022年底，中共温州市洞头区委机关工委服务管理233个党组织，下辖127个机关党组织、51个事业党组织、15个国企党组织、11个企业党组织、21个社会组织党组织，8个民办非企业党组织。其中，机关党委10个、机关党总支9个、机关党支部108个；事业党委1个、事业党总支1个、事业党支部49个；国企党委3个、国企党支部12个；企业党委1个、企业党总支1个、企业党支部9个；社会组织党委1个、社会组织党总支1个、社会组织党支部19个；民办非企业党支部8个。党员2948名，其中预备党员107名。全年发展机关党员107名，35周岁以下77名，本科以上学历95名，两新组织3名。

洞头区委机关工委定机关党务干部积分考核管理办法，聚焦“双建争先”工程，实施机关党组织“强基赛道”比拼行动，举办党性教育轮训班4期。推选民主评议优秀党员593名，全年慰问患病党员、困难党员和老党员90多人，发放慰问金12多万元。党务干部积分考核管理、“项目汇·幸福事”、“书记领办项目”等特色做法，多次在省级以上媒体刊发报道。“项目汇·幸福事”品牌获评第十轮全省机关党建工作优秀创新成果。

【“双建争先”工程实施】 2022年10月8日，为贯彻落实《中共温州市委办公室印发关于新时代机关、中小学校、公立医院、国有企业深化“红色根脉强基工程”四个实施方案的通知》精神，区委办公室印发《关于深化“双建争先”工程推进机关党建质量大提升的实施方案》，实施“铸魂补钙”行动、“实干领跑”行动、“重塑变革”行动、“强基固本”行动、“清风护航”等“五大行动”，推动机关党建工作质量整体跃升。完善三级联动的责任落实机制、多方联动的监督考核机制、多管齐下的资源支撑机制、多维联结的整体智治机制、可学可用的模范引领机制。制定“双建争先”样板十优标准。目标到2022年底，支部标准化建设动态保持96%以上，三星级清廉机关建成率至少70%以上，形成一批“双建争先”工作特色做法和亮点举措，党建统领整体智治体系基本形成。截至年底，累计创成区级最强支部27个、区级模范机关16个、市级模范机关1个。

【党建引领“项目汇·幸福事”行动】2022年3月2日，为深入贯彻“瓯江红·双建争先”工程，强化党建与全局融合、加速打造共富场景、增进群众生活福祉，区委直属机关工委开展“项目汇·幸福事”行动。项目汇组织模式包含联盟共建法、契约管理法、菜单定制法、资源激活法；幸福事主要内容包含建设邻里服务圈、培育睦邻互助队、认领民生微实事、组织先锋志愿行、实施村社微改造、开展近邻文化荟、壮大帮扶共富路。通过制订计划、集中推进、交流经验、考评反馈等方法步骤。发动各部门单位梳理共享阵地资源49处，对外供群众预约使用；招募民生服务项。

【“牵手帮共富”行动】2022年，区委直属机关工委聚焦“扩中”“提低”专项行动部署要求及“一老一幼”等问题，通过“敲门”送服务、解难题、办实事，打造一批共同富裕、稳进提质大场景。深化机关部门与村社党建联建，实现“海岛振兴共驻共建”协议签订全覆盖，累计帮扶发展项目55个。

【洞头区机关党务干部积分考核管理办法试行】2022年4月27日，为推动全面从严治党向基层延伸、向纵深发展，进一步加强党务干部队伍的管理、考核和激励关怀，根据上级有关精神及洞头区《关于加强区直机关党务干部队伍建设的“十条”举措》要求，区委组织部和区委直属机关工委制定《洞头区机关党务干部积分考核管理办法（试行）》。该办法适用范围区级各机关部门党组织书记、专职副书记（副书记）、委员。主要分为“四级五岗”履职、党务技能掌握、工作成绩、满意度测评等4个项目。区委直属机关工委采取季结、年评方式，开展过程性积分考核，以规范化、精细化指标对各机关党务干部进行量化评价，评定区直机关积分考核优秀党务干部65人。相关做法获省工委肯定，并在省工委《浙江机关党建信息》刊发。

【机关党员质效提升行动】2022年，区委直属机关工委开展“党员进党校”，举办党性教育轮训班4期，安排200多名机关党员参加集中轮训，指导各级机关党组织实现党员轮训率85%以上。组建青年理论学习小组60个，开展重点课题调研写作、“海霞红·机关党员说”微党课比赛、青年说清廉等活动，强化机关干部思想政治工作，其中调研文章在市级机关党建调研成果评选中获奖7篇。

（金棉沁）

信访工作

【概况】2022年，洞头区委常委会学习研究信访工作会议5次，召开区委信访工作会议1次、信访专题工作会议5次。以“一图一指数”为载体，化存量、减增量、防变量，区域信访生态持续保持平稳，省级“无信访积案区”实现五连创。全年受理群众信、访、网、电18157件，同比上升33.40%，其中，来信86件，同比上升2.38%，来信重复率73.25%；来访63批80人次，同比批次下降19.23%，人次下降29.82%；网上信访3542件，同比下降49.76%，重复信访比率19.90%；来电14466件，同比上升22.61%。

【信访法治宣传】2022年2月25日，中共中央、国务院发布《信访工作条例》。洞头区开展《信访工作条例》宣传系列活动，区委理论学习中心组专题学习《信访工作条例》，宣传条例被纳入年度普法与依法治理工作要点、年度法治宣传教育责任清单，通过新闻媒体、报纸专刊、分发资料、全员学习、网络竞答、短信矩阵、集中宣传、宣讲培训等“线上＋线下”形式，推动《信访工作条例》贯彻落实，累计发放宣传手册、海报等7500多份。

【信访机制建设】2022年，洞头区出台《温州市洞头区信访工作联席会议工作规则》，调整温州市洞头区信访工作联席会议组成人员，最大限度发挥信访工作联席会议在综合协调、组织推动和督导落实等方面的职能作用，推动各地各部门齐心协力，及时就地处置化解信访矛盾。出台《洞头区信访工作联合督查机制》，对信访重点领域、重点工作开展专项督查，以督促办，推动全区信访工作提质增效。全年累计开展督查24次，通报24期，纪检监察部门落实追责问责3起。

【初次信访治理】2022年，洞头区落实初次信访首办责任制，实施“日提醒、周督办、半月通报”制度，建立健全群众涉疫困难和问题“日清日结”工作机制，以《每日关注》《群众来信来访来电周报告》《重点信访指标半月晾晒情况通报》等为载体，高效解决民意诉求。全年初次信、访、网化解率分别为100%、92.31%、98%；按期受理率、按期办结率均为100%；热线按期办理率100%；事权单位群众评价满意率98.14%、参评率97.70%。

【领导接访下访】2022年，洞头区落实《浙江省县级领导干部公开接待群众来访工作办法》，每月制定区级领导值守接访安排表，实施区级领导定点接访、定期下访。全年区级领导接待来访群众40批44人次，占本级走访批次的75.47%。5月13日，浙江省委书记袁家军在温州洞头区调研信访工作，接待群众来访。在洞头区社会治理中心，袁家军面对面接待约访群众，就两批来访群众反映洞头初高中优质教育资源缺乏和居家养老服务资源能力不足问题，与省直有关部门，市、区负责人现场商量解决方法，逐一给予明确回复。

【信访积案化解】2022年，洞头区开展信访积案化解“清零”专项行动，对上级交办信访积案23个，落实“主官主管领办”制度，逐案建立化解专班，按照“三处理一到位”原则，综合运用信访听证、依法终结等手段，实施赛马比拼、红黑榜亮晒、督查通报等制度，从法律、经济、行政、帮扶等多角度推动积案依法化解。全年完成信访事项听证终结3起，完成依法终结备案入库1件，上级交办信访积案23件全部化解清零。

【重大信访问题清单】2022年，洞头区按照省、市重大信访问题清单工作机制要求，抓好省、市下达重大信访问题清单整改销号。全年省级下达清单问题1个，市级下达清单问题4个，全部按期整改销号，整改销号率100%，其中整改案例纳入市级条线示范案例2个。全面推动区级重大信访问题清单工作实施，按照《洞头区“七张问题清单”应用工作分机制重大信访清单（试行版）》，梳理排查区级重大信访问题清单。全年交办区级清单问题12个，全部按期销号，整改销号率100%。

（林玉燕）

史志编研

【概况】2022年，洞头区学习贯彻落实中共二十大精神和省第十五次党代会精神、省第十次党史工作会议精神。推进史志编研、史料征集、宣传教育、红色资源保护利用等各项工作。打造清单式管理，助推构建洞头区“大党史+大党建”工作格局任务清单。地方党史三卷初稿编写工作稳步推进，建立健全“一周一统计、一月一归档、一季一例会”审稿制度，召开党史编写工作季度工作例会2次，完成党史三卷4编20章68节289目资料稿补充、修改和编辑，计62.48万字。创新编写《2021洞头执政纪事》，完成《洞头县委文件选编（2011—2013）》印刷发行，撰写洞头区“八八战略”全纪录课题，核实补充《洞头“海上花园”建设20纪事（2003—2021）》。《洞头年鉴（2022）》编纂发行。启动《洞头村居年鉴（2022）》编纂。完成《洞头史志》编印，《洞头史志专刊——解放洞头口述史》被列入全市党员模块化教育培训教材。谋划第三轮地方志综合志书编纂工作。推动修志工作向部门、基层延伸。推进区旅游风景志的编纂指导。实施史志成果转化应用工程，推动史志文化“七进”活动。全年推进档案史志专柜设置，赠送档案史志书籍1409册。洞头记忆短信推送11.78万条。同步推送“记忆洞头”微信平台39期。完成全省“百年风华辉煌十年·浙YOUNG说”短视频制作2个。洞头区史志研究室获评全省地方志工作先进集体，《“洞头紫菜”获准国家地理标志证明商标 地方志助力打造共同富裕“海岛样板”》《地方志助力洞头“海霞民兵小镇”建设》案例获评全省市县地方志成果转化应用优秀案例。

【洞头区“大党史+大党建”工作格局任务清单构建】2022年11月23日，洞头区落实省第十次党史工作会议精神制定《洞头区构建“大党史+大党建”工作格局任务清单》，围绕存史立言、固本培元、资政育人等维度，启动构建党委统一领导、党史部门牵头抓总、相关部门协同配合、全社会广泛参与的“大党史+大党建”工作格局。任务清单包含构建“横向到边、纵向到底”的资料征编体系、构建“重点突出、跟进及时”的研究阐释体系、构建“固本培元、常态长效”宣传教育体系、构建“传承优先、利用合理”红色资源保护传承体系和构建“高效协同、形成合力”常态推进工作机制5个内容17项任务。

【洞头三轮修志被纳入省三轮修志规划】2022年，区史志研究室根据省方志办《关于公布“十四五”期间市县三轮修志和乡镇街道志编修计划的通知》，洞头三轮县志修编列入“十四五”期间全省市县（市、区）三轮修志启动计划。提早谋划修编工作，制订《洞头区志（2006—2025）》编纂工作方案，包括指导思想和编纂原则、编纂任务和要求、体例规范、工作步骤、组织领导和经费保障。2024年启动第三轮区志修编准备工作，2032年出版发行。

【《洞头年鉴（2022）》编纂出版】2022年12月，《洞头年鉴（2022）》编纂出版。总第32卷。该书由区委、区政府主办，区地方志研究室编

2022年12月，《洞头年鉴(2022)》出版 （谢海燕 摄）

纂，方志出版社出版。全书实事求是记载2021年度洞头自然、政治、经济、文化、社会等方面基本概貌和发展状况；记述2021年洞头大事、要事、特事、新事，反映各行各业的新变化、新经验、新探索。全书设32个栏目，232个分目，1307个条目，文中配图146幅、表格68张。卷首设特载、专记、大事记、区情概览4个栏目，正文设“中共洞头区委”等26个栏目，卷尾设附录、索引2个栏目，约98.7万字。

【洞头区村志文化编修工程实施】 2022年10月，洞头区启动村志文化编修工作，成立洞头区村志文化工程建设领导小组。制订《洞头区村志文化工程实施方案》，主要任务是开展乡村文化资源普查，全面摸清乡村历史人文状况，开展乡村非物质文化遗产调查，征集乡村经济社会变迁物证；编纂出版村（社区）志。以街道（乡镇）为主体统筹推进村（社区）志修编，到2025年完成首个街道（乡镇）村（社区）志编纂出版任务；推动乡土文化有效传承，支持文化场馆建设，助力地域特色文化开发，服务本土品牌塑造，参与文明乡风建设。确定鹿西乡为试点单位，目标到2025年编纂出版首批“村（社区）志系列丛书”，全部启动村（社区）志修编工作，2030年底全部完成编纂并出版发行。

【《中共洞头县委文件选编（2011—2013）》发行】 2022年7月，《中共洞头县委文件选编（2011—2013）》编印完成。本卷文件选编为第九辑，分为上下两册，时间跨度自2011年1月至2013年12月。主要收录了2011—2013年中共洞头县委、洞头县人民政府重要文件，及上级有关洞头的指示、批复与下级报告、请示等文件。本书有较强的资政作用，有利于各部门借鉴成功经验，进行科学决策。

【《洞头村居年鉴（2022）》编纂启动】 2022年3月，区史志研究室为全面贯彻落实《市府办关于在全市实施村志编纂工程的意见》，推进《洞头村居年鉴（2022）》编纂工作。整理好洞头区各社区、村、居一览表，全面盘点92个村居（社区）历史沿革，组织召开村居年鉴编纂工作交流会，制定年鉴编写范本，组建“浙政钉编纂工作交流群”，下层街道（乡镇）37个村社点对点指导交流，探讨编辑中遇到的问题和困难。截至年底，完成92个村(社)初稿，同步开展初稿的审阅、第二稿修改补充，收集1653张照片，累计43.26万字。

【《洞头史志专刊——解放洞头口述史》编印】 2022年1月15日，是洞头解放70周年纪念日，区史志研究室翻阅书籍、追寻史料，把数次解放洞头的史实进行新一轮梳理编辑成册。《解放洞头口述史》分概述、战役篇、英雄篇和附录（烈士名录）4个篇章16个事件，计6万字。7月，《解放洞头口述史》被列入全市党员模块化教育培训教材。

（谢海燕　谢健健）

老干部管理

【概况】 2022年，洞头区有离休干部7人，平均年龄92.9岁。其中，居住本地3人，安置和居住在异地4人；机关4人、事业1人、企业2人；享受副省（部）级单项待遇1人，副处级待遇3人，享受正科级待遇3人。中共党员4人，占57%。副处级以上退休干部18人。

全区老干部工作会议召开。组织老干部参加区级重大会议和意见征求12场，提出意见建议80多条。围绕“文明城市创建”“疫情防控”“基层治理”等中心工作，组织县处级老干部、支部书记开展“喜迎二十大 奋进新征程”走看促活动3次。督促全区各单位落实“六个一”制度，明确退休干部所在单位和相关部门职责，落实关爱举措，全区共举办荣退仪式22场次。

【离退休干部党组织建设】 2022年，全区有单独设立离退休干部党支部27家，通过建立离退休干部党支部在职联络员队伍、每月下发学习提示、实施支部星级标准管理，深化支部规范化建设，省级标准化离退休支部创建率100%。组织开展离退休干部党组织、党员与农村基层党组织“双结对·五个一”活动，参与全区开展“共富海岛”建设工作活动10多场，600多名老党员参与活动，帮助渔农民、渔农村群众解决生产生活实际困难。开展“建言二十大”“我看中国特色社会主义新时代”“礼赞新成就·喜迎二十大”等主题党日活动。组织离退休党支部书记、红色讲师等组成“银领先锋”宣讲队开展二十大精神宣讲。

【离退休干部服务】2022年，洞头区全面落实老干部两项待遇，邀请老干部参加重要会议和重大活动。提升老干部生活待遇，完善服务保障。开展“四季·慰问+”服务增强老干部幸福感。立足“+”元素，开展春节慰问、夏日送清凉、“金秋”庆重阳节、“暖冬”困难帮扶，四季不间断慰问活动，全年开展老干部慰问共计128人次，发放慰问金共计9万元。组织县处级离退休干部体检15人次，为老干部提供送医送药上门服务6人次，生活服务50人次。

【老干部服务中心】2022年，洞头区打造“银耀百岛”老干部工作品牌，成立“银耀百岛”志愿服务队、“银耀百岛”老干部文明督导团，常态化开展“戴口罩 强防疫”、帮困扶贫、助学圆梦、文明城市创建等志愿服务。组织老干部参加温州市第三届老干部趣味运动会。海霞妈妈平安志愿者服务协会获评“全国文明实践巾帼志愿阳光站”省级“乐活驿站”等；关爱帮扶志愿服务队获评“温州市最美银耀瓯越志愿服务队”；董绍新获评第一届温州市“最美诚信温州人”；李坚、王银玉获评省级“银尚达人”；郑祥东获评2022年度省级“银尚之家”。

【老干部大学】2022年，洞头区老干部大学共开设歌咏、戏曲、时装、乒乓球、烹饪、交谊舞、手机视频、太极拳、太极剑、朗诵、形体等课程11门，任课教师11人，设立13个班级，在校学员250人，占全区机关事业单位退休干部总数16.8%，其中党员97名。围绕“银龄跨越数字鸿沟”“老年人智能手机应用”“老年人如何防范网络诈骗”等主题，通过讲座形式传授手机操作知识、普及卫生健康和防诈常识。开展“志愿服务践初心”系列活动，组织学员参加六一儿童节守护“星星的孩子”关爱帮扶活动；编排舞蹈节目《万疆》《红军不怕远征难》参加老干部“一月一礼堂”暨八一建军节文艺会演，组织送戏曲进洞头布袋岙文化礼堂活动；开展“我为老人做一餐”志愿服务活动。

（洪丽欢）

2022年5月27日，区委组织部为首批“银耀百岛”老干部文明督导团成员颁发聘书
（区融媒体中心提供）

档案管理

【概况】2022年，洞头区档案馆（史志研究室）遵循中共中央总书记习近平关于做好新时代档案工作重要指示批示精神。全年接收到期文书档案、民生档案进馆单位36个。完成到期档案、档案隔年进馆、民生档案、重点工程档案、脱贫攻坚和疫情防控两大类档案接收进馆共11354卷55876件。接受捐赠、征集民间实物档案247件（册）、电子照片4382张、电子视频87.25小时、500.41GB。加强征集的文献资料录入和入库工作，完成馆藏资料入库142件。开放鉴定审核22家单位60331件档案。全年接待社会各界档案利用1004人次，调阅档案8602件，同比增长88.7%。开展“洞头70年发展重要奖项和荣誉”“民国时期珍贵档案”专题巡回展览。记忆洞头微信公众号推出《远去的村影》等专题，洞头人民广播电台《行走的洞头》栏目开设《解放洞头口述史》专栏18期；编撰《洞头区主要领导2021年基层调研活动》《洞头民国时期微故事》资料。专题档案库征集档案1604件，建立专题数据库7个和名人专题数据库12个。截至年底，全区档案指导服务监管对象分别是：综合档案馆1个；专业档案室1个；综合档案室162个，其中区级直属机关事业单位61个、街道（乡镇）6个、托管街道1个、国企2个、行政村（社区、居）83个、托管行政村9个；区本级投资重点建设项目57个；档案服务中介4个。开展“6·9”国际档案日宣传活动。档案资源建设指数评价位列全省第四名，全市档案职业技能竞技大赛获二等奖。

2022年6月9日，区档案馆在新城广场开展“6·9”国际档案日宣传活动

（区档案馆提供）

【档案工作规范化建设】2022年，区档案局制作《洞头区部门档案规范整理流程清单》《洞头区档案馆实体档案接收规范清单》《洞头区档案馆进馆电子档案质量检验流程清单》。健全和完善区、乡、村档案工作管理网络架构，制定区、乡、村三级档案工作责任清单，建立区、乡两级档案工作考核机制，协调推进档案“三大体系”建设，以“档案治理体系”“完善档案资源体系”“档案安全体系”完善档案业务管理上水平，服务中心工作上水平。建立洞头区档案工作协作组制度。开展区档案馆、区级机关部门、档案服务企业、区本级投资重点建设项目“双随机”执法检查。联合区纪委、区档案馆开展档案工作督查。组织开展民营企业、新社会组织、行业协会档案工作服务机制，开展个性化指导服务，指导“浙江伟望汽车零部件有限公司”“洞头区阳光义工协会”“洞头区建设行业协会”开展建档业务培训。明确57个区财政投资和40个非区财政投资重点建设项目服务内容，制定服务清单，汇集各类重点建设项目档案管理规范。建立大朴村、小长坑村2个行政村“村档区代管”。

【档案数字化建设】2022年，区档案馆以档案数字化改革工作为引领，推进全区档案数据归集、共享工作，优化民生档案利用体系，拓宽档案数字化成果应用。确定“档案超市”和档案中介智管“一件事”场景应用，全区各单位数字化改革贡献度获0.3分。建设数智档案，通过机关查档直通车共享102个全宗46万件档案。争取省档案馆专项资金30万元。验收、归集43个单位移交进馆“两类档案”数据，共计27079件数据容量202GB。馆藏民生档案数据库升级二期项目竣工，两期项目共计升级完成婚姻、公证等29类民生档案数据37.3万条。接收区民政局等8家单位电子文件3066件共计20GB。完成区府办等54家单位数据备份共计124GB，异地登记备份温州市档案馆馆藏重要档案数据共计12.82TB。完成专题档案数据库建设2个。

【档案征集】2022年，区档案馆加大“三重一特”档案征集。向社会征集地契、房屋买卖等各类民国票据27件；征集省级劳模、省级党务工作者等13人实物照片档案185张，柯氏宗谱档案18册。征集史志、非遗、红色档案等实体档案35本。定期征集涉及全区重大活动及上级重要领导调研等重大活动照片档案1711张、新闻视频1696条。建立红色、字画、口述史、非遗等专题数据库7个共959件74888页218.39GB，完成余之介等12个馆藏名人档案数字化共4237页，建立名人专题数据库。

【“两类档案”数据指导与归集】2022年3月，区档案局下发《关于做好脱贫攻坚档案和疫情防控档案归集工作的通知》，明确两类数据归集范围、数据、目录格式及归集时间要求。涉及脱贫攻坚档案数据归集部门、街道（乡镇）33个和疫情防控档案数据归集的部门、街道（乡镇）41个。采取统一布置，分批推进、倒排时间、打表推进等方式。通过“两类档案”归集工作培训班培训辅导，定期开展内部业务交流研讨，跟踪做好“两类档案”归集技术服务工作。建设完成洞头区“两类档案”专题数据库。共完成疫情档案13306件、111.93GB，脱贫攻坚档案13773件、88.9GB。开展“两类档案”数据归集、汇总，按要求移至市档案馆。区档案馆馆藏档查平台创建“脱贫攻坚档案”和“疫情防控档案”专题数据库。

【“三类档案”数据归集】2022年3月7日，区委办公室、区政府办公室印发《关于开展打造高质量发展建设共同富裕示范区海岛样板档案、数字化改革档案和实施碳达峰、碳中和行动档案接收、归集工作的通知》，规定“三类档案”（“三类档案”指开展打造高质量发展建设共同富裕示范区海岛样板档案、数字化改革档案和实施碳达峰、碳中和行动档案）接收、归集对象、档案范围、接收、归集形式，要求领导小组成员单位和各街道（乡镇）把2022年12月31日前形成的档案，包含所有保管期限的三类档案目录、数据交至区档案馆。区档案馆加强对‘三类档案’接收、归集工作的指导。

【档案“双化”建设】2022年，区档案馆确定区委办、区人大办、区纪委、区委宣传部、区委统战部、区委政法委、区委编办、区融媒体中心、区农业农村局、区审计局、区税务局、公积金洞头分中心、区疾控中心、北岙街道、灵昆街道等15个部门、街道开展基层档案室业务建设评价和省级数字档案室测评，北岙街道白迭村、大朴村、大王殿村、大长坑村、东郊村、东沙村、鸽尾礁村、隔头村、海霞村、九仙村、双垅村、小长坑村和大门镇美岙村、寨楼村、豆岩村、杨梅田村、仁前途村、营盘基村、东屿村、乌仙头村、大荆村21个行政村开展行政村档案室业务建设评价工作。通过现场指导、浙政钉、微信等形式业务指导及回访。14家单位均通过档案室业务建设评价工作，其中1家部门重新界定为省直属部门，不纳入洞头区档案室业务建设评价范围；21个行政村均通过档案室业务建设评价工作。区纪委、灵昆街道创成省级示范数字档案室，区委办、区委统战部等13个部门创成省级规范化数字档案室。

【档案服务工作】2022年，区档案馆修订完善档案保管利用制度33项。重新修编《洞头区民生档案查阅指南》收录民生档案116种。全年共接待社会各界档案利用者1004人次，调阅档案8602件，同比增长88.7%。完善各项办事流程，查档窗口实行“领导干部接待日”“工作日无午休”制度，推广“网上查档”“掌上查档”“异地查档、跨馆服务”等查档方式。开发建设档案信息资源共建共享平台，把查档利用服务延伸至街道（乡镇）、村居。编制多种检索工具，建立各种门类和载体档案案卷级、文件级目录数据库及全部文书档案全文数据库。全年完成23个全宗66331件档案开放审核，其中开放13983件。实现开放档案网上查询、在线咨询服务。

【洞头区第一届“最美洞头人·最美兰台人”评选活动】2022年6月，区档案馆联合区委宣传部、区档案局开展第一届“最美洞头人·最美兰台人”寻访宣传活动。经基层单位申报、主管部门推荐、组委会评定、媒体公示等环节，7月21日，最终评选出区公安分局陈爱秋、区市场监管局庄海月、区信访局林玉燕、区灵昆街道办事处林佰露、区残联林素婷、区府办郑丹华、区北岙街道办事处郑丽云、区霓屿街道办事处柯爱苗、区融媒体中心郭春萍、区司法局黄丽钗、区档案馆曾国团、区住建局曾淑娟12人。

（陈素芳 曾国团 宋新征 方海军）

精神文明建设

【概况】2022年，洞头区制定出台《洞头区高水平深化文明城市建设三年行动方案》《洞头区全国文明城市十大顽疾专项整治工作方案》《全国文明城市建设工作常态长效机制实施意见》等文件，实现文明创建经常化、制度化，累计督导问题500多个。《洞头发布》公众号上线“万人共创文明城专栏入口”，推出《身边的感动》《文明与生活》两档宣教栏目。完成新一批温州市文明示范村、文明村、社区类文明单位、文明单位（预）申报等考核验收工作。打造“兰草馨香”金名片，建设有礼单元10多个。新增乡村复兴少年宫8家，新建“春泥第二学堂”2家。开展万朵鲜花送雷锋活动，为全区150名“身边好人”送上鲜花与祝福。组建洞头区好人志愿服务队，打造郑祥东、杨燕燕等6个好人工作室。修订《洞头区移

2022年6月8日，洞头区召开全国文明城市建设村社决战冲刺大会
（区融媒体中心提供）

风易俗考核办法》。开展“光盘打卡”“文明餐饮”主题教育、“公筷公勺”大起底大排查等活动。

【文明城市建设】2022年，洞头区制定《洞头区高水平深化文明城市建设三年行动方案》《洞头区全国文明城市十大顽疾专项整治工作方案》《全国文明城市建设工作常态长效机制实施意见》等文件。区创建办实行实体化运作，完善议事决策、常态化四督四查等机制10个，成立老干部监督团，分组联系9个社区，实现文明创建经常化、制度化，累计督导问题500多个。在文明洞头等媒体开设舆论监督栏目，曝光脏、乱、差现象和不文明行为，累计发布10多期。坚持“挂旗争先”村自为战，建立“以奖代补”机制，累计开展8轮评比，奖励资金10多万元。全年全市共10次测评，洞头5次勇夺第一名，累计摘得“红旗”10次，助力温州通过全国文明城市整改复核。

【公民思想道德建设】2022年，洞头区制订“浙江有礼·兰草馨香”文明新实践实施方案，组建工作专班，制定年度重点任务清单，分解省测评体系任务，建立月例会、月报进展等工作制度，实施“敬有礼”等十大行动。打造“兰草馨香”金名片，建设有礼文化地标，打造有礼村社、有礼街路、有礼窗口、有礼景点等有礼单元10多个。组织开展“浙江有礼·文明有礼洞头人”全国文明城市建设社会宣传十大和“抗疫情·创文明·保平安”六大志愿服务等活动，开展“践行浙风十礼，做文明有礼洞头人”主题实践等活动，组织“春泥计划”小小志愿者，联动区“浙江好人”等道德典型，实施城市代言行动，录制“百岛有礼”宣传视频，开设有礼讲堂，各街道乡镇举办“洞头有礼讲坛”，举办“浙风十礼 从儿童做起”文明有礼知识竞赛、“讲述海霞文明故事”故事分享会等50多场。开展优秀家风故事展播、家教案例、家训格言评选、“洞头有礼·文明有你”亲子家庭趣味打卡、“与礼相约 喜迎二十大”身边好人故事分享会等活动20场，受益群众1000多人。

【移风易俗深度改革】2022年，洞头区移风易俗工作纳入区考绩节点督考、区纪委“1+N”监督和区委组织部科级干部全程积分考核。修订《洞头区移风易俗考核办法》，把餐饮文明指数测评、婚宴举办、殡葬改革和民间习俗规范等四项内容纳入考核，全年共报备127人次。实施乡风文明指数测评，修订测评办法，把乡风文明和市级以上文明村镇创建纳入常态督考，市、区两级先后对全区47个市级及以上文明村镇开展六轮乡风文明指数测评，印发督查通报6期，累计督查整改问题342处。实施餐饮文明指数测评，持续推进“反对浪费”“公筷公勺”“光瓶行动”等行动，全区所有机关企事业、餐饮单位等1000多个点位纳入测评，组织自查、联合督查、复查13次。开展“光盘打卡”“文明餐饮”主题教育、“公筷公勺”大起底大排查等活动，分发“光瓶行动”公益广告牌200多份、宣传品1000多份。持续规范“拜天公”民俗活动，联合公安、民宗、应急、消防等部门发布通告，在《洞头发布》、LED大屏等广泛宣传，排摸拜天公活跃人群名单2500多户，入户分发宣传单2.5万份，通过宣传车连续十天播放普通话和闽南语版通告，组织全区党员干部（公职人员）签订承诺书，宣传不参与拜天公、禁止燃放烟花爆竹等内容，实现正月初九“拜天公”零鞭炮声、零消防事件。

【文明单元创建】2022年，洞头区完成新一批温州市文明示范村、文明村、社区类文明单位、文明单位（预）申报等考核验收工作，新推荐温州市文明示范村3个、文明村6个、社区类文明单位1个、温州市文明单位9个。指导16个全国、省文明村镇（单位）培育单位创建提升，完成2022年度考核。整改提升全区新时代文明实践中心、所站，修复提升幸福志愿站等学雷锋志愿服务站90个，打造国网洞头供电等新时代文明实践示范基地7个，获评温州市文明实践示范阵地4个。

【未成年人思想道德建设】2022年，洞头区组织“童心向党”“浙江有礼”“新时代好少年”“扣好人生第一粒扣子”等主题实践活动，组建“海霞少年”艺术团，打造“海霞少年讲解团”“海霞少年合唱团”“海霞少年舞团”3支团队，评选年度新时代海霞好少年25名，3名学生获市级新时代好少年称号。新增乡村复兴少年宫8家，新建海霞培训中心、消防大队“百岛火焰蓝”2家“春泥第二学堂”，新创市级优秀“春泥计划”示范点和未成年人思想道德建设阵地7家。全年各类阵地开展未成年人活动1000多次。

【道德模范工作】2022年，洞头区开展每月“洞头好人”推荐，荣获浙江好人1人，温州好人7人，常态化组织开展万朵鲜花送雷锋活动，为全区150名“身边好人”送上鲜花与祝福。推出道德典型十项举措助力十大文明行动，全年共开展活动40场。组建洞头区好人志愿服务队，携手社会各界好人开展“有礼”系列志愿服务活动。打造郑祥东、杨燕燕等好人工作室6个，共推出周三好人接待日、“春燕公益学堂”进社区、助老：“We品”

与你邂逅、“普特融合”特殊儿童关爱帮扶项目等项目19个，制定好人工作清单。

（林永新）

海霞培训中心工作

【概况】2022年，温州市洞头区海霞培训中心启用。持续开展海霞精神“六进”活动，全年开展海霞少年文艺团活动32期，流动课堂56堂。纪念馆接待游客4万余人。打造光电射击馆、航空训练舱等特色场景，开发喜康食品、寮顶坑道等研学点位17个，推出无线电测向、海上摩托艇等国防课程10个，创成省中小学生研学实践基地。全年承接培训班145期，组织六大类100多种文创品参与文博会、儿博会展销，开拓会务经济、酒店经济，网红经济，实现营收1055万元，同比增长75%，获评省委党校现场教学基地、省政法系统思想政治教育基地、省公民法治素养观测点、省华侨国际文化交流基地等4项省级荣誉。

【产业拓展】2022年，区海霞培训中心聚焦海霞红色资源优势，实施“培训、研学、文创”三大产业工程，全年营业收入1055万元，同比增长75%，超额完成年度目标任务。紧盯防疫形势转换营销渠道，推动培训住宿转型发展定点隔离点，承接配餐任务，实现营收270万元。推进培训经济提质扩面，注册政府采购供应商，纳入政府采购网，投标国家电网、华东民航等培训项目10期，承接中国宝武钢铁集团有限公司中青班、中国铁路投资有限公司等培训班145期，涵盖30多个省份。利用闲置培训教室发展会议经济，举办各类现场会100多场。注重客户维护，发送慰问短信1800多条，邮寄宣传手册1600多份，走访对接600多家单位，新增客户44.7%，客户回头率65.3%。打造光电射击馆、航空训练舱等特色场景，开发喜康食品、寮顶坑道等研学点位17个，推出光电射击、海上摩托艇等国防教育课程10多个，创成省中小学生研学实践基地。联动区委文明办、永嘉红十三军军部旧址纪念馆等开展“海霞小军校”将帅少年营”等研学活动18期，吸引近2000名青少年参与，海霞研学动态视频点击率达140万余次。发挥省职工疗休养基地优势，深挖红色海霞、美丽渔村资源，开发“红色清廉之旅”等精品疗休养旅游线路，推出走解放路、漫步渔村、海上巡逻等项目，承接疗休养活动200多批次。厚植“海霞”文旅IP价值，设计开发六大类100多种文创产品，投放至洞头景区、无人超市、“中屿等到你”网红店铺销售，组织参加文博会、儿博会展销，营收近15万元。利用军营开放日，面向游客、培训学员推出“海霞创意市集”，联合海霞村开设“共富餐馆”“共享货栈”，接待“旅游+消费”超5000人次。

【品牌建设】2022年，区海霞培训中心挖掘海霞文化，向原军民联防模范连征集海霞回忆录，组建海霞宣讲团、海霞直播专业队，开展“海霞精神”对话“沙家浜精神”，与嘉兴市党员志愿服务中心开启远程对话，打通爱国主义教育“最后一公里”。获评“省委党校现场教学基地”“浙江省政法系统思想政治教育基地”“浙江省公民法治素养观测点”“温州市中小学生研学实践教育营地”等。

【省委党校现场教学基地挂牌】2022年7月31日，温州市洞头区海霞培训中心挂牌中共浙江省委党校（浙江行政学院）现场教学基地。省委党校副校长陈立旭、省委党校教育处长孙雄、市委党校教育长武久立一行人到区海霞培训中心调研并授牌。海霞培训中心作为传承“海霞精神”，弘扬海霞文化的主窗口、主平台、主阵地，集红色教育、军事体验、研学拓展等功能为一体，在开展干部国防教育、爱国主义教育、党性教育等方面发挥积极作用，更加凸显红色教育功能。

（林韦钰）

2022年7月31日，“中共浙江省委党校（浙江行政学院）现场教学基地”授牌仪式在区海霞培训中心广场举行

（区委宣传部提供）

综述

【概况】2022年，温州市洞头区人大常委会召开人代会1次、常委会会议7次、主任会议14次，听取和审议“一府一委两院”工作报告42项，作出审议意见14个、决议决定16项，依法任免国家机关工作人员117人次。全区有区级以上代表212人，其中全国人大代表1名、省人大代表2名、市人大代表20名、区人大代表189名。区人大常委会贯彻落实党中央关于健全人大组织制度、选举制度和议事规则决策部署，落实“第一议题”制度。组织修订区人大常委会、主任会议、党组会议、各专门委员会议事规则，完善区人大常委会议题审议、专题询问等工作制度机制。通过常委会党组、理论学习中心组、专题培训班等形式，组织集中学习28次、专题培训和讲座7次。人大代表和人大干部助力全区打赢疫情防控攻坚战，投身文明城市建设大会战，助力协调解决农贸市场道路优化、空中飞线整治等一批城市治理难题。开展“一联八”下沉活动，深入企业、学校、工地、村居，帮助梳理解决问题67个。洞头区“海上花园·e言洞见”应用场景获“温州人大工作与时俱进通报表扬”数字改革项目特别奖、洞头区代表建议办理系统获提名奖。宣传信息被省人大采用22篇、市人大采用137篇，其中《洞头人大全力助推打造乡村振兴样板》被省人大信息专篇刊出。《数字赋能基层单元建设的实践和路径探索》《“全过程人民民主”视域中基层人大协商的实践与思考》等4篇论文在省、市人大理论研讨会获奖。

【重大事项决定】2022年，洞头区人大常委会为适应新时代对地方人大工作的新任务新要求，按照习近平总书记提出的“四个机关”的定位和要求，作出《温州市洞头区第十五届人民代表大会常务委员会关于加强自身建设的决定》。为深入贯彻落实中央及省委、市委、区委有关检察工作的决策部署，结合洞头实际，作出《关于加强新时代检察机关法律监督工作的决定》，有效服务于共同富裕海上花园和国家海洋经济发展示范区战略。为全面贯彻中央和省委关于加强人大预算审查监督的部署要求，落实省人民代表大会常务委员会关于加强预算审查监督助推高质量发展建设共同富裕示范区的决定精神，作出《关于加强预算审查监督助推高质量发展建设共同富裕示范区海岛样板的决定》，进一步加强预算审查监督工作，助推我区高质量发展建设共同富裕示范区海岛样板。全年依法作出重大事项决议决定9个。

【人大数字化改革】2022年，洞头区人大对标省市人大数字化改革体系架构，推动线上场景与线下阵地有机结合，承接市人大“一老一小e关爱”“护水e路行”等应用场景8个，挂牌市级示范站1个、特色站2个。强化群众意见网上办，开辟“代表同行”端口，收集民意2000多条，转交基层治理“四平台”处理102条。创新打造区级人大数字化理论成果、实践成果，获首届温州市人大工作与时俱进通报表扬数字化改革项目3项，其中“海上花园·e言洞见”项目获特别奖，被《温州改革》专门刊发。应用场景促成20个政府组成部门、25个专项监督议题接受代表评议；推动人大与检察机关、审计部门叠加监督合力，备案完成检察建议91个、审计动态35条；打通区委督查系统，代表“线上”建议实现闭环管理。

【街道（乡镇）人大工作指导】2022年，洞头区人大加强对街镇人大工作联系指导，深入贯彻修改后的地方组织法和乡镇人民代表大会工作条例、街道人大工作条例，建立季度联席会议制度，以基层单元建设为契机，重新优化设置全区各级代表联络站，形成“1区代表联络总站+8街镇级代表联络站+N个特色代表联络站”全覆盖。鼓励支持街镇人大立足工作实际，创新实践、打造特色。指导霓屿街道建成全省首批人大践行全过程人民民主基层单元，在全市作典型发言，引领带动全区各街道乡镇人大代表联络站推广扩面。

（邱瑞菁）

【议案建议督办】2022年，洞头区十五届人大一次会议期间，收到代表建议、批评和意见144件，闭会期间收到建议2件，合计146件。经大会授权，区第十五届人大常委会第一次会议进行审议，把146件代表建议交区“一府一委两院”有关部门办理。把吴子屹代表提出的《推动东沙港旅游产业高质量发展的建议》（22号）、《关于加强北岙街道东沙渔港文化产业发展的建议》（146号），叶建成代表提出的《关于加大扶持星光业态发展的建议》（26号），杨森权代表提出的《关于大力发展洞头海上旅游业的建议》（137号）和陈伟民代表提出的《关于一体化打造环东沙港旅游经济带的建议》（145号）合并成《关于推动环东沙港海洋经济片区高质量发展的建议》作为第1号重点建议。把胡凤钗代表提出的《关于加快老旧小区改造提升的建议》（78号）、曾治华代表提出的《关于正岙村旧村改造建造的建议》（83号）、许素艳代表提出的《关于加快老城区老旧住房和基础设施改造的建议》（108号）和黄海月代表提出的《关于大门镇集镇片区（老城区）改造提升的建议》（118号）合并成《关于城镇片区改造提升的建议》作为第2号重点建议。把陈小芬代表提出的《关于养老服务体系建设工作中建设老年公寓的建议》（46号）、林振权代表提出的《关于互联网下的适老化的建议》(54号)、叶丽月代表提出的《关于建设社区养老服务驿站的建议》（59号）和缪双叶代表提出的《关于加快洞头区离岛养老服务体系建设的建议》（139号）合并成《关于提升养老服务体系的建议》作为第3号重点建议。交由区政府区长牵头办理，由区人大常委会主任牵头督办。健全代表建议闭环管理机制，建立“线上”代表建议办理制度，开展代表建议办理评审，加强对办理工作的沟通协调、动态管理和跟踪问效。146件建议均在规定时限内答复，其中已解决或基本解决105件（A类），占总数71.9%，较上年上升8.4%；正在解决或列入规划逐步解决33件（B类），占总数22.6%，较上年下降7%；因条件限制暂时无法解决，留待以后研究8件（C类），占总数5.5%，较上年下降1.4%。发放代表建议反馈表146份，征求代表对建议办理满意度情况。代表对承办结果表示满意131件，占总数89.7%，较上年提高3.6%；表示基本满意15件，占总数的10.2%，较上年下降2.8%；不满意0件。开展代表优秀建议评选活动，通报表扬13件建议。

（林星港）

洞头区第十五届人代会第一次会议代表重点建议目录一览表

表3

序号	案由	领衔人	联系领导	主办单位	会办单位
1	关于推动环东沙港海洋经济片区高质量发展的建议（22号、146号、26号、137号、145号）	吴子屹 叶建成 杨森权 陈伟民	何莉平	区文广旅体局	区委宣传部 区经信局 区人力社保局 区交通运输局 区农业农村局 区市场监管局 自然资源和规划分局 区旅发公司 北岙街道
2	关于城镇片区改造提升的建议（78号、83号、108号、118号）	胡凤钗 曾治华 许素艳 黄海月	何莉平	区住建局	区发改局 区公安分局 区综合执法局 自然资源和规划分局 国网洞头供电公司 区消防救援大队 北岙街道 大门镇 霓屿街道
3	关于提升养老服务体系的建议（46号、54号、59号、139号）	陈小芬 林振权 叶丽月 缪双叶	何莉平	区民政局	区财政局 区卫生健康局 区大数据管理中心 北岙街道 灵昆街道 鹿西乡

（区人大常委会办公室提供）

重要会议

【区十五届人民代表大会第一次会议】2022 年 2 月 18 日至 20 日，洞头区第十五届人民代表大会第一次会议在北岙召开。大会应出席代表 189 人，实到 183 人，列席人员 49 人。会议听取和审查区政府代区长何莉平所作的温州市洞头区人民政府工作报告、区人大常委会代主任张孚标所作的温州市洞头区人大常委会工作报告、区法院院长邱新楚所作的温州市洞头区人民法院工作报告、区检察院代检察长王恭顺所作的温州市洞头区人民检察院工作报告；审查批准温州市洞头区 2021 年国民经济和社会发展计划执行情况及 2022 年国民经济和社会发展计划草案的报告，批准温州市洞头区 2022 年国民经济和社会发展计划；审查批准温州市洞头区 2021 年预算执行情况及 2022 年预算草案的报告，批准温州市洞头区 2022 年预算；审查温州市洞头区 2021 年民生实事项目完成情况，票决温州市洞头区 2022 年民生实事项目。会议以无记名投票方式选举温州市洞头区第十五届人民代表大会常务委员会主任 1 人，副主任 5 人，委员 29 人；温州市洞头区人民政府区长 1 人，副区长 6 人；温州市洞头区监察委员会主任 1 人；温州市洞头区人民法院院长 1 人；温州市洞头区人民检察院检察长 1 人；温州市洞头区出席温州市第十四届人民代表大会代表 20 人。会议表决通过温州市洞头区第十五届人民代表大会有关专门委员会组成人员名单。其中，监察和法制司法委员会主任委员 1 人，副主任委员 2 人，委员 7 人；财政经济委员会主任委员 1 人，副主任委员 3 人，委员 5 人；社会建设委员会主任委员 1 人，副主任委员 1 人，委员 9 人。会议期间，共收到代表提出的建议、批评和意见 144 件，闭会期间收到建议 2 件，合计 146 件。

【区人大常委会会议】2022 年，区人大常委会召开常委会会议 7 次。会议具体情况如下：

1 月 12 日，区第十四届人大常委会第四十三次会议召开。会议审议通过关于召开温州市洞头区第十五届人民代表大会第一次会议的决定；审议通过区人大常委会工作报告稿；听取和审议区政府关于温州市洞头区 2021 年国民经济和社会发展计划执行情况与 2022 年国民经济和社会发展计划草案的报告、关于温州市洞头区 2021 年预算执行情况和 2022 年预算草案的报告、关于 2022 年洞头区民生实事候选项目情况的报告；听取和审议区政府关于 2022 年政府重大投资建设项目计划安排的报告，票决 2022 年政府重大投资建设项目；听取和审议区人大常委会代表资格审查委员会关于区第十五届人大代表资格审查的报告；审议通过区第十五届人民代表大会第一次会议主席团和秘书长等建议名单；审议决定区第十五届人民代表大会第一次会议列席人员名单；初审区第十四届人大财政经济委员会关于温州市洞头区 2021 年预算执行情况和 2022 年预算草案的审查结果报告、温州市洞头区第十五届人民代表大会政府民生实事项目代表票决办法草案；审议表决有关人事任免事项。

3 月 31 日，区第十五届人大常委会第一次会议召开。会议听取和审议区政府关于 2021 年环境状况和环境保护目标完成情况的报告；审议区监委关于整治群众身边不正之风和腐败问题工作审议意见落实情况的报告；听取和审议北岙、灵昆、东屏、元觉、霓屿、昆鹏等六个街道人大工委关于 2021 年工作完成情况和 2022 年工作计划的报告；听取和审议备案审查工作情况报告；审议区十五届人大一次会议代表建议；审议表决有关人事任免事项。

5 月 27 日，区第十五届人大常委会第二次会议召开。会议听取和审议区政府关于 2021 年法治政府工作情况暨区政府组成部门主要负责人依法履职情况的报告；审议区政府关于全区国有资产管理情况的报告，听取和审议区政府关于全区行政事业单位国有资产管理情况的报告；听取和审议区政府关于无障碍环境建设情况的报告；听取和审议区政府关于区人大常委会 2021 年度作出的关于 2020 年环境状况和环境保护目标完成、《浙江省民营企业发展促进条例》实施、安全生产工作和应急管理体系建设、2020 年法治政府工作、2021 年上半年国民经济和社会发展计划、2020 年财政决算与同级审计工作情况和 2021 年上半年财政预算执行、国有资产管理及国有自然资源管理等审议意见落实情况的报告，并开展满意度测评；审议表决《温州市洞头区人民代表大会常务委员会议事规则（修订草案）》。

7 月 21 日，区第十五届人大常委会第三次会议召开。会议听取和审议区政府关于 2022 年上半年我区经济社会发展和下半年政府工作安排情况的报告、关于 2022 年上半年国民经济和社会发展计划执行情况的报告、关于 2022 年政府重大投资建设项目半年度实施情况的报告、关于 2022 年上半年预算执行情况的报告、关于 2021 年预算执行及其他财政收支情况的审计工作报告、关于《中华人民共和国就业促进法》贯彻实施情况的报告、关于提请审议洞头区 2022 年地方政府债务预算调整的议案；听取和审议区政府关于优化营商环境工作情况的报告，并召开专题询问会；

听取和审议区政府关于2021年决算的报告，审查批准2021年区级决算；审议表决《温州市洞头区第十五届人民代表大会常务委员会关于加强自身建设的决定（草案）》《温州市洞头区人民代表大会常务委员会专题询问暂行办法（草案）》；审议表决有关人事任免事项。

9月30日，区第十五届人大常委会第四次会议召开。会议听取和审议区政府关于公安机关执法规范化建设工作情况的报告、关于《浙江省综合行政执法条例》贯彻实施情况的报告、关于扩中提低工作情况的报告；听取和审议区政府关于区人大常委会2021年度作出的关于教育高质量发展、《温州市物业管理条例》实施、《洞头区全面实施预算绩效管理三年行动计划（2019—2021年）》落实、陆域引调水工程、养老服务体系建设等审议意见落实情况的报告，并开展满意度测评；审议表决《温州市洞头区人大常委会关于加强新时代检察机关法律监督工作的决定（草案）》《温州市洞头区人大常委会关于加强预算审查监督助推高质量发展建设共同富裕示范区海岛样板的决定（草案）》；审议表决有关人事任免事项。

11月29日，区第十五届人大常委会第五次会议召开。会议听取和审议区政府关于健康洞头建设情况的报告、关于《中华人民共和国乡村振兴促进法》和《浙江省乡村振兴促进条例》贯彻实施情况的报告、关于2022年民生实事项目进展情况的报告、关于代表建议办理情况的报告、关于2022年度政府重大投资建设项目实施情况的报告、关于2021年预算执行及其他财政收支情况的审计报告整改意见落实情况的报告；审议表决关于设立代表资格审查委员会的决定（草案）；审议表决有关人事任免事项。

12月30日，区第十五届人大常委会第六次会议召开。会议听取和审议区政府关于提请审议2022年区财政预算调整方案的议案；审议表决区人大常委会关于补选区第十五届人大代表有关事项的决定；审议表决有关人事任免事项。

（邱瑞菁）

监督工作

【概况】2022年，洞头区人大常委会各工作委员会聚焦经济稳进提质、重大项目推进、海岛共同富裕、城乡品质提升、法治洞头建设等方面开展监督。组织召开优化营商环境专题询问会，开展《中华人民共和国节约能源法》《浙江民营企业促进条例》《温州“两个健康”先行区建设促进条例》实施情况检查。加强预算执行监督，审查预算单位申报项目136家。强化57个审计查出问题整改监督，整改率95%。跟踪监督预算绩效管理情况，11项清单式审议意见得到落实。全年围绕54个议题开展监督。

【监察和法制司法工作监督】2022年，区人大常委会监察和法制司法工委把法治政府建设作为监督重点，听取和审议区政府关于2021年法治政府工作情况暨区政府组成部门主要负责人依法履职情况的报告。推进“海上花园”立法，草拟关于促进和保障洞头“海上花园”建设的决定（草案）。听取和审议备案审查工作情况报告，落实向人大常委会报告备案审查工作制度。按照省市县三级人大联动工作要求，开展《浙江省综合行政执法条例》执法检查。聚焦疫情防控、夏季治安打击整治“百日行动”、扫黑除恶等重点工作，加强对公安机关执法规范化建设监督。开展《中华人民共和国社区矫正法》贯彻实施情况检查，推动洞头区社区矫正执法规范化、法治化。跟踪监督区监委关于整治群众身边不正之风和腐败问题工作审议意见落实情况。

【财经工作监督】2022年，区人大常委会财经工委围绕统筹推进疫情防控和经济社会发展，加强人大财经监督实效，听取和审议区政府关于2021年国民经济和社会发展计划执行情况与2022年国民经济和社会发展计划草案、关于2022年上半年区经济社会发展和下半年政府工作安排情况、关于2022年上半年国民经济和社会发展计划执行情况等报告。听取和审议区政府关于2022年政府重大投资建设项目计划安排的报告，票决2022年政府重大投资建设项目，分别听取和审议区政府关于2022年政府重大投资建设项目半年度、年度实施情况的报告，着力推动全区经济转型升级与加速发展。听取和审议区政府关于优化营商环境工作情况报告，并召开本届常委会首次专题询问，进一步增强全区经济活力。助力打造共同富裕示范区海岛样板，听取和审议区政府关于扩中提低工作情况的报告。对《浙江省民营企业发展促进条例》实施、2021年上半年国民经济和社会发展计划等进行跟踪监督。

【教科文卫体工作监督】2022年，区人大常委会教科文卫体工委围绕区委共同富裕海上花园建设目标和区人大常委会工作部署，对全区健康洞头建设工作情况、教育“双减”工作情况、《浙江省宗教事务条例》贯彻实施情况等开展实地监督，对健康洞头建设、教育“双减”等审议意见落实情况开展持续跟踪监督。切实加大监督力度，进一步推动全区教育、科技、文旅、卫健等事业的发展。

【城建环保工作监督】2022年，区人大常委会城建环保工委持续深化环境报告制度，听取和审议区政府关于2021年环境状况和环境保护目标完成情况工作报告，对专题审议意见项目清单开展跟踪问效监督。谋划建言重大交通建设，加大国土空间规划、市政配套建设、“无废城市”创建等工作视察调研力度。结合区域发展优势和定位，着重围绕海运业等领域开展课题调研，推动相关行业健康有序发展。承接落实护水e系列监督应用场景在洞头区代表联络总站上线任务，协助元觉、灵昆人大工委做好数字化场景试点建设。

【农村与资源保护工作监督】2022年，区人大常委会农资工委按照省、市人大常委会统一部署，对区政府贯彻实施《中华人民共和国乡村振兴促进法》《浙江省乡村振兴促进条例》情况开展执法检查，听取和审议区政府贯彻实施情况的报告，针对乡村振兴要素保障、乡村规划体系、乡村产业发展、乡村公共基础设施和公共服务供给等提出意见建议，有效推进农业农村现代化先行区和共同富裕示范区海岛样板建设。开展农村人居环境提升专题监督，对收集到的意见建议进行梳理和分析研究，提出意见建议供区政府研究落实。开展陆域引调水工程审议意见落实情况跟踪监督，督促相关部门和单位重视工程项目建设。组织开展“美丽田园”创建督导，激发各乡镇街道工作积极性，促进田园村庄环境整治提升。

【预算监督】2022年，区人大常委会预算工委围绕深化预算监督和国资监督，听取和审议区政府关于2021年预算执行情况和2022年预算草案、关于2022年上半年预算执行情况、关于2021年决算等报告，审查批准2021年区级决算等，听取和审议区政府关于2021年预算执行及其他财政收支情况的审计工作报告、关于2021年预算执行及其他财政收支情况的审计报告整改意见落实情况的报告。听取和审议区政府关于全区行政事业单位国有资产管理情况的报告，审议区政府关于全区国有资产管理情况的报告，推动提高国有资产管理治理水平。对2020年财政决算与同级审计工作情况和2021年上半年财政预算执行情况、国有资产管理及国有自然资源管理、《洞头区全面实施预算绩效管理三年行动计划（2019—2021年）》等开展跟踪监督。

【社会事业工作监督】2022年，区人大常委会社会建设工委围绕保障改善民生、加强社会治理，对《中华人民共和国就业促进法》贯彻执行情况开展检查。对无障碍环境建设情况开展监督，进一步推进全区无障碍环境建设。调研城乡住房保障体系建设情况，促进政府加强和规范保障性住房建设管理。跟踪监督养老服务体系建设、安全生产体系建设等审议意见落实情况，结合弱势群体保障开展社会救助体系建设课题调研，推动洞头社会发展和民生改善。配合省市人大开展省安全生产条例立法、市全民健身促进条例立法、儿童友好城市建设、消防工作情况等方面调研活动。根据省市人大数字化改革工作部署，对接“一老一小”e关爱应用场景在洞头区代表联络总站的入驻并完成建设，协助北岙街道人大工委建成“一老一小”e关爱数字化场景并通过省市考核验收且获揭幕授牌，推进全区儿童友好城市、老年友好城市建设。

（邱瑞菁　吕秀萍　吴作能
潘文财　陈礼鹏　甘海宇）

专委会工作

【概况】2022年2月，区第十五届人民代表大会第一次会议表决通过温州市洞头区第十五届人民代表大会各专门委员会组成人员名单30人，共设监察和法制司法委员会、财政经济委员会、社会建设委员会三个专门委员会。区人大及其常委会依法履行职责，助推经济社会发展。

【区人大监察和法制司法委员会】2022年，区人大监察和法制司法委员会走访调研区法院和区检察院机关建设，听取“两院”全面工作汇报，督促“两院”围绕中心大局履行好审判、检察职能。推动司法赋能，起草并提请通过《关于加强新时代检察机关法律监督工作的决定》。决定从强化海洋生态综合保护、建立健全海洋检察联动协调机制、用好守护蓝色海湾公益诉讼创新实践基地和成果三个方面保障和支持检察机关依法履行海洋检察工作职责。专题调研走访区法院、检察院、公安分局认罪认罚从宽制度适用工作情况，听取检察院专项工作报告，要求公检法司机关进一步加强推动认罪认罚从宽制度适用工作合力，为及时有效惩治犯罪、强化人权司法保护、促进社会和谐稳定作出贡献。聚焦借贷、破产、婚姻等重点领域，督促强化源头治理、强化重点突破、强化数字赋能，推动构建“不敢假、不能假、有假必惩”的长效闭环治理机制，助力有效查处打击虚假诉讼行为。以基层立法联系点建设为抓手，向市人大争取新增霓屿街道、鹿西乡和海霞培训中心3个基层立法联系点。协助上级人大开展地方立法意见建议征求活动和地方法规宣讲解读活动。全年对省市人大15部法规草案展开线上线下立法调研活动，梳理反馈意见建议120条。全年对区政府制定出台的16件规范性文件和区检察院制定出台的1件规范性文件进行备案审查，并督促区政府纠正2件规范性文件，纠正案例报送上级人大交流学习。

【区人大财政经济委员会】 2022年，区人大财政经济委员会走访发改、经信、投促等部门单位以及浙江弘博新材料科技有限公司、浙江开程新材料有限公司等区内有关重点企业，与各街道（乡镇）区人大代表、企业代表开展座谈交流，了解区内企业在新旧动能转换过程中的关注重点和关键难点。召开一季度、半年度经济运行分析会，听取相关经济职能部门关于经济运行情况的汇报，围绕全年重点工作安排和一季度开展情况、上半年计划指标和投资完成情况、重点工程完成情况、优化营商环境工作等方面，重点关注疫情影响下的工业生产、商贸物流、旅游餐饮等行业发展变化，分析全区经济运行情况及其中存在的主要问题，并提出加快渔业产业化发展步伐、推进临港产业转型升级、大力发展现代服务业等具体对策与建议。开展2021年度部分部门预算单位决算审查、2023年部门预算草案审查及评审工作，初审区2022年国民经济和社会发展计划执行情况与2023年国民经济和社会发展计划草案、2022年政府重大投资建设项目计划实施情况和2023年政府重大投资建设项目计划安排情况、2022年预算执行情况和2023年预算草案等报告。

【区人大社会建设委员会】 2022年，区人大社会建设委员会健全学习议事机制，建立季度会议制度、工作交流制度、履职考评机制。全年召开全体会议4次。开展未成年人保护工作情况监督，结合儿童友好城市建设，围绕《中华人民共和国未成年人保护法》和部省关于未成年人保护示范区创建在全区的贯彻落实，重点关注未成年人家庭保护、学校保护、社会保护、网络保护、政府保护、司法保护“六位一体”的未成年人保护工作体系实施情况，召开社建委第三次全体会议，专题听取区政府关于未成年人保护工作情况的汇报，围绕“压实工作责任、深化普法教育、夯实基础工作、强化重点防控”等方面提出意见和建议，进一步推动新时代未成年人保护工作高质量发展。开展海上安全应急体系建设情况监督，组织社建委成员实地调研海上救援应急体系建设，重点关注应急设施建设、应急救援机制、基层常态管理和组织力量保障等情况，召开社建委第四次全体会议，专题听取区政府关于海上安全应急体系建设情况的汇报，围绕完善高效联动机制、深化数字赋能监管、强化安全主体责任、提高应急管理水平等方面提出意见和建议，进一步提升全区海上应急救援能力。

（邱瑞菁　吴作能　潘文财）

人大代表工作

【概况】 2022年，洞头区共有区级以上代表212人，其中全国人大代表1名，省人大代表2名，市人大代表20名，区人大代表189名（其中9名代表于12月辞职）。区人大常委会制定区级领导干部人大代表带头进站开展活动工作方案和代表周二固定进站日制度，全区各级代表累计进站512人次，接待群众771人次，线下收集并处理各类意见建议212个。制订核心业务下沉工作方案和国家机关工作人员进站方案。

【人大代表履职活动】 2022年，洞头区人大常委会深入开展代表主题活动，组建8个专业代表小组，发动全区各级人大代表参与“六访六促”助力建设共同富裕海上花园活动；在全市率先开展助力文明城市建设“六个一”专项行动，组织成立代表志愿者队伍11支，到街头、楼院，清理垃圾、整治乱象、服务居民。全年组织代表小组视察活动64次，参加立法调研、专题视察、执法检查等活动1300多人次。

【人大代表履职服务保障】 2022年，洞头区人大常委会制订新一届区人大代表培训计划，组织专题培训班2期，培训代表200多人次。建立常委会领导班子联系街镇人大制度，并把全区各级人大代表全员编入基层代表联络站，组织和指导代表开展活动，密切常委会与代表、代表与人民群众联系。建立健全代表履职登记制度，抓好代表履职应用系统的宣传培训。广泛征集全国、省、市级层面建议素材，组织全国、省、市人大代表围绕海洋经济、对外大交通等重要事项，向全国、省、市人代会提出议案、建议43件。健全代表向原选举单位述职制度，组织部分市人大代表向区人大常委会报告履职情况。

（林星港）

人事任免工作

【概况】 2022年，温州市洞头区第十五届人民代表大会第一次会议选举65人次，表决通过30人次；洞头区第十五届人民代表大会常务委员会任命52人次，免职15人次，决定任命29人次，决定免职8人次，聘任22人次，决定接受辞职13人次。

【人事任免】温州市洞头区第十四届人大常委会第四十三次会议：

刘素婷为温州市洞头区第十五届人民代表大会常务委员会主任；

侯合海、李毅、蔡国华、陈后春、甘海选为温州市洞头区第十五届人民代表大会常务委员会副主任；

王仁建、方雅靓、吕海棠、朱显妙、朱顺义、刘君可、许宪国、杨森权、吴兹敏、张立宁、张丽凡、张海山、陈青委、陈春飞、林振权、林银凤、金威华、周必东、郑育丹、郑建林、赵春建、柯友疆、柯位宪、黄根忠、黄朝晖、童海光、詹景伟、颜丽函、颜厥炎为温州市洞头区第十五届人民代表大会常务委员会委员；

何莉平为温州市洞头区人民政府区长；

郑锋利为温州市洞头区人民政府副区长；

张方任为温州市洞头区人民政府副区长；

张攀为温州市洞头区人民政府副区长；

黄伟为温州市洞头区人民政府副区长；

贾约拿为温州市洞头区人民政府副区长；

肖晓锵为温州市洞头区人民政府副区长；

吴肃锋为温州市洞头区监察委员会主任；

邱新楚为温州市洞头区人民法院院长；

王恭顺为温州市洞头区人民检察院检察长；

温州市洞头区第十五届人民代表大会第一次会议表决通过：

侯合海为温州市洞头区第十五届人民代表大会监察和法制司法委员会主任委员；

黄根忠、王仁建为温州市洞头区第十五届人民代表大会监察和法制司法委员会副主任委员；

刘君可、纪玉丕、杨阳、周必东、周春萍、郭坤碟、颜贤权为温州市洞头区第十五届人民代表大会监察和法制司法委员会委员；

李毅为温州市洞头区第十五届人民代表大会财政经济委员会主任委员；

张海山、陈青委、吴兹敏为温州市洞头区第十五届人民代表大会财政经济委员会副主任委员；

李红琴、陈静、倪蓓蓓、翁定献、郭华斌为温州市洞头区第十五届人民代表大会财政经济委员会委员；

侯合海为温州市洞头区第十五届人民代表大会社会建设委员会主任委员；

柯位宪为温州市洞头区第十五届人民代表大会社会建设委员会副主任委员；

叶生杰、叶丽月、朱顺义、许声维、吴金寿、张小微、林振权、林银凤、倪佩雪为温州市洞头区第十五届人民代表大会社会建设委员会委员。

温州市洞头区第十五届人民代表大会第一次会议选举：

张海山为温州市洞头区人大常委会财政经济工作委员会主任；

决定任命：

张茂海为温州市洞头区经济商务和信息化局局长；

梁友谊为温州市洞头区卫生健康局局长；

林敏为温州市洞头区市场监督管理局局长；

温州市洞头区第十五届人大常委会第一次会议：

决定任命：

陈佳劲为温州市洞头区人民政府副区长；

郭显玉为温州市洞头区人民政府办公室主任；

庄峥嵘为温州市洞头区发展和改革局局长；

张茂海为温州市洞头区经济商务和信息化局局长；

郭海辉为温州市洞头区教育局局长；

郑祥飞为温州市洞头区科学技术局局长；

黄伟为温州市公安局洞头区分局局长；

纪玉华为温州市洞头区民政局局长；

周方前为温州市洞头区司法局局长；

黄建敏为温州市洞头区财政局局长；

陈后安为温州市洞头区人力资源和社会保障局局长；

郑元永为温州市洞头区住房和城乡建设局局长；

褚志攀为温州市洞头区交通运输局局长；

梁祥赞为温州市洞头区农业农村局局长；

陈永胜为温州市洞头区文化和广电旅游体育局局长；

梁友谊为温州市洞头区卫生健康局局长；

柯繁荣为温州市洞头区应急管理局局长；

吕建伟为温州市洞头区审计局局长；

林敏为温州市洞头区市场监督管理局局长；

许生星为温州市洞头区统计局局长；

张杰为温州市洞头区综合行政执法局局长。

任命：

叶先锋为温州市洞头区监察委员会副主任；

刘荣胜为温州市洞头区人民法院审判员、审判委员会委员；

张辉星为温州市洞头区人民检察院副检察长；

池进峰为温州市洞头区人民检察院检察员、检察委员会委员；

叶丽月、郑华端、许曹毅、朱扬华、支文君、黄伟华、唐露露为温州市洞头区第十五届人大常委会北岙街道工作委员会委员；

王体祥、林兴村、林佰露、周永飞、姚慧斌、黄建勇、潘乐平为温州市洞头区第十五届人大常委会灵昆街道工作委员会委员；

方静静、叶海波、陈轶群、罗丹丹、林素娟、洪求伟、欧阳楚楚为温州市洞头区第十五届人大常委会东屏街道工作委员会委员；

叶林林、黄娟、陈威娜、陈蓉蓉、方雯婕、吴金寿、庄恭论为温州市洞头区第十五届人大常委会元觉街道工作委员会委员；

甘泽森、苏玲燕、郭芳芳、苏丽洁、陈林波、黄忠开、张良水、胡凤钗、曾治华为温州市洞头区第十五届人大常委会霓屿街道工作委员会委员；

林进尊、周彬雅、蔡景界、严学文、郑静艺、吴卓尔、周万远为温州市洞头区第十五届人大常委会昆鹏街道工作委员会委员。

免去：

叶定光的温州市洞头区人民法院副院长、审判委员会委员、审判员职务；

池进峰的温州市洞头区人民法院审判委员会委员、审判员职务；

陈志前的温州市洞头区人民检察院副检察长、检察委员会委员职务；

刘荣胜的温州市洞头区人民检察院检察委员会委员、检察员职务；

叶明鹏的温州市洞头区人民检察院检察员职务；

吕品的温州市洞头区人民检察院检察员职务。

聘任：

郑恒哲、郑德满、洪求伟为温州市洞头区第十五届人大常委会财经工委、预算工委兼职委员；

叶秀霞、许升湖、朱扬华、陈妍仲、南建军、郭献槟、黄秀君为温州市洞头区第十五届人大常委会教科文卫体工委兼职委员；

王赞萍、甘建鹏、陈后省、张良水、陈浩、张磊、林高鹤为温州市洞头区第十五届人大常委会城建环保工委兼职委员；

尤国仪、石福明、叶海波、纪华雄、陈胜为温州市洞头区第十五届人大常委会农资工委兼职委员。

温州市洞头区第十五届人大常委会第三次会议任命：

姜宇为温州市洞头区人大常委会办公室副主任；

徐广军为温州市洞头区人民法院审判员、刑事审判庭副庭长。

免去：

王芳草的温州市洞头区人民法院刑事审判庭副庭长、审判员职务。

决定任命：

陈声伟为温州市洞头区退役军人事务局局长。

温州市洞头区第十五届人大常委会第四次会议：

任命：

蔡志海为温州市洞头区人民法院审判委员会委员、副院长；

张昕岚为温州市洞头区人民法院审判员；

姜凯为温州市洞头区人民法院审判员；

陈松听为温州市洞头区人民检察院检察委员会委员。

免去：

蔡志海的温州市洞头区人民法院灵昆人民法庭副庭长职务；

吴志法的温州市洞头区人民法院审判委员会委员职务。

温州市洞头区第十五届人大常委会第五次会议：

决定接受：

王仁建辞去温州市洞头区第十五届人民代表大会监察和法制司法委员会副主任委员职务的请求，报区人民代表大会备案；

决定任命：

彭增炜为温州市洞头区民政局局长；

梁祥赞为温州市洞头区司法局局长；

张杰为温州市洞头区农业农村局局长；

林海志为温州市洞头区综合行政执法局局长。

决定免去：

纪玉华的温州市洞头区民政局局长职务；

周方前的温州市洞头区司法局局长职务；

梁祥赞的温州市洞头区农业农村局局长职务；

张杰的温州市洞头区综合行政执法局局长。

任命：

纪玉华为温州市洞头区人大常委会教科文卫体工作委员会主任。

免去：

郑建林的温州市洞头区人大常委会教科文卫体工作委员会主任职务；

杨建国的温州市洞头区人大常委会元觉街道工作委员会副主任职务。

温州市洞头区第十五届人大常委会第六次会议：

决定接受：

王仁建、郑建林、郑育丹辞去温州市洞头区人民代表大会常务委员会委员职务，报区人民代表大会备案；

决定接受王仁建、郑建林、郑育丹、苏剑群、杨小军、陈声伟、胡凤钗、蔡建荣、陈胜辞去温州市洞头区第十五届人民代表大会代表职务的请求；

免去：

杨丹的温州市洞头区人民法院审判员职务。

（邱瑞菁）

洞头区人民政府

综述

【概况】2022年，温州市洞头区人民政府全面落实“疫情要防住、经济要稳住、发展要安全”重要要求。统筹抓好“稳进提质、除险保安、塑造变革”，推动产业聚变、城市蝶变、幸福跃变。全年新开工亿元以上产业项目5个，新升规上限企业18家，累计兑现各类惠企资金6.85亿元。投资67亿元的甬莞高速洞头支线项目完成工可审查。“数智渔业”获全省首届数字乡村“金翼奖”，“工程档案全过程归集服务系统”成为全省标准。全年民生支出24.5亿元，占一般公共预算支出的73.3%。健康浙江考核获得三连优，“山海”提升工程获省级优秀，创成省级健康促进区。创成全省首批生态文明建设实践体验地，生态环境公众满意度稳居全市第一。洞头海岛公园入选全省大花园“耀眼明珠”，获评省新时代美丽乡村示范区，中国美丽乡村休闲旅游行精品景点线路。全年实现地区生产总值137.16亿元（含海经区），同比增长5.4%；一般公共预算收入17.31亿元，下降1%；城乡居民人均可支配收入为60315元、39091元，分别增长6.2%和8.6%，增速均居全市第一名。

【推动经济发展】2022年，洞头区开展“北参南养”、蟹公寓、牡蛎养殖项目，推进泥蚶、厚壳贻贝、缢蛏苗种，菲律宾蛤仔、彩虹明樱蛤等苗种培育，远洋渔业全年捕捞产量超1700吨，羊栖菜、紫菜、大黄鱼本地育苗率分别为100%、70%、40%，落地全国首单羊栖菜养殖保险。海洋食品产业园入驻企业31家、投产23家，产值突破2亿元，获评温州国家农业科技园区示范区。诚意超级鱼油、中油石脑油项目试生产，新升规上限企业18家，“专精特新”入库培育企业6家，华田特种钢、华顺燃料油等项目建成投产。激活低效工业用地15公顷，盘活闲置厂房2.3万平方米。浙能、华港两大LNG项目完成主体工程，投资20亿元的状元岙港区5号、6号泊位开工建设，开辟直达美国西海岸远洋新干线，集装箱吞吐量58.3万标箱。投用海霞青年营、金岙101、中普陀文化园一期等项目，开展“海在彼岸·美在洞头”文旅消费季、中国旅行者大会生活节等活动，获评中国美丽乡村休闲旅游行精品景点线路。

【坚持项目为王】2022年，洞头区上线运行项目指挥系统，实现重点建设项目全域全流程管理，推进总投资408亿元的区级重点项目97个，全年项目投资突破60亿元大关。新谋划纳入区级重大项目储备库项目27个，纳入省级重点项目清单13个。首创“六有”项目谋划标准，开展项目谋划赛比会，新增重大储备项目46个，总投资超460亿元。签约温州新能源电池材料低碳产业园、运达风电零碳产业园、金风海工装备基地、金风海工装备基地等8个项目，投资3.5亿元的运达储能制造基地项目落地开工。全年新开工亿元以上产业项目5个，实现到位内资49.3亿元，同比增长146.5%。获取地方政府债券资金14.76亿元，同比增长64.9%。全年消化批而未供土地28.11公顷（421.7亩）、处置供而未用35.33公顷（530亩）。全年盘活存量建设用地14.27公顷（214亩）。全年发行专项债项目17个，获各类专项资金超10亿元，争取地方政府债券资金14.76亿元，同比增长64.9%。

【统筹城乡建设】 2022年，瓯江口北口大桥正式通车，开通大门至洞头客运班线，投资67亿元的甬莞高速公路（G1523）洞头支线启动前期。推进211省道洞头段、浙南水运中心码头、陆域第二引调水工程，城南路市政设施提升改造工程建成投用，海兴路、海虹路市政道路建设完工，新增城区专用公共停车位2417个。改造望海山庄、新城花苑老旧小区，海悦城未来社区被列入省第五批未来社区建设名单。海峡同心共富样板区列为省级城乡风貌样板区，霓屿街道创成美丽城镇建设省级样板。推进灵昆全域整治，3个先行村腾空1013户、拆除840户。推出“以十招治十乱”组合拳，推进文明城市创建工作，市对区创文评价稳居前列。

【改革数字赋能】 2022年，洞头区深入实施科技企业“双倍增”计划，申报创建国家高新技术企业3家，创成国家高新技术企业3家、科技型企业31家。R&D投入占GDP比重2.3%以上。新招引博士3人、大学生3069人，新增技能人才1390人。牵头制定“浙江制造”标准1项，参与制定国家标准、“浙江制造”标准等3项，全区品牌企业销售占比62.59%，居全市前列。创新开发“社会治理一张图”数字孪生系统，打造多功能一体社会治理网络，隐患问题下降30%，整改率提升35%。“海上枫桥”经验获省委副书记批示肯定和《人民日报》、中央电视台等主流媒体报道。完成县域共青团基层组织改革全国试点工作。连续4年获评“浙台经济社会融合发展突出贡献单位”，系全市唯一。

【保障民生福祉】 2022年，洞头区全域建设“共享社·幸福里”，完成77项省市区三级民生实事和433件幸福要事，全年民生支出24.5亿元，占一般公共预算支出73.3%。实施“扩中”“提低”12项行动，形成强村富民、低收入家庭综合帮扶等共富实招，全年城镇新增就业1932人，城镇调查失业率为4.7%，沙角村等5个村社上榜“浙江省返乡入乡合作创业村”考核优秀单位，入榜数和上榜率均居全市之先。建成“共富工坊”47个，惠及群众1602人，群众“四感”评价居全市第一位。全区农房盘活率超25%，全量归集各类救助帮扶政策70多条。户籍人口养老和医疗保险参保率分别保持在98%和99%以上，温州益康保参保率居全市第一位。

（庄应鹏）

重要会议

【区政府常务会议】 2022年，区政府召开常务会议11次。

1月7日，代区长何莉平在区政府第一会议室主持召开区政府第五十六次常务会议。会议讨论研究并原则同意《2022年政府工作报告》《2022年政府民生实事候选项目》《关于温州市洞头区2021年国民经济和社会发展计划执行情况与2022年国民经济和社会发展计划草案的报告》《2022年重点建设项目计划》《关于温州市洞头区2021年预算执行情况和2022年预算草案的报告》等报告。

3月2日，区长何莉平在区政府第一会议室主持召开区政府第一次常务会议。会议讨论研究《温州市洞头区政府工作规则》《2021年区政府及区政府办公室行政规范性文件清理结果》《温州市洞头区公务用车服务中心驾驶员薪酬管理办法（试行）》《关于进一步推行温州市洞头区惠民殡葬政策的实施意见》《洞头区东屏街道屏海路二期工程韭菜岙路段改造提升工程国有土地上房屋征收补偿安置方案》《温州市洞头区“十四五”电网发展规划》和区政府与温大签订共同推进洞头文化创意产业发展合作框架协议、洞头区总部经济政策、成立温州市洞头城发矿业有限公司、大门镇乌曹坑料场生态治理等事宜。

4月2日，区长何莉平在区政府第一会议室主持召开区政府第二次常务会议。会议专题学习《浙江省消防条例》。学习传达省长王浩在洞头调研重要讲话精神及区委贯彻落实意见。会议讨论研究《关于加强老少妇残等特殊群体关爱服务管理工作的实施方案》《温州深远海海上风电海工装备制造及服务基地项目投资合作协议书》《大门沙岩客运站—洞头城关车站道路客运班线运营方案》《安全生产十五条重要举措贯彻落实意见》《关于建立安全生产事故隐患“3030”闭环机制的通知》《洞头区危险化学品安全生产六大体系建设工作计划表》《关于发布温州市洞头区政府2022年度重大行政决策事项目录》和2022年洞头区地质灾害防治工作、马岙潭度假区项目等事宜。

4月24日，区长何莉平在区政府第一会议室主持召开区政府第三次常务会议。会议学习传达《关于更加有效发挥统计监督职能作用的意见》文件精神。专题学习《公共数据条例》。会议讨论研究《关于进一步规范小额建设工程项目施工发包工作的实施意见（试行）》《温州洞头风电零碳产业园总体投资协议》《温州洞头风电零碳产业园先进储能装备制造项目专项投资协议》等事宜。

5月19日，区长何莉平在区

政府第一会议室主持召开区政府第四次常务会议。会议专题学习海洋强国有关内容。传达学习省委袁家军书记调研洞头指示精神并研究后续向上对接事项清单。会议听取洞头区省委生态环境保护专项督察反馈问题自查报告。讨论研究《政府采购合同范本》《洞头区驻点招商引智工作管理办法（试行）》《洞头区东屏街道岙仔旧村改造B地块项目方案设计》和大门镇消防救援站投用、洞头区海塘安澜工程等事宜。

6月8日，区长何莉平在区政府第一会议室主持召开区政府第五次常务会议。会议讨论研究《关于加快发展保障性租赁住房实施方案》《洞头区助企纾困稳经济大盘的若干政策（暂名）》《洞头区规范民办义务教育发展专项工作实施方案》等事宜。

7月8日，区长何莉平在区政府第一会议室主持召开区政府第六次常务会议。会议学习传达《新型冠状病毒肺炎防控方案（第九版）》文件精神。专题听取2022年洞头区粮食安全工作情况。会议讨论研究《温州市洞头区向镇街赋权下放部分行政处罚权事项的实施方案》。听取洞头区大门镇观音礁村废弃矿山生态修复工作情况。

7月21日，区长何莉平在区政府第一会议室主持召开区政府第七次常务会议。会议讨论研究《岙仔旧村改造项目历史遗留问题一揽子处置方案》。

9月15日，区长何莉平在区政府第一会议室主持召开区政府第八次常务会议。会议学习传达全省新一轮制造业"腾笼换鸟、凤凰涅槃"攻坚行动现场会暨"415X"产业集群推进会精神，专题学习《浙江省内部审计工作规定》。听取疫情防控能力建设相关工作情况汇报。会议审议《洞头区区属国有企业负责人业绩考核与薪酬核定办法（送审稿）》《温州市洞头区重点项目"百日攻坚"行动方案（送审稿）》《温州市洞头区极端灾害性天气防范应对工作规则（试行）（送审稿）》《温州市洞头区区级党政机构职责管理办法（送审稿）》《洞头区社区两委专职成员转任专职社区工作者实施方案（送审稿）》《洞头区2022年度第二期专职社区工作者公开招聘方案（送审稿）》等。

9月27日，区长何莉平在区政府第一会议室主持召开区政府第九次常务会议。会议专题学习政策性开发性金融工具和专项债项目的谋划、申报、使用，以及重大项目自然资源要素保障相关工作。听取国庆节前除险保安工作汇报、总部企业高质量发展相关工作。会议讨论研究《温州新能源电池材料低碳产业园项目投资框架协议（送审稿）》《洞头区关于全面加快科技创新推动工业经济高质量发展的若干政策（送审稿）》《洞头渔港经济区建设规划(2021—2030年)（审议稿）》《关于调整温州市洞头区安全生产委员会及其专业委员会的通知》和温州液化天然气（LNG）接收站项目工程建设用地手续不完整行为处置、昆鹏街道新设雁鸿社区、调整2022年度洞头区城乡居民基本养老保险基础养老金标准、洞头区被征地农民基本生活保障待遇及缴费标准等事宜。审议《洞头状元岙南片区控制性详细规划修编（审议稿）》。

10月27日，区长何莉平在区政府第一会议室主持召开区政府第十次常务会议。会议传达学习全市城乡社区工作会议暨"共享社·幸福里"建设推进会议精神。听取统计工作汇报，并审议《关于进一步加强统计工作的通知（送审稿）》。听取2022年洞头区森林防灭火工作情况汇报，全区消防安全工作情况汇报。会议研究《关于划定实行城市化管理区域的通告（送审稿）》和东港休闲中心（浅水湾）项目维稳风险化解处置、马岙潭度假区21亩地块开竣工延期、温州市洞头区水利工程运行管理办法等相关事宜。审议《洞头区水上搜救中心成立方案（送审稿）》《洞头区"医保纾困·携手共富"实施方案（送审稿）》《关于坚持农业农村现代化发展 加快推进海岛共同富裕的若干意见（送审稿）》《温州市洞头区全国学前教育普及普惠区创建工作方案(送审稿)》《关于进一步推动企业上市的若干政策意见（送审稿）》《温州市洞头区政府产业基金管理办法（送审稿）》和洞头区全国文明城市建设整改提升项目经费结算相关事宜。

【区政府第一次全体（扩大）会议暨廉政工作会议】 2022年3月24日，区政府第一次全体（扩大）会议暨廉政工作会议召开。会议贯彻落实上级重要会议和区第二次党代会精神，责任分解《政府工作报告》108项重点工作和10项民生实事，并交办部署，区经信局、区教育局、区民政局、区住建局、区农业农村局、区文广旅体局围绕年度重点工作表态发言。会议要求聚力产业高质量发展，既要"打基础"又要"快转型"；聚力城市高品质建设，既要"有面子"又要"有里子"；聚力幸福高水平创造，既要"保根本"又要"促共富"；聚力区域高效能治理，既要"守底线"又要"创品牌"。

区政府全体组成人员，各街道办事处主任、乡镇人民政府乡镇长，区各有关单位主要负责人。会议邀请区纪委区监委、人大办、政协办、人武部、法院、检察院、区级群众团体等单位领导参加。

【全区“大综合一体化”行政执法改革推进会】 2022年6月29日，全区“大综合一体化”行政执法改革推进会召开。会议通报全区“大综合一体化”行政执法改革推进情况，区委编办、区综合行政执法局、区司法局、区农业农村局做表态发言，并对各街道（乡镇）综合行政执法队进行集中授牌。会议强调，围绕“一张清单管权责”目标，完善“三张清单”，厘清职责边界，明确层级分工，统筹编制资源；围绕“一支队伍管执法”目标，推进区域“一支队伍管执法”，持续优化综合执法队伍，抓好街镇“一支队伍管执法；围绕“一套标准管规范”目标，全力建设一支政治素养好、业务能力强、专业水平高、作风建设优的综合行政执法队伍；围绕“一张网格管治理”目标，推动“大综合一体化”行政执法改革与“两个中心”的有机融合；围绕“一个体系管监督”目标，形成全覆盖、全流程、全协同的监督机制。区领导郭云强、何莉平、林铁等参加会议。

【全区除险保安百日攻坚行动推进会】 2022年9月22日，全区除险保安百日攻坚行动推进会召开。会议强调重点事要“掐尖去苗、早抓早除”，重点行业和领域要“溯源治理、直捣源头”，重点区域要“高压管控、除尽风险”各街道乡镇及有关责任部门要抓实“外防输入”、要严格“数据排摸”、要盯牢“重点区域”、要突出“常态防控”、要加强“应急处置”、要强化“宣传引导”。区委书记郭云强出席并讲话，区委副书记、区长何莉平参加会议。

（李贞贞）

民生实事项目

【概况】 2022年，洞头区十五届人大二次会议通过票决产生民生实事项目10件。项目涉及农村公路改造、养老服务、医疗卫生、殡葬服务等。区政府将民生实事项目作为回应群众关切、保障民生需求、提升群众获得感和幸福感重要抓手，按照年度任务推进。截至年底，全年10项民生实事全面落实，投入资金约5443.2万元。

【农村公路提升改造】 2022年，洞头区完成柴岙打水岙通村道路改造提升、岙底至长沙路段路面白改黑、马观线乌仙头路段改造提升、寨楼东沙通村公路改造提升、育才路至教育三幼（惠民村道路）、普陀南路整治提升工程、沙角至游步道道路提升、同兴村道路安全设施改造提升、东臼道路安全隐患整治、田岙至长坑垄、下郎村滩头自然村道路提升等11条农村公路，资金投入约1550万元。

2022年6月29日，洞头区召开全区“大综合一体化”行政执法改革推进会
（区融媒体中心提供）

【困难群众医保纾困】 2022年，洞头区实施“医保纾困·携手共富”行动，健全防范化解困难群众因病致贫返贫长效机制，为困难群众资助参保309.56万元，实现困难群众城乡医保和益康保资助参保两个100%；累计发放救助资金105万元，惠及困难群众24人；健全防范化解困难群众因病致贫返贫长效机制，累计发放救助资金694.38万元，惠及困难群众14804人次。

【建设养老服务驿站】 2022年，洞头区完成北岙街道鸽尾礁村、大门镇仁前途村、东屏街道半屏社区、霓屿街道上社村和下社村、灵昆街道周宅村等6个养老服务驿站建设，资金投入约450万元常态化开展生活照料、卫生保健、心理疏导等集中式日托或分散式上门服务。

【就业帮扶】 2022年，洞头区帮扶低收入家庭符合就业条件劳动力实现就业，联合成立“就业帮扶红色服务联盟”，建立就业帮扶“包责清单、服务清单、就业路径清单”三张清单，开展公益性岗位开发、就业援助方面帮扶和指导工作。全年累计开发公益性岗位73个，低收入群体实现就业98人。

【心脑血管早期介入治疗】 2022年，区人民医院添置DSA（数字减影血管造影）检查设备设施并投入使用，6月和8月分别安排专科人员前往温州医科大学附属二院进修，提升专业技术能力；开展脑梗塞和心肌梗塞病人早期快速介入治疗，抢抓脑梗塞和心肌梗塞窗口期治疗，提高治愈率。

【重点人群结直肠癌筛查】2022年，洞头区开展重点人群结直肠癌筛查，资金投入约26万元。全年完成结直肠癌初筛5590例，结直肠镜检查354例。

【殡葬惠民提标扩面】2022年，洞头区实施殡葬惠民提标扩面，出台《关于进一步推行温州市洞头区惠民殡葬政策的实施意见》，5月1日起正式实施，对在区殡仪服务中心办丧群众，免收遗体接运、守灵厅租用、遗体冷藏等基本殡葬服务项目费用22项，实现殡葬基本服务扩面和全流程减免；给予特困、低保、低边等困难群众免费提供指定墓穴或补助购买墓穴3000元等事项；全年减免群众办丧费用约50万元。

【建设智慧健康站（室）】2022年，洞头区完成霓屿下社、东屏半屏、大门大荆等3家"智慧健康站"建设，提供远程会诊、精准预约转诊、智慧随访、贴心诊疗、健康评估等智慧健康服务；完成大门豆岩村卫生室、鹿西东臼村卫生室等2家条件较差村级卫生室（服务站）改造升级，提升基本医疗和基本公共卫生服务能力。

【建设城区停车场】2022年，洞头区加强城区停车场建设，投入资金约674.5万元。建成洞头区共同富裕建设工程（一期）——风门停车场，项目占地8227平方米，新增停车位158个，绿化面积1731平方米，缓解老城区停车难问题。

【离岛群众用气与应急保障工程】2022年，洞头区加强离岛群众用气与应急保障，投入资金约370万元，新建造一艘100总吨以下小型车渡船只，完成船体合拢，主要用于鹿西岛瓶装液化气等物资运输，及作为应急备用船只使用。

（吴尊正）

重点工程建设

【概况】2022年，洞头区上线"投资项目作战指挥系统"，全区重点建设项目全流程闭环应用，通过进度亮灯预警、问题在线督办等功能，实现重点建设项目全流程管理。全年重点建设项目97个，其中新开工建设项目24个，建成项目33个。完成投资667275万元，为年度计划的111.6%。区本级财政投资项目完成投资145703万元，为年度计划的90.39%，非区本级财政投资项目完成投资521572万元，为年度计划的119.43%。按"三变"板块划分：产业聚变板块（42项）共完成投资516589万元，为年度计划的119.03%。城市蝶变板块（34项）共完成投资101309万元，为年度计划的96.76%。幸福跃变板块（21项）共完成投资49377万元，为年度计划的83.41%。按辖区街道（乡镇）划分：元觉街道（13个）共完成投资116984万元，为年度计划的123.79%。大门镇（28个）共完成投资346742万元，为年度计划的119.2%。东屏街道（14个）共完成投资54283万元，为年度计划的106.44%。鹿西乡（1个）共完成投资918万元，为年度计划的102%。北岙街道（32个）共完成投资91984万元，为年度计划的98.59%。霓屿街道（9个）共完成投资56364万元，为年度计划的83.75%。

【重点工程新开工项目】2022年，洞头区新开工建设项目24个，分别为燕子山水陆综合开发工程（浙南水运中心码头工程）、洞头区"北参南养"项目、东沙不夜港、鹿西白龙屿数字生态海洋牧场（二期）产业示范基地—休闲渔业基础配套项目、温州蓝天管件阀门有限公司（B04地块）扩建工程项目、温州洞头220千伏常青变35千伏线路送出工程、温州华港液化天然气（LNG）项目35千伏线路建设工程、温州液化天然气（LNG）项目110千伏送出工程、大小门临港石化产业区智慧化合规园区建设工程、东岙大酒店、温州洞头110千伏深水变35千伏线路送出工程、2022年配电网新建与改造工程、霓屿坝头生态停车场建设工程、洞头入城口改造提升工程、元觉中屿旅游提质工程、大门镇美丽乡村建设项目（暂名）、旧城区雨污管网建设（本岛旧城区）、东园三路道路提升工程、黄岙新区市政配套工程、洞头区健康驿站（防疫应急隔离点）、大门镇中心幼儿园工程、洞头区陆域引调水工程、国网浙江温州洞头区供电公司生产综合用房、洞头区生态微提升项目。

【重点工程建成项目】2022年，洞头区重点工程建成项目33个，主要有洞头区健康驿站（防疫应急隔离点）、洞头区老旧小区改造提升工程、城南路市政设施提升改造工程、年产4000吨精密电子装联用助焊剂、1500吨精密电子清洗剂及1500吨电子胶黏剂、三防漆建设项目、二期石脑油罐区改造项目、大门配水主干管网改造提升工程、海峡云村金岙101工程、洞头区"北参南养"项目、洞头区固力混凝土年产10万立方商品混凝土项目、年产200万吨200–400目新型粉末材料建设项目、洞头新城一期01-10地块建设工程项目（名品广场）、危险废弃物刚性填埋场、职教中心迁建二期工程、温州LNG保障通道建设工程、东海贝雕艺术主题公园、仁济学院教师公寓、南塘新LNG气化站工程项目、浙江优瑞欣化学有限公司厂房建设工程、元觉街道旧村搬迁安置房工程(元觉一期安置房)、鹿西白龙屿数字生态海洋牧场（二期）产业示范基地—休闲渔业基础配套项目、韭菜岙村旅融合项目、大小门临港石化产业区智慧化合规园区建设工程、状元南片市政道路工程、温州液化天然气（LNG）项目110千伏送出工程、旧城区雨污管网建设(旧城有机更新段）、温州蓝色海湾生态建设项目（蓝湾二期）、老城区停车场项目(洞一中等）、温州洞头220千伏常青变35千伏线路送出工程、温州洞头110千伏深水变35千伏线路送出工程、温州蓝天管件阀门有限公司（B04地块）扩建工程项目、污水零直排建设工程。

【重点工程红灯警告项目】2021年，洞头区重点工程累计投资完成率低于65%，严重滞后或节点任务未完成项目10个，分别为温州华港液化天然气（LNG）项目35千伏线路建设工程、温州交通城建工业化生产基地、白鹭湾海渔文化旅游度假区、黄金海岸度假区、洞头区海悦城未来社区建设项目、固友紧固件新建项目、本岛其他片区污水管网提升工程、新城一期城市基础设施更新项目、垃圾综合处置中心（新城垃圾中转站迁建工程）、沙岙综合交通码头及接线工程。

（夏俊康）

【“项目建设提速”行动】2022年，洞头区委针对上年省委巡视组反馈“洞头经济高质量发展不够有效”问题，启动“项目建设提速”行动，推动重大项目招引落地赋能洞头高质量发展。审议通过《洞头区区级政府投资项目前期生成决策机制实施办法》，安排专项经费450万元支持重大项目前期工作。健全完善“四个一”项目推进机制，从项目谋划、审批监管、推进督办、竣工评价等环节进行闭环管理。区纪委、区监委重点围绕项目审批、招投标、资金拨付使用等关键环节，及重大事项民主决策、项目内部监管、廉政风险防范等重要内容，全过程做好跟踪监督，推动问题早发现、早协调，及时打通项目建设的“中梗阻”，全力推动项目落地提速增效。截至年底，全区固定资产投资增速34.3%，连续6个月居温州市第 二，其中交通投资、高新技术产业投资、制造业投资增速位居温州市第 二位。累计销号滞后项目7个，协调解决核心问题30多个。

（张文杰）

2022年洞头区重点建设项目完成情况一览表

表4 单位：万元

序号	项目名称	年度计划投资额	年度完成投资额	完成情况
1	洞头区健康驿站（防疫应急隔离点）	3000	2379	建成
2	洞头区老旧小区改造提升工程	500	255	建成
3	城南路市政设施提升改造工程	800	846	建成
4	年产4000吨精密电子装联用助焊剂、1500吨精密电子清洗剂及1500吨电子胶黏剂、三防漆建设项目	500	841	建成
5	二期石脑油罐区改造项目	2000	1979	建成
6	大门配水主干管网改造提升工程	500	303	建成
7	海峡云村金岙101工程	1000	774	建成
8	洞头区“北参南养”项目	1000	1000	建成
9	洞头区固力混凝土年产10万立方米商品混凝土项目	800	380	建成
10	年产200万吨200-400目新型粉末材料建设项目	1800	2952	建成

续表4

序号	项目名称	年度计划投资额	年度完成投资额	完成情况
11	洞头新城一期01-10地块建设工程项目（名品广场）	3000	7002	建成
12	危险废弃物刚性填埋场	900	931	建成
13	职教中心迁建二期工程	2000	1563	建成
14	温州LNG保障通道建设工程	1000	1055	建成
15	东海贝雕艺术主题公园	1000	477	建成
16	仁济学院教师公寓	10000	9006	建成
17	南塘新LNG气化站工程项目	1500	1114	建成
18	浙江优瑞欣化学有限公司厂房建设工程	500	575	建成
19	元觉街道旧村搬迁安置房工程(元觉一期安置房)	5000	4146	建成
20	鹿西白龙屿数字生态海洋牧场（二期）产业示范基地——休闲渔业基础配套项目	900	918	建成
21	韭菜岙村旅融合项目	600	582	建成
22	大小门临港石化产业区智慧化合规园区建设工程	3000	1616	建成
23	状元南片市政道路工程	2000	2031	建成
24	温州液化天然气（LNG）项目110千伏送出工程	1500	1597	建成
25	旧城区雨污管网建设（旧城有机更新段）	1500	1173	建成
26	温州蓝色海湾生态建设项目（蓝湾二期）	7000	5227	建成
27	老城区停车场项目(洞一中等）	700	1628	建成
28	温州洞头220千伏常青变35千伏线路送出工程	2000	1500	建成
29	温州洞头110千伏深水变35千伏线路送出工程	700	500	建成
30	温州蓝天管件阀门有限公司（B04地块）扩建工程项目	600	838	建成
31	污水零直排建设工程	500	613	建成
32	浙江方舟工程机械设备有限公司南塘生产基地	600	1737	基本建成
33	沙岙综合交通码头及接线工程	1500	2586	基本建成
34	温州华港液化天然气（LNG）项目35千伏线路建设工程	3000	2954	基本建成
35	洞头入城口改造提升工程	800	1933	入城口及沿线绿化施工
36	温州市青山欢乐岛项目	3000	6983	室内装修建设
37	海洋生物医药制造项目（年产1000吨超级鱼油EPA及中药项目）	15000	33014	主体建设

续表4

序号	项目名称	年度计划投资额	年度完成投资额	完成情况
38	珑头湾旅游度假小镇	6000	5154	酒店主体建设
39	小门岛防洪排涝工程	2000	3405	主体建设
40	新城一期03-01-2地块项目（人才公寓）	4000	6802	成主体结顶，进行室外附属景观施工
41	“梦幻海湾”项目	8000	13273	酒店装修和堤坝生态化建设
42	温州港状元岙港区二期工程	30000	48252	开工建设5#、6#泊位，继续建设后方堆场
43	大门镇黄岙片区排涝工程	2500	3755	一期围堤河、长沙河、中横河清理完成
44	弘博工业气体、溶液配置及酸碱罐区新建项目	1500	2216	主体完工
45	洞头区人民医院改扩建工程暨区公共卫生服务中心建设工程	15000	21359	一期完成主体工程，进行装修施工；二期完成地下室施工，进行主体建设
46	东园三路道路提升工程	500	679	开工建设
47	大门镇中心幼儿园工程	2300	2960	主体建设
48	东沙不夜港	3000	2346	主体建设
49	洞头三盘产权式酒店项目	4000	4961	完成东区装修工程
50	浙能液化天然气（LNG）接收站项目	250000	309948	储罐设备安装
51	新城二期市政道路工程	8000	9585	完成海航路、海虹路、纬二路、海兴路部分路段施工
52	黄岙新区市政配套工程	300	332	道路施工
53	青山岛供水管网建设工程	2000	2195	主体建设
54	燕子山水陆综合开发工程（浙南水运中心码头工程）	4000	4288	一期桩基施工
55	小门岛市政路网工程	2500	2675	完成电力路、弘博路、中油环路施工
56	温州华港液化天然气（LNG）储运调峰中心项目	40000	42533	储罐设备安装
57	330国道延伸线疏港公路建设工程	1000	1062	开工建设二期道路
58	2022年配电网新建与改造工程	1500	1580	完成总工程量30%
59	东屏街道岙仔村旧村改造B地块项目	10000	10333	主体建设
60	洞头区陆域引调水工程	10000	10242	一期开工建设
61	状元岛河道水系治理工程	3000	3014	完成沿线苗木栽植，园路广场及地面铺贴
62	S211省道洞头霓屿至北岙段工程	30000	30098	桩基施工

续表4

序号	项目名称	年度计划投资额	年度完成投资额	完成情况
63	温州市小门西污水处理厂及污水泵站工程	3000	3009	主体建设
64	洞头区生态微提升项目	500	497	开工建设
65	大门镇美丽乡村建设项目（暂名）	1800	1290	完成部分主体节点改造
66	农村公路改造提升工程（三期）	1500	1416	建设小三盘至大朴公路、柴岙打水岙自然村通村公路、鹿西东臼等农村公路
67	元觉中屿旅游提质工程	1000	935	建成中屿爱情湾旅游富民工程；其他子项主题施工
68	精灵海岸养生庄园项目	7000	6211	基本建成魔法庄园及精灵海岸酒店式公寓，排屋、别墅等主体建设
69	东岙大酒店	500	430	主体建设
70	温州交通城建工业化生产基地	3000	837	仁前途厂区主体建设
71	白鹭湾海渔文化旅游度假区	6000	381	主体建设
72	洞头区中心敬老院	800	463	主体建设
73	霓屿南北通道建设工程	2000	589	主体建设
74	洞头区冷链物流中心建设项目	6000	1769	主体建设
75	霓屿坝头生态停车场建设工程	1500	295	主体建设
76	中普陀宗教旅游文化园	5000	1098	主体建设
77	国网浙江温州洞头区供电公司生产综合用房	3000	0	开工建设
78	旧城区雨污管网建设（本岛旧城区）	1000	0	开工建设
79	大门社会事务综合服务中心建设工程	300	0	完成初步设计方案
80	洞头区城市更新及风貌改造试点工程	6000	0	完成初步设计方案调整
81	大门马岙潭度假区	3500	0	进行土地回收
82	大门派出所业务技术用房	300	0	发布招标公告
83	长沙商务综合体（大小门石化产业生活商务配套服务区）	1000	0	招标文件及预算编制
84	黄金海岸度假区	7000	0	酒店主体建设
85	洞头区海悦城未来社区建设项目	500	0	完成施工图设计
86	固友紧固件新建项目	1000	0	办理施工许可证
87	本岛其他片区污水管网提升工程	800	0	完成初步设计

续表4

序号	项目名称	年度计划投资额	年度完成投资额	完成情况
88	新城一期城市基础设施更新项目	1000	0	已完成初步设计编制
89	垃圾综合处置中心（新城垃圾中转站迁建工程）	500	0	已完成项目选址论证
90	大山停车场（一期）扩建工程	500	0	展期实施
91	彩虹湾植物迷乐园	800	0	展期实施
92	岙底隧道至大门隧道连接线工程（325省道洞头岙底至长沙段）	300	0	展期实施
93	大门镇水厂改造提升工程	600	0	暂缓实施
94	南霓湾康养中心（霓屿社会福利项目）	3000	0	暂缓实施
95	海悦城配套幼儿园	500	0	暂缓实施
96	仙叠岩（大沙岙）景区综合开发项目（大沙岙仙叠岩景区旅游提升工程）	3500	0	暂缓实施
97	小长坑隧道（宏泰隧道）	400	0	中止实施

（区发改局提供）

招商引资

【概况】2022年，洞头区实现到位内资49.3亿元，同比增长146.5%。实行“1+3+N”精准招商机制，谋划招引新能源、新材料、海工装备、文旅等产业项目。成立临港新材料、海洋清洁能源联合作战部招引重大产业项目，成功签约运达风电零碳产业园、温州新能源电池材料产业园双百亿项目，实现全区百亿先进制造业项目零的突破。优化全生命周期管理服务机制，运达项目实现“当年谈判、当年签约、当年拿地、当年开工”。驻点招商引智全面铺开，走访企业375家、高校23所、行业领军人才26位。

【招商机制建设】2022年，洞头区投资促进服务中心出台《洞头区驻点招商引智工作管理办法（试行）》《招商引资联席会议制度（修订）》《驻点招商引智考核排名管理办法》，完善“1+3+N”招商平台联动机制、招商引资全生命周期管理办法、招商项目评估机制、总部经济发展工作领导小组调整等。制定《关于支持总部企业高质量发展的若干意见》《洞头区外资奖励实施政策（列入工贸政策）》，强化体制机制、政策支持。试行中介招商，对接集众科技产业服务（深圳）有限公司、深圳水木中研产业投资发展有限公司、投资家网等招商中介。开展新媒体H5招商线上宣介，实施“不见面”招商和“云上”签约等招商模式。举行首期“驻点招商引智培训”，全区副县级以上领导、区直各单位及各街道（乡镇）主要负责人、招商业务骨干等45人参加培训。

【新能源产业重大项目签约】2022年4月28日，温州市新能源产业重大项目集中签约，总投资额1258亿元。包含温州金风深远海海上风电零碳总部基地项目签约和洞头风电零碳产业园等项目12个，其中有6个项目投资超百亿元。温州金风深远海海上风电零碳总部基地项目选址温州海洋经济发展示范区、洞头区，由新疆金风科技股份有限公司牵头投资建设。项目总投资430亿元，其中制造业总投资188亿元，引进上下游11家配套企业，共同打造集研发、制造、工程、运维全产业链和集群化世界级深远海、大兆瓦、漂浮式海上风电零碳总部基地。温州运达风电零碳产业园项目选址洞头区，由浙江运达风电股份有限公司、中国三峡新能源（集团）股份有限公司联合投资建设。项目总投资102亿元，建设“一总部、三基地、四中心”。

【储能装备制造项目“云签约”】2022年5月5日，洞头区人民政府与浙江运达风电股份有限公司举行先进储能装备制造项目“云签约”。先进储能装备制造项目是“风电零碳产业园”一期6个子项目之一，也是最先签约落地的子项目。该项目总投资约5亿元，位于霓屿街道田岙屿地块，占地约4.67公顷（70亩），主要发展正极磷酸铁锂材料、隔膜材料、电池管理系统等产业。

（叶宋金）

综合政务

【概况】2022年，温州市洞头区人民政府办公室起草修改文稿450多篇，保障上级领导来访活动和重大会议457次，全员参与共同富裕主题调研月活动，形成高质量调研文章13篇，《关于创新发展“飞地经济”的思考》等5篇课题获区主要领导批示。上报省、市信息493篇，其中，国办和省市约稿128篇，省市领导批示32篇。海上花园建设相关报告、请示获省长王浩批示2次。全年召开各类专题协调会议925个，出具专题会议纪要、交办单249个。完成省数字化改革重大应用“一本账S2”中涉及的数字政府系统应用贯通，推进浙海安康、工程档案全过程归档服务两个应用成为省级试点项目，“渔小二”渔业综合管理服务系统提级为省级应用，全面推广村社战疫系统、防台指令一屏锁定、投资项目作战指挥系统等应用。累计拆解涉私“三无”船只12艘，抓获偷越国边境人员8人，处置涉案油品782吨、煤炭2600吨、冻品846吨，增加区级财政非税收入1000多万元。

【政务公开】2022年，区政府门户网站发布政务信息5954条，发布区政府、区政府办公室制定的行政规范性文件16件。开设“共同富裕示范区海岛样板建设”政务专题、“洞察政策”政务专题，做好扩大有效投资相关政策和重大建设项目信息公开。主动向社会公布政府工作报告、民生实事项目内容和执行情况。依托区建议提案办理系统，同步公开146件人大代表建议和115件政协委员提案内容和办理结果。开设疫情防控专栏，常态化发布新型疫情最新情况和科普知识，主动公开区级疫情防控相关政策，全年发布信息192条。建立政策文件图片解读、负责人解读制度，全年发布40条，累计发布政策解读230条。设立区网络问政平台和浙江政务服务网统一咨询投诉举报平台，全年接收办件4215件，问题处置率及群众满意率均100%。出台《洞头区政府信息公开申请登记、审核、办理、答复、归档工作制度》，规范工作流程。全年各行政机关累计受理政府信息公开依申请45件，其中区政府本级8件，区各部门和各街道（乡镇）39件。信息公开答复无被提起行政复议和行政诉讼。完善政务新媒体运行制度管理机制、弱账号退出机制，整合清理率45.7%，保留19个账号全部纳入全省统一政务新媒体管理平台进行管理，对发布周期、内容、质量实时进行监管。建立全区各部门政务公开工作负责人名册，同步绑定政府信息依申请公开系统的登录信息，实现人员明确、责任清晰的工作格局。把政务公开工作纳入全区年度目标考绩，提高考核分值权重。全年发布政务督查通报3期，整改通知书10期。

【提案议案办理情况】2022年，区政府把区十五届人大一次会议交办的代表建议144件（重点件3件）交由43个单位具体承办，均在规定时间内办结，办复率为100%。其中，代表建议所提问题已经解决或基本解决105件，占71.9%；正在解决或列入规划逐步解决33件，占22.6%；因条件限制暂时无法解决，留待以后研究8件，占5.5%。向领衔代表发放代表建议反馈表146份，代表对承办结果表示满意131件，占89.7%；表示基本满意15件，占13%。把区政协八届五次会议交办的115件提案（其中重点提案2件）交由55个单位承办，所有提案均在规定时间内办结，办复率为100%。其中，提案所提问题已解决或建议被采纳99件，占86.1%；正在解决或列入计划解决15件，占13.0%；提案所提问题因条件限制暂时无法解决1件，占0.9%。

【政务督查】2022年，区政府建立主要领导批示一表通管机制，跟踪督办区政府主要领导批示208个，结合重大督查问题清单，全方位拓展问题发现渠道，推动区政府决策落实到位。全年召开各类专题协调会议435次，出具交办单183张。高质量完成省、市、区民生实事87项，开展现场督查200个点位以上，发布政务督查专报66期。及时回应民生诉求，全年收到“12345”政务服务热线各类办件4345件，召开处置协调会8次，转交率、按期告知率、按期受理率、按期答复率、回访核实率均100%。

（吴尊正）

【电子政务】2022年，洞头区持续推进政务外网建设工作，完成机关大院政务外网改造工程，形成政务外网有线和无线两种接入方式。捕获各类网络安全攻击4.38万次，全年未发生重大网络运行故障与网络安全事故。全年登记数据目录2303个，归集数据目录193个。建设完成数据安全态势感知、日志审计、数据库审计等平台。推广使用智慧云办公系统，全年上架浙政钉应用11个。区门户网站通过中国互联网协会互联网站适老化及无障碍改造评测，全年引用和发布政务信息4908条。浙江政务服务网统一咨询投诉举报平台全年共计接收办件4215件，问题处置率及群众满意率均100%。

（颜泉）

【外事工作】2022年，洞头区协助1名洞籍乌克兰留学生撤离乌克兰回国。实时关注3名刚果（金）绑架获救人员回国情况，提供帮助。协助温州市大洲远洋渔业有限公司3艘船只躲避风浪，通过纳米比亚和南非国境海域。

（郭广俊）

2022年区政府及办公室重要文件选目一览表

表5

序号	文号	标题
1	洞政发〔2022〕1号	关于春节清明期间林区禁火的通告
2	洞政发〔2022〕2号	关于表彰2021年度区长质量奖获奖企业的通报
3	洞政发〔2022〕7号	关于对创建“长安杯”工作中表现突出的集体和个人给予行政奖励的决定
4	洞政发〔2022〕9号	印发《关于全面加快科技创新推动工业经济高质量发展的若干政策》的通知
5	洞政发〔2022〕11号	关于禁止非法使用生物醇油、环保油等醇基燃料的通告
6	洞政发〔2022〕12号	关于划定实行城市化管理区域的通告
7	洞政发〔2022〕13号	关于坚持农业农村现代化发展 加快推进海岛共同富裕的若干意见
8	洞政发〔2022〕14号	关于印发《温州市洞头区政府产业基金管理办法》的通知
9	洞政发〔2022〕15号	关于划定高排放非道路移动机械禁止使用区的通告
10	洞政发〔2022〕16号	关于印发《洞头渔港经济区建设规划（2021—2030年）》的通知
11	洞政办发〔2022〕1号	关于印发《洞头区2021—2022年松材线虫病防治方案》的通知
12	洞政办发〔2022〕2号	关于进一步完善温州市洞头区社会救助管理工作的通知
13	洞政办发〔2022〕4号	关于印发《温州市洞头诸湾美丽海湾建设方案》的通知
14	洞政办发〔2022〕6号	关于印发《温州市洞头区行政执法争议协调办法》的通知
15	洞政办发〔2022〕8号	关于印发《2022年洞头文旅淡季促消费活动实施方案》的通知
16	洞政办发〔2022〕10号	关于印发《洞头区国有房产土地清理工作实施方案》的通知
17	洞政办发〔2022〕11号	关于印发《温州市洞头区突发地质灾害应急预案》的通知
18	洞政办发〔2022〕12号	关于印发《关于进一步推行温州市洞头区惠民殡葬政策的实施意见》的通知
19	洞政办发〔2022〕14号	关于印发《温州市洞头区电网发展“十四五”规划》的通知
20	洞政办发〔2022〕16号	关于公布温州市洞头区政府2022年重大行政决策事项目录的通知

续表5

序号	文号	标题
21	洞政办发〔2022〕21号	关于印发《温州市洞头区创建国家食品安全示范城市工作方案》的通知
22	洞政办发〔2022〕22号	关于印发《关于加强老少妇残等特殊群体关爱服务管理工作的实施方案》的通知
23	洞政办发〔2022〕23号	关于印发温州市洞头区校园突发事件应急预案的通知
24	洞政办发〔2022〕24号	关于印发《温州市洞头区防台防汛防旱应急预案》的通知
25	洞政办发〔2022〕26号	关于印发温州市洞头区火灾事故应急预案的通知
26	洞政办发〔2022〕27号	关于印发温州市洞头区市场价格异常上涨事件应急预案的通知
27	洞政办发〔2022〕29号	关于印发《关于加快发展保障性租赁住房实施方案》的通知
28	洞政办发〔2022〕31号	关于开展强化政策集成落地攻坚十大行动的通知
29	洞政办发〔2022〕32号	关于印发《洞头区向镇街赋权下放部分行政处罚权事项的实施方案》的通知
30	洞政办发〔2022〕34号	关于印发温州市洞头区老年友好城市建设暨“浙里康养”集成改革 工作专班方案的通知
31	洞政办发〔2022〕35号	关于公布2021年度温州市洞头区工业企业“亩均论英雄”综合评价结果的通知
32	洞政办发〔2022〕37号	关于印发《温州市洞头区发展学前教育第四轮行动计划》的通知
33	洞政办发〔2022〕38号	关于印发《温州市洞头区突发事件财政应急保障专项预案》的通知
34	洞政办发〔2022〕39号	关于印发《洞头区大孵化器集群发展三年行动计划（2022—2024年）》的通知
35	洞政办发〔2022〕41号	关于印发《温州市洞头区极端灾害性天气防范应对工作规则（试行）》的通知
36	洞政办发〔2022〕42号	关于印发温州市洞头区粮食应急预案的通知
37	洞政办发〔2022〕43号	关于印发《洞头区“医保纾困·携手共富”实施方案》的通知
38	洞政办发〔2022〕44号	关于修订印发《洞头区旅游突发公共事件应急预案》的通知
39	洞政办发〔2022〕45号	关于印发《温州市洞头区全国学前教育普及普惠区创建工作实施方案》的通知
40	洞政办发〔2022〕46号	关于印发《温州市洞头区药品安全事件应急预案》的通知
41	洞政办发〔2022〕47号	关于印发《洞头区景区景点及沙滩管理工作方案》的通知
42	洞政办发〔2022〕48号	关于修订温州市洞头区劳资纠纷突发事件 应急预案的通知
43	洞政办发〔2022〕50号	关于印发《温州市洞头区水利工程运行管理办法》的通知
44	洞政办发〔2022〕51号	关于印发《温州市大门诸湾美丽海湾保护与建设方案》的通知
45	洞政办发〔2022〕52号	关于修订温州市洞头区重大传染病疫情防控应急预案的通知
46	洞政办发〔2022〕53号	关于印发温州市洞头区村志文化工程实施方案的通知
47	洞政办发〔2022〕54号	关于印发洞头区全民健身实施计划（2022—2025年）的通知

续表5

序号	文号	标题
48	洞政办发〔2022〕55号	关于印发温州市洞头区生态环境基础设施提升行动计划（2022—2025年）的通知
49	洞政办发〔2022〕56号	关于印发《洞头区全域“无废城市”建设工作实施方案（2022—2025年）》的通知
50	洞政办发〔2022〕60号	洞头区统筹推进能源绿色低碳发展和保供稳价工作三年行动方案
51	洞政办发〔2022〕61号	转发《温州市人民政府办公室关于印发温州市支持企业“留员工、稳生产、开门红”工作方案》的通知
52	洞政办发明电〔2022〕7号	关于印发《洞头区“清港净海”百日行动方案》的通知

（郑丹华）

应急管理

【概况】2022年，洞头区应急管理局深入学习贯彻中共中央总书记习近平关于应急管理的重要论述。贯彻落实国务院安全生产十五条措施，安全生产工作被纳入全区领导干部考绩和执纪监督内容，全区安全生产全覆盖责任体系排名全市第5位。成立区山火应急处置指挥中心，派出督查巡查组54组181人次，制止野外用火行为28起，立案4起。推进全区社会应急队伍32支670多人救援能力建设，开展社会应急救援队伍救护员培训班4期，取得救护员证学员120名，全年参与救援险情39起。全年发生生产安全事故1起，死亡1人。

2022年洞头区社会应急救援队伍一览表

表6

名称	救援内容
温州市洞头区溢香应急救援队	城市搜救、山地救援、近礁救援等领域
温州市洞头区猎豹应急救援服务中心	城市搜救、山地救援、近礁救援等领域
温州市洞头区雄鹰航空应急救援队	空中搜救、森林防火、医疗救助等
温州市洞头区海安海上应急救援队	10海里近海应急搜救等
温州市洞头区红十字蓝港水上应急救援队	海上救援、海上巡逻等
温州市洞头区心理援助服务队	灾后心理咨询、心理援助等
温州市洞头区后寮村森林义务消防队	森林防灭火、防汛防台等应急抢险工作等
浙江利东洞头应急救援队	道路清障、消防和森林防火的应急用水保障等
温州市洞头区鹿栖应急救援队	抢险救灾、森林防火、防汛防台、应急维稳等综合性救援
温州市洞头区元心应急救援队	抢险救灾、森林防火、防汛防台、应急维稳等综合性救援

（区应急管理局提供）

【应急救援机制建设】2022年，洞头区实行“海事+应急联动”“串联式、扁平化”联动指挥N个处置单位模式，建立“远中近”海上梯次救援机制，细化救援环节分工，实行“大船+小艇+摩托艇”编队救援。实施《支持培育社会应急救援力量发展的“十条”意见》，支持培育溢香、海安、利东等社会应急救援队伍救援能力全域覆盖，联合区红十字会开办应急救援培训班，120名救援队员取得应急救护员证，全年处置险情39起。突出重点预警，加强对重点人群、重点区域管控，在330国道灵霓大堤、网红打卡点、开放性岙口和临海临崖等路段，设置12处进入式短信提醒。

【防汛防旱防台】2022年，洞头区出台防台防汛工作导则等制度，健全极端灾害性天气应对工作机制。聚焦“八张风险清单”，开展逆周期、汛前排查、再排查再整改、落实“六个必须”等隐患排查专项行动4轮，梳理制定全区防汛防台重点隐患及短板问题、防汛防台抢险救灾能力提升措施任务50条、一表统管任务等三张清单，主汛期前18类128个防汛防台具体任务全部清零，基层防汛防台体系标准化建设通过省市验收。完成区、乡两级防汛防台预案修编，开展应急演练12次，参演431人。

【全民安全素养提升】2022年，洞头区应急管理局“线上+线下”推进“百万员工大培训”，完成培训1438人，覆盖率167%。开展安全宣传“五进”活动，创成安全示范点12个。强化洞头应急抖音警示教育作用，全年发布作品54个，单个视频最高播放量208万次。结合安全生产月，开展“第一责任人安全倡议书”“安全红袖章”“我是安全吹哨人”“新安法知多少”等活动，累计专题学习、巡回宣讲152次，线下参与近万人次。

（叶卓然）

【应急物资储备】2022年，区发改局作为应急物资储备职能部门，组织实施全区重要储备物资和应急储备物资的收储、轮换和日常管理，落实有关动用计划和指令。负责对管理的政府储备、企业储备以及储备政策落实情况进行监督检查。库房实行“1+7”仓房储备模式，补充和更新应急救灾物资，应急物资储备以生活救助保障类物资和救灾现场保障物资为主，在原有库存应急生活包、帐篷、棉被、草席、雨衣、雨鞋、手电筒、电风扇等品种基础上，增加发电机、抽水泵、土工布、合金网兜、移动式照明灯组、遮阳棚等物资。全年调拨物资10批次，物资金额近36万元。建立协议动态储备和相邻区县储备合作机制，全区动态储备冻猪肉。

（洪星）

【消防救援】2022年，洞头区改造升级大队分指挥中心，瓯江口昆鹏消防救援站新配置大功率水罐消防车1辆，大门镇政府专职消防救援队伍装备采购经费120万元。开展为期7天的水域培训，取得水域救援证书10人；经培训考核取得红十字救护员证21人，相应岗位持证上岗率100%。温州市洞头区消防救援大队开展作战训练安全大讨论活动23次，分析典型灾害案例30个。开展专题战评总结24次、简要战评3次，整改安全隐患40处。全年接警出动311次，出动车辆490辆次，出动人员3323人次，抢救被困人员11人，疏散被困人员8人，保护财产价值2100万余元，未发生亡人火灾。修订完善灭火救援数字化预案40家，共组织实战演练68家次，单位熟悉143家次，多部门联合演练1次。组织开展全区政府专职消防队伍体能竞赛，定期检查指导全区乡镇专职消防队、村志愿队及微型消防站等队伍86支。

【消防安全隐患整治】2022年，区消防救援大队围绕消防安全专项整治三年行动，推进“平安护航建党百年”消防安保、“遏重大”攻坚战、电动自行车和推进生命通道等专项整治。实行“日周月季”工作模式（每日督查、每周督办、每月通报、每季度排名），持续开展“四不两直”式常态化督导，共抽查单位2251家，联合区平安办、安委办每月开展安全形势和重点工作“双预警”督查通报，下发督办单63份、通报12期，督办整改隐患892处，完成省级1家、市级1家重大隐患单位挂牌整改。全区19个住宅小区均安装远程监控系统并接入消防管控“秒响应”平台。全年共检查社会单位2671家，督改隐患2136处，下发责令改正通知书2116份，“三停”3家、查封6家、强制执行1家，处罚126起，处罚金额50.02万元。

【消防安全宣传】2022年，区消防救援大队以洞头区瀛洲禅寺为试点实现民宗行业领域覆盖式宣传，成立义务消防队，聘请恒通法师担任宗教消防公益宣传使者，并获评市级消防宣传“五进”试点工作单位；依托“海霞妈妈”总站建立消防志愿服务站，设置消防志愿服务项目、消防知识小课堂等，拍摄“海霞妈妈方言说消防”专题视频，

2022年11月9日，洞头区消防救援大队联合区妇联、区应急局走进城关一小开展“消防‘零距离’距离、安全伴‘童’行”儿童友好活动　（区融媒体中心提供）

实现消防宣传全覆盖、无盲区；做好台风天抢险救援工作宣传，在《光明日报》客户端、央视新闻客户端、人民网、学习强国、央视新闻CCTV-2正点财经等媒体报道；《浙江日报》刊登7篇，《洞头新闻报》整版刊登2次，制发简报21篇。

（章魏剑坤）

信用体系建设

【概况】 2022年，温州市洞头区信用洞头建设领导小组办公室印发《2022年洞头区社会信用体系建设工作要点》《洞头区第二十一个“8·8”诚信日系列活动方案》，继续开展洞头区“信易游”试点工作，落实信易游优惠政策，为诚信游客免去景区门票118人。引导失信企业实现信用修复8家。全年执行结涉企案件51件。百家信应用迭代升级为百家信2.0版，获评第三届“新华信用杯”全国优秀信用案例。

【信用智治综合改革（百家信）】 2022年，为更有效地发挥信用在公共道德、乡风文明、基层治理等方面引导作用，洞头区开展百家信应用2.0版迭代升级工作。印发实施《洞头区个人诚信“百家信”应用管理办法》，构建数据归集、综合评价、场景应用、监测预警等信用智治架构。创新个人诚信评价、诚信修复和礼遇优享等三大体系，“百家信”个人基础分600分，满分1000分，820—849分为“银信”市民，850—899分为“金信”市民，900分以上为“白金信”市民，均采用正向激励评价方式，突出“德、善”指标精准个人画像，全生命周期闭环管理。打造“百家信”万家联盟，实现信用有价。

【深化“信易+”应用】 2022年，洞头区扩展信用应用覆盖面，巩固深化“信易游”优惠政策，印发实施《关于继续开展洞头区“信易游”试点工作的通知》，全年累计为诚信游客免去景区门票118人，共计3540元；持续深化“海霞诚信贷”应用，“海霞诚信贷”累计授信12365户，累计授信额度12.6亿元；企业信用贷款余额22.63亿元，较年初增加12.87亿元，同比增速124.3%；深入实施“信易批”，推出“信易批”事项490个，累计提供容缺即办、绿色通道等极简办件服务6816次。

【失信企业分类管理】 2022年，洞头区制定出台《关于严重失信企业分类处置办法》，对已被纳入失信被执行人名单的企业，根据企业具体情况分类处置，分别采取执行转破产、引导信用修复、实施信用约束、解除信用惩戒等措施，通过精准识别实现失信企业恢复其经营活力或有序退出市场。引导失信企业实现信用修复8家，失信企业退出降幅23.08%。5月部署开展“发挥执行职能，助企纾困保民生”集中执行行动，对6家企业采取“活封活扣”措施，对25家一时困难但仍诚信履行中小微企业，暂缓纳入失信名单并引导主动履行。全年执行结涉企案件51件，为中小微企业执行到位905.34万元。

【洞头区第二十一个“8·8”诚信日系列活动】 2022年8月8日和9月7日，为深入实施省信用“531X”工程，弘扬诚信传统美德，洞头区共开展两场宣传第二十一个“8·8”诚信日主题活动。活动主题是“信用洞头，你我共建”。各信用建设领导小组成员单位现场通过宣传展板、诚信宣传册、诚信签名墙等宣传载体，普及不同领域信用知识。累计发放诚信宣传册、诚信倡议书及宣传品2000多份，普及群众约1000人次；开展“诚信点亮洞头”活动。

【洞头区信用智治综合改革（百家信）入选全国信用案例】 2022年1月28日，第三届“新华信用杯”全国信用案例和信用应用场景优秀微视频评选结果公布，洞头区信用智治综合改革（百家信）榜上有名，入选全国信用案例。洞头区制订信用改革方案。推出信用智治综合改

2022年9月7日，洞头区开展第二场第二十一个“8·8”诚信日主题活动

（区发改局提供）

革（百家信）实施方案，搭建信用智管平台，以“三张清单”为载体，组建跨部门工作专班；构建以“洞头信用N条”为核心的指标体系，把遵纪守法、重诺守信、文明行为、社会贡献、村社治理等5个维度作为一级指标，分出电动自行车违法等二级指标18个。通过确定指标分值和评分办法，得出个人诚信文明分。建立指标穿透机制，创新社会治理方式。把“个人诚信文明指数”与社会治理、社区（村居）治理、诉讼行为相结合。建立计分周期管理机制、指标动态调整机制。搭建信用智管平台。联动区级网格、信易批等系统，接入基层自治“邻里积分”数据，汇总形成专题数据库，服务端设置“我要查分”“我要加分”“我要权益”“我要申诉”四大模块，实现个人诚信文明分实时查询、信用治理发展趋势动态掌握。

（陈泽承）

行政审批与公共资源交易

【概况】 2022年，温州市洞头区政务服务中心共受理各类审批事项212956件，2.0事项办件数208133件，一网通办率98.16%；完成各类交易项目192个，总金额22.04亿元，其中：工程交易项目52项，中标金额为6.78亿元，节约金额9110.02万元，节约率13%；政府采购完成129宗，中标金额1.8亿元，节省资金1409.27万元，节约率7%；产权8宗，成交额12.79亿元，增值1603万元，增值率为1.28%；完成国有土地出让3项，成交价6670万元。

【政务服务改革】 2022年，区政务服务中心推出“洞（都）好办”服务品牌，实现政务服务事项由“可办”向“好办、易办”转变。通过动态维护本级政务服务事项清单，对照梳理区级行政许可事项清单，探索推进低频事项服务清单，纳入“洞（都）好办”窗口，完成全区政务服务2.0事项认领1475个。升级可视化政务大数据平台，依托浙江省一体化政务服务平台，实现办事数据“一览无余”，推动线上线下同标准申报收件，全年线下窗口“一网通办”收件率94.23%。持续推进“信易批”改革，推行“极简审批”模式，普及刷脸、无感等办事体验。全年“承诺+”审批办件100件、刷脸办5888件、秒办66213件、无感智办38621件、“信易批”服务7457件。创新推进促产“一件事”改革，推动企业投资项目早落地、早开工、早投用，拓展促产领域范围，实现“预验即投产”“拿地即开工”破零，摸排“老大难”项目、僵尸工程，促进东海贝雕艺术博物馆项目成功实现“预验即投产”。

【政务便利服务】 2022年，区政务服务中心打造“真诚服务、高效便民，让群众满意”窗口。构建基层便民服务网络，建立标准化便民服务站，创新打造政务服务进“菜场”，实现高频政务服务2.0事项进入乡镇、村社、网点代收代办体系，建立便民服务站（点）83个，其中实体场所78个，梳理高频2.0事项87个。依托政务服务2.0平台，推进“政银合作”，开通银行网点9个，事项覆盖医保、社保等。延伸“政邮合作”，实现材料“当日收、次日达”，累计“政银合作”收件18478件，市民卡办理覆盖率80%，邮递业务开展3000多件。深化红色代办服务，通过找项目、挖企业，开展全流程全生命周期无偿代办服务，升级实行“不见面”代办，实现办事“一键达”，建立“网格+代办”专人队伍，促成村社代办服务全覆盖。全年代办项目10个，协调解决问题19个，累计开展便民代办5210件。

【规范交易市场】 2022年，区政务服务中心建设“阳光交易”高效平台。在实现全流程电子化招投标的基础上，全面升级“不见面”模式，优化改进“不见面”系统，扩大“不见面”开标覆盖面，实现“不见面”开标除特殊项目（如EPC项目）外全覆盖。推进“阳光e网”运行，建立规则统一、信息共享、规范透明运行机制，构筑全市统一、规范公共资源交易平台，实现各环节互联互通，打造集中监管新模式，实现所有专业施工类项目均在“阳光e网”系统交易。加大交易行为监管力度，联合职能部门，完成标后履约检查4次，重点监督检查合同履约、资金流向等要素。推行“四查机制”，掌握市场主体违法违规苗头倾向，开通招投标违法违规线索征集渠道。

【“清廉交易”建设】 2022年，区政务服务中心创新打造“清廉交易”品牌，以“严把标前审查、严管标中行为、严查标后履约”为抓手，持续优化营商环境。通过梳理主体责任清单、实施“打招呼”登记政策、建立标前约谈机制等洞头特色举措，确保公共资源交易活动在“公优廉”轨道上运行。3月，中心率先建成小额电子化交易平台，采用全流程电子化不见面开评标方式，投标人“一次都不跑”，实现区工程类招投标“电子化”全覆盖，全年完成交易项目96个，占全年比重90%以上，节约企业成本约239.1万元。6月，率全市之先规范政府采购合同，推进政府采购标准化、规范化建设，保障当事人实质平等开展政府采购行为，倒逼相关部门严格履约守信，进一步提高政府公信力，全年共有42个项目采用范本，使用率63%。

（苏姗姗）

机关事务管理

【概况】2022年，温州市洞头区机关事务管理中心完成最高检察院检察长、省委省政府主要领导及“两会”等重大会议活动公务接待250多批次、3000多人次，保障公务出行5800多次，安全行车63万千米，满意率100%。在全市率先实现公共机构合同能源托管服务，纳入省机关事务“揭榜挂帅”项目。全区公共机构创成节水型单位100%、节约型单位87%、垃圾分类示范单位83%，远超市级目标。完成国有房产权属登记、资产划转20处。迭代升级“智慧餐厅”2.0版本，打通机关食堂和行政中心食堂支付渠道，实现机关食堂精细管控和智能运营。疫情防控期间，牵头成立机关大院疫情防控专班，改造提升食堂设施设备，提供中药汤剂，推出食材直供服务等措施；依托食堂平台开展精准扶贫，累计采购大门马铃薯、霓屿海鸭蛋、东北大米等1.7万余公斤，解决农产品销售难问题。发起“情暖环卫工人助力爱心早餐”公益活动，筹集5万余元，为北岙街道242名环卫工人送上爱心早餐。开展以“海上花园·洞头味道”为主题的“百县千碗”进省行政中心活动。全年获省级先进1人，获市级集体嘉奖1个、个人嘉奖2人。

【公共机构合同能源管理】2022年，区机关事务管理中心在全市率先实现公共机构合同能源托管服务，节约用电量13.6万千瓦时，节能率13.8%。该项目对区行政服务中心大楼综合能效管理平台、电能计量管理系统、空调末端集控管理系统等进行节能改造，实现系统和用户双向通信，系统可进行实时数据统计和用能核算，及时反馈用能设备故障点和用能不合理情况。运维人员通过线上7×24小时周期性巡检，提供能源监测、用能设备设施管理、分析、运营等服务，形成有效的能源管理机制。该项目通过省级能源体系认证，获评区“微改革 微创新”十佳案例，并纳入省机关事务“揭榜挂帅”项目。

【“百县千碗”活动】2022年，区机关事务管理中心开展“百县千碗”进省政府行政中心特色菜肴展示活动，推动“海上花园·洞头味道”进省政府行政中心，向省级机关全面展示和推介海岛特色美食。区机关事务管理中心开展调研洞头原生态食材、特色农产品和传统美食，收集整理百余道本地美食，并从中筛选出最具代表性菜肴32道，搬上省行政中心食堂餐桌，冲浪黄鱼、紫菜丸、羊栖菜、鲈鱼粥等菜肴广受省级领导干部好评。设立展示台摆放鹿西黄鱼、鸡母狗粿等特色食品和贝雕、海陶等洞头文化产品，通过菜品台签展示菜肴背后的文化内涵和洞头故事。

2022年11月11日，洞头区举办“百县千碗”进省政府行政中心特色菜肴展示活动，现场设展示台摆放鹿西黄鱼、鸡母狗粿等特色食品和贝雕、海陶等洞头文化产品
（区机关事务管理中心提供）

【办公用房管理】2022年，区机关事务管理中心加强机关事业单位办公用房使用情况的监管，组织开展季度巡查和常规巡察25次，未发现违规使用办公用房的现象。助力企业纾困落实土地房产租金减免工作，出租房产减租3处，租金减免约2.75万元。推进办公用房统一权属登记工作，按照“先易后难、分步推进、分类解决”处置原则，完成中心名下所有房产权属登记和资产划转共20处。统筹办公用房，调剂北岙综合执法队、金融办等单位办公场所。

【公务用车管理】2022年，区机关事务管理中心加强公务用车使用监管，形成月度分析、季度通报、节假日反馈的常态化监管制度。全面推行公务用车“一张网”平台，规范公务用车使用管理，保障公务出行5800多次，行车63万千米。依托“政采云”平台，落细落实车辆编制核定工作，把公务用车编制管理及使用情况纳入日常监管范围。通过两个平台监管，使公车管理分析有数据、决策有依据，打造科学合理机关公务用车管理体系。

（汪娟娟 苏智娴）

政协洞头区委员会

综述

【概况】2022年，温州市洞头区政治协商委员会引导委员发挥专业优势建言献策，推进“线下＋线上”联动，开设“同心向党”“共富花园建设委员说”等委员读书群10个。开展“矢志不渝跟党走，同心奋进新征程”主题大学习大宣传大调研大落实、洞头解放70周年书画艺术展等活动，组织政协委员重走海上花园调研之路，围绕“人民政协与全过程人民民主”“民生议事堂”2个专题征集理论文章12篇，其中获奖7篇。依托“请你来协商”平台，推进民生议事堂“三位一体”建设全覆盖，建成基层“协商驿站”28个、委员工作室7个，开展专题协商、民生议事活动42场次、专项监督27场次，向区委区政府报送政协专报15期，主要领导批示交办10件，提交大会发言材料53篇，主要领导阅批17件。打造“海上花园文化会客厅”，以政协书画院为依托，开展活动32场次。推进“数字政协”建设，开展在线履职活动37场次，线上建言1万余条。举办政协委员履职培训班2期，评选优秀提案6件、先进界别组2个、优秀委员和先进界别组召集人22名。全年召开常委会会议5次，主席会议6次。

【加强和改进洞头区政协宣传工作实施意见】2022年3月31日，区政协办公室印发《关于加强和改进洞头区政协宣传工作的实施意见》。宣传重点为加强中国人民政治协商会议制度、各类重要会议和活动、委员工作和委员履职情况、政协改革创新工作、政协经常性工作。通过区内宣传、对外宣传、政协自身宣传平台建设载体。展示政协工作成就，讲好政协故事，传递政协声音。深化“同心”系列宣传品牌建设，创设“学习二十大·政协委员说”新媒体栏目，人民网、《光明日报》、《浙江日报》、《联谊报》、“学习强国”平台等省级以上媒体刊发报道30多场次。编发报送社情民意信息27期，上级党委政府和政协采用12篇，信息质量在温州各县（市、区）政协中名列前茅。

【创新“协商＋回访”机制】2022年，洞头区政协创新“协商回访”监督机制，通过民主协商、建议反馈、跟踪回访、监督落实、评议考核“五步联动”，实现由“协商得好”向“落实得好”转变，达到履职工作“提有规矩、办有机制、成有实效”目标。制定《关于促进人民政协履职成果转化的实施意见》等文件，构建从征题、选题、调研到协商、转化、评价的全流程闭环运行机制，把履职成果转化落实固化为制度，强化落实督导工作权威性。开展专题回访监督18场次，联动监督8场次，《创新“协商＋回访”机制 推进政协履职成果转化落实》项目获全市“一县一亮点”评比二等奖。全面优化提案“双向评议”，全年审查立案115件提案全部办复。

【全国政协文化文史和学习委员会调研组到洞头调研】2022年7月8日，全国政协文化文史和学习委员会副主任刘佳义一行到洞头区调研民俗文化发展情况。参观望海楼洞头贝雕工艺品、渔业生产工具、特色美食、非遗文化等海岛民俗，了解洞头文化脉络与历史积淀，领略独具海岛特色闽瓯风情。区委书记郭云强陪同调研。

【省政协副主席陈铁雄到洞头调研】2022年6月1日，省政协副主席陈铁雄率队到洞头区调研。陈铁雄一行先后到浙江诚意药业股份有限公司、温州状元岙港区、浙能LNG项目建设工地等地，详细了解海洋生物医药开发、港区建设及浙能LNG项目建设情况。指出洞头要优化海洋产业结构，形成一批有影响力的现代海洋产业集群，走出一条洞头特色的海洋经济发展之路。区领导郭云强、汪慧平等陪同调研。

（庄丽燕）

重要会议

【政协第九届温州市洞头区委员会第一次会议】2022年2月17日至19日，中国人民政治协商会议第九届温州市洞头区委员会第一次会议在洞头剧院召开，参加委员178名，列席20名。会议审议通过汪慧平主席代表政协第八届温州市洞头区委员会常务委员会所作的工作报告和张释忠副主席代表政协第八届温州市洞头区委员会常务委员会委托所作的八届五次会议以来提案工作情况的报告；会议选举产生政协第九届温州市洞头区委员会主席汪慧平、副主席叶锦丽（女）、赵海山、郑雪园（女），秘书长曹其忠，常务委员丁敏（女）、王锡、王振宇、方萍（女）、叶龙、朱玲爱（女）、苏娅（女，回）、李伯庆、邱亚顿、汪钦、张辉星、陈丹凤、陈灿渊、陈秋菊（女）、陈宣锟、陈继海、林建波、林建斌、林威望、林海轮、林海鸥（女）、金岳燕（女）、夏艳明（女）、徐倩倩（女）、曾小豆（女）、褚淑贞（女）、颜厥苗、潘孝云、戴婉贞（女）；会议审议通过政协第九届温州市洞头区委员会第一次会议决议和政协第九届温州市洞头区委员会第一次会议提案审查情况的报告。10名委员围绕加快产业数字化改革、迭代渔旅富民、推进“双减”工作落实见效、重塑城市发展新格局、积极培育游艇业态、洞头传感器产业振兴发展、完善紫菜产业链、完善网格能级建设、提升海区综合治理水平、打造闽瓯文化高地等方面作大会发言。会议提交提案146件，审查立案115件，其中集体提案15件。

【区政协常委会会议】2022年，区政协召开常委会会议5次。

1月11日，区政协召开八届三十一次常委会会议。会议听取区纪委区监委2021年度纪检监察工作情况通报、区人民法院2021年度法院工作情况通报、区人民检察院2021年度检察工作情况通报；会议审议通过《关于召开中国人民政治协商会议第九届温州市洞头区委员会第一次会议的决定（草案）》《八届区政协常委会工作报告（草案）》《提案工作报告（草案）》和区政协九届一次会议系列文件。

4月6日，区政协召开九届一次常委会会议。会议传达全国“两会”精神；审议通过《政协温州市洞头区委员会全体会议工作规则》《政协温州市洞头区委员会常务委员会工作规则》《政协温州市洞头区委员会协商工作规则》《区政协常委会2022年度工作要点》《2022年度“请你来协商”工作计划》《关于确定区政协九届一次会议重点提案和对口提案的决定》及区政协各专门委员会、街道（乡镇）政协联络组组成人员名单，区政协领导联系常委、委员名单，区政协中共党员委员与党外委员共学共联名单等；会议还审议通过有关人事事宜。

7月25日，区政协召开九届二次常委会会议。会议传达市委十三届二次全体（扩大）会议精神；听取区政府关于全区数字化改革情况、产业“腾笼换鸟”推进情况、扩中提低专项行动进展情况通报；审议通过《政协第九届温州市洞头区委员会常务委员会关于加强自身建设的实施意见》《区政协第九届温州市洞头区委员会提案工作规则》和有关人事事宜。

9月28日，区政协召开九届三次常委会会议暨首场议政性常委会。会议听取区住建局所作的《关于洞头区新型城镇化建设和城市蝶变工作情况通报》、区政协城建资环委所作的《关于推进新

2022年2月17日，中国人民政治协商会议第九届温州市洞头区委员会第一次会议在洞头剧院召开

（区融媒体中心提供）

型城镇化和助推城市蝶变调研情况汇报》；6位区政协常委、委员分别围绕城市规划设计、城市人口集聚、新老城统筹发展、城市管理、城市基础设施建设、城市特色文化融入等方面内容提出协商建议。区政府副区长肖晓锵应邀参加会议。

10月21日，区政协召开九届四次常委会会议。会议听取洞头环渔港带建设情况通报、洞头区域高效能治理情况通报、洞头未来乡村建设推进情况通报、洞头养老服务体系建设情况通报、洞头“共享社·幸福里”建设情况通报等。

（戴冰凌）

协商议政

【概况】2022年，洞头区政协开展专题“请你来协商”6场，民生议事堂16场，“百岛连心桥·委员有话说”、提案办理协商等协商活动20场，报送协商意见建议专报7期，获区主要领导批示并交办3件。全年针对开通洞头本岛至大门镇客运班线、无正常航班期间离岛群众紧急救治转运、下社村产业发展共富路、加快提升环岛公路精建精美辨识度、建设老年食堂提升幸福滋味、鹿西教育优质均衡发展新路、中屿等到你共走富裕路、加快小区二次供水改造、霓屿南片搬迁扩大就业、瓯洞公共交通一体化、大门镇基层医疗卫生水平提升等开展民生议事。

【环境适儿化改造协商】2022年5月20日，区政协在政协书画院举办2022年度首场“请你来协商”活动，围绕“加快环境适儿化改造，推进儿童友好城市建设”建言献策。会上，区妇联通报全区儿童友好城市建设工作情况。与会政协委员、儿童代表结合前期调研和深入思考，围绕推进儿童政策友好、优化儿童友好公共服务体系、加强儿童权利保障等方面，提出具有针对性、操作性的意见建议。区政协主席汪慧平，区委常委、区政府常务副区长郑锋利出席会议。

【传统制造业集聚升级协商】2022年6月23日，以“加快传统制造业集聚升级，推进工业园区提质增效”为主题的“请你来协商”在区政协书画院举行。区政府副区长张方任应邀参加，与政协委员及相关部门负责人面对面协商交流，集思广益、共商良策，为推进工业园区提质增效，助力建设共同富裕示范区海岛样板出谋划策。区政协主席汪慧平，区政协副主席叶锦丽、郑雪园，秘书长曹其忠出席会议。

【培育生态大黄鱼产业链协商】2022年7月22日，以“培育生态大黄鱼产业链，走好海洋经济共富新路”为主题的“请你来协商”活动在洞头区政协书画院开展。区会上，7位与会政协委员结合前期调研，围绕协商主题，就生态大黄鱼产业园建设、区域公共品牌培育、全产业链质效提升、养殖标准化建设、产品开发与区域营销、科技创新和人才支撑等方面献策。政协主席汪慧平、区政府副区长张攀出席会议。

【推进新型城镇化建设协商】2022年9月28日，洞头区政协首场专题议政性常委会在区第三会议室召开，围绕“推进新型城镇化建设 助推城市蝶变”主题开展议政建言。会议由区政协主席汪慧平主持。区政府副区长肖晓锵和有关职能部门领导应邀参加，与政协委员面对面、零距离，共商共议城市建设发展工作。会上，区住建局通报全区新型城镇化建设和城市蝶变工作进展情况，区政协城建资环委汇报关于推进新型城镇化和助推城市蝶变调研情况。6位区政协常委、委员分别围绕城市规划设计、城市人口集聚、新老城统筹发展、城市管理、城市基础设施建设、城市特色文化融入等方面内容提出协商建议。

【海霞营地建设协商】2022年10月20日，区政协“请你来协商”活动围绕“加快海霞营地建设 打

2022年7月22日，以“培育生态大黄鱼产业链，走好海洋经济共富新路”为主题的“请你来协商”活动在洞头区政协书画院开展　（区融媒体中心提供）

造新时代民兵建设重要窗口”开展专题协商议政，区委书记郭云强，区政协主席汪慧平与政协委员、相关部门负责人、女民兵等面对面交流，共同找短板、明方向、谋新招。6位与会政协委员、女民兵代表就海霞营地的工作机制理顺、文化价值挖掘、基础设施保障等方面与职能部门进行协商交流。

【健全养老服务体系协商】 2022年10月26日，区政协举办“请你来协商”活动，围绕“健全养老服务体系，建设老年友好型社会”开展专题协商议政。区委副书记、区长何莉平与区政协委员、相关部门负责人面对面交流，共商符合洞头实际的养老服务体系建设之路。区政协主席汪慧平主持会议。会上，区民政局通报全区养老服务体系建设情况。区政协委员结合前期的调研成果，围绕协商议题，从提升养老服务设施能级、提高养老机构服务水平、优化居家养老服务供给、推进长护险制度创新等方面，与有关部门负责人现场协商、互动交流。

（张华丽）

民主监督

【概况】 2022年，洞头区政协常委会组织开展数字化改革、省级“5+4”助企政策体系落实情况三级联动专项集体民主监督和国际生态旅游岛建设、未来乡村建设等协商式监督。组织开展提案办理“回头看”和“百岛连心桥·委员有话说”活动，全年录播专辑6期。

【“百岛连心桥·委员有话说”活动】 2022年，区政协持续擦亮“百岛连心桥·委员有话说”监督品牌，开展加强收费停车场后续管理、开通大门至本岛客运班线、以“文化+”助推共富海上花园建设、培育游艇产业助力海洋经济发展、灵昆公交同城待遇、大门黄岙二期围垦现状及开发利用等联动监督6场次。

【三级联动专项集体民主监督】 2022年，区政协成立专项集体民主监督组，开展数字化改革、省级“5+4”助企政策体系落实情况三级联动专项集体民主监督。实地察看区大数据管理中心，听取洞头数字经济基础设施建设和数字经济产业发展建设情况。邀请区发改局、区经信局、区科技局、区工商联等12家部门分管负责人及区政协经济界委员代表参加交流座谈，并对惠企政策落地工作提出建议。

【协商式监督】 2022年，区政协紧盯党委政府重要决策部署，聚焦全国文明城市创建、常态化疫情防控等重点任务，第一时间发出倡议书，发动全区政协委员和机关干部开展助力行动和专项监督27场次。创新“协商回访”监督机制，聚焦国际生态旅游岛、未来乡村建设、“大综合一体化”行政执法改革、农业合作社发展、城乡物价稳控等18个专题开展回访监督，向相关部门提出意见建议96条，形成协商监督互为促进的工作格局。

（戴冰凌）

提案工作

【概况】 2022年，洞头区政协九届一次会议以来共提交提案146件，立案119件，并案处理后为115件，不立案27件。立案提案分别送交55个单位承办，均在规定时间内办理答复，办复率100%，其中，提案所提问题已解决或建议被采纳的99件，占86.1%；正在解决或列入计划解决的15件，占13%；因条件限制暂时无法解决的1件，占0.9%。委员对提案办理表示满意的109件，占94.8%；基本满意的6件，占5.2%。

【重点提案】 2022年，区政协确定年度重点提案2件，分别为：关于重塑城市发展新格局，加快洞头蝶变新进程的提案（第47号），提案人叶龙，联系领导郭云强，主办单位区住建局，会办单位区发改局、区交通运输局、区综合执法局、自然资源和规划分局；关于分类帮扶提升规模以下工业企业的提案（第2号），提案人陈青翩，联系领导何莉平，主办单位区经信局。

【对口提案】 2022年，区政协确定年度对口提案5件，分别为：关于加快产业数字化改革步伐，助力技术改造及应用推广的提案（第12号），主办单位区经信局、会办单位区委改革办、区大数据管理中心；关于完善紫菜全产业链，促进产业可持续发展的提案（第20号），主办单位区农业农村局、会办单位区海洋与渔业发展研究中心；关于优化公共停车场收费模式的提案（第72号），主办单位区城发公司、会办单位区发改局；关于统筹规划洞头教育与瓯江口全面融合的提案（第86号），主办单位区教育局；关于优化中普陀文化园周边综合环境的提案(第43号)，主办单位区城发公司，会办单位区交通运输局。

（张华丽）

专委会工作

【概况】 2022年，洞头区政协各专委会加强对政协界别组、街道(乡镇)政协联络组的联系指导，发挥界别组作用，鼓励支持联络组开展活动，全年开展专题协商6次，民主监督50多次，“三访三助”活动80多次，推动专委会工作“专”出特色、“专”出质量、“专”出水平。

【**提案委员会**】2022年，区政协提案委员会召开提案委全体会议，共提交提案146件，立案119件，并案处理后为115件，评选优秀提案6件。开展搬迁村转产转业、离岛应急救治、住宅小区供水改造等民生议事活动16场，助力解决痛点、堵点民生问题30多个。编发报送社情民意信息27期，上级党委政府和政协采用12篇，其中关于建立完善无合法来源证明进口货物联合处置机制的建议被全国政协采用，关于出台分布式光伏发电项目管理规范的建议被省政府办公厅采用，关于打造百工名城，擦亮“百工之乡”文化金名片的建议获市领导批示。

【**经济委员会**】2022年，区政协经济委员会开展以“传统制造业集聚发展，助力园区经济提质增效”为主题的专题协商会，委员建议意见在协商会上得到区政府分管领导点赞。助力交通设施“外快内畅”工程建设，组织委员对S211城市对外第二通道、南塘旅游集散中心（停车场）、仙叠岩景区大山停车场扩建等交通工程开展视察监督。撰写《关于打造洞头特色美食街区的问题与对策》调研课题报告。走访青山岛、方舟机械、珑头湾、金海蕴、迪特等领导挂钩企业、项目20多家，开展助企纾困服务，助力疫后经济稳进提质和第一季度经济“开门红”。

【**农业和农村委员会**】2022年，区政协农业和农村委员会开展以“培育生态大黄鱼产业链走好海洋经济共富新路”为主题的“请你来协商”活动，就生态大黄鱼产业园建设、区域公共品牌培育、全产业链质效提升、养殖标准化建设、产品开发与区域营销、科技创新和人才支撑等方面献策，并形成专报上报区委区政府。先后组织前往区人民医院数字化体检中心、洞头海洋食品产业园、霓屿坝头入城口形象提升工程、霓屿紫菜产业园等、北岙街道海霞村、霓屿街道下社村等开展视察调研。撰写《关于洞头公用事业市区管理一体化的建议》《关于幼小初高全过程教育质量提升的思考》调研报告。

【**城乡建设和资源环境委员会**】2022年，区政协城乡建设和资源环境委员会召开以“推进新型城镇化建设 助推城市蝶变”为主题的首场专题议政性常委会，并形成协商专报报区委参考，协商专报得到郭云强书记的批示肯定。撰写《争取浙江自贸区政策红利 增强洞头产业发展新动能》调研课题报告。开展重点建设项目视察活动，实地察看小门岛防洪排涝工程、小门污水处理厂、浙能LNG、沙岙综合交通码头、黄岙新区等项目，开展以“大门至本岛客运班线设置”“百岛连心桥·委员有话说”节目录制。

【**科技教育卫生体育和文化文史学习委员会**】2022年，区政协科技教育卫生体育和文化文史学习委员会开展以“加快海霞小镇建设，打造新时代民兵建设重要窗口”为主题的“请你来协商”活动，活动现场邀请区委书记郭云强参加，会后形成的协商建议，获区委主要领导肯定批示。争取专项经费60多万元，用于提升“政协书画院”外部环境和内部设施，打造“海上花园会客厅”。优化“政协书画院”班子，邀请省市书画名家入驻，策划“政协的文化年货”和“翰墨润初心 书画颂党恩”名家笔会等书画交流活动12场。联合市政协开展“六送”活动，为霓屿群众送去教育、文体“大礼包”。组织开展“习近平新时代中国特色社会主义思想学习座谈会”6次，百岛崇学沙龙4次。撰写《关于推动鹿西离岛教育事业持续发展》调研课题报告。开展“学习贯彻二十大 重走海上花园调研之路”“守好‘红色根脉’赓续‘海霞精神’”《致敬·先锋》少儿交响乐”等活动7场。制定《“中国摄

2022年10月28日，区政协组织政协委员开展“学习贯彻二十大 重走海上花园调研之路”活动
（区政协办提供）

影岛”建设2022年重点工作实施方案》，完成首届中国岛屿摄影国家级赛事，牵头“百岛百个最佳摄影点”标识标牌和两个经典摄影点的延伸通达工作，完成“海霞村（未来乡村）人文摄影点”方案设计。

【社会法制民族宗教和港澳台侨外事委员会】2022年，区政协社会法制民族宗教和港澳台侨外事委员会开展以“健全养老服务体系，建设老年友好型社会”为主题的“请你来协商”活动，活动现场邀请区长何莉平参加。组织委员开展民族村共同富裕示范点建设和“大综合一体化”行政执法改革民主监督视察。同时深入区内宗教场所开展“除险保安”暗访视察。撰写《温台海湾生态司法保护协作机制深化研究》调研课题报告。举办以“打造禅修文化基地”为主题的“百岛连心桥·委员有话说”，促成中普陀素斋馆“十一”前对外开馆。协商帮助破解宁海禅寺建设历史遗留问题和宗教事务发展问题。与市政协社福社保界、少数民族界委员联动，前往温州市福利养老院和霓屿下社村居家养老服务照料中心开展“助老敬老·与爱同行”专题调研视察活动。

（叶夏东）

政协委员工作

【概况】2022年，洞头区政协委员工作委员会围绕“加快环境适儿化改造，推进儿童友好城市建设”主题，组织开展“请你来协商”活动，形成《关于我区儿童友好城市建设的协商建议》，获区委区政府主要领导批示肯定。落实界别组、委员评先评优工作，组织开展委员、常委述职活动，完善界别组和委员履职量化考核办法等制度，推出委员风采宣传专栏，举办委员讲坛2期，推进委员履职管理工作制度化、规范化建设。组织委员开展政协理论研究工作，共撰写政协理论文章12篇，其中，获市级二等奖、市级三等奖、市级优秀奖各2篇，洞头区政协荣获全市政协理论研究组织奖。

【促进人民政协履职成果转化实施意见】2022年7月21日，区政协办公室印发《关于促进人民政协履职成果转化的实施意见》。成果转化主要表现形式有协商建议、监督意见、调研报告、提案、社情民意等。工作程序包含成果提交、承办落实、反馈答复、跟踪督办、年度考评。政协履职成果落实情况纳入区直各单位、各街道（乡镇）“党领导政协工作”考核重要内容。协各界别组及委员履职成果质量纳入区政协界别组、政协委员年度履职评价体系。自建学思笃行、百岛连心桥、委员履职考核、提案系统等特色场景应用4个，开展在线履职活动37场次。

【党建履职品牌建设】2022年，区政协全面贯彻落实新时代党的建设总要求，实施聚心同向、聚智同频、聚力同行“三大工程”，培育“三聚协力·同心向党”党建工作品牌，建立专门委员会党员委员履职临时党支部7个、界别组临时党小组6个，高质量推进党的组织对党员委员全覆盖、党的工作对政协委员全覆盖，不断提升洞头政协党建工作的辨识度和影响力。

【网络专题议政】2022年，区政协组织委员参与省市政协组织的“围绕我省数字化改革推进情况三级政协联动专项集体民主监督”“推动山区26县高质量发展”“为省第十五次党代会建真言献良策”“推进保障性住房改革”“中小企业惠企助企政策落实情况网络议政”“深入学习贯彻省第十五次党代会精神，为奋力推进‘两个先行’贡献智慧力量”“深入学习贯彻党的二十大精神 建功新时代奋进新征程”等七个专题学习发言，178名政协委员共发言8100多条。

【委员活动日活动】2022年9月8日，洞头区政协开展“委员活动日”活动，邀请区委副书记、区长何莉平通报全区上半年经济社会发展情况和下半年经济重点工作，增强委员“知情明政强履职 凝心聚力促发展”主观能动性。

【委员联络联谊工作】2022年，区政协推进委员会客厅、委员工作室提质扩面增效，推出全市首家助残领域政协委员工作室，组织开展“翰墨书共富”“同心共奋进”等主题活动，探索“线下会客”“线上聚客”模式。依托海上花园文化会客厅，开展“百岛崇学·书韵共享”等交流活动12场次。深化“基层吹哨、政协报到”工作机制，开展“三访三助”“六送下乡”等聚力行动85场次，组织机关干部投身疫情防控、助企纾困、招商引资、创文创卫等中心任务和重要活动，发动委员围绕扶贫助残、捐资助学、应急救护、老年食堂建设等捐款捐物770多万元。

【政协委员履职能力提升培训班】2022年6月1日至2日，洞头区政协委员履职能力提升培训班在区海霞学院举办，培训重点围绕习近平新时代中国特色社会主义思想，政协提案、大会发言材料、社情民意信息撰写，调查研究方法等专题开展学习交流。2022年12月12日，洞头区政协常委读书班暨委员履职能力提升培训班在永嘉红十三军教育基地开班，培训为期3天，邀请党校教授、专家学者围绕党的二十大精神、委员履职能力提升等方面作专题辅导。

（郭佩佩）

综述

【概况】2022年，洞头区委坚定扛起全面从严治党主体责任，区委常委会研究全面从严治党工作6次。中共温州市洞头区纪律检查委员会、温州市洞头区监察委员会统筹推进政治监督、执纪执法、政治巡察、干部队伍等工作。协助区委完成省委巡视反馈问题销号、区委巡察工作，立案首次实现100%，获全市全面从严治党主体责任落实情况考核优秀单位。建立健全区委、区政府指示批示闭环落实机制，办结疫情防控、文明城市创建、除险保安等批示件150多件。创新主体责任“揭榜挂帅”机制，查处落实主体责任不到位问题20起27人。完成区纪委区监委换届，聘任特约监察员14名，完成全市唯一县级监委向本级人大常委会报告专项工作，提升依纪依法履职水平。全年立案58件，党纪政务处分50人次，其中科级干部7人，留置3人，移送审查起诉1人，适用“四种形态”97人。查处违反中央八项规定精神问题32起43人、群众身边腐败和不正之风问题5起5人、查处粮食领域违纪问题1起1人。解决群众“急难愁盼”问题184个，开展公益性岗位管理等专项治理22个。受理信访举报44件次，其中检举控告37件次，初次举报30件次，重复举报7件次，村社检举控告10件次，信访举报总量、检举控告量、初次举报量、村社举报量四项主要指标数据呈现“四年四连降”局面，多项信访主要指标数据位居全市前列，其中上级转送件占比22.22%，检举控告相对量19.93，无检举控告村居占比73.49%，检举控告件办结率100%，平均办理期限46.08天，实名举报反馈满意率75%，排名全市第一。创成全区“模范机关”，获评“长安杯”创建工作区级突出集体、疫情防控事迹突出集体等。

【纪检监察机关与政法机关工作衔接实施办法试行】2022年9月13日，为进一步规范细化纪检监察机关与政法机关工作衔接机制，区纪委、区监委联合区委政法委制定《关于规范纪检监察机关与政法机关工作衔接的实施办法（试行）》。实施办法明确纪检监察机关与政法机关在移送问题线索、案件查办、日常监督等工作衔接机制，要求双方要提高政治站位，贯彻上级决策部署，明确责任科室，强化责任意识，细化工作措施，推动公正执纪执法。全年移送问题线索31件，其中立案25人，党纪政务处分25人次，运用第一种形态处理4人次。

【纪检监察监督与统计监督协作配合工作机制建立】2022年10月27日，为加强纪检监察机关与统计部门协作配合，增强监督合力，从制度层面规范和加强纪检监察监督与统计监督有机贯通、相互协调，推动统计造假、弄虚作假问题依规依纪处理到位，区纪委、区监委联合区统计局制定《纪检监察监督与统计监督协作配合工作机制》。明确区纪委、区监委、区统计局建立协作联络、定期会商、信息共享、线索移交等工作机制，要求双方要参照协作配合机制，旨在推动纪检监察监督与统计监督同向发力、优势互补。

【渣土非法倾倒预警平台建设】2022年，为遏止区外渣土车辆到洞非法倾倒渣土情况，破坏生态环境。洞头区成立渣土非法倾倒整治工作领导小组，区纪委区监委建成非法倾倒渣土预警系统。该系统主要通过嫌疑车辆校验和数据接收，接收来自嫌疑车辆粗筛模块输出车辆信息，并通过算法过滤嫌疑车辆数据，以防止发生误报警，预警消息发送模块，打通浙政钉体系，自动发送消息到对应执法人员。通过数字赋能，实现预警、指挥一体，预警准确率达95%以上。督促协调公安、综合执法等部门制定协作联勤方案、完善打击处理措施。建立政治监督问题清单，开展嵌入式监督10多次，通过线上预警，线下监督，多次深夜参与引导执法人员开展行动。截至年底，累计抓获3批16辆渣土车，查处数同比上升300%。该项目获区委主要领导肯定，并写入区委全委会报告，获评2022年度洞头区社会治理优秀创新项目、洞头区“微改革 微创新”十佳案例。

【洞头区第二届“青年说清廉”演讲比赛活动】2022年11月17日晚，为深入学习贯彻中共二十大精神，引导广大年轻干部扣好廉洁从政的“第一粒扣子”，区纪委区监委、区委机关工委、团区委联合举办“礼赞二十大 青廉展风采”暨洞头区第二届“青年说清廉”演讲比赛，全区18名选手参加比赛，结合自身岗位经历，讲述对党忠诚、服务大局、青年担当、廉洁自律的青春故事。经过角逐，最后评选一等奖1名、二等奖2名、三等奖6名、优胜奖9名。

（郭 凌）

重要会议

【洞头区第二届纪律检查委员会第二次全体（扩大）会议】2022年2月11日，中共温州市洞头区第二届纪律检查委员会第二次全体（扩大）会议在洞头乐成寄宿中学召开。会议书面学习传达中共十九届中央纪委六次全会、省纪委十四届七次全会和市纪委十二届七次全会精神，观看警示教育片。区委常委、区纪委书记、区监委代主任吴肃锋代表区纪委常委会作工作报告。会议审议通过区纪委二届二次全会工作报告。区委书记郭云强出席并讲话。区四套班子领导；区人武部政委、区法院院长、区检察院代检察长；区纪委委员，区监委委员；区政协秘书长，区人大常委会机关、区政协机关各委（室）主要负责人；各乡镇（街道）党（工）委书记，纪（工）委书记、副书记；区直属各单位、省市属有关单位主要负责人等参加会议。

【洞头区巡察工作会议暨二届区委第一轮巡察工作动员部署会】2022年3月30日，洞头区巡察工作会议暨二届区委第一轮巡察工作动员部署会在区第三会议室召开，区人大常委会机关五楼会议室、各街道（乡镇）设分会场。会议深入学习贯彻习近平总书记关于巡视工作的重要论述，全面贯彻落实党中央和省委、市委关于巡视巡察工作部署要求，安排部署二届区委首轮巡察工作。区委书记郭云强作部署讲话，区委常委、组织部部长赵爽传达近期巡视巡察重要会议精神，宣布二届区委第一轮巡察组授权和任务分工。首轮巡察进驻6个街道（乡镇）30个村（社区），开展为期3个月巡察。区领导吴肃锋、赵爽；区委巡察工作领导小组成员；区直属各有关单位主要负责人在主会场参加会议。

【洞头区漠视侵害群众利益问题专项治理推进会】2022年5月27日，区纪委区监委召开专题会议，部署和安排全区漠视侵害群众利益问题、损害营商环境问题专项治理工作。会上，区公安分局、区民政局、区市场监管局、区税务局等4家单位围绕各自牵头治理项目作交流发言，区纪委区监委派驻第一纪检监察组对跟进监督做法和打算作展开介绍。会议要求各牵头单位要聚集群众满意，深化靶向治理，要发挥“主力军”作用，压实主体责任，节点化推进、清单式落实。要坚持“一盘棋”推进，切实扛起行业系统监管职责，抓机关、带系统、促整改。要坚持“数字化”创新，聚焦数据驱动、场景牵引、流程再造，将“数”“智”嵌入专项治理各方面。要敞开门搞治理，主动接受群众和企业监督，广泛征集意见建议，提高社会参与度。要当好“知心人”“贴心人”，切切实实站在群众和企业的角度去解决他们的“心事账单”，推动专项治理成效可视有感。区纪委常务副书记、区监委副主任叶先锋出席会议。

【专项政治监督工作部署会】2022年6月21日，区纪委区监委组织召开“防疫情、稳经济、保安全 迎接中共二十大胜利召开”专项政治监督工作部署会，会议指出，要把“防疫情、稳经济、保安全 迎接中共二十大胜利召开”专项政治监督摆在践行初心使命的重要位置、推动政治监督具体化突出位置和助力洞头实现产业聚变关键位置，以强有力政治监督和履职担当，全力防住疫情风险、稳住经济态势、保住发展安全。区委常委、区纪委书记、区监委主任吴肃锋出席会议并讲话。23家区相关部门单位、各乡镇（街道）纪（工）委、相关派驻纪检监察组以及委机关相关科室参加会议。

【洞头区“五廉共建”暨“青廉工程”建设推进会】2022年7月22日，洞头区召开“五廉共建”暨

"青廉工程"建设推进会。会议通报2021年度清廉单元建设验收结果，并为五星级"清廉单元"授牌。区国资办、北岙街道、区民政局作为"五廉共建"牵头单位和建设单位代表，区卫生健康局、团区委作为"青廉工程"建设单位代表作交流发言，区委组织部部署"青廉工程"建设工作。区委常委、区纪委书记、区监委主任吴肃峰出席会议并讲话。

【全区损害营商环境问题专项治理推进会】2022年7月28日，洞头区纪委区监委召开全区漠视侵害群众利益问题专项治理暨损害营商环境问题专项治理推进会。交流上阶段专项治理工作经验，研究部署下步工作重点任务。会议强调各职能部门要压紧压实主体责任，强化压力传导，全程跟踪落实，确保专项治理工作有神、有数、有形、有序、有力、有效。区纪委常务副书记、区监委副主任叶先锋出席会议并讲话，17家专项治理项目牵头部门及相关派驻纪检监察组负责人参加会议。

【全区清廉洞头建设推进会】2022年10月12日，洞头区清廉洞头建设推进会召开。区公安分局和北岙街道等清廉单位做交流发言。区委书记郭云强强调，要深入学习贯彻习近平总书记关于全面从严治党的重要论述精神，加快打造形神兼备的清廉建设高地洞头样板，为实现"产业聚变、城市蝶变、幸福跃变"增添更多清廉底色。要坚持联动协调，全力涵养风清气正的政治生态。坚持党委负总责，层层传导压力、层层落实责任，放大清廉建设优势，确保全面从严治党任务落到实处。区领导汪慧平等参加会议。

（郭凌）

监督执纪

【概况】2022年，洞头区纪委、区监委深化全面从严治党责任落实、数智赋能监督、基层治理不断优化等重点工作，制定《2022年党风廉政建设和反腐败工作组织领导与责任分工》《2022年度全面从严治党主体责任考核办法》，出台《洞头区委贯彻落实"三重一大"事项集体决策制度的实施细则（试行）》《关于规范"三重一大"事项议事规则的实施意见》。开展中央八项规定精神、防疫纪律执行等专题警示教育，组织开展旁听庭审2期，拍摄专题警示教育片3部，《致十年前的我》登上中纪委平台，1例澄清案例入选全省20大澄清正名典型案例，海霞供电所等3家单位创成全市"引领型"清廉建设单位。推进"青廉工程"建设，打造"青年说清廉""青廉起航""廉内助"等廉教品牌，举行"八廉"警示教育活动400多场次，创作清廉贝雕、清廉渔民画、清廉蟹壳画等清廉文创作品，清廉贝雕在浙江省法纪教育基地展出。

【治"四风"树新风"1+X"协同监督工作制度建立】2022年2月14日，为深入贯彻落实中央八项规定及其实施细则精神，洞头区建立治"四风"树新风"1+X"（"1"指区纪委区监委围绕"监督的再监督"职能定位，督促指导全区各级党组织在治"四风"树新风中切实落实主体责任的同时，在推进全区落实中央八项规定精神、纠治"四风"上发挥好监督、检查和管理职责；"X"指各相关职能部门按照"谁主管、谁负责"原则，在职责范围内对全区各级党组织落实中央八项规定精神、纠治"四风"情况开展经常性监督检查，对发现的问题按照管理权限依规依纪依法进行处置）协同监督工作制度。建立责任分工清单、联席会议机制、闭环管理机制、情况通报机制。强化节日期间正风肃纪督查，累计发现并反馈问题52个；深入开展行风政风双评议工作，发放整改通知书39份，问责25人。

【全面从严治党主体责任】2022年，洞头区持续深化全面从严治党"四责协同"机制，实现党的建设与经济社会发展同谋划、同部署、同推进、同考核。分层分级开展主体责任评议、回访谈话、政治家访等活动，共对10个单位并延伸对52个村社和36家下属单位党组织开展主体责任评议，政治家访2738人，新提任干部廉政谈话196名，党员干部回访谈话145名。创设主体责任"揭榜挂帅"机制，扎实推进重点项目56个，激活各单位落实主体责任的创造性和主动性。发布主体责任季度共性清单3大类171条履职内容，从严抓好党委（党组）季度个性清单，在线严审领导干部履行"一岗双责"情况5672条，退回整改119条，向区领导发送抄告单41份。开展主体责任落实情况监督检查，累计发现并反馈问题128个，查处落实主体责任不到位问题21起31人，通报党组织2个。

【规范"三重一大"事项议事规则实施意见】2022年9月4日，为进一步贯彻民主集中制，健全和完善党内监督制度，规范领导干部决策行为，提高决策水平，防范决策风险，区纪委区监委协助区委办公室印发《关于规范"三重一大"事项议事规则的实施意见》。该意见包含重大决策、重要人事任免、重大项目安排和大额度资金运作事项，议题确定、意见酝酿、会议人数、议题决策、会议记录等决策程序，决策执行，责任追究及其他事项。全区各单位根据本实施意见，结合实际，制定本单位“三重一大”议事规则，报区纪委区监委、区委组织部备案。

【区委贯彻落实“三重一大”事项集体决策制度的实施细则试行】 2022年10月28日，为进一步提高依法决策、民主决策、科学决策水平，规范区委“三重一大”事项决策程序，区纪委区监委协助区委办公室印发《洞头区委贯彻落实“三重一大”事项集体决策制度的实施细则（试行）》。事项范围包含重大决策事项14项、重要人事任免事项6项、重大项目安排事项5项、大额资金使用事项4项；基本程序包含会前准备（确定议题、提出预案、会议通知、酝酿意见）、集体决策、决策实施。实施细则规定监督检查和责任追究。本细则自发布之日起试行一年。

【“基层政治生态数智”应用】 2022年，洞头区聚力打造“基层政治生态数智”应用。全年政治生态黄色预警单位2家。设置区直部门和街道（乡镇）、村社两套指标，归集组织、审计、农业农村等18个部门130项数据，实行蓝、绿、黄、红四色评价。建立实时警示、趋势预警、临界报警等3种预警模式，即时发出提醒整改指令，推进问题整改闭环管理。实现“政治画像”云图可视。建设单位“政治画像”和“一把手”政治画像两个模块。单位“政治画像”主要包含130项评价指标，开展6个维度评价，并生成单位政治体检单；“一把手”政治画像关联单位50项评价指标，通过模型算法动态生成正负向标签。实现“修复净化”管控闭环。建立典型案例库，形成案例标签数据池，搭建多点叠加、多点触发等风险模型，自动将指标预警问题与案例标签数据池进行匹配，分类发出“风险提示”“趋势预警”“专项整治”等廉动令，督促举一反三、堵塞漏洞，形成持续净化管理闭环。

【小微权力规范管理】 2022年，洞头区深化“枫桥经验”“后陈经验”，把智慧监督融入基层治理。紧盯小微权力行使核心环节，迭代升级小微权力清单29条，形成全流程指导性标准。强化小微权力行使监督检查，督促职能部门制定《温州市洞头区农村集体资产管理办法》，对43个重点村社开展经济审计，发现并督促整改问题18个，推动小微权力规范运行。聚焦共富“提低”兜底，联合区民政局推进社会救助全流程绩效管理应用平台建设，构建材料录入完整率、系统办理错误率、系统预警处置率等6个评价维度，全过程监督阳光救助执行情况，精准锁定风险漏洞。全年监测救助数据1.2万余条，发现风险信息1712条，核实处理率100%。针对村社公章管理难、廉政风险大等特点，探索实施印章数字化监管新模式，形成“审、用、管、督”一体化管理，源头上杜绝“人情章”“关系章”。截至年底，该系统在11个村社试点，有63个用章事项纳入管理系统。

【清廉单元建设考核】 2022年年1月27日，为深入贯彻落实省委、市委决策部署，更深层次、更高质量推进“十四五”时期清廉洞头建设，根据八大领域星级清廉单元建设考核内容，经验收评定2021年度五星级清廉单元7个（清廉机3个、清廉村居4个）；四星级清廉单元28个（清廉机关〈站所〉15个、清廉村居8个、清廉学校、清廉医院、清廉国企、清廉民企、清廉金融各1个）；三星级清廉单元48个（清廉机关〈站所〉）8个、清廉村居20个、清廉学校3个、清廉医院1个、清廉国企2个、清廉民企7个、清廉金融4个、清廉交通4个）。

（吴世娟）

【“四风”纠治】 2022年，洞头区持续深化“清风亮剑”行动，构建“1+5+6”正风肃纪明察暗访监督网络，紧盯渣土整治、漠视侵害群众利益、惠企纾困政策措施落实情况、粮食安全等领域“四风”纠治，深入开展“烟票”背后“四风”问题、公共资源中私人会所整治“回头看”“两违”等专项整治。其中，查处违反中央八项规定精神问题32起43人、群众身边腐败和不正之风问题5起5人、查处粮食领域违纪问题1起1人。

【漠视侵害群众利益问题专项治理】 2022年，洞头区纪委区监委围绕群众“急难愁盼”问题，做深做实漠视侵害群众利益问题专项治理。联合区发改局、区教育局等8家区直部门，确定新能源汽车充电难、教育乱收费等8个治理项目。制订专项整治实施方案8个，细化措施142项。组建专项督查组6个，对照方案逐一核对工作效果，跟进监督。全年组织督导检查36次，发现并推动整改问题8个，推动建立和完善制度4项。组织纪检干部每周二固定下沉深入基层一线收集群众急难愁盼问题需求，在“清廉洞头”微信公众号上集中开展治理项目中期和年终成果晾晒，全面开通“信访网电”信访举报渠道，接受社会公众监督评判。全区查处群众身边腐败和不正之风问题5起5人。

【惠企纾困政策措施落实情况专项监督】 2022年，洞头区纪委区监委实施“纪审联动”工作监督机制，归集包括电费缓缴、国有房产租金减免、社保返还等方面业务数据近万条，通过大数据分析，深挖细查在惠企服务中公职人员可能存在的自由裁量权过大、审核把关不严、程序不到位等问题，督查发现落实国企租金减免扶持政策不到位等问题6个，相关问题均督促整改到位。强化集中调研监督，构建“专班推进、协作联动、问题整改”工作机制，推动惠企政策“直通车”核定奖补申请752条，涉及兑现资金共计1.78亿元。

【粮食安全专项监督】2022年，洞头区纪委区监委坚决扛稳扛牢保障国家粮食安全政治责任。对2018年以来查处的2起典型案件进行“解剖麻雀”，分析案件特点规律和易发环节，形成发现线索摸排的重点方向。探索纪审联动机制，协调审计部门介入审计，不定期召开进度研判会，建立问题线索边审边移快速通道，由纪检监察室提前介入沟通，加强对问题线索的沟通协调质效。指导涉粮主管监管部门通过召开警示教育大会、观看警示教育片、通报典型案例、交流学习心得等多形式开展学习教育活动，以案明纪，为干部持续敲响涉粮腐败“零容忍”警钟。专项治理期间，党纪政务处分1人，督促出台完善相关制度2个。

【疫情防控“督查钉”督查】2022年，洞头区纪委、区监委联合区防控办、区大数据中心，探索并上线“督查钉”数智平台，开展新冠肺炎疫情防控执行力监测工作，通过“小切口大场景”，开发督查指引、督查直报、在线巡查、跟踪督办、分析研判等模块，全面贯通疫情防控督查、审核、反馈、整改、办结、评价、考核计分全流程闭环管理，形成“发现问题—通报反馈—限时整改—回访核验”快速反应机制。

【警示教育月活动】2022年8月，为深入贯彻落实全面从严治党要求，扎实推进“清廉洞头”建设，洞头区开展“严纪律 正作风 树形象”警示教育月活动。活动内容包含召开警示教育会议，观看近年拍摄的省市党员领导干部违纪违法和中纪委《致十年前的我》系列警示教育专题片，学习全区典型违纪违法人员《思悔录》，开展典型案件剖析讨论；组织警示教育参观，开办党风廉政学堂，结合“周一夜学”“三会一课”、主题党日等平台载体开展专题式、全覆盖宣讲；举行“云上廉考”测试；开展谈心谈话提醒；启动“青廉起航”系列活动，组织开展“青年说清廉”主题演讲比赛；开展廉洁齐家系列活动。通过巡回宣讲、故事汇展播、廉内助培训等多种形式，推动廉洁家风家教进机关、进村社、进企业、进学校，全年累计开展“青年说清廉”、以案说纪等活动420多场次。

（林小义）

党委巡察

【概况】2022年，温州市洞头区委巡察工作领导小组办公室组织开展2轮巡察，对48个单位党组织开展政治巡察，超额完成年度任务。首轮巡察移交问题线索18件，共反馈184个问题，均在3个月集中整改期内完成销号，共制定整改措施713项，推动被巡察党组织运用第一种形态问责48人次，挽回各类经济损失40多万元。二届区委第二轮完成巡察进驻了解工作。向区委提交专题报告10个，促进公益性岗位管理、强村公司、村级工程监管等领域改革发展，打通监督“最后一公里”。打造疫情防控“督查钉”平台，入选省级“浙政钉”助力疫情防控典型应用案例。实现防疫问题三天闭环销号机制，累计督办防疫问题1049个，问责78人次。

【一届区委巡察问题整改】2022年，洞头区完成一届区委10轮常规巡察，开展单位党组织“政治体检”147家，率全市之先实现全覆盖任务，反馈问题1657个，移交线索91件，推动被巡察单位运用“第一种形态”处理干部851人次，建立健全制度453项，督促清理不规范往来款项2231万元，形成抓整改、强党建、促发展综合效果。

【二届区委第一轮巡察】2022年3月30日，洞头区二届区委第一轮巡察工作动员部署会召开。批准巡察6个街道（乡镇）所辖30个村（社区）开展巡察监督。主要聚焦“两个维护”根本任务，围绕“三个聚焦”监督重点，加强对“一肩挑”人员和村“两委”领导班子监督；围绕助力共同富裕海上花园建设强化政治监督，着力发现和推动解决村（社区）在政策落实、基层党组织建设、干部担当作为等方面的突出问题，推动全面从严治党向纵深发展、向基层延伸。巡察进驻时间为4月1日至6月30日。8月，向被巡察单位反馈问题184个，整改率100%，推动党纪政务处分3人，第一种形态问责干部48人次，挽回各类经济损失43.3万元。

【二届区委第二轮巡察】2022年9月28日，洞头区二届区委第二轮巡察工作动员部署会召开。批准巡察区委编办、区融媒体中心、区财政局、区应急管理局、区市场监管局、区机关事务管理中心、区政务服务中心、区城发公司、区旅发公司、区残联和东屏街道所辖7个村社开展政治监督。进驻时间为10月8日至2023年1月8日。

【区委“两对两查”政治体检】 2022年3月16日，为不断固化巡察整改成果、推进整改常态化、长效化，区委巡察工作领导小组决定全区开展为期两个月“织密监督网·筑牢整改墙”暨区 委巡察整改“两对两查”政治体检专项检查。要求提高政治站位，确保检视问 题全面深入、整改问题真抓实改；全面检视问题，查看是否存在虚假整改、阴阳整改、选择性整改、消极整改等问题；对照共性问题清单，查看是否存在三个聚焦20个方面问题情形。全年全区各单位自查发现222个问题全部清零。

【“三式五类”巡察岗位历练机制建设】 2022年，区纪委、区监委创新“三式五类”模式(指通过选派、挂职、抽调等3种方式，推荐优秀年轻干部、新提任副科级领导干部、退居二线干部、纪检监察干部、专业技术干部等5类干部到巡察一线历练实践)，破解巡察干部抽调难题。针对基层巡察普遍存在“抽人难、难抽人”困境，巡察办联动区委组织部门，实行抽调当轮被巡察党组织干部参与巡察模式，改变“不愿派”为“我要来”，提升抽调干部综合素质。全年抽调35名干部，其中中层干部、35周岁以下干部占比分别为68.6%、48.6%，2项指标同比增长均在30%以上。

【“360”村社巡察工作法】 2022年，洞头区创新对村社巡察“360”工作法，“3头”即上船头、下田头、入村头，“6必”即重点人员必访、重点场所必看、重点资金必核、重点媒介必宣、重点部门必联、重大会议必到，“0距离”即依托巡察版“海霞说事”，发动群众“零距离”监督、评价对村社巡察整改质效。坚持每巡一个村至少推动解决一件“幸福要事”，赢得民生向背“大政治”。如北岙街道九厅社区联建房房产证长达10年未办理，巡察组帮助理顺政策，进驻1个月就解决落实；协调职能部门，推动解决鹿西乡口筐村18万元生态补偿资金10年未发放难题；巡察大门镇小门村时，发现“被自愿”的羊栖菜晾晒场地费缴纳问题，进驻不到一周，19户渔民就“失而复得”15200元退款。

【巡察业务专家库】 2022年，区委巡察机构首次建立巡察业务专家库，组建协作“智囊团”，聘请首批16名各领域、各行业业务骨干组成巡察专家库，实行动态优选、轮换聘任。全年共有8名成员先后25次参与巡察问题集中研判、为巡察组解答疑惑提供咨询，全年立案问题线索6件、党政纪处分9人，立案率排名全市第一，巡察业务专家库经验做法在中央纪委网站宣传报道。

【巡察“三单”治理集中交办机制】 2022年，洞头区建立“三单”交办机制，持续巩固巡察成果运用质效。坚持把系统施治、标本兼治作为巡察高质量发展有效手段，把书记点评问题督办机制融入巡察成果“三单”管理。以《巡察抄告单》形式向全区抄告巡察发现苗头性、倾向性问题，推动未巡先改；以《巡察建议单》形式向各职能部门抄送巡察组提出面上共性问题，推动条线整治。以《巡察交办单》形式，交办书记专题会议点出突出典型问题，在全区范围内开展专项治理。全年共向10个区直部门抄告“三单”11份，推动解决公益性岗位开发和管理不够规范、大门镇美岙敬老院建成多年未投用等重点问题整治22个。其中，虚设公益性岗位套取资金问题入选省委重大巡视清单问题库，全市仅有3例，实现区重大巡视清单主动发现问题加分。推送文明城市创建力度不够整改案例入选区级七张问题清单示范案例。

【洞头区村（社区）巡察工作全覆盖】 2022年3月10日，根据上级有关文件规定。区委巡察工作领导小组印发《洞头区村（社区）巡察工作全覆盖实施方案》。方法路径包含分类施巡，突出针对性，合理分类，分批推进，灵活运用巡乡带村集中巡、定点单列重点巡、护航中心点穴巡；把准节奏，每年完成比例不少于30%，2025年前完成巡察全覆盖任务，原则上按照5%至10%比例安排巡察“回头看”；优化流程，注重运用质询问询、组办会商等方式，采取“一组一报告+一村一清单”；综合施治，健全巡察发现问题通报抄告机制、疑难问题会商研判机制、重点问题联动整改机制，通过抄告单、交办单、建议函、请示件等方式，将巡察中发现的普遍性、倾向性问题及时移交主管单位、职能部门，从体制机制上推动研究解决。

（张文杰）

群众团体

洞头区总工会

【概况】2022年，温州市洞头区总工会第九届委员会有两委委员（工会委员会委员和经审委委员）38人。截至年底，全区基层工会280家，工会会员数18620人，其中行业工会17家、机关事业单位工会100家、街道（乡镇）总工会6家、社区工会18家、企业工会139家。洞头区总工会打造“奋进工会”“红色工会”“实干工会”“为民工会”“活力工会”。全年开展“守好红色根脉·班前十分钟”活动91场，发动劳模工匠、优秀企业班组长、金牌工人宣传党的创新理论。推出“奔跑吧，洞头”主题系列活动，组织职工杯篮球赛、工会杯足球赛等工会品牌活动。开展瑜伽、爵士舞、尤克里里、游泳等公益课11期，服务职工3000人次。新增省级职工书屋1家，市级职工书屋6家。

【温州市洞头区工会第九次代表大会】2022年11月14日，温州市洞头区工会召开第九次代表大会。大会应到代表161名，实际到会代表146名。主席团常务主席、区总工会党组书记朱显妙主持大会开幕式。区人大常委会副主任、区总工会主席甘海选作工作报告。大会全面总结洞头区工会第八次代表大会以来的工作。大会审议通过《洞头区总工会第八届委员会工作报告》《洞头区总工会第八届委员会财务工作报告》《洞头区总工会第八届经费审查委员会工作报告》。会议选举产生温州市洞头区区总工会第九届委员会和第九届经费审查委员会。甘海选当选为主席、朱显妙当选为常务副主席、陈秋菊当选为副主席、方静静当选为挂职副主席，南海萍、曾华艳当选为兼职副主席；陈秋菊当选为区总工会第九届经费审查委员会主任。温州市总工会党组书记、常务副主席胡长虹，区委书记郭云强，区领导何莉平、刘素婷、汗慧平等出席大会。

【基层工会组织建设】2022年，洞头区新建东岙顶片区（网格）工会联合会、半屏片区（网格）工会联合会、洞头区科学技术局工会委员会、温州海窑文化有限公司工会委员会、温州市震泽电子有限公司

2022年11月14日，温州市洞头区工会第九次代表大会召开（区总工会提供）

工会委员会、温州市捷达速递有限公司工会委员会、温州海竖电子商务有限公司工会委员会、温州市百岛工程项目管理有限公司工会委员会、温州市洞头区物流企业联合工会、温州市洞头海光渔业专业合作社工会委员会、浙江立鹏建设有限公司工会委员会、温州奥鹏汽车零部件有限公司工会委员会等12家基层工会，发展会员751人，其中新就业形态劳动者200多人。更新升级智慧工会实名制数据库，率先完成全区281家基层工会、1万余名会员数据录入。向省总上报“渔工帮扶一件事”地方特色应用，把现代渔业工人纳入工会帮扶救助对象，探索以渔工数据一网清、困难渔工一键报、海上救助一键达等子场景3个，建成集工会和相关部门职能于一体的协同帮扶救助机制。

【职工维权帮扶服务】2022年，区总工会完善多层级精准帮扶机制，做好职工排摸帮扶和常态化送温暖工作，实施“春送祝福、夏送清凉、秋送助学、冬送温暖”四季梯度帮扶品牌，发放各类医疗救助、金秋助学、高温慰问等物资30多万元，惠及职工及子女2047人。疫情期间，元觉集卡司机、快递小哥和留洞过年企业员工等发放“暖心礼包”600多份。加强职工权益维护源头参与和劳动争议预警调处工作，联动全区10家劳动关系监测点动态掌握、提前处置劳动关系风险隐患，通过召开街镇总工会主席座谈会、企业班组长以及职工座谈会，点线面结合掌握全区职工队伍稳定情况、企业生产经营情况。首创海上交通普法宣传形式，线上线下开展普法宣传、法律知识竞答活动，教育职工2000人次。

【产业工人队伍建设】2022年，区总工会出台关爱产业工人暖心八条举措、《洞头区实施“师带徒”奖励办法》，促成10家产改试点企业完善人才“培训、考核、晋升、激励”立体成长通道，全区各企业累计培训职工5000多人次，新培育一批企业实用人才，全年累计新增晋级技能人才1343名。以“弘扬劳模精神、劳动精神、工匠精神”为契机，拍摄“助力高质量·建功共富路——洞头区劳模在行动”宣传片，累计在洞头工会视频号播放万余次。浙江诚意药业股份有限公司符帮武荣获全国“五一劳动奖章”，浙江省恒博电气制造有限公司技术部经理陈珊娜、温州唯一视觉企业发展有限公司董事长黄信乐入选2022年“浙江工匠”培养项目。

【职工文化发展】2022年，区总工会综合推出送培训、送保障、送健康等工会服务十大套餐，为非公企业职工、省外职工、年轻职工、再就业职工等不同群体打造专场疗休养、留工稳岗、青年交友等服务专区，建立并挂牌运行一批“海霞红·女工之家”服务阵地，构建普惠服务高地。全年“从心启航”服务1250名职工心理健康，职工参保职工医疗互助保障覆盖3.6万人次，发放理赔保障金75.2万元。组织“奔跑吧，洞头”主题系列活动，推出“云上舞会”“趣洞 will go”等线上新活动，组织职工杯篮球赛、工会杯足球赛等工会品牌活动，参与职工1750人次，其中，“云上舞会”活动在视频号相关播放量21万次。开展瑜伽、爵士舞、尤克里里、游泳等公益课11期，服务职工3000人次。出台“有氧洞头”项目化补助政策，选树全区优秀职工书屋等阵地，新增省级职工书屋1家，市级职工书屋6家。洞头先锋女子民兵连纪念馆红色文化教育基地通过省总工会复核认定，洞头蓝色休养线路入选全省一线职工疗休养线路。

【2人入选“浙江工匠”培养项目】2022年10月，省人社厅和省总工会联合发文公布2022年“浙江工匠”培养项目人员名单，全省600人入选，洞头区陈珊娜、黄信乐入选。陈珊娜，浙江恒博电气制造有限公司技术部经理、技师，她主导设计研发的智能型JN15-12/D31.5电动接地开关获洞头区科三项目立项、温州市科技进步三等奖。她参与技术革新，获“一种高压开关柜联锁装置”“一种电动底盘车”“一种电动接地开关”“一种接地开关底座”“一种梅花触片防脱出的梅花触头”等实用新型专利多项。2019年获评洞头区特色人才“临港产业人才奖”、2021年获评洞头区“百岛先锋”、洞头区“双强红领”、“温州工匠”等。黄信乐，温州唯一视觉企业发展有限公司高级摄影师、董事长、浙江财经艺术学院兼职教授。建成了黄信乐摄影大师网络工作室、温州技师学校黄信乐大师站，联合开发温二职影像作品管理平台——有料网，用于收集专业师生影像作品，并辅助专业教学，经过3年运行，图片达到14万余张，视频2000多条。成功进行“智能化”与“移动化”升级，开发“人脸识别”和“微信小程序”功能。数字影像专业每年不少于15个小时的视频教学资源，积累不少于58个小时的视频教学资源。与中庭美学共同开发样片，解决室内混合色布光的难题。拍摄优秀作品，为摄影行业打造优秀团队，注重校企合作为社会培养输送高优摄影人才。2014年被温州市人民政府评为“黄信乐大师”，2016年获评中国人像摄影行业年度行业领军人物，2018年成立浙江省黄信乐大师工作室。

(许洛桁)

共青团洞头区委

【概况】2022年底，洞头区有基层团委13个，团工委8个，团总支12个，团支部332个，青年团员4617个，发展新团员200人。全区少先队员7715名，少先队辅导员220名，少先队组织1224个，其中少先队大队部16个，中队248个，小队860个，少先队组织建队率100%。

共青团温州市洞头区委员会成立青年工作领导小组，率全市之先把“青年发展”纳入区“十四五”规划、列入党委重要议事日程。开展洞头区“共青团与人大代表、政协委员面对面”活动。依托“智慧团建”系统，开展团情大调研，完成智慧团建团组织录入100%。全年“六讲六做”学习52场，覆盖团员青年和少先队员1.6万人次。实施大学生“家燕归巢”行动，为洞籍大学生提供实习岗位246个，开展学子家乡行、青春推荐官等活动11场。组织开展“学习二十大·争做新队员”、亲青课堂、创客夏令营等活动62场，实现11个村社少工委100%建立。创新推出“共青团帮帮码”特色服务，累计为隔离点完成代买代跑525次，物资2100件。创新“青年大学堂”理论学、开展“青年大接访”体验学、设立“海霞青年营”模拟学。完成县域共青团基层组织改革全国试点工作。三张清单”助力“共享社·幸福里”工作举措在全市共青团系统中推广。

【县域共青团基层组织改革全国试点完成】2022年，洞头区建立每周一研判、每月一调度的推进机制。按照“六个化”目标，四个方面改革举措，聚力解决重点、难点问题，推进各项改革任务，团内各项工作和建设均取得重要进展。机关青年团干下沉一线常态化机制，通过健全“一核多维”组织运行架构、“吹哨赋权”服务供给机制、“互促互进”多方协同方式，实现党建网、团建网、治理网和智慧网四网融合，全面助力“共享社·幸福里”建设；充分发挥机关青年团干力量，坚持党建带团建，借力机关部门与结对村社“海岛振兴党建联盟”，结合行业领域特点，动员青年团干助力治安管理、产业发展、文明建设等工作；充分发挥人才资源优势，用好“人才服务站”“青年之家”“人才疗休养基地”，让人才工作安心舒心。深化青年人才联谊会建设，定期开展各类人才活动，提高在洞头青年归属感。高质量完成县域共青团基层组织改革全国试点工作，通过团中央评估验收。相关工作经验做法在《浙江日报》《中国共青团》等刊发，《洞头团区委“工作五法”锻造“海霞式”青年铁军队伍》在全省改革试点工作交流会上做典型发言。

【团干部任期目标责任清单】2022年3月7日，为深入推进共青团改革攻坚，树立大抓基层的鲜明导向，强化团干部的责任意识，制定《洞头区团干部任期目标责任制及评价激励机制》，推动实施专兼挂职团干部任期目标责任制及评价激励机制。推行“团干项目领办”、“一团一品”、“12336”工作机制（“1”即1个中心，围绕“党有号召，团见行动，走在前”；“2”即2个方面，围绕“共同富裕”“共享社·幸福里”2个方面开展工作；“3”即三张清单，设置“我为中心助助力”“我为基层解难题”“我为群众办实事”等3张团战项目清单；“36”即由36个团组织领衔，组织团干制定3张清单，服务1个中心、2个方面工作），设置“我为中心助助力”“我为社区解难题”“我为群众办实事”3张团战项目清单，36个直属团组织领办清单项目108项，在疫情防控、平安综治、文明创建等重点领域发挥作用。通过岗位练兵、擂台比拼等方式，落实团干部活跃度排名，强化团干部作风建设。“三张清单”助力“共享社·幸福里”工作举措被团市委采纳并推广。

【洞头区党团队一体化建设】2022年3月12日，为探索运用党团队“一体化”培养新理念，建立健全贯穿学生及青年成长全过程党团队衔接新模式，团区委联合区委组织部、区教育局、区少工委印发《关于推动温州市洞头区党团队一体化建设的实施意见》，主要建立党团队教育、党团队评价、党团队推优、党团队阵地、党团队活动、党团队组织生活等一体化机制。强化团员教育管理，把13枚海霞特色章作为各少先队组织制定特色章的参考，完善“预备团员”机制，设置“五星共青奖章高校推荐信”，把“团员亮比”与“推优入党”衔接，着力构建“系统规划、有效衔接、分层实施”党团队一体化培养体系。组织全区各中小学开展“开学第一课”主题团队课、红领巾说防疫、“小手拉大手 共创文明城”、少先队入队仪式等活动60多场。

【青年创新创业】2022年，组织开展岗位练兵及职业技能竞赛活动，深化“村村都有好青年”计划，加速培育青年农村致富带头人，创成省级青创农场3家，培育农创客、新农人160名。瞄准海洋捕捞、休闲渔业、滨海旅游等涉农涉旅领域，挖掘行业青年领军人才，利用直播带货方式深化“青春体验官”民宿推介、洞头团buy会线上年货节等活动，形成体验报告和宣传照片视频57件，线上观看量超100万人次，全网辐射450万人。实施“一批共同富裕金融专员＋一揽子金融产品＋多元金融服务”派驻行动，选派57名共富金融青年专员进入村社，为“扩中提低”注入金融动力。实施“喊你来开店”计划，助力海洋食品产业园招商、青年电商发展，整合团线资源，开展电商培训、电商实操实训、电商带货等工作。推进《“青年洞头”建设十条优惠政策》政策兑现，加大创新创业、安居落户、素质提升、综合服务保障4个方面10条扶持力度。

【青年人才服务】 2022年，团区委创建洞头大学生人才数据库，采取“一人一档”方式，有针对性地向洞籍大学生推送相关信息。开展“才聚百岛 智创未来”引才发布会，为高层次人才定制“人才专属礼遇卡”，该卡面向洞头E类及以上人才，内含“超惠玩”平台储值金。打造电商平台，鼓励青年人才创新创业，培养专业人才。结合9687全平台搭建人力资源库，征集企业用工需求及求职人员信息，加大与人力资源服务机构合作，助推“510计划＋”活动，精准为企服务，助力洞头人力资源稳步发展。推进“青年洞头”十条优惠政策兑现，牵头开展“直播达人”人才队伍建设，推进“满天星”直播项目落地东屏，举办线上年货节、电商培训进村社、青创集训营等活动15场。打造“浙江大学—海霞村”共富共建基地，建成九仙青创农场等“青”字号共富工坊3家，开展“乐享百岛·FUN肆青春”“洞青talk秀”等青年文化活动22场次。

【家燕归巢】 2022年，团区委贯彻落实“百万人才温州”重要决策部署，围绕洞头高校毕业生招引“510计划”，深化“海燕归巢 洞见未来”“家燕归巢 智汇百岛”等行动，为大学生搭建学习交流平台。开展“青春心向党 奋进新征程”——洞头区“新青年下乡”助力共同富裕暨“家燕归巢”大学生暑期社会实践出征仪式，来自浙江财经大学、温州医科大学等高校“新青年下乡”暑期社会实践队，洞头区“家燕归巢”大学生代表共100多人参加。发布全区机关、企事业、社会组织等寒暑假实习岗位100多个，通过各类宣传推介活动。

2022年12月22日至25日，团区委开展防疫药汤剂免费发放志愿服务活动 （区团委提供）

【青年志愿服务】 2022年，洞头区组织动员“号手岗”组建疫情防控突击队23支。集结社会青年力量，发起疫情防控口罩征集公益行动，建立社区服务点、核酸检测点、快递物流点等重点场所口罩发放点。招募130名职教中心团员、返乡大学生利用课余时间下沉学校周边社区、公园、微网格开展“戴口罩 强防疫”文明宣传劝导行动。组建“1+6+N”骨干志愿者队伍，推行“四个一”（一份村社网格作战图、一张包组联户微名片、一本微网格志愿服务工作手册、一个青年群二维码）工作法，推出“青春接力”“共青团帮帮码”等特色服务，发动1579名团员青年参与志愿服务，解决群众微小事300多件，累计服务时长超两万小时。引导青年志愿者组织化、常态化参与留守儿童“关爱行动”、助残“阳光行动”、助老“金晖行动”、“爱心助考”等志愿服务重点项目，为疫情防控工作人员、新业态新就业群体、环卫工人等提供温暖服务33次。洞头区“青蜂”志愿服务队成立。

【青少年关爱服务】 2022年，团区委开展留守儿童春节慰问走访活动，走访全区6个街道（乡镇）共108名留守儿童；开展留守儿童“微心愿”活动，实现200多名青少年微心愿；联合快乐小屋青少年事务所，以“社工＋义工”模式，免费为新居民子女、留守儿童、寒门学子和残障家庭子女开设公益课外培训班，为100多名青少年解决困难。推广“亲青帮”平台，在线配齐配强律师、社工、心理咨询师、公检法司干部以及“青年网军”

力量60多名，“专家团”在线值班为青少年答疑解惑、维权帮困、心理辅导等，建立“青少年维权岗”。开展“青春自护 杜绝欺凌”预防校园欺凌和暴力宣传教育活动、“珍惜生命·自护青春”专题宣讲“模拟法庭”等青少年法治宣讲活动40场次，自护课堂13场次。

【“未来大使”中外暑期社会实践活动】2022年7月5日至12日，海霞中学联合温州医科大学国际教育学院开展“未来大使”中外暑期社会实践活动，20多位医科大留学生导师带领60位海霞学子参加。活动通过破冰之旅、寓教中外、参观研学等活动，学习简单的医学健康知识，探访海霞历史红色印记，体验外国独特文化，开阔国际视野，锻炼交流表达能力，提升学习潜力，培养团队精神，汲取精神力量。

（杨慧）

洞头区妇女联合会

【概况】2022年，洞头区有街道（乡镇）妇联6个（不含灵昆街道、昆鹏街道）、妇工委1个、单位妇委会23个、行政村（居委会）妇联67个、社区妇联16个。有街道（乡镇）妇联主席6名（不含灵昆、昆鹏），副主席（含兼职副主席）12名，执委96名（含主席、副主席），机关企事业单位妇工委、妇委会主任24名。

温州市洞头区妇女联合会制定《洞头区关于建设儿童友好城市的实施意见》，联合出台《关于联合开展家庭教育指导工作的实施细则》。深化“海霞板凳讲”，开展中共二十大精神系列宣讲39场。建成妇女红色教育展厅，对接引进女干部培训班次4个。打造全省首个家风主题公园和海洋主题图书馆。成立巾帼共富党建联盟，推出“巾帼共富贷”，发放贷款2880万元。举办家庭文化节，开展家庭文明、家教家风活动26场，获评市级母亲素养提升基地2个。获评浙江省“人民满意的公务员集体”，海霞妈妈总部获全国文明实践巾帼志愿“阳光站”，林加帅家庭获全国最美家庭，温州市住房公积金管理中心洞头分中心窗口获评省级巾帼文明岗，东岙顶村获评省级美丽庭院特色村。

【洞头区关于建设儿童友好城市实施意见】2022年3月29日，为切实保障儿童的生存权、发展权、受保护权和参与权，根据国家发展改革委《关于推进儿童友好城市建设的指导意见》和中共温州市委办公室 温州市人民政府办公室《关于建设儿童友好城市的实施意见》（温委办发〔2021〕61号）等有关文件精神，区委、区政府印发《洞头区关于建设儿童友好城市的实施意见》。工作任务是推进儿童政策友好，构建儿童友好政策体系、城市规划建设引入儿童视角、推动儿童参与城市社会生活、发动社会力量支持儿童发展；推进儿童服务友好，发展育儿友好照护服务、建设儿童友好教育高地、提升儿童健康服务水平、健全儿童医疗保障、丰富儿童文体服务供给；推进儿童权利友好，完善普惠型儿童福利体系、加强特殊困境儿童分类保障、提高残疾儿童康复服务水平；推进儿童空间友好，推动适儿化空间改造、保障儿童出行安全、开展儿童友好单元建设、建设儿童友好的绿色自然生态；推进儿童产业友好，打造儿童研学产业生态链、推动儿童文旅产业创新发展；推进儿童环境友好，营造和谐幸福的家庭环境、建设健康向上的人文环境、打造健康文明的网络环境、全方位保障儿童安全、多维度强化儿童司法保护、预防未成年人犯罪。成立区儿童友好城市建设工作领导小组，下设办公室和六个专题组，办公室设在区妇联。围绕六大友好制定政策举措12项，梳理24项配套行动和62项具体任务。制定《洞头区儿童友好城市建设试点单元及重点项目任务清单（第一批）》。实行督考通报机制，建立完善儿童友好城市建设工作综合考核机制，把儿童友好城市建设工作经费纳入同级财政预算，整合城市规划、交通道路、文化旅游等各类专项资金支持儿童友好城市建设。全年累计召开工作部署会、试点单元推进会等专题会议21次。培育儿童友好实践基地10个，建成实验小学儿童友好慢行交通圈试点，铺设星光护学路，在校园、景区周边施划彩色斑马线29条，打造“童画”公交站26处，开通儿童友好公交线路。相关做法获新华社、中国新闻网、学习强国等主流媒体报道。建立健全儿童参与城市事务机制，成立“小海霞”观察团、小记者团等儿童参与组织8个，通过“大手拉小手”进代表联络站、“请你来协商”活动载体，围绕洞头发展、文明城市建设等主题开展议事和志愿活动14场次。发布“点亮未来”亲子绘本阅读课程等儿童友好服务项目8个，实施“红色宣传”“安全守护”“家教普法”等七大行动，举办首届海洋童玩节、主题绘画大赛、七夕亲子奇妙游等主题活动534场。

【妇女思想宣传教育】2022年，区妇联完成“党史中的巾帼力量”妇女红色教育主题展厅布展，对接区海霞培训中心，把展厅列为女干部专题培训班现场教学点，提升全国妇女爱国主义教育基地宣教功能。精选海霞历史文物，参加全国妇女爱国主义教育基地革命文物联展；制作洞头先锋女子民兵连纪念馆宣传片，在浙江省庆祝三八国际妇女节活动启动仪式上展播宣传；对接省妇干校，助力引进女干部培训班。到市级首批“巾帼共富工坊”宏恩服装来料加工厂、海霞妈妈志愿者服务队、洞头先锋女子民兵连学习宣传中共二十大精神。全年在女性创业基地、海霞营地、来料加工点、村社等开展各级党代会、“两会”、“党的二十大”精神微宣讲19场，组织全区各行业妇女代表谈认识、说体会、畅未来，把党委政府决策部署落实到妇女群众中。。

【**基层妇联组织建设**】2022年6月30日，洞头区东屏街道第九次妇女代表大会召开，产生新一届执委班子，至此，全区6个街道（乡镇）完成基层妇联组织换届工作。新换届的街镇妇联执委96名，其中主席6名、副主席6名、兼职副主席6名。均配备1名30岁以下、大学本科以上学历的优秀年轻干部，基层妇联干部队伍结构得到优化。推进住宅小区、“四新”领域建妇联组织，新建东岙顶村村姑直播妇联和瓯越电商妇联。举办全区基层妇联干部培训班，推行街镇妇联项目领办制。做好省妇联“浙里家·连心桥”7个数字化应用平台的推广和使用，以数字化手段全面提升基层妇联工作。深化“四必访四必应”工作机制，引导街镇村社妇联干部常态化走访联系群众。

【**巾帼创业创新**】2022年4月和11月，区妇联先后组织“从浪尖到舌尖·妈妈的味道”洞头美食进温医大、进省委党校活动，迭代升级“妈妈的味道”品牌，推介洞头特色美食，推动打造集“海岛美食文化、特色手作、农特产品”于一体的一站式消费体验场景。联合7家单位成立巾帼共富党建联盟，强化资源整合，组团赋能女性就业创业。联合洞头农商银行等3家金融机构推出“巾帼共富贷”，持续推行“好家庭信用贷”，全年以优惠利率为创业女性和家庭累计发放贷款2880万元，帮助解决创业发展资金。结合就业创业技能人才培养“展翅行动”，举办“海霞直播带货”、庭院绿化美化等技能培训25期。成立“家门口”共富工坊巾帼帮帮团，举办“巾帼巧手展风采 来料加工助共富”技能比武大赛。培树巾帼共富工坊示范点，授牌区级首批巾帼共富工坊8家，霓屿街道金春莲服装加工点获评全市首批巾帼共富工坊。

2022年11月2日，洞头区举办“巾帼巧手展风采来料加工助共富”技能比武大赛
（区妇联提供）

【**妇女儿童阵地资源整合**】2022年，洞头区建设妇女儿童综合服务驿站15个，霓屿街道妇儿驿站获省级首批三星认定。新建示范型儿童之家6家（北岙街道大长坑村儿童之家、大门镇大荆村儿童之家、东屏街道东港社区儿童之家、元觉街道状元村儿童之家、霓屿街道桐岙村儿童之家、鹿西乡儿童之家），推荐东屏街道等4家儿童之家参评省市级示范型儿童之家。推进北岙街道、东屏街道寮顶村、霓屿街道下社村、区教育幼儿园、区实验小学、霓屿义务教育学校、区人民法院、同心公园、南塘湾公园、区市民活动中心、洞头先锋女子民兵连海霞营地、浙江喜康食品科技有限公司等12个市级第一批试点单元及重点项目建设，建成东海贝雕艺术主题公园，开放接待学生2万多人次，南塘湾公园、实验小学、教育幼儿园等3个试点单元获三星级试点单元认定，推动儿童友好元素在公园、场馆、村（社）、医院等场景全覆盖。

【**家庭文化教育**】2022年，洞头区实施“家家幸福安康工程”，举办第七届家庭文化节暨首届海洋童玩节，深化开展最美家庭、绿色家庭寻访活动，举办最美家庭联盟新春送福、最美家庭分享会，创评市级以上各类家庭22户，其中林加帅家庭获评全国最美家庭。开展“美丽庭院”寻访、美丽庭院家家秀等活动，全力助推“美丽庭院”建设提档升级，东岙顶村获评省级美丽庭院特色村。

【妇女儿童权益保障】2022 年，区妇联组织开展三八维权周、平安禁毒宣传月、平安家庭宣传季三大主题活动，举办女童保护等各类普法宣传活动 32 场，累计服务 3000 多人次。充分发挥“12338”热线作用，累计接访 25 起，处置家暴事件 16 起，家事纠纷 14 起，办结率 100%。落实多元帮扶，联合检察院司法救助困难家庭 2 户，发放慰问金额 4.3 万元，开展心理疏导 3 次。强化阵地建设，规范化提升海霞妈妈总部等婚姻家庭纠纷调解工作室 3 家，推进妇女儿童权益保护共享法庭建设 2 个。洞头区成立红十字儿童友好基金，推出“为爱添一度”等五大公益项目，首笔爱心资金 17.9 万元为 45 名困境儿童提供全年每日营养餐。对接社会爱心人士，“海霞关爱基金”累计为 429 名贫困妇女儿童送上关爱金 48.255 万元。实施“芳邻守望”公益计划，结对认领 49 名“小候鸟”微心愿，推出“温情端午 与爱童行”公益行、深蓝奇缘探索营等留守儿童关爱服务活动。

【平安家庭宣传教育】2022 年，区妇联联合区检察院等 5 个部门出台《关于联合开展家庭教育指导工作的实施细则》，发放家庭教育督促令 4 份。举办家庭教育宣传周系列活动，持续打造“家长慧”家庭教育工作品牌，大力宣传贯彻家庭教育促进法，开设“家庭教育空中课堂”，通过云上直播惠及家长 5.6 万人次，开展家庭教育读书会等活动 20 多场次，区市民活动中心（妇女儿童活动中心）等 2 个基地获评市级母亲素养提升基地。推进家庭教育指导服务体系建设，确定社区（村）家庭教育指导服务体系标准化建设试点 3 个，开展家庭教育指导专项培训，壮大家教指导服务队伍。深化家庭助廉行动，着力村社主职干部配偶、妇联执委廉洁教育。联合区纪委举办“共沐廉洁清风 共建清廉家风”家庭廉内助培训班，引导年轻领导干部家属树牢家风意识，涵养党员干部清正作风。征集优秀家风故事、家教案例、家训格言 107 篇，推出“家风故事汇”线上专栏，广泛开展“千村万户亮家风”“家教家风故事巡讲”等家风建设活动 26 场次。

（柯静静）

2022年10月11日，洞头区开展平安家庭宣传季进区教育三幼“国际女童日”安全教育活动（区妇联提供）

洞头区科学技术协会

【概况】2022 年，温州市洞头区科学技术协会所属区级学（协）会 9 个，街道（乡镇）科协 6 个。建有院士工作站 2 家，新增博士创新站 3 家。入驻博（硕）士以上高层次科研人才 16 名，培养企业技术人才 89 人次。洞头区科协与省水产学会建立会地合作，签订大黄鱼产业发展战略合作协议，制订省“希望之光”组合式人才帮扶团助力“两菜一鱼”产业发展三年帮扶工作方案。博士团队助企开展技术服务 11 次，申报科研项目等 5 项。2 个青科会洞头项目成果落地转化率 100%。组织科技工作者开展学术交流、建言献策活动。举办“科技活动周”“全国科普日”“青少年科技创新大赛”等科普品牌活动，开展社区益民行动、科技惠农帮扶、青少年科教等科学实践活动。洞头区老科协获 2021 年度全省老科协优秀“建言献策”组织奖；温州伴·度假酒店被认定为温州市院士康养基地；卢青松、甘世东被评定为农民高级技师。

【全民科学素质行动】2022 年，洞头区科协发动乡镇（街道）科协、学（协）会和纲要组成单位以科技活动周、全国科普日等品牌活动为主线，举办金融诈骗防范、应急科普、健康宣教、义诊服务、反邪教科普等志愿服务 32 场；推广“点单式”科普服务，邀请温州市科学文化宣讲专家团到洞头区举办科教宣传、实践指导 13 期。

【科普信息化】2022 年，洞头区科协在《温州科普》电视栏目上制作并播发电视微科普视频250个，其中，本地制作科普短片52期；开展“银龄跨越数字鸿沟”科普专项行动，合计培训班次32期，新增培训2782人次；推广“科普中国”手机App传播分享科普信息，全区新增注册科普中国信息员2884人，注册数、传播量及活跃度均列全市前三位。

【科技学会服务】 2022年，洞头区科协发动科技社团联合开展科普宣传活动。区护理学会举行“世界卒中日”“糖尿病日”等多场主题义诊活动；区老科协深入基层开展义诊服务3场，科普讲座、技术推广6场。组织退休医疗老专家在城市健康科吧阵地定期为社区群众诊疗服务近1000人次。形成科学调研课题2个，报区领导决策参考；区药品行业协会推出肌肉扭伤劳损防治专题讲座，向群众普及运动性损伤知识；区朝晖水产研究院完成注销程序。

【青少年科教活动】 2022年，洞头区举办科学三分钟演讲赛、科普教育基地体验游、@未来科学智创营、科学探究系列小实验等校园特色科技载体21场次，吸引学生参与体验科技活动。设计寒暑期精品科普课程，举办魔方竞速比赛、科普阅读会和线上科普知识竞赛等特色科普课程30多期，精准助力“双减”；在浙里办“群团助力双减”服务系统中开设科普服务模块，招募科普专家9名，入驻科普基地29家。

【青少年科技节】 2022年11月，洞头区科协联合教育局开展洞头区青少年科技节活动，共评选出一等奖21名、二等奖37名、三等奖80名。其中，论坛板块比赛一等奖3名、二等奖5名、三等奖11名；赛事板块比赛一等奖18名、二等奖32名、三等奖69名，评出优秀指导师23名。

【青少年科技创新大赛】 2022年11月，洞头区科协联合教育局开展青少年科技创新大赛，包含科技创新项目竞赛活动（包括创造发明、科学论文等竞赛），评出青少年科技创新成果小学组一等奖6名、二等奖11名、三等奖26名，中学组一等奖2名、二等奖4名、三等奖10名；科技辅导员科技教育创新成果一等奖2名，二等奖3名，三等奖6名；优秀指导师8名。温州市第三十七届青少年科技创新大赛，获科学论文类一等奖1名，三等奖1名；创造发明类三等奖一名；科技辅导员科技教育成果二等奖1名，三等奖1名；区科协获优秀组织单位。

（刘良伟）

洞头区归国华侨联合会

【概况】 2022年，洞头区共有华人华侨733人（不含灵昆，下同）、留学生146人，共计879人。有街道（乡镇）基层侨联组织6个，村社侨联组织32个。编辑相关条文法规，全年不定期开展侨法宣传58期。开展“12·4”侨法宣传活动，联合大门镇侨联举办侨法知识讲座、侨法知识竞答抽奖等。引导发动海内外侨胞侨眷、基层侨联组织学习贯彻中共二十大会议及省、市、区党代会精神。6月，协办世界温州人新生代国情研修班，48名新生代通过研讨、交流、现场考察等形式学习洞头海洋文化、解放史等。7月，协办全国海外侨胞在中国共产党百年历史中的贡献与作用研讨会，50多名知名专家学者到洞头开展侨史研究。

【入选省级华侨国际文化交流基地】 2022年11月30日，省侨联公布第四批“浙江省华侨国际文化交流基地”名单，洞头先锋女子民兵连纪念馆入选省级华侨国际文化交流基地。该馆位于洞头区北岙街道海霞村，1976年5月，以部队旧营房改造“洞头先锋女子民兵连”陈列馆，2000年重新修建新馆，建筑面积870平方米；2020年，该连建连60周年，对纪念馆进行扩建，建筑面积约2352.97平方米，依托建筑空间形态，结合数字媒体视听科技与互动技术手段，影像效果创意与视频系统设计，艺术装置创意与互动体验设计。整个纪念馆全方位、多侧面、多层次地反映了女子连先锋模范作用的实质内容，展现当地文化与女子民兵红色文化的主题脉络，生动地再现女子连创建过程及时代背景和走过的光辉历程。先后被评为首批国家级国防教育基地、全国爱国主义教育示范基地、全国红色经典旅游景区、浙江省干部党性教育基地。

【暖侨爱侨服务】 2022年，区侨联以“安巢暖侨基层行”为载体，实施“重点走访+日常走访”相结合，围绕华侨境外情况、侨眷生活困难、“全球通”推介、侨汇结汇宣传等内容展开系列走访活动。举办“牵侨手童行”洞头侨界儿童夏令营、“夏秋送凉 暖心侨界”助困活动、“健康伴侨行”侨界老人体检等活动8场次，走访慰问344人次。组织开展“侨心向党·跟着总书记读好书、打造‘书香侨联’”系列活动，发动侨务干部读好书、谈心得。持续关注海外侨胞动态，排查旅居乌克兰、斯里兰卡、巴基斯坦等国家侨胞情况。办理华侨子女就近入学、三侨生中高考加分等16件，办结率、无差错率均为 100%。落实侨汇结汇工作，召开全区结汇情况座谈会，联合银行指导办理历年客户开展电联，并上门服务，截至年底，共办理 11 件。

【美国洞头商会成立】2022 年 2 月，区侨联指导灵昆纽约商会成立美国洞头商会，该商会为洞头区第一个海外侨团。旨在为美国洞头老乡提供一个资源共享、信息互通、互帮互助的沟通平台，并为提升洞头知晓度，推介洞头全域旅游发展项目，提供一个宣介窗口。

【世界温州人新生代国情研修班】2022 年 6 月 13 日，2022 年世界温州人新生代国情研修班在温州市社会主义学院（温州中华文化学院）开班。来自海内外各行各业 48 名温州籍新生代参加，共同学习市第十三次党代会精神、温州产业数字化、瓯越文化等相关课程，实地考察洞头女子先锋民兵纪念馆、洞头寮顶村等红色印记，“中屿等到你”、花岗渔村等乡贤助力乡村振兴实践基地，了解祖国发展和家乡变化，激扬新时代温州人精神，讲好温州故事。活动由温州市委统战部、世界温州人联谊总会与温州中华文化学院联合举办。

【全国海外侨胞在中国共产党百年历史中的贡献与作用研讨会】2022 年 7 月 11 日至 13 日，国家社科基金社团活动资助的社科学术社团主题学术活动“海外侨胞在中国共产党百年历史中的贡献与作用”研讨会暨《华侨华人历史研究》杂志第二届青年作者研讨会在洞头区召开。温州大学副校长蔡曙光，温州市洞头区委常委、统战部部长戴冕，及全国各地侨史学界专家学者、浙江省侨联、温州市侨联、洞头区侨联有关领导干部共计 70 多人参加会议。国内各地华人华侨学术研究领域专家赵健、李明欢、张应龙等分别作主旨发言，梳理和阐释海外侨胞在中国共产党带领中国人民奋斗各个历史时期所做出的独特贡献。会议由中国华侨历史学会主办，中国华侨华人研究所、温州大学承办，《华侨华人历史研究》杂志编辑部、温州大学华侨学院、洞头区侨联协办。

（周佳佳）

2022年7月11日至13日，“海外侨胞在中国共产党百年历史中的贡献与作用”研讨会暨《华侨华人历史研究》杂志第二届青年作者研讨会在洞头区召开

（区委统战部提供）

洞头区工商业联合会

【概况】2022 年，洞头区工商联所属街道（乡镇）商会 7 个，即北岙商会、灵昆商会、大门商会、东屏商会、元觉商会、霓屿商会、鹿西商会；行业商会 1 个即电器商会；联合性协会 2 个，即企业联合会、新生代企业家联谊会；联系异地商会 9 个，即上海商会、杭州商会、乐清商会、贵州商会、北京商会、四川商会、西安商会、广州商会、银川商会；执委 56 名。组织企业家代表列席区委全会等重要会议 25 人次，参与百会万企评部门活动 664 人。召开洞头区民营企业家节庆祝大会，表彰第四届十大优秀民营企业家。推荐参加省市组织教育培训 2 人次。成立区级民营经济抗疫应急志愿运输队，各商协会组织会员企业志愿者下沉园区、街道，持续协助核酸检测现场秩序维护等，累计投入志愿服务 230 多人次，金额近 50 万元。动员全区工商界人士成立文明先锋志愿队，开展垃圾分类主题宣讲、文明交通疏导、城市牛皮癣清除、村庄卫生整治等多项文明志愿活动。开展新生代后备人才排摸，新增新生代企业家数据库 108 人，建设领军型、高成长型、新锐型新生代企业家队伍。2 名企业家受聘为区纪委兼职监察员。

【思想政治学习教育】2022 年，区工商联组织商会及会员企业收听收看党的二十大开幕会，围绕“聚焦二十大 洞商话心声”主题，采用专题学习会、电视台、视频号、微信公众号等线上线下形式，开展宣讲 11 次，引领民营经济代表人士学深悟透会议精神，开展“宣贯二十大，洞商见行动”活动 3 场。举办“青蓝接力”主题培训班 1 期，

50多名新生代企业家参加。组建“8090”新生代洞商青蓝宣讲团，在召开后，通过线上+线下方式开展省党代会、中共二十大精神宣讲6次。举办洞商学堂2期，参训人员90多人。“百岛商人”微信公众号推出“聚焦二十大·洞商话心声”专栏，刊登区工商联领导班子成员、商协会会长、优秀企业家等学习心得17篇，联合区融媒体中心推出“学习二十大·洞商话心声”微视频专栏，邀请三位民营企业家宣讲二十大精神。召开主席会长（扩大）会议2次，专题学习中共二十大精神等。组织参观“温州两新党建探索与实践”展览，推进基层商会党建工作。商协会组织会员赴区海霞培训中心、洞头先锋女子民兵连纪念馆、三盘老虎山等地开展民营经济人士理想信念教育活动，全年共计10场次300多人次。

【助企维权服务】 2022年，区工商联搭建助企维权平台，发挥民营企业维权服务平台作用，联动区检察院组建企业合规审查第三方考察小组，帮助一名涉刑企业主变更强制措施，后期助其申请企业合规处理。报送维权案例3个，其中1个入选《温州市民营企业维权典型案例汇编》。春节、中秋等重大节点开展助企服务近200人次。召开亲清直通车 · 政企恳谈会5场，为园区、企业解决问题20多个。联动区司法局提供法律咨询35次，法人法律体检53次。联动区税务局推出“云上保育园”政策解读专栏22期。开展“民企联校促就业”行动，在“全联人才在线”发布招聘岗位20家186个。成功申报省联揭榜挂帅项目，联动北岙街道建设省级亲清政商关系示范街道，建成大门商会发展服务综合体。全年为在外商会提供政务代办、法律咨询服务6次，为在洞长辈免费保健体检408人次，信息交流114篇，“温馨老家”云服务平台项目获评2022年度洞头区微改革微创新十佳案例。

【清廉民企创建】 2022年，区工商联开展区级清廉民企建设，通过制订年度实施方案、召开动员会、表彰星级清廉民企、建立部门联动机制、日常动态上门指导、互看互学等形式扎实推进创建工作，浙江诚意药业股份有限公司、浙江澳林建设有限公司、温州金源新材料科技有限公司、温州市佳海食品有限公司、温州市三峻轿车配件有限公司、温州仕博电器科技有限公司等6家企业家创成三星级清廉民企，温州洞头南洋国际大酒店、温州市洞头溢香国际大酒店有限公司等2家企业创成四星级清廉民企。

【第四届民营企业家节】 2022年11月3日，洞头区召开第四届民营企业家节庆祝大会暨优秀民营企业家表彰会议。大会表彰李柏瑞、邵云方、赵春建、黄华胜、黄朝晖、陈集、郑西平、尤飞锋、杨森权、陈灿渊10位优秀民营企业家 。发出区领导署名贺信。联合区融媒体中心推出对话优秀企业家专题，通过系列活动，营造重商、安商、暖商的浓厚氛围。区委书记郭云强出席会议并讲话。区四套班子主要领导，全区民营企业家代表、部门主要负责人等130多人参加会议。

【共富菜单认领活动】 2022年，区工商联创新推出“企公益 幸福行”共富菜单认领活动，推出助学成长、助老安康、 助残幸福、助村兴旺四大菜单，供企业家单独认领或拼单认领，引导企业家加强对家乡困难群众关心关注，帮助弱势群体及落后村集体脱贫致富。浙江诚意药业股份有限公司、温州金源新材料科技有限公司、温州明远新型建材有限公司等3家企业与小朴社区、大长坑村、打水鞍社区结对，赵春建、郭华斌、林威望、吕志伦、陈胜战等民营企业家认领助学助老助残菜单并开展慰问走访，为困境学子、高龄老人、残疾人送去慰问金5.3万元。

（庄婷婷）

洞头区文学艺术界联合会

【概况】 2022年底，温州市洞头区文学艺术联合会有所属文艺协会

2022年11月3日，洞头区第四届优秀民营企业家庆祝大会召开（苏玲芳）

11家，即作家协会、书法工作者协会、摄影家协会、美术工作者协会、音乐工作者协会、舞蹈工作者协会、民间文艺工作者协会、诗歌协会、诗词协会、戏曲家协会、朗诵协会。洪星星加入中国舞蹈家协会，谢健健加入中国作家协会，张馨尹、施立松加入浙江省音乐家协会，杨松苗加入浙江省民间文艺家协会，林春芬、曾香琴加入浙江省作家协会。全区有各级会员636人（含区级会员），其中国家级20名，省级102名，市级206名。全年编辑《百岛》刊物4期。与温州大学创意写作研究中心签署“校地合作框架协议”，开展“中国诗歌之岛”创意写作研学活动。举办中国东西部青年诗人对话，与温州大学创意研究中心联合开展“中国诗歌之岛”创意写作研学。与省美协、温州大学联合举办首届渔民画文创设计大赛。举办“渔民画进院校”活动，首期进省委党校、温州大学。在东屏举办渔民画农村培训班，配合建设“共富工坊”。举办“艺写百岛幸福跃变”暨“辉煌百年 红动百岛”渔民画主题大赛作品展。联合中国摄影报社举办“海上花园 百岛洞头”中国岛屿摄影大展作品征集，共征集优秀作品100幅（组）。“摄影之家”启用，举办“共富海上花园” 洞头最美风光摄影展及温州第三届摄影艺术节“海上花园 百岛洞头”主题摄影展、张洪林“海上花园 百岛洞头”主题摄影展。

【“中国诗歌之岛”建设推进】 2022年，区文联与温州大学创意写作研究中心签署“校地合作框架协议”，建立文学合作，开展“中国诗歌之岛”创意写作研学活动。举办中国东西部青年诗人对话，相关对话内容为中国作家网、浙江作家网等转载。举办“我为春天读首诗”活动。举办第三届海岸线青年诗会，谷禾、马叙等著名诗人及赵俊、叶丹等青年诗人共40多人齐聚洞头。继续办好“海岸线诗歌”公众号网刊，更新诗歌名家、海洋诗歌主题诗歌20多期。

【中国诗歌之岛·第三届海岸线青年诗会】 2022年7月23日至24日，“中国诗歌之岛·第三届海岸线青年诗会”在洞头举行。活动以“海洋诗歌”“青春力量”为主要文学元素，谷禾、马叙、蒋立波、易永谊等著名诗人、诗歌批评家聚集洞头，与叶丹、林宗龙、赵俊、弦河、王江平、周钰琪、宋云开、陈之晗、朱梦薇等40多名青年诗人参加，共同探讨海洋诗歌文化。包含海岸线诗歌沙龙、文艺名家讲坛、海岸线青年诗人座谈会、“跟着诗人游海岛”采风行等活动。著名诗人谷禾和洞头青年诗人叶申仕相互交换“名家一对一结对”文书。主办方为谷禾、易永谊颁发“中国诗歌之岛”文艺岛民身份证。

【“中国渔民画之乡”建设】 2022年，区文联与省美协、温州大学联合举办首届渔民画文创设计大赛。在东屏举办渔民画农村培训班。举办“艺写百岛 幸福跃变”暨“辉煌百年 红动百岛”渔民画主题大赛作品展，展出全区渔民画主题创作成果。组织开展“渔民画进院校”活动，首期在省委党校、温州大学展览。11月15日至18日，由浙江省美术家协会指导，中共浙江省委党校、洞头区人民政府主办，洞头区文学艺术界联合会、洞头区文化和广电旅游体育局承办的“鱼跃百岛· 蘸海作画”2022年洞头渔民画院校巡展（省委党校）活动在省委党校思源楼一楼大厅举办。12月12日至25日，2022年洞头渔民画院校巡展在温州大学育英图书馆启动。巡展的渔民画作品均出自洞头当地渔民和艺术家之手，精选历年洞头本土渔民画作者的优秀作品，集中展示洞头渔民画创作成果。入选作品题材紧扣当地生态环境、渔业生产生活特点，以闽瓯文化、传统习俗、渔业生产、民间传说等内容为题材，表现手法博采众长，融合水彩画、装饰画、年画等形式。

【推进“中国摄影岛”建设】 2022年，区文联完成与中国摄影报“海上花园、百岛洞头”中国岛屿摄影大展征集，征集优秀作品100幅（组）。启动“摄影之家”，举办“共富海上花园” 洞头最美风光摄影展及温州第三届摄影艺术节“海上花园、百岛洞头”主题摄影展、张洪林“海上花园、百岛洞头”主题摄影展。

【文艺助力“共富海上花园”建设】 2022年，区文联开展“海霞小作家班”公益课堂教学，参与近1000人次。协助做好文明城市创建宣教工作，整改（新设置）公益广告、宣传栏、粘贴栏等近6000处，编制文明城市建设专题曲，设置“万人共创文明城”“文明城市曝光台”等栏目，引导全区文明城市建设形成大共建氛围。编制《渔村新曲》《你免惊》等音乐歌曲，传播洞头好声音。

【文艺活动与创作】 2022年，洞头区举办《蓝土地文库》第八辑暨“洞头青年作家专辑”发布会，邀请意大利作家唐云、著名作家东君等嘉宾参加。启动年度NTALK文艺沙龙活动，做好本土作家专辑分享。召开洞头区文艺人才工作座谈会，文艺精品创作推荐。张弛创作的插画绘本《二十四节气幸福美好历》由浙江音像出版社出版。朱海平、王云广作品入选浙江省书法家协会2022年"年度百家"作品。举办"文艺名家讲坛"，邀请中国古代文学博士、南京大学海外教育学院教授、硕士生导师景凯旋，意大利知名作家、汉学家唐云（Bonino·Gabriella），中国摄影家协会会员、温州市摄影家协会副秘书长郑永辉（阿奔）等文艺名家授课。

2022年4月27日，洞头区举行《蓝土地文库》（第八辑）发布会（区文联提供）

【《蓝土地文库》第八辑青年作家作品集出版】 2022年4月27日，《蓝土地文库》（第八辑）暨"洞头青年作家专辑"发布会举行。意大利作家唐云（Bonino·Gabriella）与邱国鹰、慕白、东君、易永谊、朱凌云等温州文学名家，携手海岛青年作家，评读青年新作，共享文学盛宴。本辑集纳洞头本土青年作家新创作文学作品，涉及小说、散文、诗歌、诗词等文体。选题工作始于2020年，海岛青年作家和文学爱好者踊跃参与，共征集到选题18个，最终确定叶申仕、谢健健等7名青年作家7件作品。首发式上，洞头本土青年作家从创作经历、体会、创作的方面，与现场专家、文学爱好者分享创作背后故事。发布会后召开洞头青年作家专辑作品研讨会，研讨会分为作家创作经验分享、专家评议、圆桌论坛三个环节。与会作家、文学评论家畅所欲言，对余退、叶申仕、谢健健、水之光、李肖、青岩、郭洁茹7位青年作家作品展开深度讨论。

（施立松）

2022年洞头区部分市级以上文艺作品发表及获奖情况表

表7

艺术门类	作者（获奖者）	作品名称	发表或获奖情况	主办单位
文学	邱国鹰	寓言《千手观音》	安徽省《红蜻蜓》4月	安徽出版集团
	邱国鹰	寓言《紧箍咒与慧眼》	安徽省《红蜻蜓》11月	安徽出版集团
	邱国鹰	寓言《猴子拉车上坡》	浙江省文联《小海星》2022年5月	浙江省文联
	邱国鹰	散文《汪曾祺笔下的女孩》	《联谊报》2022年7月5日	浙江省政协
	邱国鹰	散文《一封老信件里的洞头文学之路》	《温州日报》2022年6月24日	温州日报报业集团
	邱国鹰	散文《渔翁烤螺》	《温州日报》2022年8月10日	温州日报报业集团
	邱国鹰	散文《渔船与龙崇拜》	《温州日报》2022年12月20日	温州日报报业集团
	邱国鹰	散文《蛤蜊肉粽一香啊》	《温州晚报》2022年5月29日	温州日报报业集团
	施立松	《八月花香欲破禅》	《温州日报》2022年8月31日	温州日报报业集团
	施立松	《一封情书》	《温州日报》2022年12月25日	温州日报报业集团
	施立松	《化工路上的童年》	《温州日报》2022年9月21日	温州日报报业集团

续表7

艺术门类	作者（获奖者）	作品名称	发表或获奖情况	主办单位
文学	施立松	《年会》	《温州日报》2022年5月18日	温州日报报业集团
	施立松	《海岛八月天》	《北海日报》2022年8月24日	北海日报社
	施立松	《青藤书屋》	《北海日报》2022年3月10日	北海日报社
	施立松	《暖身暖胃西子羹》	《金秋》杂志2022年7月	陕西省金秋杂志社
	施立松	《邱爱线的民间歌谣情缘》	《温州文学》2022年春季卷	
	余退	《夜间行车》（组诗）	《诗刊》2022年9月下半月刊	中国作家协会
	余退	《迷雾的辨认》（组诗）	《浙江作家》2022年第五期	浙江省作家协会
	余退	《晚霞的人质》（组诗）	《温州文学》2022年冬卷	温州市文联
	余退	《鲸鱼骨架》（组诗）	“新时代·新山海·新韵律”第十届东海诗歌节暨（温岭）全国海洋诗歌大赛三等奖 2022年10月24日	诗刊社
	谢健健	《黛色蝴蝶》	《诗刊》2022年第2期下半月刊	中国作家协会
	谢健健	《微雨访永和塔》外一首	《星火》2022年第3期	江西省文联
	谢健健	《悬棺猜想》组诗	《边疆文学》2022年第10期	云南省文联
	谢健健	读者推荐	《星星·理论》2022年第6期	四川省作家协会
	谢健健	《散场电影》	《绿风》2022年第4期	新疆石河子文联
	谢健健	诗歌三首	《诗歌月刊》2022年第12期	安徽出版集团有限公司
	谢健健	《梅雨潮信》	《散文诗》2022年第5期	中共湖南省益阳市委宣传部
	谢健健	《治愈》外一首	《青年作家》2022年第5期	成都市文联
	谢健健	《青梅酒》组诗	《诗词》2022年第21期11月上	广州市文联
	谢健健	《灵峰之上》外一首	《文学港》2022年12期	宁波市文联
	谢健健	《水的事情》	《莲池》2022年8月刊	保定日报社
	谢健健	《褐色沙漏》	《诗选刊》2022年11-12期合刊	河北省作家协会
	谢健健	《谢健健的诗五首》	《中华文学》2022年新湖畔专刊	湖北省文联
	谢健健	《谢健健的诗》	《金田》2022年8月刊	广西玉林市文联
	谢健健	《仙女湖逐月》（组诗）	《诗刊》社“爱在七夕·情定仙女湖”爱情诗歌大赛二等奖	《诗刊》

续表7

艺术门类	作者（获奖者）	作品名称	发表或获奖情况	主办单位
文学	谢健健	《在文成，与刘伯温山中对弈》组诗	《诗歌月刊》第七届铜铃山全国诗歌大赛三等奖	《诗歌月刊》
	戴婉贞	《爱着点什么》	《温州日报》	温州日报报业集团
	戴婉贞	《戒米饭》	《温州日报》2022年11月27日	温州日报报业集团
	伊　夫	《植物在春天停止生长》	《延河》2022年4月上半月刊	陕西省文联
	叶申仕	《消失的大象（外一首）》	《人民文学》2022第12期	中国作家协会主管
	叶申仕	《闻我降生的卫生院即将被拆除》	《北京文学》》2022第3期	北京市文联主管
	叶申仕	《十八岁的日晷》	《中国校园文学》2022第6期	中国作家协会主管
	叶申仕	《无题》	《中华文学》2021年第12期（2022年4月）	湖北省文联
	叶申仕	《错时（组诗）》	《温州文学》2022夏季号（2022年8月）	温州市文联
	叶申仕	《生态笔记（组诗）》	首届“小都生态杯”诗歌散文大赛诗歌类金奖 2022年9月	《文学报》
	叶申仕	《小叙事·人生》	“人生的舞台上”征文比赛二等奖 2022年10月	北京十月文化传媒有限公司、《青春》杂志社
	叶申仕	《潮汐池》	“新时代·新山海·新韵律”第十届东海诗歌节暨（温岭）全国海洋诗歌大赛三等奖 2022年12月	《诗刊》社、中国诗歌网
	方君旺	《水调歌头·龙湾扶贫礼赞》	“喜迎二十大 诗词话共富”活动三等奖 2022年9月	浙江省诗词与楹联学会
	张弛	书籍出版《二十四节气幸福好历》	浙江音像出版社 2022年1月	浙江音像出版社
	余娟娟	《重读一遍日出》外三首	《诗歌月刊》2022年第11期	安徽出版集团有限公司
	叶英儿	《望海潮·庆神舟十二号发射成功》	《中国艺术报》2022年6月10日	中国艺术报、中国文联
	叶英儿	《水调歌头·日照香暖闹枝头》	《中华传统文化》2022年3月	浙江省文化和旅游厅
	周羿言	《一颗归巢的心》	第十六届浙江省少年文学之星征文比赛三等奖 2022年7月	浙江省教育学会、浙江省青少年作家协会
	罗婉麟	《这个夏天有点热》	第22届温州市少儿文艺大赛（作文类小学低年级组）小铜鹿奖 2022年8月	温州市文联

续表7

艺术门类	作者（获奖者）	作品名称	发表或获奖情况	主办单位
文学	郭俊成	《小学生活》	中国散文学会第十八届青少年冰心文学小作家全国会员作品展示小学组银奖2022年10月	中国散文学会主办、青少年冰心文学征稿活动组委会
	郭俊成	《捕鱼归来》	第十六届浙江省青少年文学之星征文比赛三等奖2022年7月	浙江教育学会、浙江省青少年作家协会
	吴俞润	《童年》	第十六届浙江省青少年文学之星征文比赛三等奖2022年7月	浙江教育学会、浙江青少年作家协会
	吴俞润	《强国有我》	《少儿文学》第十七届“少儿文学杯”中小学生作文大赛二等奖	《少儿文学》编辑部
	林宸宇	《回归的小树林》	浙江省文联《山海经》低碳故事征文活动入围奖2022年12月	浙江省文联
	林怡彤	诗歌	浙江省作协第三届义乌骆宾王国际儿童诗歌大赛二等奖	浙江省作家协会、义乌市人民政府、《中国校园文学》杂志社
书法	王云广	虚舟题跋	第三届朱彝尊奖——嘉兴市书法大赛优秀奖2022年10月	嘉兴市书法家协会、嘉兴秀洲区文联、嘉兴市秀洲区王店镇人民政府
	陈晓禄	书法作品	第二届卫夫人杯——全国书法篆刻展暨第六届女篆刻家作品展入展 2022年3月	浙江省书法家协会
	陈晓禄	书法作品	“玉海雅集”浙江省第七届女书法家作品展暨第六届女篆刻家作品展入展2022年3月	浙江省书法家协会
	陈晓禄	书法作品	“浙江书法奖·沙孟海奖”第十一届全浙书法篆刻大展入展2022年12月	浙江省书法家协会
	陈晓禄	书法作品	浙江省书协临书大展入展 2022年7月31日	浙江省书法家协会
	朱婉瑶	书法作品王十朋《栖贤寺》	温州市第二届书法篆刻大赛三等奖2022年11月22日	温州市文化广电旅游局
	庄克栋	书法	“曹娥江杯”浙东唐诗之路全国硬笔书法主题创作大赛优秀作品奖2022年5月	浙江省文化和旅游厅主办、浙江省上虞曹娥江旅游度假区管理委会、浙江省硬笔书法家协会
	叶晏郗	书法	第二十二届温州市少儿文艺大赛硬笔书法类小学高年级组小铜鹿奖2022年11	温州市文联
摄影	叶凌志	《礁石如画》	中国摄影报“浙南红都 山水平阳”全国摄影展2022年1月	中国摄影报
	叶凌志	《陈十四娘娘》	《中国国家地理》海岛专辑2022年10月	中国国家地理
	叶凌志	《丰收季节》	西藏自治区人民政府·中国文联第十五届西藏珠穆朗玛摄影大展入展 2022年12月	西藏自治区人民政府、中国文联

续表7

艺术门类	作者（获奖者）	作品名称	发表或获奖情况	主办单位
摄影	叶凌志	《中村新貌》	浙江省摄影家协会“多彩农业·美丽乡村·共同富裕”全省摄影大赛优秀奖2022年12月	浙江省摄影家协会
	叶凌志	《百岛洞头》	中国温州—匈牙利佩奇摄影艺术联展2022年10月	温州市人民政府外事办公室、温州市文化广电旅游局
	罗小安	《浪纱》	《大众摄影》2022年9月刊	大众摄影
	罗小安	《沙塔》	《大众摄影》2022年3月刊	大众摄影
	罗小安	《轻描淡写》	19届浙江省摄影艺术展优秀奖 2022年4月	浙江省文联
	罗歆又	《我的伙伴们》	温州市少儿文艺大赛“摄影类”小银鹿奖2022年7月	温州市文联
朗诵	曾筱然	《红旗的一角》	浙江省电视艺术家协会2022年第四季中国蓝朗诵盛典金奖	浙江电视台少儿频道、浙江省电视艺术家协会
	柯沐希	《红领巾》	第22届温州市少儿文艺大赛活动朗诵类小学低年级组小铜鹿奖2022年11月	温州市文联
	罗歆又	《心心相融迎亚运》	温州市少儿文艺大赛“朗诵类”小铜鹿奖 2022年11月	温州市文联
	陈译杨	《祖国是什么》	第22届温州市少儿文艺大赛小银鹿奖 2022年11月	温州市文联
	娄梓贻	《新的秋千》	浙江省电视艺术家协会2022年第四季中国蓝朗诵盛典金奖	浙江电视台少儿频道、浙江省电视艺术家协会
	毕睿姈	《太姥姥的梦》	浙江省电视艺术家协会2022年第四季中国蓝朗诵盛典金奖	浙江电视台少儿频道、浙江省电视艺术家协会
	汪熠琪	《打碗碗花》	浙江省电视艺术家协会2022年第四季中国蓝朗诵盛典幼儿组金奖	浙江电视台少儿频道、浙江省电视艺术家协会
	王欣熠	《真想变成大大的荷叶》	浙江省电视艺术家协会2022年第四季中国蓝朗诵盛典幼儿组金奖	浙江电视台少儿频道、浙江省电视艺术家协会
	陈爽	《绿色中国》	浙江省电视艺术家协会2022年第四季中国蓝朗诵盛典少儿组特金奖	浙江电视台、浙江省电视艺术家协会
	陈亦萱	《红领巾》	浙江省电视艺术家协会2022年第四季中国蓝朗诵盛典小学组特金奖	浙江电视台、浙江省电视艺术家协会
	林余萱	《袋鼠娃娃怎么办》	浙江省电视艺术家协会2022年第四季中国蓝朗诵盛典幼儿组金奖	浙江电视台、浙江省电视艺术家协会
	郑钧之	《追梦少年》	浙江省电视艺术家协会2022年第四季中国蓝朗诵盛典幼儿组金奖	浙江电视台、浙江省电视艺术家协会
	陈正则	《说大话的狮子》	浙江省电视艺术家协会2022年第四季中国蓝朗诵盛典幼儿组特金奖	浙江电视台少儿频道、浙江省电视艺术家协会

续表7

艺术门类	作者（获奖者）	作品名称	发表或获奖情况	主办单位
朗诵	张钰含	《一根索面救太祖》	第五届“少年非遗说”浙江传说故事大赛一等奖 2022年11月	浙江省文化和旅游厅
	王欣砚	《找春天》	浙江省电视艺术家协会2022年第四季中国蓝朗诵盛典幼儿组银奖	浙江电视台少儿频道、浙江省电视艺术家协会
	许馨尹	《红色的童话》	浙江省电视艺术家协会2022年第四季中国蓝朗诵盛典少儿c组金奖	浙江电视台、浙江省电视艺术家协会
	陈奕佑	《放屁的普普》	浙江省电视艺术家协会2022年第四季中国蓝朗诵盛典特金奖	浙江电视台少儿频道、浙江省电视艺术家协会
	刘益宁	《青蛙裁判的苦恼》	浙江省电视艺术家协会2022年第四季中国蓝朗诵盛典特金奖	浙江电视台少儿频道、浙江省电视艺术家协会
	庄子溪	《临阵脱逃》	浙江省电视艺术家协会2022年第四季中国蓝朗诵盛典金奖	浙江电视台少儿频道、浙江省电视艺术家协会
	罗婉懿	《小瞎子怎么会长着大胡子》	第22届温州市少儿文艺大赛（朗诵类幼儿组）小银鹿奖	温州市文联
	郭涵钰	《和平的旗帜》	浙江省电视艺术家协会2022年第四季中国蓝朗诵盛典金奖	浙江省电视台少儿频道
	张均豪	《爱多角的小老鼠》	2022年第四季中国蓝朗诵盛典金奖	浙江省电视台少儿频道、浙江省电视艺术家协会
	苏芷墨	《花的梦》	浙江省电视艺术家协会2022年第四季中国蓝朗诵盛典特金奖	浙江电视台少儿频道、浙江省电视艺术家协会
	林宸宇	《3分钟与73年》	浙江省电视艺术家协会2022年第四季中国蓝朗诵盛典特金奖	浙江电视台少儿频道、浙江省电视艺术家协会
	郭诗钰	《鲳鱼闯祸》	浙江省电视艺术家协会2022年第四季中国蓝朗诵盛典特金奖	浙江电视台少儿频道、浙江省电视艺术家协会
	郭晋暄	《做坏人的苦恼》	浙江省电视艺术家协会2022年第四季中国蓝朗诵盛典特金奖	浙江电视台少儿频道、浙江省电视艺术家协会
	苏一芸	《我想》	浙江省电视艺术家协会2022年第四季中国蓝朗诵盛典特金奖	浙江电视台少儿频道、浙江省电视艺术家协会
	张芷婳	《爱的房子》	浙江省电视艺术家协会2022年第四季中国蓝朗诵盛典铜奖	浙江电视台少儿频道、浙江省电视艺术家协会
	潘佳颖	《鹅鹅鹅》	浙江省电视艺术家协会2022年第四季中国蓝朗诵盛典金奖	浙江电视台少儿频道、浙江省电视艺术家协会
	陈启画	《看星星》	浙江省电视艺术家协会第四季中国蓝朗诵盛典幼儿组银奖	浙江电视台少儿频道、浙江省电视艺术家协会
美术	黄昭勇	水粉组画《大海的鲜味》	“喜迎二十大 幸福在温州”2022年温州市第九届群文视觉艺术大展铜奖	温州市文化广电旅游局
	吴秀云	渔民画《海上花园，众鱼盛装喜迎二十大》	“喜迎二十大 幸福在温州”2022年温州市第九届群文视觉艺术大展铜奖	温州市文化广电旅游局

续表7

艺术门类	作者（获奖者）	作品名称	发表或获奖情况	主办单位
美术	陈文锜	渔民画《网网奔小康》	“喜迎二十大 幸福在温州”2022年温州市第九届群文视觉艺术大展铜奖	温州市文化广电旅游局
	张孚千	渔民画《大海的韵律海带丰收》	“喜迎二十大 幸福在温州”2022年温州市第九届群文视觉艺术大展银奖	温州市文化广电旅游局
	林美君	渔民画《紫菜丰收圆舞曲》	“喜迎二十大 幸福在温州”2022年温州市第九届群文视觉艺术大展银奖	温州市文化广电旅游局
	陈海英	渔民画《网红新渔村》	浙江省文化馆“乡村百景图 画卷绘共富”浙江省现代民间绘画（农民画）创作展入展	浙江省文化馆
	陈海贞	渔民画《龙行盛世》	浙江省文化馆“乡村百景图 画卷绘共富”浙江省现代民间绘画（农民画）创作展入展	浙江省文化馆
	陈佳颖	渔民画《白露。秋分海蜇大且肥》	浙江省文化馆“乡村百景图 画卷绘共富”浙江省现代民间绘画（农民画）创作展入展	浙江省文化馆
	陈钦煅	渔民画《启程》	浙江省文化馆“乡村百景图 画卷绘共富”浙江省现代民间绘画（农民画）创作展入展	浙江省文化馆
	林 彬	渔民画《捡鲜姑娘》	浙江省文化馆“乡村百景图 画卷绘共富”浙江省现代民间绘画（农民画）创作展入展	浙江省文化馆
	林满慧	渔民画《丰收的喜悦》	浙江省文化馆“乡村百景图 画卷绘共富”浙江省现代民间绘画（农民画）创作展入展	浙江省文化馆
	王洁灵	渔民画《欢乐渔家》	浙江省文化馆“乡村百景图 画卷绘共富”浙江省现代民间绘画（农民画）创作展入展	浙江省文化馆
	吴秀云	渔民画《美丽渔村共同奔小康》	浙江省文化馆“乡村百景图 画卷绘共富”浙江省现代民间绘画（农民画）创作展入展	浙江省文化馆
	许爱花	渔民画《鱼汛归来鱼满舱》	浙江省文化馆“乡村百景图 画卷绘共富”浙江省现代民间绘画（农民画）创作展入展	浙江省文化馆
	叶宇彤	渔民画《渔归棕飘香》	浙江省文化馆“乡村百景图 画卷绘共富”浙江省现代民间绘画（农民画）创作展入展	浙江省文化馆
	詹海萍	渔民画《渔丰早市渔妇忙》	浙江省文化馆“乡村百景图 画卷绘共富”浙江省现代民间绘画（农民画）创作展入展	浙江省文化馆
	叶爱珠	渔民画《迎亲》	浙江省文化馆“乡村百景图 画卷绘共富”浙江省现代民间绘画（农民画）创作展入展	浙江省文化馆
	黄昭勇	色粉画《风中的鱼》	入选浙江省第四届粉画优秀作品邀请展	浙江省美术家协会
	黄昭勇	色粉画《金色的鱼》	入选浙江省第四届粉画优秀作品邀请展	浙江省美术家协会
	黄昭勇	水粉组画《海之味》	入选浙江省群文美术文旅融合写生作品展	浙江省文旅厅

续表7

艺术门类	作者（获奖者）	作品名称	发表或获奖情况	主办单位
美术	黄昭勇	油画《寿昌古镇》	浙江省群文美术干部五市县区写生走进建德展入展	浙江省文化馆
	黄昭勇	油画《梅城老街》	浙江省群文美术干部五市县区写生走进建德展入展	浙江省文化馆
	吴俞润	绘画	第22届温州市少儿文艺大赛美术类小学低年段组小铜鹿奖	温州市文联
音乐	娄梓贻	《陶爱格》	第22届温州市少儿文艺大赛声乐类幼儿组小铜鹿奖2022年11月	温州市文联
	郭欢妹	《香巴拉的青稞架》	第22届温州市少儿文艺大赛声乐类小学低年级组小金鹿奖2022年11月	温州市文联
	陈皓	《黄河源头》	第22届温州市少儿文艺大赛声乐类小学低年级组小金鹿奖2022年11月	温州市文联
	陈汐	《神州小飞船》	第22届温州市少儿文艺大赛声乐类幼儿组小银鹿奖2022年11月	温州市文联
	杨梓彤	《美丽的晨星》	第22届温州市少儿文艺大赛声乐类幼儿组小银鹿奖2022年11月	温州市文联
舞蹈	陈烒喆	《草原轿子》	第22届温州市少儿文艺大赛独舞类小学高级组小金鹿奖	温州市文联

（区文联提供）

洞头区残疾人联合会

【概况】 2022年，洞头区持证残疾人4442名，其中肢体残疾2201人、言语残疾87人、听力残疾558人、视力残疾319人、多重残疾235人、精神残疾553人、智力残疾489人。全年新增办证残疾人251人，死亡注销151人。洞头区制定《关于实施残疾人家庭共同富裕“369工程”的意见》，提高残疾儿童康复服务水平。洞头区残联第二次代表大会召开。联合有关单位和基层党支部开展“项目汇·幸福事”系列活动7场次，10个以上党支部认领“残疾人之家”党建助残结对项目，重度肢残对象微心愿帮扶、特殊儿童关爱帮扶、助残就业帮扶项目。残疾人艺术团开展基层艺术巡演12场次，开设“阳光家园”网络文化礼堂、直播15场次，获全市残疾人技能比赛团体三等奖，“与爱同行”残疾人志愿服务队累计服务560人次，各类助残社会组织开展助残志愿服务活动36场次。大门镇甲山社区被命名为第五批“浙江省无障碍社区”。全年财政保障和改善全区残疾人民生资金1390万元。

【残疾人家庭共同富裕“369工程”意见实施】 2022年12月14日，为贯彻落实《洞头打造高质量发展建设共同富裕示范区海岛样板实施方案（2021—2025年）》精神，区委、区政府印发《关于实施残疾人家庭共同富裕“369工程”的意见》。具体措施是完善城乡社区残疾人庇护服务体系建设，实施特殊儿童康教综合服务改革，实施心智残疾人全生命周期庇护，实施残疾人临时监护应急联动介入；完善残疾人家庭关爱帮扶体系建设，完善促进残疾人家庭就业政策，加大残疾人家庭医疗和康复帮扶，重视残疾人家庭关爱帮扶；完善“红色领航.残健共融”社会助残体系，加快残疾人共富帮扶网络建设，推进“阳光助残”系列项目，加快专职助残社会工作者队伍培育。目标到2025年，构建城乡社区残疾人庇护服务、残疾人家庭关爱帮扶、“红色领航·残健共融”社会助残等海上花园特殊风景三大支撑体系。完成全区4410名残疾人访视工作，完成率100%，收集各项需求数927条。成立“洞头区家庭病床服务队”，为532名重度残疾人提供康复服务和康复指导。为341名精神残障人士提供集中免费服药工作，免费配送康复辅助器具76套。实行重度肢残对象入户“双评双办”，为205名卧床人员开展入户残疾评定和办证，联合区防疫办、市精防办为全区189名精神、智力残疾人证到期人员开展入户评残服务。推进助残服务数字化改革，谋划区残联“关爱有声”项目，被列入省残联数字化改革“智慧助残——残有智扶”应用试点。建立“助残共富基金”，接受“助残服务车”爱心捐赠款15万元。成立“洞头区助残领域政协委员工作室”，实施“政协委员助残共富项目”，首期共捐赠价值16.5万元的康复轮椅车。

【洞头区残联第二次代表大会】 2022年10月26日，温州市洞头区残疾人联合会第二次代表大会召开。会议由洞头区副区长张攀主持。大会应到代表86名，实到代表72名，缺席代表14名。大会选举产生温州市洞头区残疾人联合会第二届主席团，并举行区残联第二届主席团第一次会议，聘请侯合海、赵海山等为主席团名誉主席，选举产生张攀为主席团主席，纪玉华、吴玉华、陈丽芬、林小敏、章海锋、詹景伟等为副主席，王思敏等33名为委员；会议选举产生执行理事会理事长、副理事长、挂兼职副理事长、理事。市残联党组书记、理事长董旭辉，区委常委、常务副区长郑锋利等领导出席开幕式。

【残疾人社会保障】 2022年，区残联出台《洞头区残疾人临时监护应急联动介入办法》，建立残疾人临时救助托管联动“一件事”流程，联合区人民法院出台《关于进一步优化助残机制 提供高质量司法服务的意见》，开展“慈善暖居”助残活动，为106名残疾人发放价值共9.3万元物资物品，全年慰问困难残疾人300人次，发放慰问金15万元，为全区残疾人购买“温州益康保”和意外伤害保险，为130名残疾学生和残疾人家庭子女发放助学补助38万元，为108名灵活就业和自主创业残疾人发放职工养老保险补贴18万元。配合民政部门做好残疾人“两项补贴”审批工作。完善残疾人补充保险制度，建立残疾人“意外伤害保险+商业医疗保险”免费双参保机制，全区持证残疾人城乡养老保险参保率、城乡居民医疗保险参保率、保险补贴享受率保持100%。

【残疾人就业】 2022年，区残联全面落实残疾人就业保障金、超比例安排残疾人就业企业奖励等政策，全年新增残疾人就业56人，落实就业困难残疾人公益性岗位就业13名，发放残疾人就业安置政策奖补资金10.7万元。开展电商、园艺、烘焙、整理收纳等一系列残疾人实用技术培训和技能培训活动，全年累计参加培训175人次，其中残疾人取得劳动技能等级证书51名。开展就业援助，协调有关企业提供残疾人岗位20多个，全区劳动年龄段残疾人就业率61%。浙江金海蕴生物股份限公司单招单考残疾人1名，实现洞头区国有企业单招单考残疾人零的突破。助残社工机构建立实践基地，培育和孵化残疾人取得国家助理社会工作师资格1名，提供残疾人大学生实习岗位2个，辅助性就业帮扶中心为20多名心智残疾人实现收入零的突破，年增收11万元。

【残疾人公共服务能力提升工程】 2022年，洞头区残疾人托养中心工程完成建设工作，主体工程总投资额2262.89万元，累计完成投资1569万元。完成特殊儿童康教服务中心建设，总投入金额148.47万元。霓屿街道卫生院(老院区)改建残疾人之家、北岙街道残疾人之家无障碍改造、东屏街道残疾人之家改造提升、鹿西新建残疾人之家等工程完成竣工并投入使用。

2022年10月26日，温州市洞头区残疾人联合会第二次代表大会召开(区残联提供)

【省、市助残民生实事项目】2022年，洞头区投入83万元完成10个重点公共服务场所无障碍改造任务；投入12万元完成大门镇甲山社区创成“省级无障碍社区”；投入18万元实施20户残疾人家庭无障碍改造。新增配发残疾人机动车18辆，为全区86辆残疾人机动车购买非机动车第三者责任险。为32名残疾儿童提供康复服务与救助，为21名自闭症儿童提供康复训练补助，需要康复救助残疾儿童实现“应助尽助”，建成洞头区特殊儿童康教综合服务中心，特殊儿童康教综合服务改革做法在《温州改革（探路者）》第七期刊登。

【洞头区第四次助残月活动】2022年5月15日，是第三十二次全国助残日，区残联围绕“促进残疾人就业，保障残疾人权益”主题开展系列活动。开展“文创助残”系列活动，组织辖区近百名残疾人开展主题为“打卡洞头南塘湾、开启百岛共富梦”的全国助残日活动，开设残疾人职业技能培训暨“玩转抖音”短视频培训课程，组织辖区30名特殊儿童及家长开展“童心筑梦同享共富”暨洞头区2022年国际儿童节关爱特殊儿童主题活动。助残日期间，慰问贫困残疾人家庭21户。

（陈时秒）

区红十字会

【概况】2022年年底，洞头区共有街道（乡镇）红十字会7个，学校基层红十字会17个，医疗系统基层红十字会11个，社区、企业、两新组织等其他基层红十字会4个，村居红十字小组92个，注册红十字志愿者326个，登记会员1907人。洞头区红十字会第三届理事会第三次（扩大）会议和基层组织推进会召开。全年新增应急救护培训普及6474人次，新增普及率4.2%，完成“健康浙江”建设考核指标的105%。公共场所新增AED（自动体外除颤仪）10台，累计配置18台，配置率1.17台/万人，完成“健康浙江”建设考核指标325%，完成市民生实事考核的200%。年度新增应急救护持证人数2381人，完成市下达目标任务的128.7%。采集造血干细胞35例，完成中华骨髓库志愿捐献者招募任务的116.66%，新增人体器官捐献登记97例。累计接受社会捐赠款物43.57万元。开展红十字文化传播、应急救护、三献知识宣传、人道救助、养老服务等各类志愿服务活动160多场，服务群众超过9000人次。组织接收防控疫情专项捐赠物资累计13.4万元，引导和组织红十字志愿者主动参与疫情联防联控。区红十字溢香应急救援队发展为市级红十字救援队，成为区首支市、区两级的红十字救援队。区红十字会应急救护培训师二级师资唐启洁获评全省红十字事业突出贡献先进个人，霓屿街道正岙村红十字会获评全省工作成绩突出红十字基层组织，区红十字会员林家伟获评全省工作成绩突出红十字会员，区红十字会应急救护培训师资团队在全市教学技能大赛中团体项目和所有个人项目均获二等奖。

【省市“救在身边”专项行动】2022年10月，区委、区政府出台《关于贯彻落实〈开展“救在身边”十大行动 推进应急救护事业高质量发展的实施方案〉任务分解清单》，成立应急救护工作专班，常态化推进省、市“救在身边”专项行动。截至年底，社会公众新增普及培训率为4.2%，应急救护持证率1.54%，应急救护总体指标均提前完成。

【红十字儿童友好基金成立】2022年10月27日，区红十字会与区妇联共建红十字儿童友好基金。该基金旨在用于贫困、留守、单亲、患病等特殊困境儿童关爱、帮扶及慰问，儿童友好服务项目、关爱项目的运行实施，儿童友好实践基地、儿童活动空间建设以及支持儿童友好城市建设的其他公益项目。

【洞头区红十字会第三届理事会第四次（扩大）会议】2022年5月19日，洞头区红十字会第三届理事会第四次（扩大）会议召开。会议通过区红十字会2021年度工作报告、《洞头区红十字会捐款专户2021年度财务收支及结合情况的专项审计报告》、《关于调整理事有关情况的报告》，选举产生温州市洞头区红十字会第三届理事会理事13名，常务理事6名，副会长（兼职）3名，会长1名。副区长贾约拿为区红十字会第三届理事会会长。

【红十字人道救助】2022年，洞头区红十字会以腾讯公益平台为依托，推广“博爱一元捐”项目；参与“5·8”人道公益日活动和“送上一拐杖 护卫老年人”众筹项目，筹资10.12万元；与区妇联共建红十字儿童友好基金，助力儿童友好城市创建，募集启动资金17.9万元。全年募集社会捐赠款物43.57万元。连续第11年开展“博爱送万家”活动，实施精准救助16.13万元，惠及困难群众1660多人。为1名白血病患儿对上争取“小天使”救助基金3万元。联合检察院开展司法救助，给予1人司法救助金2万元。

【红十字阵地建设】2022年，洞头区红十字会发挥红十字“博爱家园”服务功能，围绕群众需求精准开展救护培训、助困帮扶、养老照护等活动。新建博爱家园3个，在全市率先实现街道（乡镇）全覆盖。立足洞头国际旅游岛建设，完善景区社区红十字服务站功能，开展红十字服务站人员培训，及时补给应急救护消耗品，提高景区处理突发意外事故的能力。

【红十字志愿服务】2022年，区红十字会持续强化“红十字点亮村居”“红十字点亮夕阳”等“红十字点亮系列”志愿服务品牌。在学雷锋日、“5·8”世界红十字日、全国防灾减灾日、世界急救日等重大节日和重要节点组织开展系列活动。与教育局、应急管理局、社区等开展联动，结合“红色星期天”便民助老服务活动，“开学第一课”等开展红十字知识宣传。全年开展红十字文化传播、应急救护、三献知识宣传、人道救助、养老服务等各类志愿服务活动160多场，服务群众超过9000人次。

（蔡淑娟）

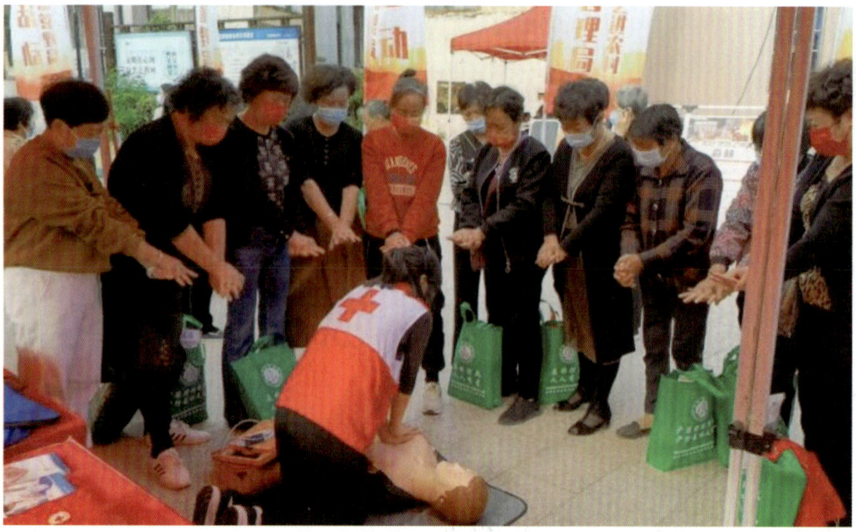

2022年10月20日，洞头区红十字会在中仓村开展防灾减灾普及应急救护技能志愿活动（区红十字会提供）

洞头区社会科学联合会

【概况】2022年，洞头区有省级社科基地2家，即洞头先锋女子民兵连纪念馆、望海楼；新增市级社科基地1家，即寮顶回族村军旅文化园，累计创成市级社科基地8家，类型包括历史古迹、纪念馆、博物馆和文化礼堂。实施闽瓯文化研究工程，组织开展社科论坛、讲座、社科普及周系列活动、社科论文征集评选活动、演讲比赛活动。

【社科基地建设】2022年，洞头区申报东屏寮顶军垦文化园成为市级社科基地。洞头先锋女子民兵连纪念馆项目入选中宣部红色基因库数字化项目试点。望海楼获评《你最喜欢的社科基地》十佳基地。推介洞头区望海楼、洞头先锋女子民兵连纪念馆宣传片参与2022年社科普及基地宣传片展播活动。提升改造市级社科基地东海贝雕博物馆，建成亚洲螺钿艺术博物馆。温州三大科普项目获评2022年度浙江省红色科普基地精品项目，其中省级社科基地洞头先锋女子民兵连纪念馆“守好红色根脉 弘扬海霞精神”项目入选。

【社科理论研究】2022年，洞头区围绕市第十三次党代会明确的未来温州“千年商港 幸福温州”城市定位，召开座谈会，并形成理论文章《浙江洞头：千年商港对外经贸的前沿阵地》，在学习强国、温州新闻、中国网等新媒体客户端全网发布，广泛传播洞头港口历史发展。根据洞头地域特点和文化特色，征集社科研究课题14个，推动社科理论创新。组织全区优秀社科论文评选活动，精选26篇优秀论文向上推送，在全市优秀社科论文评选活动中获二等奖2篇、三等奖3篇。

【社科普及周系列活动】2022年6月20日，洞头区举办2022年社科普及周启动仪式暨“共富故事会”大赛。选拔优秀社科人才参加温州市“喜迎二十大·讲好温州故事”社科最强音宣讲比赛，并加入温州市社科最强音宣讲团。7月28日，开展“社科赋能助共富 山水诗路看温州——走进洞头”活动，围绕海洋文化，通过调研走访，专家访谈，以社科赋能助力海岛共同富裕。组织社科专家走进社科基地、文化礼堂宣讲省党代会精神。

【闽瓯文化研究】2022年，洞头区持续运营“品读闽瓯”公众号，发布洞头文史文章50篇，多篇文章同步推送学习强国平台，《那些许久不见的渔村特色小吃》登上“学习强国”平台“幸福温州”栏目，阅读量突破38万人次。邀请国外汉学专家走访调研洞头，撰写相关文章发布于海外网站，以全新的视角探索展示洞头闽瓯文化，扩大洞头文史宣传面。挖掘洞头特色非遗文化，中央广播电视总台“中意”网站、客户端、海外社交平台等面向意大利受众播出洞头渔民画、鱼灯舞等内容。开展传统文化资源调研工作，组织专家走访岙内叶宅、东沙妈祖宫等古建筑，并开展座谈，对洞头传统文化的保护利用提出意见建议。

（钊筱晗）

法 治

政法委与综治

【概况】2022年，洞头区全面深入贯彻习近平法治思想，深入金鼎贴星计划，坚持全面依法治区，探索海上枫桥新经验，全年实现“六个零发生”目标，完成中共二十大等重大维稳安保22项，连续17年获评省级平安区，获全省无邪教创建示范区。全面推进除险保安百日攻坚、平安洞头“三大行动”等12个专项行动，全区风险隐患整治率、化解率均100%。海上枫桥经验做法在全省作经验推广，培育形成社会治理创新项目22个，“四五治村”等项目纳入市级创新项目库4个。深化法治护航“两个健康”，推进少捕慎诉、柔性执法等举措12项，审结涉企纠纷998件，为89家企业执行到位金额4683万元。创新“人民调解+共享法庭”联调模式，调处矛盾纠纷2236件，群众满意率100%，典型案例入选司法部案例库。全省首创行政行为自查建议机制，发出建议函91份，经验做法获省市领导批示肯定。织密基层治理最小单元，优化调整159个网格，累计排查化解问题超2万件。创新行政争议案件风险分级管理，行政诉讼案件连续两年保持零诉讼，居全市第一位。靶向推进“法治体检”和法律援助“全域通办”“困难承诺”，为150家民营企业提供法律服务，减轻群众诉讼成本300多万元。创新开发“社会治理一张图”应用，累计归集人、房、企、事等210多万条数据，预警风险3800多次，隐患整改率提升27%。深化数字法治建设，“网格智查”等3个应用纳入省“一本账S3”，“刑财查控一件事”获评省级试点，形成制度理论成果53项。洞头区委政法委获评省平安护航建党100周年成绩突出集体、“幸福温州”建设成绩突出集体等。

【平安洞头建设】2022年，洞头区围绕“平安联创、金鼎贴星”目标，坚决守住平安稳定底线目标，连续十七年获评“省平安区”。开展除险保安工作，全领域稳控社会风险防范处置、全周期开展隐患问题清剿攻坚、全方位推进平安细胞工程，所有风险隐患逐一登记造册、实时销号，全年隐患整改率100%，平安村居创成率、覆盖面均100%，继续保持全年命案、两抢零发，刑事警情、治安警情、盗窃发案、电诈发案分别同比下降13.5%、43.5%、44.3%、15.5%，交通死亡人数同比下降57%。推进“净海”专项行动，查处走私物品511.8吨，同比上升316%。推进扫黑除恶斗争行动，重拳打击各类违法犯罪908人，告破历时3年的“3·23”百万黄金盗窃案，获省市委领导肯定。平安浙江指数全省前列，连续两个月全省第一名。深化平安三率宣传，开展主题宣传、全民巡防等活动，平安三率持续保持省市前列。

【省“平安区”十七连创】2022年4月2日，在全省建设平安浙江工作会议上，洞头区获评为全省2021年度“平安区”，实现“省平安”十七连创，平安考评以985.3分排名全省第二名、全市第一名。洞头区锚定“金鼎贴星”目标，探索海上枫桥新经验，打造全国平安建设海岛样板，实现平安考核全市第一名，群众安全感全市第一名，平安指数全省前列，获得全国平安建设最高荣誉“长安杯”。全区平安政法战线持续奋战，完成各级“两会”、建党百年、党代会等重大维稳安保40项。一体构建社会治安防控体系，深入开展“重点领域大暗访”“交通道路双月双保”“8+3安全整治”等专项行动，全年问题整改率99%，持续保持全年命案、两抢零发。推行“五地法检十院”跨域协作机制，推广“海岛律管家”模式，打造“船老大金牌调解”2.0版，全区调处成功率100%，创成省级法治浙江（法治政府）建设优秀单位。构建电动车综合治理智治体系、海上综合智管平台等智慧管控模式，实现电动车事故同比下降24%，水上重大事故零发生。

【平安护航行动】2022年，洞头区全面开展除险保安百日攻坚行动、平安洞头“大起底大提升大整治”专项行动，实现“六个零发生”目标。建立组织领导体系、组建除险保安工作专班作为区级指挥中枢、建立平安成员单位通联群、街镇作战群。细化除险保安行动重点工作66项，做到“一表统管、周清月结”，主动排查起底风险隐患，建立一库一池一清单，实行清单落实、滚动排查、实时销号，并把“七张问题清单”“安全生产3030（30天内排查整治30个问题的安全生产事故隐患）闭环机制”纳入各跑道，形成全量风险隐患数据库、重大风险隐患“蓄水池”和重大风险隐患清单库。成立区级领导+成员单位负责人+专班督导组三级督查组，通过挂牌整治、通报约谈、联合督导、考核评价、追责问责等机制举措，倒逼加速清零。全年全区17257条风险隐患整治率、化解率均100%。

【社会治理“一张图”】2022年，洞头区委政法委迭代创新社会治理“一张图”应用，整合“基层治理四平台”、应急“一张图”等系统，高效联动人、房、企、事等治理要素，建成集态势感知、检测预警、应急指挥、流转处置、督查考核等一体的智慧化社会治理体系，全链升级智慧化社会治理水平，破解底数不清、指挥臃肿、多头管理等治理痛点。应用累计归集常住人口、重点场所、网格人员等12类68项210多万项，全域部署7000多个预警点位，共预警17000多次，隐患问题下降30%，整改率提升27%，相关经验做法在全市数字法治场景应用会议上作典型交流，《洞头区上线“社会治理一张图 夯实平安根基”》做法在“浙江信息”作经验交流。

【打击整治养老诈骗专项行动】2022年4月至10月，根据中央、省市部署，洞头区推进打击整治养老诈骗专项行动，通过开展重点敏感人群以案析法、涉老反诈六进宣传、重点领域风险管控等落实宣传动员、线索核查、规范整治等工作，期间共开展宣教活动800多场，累计发放宣传册29万份，宣传礼品3000多份，发送防诈短信11.5多万条，发现涉嫌养老诈骗隐患线索23条，立案查处10件，涉案金额300多万元。

【洞头区法学会召开第六次会员代表大会】2022年4月11日，温州市洞头区法学会召开第六次会员代表大会，选举产生新一届理事会和领导班子。区委副书记、区委政法委书记林铁当选会长，区委政法委常务副书记刘东升担任副会长，选举兼职副会长7名、常务理事8名，选举理事会秘书长。市法学会专职副会长夏志兴出席会议并致辞。

【社会治理平安建设擂台赛】2022年12月2日，区委政法委举办2022年度洞头区社会治理（平安建设）创新项目擂台赛，全区22家平安建设成员单位参加，以PPT形式，全面展示各个单位、各个领域在破解社会治理和平安建设重点、难点问题方面的创新做法与成效。该擂台赛总结提炼区域治理新经验，培育形成22个社会治理创新项目，其中“四五治村”等4个项目纳入市级创新项目库。

【洞头区最美“政法干警”评选活动】2022年7月至8月，区委政法委联合区委宣传部组织开展2022年度洞头区最美政法干警评选活动，经动员推荐、组织评选、审核公示等环节，选树洞头区“最美政法干警”10名，为洞头区人民法院大门人民法庭副庭长叶小龙、区人民法院审管办法官助理李军军、区人民检察院第二检察部主任毛泽光、区人民检察院四级检察官助理徐雷鸣、区公安分局北岙派出所新城社区民警苏欧阳、区公安分局交通警察大队一、四中队中队长杨攀攀、区公安分局治安大队副大队长郑六一、区公安分局食药环知侦查大队民警周灵琴、区司法局公共法律服务管理科（行政审批科）科长蔡晓琼、区司法局灵昆司法所所长赵军军。

（金 晴）

法治政府建设

【概况】2022年，洞头区围绕《法治政府建设实施纲要（2021—2025年）》目标任务，深化法治化改革，推进法治政府建设纵深发展。召开区委依法治区委员会第四次会议，印发《2022年度法治洞头建设工作要点》，开展“法助共富 法护平安”专项行动，全面推进法治建设争先创优。落实《关于加强法治督察与纪检监察监督协作配合的实施意见》，把法治监督纳入区委巡察任务，推动法治建设与巡察工作高效协作。打造“柔性执法 3.0”品牌，开展行政执法损害营商环境“一刀切”专项治理。推进“大综合一体化”行政执法改革，“海上一支队伍”获评全市十佳标志性成果。试点开展行政执法协调监督工作体系建设，实现街道（乡镇）行政执法监督指导室全覆盖。落实重大行政决策目录化管理与合法性审查，高质量落实“八五”普法，创新行政争议案件风险分级管理，行政诉讼案件连续两年保持零败诉，全市第一名。创新打造“僵尸车”综合智管平台等在全省有辨识度的数字法治成果，全省首创刑事涉财产部分执行一体化机制并上线“刑财查控一件事”应用，行政机关合同管理“一体化”应用、海上行政执法协同平台等一批数字法治应用落地见效。2022 年度全省法治建设社会满意度名列第十位、法治政府建设考核排名全市第一位。

【习近平法治思想学习】2022 年，洞头区出台《洞头区深入开展习近平法治思想学习宣传贯彻“八进”活动工作方案》，建立健全领导干部学法清单，把《习近平法治思想学习纲要》纳入必学计划，区委理论学习中心组带头开展《习近平法治思想学习纲要》专题学习，各部门组织习近平法治思想学习会、宣讲会 80 多场次。区海霞培训中心开设《习近平法治思想与法治浙江建设》等理论课程 20 多期。把习近平法治思想纳入思想政治课程体系和教师教育培训计划，实现《习近平新时代中国特色社会主义思想概论》学生读本 100% 覆盖。依托“书记课堂”等载体开展习近平法治思想学习宣传，培育 273 名农村法律明白人加强就近宣讲效果，开展送法下乡活动 20 多场次，发放法治宣传资料 1 万余份。

【“法助共富、法护平安”专项行动】2022 年，洞头区出台《洞头区“法助共富、法护平安”专项行动实施方案》，全面推进 20 个专项行动落实。开展习近平法治思想学习宣传贯彻“八进”活动，出台“法治人才十条”。打造“柔性执法 3.0”，全面推行“综合查一次”，开展行政执法损害营商环境“一刀切”问题专项治理，切实提升执法规范度，实施优化营商环境“十大行动”，完善信用修复机制，推动市场主体良性更替。加大十个重点领域执法力度和监督力度，持续开展“净网 2022”专项行动，维护社会秩序。升级“共享法庭”打造“智能庭务主任”数字试点，建强社会治理中心实现社会纠纷和行政争议有序化解，创建“无信访积案”区。

【行政执法协调监督工作体系建设】2022 年，洞头区印发《洞头区开展区乡行政执法协调监督工作体系建设试点工作方案》，创新完善执法监督体制机制，统一 23 项行政执法监督事项工作标准，推动整改问题 156 项。出台《洞头区行政执法争议协调办法》，细化完善行政执法争议协调内容和程序，建立行政执法典型案例征集指导机制，制发协调征询函 7 份、争议协调意见书 1 份。开展“你提议我监督大家评”活动，制发执法监督通知书 14 份，涉及单位 12 家。开展区政府特邀行政执法监督员换届工作，加大农村法律顾问、农村法律明白人、村居网格员等人员比例，推进各方力量参与乡级执法监督。

【法治力量培育措施】2022 年，洞头区出台《关于加强法治力量培育的十条措施》，明确鼓励公务员考取法律资格证、要求公务员招录向有证人员倾斜、强化法审岗位人员素质提升等多项政策，全面加强洞头区法治人才队伍建设。党政机关公职律师配备率从 18.75% 提升至 50%，公职律师人数新增 16 人，实现“双倍增”。行政执法资格考试通过率大幅提升至 87.3%，法治人才一库五目录人员实现分层分级培训全覆盖。

【行政规范性文件管理】2022 年，洞头区落实重大行政决策、规范性文件、重大行政合同合法性审查 100% 覆盖机制和公平竞争审查，清理历年行政规范性文件 140 件。加强城市数字化精细化管理，建立城市运行中心推进一网统管、全域智治，监管事项认领率 100%，“双随机”抽查事项覆盖率 100%。

【助力“两个健康”建设】2022 年，洞头区落实“千所联千会”合作机制，推进“法治体检”常态化，累计为 150 家民营企业开展“法治体检”，提供涉企法律咨询 44 次。开展“法援惠民生·助力农民工”行动，开辟农民工讨薪法律援助“绿色通道”，推出欠薪线索件远程处理模式。全年，共受理讨薪援助案件 43 起，帮助追回欠薪约 120 万元。

（叶珺）

公安

【概况】2022 年，温州市公安局洞头区分局以“三最”警务为目标、“三型”警务为导向、“三能”指数评价体系为标准，针对猥亵、寻衅滋事等关注度高、传导性强的案件，提级启用“领导包案、挂牌督办、每日会商”工作机制，侦破骗税案、强奸案、敲诈勒索案、跨境开设赌场案、侵信案、假冒注册商标案等系列重大专案，告破历时近 3 年的“3·23”百万黄金盗窃案。全区刑事警情、治安警情、盗窃发案、电诈发案分别同比下降13.5%、43.5%、44.3%、15.5%，持续保持命案10年零发案、“两抢”5年零发案。治安安全指数、平安三率指数、交通健康指数均排名全市第一位。相关经验做法获省市区各级领导批示肯定15次，受央视新闻、《人民日报》政治版、《法治日报》头版等国家级媒体报道。执法办案中心获评全市“最精细执法监督体系”建设优秀中心。民警获全国性比武竞赛个人二等奖1名，海防大队、食药环知大队分获全市团体比武第一名、第二名。鹿西派出所获集体二等功，经侦大队、东屏派出所获集体三等功，2名民警分别获评全国公安机关成绩突出青年民警和全省优秀人民警察，1名民警获个人二等功、10名民警获个人三等功。

（王增环 许海剑）

【扫黑除恶专项斗争】2022年，洞头区公安分局共打处涉黑恶九类案件嫌疑人员28人，移诉涉恶势力犯罪团伙成员7人，判决7人。侦破“3·30”未成年人系列性侵案，抓获犯罪嫌疑人10人，完成市局下发涉黑线索排查任务。

（吴龙昌）

【刑事案件侦办】2022年，洞头区公安分局共破各类刑事案件77起，刑拘127人。其中，破本地侵财刑事案件24起，侵财对象刑拘27人，侵财对象移诉16人，两抢案件零发案，命案零发案，抓获各类逃犯24人。

【电信网络新型违法犯罪打击治理】2022年，洞头区公安分局刑侦大队共破获电信网络诈骗30起，抓获犯罪嫌疑人68人，追赃返损167.5万元，同比分别上升7.1%、-17.07%、123.33%，打掉本地跑分窝点3个。重点开展专案攻坚，完成黄祖杰被诈骗案部督案件侦破和3起案损50万元以上省督案件侦破工作。建立涉诈重点人员动态管控机制，见面谈话训诫涉诈重点人员87名，对仅剩1名缅北滞留人员开展劝返工作，坚持“一人一策”，成立工作专班，综合运用各种手段措施，劝返回原籍地管控。联合银行和通信运营商开展“断卡”行动，全年核查打击“两卡”线索37条，核查率为100%。依托市局东风预警平台，省、部反诈平台预警信息，提升点对点的精准诈骗预警和反制能力，全天候24小时实施线上线下预警劝阻，累计开展劝阻21100多人，劝阻即将汇款人员11人，及时止损61.88万元，预警处置率和上门劝阻率均100%。

【打击传统侵财案件】2022年，洞头区公安分局刑侦大队共破获传统侵财案件破24起，破案率44.15%，抓获犯罪嫌疑人27人，破获“3·23”特大黄金被盗案。

【侦破“3·23”特大黄金被盗案】2022年11月17日，“3·23”特大黄金被盗案告破。2020年3月23日8时许，洞头分局接群众报警称，其位于洞头区大门镇富民街18号“建文打金店”内放置在展柜里的黄金首饰被盗，被盗各类24K黄金首饰共计价值约百万元。该案涉案金额高、持续时间长、侦破难度大，是洞头有史以来损失金额最大、社会影响最为恶劣的黄金盗窃案件。经研判，发现犯罪嫌疑人陈某安有重大作案嫌疑，2022年7月把该陈某安抓获归案，但无法突破，9月把案件上报省厅提级审查，经省厅预审专案组指导，11月17日案件侦办取得突破性进展，同日抓获销赃嫌疑人翁某前、收赃嫌疑人吴某武，3人均对犯罪事实供认不讳。

【侵犯公民个人信息案件侦办】2022年5月，洞头区公安分局网安大队发现网上出售含洞头籍公民个人信息的线索。经侦查，于5月26日至6月10日在广东省黄德市、福建省平和县、湖北省武汉市洪山区分别抓获专业从事出售公民个人信息的犯罪团伙，共抓获柳某平、龚某成、彭某敏、李某科、余某周、黄某聪等犯罪嫌疑人6名，查获公民个人信息8亿余条，作案手机、电脑等电子设备10多件，追缴犯罪所得30多万元。9月，先后把6名犯罪嫌疑人移送检察院审查起诉；12月，洞头区人民法院判处柳某平、龚某成、彭某敏、李某科等4名犯罪嫌疑人3—4年有期徒刑；其他2名犯罪嫌疑人在审查起诉阶段。

（林维敏）

【民间金融风险处置】2022年，洞头区公安分局经济侦查大队持续开展打击“呈会”等涉众型经济犯罪，全年立案侦查非法吸收公众存款案件(呈会)1起，刑事拘留2人，取保候审3人，移诉3人，判刑1人，涉案金额419.68万元，涉及人数118人，挽回经济损失42.78万元。持续开展民间金融风险处置工作，全年共接待涉会人员2215人次，受理投诉件221件，涉及被投诉对象86人，涉及资金1976多万元。调解410件，其中成功调解175件，签订书面协议92份，口头协议83份，涉及金额859多万元，追偿资金入户245.2万元，分配清偿资金167.8万元。

【特大骗取出口退税案侦办】2022年，洞头区公安分局经济侦查大队侦办“2·17”“2·18”系列特大骗取出口退税案件，涉案总金额7.4亿余元，涉及税额9290多万元，追回赃款4176多万元，涉及企业119家、犯罪嫌疑人85人

（吴素存）

【公安系统审批服务】2022年，洞头区公安分局共办理各类审批申请41048件，App、政务网等平台线上收件27685件；累计上门办证送证14件；非工作日累计办证105件，办理涉企审批527件。全年共发放居民身份证9590张，其中省外身份证350张。办理临时身份证1382张。受理中国公民普通护照57人次，内地居民往来香港、澳门通行证133人次，大陆居民往来台湾通行证8人次。

【“最多跑一次”改革】2022年，洞头分局围绕“三能”（平常时间能看得出来，关键时刻能冲得出来，危急时刻能豁得出来）提升工作要求及年度重点工作任务，深入推进数字化改革，完成公安分局“网办中心”建设并通过省公安厅考评验收，擦亮海岛综合型审批品牌。6月，拓宽“上门+”服务广度，把在温24年“黑户”送回广西老家认亲；8月，为1名到中国台湾攻读博士学位的学生加急办理签注证件；11月，为外省学生加急办理身份证明，圆梦“成人高考”。

【信息化执法】2022年，洞头区公安分局依托“互联网+监管”平台，以“双随机、一公开”为基本手段，牵头或参与部门联合抓好随机抽查计划落地落细落实。全年掌上执法开通率100%，掌上执法激活率100%，监督管理事项入驻率100%，开展执法检查75次，掌上执法率100%，“双随机、一公开”检查任务总数20个，任务完成率100%，应用信用规则率100%，跨部门监管率35%。

（叶礼君）

【数字化改革】2022年，洞头区公安分局坚持“云上公安、智能防控”主策略，补育新增视频监控、卡口抓拍、人脸识别等感知终端730个，实现重点公共区域视频覆盖率、联网率、高清率等“三个百分百”。完成刑事侦查中心、反诈中心、防疫大脑中心融合一体化建设，提升风险预警能力和合成作战能力。

（王增环）

【海防工作】2022年，洞头区公安分局海防大队融合构建海上精密智控系统，配套建立《部门联合执法专班工作机制》等六大反走私工作制度，形成“党政主导、公安主打、部门主管、社会参与”数字化沿海治理新格局，查获走私偷渡案件9起，查处涉案人员66人，走私物品511.8吨，获全市“技战法”比武第一名。

（徐欣成）

【食药环知工作】2022年，洞头区食药环知侦查大队组织开展“剑锋2022”系列和“昆仑2022”等打击食品、药品、生态环境、知识产权、伪劣商品及野生动物等民生领域犯罪专项行动。全年共受立案15起，其中刑事案件13起，移诉25人，行政处罚4人。破获“洞头区4·26非法经营案”，洞头区大门镇豆岩村寨楼三矿区违法占林案等系列大案要案。

（林欧宇）

【道路交通管理】2022年，洞头区公安分局紧盯“两大一小”重点车型和“一老一少”重点人群，通过严管、共管、智管、自管等举措，辖区道路交通安全形势持续平稳，实现伤亡和亡人事故连续下降目标，全年共发生道路交通亡人事故3起死亡3人，同比下降57.14%，为2004年后亡人事故最少一年。截至年底，全区机动车保有量36857辆，其中汽车28546辆、摩托车8047辆、其他车辆264辆；全年累计办理机动车上牌2328辆，其中汽车175辆摩托车2153辆，电动自行车上牌8788辆；驾驶人保有量30515人，新增驾驶人1123人。开展全国文明城市建设交通秩序整改提升行动，实行“十个一律”交通严管整治措施，严厉整治乱停乱放等交通违法行为。推行参加交通志愿劝导“学法减分”、信用智治“百家信”诚信文明分加分。争取专项资金78万元，增加道路设施和抓拍系统。在全国文明城市建设“省测”中，交管口零失分，提升全市路口守法率均值。

【交通违法查处】2022年，洞头区公安分局交警大队开展各类统一行动，严厉查处无证驾驶、酒后驾驶等严重交通违法行为和摩托车、电动车超载、不戴头盔等显见性交通违法行为。全年共查处各类交通违法74659起，其中现场查处45674起、非现场28985起，查处酒驾（含醉驾）262起，采取刑事措施91人，行政拘留59人。

【交通安全隐患整治】2022年，洞头区公安分局交警大队围绕中共二十大安保任务，以推动改善全区道路安全基础条件为目标，以排查治理事故多发路段（点段）交通安全隐患为重点，开展道路交通领域各类隐患排查整治。全年共排查整治各类道路交通隐患点段71处，整治率100%。迭代构建电动自行车“前端抓取+预警处理+综合治理”智治体系，全方位提升电动自行车驾驶人遵章守法意识，在平安

建设、文明城市创建不定期抽测中，城区电动车常态守法率96%以上，位居全市前列。全年群众对交通安全感满意度96.33%，名列全市第一位。

【“僵尸车”治理】2022年，洞头公安分局交警大队聚焦破解“僵尸车”治理存在多方管理协同难、跨部门数据传输难、清理后续处置难“三大痛点”难题，创新打造“僵尸车”综合智管平台，赋能盘活城市公共空间，完善闭环处置流程，相关数改经验做法得到上级领导肯定，并在《浙江政法》《浙江法治报》等媒体刊发。数字化改革工作获区委、区政府授予的洞头标准改革突出贡献集体称号和数字化改革破冰前行专项工作特别奖。

【交通“共管共治”管理机制】2022年，洞头公安分局交警大队深化机关党员、快递(外卖)行业自律协会、“护校队”、“警保联动”、渣土车自律协会工作机制。开展全区“双月双保”交通严管整治行动，打好“五大攻坚战”(“隐患歼灭、秩序净化、信息制导、宣传攻势、协同共治”攻坚战)。其间，发生亡人道路交通事故1起亡1人，与上年同比下降50%。推动落实属地责任、部门责任和源头治理、综合治理措施，通过政策协调、信息互通、资源共享、机制衔接，打好交通安全治理“组合拳”，巩固“党政主导、部门联动、社会参与、企业自律”共管共治新格局。

【“旅游交通”新模式】2022年，洞头公安分局交警大队实行民辅警“假期无休”，应对五一、十一小长假及夏季周末等旅游交通高峰，挑战10月1日当日本岛进城车流21873辆次新高峰。夏季周末常态备足警力，应对半屏韭菜岙沙滩、元觉“小洱海”、霓屿山尖等网红点旅游交通拥堵问题。实现“四个不发生”和“三项指标大幅下降”管理工作成效，被区委区政府授予年度国际旅游岛重要窗口建设先进集体。

【民生服务】2022年，洞头公安分局交警大队推动温州交运集团洞头公司投资近百万元建成投用摩托车智能考场。增加考试7场次。为新成立的瓯江口德基再生资源公司开展业务指导，派员监销报废车辆54批次，共监销机动车468辆。在中国太保产险洞头支公司设立机动车登记服务站，完成机动车上牌“一件事”改革任务；在车流量较大的主干道建立3条“绿波带”，实现“最多等一次”。

【社会风险防控】2022年，洞头区公安分局开展涉稳风险和不安定因素排查，推行“特警+武警”武装联勤模式，统筹运用派出所PTU最小作战单元，优化构建立体化巡控格局，全区无发生有较大影响的涉稳案事件。拓展延伸“警企共建”模式，挂牌成立“北岙派出所溢香联勤警务站”，整合公安、溢香应急救援、综合行政执法、市场监管、经信等多方资源，实现警情处置更迅速、矛盾纠纷化解更便捷。补盲新增视频感知终端730个，建成标准型智慧安防小区5个。全年共出动警力923人次，完成“省第十五次党代会文艺宣讲”、霓屿街道外东郎和内东郎整村搬迁安置房摸文认购大会、十一假日旅游、中共二十大召开等重大安保任务17批次。依托“智安校园”统建平台，实践新场景安全应用，26所中小学校幼儿园常态化运行“智慧护学岗”，完善“校家警群”联勤联控护学模式，选派26优秀法制民警担任校园法制副校长。全年建设“智安校园”7个，其中霓屿幼儿园被评为“省级智慧安防校园”。

(庄伟 周灿龙)

【新居民管理服务】2022年，洞头区公安分局结合辖区实际，加强流动人口、出租房屋、中介机构和用工单位服务管理，维护社会治安稳定。截至年底，全区在册流动人口21034人，其中男性13525人，女性7509人，新登记39128人，注销37189人；在册出租房3744间。全年累计新登记615间，居住证申领数1154张。

(邵鲁成)

检察

【概况】2022年，温州市洞头区人民检察院共受理提请逮捕案件75件118人，批准逮捕59件81人。受理移送审查起诉案件251件476人，提起公诉163件290人。依法不批捕38人，不起诉199人。开展羁押必要性审查专项活动，变更强制措施8人。区委制定《关于全面支持检察工作高质量发展的意见》。探索公开听证工作“四大检察”领域全覆盖，全年公开听证案件18件。推进认罪认罚从宽制度“可用尽用”，认罪认罚案件适用率96.22%。邀请人大代表、政协委员和人民监督员参加公开听证、检察建议公开宣告等活动22场。在最高人民检察院专项会议上作经验交流1项，最高人民检察院简报刊发2项，案件被最高人民检察院评为典型案例2个。开展安全生产领域专项监督行动，工作经验被《浙江日报》刊载。办理林某非法占用农用地生态环境损害赔偿案，入选浙江省生态环境和资源保护典型案例。针对部分滩涂养殖户非法架设防鸟粘网事件，向涉案滩涂养殖户提起民事公益诉讼，监督主管部门开展专项整治，工作经验被最高人民检察院采编、学习强国平台推送。

【全面支持检察工作高质量发展意见】 2022年10月8日，为贯彻落实最高人民检察院调研组到洞头调研督导指示精神，全力支持区检察院各项工作高质量发展，开创法律监督工作新局面，区委《关于全面支持检察工作高质量发展的意见》，加强党对检察工作的绝对领导，提升区检察院党建工作水平，指导、支持区检察院建设“清廉机关”；健全完善检察机关依法履职的部门间衔接配合机制，深化刑事案件质量管控机制，健全完善行刑衔接机制，构建未成年人司法综合保护体系，形成打击虚假诉讼合力，建立府检联动机制，完善公益诉讼衔接机制，构建司法救助衔接机制，完善刑事执行监督衔接机制；为区检察院依法履职提供有力保障，增强法律监督刚性，落实信息共享要求，加强人员经费保障。

【法治营商环境建设】 2022年，区检察院坚持以法治稳企业保就业，对犯罪情节相对较轻且认罪悔罪的涉罪民营企业家不起诉41人。发挥涉税案件捕诉一体化办案机制优势，为国家挽回税收损失8000多万元。探索开展涉案企业合规改革，健全法律风险防控机制，开展合规建设涉案企业12家，合规数量居全省第二。深化“亲清”检企关系，组织开展检察开放日活动，听取意见建议，实地走访一批重点企业，为企业项目落地、健康发展排忧解难。

【蓝色海湾行动】 2022年，区检察院深化守护蓝色海湾行动，开展非法捕捞、保护野生海鸟、海洋非法倾废、违规使用非成品油等专项监督活动，办理互花米草外来物种侵害海洋湿地公益诉讼系列案件，联合开展渔业资源损害赔偿增殖放流活动，追偿公益损害赔偿金280多万元。打击非法采运海砂类犯罪19人，针对海上执法规范化问题形成调研报告，被省委办公厅采用。针对3家区外建筑垃圾运输企业向霓屿海域非法倾倒建筑泥浆污染海洋环境问题，提起民事公益诉讼，追偿生态损害赔偿金17多万元。

【刑事诉讼监督】 2022年，区检察院联合区内三家侦查机关，解决应当立案而不立案、不应当立案而立案问题12件。发出纠正侦查行为违法通知书8份、侦查活动监督通知书3份。联合区法院、区公安分局、区司法局等部门，监督纠正判实未执罪犯34人，审查办理收监执行3人，审查暂予监外执行案16件。依法提起公诉2人。依法打击网络诈骗、集资诈骗犯罪34人，追赃挽损1800多万元。依法办理全国扫黑办、公安部督办，由温州市检察院指定管辖的敲诈勒索、偷越国（边）境系列案件。

【民事行政监督】 2022年，区检察院深化虚假诉讼专项监督，提出再审检察建议3件，向公安机关移送虚假诉讼犯罪线索7人。摸排网络司法拍卖违法线索、涉车辆查封扣押民事执行违法线索、虚假司法确认线索、涉住房公积金终本执行违法线索千余条，全年发出检察建议15件。纠正建筑垃圾监管等领域的行政违法行为3件。纠正不依法向法院申请行政处罚强制执行的违法行为2件。办理行政争议实质性化解案件4件，通过开展检察监督、检察公开听证等方式，为经营困难的涉案企业减免行政处罚滞纳金9万元。

【公益诉讼监督】 2022年，区检察院发挥公益诉讼检察职能，办理行政公益诉讼案件14件、民事公益诉讼8件。通过磋商、诉前检察建议等，收回国有财产21万元，规范刑事犯罪人员养老金发放14人，追回被违规领取的养老金12多万元；推动耕地占用税、环保税等特殊税种规范征收管理，联合多部门出台《关于进一步加强环境保护税征收管理部门协作机制》。牵头制定《加强安全生产领域检察监督工作协作实施办法（试行）》，成立安全生产检察官办公室。针对张某等人组成的犯罪团伙非法买卖个人信息超过1亿条的事实提起民事公益诉讼，涉及公益损害赔偿金1000多万元。

【未成年人司法保护】 2022年，区检察院零容忍打击侵害未成年人犯罪，受理移送起诉未成年犯罪嫌疑人13人，决定起诉11人。对未成年人犯罪情节轻微并有悔罪表现的，不起诉1人，附条件不起诉1人。牵头组建预防和惩治侵害未成年人违法犯罪工作专班，开展法治进校园等活动19场。对20名侵害未成年人的犯罪嫌疑人提起公诉，对10名涉罪未成年人落实宽缓化刑事司法政策。开展洞头首例涉案未成年人家庭教育指导活动，依法向涉案未成年人的父母送达《督促家庭教育指导令》。对5名未成年被害人实施司法救助，对3起未成年人抚养权案件开展支持起诉。联合区公安分局、区教育局对全区39家学校及学科类培训机构的1970名工作人员开展入职查询，发现有违法犯罪前科人员21人，监督清理不适宜继续从事现有岗位的教师8名。联合开展宾馆违规接待未成年人入住排查，督促职能部门对重点监管的旅馆、酒店进行整改。

【保障各类群体权益】2022年，区检察院实施员额检察官定向联系服务街道（乡镇）机制，提供法律咨询服务20件。把司法救助融入社会综合救助大格局，强化与妇联、红十字会等机关团体社会组织的协作配合，向刑事案件被害人或家属发放司法救助款18.6万元。开展妇女权益保护专项活动，发出检察建议2份，联合公安机关推进家暴警情处置规范化建设。助力推动养老机构规范管理，对全区养老机构管理情况进行排查，针对部分养老机构落实食品留样不规范、应急物品设置不到位等问题，通过发出检察建议督促主管部门整改，截至年底，全部问题均已整改。

【刑案涉财产执行监督】2022年，区检察院针对刑事案件涉财产部分执行过程中存在的财产发现难、处置难、执结率低等问题，开展刑案涉财产执行监督，联合相关部门建立《刑事判决涉财产部分执行一体化实施细则》等协作机制，通过制发检察建议和提出纠正意见等方式对134件涉案财物进行跟踪、督办，对未能及时移送立案执行5件，及时发出检察建议。4月，区检察院在全省首创检察机关以申请执行人身份申请强制执行3件，涉案金额共10.9万元，工作经验被省检察院刊发。

【检校合作】2022年10月20日，区检察院与温州大学法学院举行检校合作签约仪式，签订《助力海洋保护和治理研究合作框架协议》，成立"海洋检察理论研究实践基地"和"肖磊教授学术团队工作室"，通过检校合作落实海洋保护和治理研究项目，以点向面强化"工作室+联系人"的机制，为切实解决海洋保护和治理难题提供洞头经验和做法，推动合作成果转化为促进检察工作高质量发展和法学教育创新发展的成效。

（郑诗璇）

法院

【概况】2022年，温州市洞头区人民法院共受理各类案件2674件，审结2582件。审结刑事案件156件，有罪判决286人。审结民商事案件1311件，其中调撤774件。审结行政诉讼案件193件、非诉执行案件33件，协调化解29.69%的行政争议。执结案件1215件，到位金额7268.71万元。

区法院出台环资审判助力"海上枫桥"建设司法意见8条，联合乐清等地召开温台海湾生态跨区域司法保护协作会议。牵头构建"五地十院"环境资源区域性司法协作模式，入选《改革创新——浙江政法系统的鲜明底色》案例集。推行"平台+智能"环境资源审判新模式，设立"两菜一鱼"3个环境资源"共享法庭"，试点"绿源智治"场景应用。联合区纪委等单位推进倾倒建筑垃圾违法行为专项整治。推动矛盾纠纷源头预防、前端化解、关口把控，万人成讼率69.7%，同比下降4.75%。优先立案、审理、执行劳动争议案件20件，帮助农民工追回"血汗钱"220万元。对生活确实困难的当事人缓、减、免交诉讼费4万元，发放救助金5.25万元。联合区慈善总会设立"法助基金"，拓宽司法救助资金来源渠道。化解300多起潜在诉讼纠纷。依法惩处扰乱诉讼秩序行为5起。审结环境资源刑事案件3件，判处11人，确定为全省首批环资审判基层联系点。制定司法保障儿童友好城市建设、残疾人合法权益等意见，在诉讼服务大厅、人民法庭窗口等构建"适老助残扶弱型"诉讼机制与场地建设。召开涉未成年人司法保护工作新闻发布会，联合区文明办、区教育局举办"海霞少年说"法治小主播选拔赛，开办"小度学堂"第二季。司法为民经验获最高法院《为群众办实事示范法院创建活动》专刊推介。先后获评全省普法与依法治理工作先进集体、全国法院"数助决策"专题示范应用三等奖等。

【刑事案件审判】2022年，洞头区审结刑事案件156件，有罪判决286人。审结故意伤害、盗窃、"黄赌毒"犯罪案件30件56人。审结非法集资类案件5件16人，涉案金额2.28亿元；审结骗取国家退税、虚开增值税专用发票等案件8件31人，挽回损失2137万余元。审结电信网络诈骗犯罪案件48件89人。审结侵犯公民个人信息罪2件22人，查获非法获取的个人信息4亿余条。深入贯彻未成年人"两法"，审结涉未成年人案件8件，发出全市首份终身从业禁止令。审结贿赂犯罪案件3件4人，联合区纪委开展"旁听庭审"警示教育200多人次。

【民商案件审判】2022年，洞头区审结民商事案件1311件，其中调撤774件，在89件离婚案件中推行财产申报制度，对10件离婚案件设置冷静治疗期，出具离婚证明书31份。大门法庭连续14年家事纠纷无上诉。发出人身安全保护令2份。贯彻实施《中华人民共和国家庭教育促进法》，发出家庭教育指导令6份。全年查处虚假诉讼15件，查处率万分之五十六，名列全市第二位。

【行政诉讼审判】2022年，洞头区审结行政诉讼案件193件、非诉执行案件33件，协调化解29.69%的行政争议。全年发出败诉风险预警 59 件、行政审判白皮书 3 份、司法建议 16 份，其中一篇获评全市法院十大优秀司法建议。区行政机关负责人出庭应诉率 100%、无行政败诉。首次召开府院、府检联席会议，发布非诉执行“裁执分离”实施工作指引，设立行政执法服务站“共享法庭”，全力支持“大综合一体化”改革。创设行政行为自查建议机制，发出建议函 91 份，推动法律职业共同体协同参与处理行政争议，入选温州市社会治理创新项目。

【审判案件执行】2022 年，洞头区开展“春节不打烊，执行我在岗”“百岛·暖春”等专项执行活动，执结案件 1215 件，到位金额 7268.71 万元。持续开展打击拒执专项行动，移送立案侦查 11 件 14 人，以拒执罪判处 7 件 9 人。巩固“自动履行为主、强制执行为辅”长效工作机制，修复符合条件的个人信用 73 名，自动履行率 49.21%，同比提高 5 个百分点。推进“执行一件事”综合集成改革，执行办案质量、效率、效果指标居全市前列。

【审判保障营商环境】2022 年，洞头区坚持办案与服务并行、惩治与保护并重、打击与防范并举，审结涉企纠纷 129 件，依法采用信用修复、“活封”、“活扣”、调解、和解等法律调节手段，帮助 86 家企业恢复正常生产经营。开展涉企执行规范化提升专项治理活动，为 75 家企业执行到位金额 3996.8 万余元。深化执破协同机制建设，执行移送破产 4 件，涉及标的额 1816.84 万元。审结买卖合同纠纷案件 160 件，平均审理天数等 3 项营商环境核心数据分列全市第一、第二、第一。深化“三服务”活动，以送法入企、提供法律咨询服务等形式对接企业 40 多家。

【“一庭一码一天平”品牌建设】2022 年，洞头区印发《关于全面加强“共享法庭”建设 推进基层治理法治化现代化精细化的实施意见》，全域建成 44 个“十分钟交通圈”共享法庭集群，运用“共享法庭”指导调解、分流化解矛盾纠纷 1900 多次，获省委政法委肯定推广，海上渔业联盟共享法庭获评全市首批示范共享法庭。联合区委政法委出台庭务主任选任考评激励机制，打造“共享法庭”管理排行榜，鹿西、元觉、大门居全区前三。全新升级“纠纷行程码”和四度 e 天平综合应用平台，探索研发“智能庭务主任”场景应用，纳入省“一本账 S3”子场景。“一庭一码一天平”项目获评 2022 年洞头区社会治理（平安建设）优秀创新项目，在《人民法院报》报道。

【深化“刑财查控一件事”改革】2022 年，洞头区针对刑事涉财产部分执行案件财产发现难、处置难、执行到位率低等问题，推动区两办印发《洞头区协同推进“刑财查控一件事”改革行动方案》，自主研发上线“刑财查控一件事”应用，推进案件办理多跨协同、流程再造，实现追赃挽损工作全链条闭环管理。共流转案件 141 件，在公安侦查阶段主动申报财产嫌疑人 631 名，对 44 起案件 63 名嫌疑人发起法院网络协查，发现嫌疑人财物 5779 万元。被列入市“一本账 S1”清单。

【“文泰洞”三地法院司法协作一体化战略】2022 年 7 月 5 日，文成法院、洞头法院和泰顺法院携手签订《全面推进“文洞泰”三院司法合作协议》。协议内容共覆盖 10 项共建领域，明确内容和方式，包括加强三方联动调解，加强立审执阶段衔接合作，开展案件互评工作，建立执行协作机制，整合诉前调解资源，建立业务交流机制，强化特色亮点交流分享，探索推进法庭联盟合作，开展党建共建活动，延伸司法服务职能等。

【全区首份家庭教育指导令】2022 年，区法院办理一起刑事案件中发现，被害人系未成年人，因心理问题早早休学，随父母外出打工生活在务工厂区。因轻信父母工友，身心遭受巨大伤害。经评估认为，本案被害人的监护人确实存在明显监护缺失情形，被害人的监护人监护不力与被害人最终遭受侵害之间存在密切联系。5 月 24 日，洞头区法院制发第一份面向未成年被害人家长的《责令接受家庭教育指导令》，督促该起案件的被害人家长切实履行监护职责，并由经办法官对其全面开展家庭教育指导。

【审结一起大型骗税案件】2022 年 2 月 15 日，洞头法院审结一起涉及被告单位 4 家、被告人共 12 人，涉案税额累计达 1.31 亿元的大型骗税案件。该案以骗取出口退税罪分别判处 4 家被告单位罚金 10 万元至 5000 万元不等，以骗取出口退税罪判处被告人黄某某、王某某等人有期徒刑三年，缓刑四年至有期徒刑十年六个月不等，并处罚金 5 万元至 260 万元不等，以虚开增值税专用发票罪判处蔡某某、黄某某等人有期徒刑三年，缓刑四年至有期徒刑七年不等，并处罚金 40 万元，以非法经营罪判处金某某、阮某某等人有期徒刑十个月，缓刑一年四个月至有期徒刑五年二个月不等，并处罚金 10 万元。追缴各被告人退出的违法所得共计 3285347.3 元，均予以没收，上缴国库。

（林慧慧）

司法行政

【概况】2022年，温州市洞头区司法局落实行政执法“三项制度”，创新“免罚＋指导＋修复”涉企行政执法模式，严格落实重大行政决策、规范性文件、重大行政合同合法性审查100%覆盖机制，试点开展行政执法协调监督工作体系建设，全区6个街道（乡镇）增挂行政执法监督指导室牌子。持续做好行政争议全生命周期管理，行政机关负责人出庭应诉率连续六年100%，复议诉讼比值为2.27，全市最高。组织开展“调解促稳定 喜迎二十大”专项行动和人民调解预防“民转刑”“民转群”案件工作，全年调解矛盾纠纷2236件，涉案金额1.17亿元。全面落实“八五”普法规划，深化“海霞说法”品牌建设，强化法治信仰培育和重点人群精准普法。深化“海岛律管家”“兰小草”法律门诊等特色品牌建设，拓展法律援助知晓度和覆盖面。北岙司法所获评省级“枫桥式司法所”。

【“人民调解＋共享法庭”联调解纷】2022年，区司法局创新“人民调解＋共享法庭”联调模式，把“共享法庭”引入人民调解，街道（乡镇）、村社、行业协会等调阵地设立“共享法庭”44个，29名人民调解员担任庭务主任，90名人民调解员入驻“共享法庭”。建立“1对N”结对联络机制，由一名法官对接若干家“共享法庭”庭务主任，提供专业指导，开展专题业务培训12场。依托纠纷行程码、浙江解纷码等平台应用，推行“一般纠纷就地调、复杂纠纷指导调、涉诉纠纷邀请调”纠纷分层过滤体系，指导基层调解组织化解23名渔民因渔船触礁沉没漏洞导致羊栖菜大面积受损等矛盾纠纷14起。相关工作在“法治浙江简报”“法治温州简报”“温州政务信息”等刊物宣传推广。

【“海霞妈妈”获评省级“金口碑”区域调解品牌】2022年12月28日，浙江省人民调解协会印发《关于命名省级“金口碑”人民调解区域品牌和金牌人民调解工作室的通知》，“海霞妈妈”调解组织获评省级“金口碑”区域调解品牌，为全市首个省级“金口碑”区域调解品牌。洞头区司法局深入挖掘本地特色人民调解工作品牌，深化“1+6+N”“海霞妈妈”调解组织全覆盖机制，把矛盾纠纷排查化解融入基层治理体系“四个平台”。吸收党员渔民、热心渔嫂、网格员、乡贤、企业家等参与其中，成立“三官一律”调解专家队伍。推进“海霞妈妈”调解组织进驻区社会治理中心，实行“固定排班＋点单服务＋机动驻岗”办公机制，充分发挥“海霞妈妈”女性调解特色作用。制作特色海渔事纠纷调解、婚姻家庭纠纷调解等调解清单。把“海霞妈妈”打造成为群众遇到难事想到的“第一个人”。设立海霞妈妈“共享法庭”，借助智慧终端快捷解纷、司法协助、普法宣传、数据共享等功能，开展远程调解和法治培训等，将矛盾纠纷化解在最前端。相关经验做法在人民网、《浙江法治报》、浙江新闻客户端、平安浙江网等媒体宣传报道。

【省级“智慧矫正中心”建设】2022年，洞头区司法局落实司法部关于“数字法治智慧司法”信息化建设部署要求，升级改造社区矫正中心，全面贯通“浙里社区矫正应用”平台，配备自助矫正、指纹比对等终端设备，实现数据集成一体化。引入“浙里连心”心理分析预警平台，推行“五色心晴码”，实现矫治精准化。创成省级“智慧矫正中心”，获评社会治理（平安建设）优秀创新项目。

【公共法律服务供给】2022年，洞头区司法局开设“法雨春风”法律服务专窗，设立“海霞妈妈”法律援助品牌工作站，深化“千所联千会”合作机制，推进“法治体检”，为150家民营企业提供法律服务。推进律师行业“扬帆行动”，全区律师万人比达到2.48，完成年度任务数的146%。全面推行法律援助“全域通办”“困难承诺”，开辟农民工讨薪法律援助“绿色通道”，全年共接待来访群众958人次，受理法律援助和法律帮助案件555件，群体性法律援助案件结案率100%，减轻群众诉讼成本300多万元。

（叶　珺）

2021年2月21日，“海霞妈妈”法律援助品牌工作站设立（区司法局提供）

军 事

国防后备力量建设

【概况】2022年，区人民武装部坚持以习近平新时代中国特色社会主义思想为指导，深化国防动员体系调整改革，推进党管武装和国防后备力量建设，加快打造新时代民兵建设“重要窗口”，适应民兵调整改革，紧贴实战筹划军事训练，提升民兵队伍建设水平，双拥共建纽带作用。制定《关于加强新时代全区专职人民武装干部队伍建设的若干规定》，发挥联系军地职能作用，确保党对武装力量的绝对领导贯彻到底。完成全区陆上基干民兵档案数字化工作。全区应急力量、支援力量基干民兵集合点验代表温州军分区接受省军区民兵工作检查。开训动员演练在中央电视台新闻频道报道。参加军分区第五届岗位练兵比武。完成兵员征集任务。

【全区专职人民武装干部队伍建设若干规定】2022年8月20日，为建设一支政治思想坚定、专武业务精湛、作风纪律优良、服务海岛建设的专武干部队伍，区人武部联合区委组织部、区委编办和区人力社保局联合制定《关于加强新时代全区专职人民武装干部队伍建设的若干规定》。该规定对专武干部的编配员额、进出渠道、任选程序、相关待遇、教管培训、兼职情况、绩效考核、奖惩机制等进行明确规范，规定生效后，《关于加强全区专职人民武装干部队伍建设的实施意见》废止。

【民兵整组工作】2022年，洞头区以《民兵组织整顿工作实施办法》为指导，以海上力量和应急队伍建设为重点，完善组织领导，编实民兵队伍，组织基干民兵体检、政考、出入队，完成全区陆上基干民兵档案数字化工作，完成对全区应急力量、支援力量基干民兵集合点验，完成对7个街道（乡镇）的检查考评验收工作并代表温州军分区，接受省军区一行检查。

【征兵工作】2022年，洞头区适应“一年两征”征兵新模式，持续加大高学历青年动员力度，注重拓宽宣传渠道，面向适龄优质兵源发送征兵消息，精准覆盖重点征集对象，组织役前教育训练、新兵欢送暨“从戎之剑”赠剑仪式，实现“征好兵、无退兵、零违纪”目标，完成大学生征集任务，获评省军区“征兵工作先进单位”。

【民兵演训】2022年，区人武部组织指挥演练和实兵行动；组织部机关干部、文职人员、专武干部、民兵教练员专项集训，并参加军分区第五届岗位练兵比武，其中首长机关成绩名列分区第一方阵，民兵队伍分获2个科目第一、二名。全年派出女子民兵连军训教官，承训7所学校共5000多名学生。开训动员演练在中央电视台新闻频道、国防军事频道相继报道。

【民兵抗险救灾】2022年，区人武部完善抢险救灾军地协同机制、响应机制和各类预案，调整指挥编组，补充物资器材，抓实民兵应急分队抢险救灾训练，参加防疫执勤及核酸检测点秩序维护，组建百人应急机动队伍，防台抗台参与运输防台物资、转移安抚群众，维护安置点秩序，清理疏通道路等工作。

（李郑勇）

国防教育

【概况】2022年，洞头区开展丰富活动提升国防教育质效。开展国防教育专题学习，发挥洞头先锋女子民兵连纪念馆国防教育基地优势，邀请军分区领导为区党政领导进行国防教育授课。全年各街道（乡镇）党政领导参加各种形式国防教育活动20次，开展“讲英雄故事、学革命先烈、做红色传人”主题教育实践活动50次，组织“国防在我心中”青少年国防知识大赛，定期为青少年学生放映优秀国防教育影片。

【国防教育宣传活动】2022年，洞头区在今日洞头、电视台、广播、洞头新闻网等主流媒体开设“八一光荣榜”，八一建军节当天张榜公布上年度立功受奖的洞头籍官兵，并为立功官兵家庭订阅《中国国防报》。组织开展群众性红色教育实践活动，利用烈士纪念日、南京大屠杀死难者国家公祭日等，组织干部群众到烈士陵园、洞头先锋女子民兵连纪念馆等红色教育场所瞻仰学习，倡导入党、入团、入队、入伍和公务员入职时到烈士纪念场所祭奠缅怀英烈。成立国防教育义务宣传团，通过大抓练兵备战，现场海上演练、重大比武，开展“心系国防·放飞梦想”“个人梦·强军梦”等对外宣教活动。

【组建国防教育宣讲队伍】2022年7月，为培养一支以海霞女民兵为主体、以国防教育为主题、以大力弘扬海霞精神为主旨的海霞直播专业队伍，区人武部、区委宣传部和区退役军人事务局等单位联合举办“海霞直播暨新媒体运营”培训活动。女民兵通过拍摄短视频、网络直播，及云宣讲、云课堂、云旅游等方式，宣讲“海霞精神”和洞头红色文化，打通爱国主义教育“最后一公里”，让“海霞精神”家喻户晓。

【国防教育研学实践营建设】2022年，洞头区投资22亿元全域打造海霞营地，建设“一中心一馆一园”，打造以海霞培训中心为核心，辐射周边的青少年国防基地。创新采用“中心+公司+连队+村庄”运营模式，结合国防教育主题，针对青少年吃、住、学、游等需求特点，完善海霞培训中心各类设施设备，打造光电射击馆、航空训练舱等特色场景，整合周边村庄红色教学资源，开发海霞村、下社村、寮顶坑道等16个青少年研学点位，配齐国防教育、红色文化体验等设施，搭建普及国防教育重要平台。改扩建“洞头先锋女子民兵连纪念馆”，强化数字化技术支撑，运用数字媒体视听科技与互动技术等手段，打造全景式的互动体验功能，列入“建党百年红色旅游百条精品线路”。海霞军事文化园以“传承红色海霞精神，推进强国强军强民”为主旋律，保留原有纪念碑、坑道井、旧碉堡、旧战壕等军事遗迹，在此基础上布点飞机、军舰、坦克等重型装备，设置“丛林穿越体验区”“真人CS野战体验区”“射击体验区”等项目，打造实物实景实例的沉浸式海霞军事教育课堂，自开园以来累计接待青少年3万人次。利用“洞头发布”视频号、“洞头宣传”抖音号、中国蓝新闻网、温州新闻网等网络宣传平台，持续更新海霞研学动态和特色研学产品50多项，研学视频点击率140万余次，提升海霞红色研学知晓率。

（周财达）

洞头先锋女子民兵连建设

【概况】2022年，洞头先锋女子民兵连围绕《洞头先锋女子民兵连五年建设规划（2021–2025年）》，全力写好“爱岛”“尚武”“励志”“奉献”4篇文章。举办“六十二载正青春”“学习贯彻党的二十大精神”等主题活动，参加“永远跟党走”市党史学习教育主题报告会、区“两会”精神传达学习会、市纪念“三八”国际妇女节112周年主题活动、温州市民兵岗位练兵大比武、“老兵你好”节目拍摄等活动。开展疫情防控演练、无人机驾驶员培训、红十字救护员培训、直播营销专题培训等。全年发展预备党员5名。与国家电网新源公司（天蓄“两山”）共产党员服务队、区税务局机关委员会2家党组织结对共建。开展国防教育进校园活动，承接温州市内8所学校军训任务，参与学生4180人次。担任海霞培训中心培训班教练员，全年训练14班次，培训近千人次。洞头先锋女子民兵连纪念馆入选省华侨国际文化交流基地。连队获市军分区比武第一名，获评“创建‘长安杯’工作表现突出集体”，海防巡逻排获评“先进民兵分队”。

【队伍建设】2022年，洞头先锋女子民兵连依托海霞培训中心与市国企新编组退役女兵。截至年底，海防巡逻排大学生比例为94%。制定全年技能培训计划，加强人才队伍建设，组织全员考取无人驾驶航空器系统操作手合格证、红十字救护员证等技能证书，组织分批次开展摩托艇驾驶、A3驾驶、民用无人驾驶航空器驾驶等资格培训。组织开展新媒体运营之产品直播营销专题课程，与温州交运集团洞头公司签订定向培养驾驶员协议，推动连队信息化、专业化水平持续升级，拓宽女民兵出队再就业渠道。连长陈盈盈获评温州军分区“优秀民兵连（分队）长”。

【**军事训练**】2022年，洞头先锋女子民兵连按照“基地化、实战化、信息化”要求，坚持“在营训、结对训、驻点训、联合训”路子，根据新老民兵结构，科学制订训练计划，抓短板抓弱项，巩固“四会”教学、花枪、射击、捕俘刀、捕俘拳、拳术操、班队列、升旗等课目，全年累计组织封闭式训练超5个月。组织开展年终“亮晒比”大考核，通过亮技能、晒成绩、比差距，针对“四会”教学、体能及讲解素质开展一次全员摸底考核。

【**温州市民兵岗位练兵大比武**】2022年，洞头先锋女子民兵连主动认领全市民兵岗位练兵比武“军令状”，利用1个月时间，集中开展4个专业化课目训练。7月，作为唯一一支女民兵队伍，在温州市民兵岗位练兵大比武中斩获佳绩，其中，分队实战战术课目荣获第一名、战场救护转运课目荣获第二名。

【**海霞精神弘扬**】2022年，洞头先锋女子民兵连学习贯彻中共二十大精神，通过“书・海霞强军之梦”“话・海霞时代之光”“绘・海霞发展之路”“秀・海霞光影之美”四大活动板块，以征文比赛、演讲比赛、漫画展、短视频秀的形式，动员全连上下共学共研共进，深度宣传连队的感人故事、励志故事。参与拍摄CCTV-7栏目组《老兵你好》节目，指导员杨燕辉作为战区民兵力量唯一代表参加“联战先锋”演讲。组织撰写《浙江省温州市洞头区推进民兵荣誉体系建设“海霞女民兵”有了专属光荣牌》《浙江温州军地聚焦使命任务加强民兵人才队伍建设》《让“海霞”走上网络当主播，浙江省温州市洞头区军地创新形式推介红色文化》等10多篇宣传报道被“中国国防报”“中国民兵”“钱塘兵事”等媒体刊物采用。“十一”期间军营开放日，连队谋划军事课目展演、军旅文化体验及海霞创意市集三大板块，创新推出海霞小课堂、我与海霞同框、红色经典记忆等子项目，吸引市民游客近2000人次。

【**女民兵志愿服务活动**】2022年，洞头先锋女子民兵连强化治安应急机动和预备力量，参与公安部门组织的治安巡逻等行动。与连云港某连开展“军民联防模范连”双拥结对共建线上活动，持续与驻岛部队开展“迎佳节、送温暖”系列活动。与温州市第七人民医院续签“海霞”心理健康咨询驿站，组织义诊进部队活动。联合海霞村开展环境大扫除、栽花种花等活动。联合温州金属行业协会开展春节慰问，累计慰问海霞村、柴岙村困难群众15户。联合海霞培训中心、微动力志愿服务队开展“微暖腊八粥 浓浓暖人心”主题活动。在330国道霓屿坝头疫情防控健康检测服务点值守超150天。鼓励女民兵既当讲解员，又当宣讲员，在纪念馆讲解过程中融入党的二十大精神宣讲，全年累计接待游客3503批次，共40850人次。

（朱玲爱　庄慧琳　李郑勇）

武警

【**概况**】2022年，武警温州支队执勤二大队洞头中队围绕新时代强军目标，贯彻落实《军队基层建设纲要》精神，以练兵备战为中心工作，打牢训练实战化标准，提高完成抢险救灾等各项任务能力，联合北岙街道、上新社区和区退役军人事务局多次开展军民共建活动，协助公安特警展开联勤武装巡逻。获评温州支队“四铁”先进单位，荣立三等功1人，获评“四有”优秀个人9人，获嘉奖10人。

【**思想政治**】2022年，武警温州支队执勤二大队洞头中队开展“‘忠诚维护核心、矢志奋斗强军’深化‘传承红色基因、担当强军重任’”主题教育、“五不一有”以及读书成才活动。“一队一品”文化节目《烤船谣》获总队文化节目竞赛第一名，连续两年获此殊荣。

【**服务社会**】2022年，温州支队执勤二大队洞头中队与公安特警形成联合力量应对突发事件，全时做好处突准备；开展联勤武装巡逻累计160多天；动用10余名战士组织2批次服务地方大学生军训工作，共受训1200人；组织中队官兵配合公安部门抗击台风。

（方明良）

人民防空

【**概况**】2022年，温州市洞头区人民防空办公室拟定《洞头区国有人民防空工程资产平时使用管理办法（试行）（征求意见稿）》，组织开展“3・1”国际民防日、“5・12”防灾减灾日和“9・18”全民国防教育日宣传活动。利用闲置防空坑道，打造为海霞人防培训基地，对外开放，科普人防知识，完善老城区人防避灾设施。

【**国有人防工程资产管理**】2022年，为贯彻落实人民防空“长期准备、重点建设、平战结合”的方针，加强国有人防工程资产管理，提高国有人防工程资产使用效益，根据《浙江省人民防空工程管理办法》及《温州市人民政府办公室关于印发温州市人防工程产权制度综合改革实施方案的通知》文件精神，区住建局拟定《洞头区国有人民防空工程资产平时使用管理办法（试行）》，旨在建立健全平时使用与维护管理规章制度，切实提升人防工程维护管理水平，对国有人防资产实施产权管理，保障安全和完整，推动资产的合理优化配置，充分发挥其经济效益和社会效益，实现国有人防资产保值增值，切实保障国有人防资产战时防护功能完好。组织开展意见征求。

【人防应急防护能力提升】 2022年，区人防办结合全区城市规划建设和发展需要，开展人防警报网建设工作，投入资金升级更新人防警报器，开展数字化升级改造，提高应对紧急事故能力。

【人防宣传教育】 2022年，洞头区人防办围绕“3·1”国际民防日、“5·12”防灾减灾日和“9·18”全民国防教育日等重要节点，开展人民防空宣传教育活动，利用线上媒体宣传与线下实体活动相结合方式，开展主题党日进人防坑道、校园演练、主题宣传展览等活动。截至年底，人防信息累计省级采用2条，市级采用4条。

（胡汶宇）

退役军人事务服务

【概况】 2022年，温州市洞头区退役军人事务局（以下简称区退役军人事务局）推进退役军人全生命周期数字化平台迭代升级，完成退役军人全覆盖“建档立卡”，形成覆盖全区的数据共享平台。落实“全国优待证”发放办理工作，全年优待证办理及审核通过率100%，工作进度位居全市前列。完成历年退役军人人事档案移交、人事档案数字化和2022年度退役军人人事档案数字化，完成率100%。打造“崇军服务示范带”，新增“荣军商圈”商户22家。举办“清明祭英烈”和“9·30”烈士纪念日活动，筹建洞头革命烈士资料展陈馆；开展寻找“百行百业兵状元”行动，向市局推荐“最美退役军人”“最美拥军人物”“最美军嫂”3名。

【阵地建设】 2022年，区退役军人事务局推进“示范型”“枫桥式”退役军人服务站建设，通过街道退役军人服务站3家、村级退役军人服务站6家“枫桥式”创建迎检验收。指导服务站因地制宜打造“一地一特色”品牌，推行热心搞服务、用心做解释、诚心办实事、贴心送温暖、尽心解难事的“五心”工作法。持续壮大“兵支书”队伍，做好辖区退役军人联系服务和关爱救助。启动“枫桥式”服务站智治平台试点工作，全年平台指数涵盖6个街道（乡镇）服务站和83个社区（村居）服务站，应用覆盖率100%。

【就业创业帮扶】 2022年，洞头区退役军人事务局完成年度自主就业退役士兵、政府安排退役士兵安置工作，深入实施“一十百千万”共富计划，依托海霞学院省级退役军人就业创业平台，面向退役军人、“海霞”女民兵举办无人机驾驶等职业培训，推出摩托艇驾驶技能等特色培训项目，全年累计举办职业培训3场，上岗就业率90%以上。举办退役军人专场招聘会4场，提供就业岗位1000多个。发挥洞头本地资源优势，发展餐饮民宿、军事体验等特色产业，落实税收减免等优惠政策。

【困难群体关爱救助】 2022年，区退役军人事务局坚持依法依规落实困难对象、特殊群体抚恤优待政策，为大病重病、因病返贫等困难退役军人提供临时性困难补助3万元。春节等重要节日期间走访慰问退役军人、优抚对象、现役军官代表等群体。组织在乡老兵、优抚对象免费体检，累计受益100多人次。实施除险保安暨平安温州“大起底大整治大提升”百日攻坚行动，指导街道（乡镇）服务站严格落实属地责任做到零上访。

【双拥工作】 2022年，区退役军人事务局组织开展“我为双拥办件事”活动，完善军地双方互提需求、互办实事“双清单”制度，全年发动区直单位、乡镇街道结合工作职能谋划实施双拥实事，共为驻岛部队办实事22件，为部队官兵提供生活、训练物资，帮助部队官兵解决“三后”问题，组建退役军人应急保障队伍，夯实拥军支前社会基础，为部队备战提供坚实保障。开展春节、八一建军节拥军慰问活动，举办庆祝建军95周年双拥晚会，发动社会各界走进部队开展军地共建活动。发动部队官兵、退役军人志愿者配合基层完成疫情防控、应急抢险、文明创建等急难险重任务。

（谭洁）

农业

【概况】2022年，洞头区制定《关于坚持农业农村现代化发展 加快推进海岛共同富裕的若干意见》《洞头区农村集体资产管理办法》，修订《洞头区花园村庄人居环境督考办法（试行）》。深化农村宅基地制度改革试点和农村承包地“三权分置”改革。迭代升级集体经济数字管理应用，全面推进事权审批、政策文件、资产卡片、资源卡片、合同、会议单据等模块使用，提升农村集体管理效率和质量。培育市级龙头企业1家。全年完成粮食播种面积约780.63公顷（11709.41亩），同比增长2.49%；总产量3291.24吨，同比增长22.22%。

（林振士、胡嘉成）

【粮食生产】2022年，洞头区粮食作物播种面积约780.63公顷（11709.41亩），同比增长2.49%；总产量3291.24吨，同比增长22.22%。其中，粮食作物中谷物播种面积约47.12公顷（706.82亩），同比减少1.62%，产量400.13吨，同比增加4.04%；豆类播种面积约148.26公顷（2223.83亩），同比增加11.29%，产量360.78吨，同比增加5.36%；薯类播种面积约585.25公顷（8778.77亩），同比增加0.81%，产量2530.33吨，同比增加28.71%。

【农经管理】2022年，洞头区根据村级财务重点审计工作安排，完成村级集体经济组织财务审计工作43个村。加强农村集体“三资”监督管理，制定《洞头区农村集体资产管理办法》，完成各街道村级“三资”交叉检查和专项治理抽查工作。推进闲置宅基地和闲置农房激活利用，开展试点村宅基地和农房基础信息调查，推进宅基地和农房专项数据库建设，全区累计激活农房187幢，带动社会资本20518万元，带动农户增收2032.75万元。

【农业机械】2022年，洞头区加强农机安全宣传教育，通过组织驾驶员学习有关法律法规知识，平安农机示范乡镇、村居设立固定安全宣传窗，交通繁忙地段和公路两旁悬挂宣传横幅、张贴宣传标语等形式，提高农机驾驶员的安全意识。全年开展安全学习活动3次，悬挂宣传横幅3条，宣传资料100多份，发送农民信箱信息50多条。开展农机安全专项整治活动，联合交警部门开展检查25次，出动80人次，扣留违规上路拖拉机1台，强制报废1台。全区未发生农机事故，农机事故四项指标均为0，与上年同期相比均下降100%，纯农田拖拉机年度检验率为100%。全年发放中央农机购置补贴资金4.96万元，收益农户17户，补贴机具28台（套），主要以微型耕作机械和轮式拖拉机为主。

（林培）

【农业现代化发展行动实施】2022年12月1日，为加快建设海岛乡村共同富裕，提升渔农业生产效率和效益，全面促进全区现代渔农业高质量发展，区政府制定《关于坚持农业农村现代化发展 加快推进海岛共同富裕的若干意见》，加快扶持农业生产，鼓励发展绿色农业，推进绿色健康农产品生产，鼓励盘活耕地资源，提高农业机械化水平，提升发展生态畜牧，提质休闲渔农业发展水平；培育新型农业经营主体，鼓励创建示范性新型农业经营主体，规范发展“三位一体”合作组织；促进农村电商提质增效；培育农村电商主体，支持物流配套体系建设，支持直播助农，支持网销农产品品牌质量建设，支持农村电商新模式推广，支持电商人才培育，支持农产品电商创业就业；加大金融扶持，拓宽金融支持渠道。截至年底，累计兑现优惠政策资金 266.57 万元，其中金融扶持补助 105.77 万元，渔船管理组织补助 82.1 万元，设施投入补助 47.54 万元，示范创建认定 17 万元，农产品检测点补助 10 万元，涉农展销补助 4 万元，农机购置补助 0.16 万元。

乡村振兴战略实施

【概况】 2022 年，洞头区人大常委会关于开展乡村振兴“一法一条例”执法检查，推进农业农村现代化先行区和共同富裕示范区海岛样板建设。修订《洞头区花园村庄人居环境督考办法（试行）》，组织开展美丽乡村最美最脏系列评选 12 期，累计评比考核优秀村居 40 个，考核进步村居 15 个；获评温州市第一季度、第二季度人居环境最干净镇街 2 次。推进未来乡村试点村建设 5 个，形成小酒馆、糖水铺、共享驿站、共富市集等富民小产业，七夕民宿风情节单日吸引游客 1 万人以上。实施“微改造、精提升”，成 95 公里“四好农村路”，全年栽花种树 12 万平方米，打造最美迎宾环线。全区村集体经济总收入 1.83 亿元，同比增长 15.68%。获评浙江省新时代美丽乡村示范县、浙江省新时代美丽乡村（农村人居环境提升）工作优胜县。

【洞头获评浙江省新时代美丽乡村示范县】 2022 年 1 月 20 日，浙江省委办公室、省人民政府办公室命名 2021 年度浙江省新时代美丽乡村示范县名单，洞头区名列其中，连续 4 年获评。洞头区实施古渔村保护开发行动，精准指导限制型、搬迁型等五类村庄发展。以打造花园村庄为载体，“一村一韵”全域推进美丽乡村建设，累计建成花园村庄 70 个，A 级景区村覆盖率 90.7%，串珠成链形成 6 条省级美丽乡村风景线，率全市之先实现美丽乡村示范乡镇全域覆盖。紧扣“三基三主”核心内容，高标规划、整体设计、谋划打造全域未来乡村，5 个村（片区）入选省级试点、数量全市领先。推动渔业发展迈向高质量、现代化。挂牌成立浙江大学温州研究院大黄鱼分院，建立“海洋生态与藻类研究院”等 3 家院士专家工作站，联动龙头企业推进智能渔城、生态牧场等科研项目，集中攻克一批本地化育苗、规模化养殖等难题。集成打造省渔业产业大脑试点——数智渔业应用，开辟海区慧管、养殖慧服、质量慧知、产销慧接四大场景，实现人船海全要素精密智控、产供销全过程品牌授信、渔旅文全链条业态融合，入选省数字乡村“金翼奖”十佳应用。开展“党建联盟·全域联动”行动，组建大黄鱼、紫菜、民宿等党建联盟，创新“共富服务包”“共富驿站”等十大富民实招，推出 43 家共富工坊。坚持把发展民宿作为带动渔民创业主渠道，率全省之先推行民宿审批“一件事”改革、办证最快只需两天，组建“海霞宿客汇”等助宿平台，发布“民宿贷”等十大优惠政策，引导民宿业主抱团发展。深入推进中国摄影岛、海鲜美食岛、体育运动岛建设，开辟转业致富新道路。

【洞头获评浙江省新时代美丽乡村（农村人居环境提升）工作优胜县】 2022 年 12 月 11 日，浙江省“千村示范、万村整治”工作协调小组办公室公布 2022 年度全省深化“千万工程”建设新时代美丽乡村（农村人居环境提升）工作优胜县等名单，经县级自评、市级评价及省抽查，全省 46 个县（市、区）入选，洞头区名列其中。洞头始终坚持高标准建设美丽乡村风景线，持续开展“宜居最美庭院”“人居环境最干净、最脏村”等“十大最脏”系列评选曝光行动，将移风易俗新规等文明规范纳入村规民约，多面引导推进长效管理，实现美丽乡村风清气朗。同时，洞头全域打造现代渔农业，开发“两菜一鱼”核心产业，推进生态养殖、远洋捕捞、休闲渔业和水产品精深加工，培育形成沙滩经济、星光经济、海钓经济、海上运动经济等新业态，带动更多村居长足发展、增收致富。

【入选省第三批共同富裕新时代美丽乡村示范带】 2022 年 11 月 10 日，浙江省农业农村厅、浙江省“千村示范、万村整治”工作协调小组办公室、浙江省财政厅公布第三批新时代美丽乡村共同富裕示范带名单，洞头区“海上花园”新时代美丽乡村共同富裕示范带入选省第三批共同富裕新时代美丽乡村示范带。“该示范带，全长 12.7 千米，覆盖北岙、东屏 2 个街道，涉及大长坑村、隔头村、东岙村、寮顶村、东沙村、大王殿村、海霞村等 7 个村。该示范带以党建为引领，依托新一轮花园村庄提升工程建设基础，以产业为核心，将生态、生活、经济、文化相融合，引领美丽乡村风景线迭代升级，带动全区乡村振兴、人民共同富裕。

【美丽乡村建设】 2022 年，洞头区修订《洞头区花园村庄人居环境督考办法（试行）》，常态化开展

美丽乡村样板村。图为下尾村（2019年） （区农业农村局提供）

考评督查，元觉街道、鹿西乡分别获评2022年第一季度、第二季度全市农村村貌整治排名全市最干净乡镇。全区创成省高标准农村生活垃圾分类示范村2个，创成市级村貌整治样板镇1个、市级村貌整治样板村3个、市级无废乡村1个，省星级农村公厕10间（其中1间省示范性农村公厕）。打造“一村一韵”全域推进美丽乡村建设，A级景区村覆盖率90.8%，串珠成链形成省级美丽乡村风景线6条，率全市之先实现美丽乡村示范乡镇全域覆盖。

【村集体发展】2022年，洞头区鼓励村集体发展农业服务、物业租赁、农旅融合等项目，拓宽村集体增收渠道。全年开工项目32个，其中完工19个，年收益95万元；竣工项目9个，年收益258万元。全年村级集体经济总量达1.83亿元，增速15.68%；村级集体经济经营性收入10307.30万元，同比增长21.17%。经营性收入50万元以上行政村43个，完成率100%。总收入30万元且经营性收入22万元以上村社全覆盖，可支配收入15万元以上的村社全覆盖。

【农村宅基地和承包地制度改革】2022年，洞头区深化农村宅基地制度改革试点，加快推进闲置农房和闲置宅基地改革激活，全年激活农房187幢，带动社会资本20518万元，带动农户增收2032.75万元。深化农村承包地“三权分置”改革，持续推广集中连片流转承包地，全区承包地规模经营（10公顷以上）比例99%。

【洞头区乡村振兴五星级示范村创建评定】2022年3月24日，按照“产业兴旺、生态宜居、乡风文明、治理有效、生活富裕”总体要求，区委、区政府通报表扬2021年度推进乡村振兴创建工作先进示范村和单项先进。乡村振兴五星级示范村为东屏街道蓝港社区洞头片、元觉街道沙角村、东屏街道半屏社区；单项荣誉村为大门镇大荆村、霓屿街道上社村、北岙街道大长坑村、鹿西乡东臼村。

【洞头区未来乡村建设】2022年，洞头区以“三基三主”为建设核心，聚焦“一统三化九场景”，开展共同富裕基本单元建设。全面完成未来乡村建设任务5个，其中北岙海霞片、北岙南塘片、东屏东岙村、霓屿上下社4个未来乡村通过省级验收，数量位居全市前列；霓屿“上和下睦·花园新社”未来乡村创成市级“十佳未来乡村”。重点打造提升未来乡村5个，完成市级备案建设项目111项，总投资26190万元。

（潘齐奔）

农业执法

【概况】2022年，洞头区组织开展农资打假、农业投入品监督抽检、农产品质量安全、动物卫生监督和畜禽无害化处理等行动。开展绿剑集中执法行动3次，累计出动执法人员287人次，开展检查生产经营主体161个次。完成农业生产投入品抽样50个，查处各类一般程序违法案件5起、移送公安机关处理1起，共计罚没款0.292万元。全年处置回收农药包装废弃物0.51吨，完成省市下达任务的112.66%。无害化处理养殖环节病死猪317头，协助行政执法局无害化处置扑杀流浪犬1885头。联合交警部门全面推进变拖整治，累计开展联合上路检查25次，扣留违规上路拖拉机1台，强制报废1台。

【专项执法行动】2022年，区农业农村局开展“绿剑”“利剑”系列专项执法和违法违规调运生猪百日攻坚等行动，监督抽样生产经营主体农产品安全36家。完成畜产品抽样20批次，蔬菜、水果产品抽样200批次，完成农业生产投入品抽样50个，查处各类一般程序违法案件5起、移送公安机关处理1起。

【农产品安全监管】2022年，完成农产品抽检400个批次。其中水产品180个批次、畜禽产品20个批次、种植业产品200个批次，合格率99.50%。市级送检例行检测 26 批次、合格率 100 %；市级监督抽检 28 批次，合格率 100%；省级例行监测 64 个批次，合格率 100%；开展蔬菜常规快速检测 4893 批次，合格率为 99.86%；全区未发生重大农产品质量安全事故。

（林培 甘君临）

农村扶贫

【概况】 2022 年，洞头区首次纳入低收入农户统计监测范围，低收入农户人均可支配收入 17914 元，排名全市第一名。截至年底，全区共有低收入农户 1172 户，结对干部 357 人，干部结对率 100%，未发生家庭人均收入低于 1 万元现象，未发生大面积返贫现象。

【低收入农户管理】 2022 年，洞头区把全区低收入农户 1337 户 2190 人纳入"浙农帮扶"返贫监测，实现低收入农户个人信息、收入和各项补助享受等情况定期更新和实时预警，确保帮扶落实到位，全年解除红色、黄色预警 6 次。

【低收入农户帮促】 2022 年，为进一步减轻全区低收入农户医疗、教育及住房压力，巩固扶贫成果，洞头区完成低收入农户"温州益康宝"补充保险投保工作，全区受益低收入农户 1889 人，补助金额 18.532 万元；完成低收入农户教育补助工作，受益低收入农户 25 人，补助金额 8.01 万元；完成低收入农户危旧房治理补助工作，受益低收入农户 2 户，补助金额 1 万元。

（朱晓卉）

林业

【概况】 2022 年，洞头区乔木林面积 6046.4 公顷（90696 亩），森林覆盖率 22.88%，林木蓄积量 111835 立方米，其中国家级公益林约 1604.87 公顷（24073 亩），省级公益林 750.2 公顷（11253 亩）。完成新增国土绿化 41.2 公顷（618 亩），组织实施森林抚育建设 335.47 公顷（95032 亩），彩色健康森林约 393.13 公顷（5897 亩）。林地征占用审批 11 件，总面积 17.2 公顷，涉及森林植被恢复费 308.93 万元。全年实现林业产值 254 万元，同比下降 18.3%。

【洞头区松材线虫病防治】 2022 年 1 月 26 日，为做好松材线虫病防控工作，保护洞头区森林资源安全，区府办出台《洞头区 2021—2022 年松材线虫病防治方案》。按照"预防为先、治理为要、监管为重"防控理念，科学精准施策工作思路，年度目标实现北岙街道和元觉街道疫情基本控制（松树死亡率低于 1%）或根除疫情，全区疫情发生面积压缩 60%，病死树数量下降 60%。力争通过 3 年努力，实现疫区拔除或基本无疫情。

【绿化美化】 2022 年，洞头区组织开展"3·12"义务植树活动，参加人员 600 人次，栽种各类苗木 1800 株。编制新增国土绿化实施方案，完成新增国土绿化建设 42.2 公顷（633 亩），占任务数 106%。创建"一村万树"示范村 3 个（海霞村、鸽尾礁村、下社村）。完成彩色健康森林建设项目和森林抚育项目建设项目主体工程建设，实施面积 733 公顷（1.1 万亩），栽种各类苗木 7.2 万株。编制洞头头区千万公顷森林质量精准提升工程五年实施方案，并通过市级评审；完成海脚森林康养示范基地建设区级、市级验收工作。

【有害生物防治】 2022 年，洞头区实际累计监测面积 36.8 万公顷次，监测率 100%，其中病害实际监测 12.2 万公顷次，虫害实际监测 24.6 万公顷次。启动森林、草原、湿地生态系统外来入侵物种普查工作，完成外来入侵普查项目踏查公里总 173.7 千米。全区累计除治面积约 785.37 公顷（11780.5 亩），清理枯死木 23374 株，完成问题整改 64 个，打孔注药 9000 针。启动即现即清枯死木 339 株。组织启动 2022 年松材线虫病秋季普查工作，摸清辖区内松材线虫病发生、分布与危害情况，按时上报数据。采取人工和无人机结合模式（无人机模式占 40% 以上）。完成 2022—2023 年松材线虫病防治工作方案编制。

【野生动物管理】 2022 年，温州市自然资源和规划洞头分局组织开展"爱鸟周"宣传活动。悬挂横幅、分发鸟类知识手册及"爱鸟周"活动倡议书、发放"爱鸟周"定制口罩等，宣传相关法规政策。完成洞头国家级海洋公园鸟类、植物、昆虫等调查和南北爿山保护区生态环境整治修复、北爿林相改造项目验收工作，启动洞头国家海洋公园（南北爿山）陆生脊椎动物和植物监测调查工作。组织开展野生动物救助 13 次，抢救和放飞野生动物 35 只（条）。

【自然保护地管理】 2022 年，市自然资源和规划洞头分局开展季度国家级海洋保护地人类活动问题点位核查工作 1 批次；开展自然保护地动态监测管理工作，完成核查任务 16 个；组织完成风景名胜区整合优化方案编制并通过省局核查工作；完成浙江省温州市洞头区南北爿山国家重要湿地申报工作。

【森林防火管理】 2022 年，市自然资源和规划洞头分局落实森林防火综合措施，联合区应急局、区公安分局开展督查和现场工作部署。组织森林防火宣传活动，发放宣传品800份，发送森林防火短信73076条，增挂宣传板10个，拍摄森林防火警示教育片1个，拍摄“3·19”森林防火公益广告2段，出动宣传车50车次、巡逻车辆45车次、出动巡逻人员110人次。开展农村基层森林防火组织建设为重点的工作措施和林区输配电设施火灾隐患专项排查治理工作，明确森林防火工作行政领导负责制，发现问题当即整改，累计树障隐患765条，完成消缺765处。

【重点生态公益林管理】2022年，根据省2022年森林生态效益补偿资金发放工作部署，自然资源和规划洞头分局联合区财政局对2022年森林生态效益补偿资金发放工作进行详细研究，下发《关于拨付2022年森林生态效益补偿资金的通知》，完成一键达系统录入和发放工作。启动公益林和天然林应用场景试点工作，完成重点公益林落地上图和资金发放清册录入等工作。联合区财政局制定出台《洞头区森林生态效益补偿资金管理办法》，进一步规范森林生态效益补偿资金管理。

（夏建伟）

畜牧业

【概况】2022年，洞头区鼓励引进发展农牧结合、文牧结合等形式适度规模畜禽养殖，完成牧场改造提升建设、重大动物疫病防控等各项工作。走访指导养殖户40多户，协助指导养殖场改善养殖环境、改进养殖技术、加强疫病防控管理。按照省、市要求部署和开展非洲猪瘟和新冠肺炎防控工作。做好疫情期间畜牧业补助工作，共发放养殖补助10.96万元。全年牧业产值1385万元，同比下降26.4%。

【畜牧生产】2022年底，洞头区有生猪养殖场1家，生猪年出栏数800头（包括瓯江口产业集聚区），期末存栏数700头，猪肉产量246吨；蛋鸡养殖场（户）8个，年出栏数4.5万羽，期末存栏数2万羽，鸡蛋产量205吨；肉鸡养殖场（户）7个，肉鸡年出栏数2万羽，期末存栏数1万羽，鸡肉产量24吨；蛋鸭养殖场2个，年出栏1.5万羽，期末存栏1.55万羽，鸭蛋产量198吨。

【动物防疫】2022年，根据省市动物疫病指挥部相关要求，洞头区针对禽流感、新城疫、口蹄疫、猪瘟、小反刍兽疫等重点疫病，全面部署并完成集中免疫2次。全年累计完成生猪免疫810头，口蹄疫免疫率100%，猪瘟免疫率100%；家禽免疫14.1万羽，禽流感免疫率98%以上。通过社会化购买服务方式，落实社会化专业防疫人员3支，开展春秋防服务活动，帮助街道（乡镇）完成年度防疫工作。

（甘君临）

水利

【概况】2022年，洞头区建有小二型水库6座及重点山塘18座，总库容277万立方米。建有大小河道（沟）66条57.5千米，排涝水闸15座，其中中型水闸1座，排涝泵站3座，基本满足各片区排涝需求。建有20年一遇以上标准海塘8处15.52千米，城南片、杨文片和新城区等重要片区基本达到50年一遇防洪标准。全年完成水利投资3.65亿元，陆域引调水工程一期开工建设，完成海塘安澜工程、黄岙新塘标准塘和布袋岙二期标准塘段的项目建议书审批，编制完成工可审查及上报工作。完成洞头区状元岛河道水系治理工程（水工部分）、大门镇仁前途村排洪沟工程和大门镇黄岙片区（河道、水闸、田园道路）台毁应急重建工程竣工验收年度任务。全区水库、河道、山塘等水利工程实施水位测报数字化19处，率先在全市实现水位测报数字化全覆盖。洞头区枫树坑水库除险加固（省级民生实事项目）通过竣工验收。完成长坑水库、风门水库等9座水利工程安全鉴定和后寮山塘省级美丽山塘创建工作。《洞头区水域保护规划和编制》获批复、审查，修改《洞头区全域幸福河湖建设规划》，并报区政府批准。编制水资源监控扩能提标行动实施方案（2022—2023年），完成现场点位取水计量设备安装。完成洞头区水利基础设施项目资产评估74处，估值为8.96亿元。

（彭琳煊）

【洞头区全域幸福河湖建设规划编制】2022年4月24日，洞头区政府印发《洞头区全域幸福河湖建设规划》。规划至2025年，全域幸福河湖建设初见成效。基本形成“布局合理、功能综合、保障可靠”水安全保障体系，全区海塘防洪潮达标率95%以上；城市主要人口、重要产业分布区应急排涝能力95%以上，全域规划水面率提升至1.14%；深入推进流域生态系统整体保护、系统修复和综合治理，促进河湖健康美丽；持续推进农村生活污水治理工作，实现处理设施“覆盖率”“达标率”双提升，增加全域8个行政村污水处理设施覆盖，农村生活污水治理行政村覆盖率达95%；全力培育水景观、水文化，提升河湖空间品质，实现城乡15分亲水圈覆盖率85%以上；开展域内美丽河湖创建工作，力争创建省级美丽河湖1条，推动建设独具海岛特色的水美乡镇1个，水美乡镇建设率达到33.33%；河湖管护水平持续提升，公众护水参与度达到4.5%以上；挖掘当地水文化、海洋文化，注入河湖文化要素，完成1个水文化载体的打造，提升水景观品质，发展沿海旅游产业，公众满意度提升至75%以上。

【水利设施建设】2022年，洞头区水利工程完成投资3.65亿元，完成率121%。陆域引调水工程一期开工建设，完成年度投资1.05亿元。完成洞头区环岛西片标准塘生态提升工程、洞头区长坑水库、龙塘坑水库整治项目、枫树坑水库除险加固工程、洞头区节水小镇建设工程、小型水库维修养护项目、洞头区水利科普基地（一期）工程等水利项目。推进洞头区陆域引调水工程一期、洞头区大门镇黄岙片区排涝工程、洞头小门岛石化产业基地市政配套工程——防洪排涝工程等建设。

【水利工程安全鉴定】2022年，洞头区完成9座水利工程安全鉴定工作，即长坑水库、风门水库、南山水库、南塘标准塘、豆岩海塘、仁前途海塘、九厅水闸、仁前途东闸、仁前途西闸。

【枫树坑水库除险加固工程竣工】2022年10月25日，洞头区枫树坑水库除险加固(省级民生实事项目)完成竣工验收。枫树坑水库安全鉴定为二类坝，为确保枫树坑水库安全运行，水管中心对枫树坑水库和北岙后二期标准塘进行除险加固和系统治理工作，项目概算总投资约250万元。建设单位为洞头区水库海塘和水资源管理中心，施工单位为温州中真建设有限公司，代理单位为浙江永信工程咨询有限公司洞头分公司，监理单位为温州市金秋建设工程有限公司。

【完成洞头区水文化项目建设】2022年5月25日，洞头区围绕水利史，启动洞头区区水文化项目开工建设，该场馆是全面展示洞头水利水文化的一个综合性场馆，项目总投资300余万元，于2022年7月25日完工。工程建设单位为温州市洞头区水库海塘和水资源管理中心，施工单位为浙江圣博建设有限公司，监理单位为杭州亿嘉建设咨询有限公司。

（郭　敏）

水政管理

【水土保持管理】2022年，洞头区制定《洞头区水利工程运行管理办法》。深化水利审批改革，加强水土保持监督管理，完成生产建设项目水土保持方案审批及备案登记17件，水土保持设施验收报备13件，取水许可审批6件，委托第三方机构协助开展水土保持监督检查34次，及时对接税务机关有关水土保持补偿费信息，督促建设单位及时缴纳，按时上报2022年度水土保持目标责任制考核成果。

【《洞头区水域保护规划报告》获批复】2022年12月30日，区政府同意实施《洞头区水域保护规划报告》。以2019年发布的《浙江省水域调查技术导则》为技术指导，结合洞头区实际需要，2020年1月委托温州市水利电力勘测设计院开展洞头区水域调查工作，于2020年6月底完成本次调查工作，并于6月28日通过区水域调查成果审查会议，提交洞头区.gdb数据库、洞头区水域现状图和重要水域分布图、分行政区划、分水域类型水域调查成果汇总表和《洞头区水域调查报告》。

【洞头区水利工程运行管理办法制定】2022年12月1日，为了加强水利工程安全管理，落实安全管理责任，明确运行 管理事项，确保水利工程安全运行，发挥水利工程的功能和效益， 根据《浙江省水利工程安全管理条例》《浙江省山塘安全管理办 法》《浙江省河道管理条例》《浙江省海塘建设管理条例》《温 州市水库山塘安全管理办法》等，洞头区制定《洞头区水利工程运行管理办法》。水利工程包含小型水库、山塘 堰坝、河道沟渠、泵站、水闸、海塘及其他水利设施，适用于本区行政区域内水利工程运行管理。包含总则、安全责任、管理职责、管理要求、监督管理、保障措施、附则。管理办法自2023年1月1日起实施。

【水资源管理】2022年，洞头区制定《洞头区全面推进取用水监测计量标准化建设实施方案》，印发《2022年洞头区节约用水宣传工作方案》，联动街道（乡镇）、部门开展节水护水等系列宣传活动。完成农田灌溉水有效利用系数测算分析工作，全区灌溉水有效利用系数为0.609。全年农村供水水质合格率100%。

【水文管理】2022年，洞头区水文站运行正常，各项数据采集准确。经统计水文遥测报讯到站率为100%。25台雨润遥测设备运行正常。经统计区年降雨量为1095.5毫米。

（彭琳煊）

综述

【概况】2022年，洞头区渔业产量20.38万吨，同比增长10.22%，实现渔业产值22.15亿元，同比增长14.95%。其中，捕捞产量14.38万吨(其中远洋捕捞产量1.7万吨)，捕捞产值10.81亿元。实现养殖产量6万吨，产值11.33亿元。全区有渔业船舶704艘，养殖面积6.31万亩，全区渔业从业人员7989人。巩固挖掘渔农业优势，羊栖菜、紫菜、大黄鱼本地育苗率分别为100%、70%、40%，“北参南养”、软壳蟹等新品种养殖规模持续扩大，全国首个大黄鱼智能声波无网海洋牧场正式投苗试养，落地全国首单羊栖菜养殖保险；远洋渔业发展持续向好，全年捕捞产量超1700吨。实施渔业增殖放流，投入资金307万元，在洞头南策岛周边海域、护城河、水库等区域投放日本对虾、黑鲷、大黄鱼等各类海水苗种16147.95万单位。

【渔业现代化发展行动实施】2022年12月1日，为加快建设海岛乡村共同富裕，提升渔农业生产效率和效益，全面促进全区现代渔农业高质量发展，区政府制定《关于坚持农业农村现代化发展 加快推进海岛共同富裕的若干意见》，优化近海捕捞业，鼓励近海小型渔船拆旧建新，鼓励钓具作业发展，实施国内海洋捕捞渔民减船转产，实施“千船引领、万船整治”工程；提升水产养殖业，鼓励工厂化养殖，鼓励规模化养殖，鼓励育苗能力建设，鼓励生态养殖改造，鼓励养殖新品种引进；做强渔农加工业，实施渔农产业强链补链，鼓励羊栖菜、紫菜、黄鱼等产品研发；强化农产品展示展销及品牌建设，培育渔农产业区域品牌，培育小吃经济，鼓励农产品展示展销，深化“两菜一鱼”品牌影响力等。截至年底，“羊栖菜、紫菜、大黄鱼本地育苗率分别为100%、70、40%，“北参南养”新品种试养成功并上市销售，投养两批次三倍体牡蛎3万公斤，小规模培育出红斑、梅童鱼苗种。霖宝洋公司新建22口周长93米重力式新型深水网箱，新增养殖水体10万立方米。新招引温州东海明珠渔业有限公司在南策养殖海区网箱养殖12口。推进远洋渔业发展，捕捞产量超1700吨。

（李 宁）

【干羊栖菜等级标准获农业农村部立项】2022年4月29日，根据《农业农村部办公厅农产品质量安全监管司关于下达2022年农业国家和行业标准制修订项目计划的通知》，干羊栖菜等级标准获立项。该标准由温州大学主持承担“制定《干羊栖菜等级规格》标准（编号：NYB-22270）”工作。《干羊栖菜等级规格》适用于以鲜羊栖菜为原料，经清洗、蒸煮、干燥等工艺制成的干制品，规定干羊栖菜的术语与定义、等级规格的要求、试验方法、判定规则、包装、标识、储运等内容。

（林振士）

【数智渔业应用获评首届浙江数字乡村“金翼奖”十佳应用】2022年8月31日，由浙江省委网信办、浙江省农业农村厅指导，浙江广播电视集团主办的2022年浙江数字乡村“金翼奖”评选活动颁奖典礼在杭州举办，通过初评、复评，洞头区“数智渔业”应用获评首届浙江数字乡村“金翼奖”十佳应用。“数智渔业”应用以“两菜一鱼”（紫菜、羊栖菜和生态大黄鱼）为切入点，围绕解决海区管理粗放、海水养殖灾害应对难、渔农产品质量监管难、渔农产品线上销售难等四方面需求，通过纵向贯通省级气象、浙海安康、渔业保险和市级惠企政策“直通车”、利民补助“一键达”等应用，横向打通洞头区养殖船监管、百家信、智慧旅游等系统，汇集15个系统数据，打造海区慧管、养殖慧服、质量慧知、产销慧接四大子场景，推动实现数字化渔场养殖、全要素一图展示、精细化监管服务、闭环式流通管理，推动数字赋能渔业高质量发展。

（叶胜果）

【全国首单羊栖菜养殖保险落地】 2022年，洞头区出台《洞头区涉海类作业”共富保险超市”试点实施方案》，首期上架四大类共12种保险产品。12月18日，全国首单羊栖菜养殖保险落地，投保面积100亩。洞头作为“中国羊栖菜之乡”，是全国最大的羊栖菜养殖、加工、出口基地。羊栖菜养殖受强风、雨水等气象因素影响较大，渔民养殖损失发生风险较大。区金融工作服务中心指导太平洋产险洞头支公司设置羊栖菜养殖保险和羊栖菜养殖从业人员人身安全险，按照连阴雨、台风和八级以上强风等气象相关指数理赔条件，涵盖羊栖菜生长期、夹苗期、挂养期、成熟期等养殖全生命周期。羊栖菜养殖保险保费最高每亩140元，财政补助84元/亩，理赔金额最高每亩2000元。

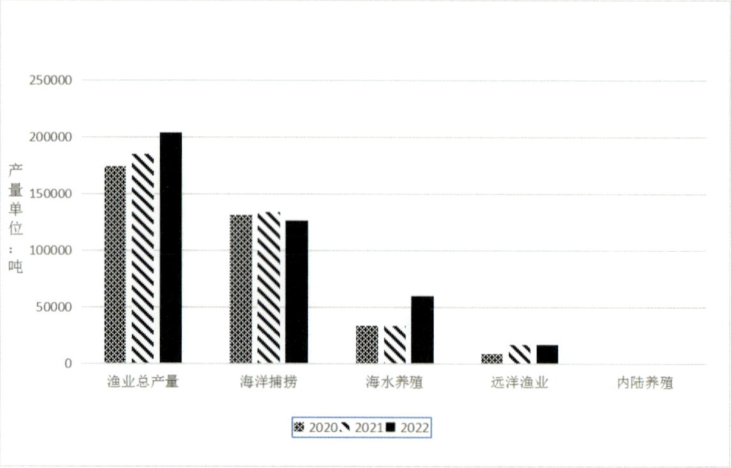

图5 2020—2022年洞头区水产品总量对比图

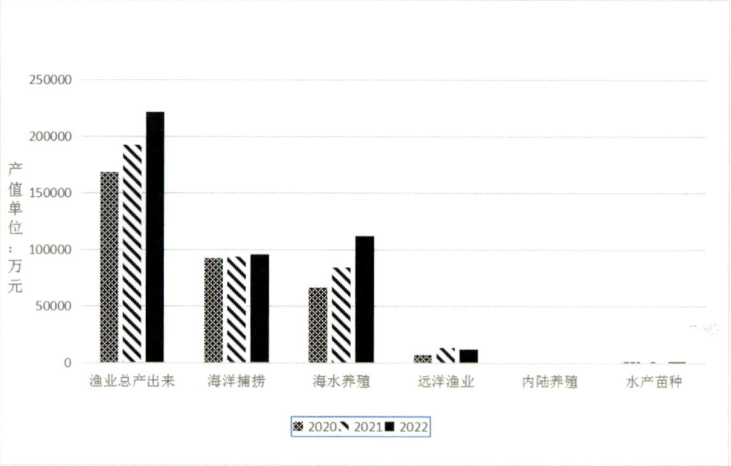

图6 2020—2022年洞头区渔业总产出对比图

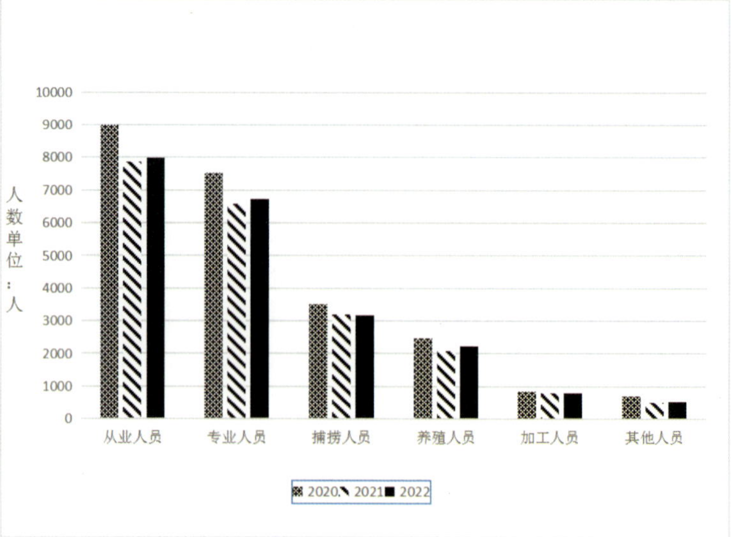

图7 2020—2022年洞头区渔业劳动力结构变动情况对比图

2021—2022年洞头区海洋捕捞产量结构情况表

表8

类别		时间	2021年（吨）	2022年（吨）	同比趋势（%）
一、海洋捕捞总产量	合计		150837.18	143788.7	4.67↓
	1.鱼类	小计	124700.47	118137.6	5.26↓
		海鳗	2788.1	3392	21.66↑
		鳓鱼	1106.9	1027.6	7.16↓
		鳀鱼	14564.2	13511.3	7.23↓
		远东拟沙丁鱼	4505	3412	24.26↓
		鲱鱼	0	0	→
		石斑鱼	0	0	→
		鲷	61	73	19.67↑
		蓝圆鲹	380	1098	188.95↑
		白姑鱼	5918	10275.7	73.63↑
		黄姑鱼	277	264	4.69↓
		鮸鱼	1094	46	95.80↓
		大黄鱼	0	0	→
		小黄鱼	1073.9	1326.2	23.49↑
		梅鱼	3511.32	3140	10.57↓
		方头鱼	0	0	→
		带鱼	11776.62	12415.3	5.42↑
		金线鱼	52	55	5.77↑
		梭鱼	69	76	10.14↑
		鲐鱼	5056.4	6052.3	19.70↑
		鲳鱼	4842.1	5077.7	4.87↑
		马面鱼	1298.7	1138.2	12.36↓
		马鲛鱼	5766.12	4937	14.38↓
		鲻鱼	118	141	19.49↑
		龙头鱼	8159.91	6223.8	23.73↓
		金枪鱼	0	0	→
		竹筴鱼	200	0	100↓
	2.虾类	小计	1990.92	2317.5	16.4↑
		毛虾	386.3	458.3	18.64↑
		对虾	494.2	827.5	67.44↑
		鹰爪虾	124.85	97	22.31↓
		虾姑	653.52	857.7	31.24↑

续表8

类别 \ 时间			2021年（吨）	2022年（吨）	同比趋势（%）
一、海洋捕捞总产量	3.蟹类	小计	1557.02	1476.9	5.15↓
		梭子蟹	920.02	957.5	4.07↑
		青蟹	9	15.9	76.67↑
	4.贝类		0	62	
	5.头足类	小计	5537.77	4733.2	14.53↓
		乌贼	2360.71	1496.2	36.62↓
		鱿鱼	2918.26	2244.3	23.09↓
		章鱼	247.8	289.7	16.91↑
	6.其他		51	9	82.35↓
	7.远洋渔业		17000	17052.5	0.31↑
二、海洋捕捞分作业产量	合计		150837.18	143788.7	4.67↓
	1.拖网		117782.8	112192.3	4.75↓
	2.围网		635	635	→
	3.刺网		16314.58	14638.4	10.27↓
	4.张网		16009.8	16258	1.55↑
	5.其他		95	65	31.58↓

（区农业农村局提供）

海水养殖

【概况】2022年，洞头区海水养殖总面积4208.5公顷（6.31万亩），同比增长14.5%。海水养殖总产量6万吨，同比增长76.5%。海水养殖品种中，鱼类养殖面积约201.87公顷（3028亩），同比增长67.5%，产量5622.7吨，同比增长110.2%；藻类养殖面积3406.17公顷（51092.5亩），同比增长10.18%。藻类养殖产量38165.6吨，同比增长52.5%。藻类养殖中海带养殖约9.87公顷（148亩），产量150.9吨；紫菜养殖2133.33公顷（32000亩），产量6828吨；羊栖菜养殖1229.7公顷（18445.5亩），产量24941.7吨。普通网箱养殖2000口，同比下降10.3%，产量6229.2吨，同比增长285%；深水网箱3099926立方米，同比增长11.9%，产量1957吨，同比增长81.2%。推进现代渔农业作战攻坚，紫菜本地育苗能力从40%提升至70%，培育3000万尾27椎岱衢族大黄鱼。干羊栖菜等级标准获农业农村部立项。首批"洞头羊栖菜"地理标志证明商标换标成功，率全市之先发放洞头羊栖菜地理标志证明商标质押贷款350万元。

【育苗能力提升】2022年，洞头区紫菜本地育苗1000公顷（15000亩），育苗能力40%提升至70%。与省海洋水产研究所建立合作机制，1期至2期在大瞿海域培育27椎岱衢族大黄鱼3000万尾，实现洞头生态大黄鱼苗种本地化培育。推进泥蚶、厚壳贻贝、缢蛏苗种、菲律宾蛤仔、彩虹明樱蛤和青蛤等重苗种培育工作，累计完成培育超16亿颗。

【养殖规模扩大】2022年，洞头区推进新型重力式网箱项目，霖宝沣公司新建22口周长93米重力式新型深水网箱。新招引温州东海明珠渔业有限公司，选定南策区域养殖海区，开展深水网箱养殖9口，新增养殖水体20万立方米。半屏养殖海区开展北参南养和三倍体牡蛎养殖项目，全年完成养殖三倍体牡蛎3万公斤、海参6.5万公斤。

【全国首个大黄鱼智能无网声波海洋牧场正式投入使用】2022年12月20日，洞头区鹿西乡第一批20万尾大黄鱼苗种正式投入无物理围网的妖人岙海域。标志着全国首个

2022 年 12月 20 日，洞头区鹿西乡大黄鱼智能无网声波海洋牧场正式投入使用
（鹿西乡提供）

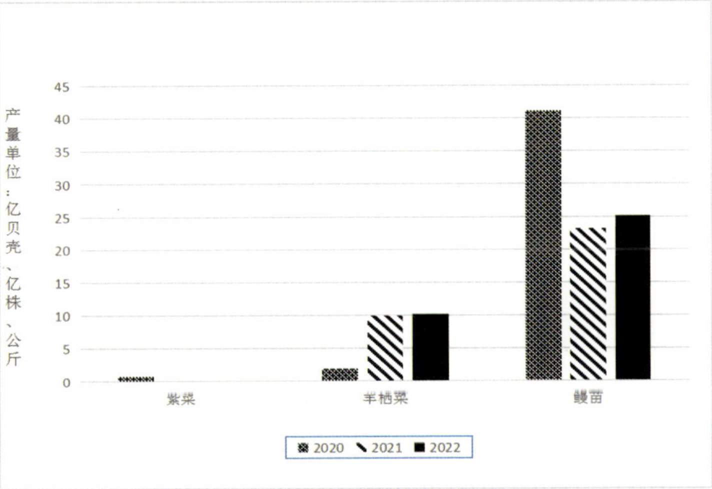

图8 2020—2022年洞头区苗种生产对比图

大黄鱼智能无网声波海洋牧场正式投入使用。洞头“中国生态大黄鱼之乡”主阵地鹿西乡大黄鱼养殖面积约 93.33 公顷（1400 亩），年产值超亿元，主要采用围栏式养殖及抗风浪深水网箱的养殖模式。为响应海水养殖装备化智能化发展趋势，破解养殖网箱抗台风能力差、大黄鱼养殖密度高、伤损概率大等问题。黄鱼岛海洋渔业集团有限公司联合中科院声学研究所、中国电子科技集团等科研团队，以“生物学 + 声学技术应用”为思路，首创智能无网养殖声波控制技术应用项目，打造全球首个“大黄鱼智能声波无网海洋牧场”。项目争取省财政厅乡村振兴产业发展示范建设专项资金支持，纳入洞头区渔业产业数字化发展示范建设项目，历经 5 年研发投用。该牧场利用 11 个智能浮筒，形成约 10.67 公顷（160 亩）养殖海域。项目通过构建声波围栏把大黄鱼控制在特定海域养殖，改传统网箱为智能浮筒，去除传统养殖中物理围网，拓宽海区养殖区域，降低养殖密度和成本，提升养殖大黄鱼品质，实现现代养殖新技术高度集成，开创声波控制无网围海大黄鱼养殖新模式，项目申报国家发明专利 15 项，获批 4 项。

2021—2022年洞头区海水养殖面积产量结构情况表

表9

<table>
<tr><th colspan="4">类别　　时间</th><th>2021年</th><th>2022年</th><th>同比趋势</th></tr>
<tr><td rowspan="9">一、海水养殖分品种产量、产值、面积</td><td colspan="2" rowspan="3">合计</td><td>吨</td><td>34128.8</td><td>60082.8</td><td>76.05% ↑</td></tr>
<tr><td>万元</td><td>84355.7</td><td>112660.06</td><td>33.55% ↑</td></tr>
<tr><td>亩</td><td>55108.3</td><td>63127.5</td><td>14.55% ↑</td></tr>
<tr><td rowspan="6">1.鱼类</td><td rowspan="3">小计</td><td>吨</td><td>2675</td><td>5622.7</td><td>110.19% ↑</td></tr>
<tr><td>万元</td><td>21697.6</td><td>28918.9</td><td>33.28% ↑</td></tr>
<tr><td>亩</td><td>1808</td><td>3028</td><td>67.48% ↑</td></tr>
<tr><td rowspan="3">鲈鱼</td><td>吨</td><td>268.2</td><td>590</td><td>119.99% ↑</td></tr>
<tr><td>万元</td><td>1868</td><td>1964.4</td><td>5.16% ↑</td></tr>
<tr><td>亩</td><td>72</td><td>153</td><td>112.50% ↑</td></tr>
</table>

续表9

类别			时间	2021年	2022年	同比趋势
一、海水养殖分品种产量、产值、面积	1.鱼类	石斑鱼	吨	0	0	→
			万元	0	0	→
			亩	0	0	→
		美国红鱼	吨	612.9	1571	156.32%↑
			万元	1371.5	2715.1	97.97%↑
			亩	116	288	148.28%↑
		鲷鱼	吨	110.8	24.3	78.07%↓
			万元	776.6	184.4	76.26%↓
			亩	70	15	78.57%↓
		大黄鱼	吨	1500.8	2629.9	75.23%↑
			万元	17056.5	21398.8	25.46%↑
			亩	1437	1770	23.17%↑
		鮸状黄姑鱼	吨	0	0	→
			万元	0	0	→
			亩	0	0	→
		鮸鱼	吨	172.3	793.5	360.53%↑
			万元	605	2168.4	258.41%↑
			亩	85	391	360%↑
	2.虾类	小计	吨	236.3	662	180.15%↑
			万元	1026	1336.3	30.24%↑
			亩	302	424	40.40%↑
		南美白对虾	吨	166.8	207	24.10%↑
			万元	669.5	881.3	31.64%↑
			亩	285	309	8.42%↑

续表9

类别			时间	2021年	2022年	同比趋势
一、海水养殖分品种产量、产值、面积	3.蟹类	小计	吨	40	172	330%↑
			万元	709.1	2156.1	204.06%↑
			亩	26	187	619.23%↑
		梭子蟹	吨	0	0	→
			万元	0	0	→
			亩	0	0	→
		青蟹	吨	40	134	235%↑
			万元	709.1	1674.1	136.09%↑
			亩	26	187	619.23%↑
	4.贝类	小计	吨	6152	15360.5	149.68%↑
			万元	8634.1	21816.7	152.68%↑
			亩	6601.5	8383	26.99%↑
		牡蛎	吨	0	7043.5	
			万元	0	9186.5	
			亩	0	2215	
		泥蚶	吨	285	219	23.16%↓
			万元	951.6	697.8	6.67%↓
			亩	866	220	74.60%↓
		贻贝	吨	0	1616	
			万元	0	1616	
			亩	0	230	
		蛤	吨	0	55	
			万元	0	55	
			亩	0	400	
		蛏子	吨	4487	4564	1.72%↑
			万元	6365.5	8301.4	30.41%↑
			亩	5275	5218	1.08%↓

续表9

类别			时间	2021年	2022年	同比趋势
一、海水养殖分品种产量、产值、面积	5.藻类	小计	吨	25025.5	38165.6	52.51%↑
			万元	52288.9	54432.06	4.10%↑
			亩	46370.8	51092.5	10.18%↑
		紫菜	吨	3471	6828	96.72%↑
			万元	37484	32974	12.03%↓
			亩	30970	31999	3.32%↑
		羊栖菜	吨	21048.5	24941.7	18.50%↑
			万元	14504.4	17656.76	21.73%↑
			亩	14889.8	18445.5	23.88%↑
		海带	吨	506	150.9	70.18%↓
			万元	300.5	54.3	81.93%↓
			亩	511	148	71.04%↓
	6.其他类	小计	吨	0	100	
			万元	0	4000	
			亩	0	13	
		海参	吨	0	100	
			万元	0	4000	
			亩	0	13	
二、海水养殖分水域产量、产值、面积	1.海水养殖类型	小计	吨	34128.8	60082.8	76.05%↑
			万元	84355.7	106771.46	26.57%↑
			亩	55108.3	63127.5	14.55%↑
		海上养殖	吨	28624	53962.8	88.52%↑
			万元	75293	95210.46	26.45%↑
			亩	48519.3	57499.5	18.51%↑
		滩涂养殖	吨	5325.8	5944	11.61%↑
			万元	7902.7	10458	32.33%↑
			亩	6536	5574	14.72%↓

续表9

类别			时间	2021年	2022年	同比趋势
二、海水养殖分水域产量、产值、面积	1.海水养殖类型	其他	吨	179	176	1.68%↓
			万元	1160	1103	4.91%↓
			亩	53	54	1.89%↑
	2.海水主要养殖方式	小计	吨	34128.8	60082.8	76.05%↑
			万元	84355.7	136554.46	61.88%↑
			亩	55108.3	60842.5	10.41%↑
		池塘	吨	1166.8	158	86.46%↓
			万元	2669.7	633	76.29%↓
			亩	1767	50	97.17%↓
		普通网箱	吨	1616.5	6229.2	285.35%↑
			万元	8043.1	13169.4	63.74%↑
			口	2230	2000	10.31%↓
		深水网箱	吨	1080	1957	81.20%↑
			万元	13821	44137	219.35%↑
			立方米	2768609	3099926	11.97%↑
		筏式	吨	25025.5	38727.6	54.75%↑
			万元	52288.9	54316.06	3.88%↑
			亩	46370.8	51822.5	11.76%↑
		吊笼	吨	902	7037	680.16%↑
			万元	1140	13467	1081.32%↑
			亩	360.5	2996	731.07%↑
		底播	吨	4310	5944	37.91%↑
			万元	5914	10337	74.79%↑
			亩	4818	5574	15.69%↑
		工厂化	吨	0	30	
			万元	0	495	
			立方米	0	8750	

（区农业农村局提供）

水产品流通加工

【概况】2022年，全区水产品加工企业13家，水产品加工能力13210吨/年，水产加工品总量6445吨。水产冷库16座，冻结能力1470吨/日，冷藏能力4815吨/次，制冰能力555吨/日。

【紫菜加工】2022年，洞头区从事紫菜养殖、加工、销售等相关事业劳动力有4000—5000人，主要养殖与加工企业有温州星贝海藻食品有限公司、温州恒源水产有限公司、浙江金海蕴生物股份有限公司、洞头宏达海藻有限公司、温州市洞头区霓屿新农村建设发展有限公司等。

【羊栖菜加工】2022年，洞头区羊栖菜加工企业有15家，其中市级龙头企业8家，主要分为两类：一类是以佳海、远鹏等企业为代表，占羊栖菜收购总量90%，加工成干菜用于出口为主，产品主要销往日本；另一类是以金海蕴等企业为代表，占羊栖菜收购总量的10%，通过加工成即食产品销往湖南、湖北和河北等为主。

【大黄鱼加工】2022年，洞头区大黄鱼涉及主要加工企业包括浙江东一海洋集团有限公司、黄鱼岛海洋集团有限公司、温州鹿港海洋渔业有限公司、温州霂宝沣水产有限公司等。

（李　宁）

渔港综合管理

【概况】2022年，洞头区开展鹿西港、东沙港、中心渔港常态化废油回收工作，累计回收清运废油54.075吨；组织物业化巡查1493多次，清理垃圾298吨，联合海警、北岙、东屏街道建立涉港部门联勤联动机制，开展渔港区域卫生环境和秩序整治、渔船防台防汛等工作。疫情期间与东屏、北岙街道开展渔船归港抗原检测、船员落地核酸检测，完成检测676人次，保持海上疫情零输入。

（徐伟琦）

【洞头渔港经济区建设规划（2021—2030年）】2022年12月13日，洞头区人民政府印发《洞头渔港经济区建设规划（2021—2030年）》。规划范围总面约856平方千米，其中陆域面积108平方千米，海域面积748平方千米。核心区为渔岙中心渔港，辐射区包含东沙一级渔港、鹿西二级渔港、美岙渔港、观音礁渔港、状元岙渔港、三盘渔港、花岗渔港、大背岙渔港。任务是落实国家级沿海渔港经济区建设要求，细化区域发展规划；系统梳理现状存在问题，针对性提出解决方案；明确发展目标及具体项目，为后期建设提供依据。建设“渔业产业高质量、渔获产品高附加值、渔民生活高品质、渔港建设高水平”发展目标，实现现代化渔港经济区，构建现代渔业发展新格局。

（郑　明）

【渔港物业化管理】2022年，通过落实专职渔港秩序管理和保洁等人员，加强渔港秩序和港区卫生保洁工作综合管理。通过渔港物业社会化管理服务方式，使渔港基础设施维护保养朝专业化、社会化、常态化方向发展，全年投入资金21.4545万元，开展渔港码头栏杆除锈、油漆和零部件维护，保障渔港附属设施使用安全。

【东沙渔港入选国家级海洋捕捞渔获物定点上岸渔港（第三批）】2022年6月10日，农业农村部认定全国52座渔港为第三批国家级海洋捕捞渔获物定点上岸渔港，洞头东沙渔港入选。东沙渔港为国家一级渔港，位于洞头区本岛东部，是洞头区第二大渔港，渔港所在地北岙街道和东屏街道是全区重点渔业乡镇，沿岸有大王殿村、东沙村、双垅村及岙仔村，整体呈“C”字形，港域长约1250米，平均宽达500多米，可供600艘船只进港避风，现有防波堤长350米，码头172米（渔业码头90米、综合码头82米）、护岸1585米、港区道路1649米、桥梁145米、管理用房仓库454平方米及水电监控等配套设施。

（徐伟琦）

海洋渔业执法管理

【概况】2022年，洞头区制定出台《温州市洞头区海上渔船疫情防控工作实施方案》，强化闭环管控措施，推动海上疫情联防联控。联合海事部门建立定期会商机制，累计开展会商8次，推进数据信息共享，协同解决商渔船碰撞难点问题。组织开展互登互学活动7次，推进商渔船深入交流。利用智控平台强化动态管控，发布航道预警信息5419条。实施海上抢险救灾行动12起，救助10人，救助总航时59.5小时。共办理处罚案件192起，罚款108.6459万元，司法移送8起21人，没收违禁渔获物1292.52千克，查获“三无”船舶63艘，清理违规违禁网具1047顶（件）。

【海上执法专项行动】2022年，洞头区开展亮剑2022、铁拳等系列专项行动，构筑渔船安全、海上疫情防控、渔业资源保护三道防线，累计开展执法行动366次，出动执法人员3479人次，查获“三无”船舶63艘，办理渔业案件186起，罚款金额98.61万元。

【洞头区海洋联合执法队设立】2022年8月3日，为探索推进全区“海上一支队伍管执法”，开展海洋综合行政执法体制改革创新实践，区交通运输局的港航执法和区农业农村局的海洋渔业执法实行“物理整合”，设立温州市洞头区海洋联合执法队，设在区海洋与渔业执法队，对外挂牌，作为全区海洋综合行政执法工作平台，由区海洋与渔业执法队负责牵头领导和协调，推行海上行政执法协同平台，建立健全海洋联合执法协作机制。区交通运输局负责把港航执法人员和装备进驻区海洋联合执法队，实现“统一管理、统一办公、联合执法”。区司法局、生态环境洞头分局、资规洞头分局等相关部门按照职责要求落实协作配合工作，积极打造“海上一支队伍管执法”洞头样板。整合人力物力资源，累计减少人员出动次数减少85人次，车辆、船舶出动次数减少24次；推进救援与执法融合，成建制划转近岸水域救援专业队人员编制及专业设备，救援海域覆盖面积提升440%，开展救助5起，救助船舶2艘7人。

（林佳惠）

渔业科技服务

【概况】2022年，洞头区农业农村局组织海水养殖培训3次，参加培训养殖企业和养殖户100人次。走访养民30户，发放水生动物防疫和用药科普宣传资料80本，推广坛紫菜深水插杆养殖、全浮式养殖各约133.33公顷（2000亩），坛紫菜新品种“浙东一号”约66.67公顷（1000亩），主推技术到位率100%。《经济海藻羊栖菜品质育种、科学养殖和高值开发关键技术创新与应用》获2022年度中国发明协会“创业奖创新奖”一等奖，《红树植物北移关键技术开发与应用》获2022年度中国产学研合作创新成果优秀奖。

【渔业产业数字化】2022年12月，洞头区海洋与渔业发展研究中心牵头承担渔业产业数字化项目，完成优化调整方案，包括数字化平台、数字化生产基地和数字化新业态三大方面14个子项目，项目总投资1.909亿元，其中省财政奖补7000万元，区财政配套6560万元，社会资本投资5530万元。截至年底，数智渔业、养殖船只数据采集及传输体系、渔家慧、渔业防灾减灾、冷链物流中心一期等项目完成建设任务，白龙屿休闲渔业基础配套项目、渔人码头提升等工程完成工程量的90%；黄鱼岛深水网箱等3个子项目完成验收，并兑现省级补助资金262万元；智能渔城、软体牧场做好验收准备工作。声波无网牧场于12月20日完成20万尾大黄鱼鱼苗试养投放，打造全国首个“大黄鱼智能声波无网海洋牧场”。

【数智渔业综合应用场景建成】2022年9月30日，数智渔业综合应用场景项目完成合同规定建设内容和要求，通过市级专家组验收。数智渔业综合应用完成1图1库4大场景体系N个场景应用的建设目标，10月开始试运行。该项目全方位拓宽系统接口，纵横打通各级系统，集成系统业务数据15个。完成纳管养殖船定位系统安装718艘，划出养殖海区电子围栏26个，实现对养殖海区违规行为的高效管控；为海区招商赋能，整合启用4400公顷（6.6万亩）的闲置海区提供招商信息；构建养殖灾害全流程闭环管控体系，实现紫菜防烂菜全流程闭环管控；对大黄鱼实行“主体码+质量码”双码管控，全过程进行监测评分大黄鱼养殖，根据评分结果分别赋码管理，确保产品品质得到有效监管。数智渔业应用作为省渔业产业大脑试点，获全省首届数字乡村“金翼奖”十佳应用场景。

（李昌达　周庆澔）

渔船检验与监管

【概况】2022年，洞头全区拥有渔业船舶总量740艘，其中捕捞渔船429艘、渔业辅助船35艘。养殖渔船275艘。区交通局做好渔业船舶的法定检验和监督管理、渔业船舶设计修造质量监督管理、渔业船舶检修检测服务机构管理等。全年开展海洋渔业船舶“船证不符”“船图不符”专项整治，对船长≥12米渔船、渔运船主尺度、主机、舱壁及舱口布置、脱险通道、渔捞设备、上层建筑等开展逐船核查。全年核查渔船和渔运船172艘，其中“船证不符”51艘，“船图不符”41艘。

（唐孟勋）

【渔船监管】2022年，洞头区组织开展“春雷行动”，推动全区渔船风险隐患排查整治，实行清单闭环式销号，涉海涉渔专委会成员单位赴基层督导检查，确保问题有效整改，全年累计发现并整改隐患1156个。制订出台《温州市洞头区海上渔船疫情防控工作实施方案》，强化闭环管控措施，推动海上疫情联防联控，坚决杜绝疫情海上输入。与海事部门建立定期会商和互登互学机制，累计开展会商8次，组织开展7次互登互学活动，推进商渔船深入交流，协同解决商渔船碰撞难点问题。利用智控平台强化动态管控，发布航道预警信息5419条。

（郑　明）

【渔船更新改造及政策兑现】2022年，兑现渔船更新改造等补助500多万元，完成2400万渔业油补资金发放工作，受益渔船495艘。拖网渔船完成生态化整治35艘，小型渔船完成新材料改造10艘，兑现资金72万元。

（李宁）

2020—2022年洞头区渔业船舶变动情况表

表10

类别				时间	2020年	2021年	2022年	同比趋势
机动渔船	合计			艘	1350	1264	740	41.46%↓
				总吨位	40232.1	39288.1	32844.2	16.4%↓
				千瓦	76197.55	76403.03	60454.09	20.87%↓
	生产渔船	小计		艘	1305	1188	704	40.74%↓
				总吨位	33908.1	29362.1	26297.2	10.44%↓
				千瓦	61992.25	56338.13	48048.39	14.71%↓
		捕捞渔船（按功率分）	小计	艘	547	430	429	0.23%↓
				总吨位	33147	28601	26041	8.95%↓
				千瓦	54553.9	48899.78	45416.8	7.12%↓
			441千瓦以上	无				
			184—440千瓦	艘	138	123	108	12.20%↓
				总吨位	29663	25895	23112	10.75%↓
				千瓦	42250	37480	33899	9.55%↓
			44—183千瓦	艘	82	89	88	1.12%↓
				总吨位	1384	1387	1440	3.82%↑
				千瓦	6344.6	6741.2	6686.1	0.81%↓
			43千瓦以下	艘	327	218	233	6.88%↑
				总吨位	2100	1319	1489	12.89%↑
				千瓦	5959.3	4678.58	4831.7	3.27%↑
		养殖船		艘	758	758	275	63.72%↓
				总吨位	761.1	761.1	256.2	66.34%↓
				千瓦	7438.35	7438.35	2631.59	64.62%↓
	辅助渔船			艘	45	76	35	56.95%↓
				总吨位	6324	9926	6190	37.64%↓
				千瓦	14205.3	20064.9	9609.7	52.11%↓

（区交通运输局提供）

经济管理

区域经济运行与发展

【概况】2022年，洞头区统筹推进疫情防控和经济社会发展，实现地区生产总值137.16亿元，同比增长5.4%。城乡居民人均可支配收入同比分别增长6.2%和8.6%，均排名全市第一位；财政总收入同比增长1.6%，排名全市第二位，其中一般公共预算收入10.62亿元，同比增长3.3%，剔除增值税留抵退税因素增幅16.2%，排名全市第二位；城镇登记失业率4.7%。渔业总产值22.15亿元，渔业总产量29.39万吨，同比分别增长15%、10.2%。渔业经济结构调整优化，养殖产量占总产量的比重较上年提高超10个百分点。水产品养殖质效提升，全国首个大黄鱼智能声波无网海洋牧场正式投苗试养，新型重力式网箱项目新增养殖水体10万立方米，“两菜一鱼”产量分别较上年同期增长75.2%、96.7%、18.5%。紫菜本地育苗能力达到70%，累计完成泥蚶、厚壳贻贝、缢蛏苗种、菲律宾蛤仔、彩虹明樱蛤和青蛤等苗种培育超16亿颗。数智渔业应用获首届浙江数字乡村“金翼奖”十佳应用，首创大黄鱼“浙农码”质量溯源。古渔村保护开发等项目建设有序推进。实现规上工业增加值15.59亿元，同比增长8.3%。制造业投资同比增长88.3%，排名全市第一位。出台《洞头区助企纾困稳经济大盘的若干意见》助力企业降本减负。“腾笼换鸟、凤凰涅槃”专项工作深入推进，累计激活低效工业用地225亩、空置厂房2.3万平方米。海洋食品产业园建成投用，招引海洋食品科技企业31家，集成落地紫菜育苗基地、烘干厂、冷链物流中心等上下游配套，打造海洋食品全产业链，园区产值突破2亿元。“增资扩产”工作排名全市前列，完成竣工投产项目6个，开工建设项目8个。加强企业培育，7家企业升规上限，7家企业被认定为“2022年度浙江省专精特新中小企业”，浙江迪特高强度螺栓有限公司荣获国家级专精特新“小巨人”企业称号。强化科技赋能，创成国家高新技术企业3家、国家科技型中小企业31家、省科技型企业13家，省级高新技术企业研发中心1家，市级企业技术研发中心3家。新招引建筑企业32家，人才1700多名，完善建筑、房地产、物业、劳务、建材一体化协同发展体系。全面推进建设领域保函替代5类保证金工作，为企业减轻资金占用成本2.6亿元。海运、公路货运周转量同比分别增长17%、49.8%，总运力93.48万吨，运力规模连续12年稳居全市第一位。状元岙港新辟美西、俄罗斯远洋集装箱干线，大小门港LPG液体散货运输网络辐射中东、欧美，全年进出港船舶2000多艘次，完成集装箱吞吐量58.03万标箱、货物吞吐量1000.3万吨，分别同比增长17.4%、12.6%。消费市场稳步复苏，全年全社会消费品零售总额31.45亿元，同比增长1.9%。限上批零住餐同比分别增长8.1%、13.5%、-2.7%、21%；共培育上限企业11家。人民币存贷款合计余额405.9亿元，同比增长25.3%。银行不良贷款持续低位运行，不良率0.46%。完成省股交中心挂牌企业1家。编制《温州洞头国际生态旅游岛规划》等重大规划。海霞青年营正式营业，金岙101开展试运营，名品广场、韭菜岙村旅融合等项目完成建设，推进东沙不夜港建设。形成韭菜岙、金岙、隔头、白迭、海霞等5个“一村一品”石厝

2022年洞头区国民经济和社会发展目标完成情况一览表

表11

指标名称			单位	2022年计划目标	2022年完成情况	
					绝对值	增速（%）
约束性指标	1.单位GDP能源消耗降低		%	完成上级下达任务		
	2.单位GDP二氧化碳排放量降低		%			
	3.主要污染物排放量降低	化学需氧量	吨			
		氨氮	吨			
		氮氧化物	吨			
		挥发性有机物	吨			
预期性指标	4.城镇调查失业率		%	≦5.5	4.7	
	5.城镇新增就业人数		人	1300	1932	
	6.地区生产总值		亿元	7%左右	137.16（111.48）	5.4%（5.8%）
	其中，第一产业增加值		亿元	8.1%	7.74（7.28）	8.8%（10.9%）
	第二产业增加值		亿元	6.9%	53.92（39.71）	2.8%（2.9%）
	规上工业增加值		亿元	17%	34.93（15.59）	14.8%（8.3%）
	第三产业增加值		亿元	7.3%	75.50（64.49）	7.1%（7.2%）
	7.固定资产投资		%	15%	—	25.8%
	8.社会消费品零售总额		亿元	8%	61.4（31.5）	16.2%（1.9%）
	9.一般公共预算收入		亿元	10%	10.62	3.3%
	10.城镇常住居民人均可支配收入		元	7.5%	60315	6.2%
	11.农村常住居民人均可支配收入		元	8.5%	39091	8.6%
	12.R&D经费支出占GDP比重		%	2.1%	2.1%	—

说明：地区生产总值绝对值按现价计算，增幅按可比价计算，（ ）内指标为原洞头口径

（区发改局提供）

村落盘活样板，东岙村列入全省首批金3A级景区村庄培育名单，建成星级“海宿”18家。全年接待游客人数超270万人次。贯彻执行省“26+12”、市“9+15”等政策，因地制宜出台“洞12条”等系列政策，“一楼一策、一企一策”全力化解房地产开发经营风险，全年房地产销售面积7.08万平方米，房地产开发投资额11.22亿元。

（俞 漪）

【海洋经济发展】 2022年，洞头区深入实施海洋强区建设“156”计划，编制“1+3+N”规划体系（“1”是梳理整合各类规划家底，高标准完成国土空间规划、制定“三线三度三性”管控机制；“3”是海域海岛发展战略规划、国际生态旅游岛规划、国际生态旅游岛国土空间设计；“N”就是各项子规划）。依托海洋资源优势，围绕新材料、新能源等海洋领域，实行“1+3+N”精准招商机制，开展临港产业全链式招商，组建临港石化、海洋新能源等6个重点产业招商专班，成功签约投资102亿元的风电零碳产业

园、26亿元的海工装备制造及服务基地项目、108亿元的新能源电池材料低碳产业园项目。综合开发渔、港、景等海洋资源，打造海洋特色产业平台，推动特色产业集群发展。建设大小门临港产业区。完成《温州大小门岛化工新材料产业建设方案》编制。快速推进大小门岛重点项目建设，浙能LNG项目加快施工，交通城建工业化营盘基厂区通过验收，开程沥青混凝土建成投用，强科技、华顺燃料油、中油二期石脑油试生产。推动紫菜现代产业园向海洋食品领域迈进，累计完成企业投产11家，实现园区产值突破8000万元；紫菜本地育苗15000亩，育苗能力从40%提升至70%；实现洞头生态大黄鱼苗种本地化培育；“北参南养”新品种试养成功并上市销售盈利；霖宝沣公司新建22口周长93米重力式新型深水网箱，新增养殖水体10万立方米。推进半屏山海洋省级旅游度假区建设，完成度假区总体规划区级评审；加快建设梦幻海湾项目，建成中普陀文化园一期、金岙101、海霞青年营等项目，完成旅游业“微改造、精提升”35个试点项目，创新打造跳岛游、海霞营地、中屿片区；举办周末沙滩派对、古风沉浸式集市等特色活动。新辟美西远洋干航，加密海丰泰越线。开工建设状元岙港区5#、6#两个5万吨级兼靠10万吨级集装箱专用泊位。全年港口货物吞吐量突破1000万吨，完成集装箱吞吐量58万标箱，分别同比增长12.6%、17.4%。依托“绿水青山就是金山银山”实践创新基地建设，持续推进省级山水林田湖草修复试点建设和绿色创建。总额度30亿元的全国首个海洋类EOD项目申报入库。全年获省级数字化改革试点项目8个，“数智渔业”应用获全省首届数字乡村“金翼奖”十佳应用，修复蓝色海湾打造生态共富海岛样板入选省委社建委共同富裕最佳实践（第一批）名单。

2022年洞头区车渡航线票价情况一览表

表12　　　　　　　　单位：元

项目	票价				备　注
	元觉—大门	元觉—鹿西	大门—鹿西	鹿西—小门	
客渡	20	30	15	20	公交IC卡优惠30%
货物	8	8	8	8	每100公斤
自行车	5	8	6	8	—
摩托车	10	15	13	—	二轮
小型拖拉机	70	105	88	—	—
三轮机动车	40	60	50	—	—
轿车	100	150	125	—	包括吉普车
客车	120	180	150	—	6—15座
客车	130	195	163	—	16—20座
客车	180	270	225	—	20座以上
货车	100	150	125	—	为1吨以下（含）票价；1吨以上的每增加1吨增收50元，不足1吨的按1吨计算
特种车辆	600	900	750	—	—

说明：1.票价内均含3%的旅客保险费；2.票价优惠政策、行李携带和托运等事项按国家有关规定执行

（区发改局提供）

【价格管理】2022年，洞头区实行第三方评估、成本调查、成本监审等程序，出台区义务教育阶段课后服务收费标准、公办幼儿园保教费调整、暑期公办幼儿园托管服务收费标准等收费文件。全年对全区价格形势及各类监测商品价格变动情况和变化趋势做出综合分析，共累计报送以上监测表近60份、市场巡查简析约30篇。根据省、市发改委有关要求，完善和调整相关工作程序和部门职能，重新修订《温州市洞头区市场价格异常上涨事件应急预案的通知》（洞政办发〔2022〕27号）。全年共受理案件60件，完成认证41件，涉及金额约21万元。

（陈 凯）

固定资产投资

【概况】2022年，洞头区成立扩投资优结构攻坚行动专班，通过专班运作，扩大有效投资，抓好重大项目建设，做实投资项目增长支撑，全年固定资产投资增长25.8%，增速居全市第二位。全年共安排97个实施类重点建设项目，预备前期类重点项目62个，年度计划投资59.76亿元，实际完成投资66.73亿元，为年度计划的111.6%。全年新增谋划省市县长工程2个，落地省市县长工程1个。

【限额以上固定资产投资】2022年，洞头区完成固定资产投资73.48亿元，同比增长25.8%。其中，建安投资完成51.68亿元，同比增长23.7%；交通投资完成41.73亿元，同比增长62.8%；高新技术产业投资完成5.01亿元，同比增长101.4%；制造业投资完成6.25亿元，同比增长88.3%；民间投资完成14.37亿元，同比增长5.2%；房地产开发投资完成11.22亿元，同比下降7.2%；生态环保、城市更新和水利设施投资完成7.62亿元，同比下降13%。

【项目审批】2022年，洞头区受理企业投资项目核准3个，企业投资项目备案92个，政府投资项目可行性研究报告审批29个，政府投资项目初步设计审批13个。编发《项目实用手册》，梳理汇编政府和企业投资项目基本概念、建设基本程序、基本管理制度、办事指南及案例、政策法规选编等内容。

（苏 翔）

财政

【概况】2022年，洞头区财政总收入15.94亿元，同比增长1.6%；一般公共预算收入10.62亿元，同比增长3.3%。盘活国有存量和闲置政府资产；清理国有房产土地8.6万平方米，印发党政机关过紧日子负面清单，持续开展预算压减和沉淀资金清理回收工作，累计节约资金985万元。出台《上级资金专项管理办法》，印发《争取省级财政专项资金指导目录》，加大争资力度，争取各类资金15.6亿元（其中到位10.91亿元）。落实留抵退税等组合式减税降费政策，累计完成留抵退税6.2亿元。加快政策资金兑现，累计兑付各类政策资金2.5亿元。结合财政政策“小切口”项目，统筹各级财政资金支持“一老一小”、医保纾困等各项共富政策改革落地。构建“清廉财政资金大监督”机制，强化财政监督和绩效管理，完成预算绩效评价项目100个5.35亿元。启动新一轮国有经济布局优化和结构调整工作，优化整合城发和旅发公司，实体化运作资源公司。

【财政收入管理】2022年，洞头区财政总收入15.94亿元，同比增长1.6%。其中，一般公共预算收入10.62亿元，同比增长3.3%，占财政总收入66.6%；上划中央税种收入5.41亿元，同比增长3.3%。税收收入4.94亿元，同比增长1.2%，占一般公共预算收入的46.5%。全年一般公共预算收入中，三大主体税种合计入库3.58亿元，同比增长1.7%。增值税入库27746万元，同比增长6.9%；企业所得税入库5474万元，同比下降31.2%（下降原因主要是立鹏建设大额退税同比减收较多）；个人所得税入库2541万元，同比增长106.2%（增收原因主要是上年同期行政事业人员未全额计税征缴个税，拉低基数）。其他税种入库13633万元，同比下降0.2%。其中资源税入库1433万元，同比下降27.5%；城市维护建设税入库4676万元，同比增长57.3%；房产税、印花税、城镇土地使用税和车船税分别入库1423万元、1323万元、1416万元、2419万元，分别增长59.9%、8.1%、36.7%、41.8%。非税收入24.6亿元，增长109.1%，其中纳入一般公共预算收入管理的非税收入5.68亿元，同比增长5.2%。设立向上争资激励机制，推动全区共获上级补助资金17.18亿元，其中1000万元以上项目20个涉及资金7.73亿元。

【财政支出管理】2022年，全区一般公共预算支出33.41亿元，同比增长0.2%。其中，民生支出24.5亿元，占一般公共预算支出的73.3%。全年卫生健康支出4.29亿元，增长33.3%。保障疫情防控资金，拨付核酸检测、综合隔离点建设、疫苗接种等各类资金1.4亿元。全年社会保障和就业支出3.17亿元，增长8%。投入城乡居民最低生活保障、义务兵优待金、优抚对象补助等经费2326万元，保障困难群众基本生活，促进“双拥”工作健康发展；投入重度残疾人生活和护理补贴754万元，改善提升“残疾人之家”6家，完成无障碍改造辅助具适配困难残疾人家庭99户。全年教育支出4.8亿元。落实“双减”政策，健全课后服务保障机制，增加全区义务教育阶段学生生均公用经费每生每年200元，被教育部选为全国义务教育优质均衡发展先行区。锚定乡村共同富裕赛道，统筹2.7亿元用于支持未来乡村、共富村试点项目等。推进渔业产业数字化发展示范建设项目，全年累计获得7000万元省级补助，完成投资1.1亿元。优化惠企政策“直通车”，助力企业复工复产，全年累计兑付各项助企纾困和产业发展等政策资金2.5亿元。

【财政体制改革】2022年，区财政局印发党政机关过紧日子负面清单，持续开展预算压减和沉淀资金清理回收工作，累计节约资金985万元。发挥“一键达平台”“乡镇公共财政服务平台”作用，全年累计发放惠民惠农补贴资金1.16亿元，惠及13.3万人次。率全市之先完成接入浙江财政非税和票据管理平台，优化非税收入收缴和电子票据管理工作。成功申请“浙里捐赠”平台改革应用试点，并完成“浙里捐赠”上线任务。创新“互联网+”公款存放管理新模式，完成两期财政资金竞争性存放网上平台招标工作，资金总量11.23亿元。首次启动专项债账户招投标工作。开展全区国有房产土地清理和低效无效资产处置工作，清理盘活房产土地8.6万平方米。推进“清廉国企”创建、国企反腐倡廉全覆盖无盲区零容忍专项行动，清廉国企创建通过率80%。

【投融资体制改革】2022年，区财政局加大筹融资力度，获批S211、EOD等重大项目融资授信，全年完成筹融资31.48亿元，其中：洞头区城市发展有限公司19.68亿元，洞头区旅发文化发展有限公司11.8亿元，保障重点项目建设资金需求。抢抓窗口期债券支持红利，争取地方政府债券资金14.76亿元，同比增长64.9%，创历史新高。其中，一般债券资金1亿元、专项债券资金8.86亿元、再融资债券4.9亿元。

【财政监督管理】2022年，区财政局推进绩效管理工作，建立绩效评价、监督检查、预算分配的“财政大监督”工作机制，完善绩效指标库设置，实施重点项目监控纠偏，全年开展财政抽评、重点评价、整体评价项目100个，涉及财政资金5.35亿元。强化政府投资项目评审，全年完成三算（预、结、决算）审核项目191个，审核金额13.79亿元，节约资金9547万元，净核减率6.9%。落实党政机关过紧日子要求，持续压减非刚性、非重点、非急需的一般性支出及“三公”经费，全年“三公”经费执行数同比下降1.3%。加强国库集中支付动态监控，累计核实违规单位51家，纠正违规资金162笔，金额445万元，纠正率100%。

（林颖颖）

洞头区2022年一般公共预算收入执行情况表

表13

项目	2021年执行数（万元）	2022年预算数（万元）	2022年预算调整数（万元）	2022年执行数（万元）	预算完成率（%）	同比上年增减（%）
一、一般公共预算本级收入	102795	113075	104578	106174	101.53	3.29
（一）税收收入	48807	53688	47373	49394	104.27	1.2
增值税	25961	25950	25020	27746	110.9	6.88
企业所得税	7955	9600	5504	5474	99.45	−31.19
个人所得税	1233	1600	2582	2541	98.41	106.08
资源税	1978	3200	1800	1433	79.61	−27.55
城市维护建设税	2973	4098	4500	4676	103.91	57.28
房产税	845	1120	1540	1423	92.4	68.4
印花税	1160	1360	1364	1323	96.99	14.05
城镇土地使用税	1033	1160	1320	1416	107.27	37.08

续表13

项目	2021年执行数（万元）	2022年预算数（万元）	2022年预算调整数（万元）	2022年执行数（万元）	预算完成率（%）	同比上年增减（%）
土地增值税	3281	3258	1505	744	49.44	-77.32
车船税	1705	1570	2032	2419	119.05	41.88
耕地占用税	671	750	175	168	96	-74.96
契税	0	0	0	0	0	0
环境保护税	8	14	6	6	100	-25
其他税收收入	4	8	25	25	100	525
（二）非税收入	53988	59387	57205	56780	99.26	5.17
专项收入	3689	5500	4100	4102	100.05	11.2
其中，教育费附加收入	1415	1869	1430	1715	119.93	21.2
其他专项收入	2274	3631	2670	2387	89.4	4.97
行政事业性收费收入	1618	1700	1200	1268	105.67	-21.63
罚没收入	7323	8800	12712	12711	99.99	73.58
国有资本经营收入	0	0	0	0	0	0
国有资源（资产）有偿使用收入	40212	42237	38663	38177	98.74	-5.06
政府住房基金收入	476	450	494	486	98.38	2.1
其他收入	670	700	36	36	100	-94.63
二、上划中央收入	54065	53150	50549	53177	105.20	-1.64
企业所得税60%	11933	14400	8256	8211	99.45	-31.19
个人所得税60%	1849	2400	3873	3812	98.42	106.17
国内增值税	25961	25950	25020	27746	110.9	6.88
国内消费税	14323	10400	13400	13408	100.06	-6.39
三、财政总收入	156860	166225	155127	159351	102.72	1.59

（区财政局提供）

洞头区2022年一般公共预算支出执行情况表

表14

项目	2021年执行数（万元）	2022年预算数（万元）	2022年预算调整数（万元）	2022年执行数（万元）	预算完成率（%）	同比上年增减（%）
本级支出	333460	308900	337828	334139	98.91	0.2
（一）201一般公共服务支出	39758	36837	39482	39475	99.98	-0.71
（二）203国防支出	533	538	942	942	100	76.74
（三）204公共安全支出	18808	15777	19945	19939	99.97	6.01
（四）205教育支出	46748	48150	47150	47961	101.72	2.59

续表14

项目	2021年执行数（万元）	2022年预算数（万元）	2022年预算调整数（万元）	2022年执行数（万元）	预算完成率（%）	同比上年增减（%）
（五）206科学技术支出	9683	8032	11155	11163	100.07	15.28
（六）207文化旅游体育与传媒支出	7345	7418	7845	7841	99.95	6.75
（七）208社会保障和就业支出	29364	37722	31655	31710	100.17	7.99
（八）210卫生健康支出	32199	37721	42933	42934	100	33.34
（九）211节能环保支出	7772	3436	5666	5749	101.46	−26.03
（十）212城乡社区支出	54946	25517	43148	43115	99.92	−21.53
（十一）213农林水支出	27761	27206	27765	28328	102.03	2.04
（十二）214交通运输支出	14806	8528	15654	10841	69.25	−26.78
（十三）215资源勘探信息等支出	7359	13673	6731	6396	95.02	−13.09
（十四）216商业服务业等支出	459	459	805	805	100	75.38
（十五）217金融支出	127	0	186	186	100	46.46
（十六）220自然资源海洋气象等支出	15765	6193	16030	16050	100.12	1.81
（十七）221住房保障支出	5846	6021	6304	6303	99.98	7.82
（十八）222粮油物资储备支出	600	620	720	720	100	20
（十九）224灾害防治及应急管理支出	2811	2952	2161	2161	100	−23.12
（二十）229其他支出	0	8000	0	0	0	0
（二十一）227预备费	0	3100	0	0	0	0
（二十二）232债务付息支出	10740	11000	11,500	11470	99.74	6.8
（二十三）233债务发行费用支出	30	0	51	50	98.04	66.67

（区财政局提供）

税务

【概况】 2022年，国家税务总局温州市洞头区税务局累计组织入库各项税费收入28.53亿元，同比增收4.21亿元，增长17.29%。其中，组织入库税收收入9.97亿元，同比减收3.58亿元，下降26.41%；社保费收入7.91亿元，同比增收0.69亿元，增长9.5%；其他非税收入10.64亿元，同比增收7.1亿元，增长200.39%。率全市之先牵头搭建洞头区税（费）信息共享机制，向区直有关部门提供上百批次近万条税收数据；协助经信打造“升规上限”企业培育库，做好工业园区“亩均论英雄”“腾笼换鸟”等工作，以税收大数据力促实体经济发展。全年召开两次重大法审会，对3户企业开展税收强制措施。打造“枫桥式”税务所，全年完成“首违不罚”19例。依托“宪法宣传周”举办宪法进校园、宪法进企业开展各支部集体宪法宣誓等活动。累计撰写税收经济分析文章15篇，其中6篇获得区委区政府主要领导肯定性批示。

【减税退税】 2022年，区税务局利用“网格化＋网格员”优势，清单式明责，按时间节点推进减税降费各项政策落实。引导成立由地方政府负责同志牵头的领导小组、制定工作协调机制。落实“五个必汇报”制度，加强与财政和人行等部门联系。全年完成增值税留抵退税6亿余元，辅导制造业中小微企业享受缓缴税款近6000万元，助力1400多户实体企业向好向上发展。

【营商环境优化】2022年，区税务局落实纳税人诉求快响机制。拓宽线上咨询渠道，多维度、多渠道关注纳税人缴费人涉税需求。推广“海岛自助办税服务圈”“银发族办税”“流动银行服务车”等特色服务，让“干部跑”代替“群众跑”，便民办税更贴心；深化“银税互动”，355户中小微企业获得纳税信用贷款1.74亿元。开展税收营商环境优化提升工作，坚持以纳税人需求为导向，制定走访时间表，通过分区划片、网格化走访问需的方式，对全区3935户企业进行电话和实地走访，解决纳税人涉税难题。参与全国税收营商环境调查，最终成绩在全国414个抽样地区中“定榜”第十八位。

【征收管理】2022年，区税务局协助打造“升规上限”企业培育库，扎实推进“亩均论英雄”等工作，向相关部门提供税收数据22批次。采用“专班作战、流程限时、即审即退”的闭环管理模式，分析缓缴政策疑点数据，建立“缓缴应享未享清册”，保障纳税人应享尽享、应享快享。涵养地方税源，助力工业园区“腾笼换鸟”。全年共为8户低效企业提供针对性纳税辅导，降低企业在纳税申报、留抵退税等方面风险隐患。

【执法效能提升】2022年，区税务局通过执法公示平台、门户网站、办税服务大厅等渠道，推进公示事项录入、公示工作，共对外公示信息593条。全年召开两次重大法审会，对3户企业开展税收强制措施，保障税务行政执法决定的合法性合理性。按照要求严格落实总局第一批和第二批《“首违不罚”清单》和《长三角违法行为裁量基准》。定期提取筛选比对“首违不罚”等数据，核实监督落实情况。通过一系列柔性执法行为规范税收执法行为，贯彻落实宽严相济、惩教结合理念。持续加强与法院破产案件、不动产拍卖等案件对接，完成税费申报和入库。接收法院问税函43件，缴纳税款63.82万元；接受法院询价函75件；参与破产企业债权申报等5户。与检察院就环保税联合发文成立协作机制，推进多税种协作机制。

（麻锦涛）

2022年洞头区税费收入执行情况表

表15

项目	2022年入库数（万元）	2021年入库数（万元）	同比增收额（万元）	同比增幅（%）
税务部门组织的收入	285274	243212	42062	17.29
一、税收收入合计	99723	135520	−35797	−26.41
中央级	50030	68472	−18442	−26.93
地方级	49693	67048	−17354	−25.88
1.增值税	36477	65553	−29076	−44.35
2.消费税	16760	17903	−1143	−6.38
3.企业所得税	16681	24883	−8202	−32.96
4.个人所得税	7993	3881	4112	105.95
5.车辆购置税	195	527	−332	−63
6.城市维护建设税	6703	6140	563	9.17
7.契税	3329	2750	579	21.05
8.耕地占用税	168	671	−503	−74.96
9.环境保护税	8	13	−5	−38.46
10.资源税	1792	2473	−681	−27.54
11.城镇土地使用税	1810	1425	385	27.02

续表15

项目	2022年入库数（万元）	2021年入库数（万元）	同比增收额（万元）	同比增幅（%）
12.印花税	1721	1681	40	2.38
13.土地增值税	930	4102	−3172	−77.33
14.房产税	2071	1375	696	50.62
15.车船税	3024	2132	892	41.84
16.其他税收	61	11	50	454.55
二、社保非税合计	185551	107692	77859	72.3
1.非税收入	106421	35428	70993	200.39
2.社保基金收入	79130	72264	6866	9.5

（区税务局提供）

2022年洞头区申报纳税实缴入库税收前30强企业名录一览表

表16

序号	纳税人名称	主行业门类名称
1	温州中石油燃料沥青有限责任公司	制造业
2	浙江尚谦艺建筑有限公司	建筑业
3	温州宇帆建筑劳务有限公司	建筑业
4	浙江诚意药业股份有限公司	制造业
5	浙江卓信建筑有限公司	建筑业
6	温州嘉丰建筑劳务有限公司	建筑业
7	浙江温州洞头农村商业银行股份有限公司	金融业
8	温州中明建筑劳务有限公司	建筑业
9	温州洞头国鸿置业有限公司	房地产业
10	温州洞头首元科技发展有限公司	科学研究和技术服务业
11	浙江立鹏建设有限公司	建筑业
12	浙江德宁医药有限公司	批发和零售业
13	温州展弘劳务有限公司	建筑业
14	浙江亿新建设工程有限公司	建筑业
15	温州市荣和建材有限公司	制造业
16	温州晨云建筑劳务有限公司	建筑业
17	温州市水利投资开发有限公司	租赁和商务服务业
18	浙江涵博建筑劳务有限公司	租赁和商务服务业
19	中国农业银行股份有限公司温州洞头支行	金融业
20	温州市烟草公司洞头分公司	批发和零售业

续表16

序号	纳税人名称	主行业门类名称
21	中国人民财产保险股份有限公司温州市洞头支公司	金融业
22	浙江宏联建设有限公司	建筑业
23	浙江宝翊实业有限公司	批发和零售业
24	浙江易展建筑劳务有限公司	建筑业
25	温州金源新材料科技有限公司	制造业
26	温州中灏建筑劳务有限公司	建筑业
27	浙江中岂建设有限公司	建筑业
28	温州德立建设工程有限公司	建筑业
29	温州置通建筑劳务有限公司	建筑业
30	温州茂合建筑劳务有限公司	建筑业

（区税务局提供）

海事管理

【概况】 2022年，中华人民共和国温州洞头海事处开展联合执法49次、专项巡航巡查40次，10处非法码头、砂石作业点关停后未出现反弹。完成包括列入浙江海事局“两张清单”、温州市“3030”机制等9个隐患销号整改。推动洞头近海船务有限公司退出营运。出台洞头区三无船舶综合治理专项行动方案并专题研究现有乡镇三无船舶分类处置安排。完成“商渔共治2022”干部职工互学互派、商渔船船长互登轮、警示教育进村入企及线上安全知识直播等活动。推进温州海事局与洞头区战略合作协议有效落地，洞头区水上搜救中心正式成立，完成洞头区防台50条涉海重点任务，处置扣押船舶18艘并离开辖区水域。实现年度防台“零沉船、零伤亡”。全年共响应救助海岛群众、商渔船船员57人次，获锦旗及感谢信4面（封）。《物流主要运行指标持续向好》《昨天全国货运物流平稳有序运行》《多样化审核服务 助力船舶高效运输》等新闻在中央电视台新闻30分、朝闻天下等央视栏目播出。

【海事执法】 2022年，洞头海事处利用AIS（船舶自动识别系统）、CCTV（视频监控）等信息化系统数据统计，对“两船”违法行为开展联合执法49次、专项巡航巡查40次，10处非法码头、砂石作业点关停后未出现反弹。配合打私办联合公安、交通运输局、农业农村局等海上综合执法指挥部成员单位开展清港行动。全年开展联合执法30次，出动船艇34艘次，执法人员256人次，检查船舶985艘次，查处涉私船舶6艘，强制扣押6艘，联合鉴定6艘，拆解2艘。组织辖区商渔船船长代表参加互登轮活动。结合浙江海上智控平台、CCTV（视频监控）、VTS（船舶交通管理系统）等信息化系统对港区及三纵航路开展远程电子巡航检查，引导商船规范使用公共航路，做好渔船碍航通报处置；依托“三位一体”联动机制和现场综合执法机制，加强重点时段、重点水域巡航检查，定期开展沿海公共航路巡航巡查。

【海事服务】 2022年，洞头海事处推动区委深改委审议通过《洞头区小型休闲船艇管理办法》升级版。加大对211省道、燕子山水陆综合开发、青山岛供水管网建设一期、华港LNG、状元岙港区二期工程等重大涉水项目服务力度。推动老旧船舶浙洞航2、浙洞航228退出营运，推进洞头航顺运输有限公司、洞头捷鹿船务公司分别按照“3030”闭环机制、跟踪审核要求落实整改，促成区政府协调明确捷鹿公司主要负责人招聘事宜，引导两家客渡运公司合并。推动青山岛项目部2艘老旧滚装客船转卖外地并注销登记，促成1艘内河挖砂船拆解。完成“华中号”移动CCTV安装运行。

【《洞头区小型休闲船艇管理办法》升级版】 2022年10月31日，洞头区委全面深化改革委员会审议通过《洞头区小型休闲船艇管理办法》升级版。该办法在2019年5月出台的《洞头区小型休闲船艇管理标准》基础上进行迭代升级，主要包含总则、船主、驾驶员及船艇要求、航行、作业、停泊管理要求、活动限制、海上安全救援、职责分工与协同机制、第三方管理服务组织、法律责任、附则九部分组成。主要创新点在明确休闲船艇的定义和适用范围，活动范围和活动方式，解决帆船和手扶式摩托艇无部门监管的难题；解决温州市安委办要求休闲船艇需要明确停泊水域、登离点和登离设施建设要求；标明休闲船艇纳入第三方管理的流程和要求，明确安装定位装置，做到休闲船艇实时监控，以利于监管和应急救助反应；明确《洞头区小型休闲船艇管理标准》废止。

【洞头区水上搜救中心正式成立】 2022年11月10日，洞头区水上搜救中心正式成立。该中心主要职责是负责辖区水上搜救组织、指挥、协调，落实水上安全预防和应急处置责任，业务上接受温州市海上搜救中心协调指挥。该中心办公室设在温州洞头海事处，成员单位涵盖区委宣传部、台办、发改局、公安局、交通运输局、农业农村局、温州海警局洞头工作站、温州海关、东海保障中心温州航标处洞头航标管理站、东海救助局温州救助基地等30家单位；救助设备包含直升飞机1架，救助车辆若干，救援船艇20艘，专业救助装备300多件；救助能力覆盖深远海至近岸和陆上，形成空中、水上、陆上全覆盖。截至年底，开展水上救援行动2次，遇险人员19人，救助遇险人员19人。

（何柳强）

2022年11月10日，洞头区水上搜救中心在温州洞头海事处挂牌成立（区海事处提供）

国土资源管理

【概况】 2022年，温州市自然资源和规划洞头分局谋划《温州市洞头区国际生态旅游岛国土空间设计国际征集》工作，完成“三区三线”划定工作，划定永久基本农田约886.67公顷（1.33万亩），生态保护红线约134566.67公顷（201.85万亩），城镇开发边界约5333.33公顷（8.68万亩）。完成全批次“批而未供”土地消化29.46公顷（441.9亩），2009—2018年“批而未供”消化约15.27公顷（229亩），“供而未用”处置约35.3公顷（530亩），低效用地再开发约14.3公顷（215亩），完成率均超100%，排名全市前列。化解岙仔B地块和矿山等一大批历史遗留问题。出让北岙街道地热资源探矿权，小门石子岙矿地综合利用项目采矿权出让，财政增收7.1亿元。完成国家蓝湾二期建设并通过省自然资源厅验收。获批省级蓝湾项目。完成77省道料场、观音礁废弃矿山生态治理和边坡绿化提升工程。海洋灾害智防试点应用——浙海安康场景建设，获评省级最优场景。国有土地及商品住宅产权全链智治场景应用上架，通过“不动产智治”平台实现二手房转移线上办理。

【资源要素保障】 2022年，洞头区完成全批次“批而未供”消化29.46公顷（441.9亩），完成率110.5%，完成2009—2018批次“批而未供”消化约15.27公顷(229亩)，完成率134.7%，完成“供而未用”土地处置约35.33公顷（530亩），完成率132.5%，完成约14.33公顷（215亩）低效用地再开发，完成率107.5%。完成出让杨文工业区一、二期A10地块、洞头区霓屿街道田岙屿A—01a地块、洞头区北沙东片区C组团大王殿片C—18地块工作，共计约6.10公顷（91.6亩），并向上争取新增建设用地计划指标共计241亩。完成温州市洞头区北岙街道地热资源探矿权挂牌出让，开拓全区地热资源市场开发利用。完成小门石子岙矿地综合利用项目采矿权挂牌出让，签订出让合同，配合财政、税务等部门并完成第一期3.55亿元出让金征收。推进大门矿山5+1历史问题化解处置工作。保障S211、陆域引供水二期、燕子山水运综合码头等项目用海。

【自然资源执法】 2022年，洞头区处置耕地“非农化”存量问题，完成“非农化”类型3、类型5问题处置图斑257个，面积19.8公顷（297亩），总处置面积处置率完成99%。开展打非治违整治，按照市和区及扫黑办关于“打非治违”

涉矿违法案件查处及重点领域整治的总体要求，保持对矿产资源领域的违法犯罪高压态势，严格规范自然资源管理秩序。推进法治信访建设。依法做好复议诉讼工作，全年共办理行政诉讼案件一审10件，二审2件，民事诉讼案件2件。收到政府信息依申请公开15件，均已在法定期限内及时答复。受理全区自然资源和规划各类信访事项共74件，办结率100%。化解信访积案3件，出具信访终结审查意见2件。

【地质灾害防治】2022年，洞头区持续完善地质灾害监测预警点建设，新建成3个监测点，并对25个风险防范区设立警示告示牌。强化汛期日常地灾巡查，联合区各街道乡镇、各相关部门出动1450人次，完成575处地质灾害和不稳定边坡隐患点的汛前排查、汛中巡查，全年未发生地质灾害伤亡事故。

【海洋生态修复】2022年，洞头区完成温州市蓝色海湾整治行动项目（二期）总投资4.51亿元，中央海洋生态修复资金补助2.255亿元，包括海岸带生态修复、滨海湿地生态修复、海岛海域生态修复等三个方面的生态修复工程。已进入验收筹备阶段，完成堤坝生态化整治15.5千米、沙滩修复约16.8公顷。破堤通海247米、生态海沟挖掘3千米，红树林修复60公顷，山体修复19.8公顷，三盘港海域清淤疏浚完成传统网箱养殖拆除。

【不动产登记服务】2022年，洞头区办理不动产统一登记24505宗，其中登记颁发不动产权证16679宗、不动产登记证明12781宗，权属登记信息查询3770宗。推广不动产智治应用，对接水务、燃气、公安、教育、公积金等部门，明确其涉及的数据以及系统等问题。对接市中心和区大数据中心，明确专题数据库建设事宜，完成云服务器申请，容量300G。全年完成办件789件。推广“二手房带押过户”业务。实现带抵押房产过户转移登记和抵押权登记手续同步办理，缩短整个交易周期，交易资金存放在资金监管账户。

【海洋管理】2022年，洞头区涉海审批跟出让面积约107.35公顷（1610.36亩），征收海域使用金630.56万元。开展常态化海域海岛及海岸线巡查监测工作，加强全域302个海岛及岸线开展巡查，核查上级下发疑点疑区，累计核查部省图斑26个。妥善解决围填海历史遗留问题，洞头区小门岛西片围涂工程围填海历史遗留问题取得自然资源部备案，新增工业用海约14.33公顷（215亩）；核查“两线之间”图斑共计2227个，处置图斑49个，总面积63.03公顷（945.45亩），上报自然资源部；解决已批未填图斑2个，总面积约56.03公顷（840.393亩）。

（夏建伟）

能源监管

【概况】2022年，洞头区制定年度能耗“双控”实施方案，加强项目能源监管与监察，强化用能预算化管理，推进能源绿色低碳发展和保供稳价工作。全年完成企业节能监察10家，开展企业节能诊断4家；组织开展新建设项目节能审查1个，完成投产项目节能验收2个；加强高耗能企业用能预算化管理，全区共8家企业纳入省级节能降碳e本账平台管理。开展新能源汽车充电难专项治理工作，全年完成新建充电桩63个，完成市级下达任务数的157.5%，全区累计建设公用充电桩243个。推进企业屋顶分布式光伏建设，实现区多能互补发展。截至年底，企业完成屋顶改造22家，并网容量8173千瓦；全年推进新能源项目建设4个，开展项目前期工作4个，完成投资额35.25亿元；推广碳普惠应用，全区碳普惠注册用户数2447人。

【节能审查监察】2022年，洞头区依据国家节约能源法和有关法律法规规定，严格按照《固定资产投资项目节能审查办法》开展能评审查工作，新上综合能耗高于5万吨标煤和1000吨至5万吨标准煤的产业项目，分别按照单位增工业加值能耗0.52吨标煤/万元和0.49吨标煤/万元能效准入标准控制审查。完成洞头区小门岛普通建筑用石料（凝灰岩）矿产资源开发利用项目节能审查和温州市综合材料生态处置中心1万吨/年医废改扩建项目、浙江华田特种材料有限公司年产1万吨换热管项目节能验收备案工作。执行“双随机”工作制度，按照“掌上执法”工作要求，采取“以监察带服务、寓服务于监察”的方式，开展节能监察工业企业8家和非工企业2家，超额完成全年节能监察任务，聘请专家对4家企业用能情况进行节能诊断，规范企业用能行为。

【绿色能源发展】2022年，洞头区以全市风光资源统筹为依托，按照“全产业链发展”原则，开展洞头新能源产业集聚区试点工作，重点打造洞头风电零碳产业园示范项目、洞头高端储能装备制造基地示范项目、洞头海工装备制造基地示范项目等三大示范项目，4月完成全部项目投资协议签订。其中，洞头高端储能装备制造基地示范项目于10月开工建设，洞头风电零碳产业园示范项目完成用地规划调整即将挂牌出让，洞头海工装备制造基地示范项目完成矿地综合利用项目立项工作。推进资源开发工作，协调金风科技、运达股份开展洞头1号和洞头2号海上风电场的项目开发前期工作。全年建有充电桩1002个，其中公用充电桩243个，专用充电桩4个，私有充电桩755个。全区有新能源电动汽车2973辆，其中城市公交车30辆、农客共12辆、新能源城际客车3辆、出租车96辆、私家车等其他车辆2832辆。推进光伏建设工作，全年新建并网企业屋顶分布式光伏项目22个，共发放补贴405870.78元。

【能源要素保障】 2022年，洞头区制定《洞头区统筹推进能源绿色低碳发展和保供稳价工作三年行动方案》，推进现代能源基础设施建设和能源结构低碳转型。开展迎峰度夏、迎峰度冬有序用电工作，用电执行率位居全市前列。深化能源领域市场化改革，推进电力市场化交易，组织用电大户参加电力市场化交易培训，宣传和发动广大工商户主动参与电力市场化交易。加强绿色低碳宣传引导，开展节能宣传周专题活动，倡导党政机关带头开展节约用电，加强公共机构、建筑、交通、城市景观照明等领域节能降耗工作，推进全区大型楼宇中央空调负荷纳入电力负荷管理中心统一管控。

（张海涵　林菲菲）

市场监督管理

【概况】 2022年，洞头区市场主体总量13106户，总注册资本505.76亿元，同比分别增长5.95%、11.46%。其中，企业4317户，注册资本493.24亿元，同比分别增长7.02%、11.64%；农民专业合作社163户，同比增长3.16%，出资总额3.28亿元，同比增加3.14%；个体工商户8626户，注册资本9.24亿元，同比增长率分别为5.49%、5.60%。组建除险保安“1+8”工作专班，累计处置风险隐患332起，完成电梯鼓式制动器拆解239台，高风险隐患处置率100%。推动备案非标电动自行车淘汰置换，累计淘汰11088辆，总进度69.7%。全年查获并规范处置涉嫌走私煤炭867吨、成品油2批共725吨、进口冻品8批共624.47吨，联合处置案情11起，查处全市首个为无合法来源物品经营提供便利案。全年共立案查处各类案件138件，共计罚没款215.38万元，其中大要案12件，移送公安4件，共办理“首违不罚”14件，依法免予处罚9件，减轻行政处罚15件。成立全区首个小微主体金融服务站，拓展首贷户179户，发放信用贷款共计7.82亿。新增“两菜”地标使用主体22家，完成地标使用单位集体授标，带动“两菜”产业农户1078家，发放地标质押贷款350万元，推进“两菜一鱼”区域品牌惠农共富。推广应用“浙食链”“浙农码”系统，激活全程可追溯食品生产经营主体460家。建成食品生产企业“阳光工厂”25家，开展食品定性定量检测459批次、药品抽检48批次，食品抽检覆盖率达到3.5批次/千人。率先实现街镇星级食药安办全覆盖，创成首批省食品安全示范区。区市场监管局获评温州市民营经济示范城市创建（民营经济高质量发展）先进集体、“幸福温州”建设成绩突出集体等。

【洞头创成首批省食品安全示范区】 2022年4月14日，浙江省食品药品安全委员会公布浙江省食品安全示范县（市、区）名单，洞头区成功入选，成为首批22个创成省级食品安全示范县（市、区）之一。洞头区按照《关于开展浙江省食品安全示范市、县（市、区）创建工作的指导意见》，围绕食品安全状况良好、党政同责全面落实、风险管理能力较强、整体智治成效明显、社会共治基本形成、产业高质量发展、示范引领作用明显标准要求，以创建省级食品安全示范区为统领，对餐饮安全、粮食质量安全、网络餐饮等进行联合执法和专项整治。建成校园智能“阳光厨房”29家，新增全程可追溯食品生产经营主体114家，建成网络餐饮“阳光厨房”167家，完成率位居全省前列。建立食品安全“微网格全覆盖”宣传机制，开展食品安全进机关、进园区、进校园、进社区、进家庭“五进”活动，吸纳东屏街道“好厝边”社区志愿者服务队、北岙街道“海霞妈妈”志愿服务队6支志愿者服务队的3000余名志愿者，成立食品安全志愿者联盟。组织“你抽我就进校园”“食品安全公众开放日”等活动，邀请志愿者、公众代表等走进冷链食品经营单位、食品生产厂家、校园食品安全科普站等，考察生产、经营环节食品安全保障工作，构筑“政社企家校”大联动、全民共参与的食品安全大宣传格局。食品安全群众满意率连续3年居全省前列，全市第一位。

【实施“歇业一件事”改革】 2022年4月6日，温州市洞头博锐文化艺术培训有限公司进行“歇业备案”，成为洞头区首家办理歇业备案企业。洞头区市场监管局联合多部门制定《洞头区市场主体歇业“一件事”实施方案》，把办理备案、停业登记、职工参保登记等事项整合为“我要歇业”一件事，通过“一窗受理，集成服务”方式，实行线下一窗集中受理、办结。

（王盼慧）

【获批全市首个保健食品生产许可证】2022年8月24日，浙江诚意药业股份有限公司正式取得保健食品生产许可证，成为温州市第一家获批保健食品生产许可的企业，标志着温州市保健食品生产企业实现“零的突破”。此次保健食品生产许可认证生产车间为保健食品软胶囊剂生产车间，生产线累计投入约3173万元，设计产能5亿粒，主要生产产品为鱼油软胶囊。诚意药业依托洞头海岛优势，聚力发展海洋生物医药产业，已有盐酸氨基葡萄糖胶囊、超级鱼油EPA与羊栖菜提取药物等三个海洋医药品种。其中，盐酸氨基葡萄糖胶囊为全国最大的治疗骨关节用药。2月，诚意药业0.5g和1.0g两种规格超高纯度EPA鱼油软胶囊试产成功，鱼油保健食品研发取得关键性突破。7月，企业两款鱼油软胶囊产品完成国产保健食品备案工作，获国家市场监管总局发放的国产保健食品备案凭证。

【首家“共享实验室”启动】2022年8月5日，洞头区首家“共享实验室”正式启动。“共享实验室”以洞头区质检所为技术平台，配备无菌实验室及原子吸收光谱仪、超高液相色谱仪、气相色谱仪、气质联用仪、微波消解仪等高精仪器设备32台，具备234项检测项目资质。“共享实验室”开放后，可为企业节省产品研发、检验检测等多项成本，提高大型仪器使用效率。

【小微企业发展】2022年，区市场监管局和人行洞头支行签订“支持小微企业发展，助力共同富裕示范区建设”合作备忘录。加强征信从业主体监督管理、落实知识产权质押融资工作、深化小微企业和个体工商户金融服务、推进农村食品安全金融征信体系建设、建立人民币应用联合执法体系等合作。全年洞头区新增小微企业512家，其中新增八大万亿产业小微企业119家；新增进出口经营权备案企业5家，有出口实绩企业3户；13家企业被新认定为科技型小微企业；新增续展省级信用管理示范企业1家，续展市级信用管理示范企业1家，新报市级信用管理示范企业1家；小微企业培育库企业数达到477家；发放创新券金额189万元，面向小微企业开放科研设施与仪器50台次，开放实验室服务批次29次，“浙里检”服务企业订单数205个，开展小微企业计量服务15次；新增小微主体金融服务站2家，全年小微企业贷款增速37.97%，新增首贷户245户，首贷金额12.28亿元；开展小微企业职业技能培训812人次。培训企业知识产权贯标实务人才4人，开展测量管理体系免费培训10次。

（方慧敏）

2022年8月24日，浙江诚意药业股份有限公司获得全市首张保健食品生产许可证
（区融媒体中心提供）

【消费者权益保护】2022年，洞头区市场监管局受理消费投诉举报1054件，其中投诉822件、举报232件，处置率100%，为消费者挽回损失经济48.36万余元，约谈企业6家、发放责令改正书17户次。归纳投诉热点问题，发布“含金银箔粉的‘高端’食品吃不得”“配镜消费谨防温附眼科”等消费警示5期。开展以“共促消费公平”年主题消费教育宣传活动，普及相关法律法规及消费知识，引导消费者科学消费、理性维权。深化“放心消费在浙江”工作，培育建设放心消费单位550家、放心工厂14家、放心消费街区（乡村）6处。走访指导企业对产品提质升级，推荐参评“长三角伴手礼”活动，2家企业产品获评市级“伴手礼”产品；挖掘本地特色，设立“产学销”一体的消费体验教育基地3家。提升消费维权效能，部门协同处置消费人身伤害、商品房买卖群体，预付卡领域、纹眉纹唇、休闲渔船、旅游景点等疑难消费纠纷。建设消费维权服务站7家。完善县级消费侵权行为披露制度，披露故意拖延或无理拒绝等重大侵权行为3起。

（林加恭）

【食品安全监管】2022年，洞头区在册食品销售者1477家，其中持食品经营许可证292家，小食杂登记证1110家，仅销售预包装备案75家。全区食品生产企业32家，食品小作坊备案登记数30家，其中，新设食品生产企业9家，新增5S管理食品小作坊2家。打造食品追溯闭环管理应用场景，运用“浙食链”系统促进食品安全全程追溯，流通环节激活“浙食链”主体555家，猪肉、牛肉、淡水鱼、蛙类等重点品种实现全链条无纸化追溯。食品企业“阳光工厂”建设提质扩面，在产食品生产企业100%激活“浙食链”、100%建成“阳光工厂”，其中，入选市级民生实事项目4家，建成“CCP”智控应用2家。全年开展监督抽检487批次，其中生产（小作坊）50批次，流通299批次，餐饮138批次，合格率96.30%。核查处置国、省、市、区四级不合格食品39件，立案38件，结案38件，结案率100%。

（金 霜）

【基层星级食安办创建】2022年，洞头区各街道（乡镇）分别围绕四星级宣传阵地建设、农村集体聚餐保障能力提升、星光经济带创新管理打造食安属地管理特色亮点，突出食品安全“一区域一品牌”特色创建，大门镇成功创建五星级食安办，东屏街道创成四星级食安办，全区三星级以上食安办覆盖率100%。

【“药械化”安全监管】2022年，区市场监管局围绕“药械化”质量安全监管，开展药品专项整治行动暨打假治劣“药剑”行动、新冠肺炎疫情防护药械产品质量安全专项检查等专项整治工作。聚焦药械领域民生实事，建成民生药事服务站2家，社区药师工作室5家。全年上报药品不良反应143例，完成全年任务数的133.6%；上报医疗器械不良事件38例，完成全年任务数的103%；上报化妆品不良反应12例，完成全年任务数的109%。

2020—2022年洞头区内资市场主体消长情况表

表17

项目			内资企业			农专社	个体户
			总量	非私营企业	私营企业		
在册总数	在册户数（户）	2020年	3296	350	2946	164	7920
		2021年	3896	361	3535	158	8178
		2022年	4193	328	3865	163	8626
		同比（%）	7.62	−9.14	9.34	3.16	5.48
	在册注册资本（万元）	2020年	3358292	1134776	2223516	31542	82922
		2021年	4230567	1134998	3095569	31803	87266
		2022年	4765074	983443	3781631	32814	92409
		同比（%）	12.63	−13.35	22.16	3.18	5.89
新设单位	新设注册户数（户）	2020年	718	23	695	8	1557
		2021年	1003	39	964	9	1161
		2022年	814	27	787	14	1309
		同比（%）	−18.84	−30.77	−18.36	44.44	12.75
	新增注册资本（万元）	2020年	785563	115900	669663	1260	14774
		2021年	1376448	45196	1331252	1590	14115
		2022年	1105345	69400	1035945	2520	12315
		同比（%）	−19.7	53.55	−22.18	58.49	−12.75
注（吊）销单位	注销户数（户）	2020年	169	12	157	8	658
		2021年	274	24	250	13	903
		2022年	289	18	271	9	861
		同比（%）	6.2	−25	8.4	−30.77	−4.66

说明：表内数据含分支机构

（区市场监管局提供）

2022年洞头区新设企业行业分布情况表

表18

行业类别	户数（户）	同比增长（%）	注册资本（万元）	同比增长（%）
农、林、牧、渔业	16	23.08	13338	222.49
采矿业	3	50	22000	122.22
制造业	83	18.57	49398	10.09
电力、燃气及水的生产和供应业	9	125	62450	3369.44
建筑业	262	-35.15	703611	-34.85
批发和零售业	147	-3.92	46443	-34.41
交通运输、仓储和邮政业	18	-55.56	18248	30.12
住宿和餐饮业	10	25	1560	168.97
信息传输、软件和信息技术服务业	26	42.22	11465	-42.63
金融业	0	-100	0	-100
房地产业	11	-59.26	8350	-47.63
租赁和商务服务业	84	-30	30855	-34.74
科学研究和技术服务业	101	16.09	129233	111.43
水利、环境和公共设施管理业	6	0	2258	5.02
居民服务、修理和其他服务业	13	44.44	1410	286.3
教育	8	0	225	-90.13
卫生和社会工作	0	0	0	0
文化、体育和娱乐业	21	0	7551	5.89

（区市场监管局提供）

完成药品抽检任务数48批次、医疗器械5批次、化妆品7批次。

（龚琪丽）

【市场监管案件查处】2022年，区市场监管局以“亮剑2022”和“铁拳”行动为主轴，开展民生领域、反走私、网络市场等专项行动，全年共立案查处各类案件138件，罚没款215.38万元，其中食品类案件75件，罚没款74.8万元；药械化类案件5件，罚没款22.34万元，工商及价格类案件58件，罚没款118.04万元。

【食品安全执法】2022年，区市场监管局立案查处食品类案件75件，罚没款74.9万元。加大对水产品加工场所、防疫保供餐酒店、大型超市、三小一摊等环节的监管，立案查处环境卫生违法、销售过期食品等案件，其中通过视频固证，对某中餐厅销售污秽不洁食品罚款5.5万元。加大对非法添加食品添加剂的查处力度，查处生产经营无有效溯源凭证、过期变质、药残超标的禽肉类、水产品、蔬菜水果等违法行为，加强对水产品、肉类、蔬菜、面食等的抽样抽检，全年共立案查处违法超限量、超范围添加食品添加剂案件21件。

【反走私执法】2022年，区市场监管局做好流通领域无合法来源商品的监督检查工作，协同温州海关、温州海警、洞头海警、洞头公安等部门在码头等地查处走私案件。联合相关部门查处涉嫌走私冻品9批次共计760多吨，涉嫌走私油品2批次700多吨，涉嫌走私煤炭800多吨。共立案查处涉嫌经营无合法来源物品案件4起，其中涉嫌犯罪移送公安2起；立案查处为无合法来源冻品经营提供便利案1起，罚没款30万元；立案查处经营无合法来源油品案1起，罚款50万元，没收燃料油475吨。

（金伯琦）

【质量强区工作】2022年，洞头区制定《2022年质量强区工作要点》，持续开展质量提升行动。有质量管家7人，开展线上线下服务，新增首席质量官企业4家。开展小微企业质量管理体系认证提升行动，完成线上线下培训3期，为80家企业免费培训100多人次，导入质量管理体系企业8家。推进“千企创牌”计划，完成政府质量奖和“品字标”企业培育库建设，创成“品字标”企业1家，建立省市政府质量奖创奖专班和出台创奖方案，开展省政府质量奖“一业一策”精准培育。建成洞头区海洋生态产业“一站式”服务平台。截至年底，平台共有43家企业注册贯通，进驻质量、检验检测、计量等专家6名，提供服务48家次，其中线上服务10家次。

【标准化建设】2022年，洞头区鼓励企业参与各类标准研制，抢占行业制高点，制定发布(T/ZZB 2732—2022)《纺丝用颜料红202》“浙江制造”标准1项，参与制订国家标准3项。深化对标达标提升行动，完成对标达标企业3家。加强农业生产标准化，主体通过市级C级认定4个。区规上企业应用“浙江标准在线”率达100%。出台《关于全面加快科技创新推动工业经济高质量发展的若干政策》，首次将品牌与标准化政策免于纳入地方综合贡献度管理范围，全年兑现奖励资金82.87万元，待兑现40万元。

【质量和计量工作】2022年，区市场监管局开展重点工业产品安全整治专项行动，抽检燃气相关产品4批次，立案查处1起。开展生产领域重点工业产品质量专项监督抽查，共抽检非医用口罩、预拌混凝土、食品相关产品等5批次，合格率100%。开展流通领域产品质量抽查，共抽检儿童学生用品、相关塑料制品、大气污染整治相关产品、电动自行车、混凝土等24批次。加强民生计量器具周期检定管理，全区完成民生计量器具强制检定应检数2069台件，受检率100%。组织民用三表计量专项监督检查，全年水表到期轮换3064只、燃气表1820只，到期轮换率达100%。强化重点领域计量管理，结合城镇燃气安全“百日攻坚”行动，共检查各场所243家，出动执法人员128人次。

【非标电动自行车淘汰置换】2022年，区市场监管局联合区公安分局、消防大队出台《洞头区电动自行车严管严治七条措施》，全面推进非标电动自行车淘汰置换，全区未满7年备案非标车淘汰注销率90.52%。查处无3C认证、非法改装、非标车私下交易倒卖等违法行为，立案查处12起，没收不合格电动车3辆。

【小微企业质量管理体系认证】2022年，洞头区印发《温州市洞头区市场监督管理局关于开展小微企业质量管理体系认证提升行动实施方案》，组织小微企业登录“小微企业质量管理体系认证提升行动服务平台”“百万企业全面质量管理培训平台”，参加免费线上网络培训课程，培训相关从业人员40多人次。组织认证专家走进企业开展宣传培训3次，培训人员20多人次。全年，累计培育小微企业80家，导入质量管理体系企业8家；新增获证组织32家、证书32张，较上年同期增长77.8%。

（林倩）

审计监管

【概况】2022年，温州市洞头区审计局实施审计项目14个，查出问题资金1.08亿元，收回和上缴财政资金6975万元；移送案件线索16件，处理处罚13人；提交审计专报、信息109篇，被批示、采用67篇次。实施对S211省道、迎宾环线和健康驿站等重大项目跟踪审计，促进规范1.17亿元工程款支付程序，核减工程费用444.8万元。完成重大产业政策、数字化改革项目和自然资源资产管理等重点审计任务六大类36个问题。连续两年推动清理存量资金，增加财政可用资金3279万元。牵头化解岙仔旧村改造遗留问题，追回资金4000多万元。全年召开区委审计委员会会议7次。出台《政府投资项目跟踪审计操作规程》《审计事项限期办结制度》和《审计项目化管理办法》等原创性制度，建立重大审计项目竞争机制。获评省审计厅优秀审计项目1个、市审计局优秀审计项目4个。获评全省审计系统优秀单位，连续4年获评温州市审计系统优秀单位，创成省级规范化数字档案室。

【财政预算执行审计】2022年，洞头区审计局采用“财政＋专题”模式开展财政同级审工作，反映预算编制不规范、预算绩效管理不规范、财政运行压力较大等问题，为洞头区委、区政府防范财政风险提供决策参考。促进洞头区财政局要求2023年除两年以内上级转移支付资金和2022年已采购未支付的区级结余资金可结转至下年使用外，其余资金原则上一律收回。全年重点对区委宣传部等5家单位的部门预算执行和区公安分局的财政收支情况进行审计形成具有洞头特色的审计全覆盖工作模式。

【领导干部经济责任审计】2022年，洞头区审计局开展区教育局、区卫健局及大门镇等3家单位领导干部经济责任审计，存在对下属单位监管不到位、养老体系合同管理粗放等问题。促进出台《洞头区教育系统小型基建项目管理暂行办法》《洞头区推进3岁以下婴幼儿照护服务发展实施方案》《洞头区保障性安置房多余房源处置管理办法》等制度3项，移送案件线索4条。促进“两慢病”精细化管理再升级，EPC（大门镇小城镇综合整治）项目以仲裁方式追回工程款265万元。

【民生保障和公共服务审计】2022年，洞头区审计局开展储备粮管理情况专项审计调查，反映成品粮轮换计划未落实、代储粮合同管理不规范、销售合同违背竞价公告等5个问题，移送案件线索2条，国企主要负责人被党内严重警告1名。促进区发改局、区财政局协调做好储备粮轮换补库工作，明确轮换具体方案，提高储备粮轮换抛售补库工作的科学性和可操作性。开展洞头区就业补助资金和失业保险基金审计，反映职业技能培训课时缩水、未及时发放就业培训补贴资金、公益性岗位监管不到位等5个问题，促进整改资金116.2万元。

【重大审计问题清单工作】2022年，洞头区审计局全面启用审计整改一体化智能管理系统，成立重大审计问题清单工作专班，出台《重大审计问题清单整改落实实施方案》。全年纳入市级重大审计问题清单11个。重大问题举一反三，2个示范典型案例被市级采用，促进出台完善制度47项，完成整改成效闭环13项。

【审计管理改革创新】2022年，洞头区审计局全方位规划实施审计改革创新，出台《践行“三个立”总要求打造具有辨识度的六大标志性工程的实施意见》《政府投资项目跟踪审计操作规程》《审计事项限期办结制度》《审计项目化管理办法》等原创性制度，实现国企运营审计项目公开招投标。加快大数据审计迭代升级，入选全省审计整改一体化智能系统测试试点单位，上报问题建议61个，数量全省并列第一名。入选省审计厅一法一条例试点单位，接入国家大数据审计中心。健全“数据分析＋现场核查”工作机制。大数据审计应用获市级优秀案例2篇。大门镇领导干部经责审计获评省优项目，实现省优项目零的突破。紧盯“效能提升”，织密作风建设“防护网”，引入项目竞争机制，实施重点项目招标、审计项目化管理和限期办结制度，提升审计工作效能。

（曾玲莉）

统计管理

【概况】2022年，洞头区统计局针对重点行业、重要时点、关键指标，加强对宏观经济形势、区域经济发展、重点行业状况以及重大社会问题的分析研究，定期监测并通报GDP（国内生产总值）、投资、两项收入等重点指标完成情况。全年制作63份经济状况分析表，提出运行调度分析建议565条。开展统计定制服务和集中培训34场，业务指导687家（次），统计稽查36件，发现并纠正345条较大数据错误，连续多年未被省级以上统计执法。洞头区不含瓯江口区域（下同）地区生产总值111.48亿元，按可比价计算同比5.8%，增速全市第三位；40项主要经济指标中增速排名全市前三的有17项，居全市第二位。

【统计基层基础建设】2022年，区统计局以数据化改革为抓手，全面推行统计基层网格智治工作，按照“网格长＋副网格长＋网格员＋网格指导员”个性化管理模式，设置全区三级网格，把10家重点经济部门、6个街道（乡镇）、198家规上企业按属地或行业分类划分12个片区网格，其中设置网格长13名，副网格长13名，网格成员225名，网格指导员22名，形成“四位一体”网格管理架构；推行“统计e家”平台，通过专业人员、镇街统计人员多方面宣传发动，基层统计网格智治平台企业用户198家，机构用户74个，注册率100%，累计走访调研28次，活动13次。健全基层统计管理制度，推动全区统计基层基础各项建设措施落地见效。全年基层基础规范化建设完成92家，复评完成率98%；创建达标完成8家；完善部门“四有”（有分管领导、有责任机构、有统计专业人员、有全行业统计工作制度）标准建设，督查并强化全区各个部门统计职责，落实推进5家部门完成“四有”建设，完成规定年度目标。

【统计法治建设】2022年，洞头区落实执法备案制度，通过纪委报备及核查，通过率100%。全年稽查统计违法行为32家，立案3家，罚款2800元。推进柔性涉企执法，责令改正5次，告知或约谈5次；行政处罚按照教育优先的原则，立案3家，其中1家根据行政处罚从轻情节，处罚标准降低一档。制定《2022年洞头区统计法治宣传教育计划》，以防范和惩治统计造假弄虚作假为主题，通过统计最多报一次、国家统计联网直报、“统计e家”等数字化平台向全区360多家“四上”“四下”企业开展统计法治宣传，普法人数2千人次。起草《洞头区贯彻落实国家统计督察反馈意见整改方案》，形成4个方面22条具体整改措施。开展抽查检查区发改局、经信局、交通运输局、北岙街道、大门镇等单位5家。

【城乡一体化住户统计调查】2022年，是洞头区启动新一轮（2018—2022年）城乡一体化住户调查样本户的第五年。城乡居民人均可支配收支调查数据包括工资性收入、经营净收入、财产净收入、转移净收入等四大收入和食品烟酒、衣着、居住、生活用品及服务、交通通信、教育文化娱乐、医疗保健、其他用品和服务等八大生活消费支出。全年城镇常住居民人均可支配收入60315元，较上年增长6.2%，人均收入水平居全市第八位，增速居全市第一位。全年城镇人均生活消费支出38663元，同比增长8%。全年农村常住居民人均可支配收入39091元，增长8.6%，人均收入水平居全市第六位，增速居全市第一位。人均生活消费支出29383元，增长10%。城乡居民收入比1.54，比2021年缩小0.034%，是全市最均衡县（市、区）之一。

【低收入农户统计监测】2022年4月，为全面反映各地共同富裕和低收入农户增收成效，浙江省乡村振兴局、统计局等4个部门发文把低收入农户统计监测范围扩大到全省87个有低收入农户的县（市、区），洞头区属于扩面县（市、区）之一。调查涉及全区北岙街道等5个街道（乡镇）5个村50户低收入农户，7月启动调查户记账工作。低收入农户统计监测数据包括工资性收入、经营净收入、财产净收入、转移净收入等四大收入和个人缴纳的社会保障支出等其他非消费性支出。全年低收入农户人均可支配收入17974元，人均收入水平居全市第一位。

（曾素恋　郑海仙）

安全生产监督管理

【概况】2022年，洞头区共发生生产安全事故1起，死亡1人，事故起数、死亡人数均控制在市政府下达的指标范围。聚焦领导、监管、主体“三个责任”，把安全生产工作纳入全区领导干部考纪和执纪监督内容，“全覆盖责任体系”排名全市第五名。落实重点时段重点领域风险隐患排查管控措施，压紧压实行业部门和属地街道（乡镇）监管责任，完成重点时段安全防范工作任务，圆满收官第二轮安生产综合治理三年行动。

2022年5月，区应急管理局执法人员开展小微企业安全生产检查

（区应急管理局提供）

【安全生产主体责任落实】2022年，洞头区深入推进“七张问题清单”有限空间作业、工贸行业“百日清零”、“三场所三企业”、“百日攻坚”、“三个三”等行动，推动企业安全生产主体责任落实，完成2个小微企业园、73家“三类企业”、2家“三类设施”专项整治。运用执法检查、隐患曝光台、标准化创建、诚信机制建设等手段，保持安全生产领域非法违法行为的严打高压态势，全区办理涉嫌危险作业罪的行刑衔接案件11起，移送司法机关追究刑事责任25人。完成“腾笼换鸟·凤凰涅槃”高耗低效企业整治提升22家，推动生产要素优化配置。投入20万元，首推政府购买企业隐患排查社会化服务，破解“低、小、散”企业安全生产监管力量薄弱等难题，排查隐患。推进企业安责险，实行“投保＋服务”全覆盖，全年共完成安责险投保企业56家，新增参保企业15家，保额超百万元。

【除险保安行动】2022年，洞头区以安全生产“除险保安”系列行动为抓手，持续开展“除险保安”隐患大排查大整治，全年迎检12次，完成问题隐患排查48轮，共排查整治隐患7560个。建立区领导30天内挂牌督办30个问题的“3030”问题隐患闭环机制，在中共二十大重点时段推行10天内挂牌30个问题隐患机制，加密隐患督办。实施“3030”、“七张问题清单”、挂牌督办等机制，月例会、周督查、日通报跟踪整改情况，“七张问题清单”被纳入省级问题2个，“3030”督办问题隐患229个，完成整改229个。

【安全生产重点领域整治】2022年，洞头区探索建立在外控股渔船安全监管机制，修订完善小型休闲船艇管理洞头标准，推进商渔船防碰撞整治，推进“三无”渔船专项整治，全年查扣“三无”船舶63艘，立案处罚188起，罚款金额100.2万元，办理涉渔刑事案件8起，移送21人；旅游领域，探索建立海上游乐安全管理规定，规范管理涉海开放式景区、海上游乐项目和海上游乐设施，确保海上旅游安全；道路交通领域，把电动自行车消防安全管理植入“智慧+”平安细胞，纳入电动车智治系统全周期管控，建立“前端抓取、预警处理、综合治理”闭环“智治”管理机制，同时集成智能预警、智能识别、现场拍摄、告知提醒等功能。

【危化品安全监管】2022年，洞头区强化危化品专委会统筹协调作用，组织开展危险化学品企业安全隐患排查，推进企业“一企一策”安全整治提升。对标化工园区“十有两禁”释义要求，推动大小门临港石化产业区“五个一体化”整治提升，全省首批通过应急管理部核查，降为一般风险。区应急管理局开展“醇基燃料”专项整治，全区51家醇基燃料使用单位全部整改到位。在元觉街道集卡停车场西侧建设社会危货公共停车场，建设面积约2000平方米，诚意药业经省应急管理厅认定被列入“浙江省第一批化工重点监控点”，中油沥青重大危险源接入重大危险源风险监测预警系统实现实时监控，危化品全生命周期安全在线平台应用履职排名全省第一。

【安全生产审批服务】2022年，区应急管理局建立预审查机制，推行“不到场审批”，深化告知承诺制，提升行政审批“零次跑”服务效能，共办理“零次跑”事项36件，替跑55人次。把15个重点建设项目纳入安全生产行政许可专班服务，对接省市，破解添赢寨楼历史遗留问题、中燃擎诚立信危化品经营许可证取证、霓发矿业安全审批等难题，为东屏素芬烟花爆竹办理零售经营许可证，开展上门服务83家次。

（叶卓然）

国有资产监督管理

【概况】2022年，洞头区共有国有企业32家，其中，公共服务类企业4家、功能类企业18家、竞争类企业10家。资产总额238.8亿元，同比增长27.2%；营业收入3.4亿元，同比增长12.1%；利润总额-657.3万元，同比下降402.2%；实际上缴税费5167万元，同比增加28.1%。截至年底，全区行政事业单位机构数178个，其中，独立核算机构数135个。全区资产合计163.03亿元，同比增长9.58%，其中：行政单位资产21.59亿元，事业单位资产141.44亿元。

【国资国企改革】2022年，温州市洞头区国有资产管理办公室启动新一轮国企改革工作，制定区级国有企业布局结构优化方案，明确调整城发公司、旅发公司，实体化运作开发公司的思路意见。印发《区属国有企业章程制定与修改办事指南和公司章程模板的通知》，完善企业管理机制。聚焦国企领域普遍性、高发性问题，推进国企党风廉政建设，开展国企反腐倡廉全覆盖无盲区零容忍专项行动和“清廉国企”创建。上线国企监管信息平台，实现数字化动态监管。强化国企人才队伍建设，牵头开展国企员工招聘，全年共招录正式员工16人，涉及国有企业6家；配合开展退役军人以及军属安置工作；联合团区委推进青燕归巢计划，牵头国企为高校学生提供实习机会，为国企人才储备和引流打通渠道。

【国资国企财务监管】2022年，区国资办共组织开展3轮专项审计工作，涉及29家企业、8位高管；出台《区属国有企业商务接待管理办法》，规范国企商务招待机制，研究新一轮《国企负责人业绩考核和薪酬核定办法》及其配套细则，探索实践市场化的经营机制；以城发矿业公司为试点制定个性化考核和薪酬核定办法，通过考核体系的激励、约束和导向作用，强化公司责任意识和效益观念，推动实现市场化转型。完善企业工资决定机制，围绕增收减支调整联动指标，控制超警戒线企业的薪酬、成本费用等，取得明显成效。全年全区国企人均薪酬11.76万元，较2019年增长2.75万元，年均增长9.2%，其中两大区属企业年均增长11.6%。

【国有资产管理和盘活】2022年，区国资办开展全区国有房产土地清理工作，出台《洞头区国有房产土地清理工作实施方案》，分3批次推进房产清理，累计清理盘活房产8.6万平方米，超额完成全年任务目标；推进国有企业低效无效资产处置，累计完成各类资产处置578万元；开展全区资产领域专项整治行动，排查纠正各类违反财经秩序行为，共排查出各类问题5个，涉及资金1206.3万元。落实惠企减租政策，通过延长租期、返还租金、直接减免等方式面向中小微企业和个体工商户开展房租减免，累计减免租金387.4万元，惠及市场主体629户。

（褚楚）

工业　信息化

工业

【概况】2022年，洞头区实现规上工业产值88.9亿元，同比增长28.2%；规上工业增加值创历史新高，达到15.6亿元，增速8.3%，全市第6。全年实现工业总产值99.5亿元，同比增长14.4%，占GDP比重20.9%。

制定《关于全面加快科技创新推动工业经济高质量发展的若干政策》《洞头区“医保纾困·携手共富”实施方案》，2022年，洞头狠抓“腾笼换鸟、凤凰涅槃”专项工作，实施七大攻坚行动，制定出台11项配套政策。温州市洞头华信水产有限公司、浙江固盛紧固件有限公司、温州艾特电气有限公司、浙江罗米电子科技发展有限公司等长期闲置地块重新盘活，累计激活低效工业用地15公顷（225亩）、空置厂房2.3万平方米。“增资扩产”累计完成竣工投产项目6个，开工建设8个，新增谋划10个，投资额3.4亿元。完成光伏项目并网23个，整改提升和关停高耗低效企业18家，关停居民区企业2家、搬迁入园10家。获批园区提升项目专项债2.04亿元，启动实施杨文道路配套工程和南塘蓝领公寓改造工程。深化“亩均论英雄”改革推进企业综合评价。新增对工业用地使用权人开展评价，2021年度规上参评企业235家。全年净增“小升洞头任务数8家，入库培育10家；组织申报浙江省“专精特新中小企业”入库培育企业6家，指导申报国家级“专精特新小巨人”企业2家。诚意药业超级鱼油项目和运达高端储能装备制造和（光伏）应用一体化项目落地，诚意药业医药健康产业园项目入选全省制造业高质量发展大会展示的制造业重点项目目录，为温州市唯一入选的项目。

（李　玲）

【加快科技创新推动工业经济高质量发展若干政策】2022年10月11日，为贯彻落实新发展理念，深入实施供给侧结构性改革和创新 驱动发展战略，加快工业质量变革、效率变革、动力变革，增强洞头区工业经济、数字经济竞争力，推进产业转型升级和高端要素资源集聚，区政府制定《关于全面加快科技创新推动工业经济高质量发展的若干 政策》，强化创新驱动发展，支持科技企业创新发展，支持创新载体建设，加大科技成果转化，支持加强产学研合作，促进科技金融结合，提高产业平台支撑力，提速产业动能转换，培育有实力的企业梯队，鼓励企业拓展市场。该政策适用于2022年1月1日至2023年12月31日奖补对象。

【腾笼换鸟专项行动】2022年，洞头区加快老旧工业园区改造，累计激活低效工业用地225亩、空置厂房2.3万平方米，实施新企业入驻登记备案审查34家，华信、固盛、罗米艾特等长期闲置低效工业用地重新盘活，华田产值实现破两亿，开程、华顺等新竣工项目新增产能3亿元。完成关停和整改提升高耗低效企业22家，完成率100%；完成居民区内企业搬迁和关停18家，完成率138%。“增资扩产”工作卓有成效：新谋划增资扩产项目14个，完成率175%；开工项目8个，完成率114.3%；竣工项目6个，完成率100%；完成投资额6.25亿元，增速88.3%，全市第一名。实施智能化技改项目15个并完成技改备案，累计完成技改投资1.95亿元，超额完成年度任务；完成23家企业光伏节能改造，完成率100%，装机容量9738千瓦，缓解企业缺电问题。

（吴生瑶）

【洞头区工业企业“亩均论英雄”综合评价】 2022年9月5日，根据《2021年深化“亩均论英雄”改革工作要点》（浙亩均办〔2021〕3号）和《温州市进一步深化“亩均论英雄”改革2022年工作要点》和《洞头区进一步深化“亩均论英雄”改革推进企业综合评价的实施意见》等文件精神，完成2021年度全区工业企业分规模以上、规模以下两个类别综合评价，完成2020年度工业企业亩均评价235家，其中规上参评企业36家，规下199家。评定结果为：规上工业企业综合评价A类企业17家、B类16家、C类3家；规下工业机械汽配行业企业A类企业5家、B类13家、C类10家、D类3家，电子电器行业企业A类企业8家、B类32家、C类28家、D类8家；水产品及食品加工行业企业A类企业4家、B类9家、C类2家、D类6家；建材工业行业企业A类企业2家、B类7家、C类6家、D类1家，其他行业企业A类企业6家、B类23家、C类20家、D类6家。

【企业增资扩产】 2022年，洞头区深化企业投资服务，助力企业快速达产投效，诚意超级鱼油开展试生产，华田特种钢产值破亿，新上规企业7家，新增十亿元企业1家，亿元企业2家，亿元企业占规上企业突破30%，迪特公司获评国家级专精特新小巨人。企业完成光伏改造23家。

【洞头区新增规模以上工业企业7家】 2022年，洞头区新增规模以上工业企业7家，即浙江五联金属科技有限公司、温州市洞头管道燃气有限公司、浙江开程新材料有限公司、浙江力强科技有限公司、浙江华顺能源有限公司、浙江航工智造新材料有限公司、浙江码头哥食品有限公司。

【获批园区提升项目专项债2.04亿元】 2022年，洞头区获批海洋经济产业园专项债2.04亿元，用于实施海洋经济产业园基础设施配套项目。项目主要包括杨文工业园区道路改造提升工程、南塘工业园区道路改造提升工程、南塘垃圾综合处置中心、南塘蓝领公寓工程等子项目。

【助企服务】 2022年，洞头区优化营商环境，制定出台新产业政策30条等稳经济政策，制作政策明白卡。出台《关于进一步健全“万名干部进万企”行动工作机制的通知》《关于提质优化“万名干部进万企”行动的工作方案》，建立企业问题“一表通管”闭环解决机制和133家重点企业点对点干部挂钩服务机制，用好“96666”热线和“帮企云”平台，收集企业问题178个，化解问题178个。

解决涉企问题242个。定期走访指导“小升规”企业做好全年生产安排，实施月度数据运行监测，对有下规风险3家企业实施跟踪预警。

2022年洞头区工业企业年产值分布情况一览表

表19　　　　单位：万元

指标	2022年工业产值	
	全区	不含海经区
总计	1894499	897837
按登记注册类型分		
国有企业	300851	201209
集体企业	–	–
股份有限公司	73756	39993
有限责任公司	718024	508223
私营企业	1102719	349618
外商及港、澳、台商投资企业	–	–
按企业规模分组		
1亿元以上	1628508	776019

（区统计局提供）

2020—2022年洞头区街道（乡镇）工业总产值情况表

表20 单位：万元

指标名称	2020年	2021年	2022年
合计	583439	789489	897834
其中，北岙街道	161384	216493	155957
大门镇	254262	365020	556515
东屏街道	110701	116748	103433
元觉街道	42811	65844	60310
霓屿街道	13354	23903	21619
鹿西乡	926	1481	0

（区统计局提供）

主要行业

【概况】2022年，洞头区主要工业行业包含机械汽配、电子电器、医药化工、水产品加工、建材工业，全年产值88.9亿元，同比增长22%，其中机械汽配行业产值下降6.2%，电子电器行业产值下降14.3%，医药化工行业产值下降14.6%，水产品加工行业产值增长38.5%，建材工业产值下降6.5%。

【机械汽配行业】2022年，洞头区机械汽配行业规上企业实现总产值8.5亿元，同比下降6.2%。温州市永宝紧固件有限公司、浙江上电阀门有限公司认定为省级科技型企业；浙江省迪特高强度螺栓有限公司认定为省级高新技术企业研究开发中心、“专精特新”小巨人企业。温州蓝天管件阀门有限公司获评温州市“高成长企业”、浙江省“专精特新”中小企业。浙江信立达机械科技有限公司认定为市级企业技术研究开发中心、浙江省“专精特新”中小企业。温州久一重工有限公司、浙江方舟工程机械设备有限公司认定为浙江省“专精特新”中小企业。2022年度亩均综合评价中，温州蓝天管件阀门有限公司、浙江迪特高强度螺栓有限公司、浙江方舟工程机械设备有限公司、温州市东启汽车零部件制造有限公司被评为亩均评价A类企业。

【电子电器行业】2022年，洞头区电子电器行业规上企业实现总产值2.2亿元，同比下降14.3%。浙江恒博电气制造有限公司、温州市震泽电子有限公司获评省级“专精特新”中小企业。温州仕博电器科技有限公司、浙江恒博电气制造有限公司、智能尔电气有限公司、温州市震泽电子有限公司被评为亩均评价A类企业。

【医药化工行业】2022年，洞头区医药化工行业规上企业实现总产值28.6亿元，同比下降14.6%。温州奈斯康护用品有限公司认定为市级企业技术研究开发中心。浙江诚意药业股份有限公司省级生产制造方式转型示范项目——浙江诚意药业股份有限公司海洋生物医药制造

诚意药业健康产业园项目投产。图为诚意公司车间 （区经信局提供）

2022年洞头区规上工业主要行业产值情况一览表

表21

行业	产值（万元）	同比增长（%）	占总产值的（%）
五大行业小计	527249	−11	59.3
其中，机械汽配	85074	−6.2	9.6
电子电器	21991	−14.3	2.5
医药化工	286108	−14.6	32.2
水产品加工	6427	38.5	0.7
建材工业	127649	−6.5	14.4
临港工业	224507	−16.3	25.2

说明：五大行业产值沿用原口径不含海经区　　（区统计局提供）

项目（年产100吨超级鱼油EPA节能改造项目）完成建设。浙江诚意药业股份有限公司、浙江弘博新材料科技有限公司获评温州市“领军企业”。温州金源新材料科技有限公司获评温州市“高成长企业”。温州中石油燃料沥青有限责任公司、浙江诚意药业股份有限公司、浙江弘博新材料科技有限公司、温州金源新材料科技有限公司被评为亩均评价A类企业。

【水产品加工行业】2022年，洞头区水产品加工行业规上企业实现总产值0.64亿元，同比增长38.5%。温州佳海食品有限公司被评为亩均评价A类企业。海洋食品产业园入驻企业31家、投产23家，产值突破2亿元，获评温州国家农业科技园区示范区。

【建材行业】2022年，洞头区建材业规上企业实现总产值12.76亿元，同比下降6.5%。温州明远新型建材有限公司认定为高新技术企业。温州市海力砂轮制造有限公司认定为市级企业技术研究开发中心、“专精特新”中小企业。浙江宏泰混凝土有限公司、温州市荣和建材有限公司被评为亩均评价A类企业。

【临港工业】2022年，洞头区临港工业产值为22.45亿元，同比下降16.3%，占六大行业25.2%。开工建设状元岙港区二期5#、6#两个5万吨级兼靠10万吨级集装箱专用泊位及后方，浙能、华港两大百亿LNG项目码头及罐区完成主体建设。状元岙港新辟美西远洋集装箱干线。全年实现集装箱吞吐58.3万标箱，同比增长17.4%；货物吞吐量1000万吨，同比增长12.6%。

（郑尔凯）

新兴产业

【概况】2022年，洞头区数字经济发展综合评价指数为75.9，列全省第44位，全市第五位。数字经济核心产业增加值总量为2.9亿元，数字经济核心产业增加值增速21.7%，数字经济核心产业占GDP比重的2.6%。互联网、软件和信息服务业增速32%，居全市第七位。电信业务量增速25.3%，居全市第三位。温州金源新材料科技有限公司获评“2022年度温州市两化融合示范试点企业”；浙江瓯越交建科技股份有限公司企业技术中心获评“2022年温州市市级企业（制造业）技术中心”。浙江诚意药业股份有限公司和浙江瓯越交建科技股份有限公司被纳入市级制造业“云上企业”企业库，温州金源新材料科技有限公司和浙江信立达机械科技有限公司被纳入区级制造业“云上企业”企业库。

【数字经济系统建设】2022年，洞头区数字经济系统建设成效显著，洞头渔业产业大脑完成建设，已服务全区1.2万渔民、88家涉渔企业，获评全省首届数字乡村金翼奖十佳应用场景、2022年浙江省产业大脑优秀案例；大门化工园区软件平台提前接入省级化工产业大脑；“惠企政策智配器”项目基本完成建设；上架省产业大脑能力中心组件19个，新增国家、省、市理论成果3篇、制度成果6篇。

【基站建设】2022年，洞头区新建5G通信基站64个，新建铁塔基站10个，改造铁塔基站68个，合计完成142个，完成率183%。截至年底，全区（不包括灵昆街道）共建有5G宏站290个，已实现北岙东屏主城区基本全覆盖和其他街道有覆盖点。

（唐霏霏）

【智能装备】2022年，智能装备产业企业共7家，包括温州久一重工有限公司、温州仕博电器科技有限公司、浙江广和电器有限公司、温州华邦包装机械有限公司、温州市华升微型电机有限公司、浙江信立达机械科技有限公司、浙江永宏电气有限公司，全年产值总量为2.62亿元。浙江信立达机械科技有限公司产值首次突破1.5亿元。

（郑尔凯）

工业园区管理

【概况】2022年，洞头区有小微园3个，分别为洞头电子电器科技园、洞头区机械汽配园、洞头海洋食品产业园。全年小微园工业产值8.25亿元。组织开展排查安全隐患690处，关停2家，提升9家。开展小微园绩效评价，电子科技园评为B档，处全市小微园中游水平。洞头区老旧工业区改造提升纳入全市要素改革揭榜挂帅项目，启动实施3个项目。杨文、南塘工业园区内实施园区市政道路改造提升，科学设置路内停车位，维修和更新雨水管线、燃气管道、市政养护等基础设施；整治园区道路两边垃圾落地现象，重点推进“白改黑”、园区绿化等环境改造。购置改造南塘标准厂房一号楼，设立区产业经济综合服务中心，引入城市社区化管理服务，建设集园区管理服务，“两个健康”展示，两新党群服务中心，孵化、众创空间，电商直播基地，园区住宿、食堂、购物等于一体的服务综合体。推进工业园区的“共享社·幸福里”创建工作。

【电子电器科技园】2022年，电子电器科技园位于南塘工业园区B—07b地块，占地面积3.41万平方米(51.16亩)，总建筑面5.70万平方米，总投资1.97亿元，2012年12月开工建设，2018年1月竣工。截至年底，有入驻企业48家，产值1.56亿元、税收697.4万元，以电子电器为主导产业。

【机械汽配产业园】2022年，机械汽配产业园位于南塘工业区城西路471号，占地面6.02万平方米(90.28亩)，总建筑面积7.40万平方米，总投资2.30亿元，2016年5月开工建设，2019年1月竣工。截至年底，有入驻企业36家，产值1.90亿元、税收632.2万元，以机械汽配为主导产业。

【霓屿紫菜产业园】霓屿紫菜产业园位于霓屿街道网僚鼻，占地面积12.31万平方米(184.50亩)，建筑面积20.80万平方米，2019年6月开工建设，2021年末基本完成主体建设和配套附属设施建设，截至2022年底，有入驻企业30家，产值4.80亿元，主导产业为海产品加工销售与研发。

（吴生瑶）

【园区企业亩均效益评价】2022年9月15日，洞头区完成全区工业企业2021年度亩均评价工作并经区府办公布评价结果，对全区工业企业分规模以上、规模以下两个类别开展综合评价。其中，规上企业中A类17家，B类16家，C类3家。规下企业中机械汽配类企业A类5家，B类13家，C类10家，D类3家。电子电器类企业A类8家，B类32家，C类28家，D类8家。水产品及食品加工类企业A类4家，B类9家，C类2家，D类6家。建材工业类企业A类2家，B类7家，C类6家，D类1家。其他行业类企业A类6家，B类23家，C类20家，D类6家。

（郑尔凯）

供电行业

【概况】2022年，洞头区全社会用电量4.736亿千瓦时，同比增长4.33%，较温州市平均水平（4.39%）高0.04%。工业用电量为1.691亿千瓦时，同比下降2.2%，增速位居全市第七位，较温州市平均水平（–2.32%）高0.12%。全年累计完成固定资产投资9050万元，全口径供电可靠率99.997%，同比上升0.0206%。线损率3.60%，同比下降0.09%，全年无发生安全生产事故。

国网温州市洞头区供电公司开展带电作业726次，减少户均停电时长2.65小时。主网输变电设备首次实现全年“零故障”，电网故障同比压降85.67%。成立电力负荷管理中心，迎峰度夏电力保供执行率位居全市前列。制定《温州市洞头区电网发展“十四五”规划》，印发全区中央空调负荷柔性调控建设方案。完成状元南片健康驿站、南塘方舱医院等各大疫情防控点接电工作。省内首次实现孤岛电网“一键复电”，获评省公司首台首套国内领先创新成果。

【电力供应】2022年，洞头区第一产业用电量237.7594万千瓦时，同比上升6.23%，占全社会用电比重0.50%。其中，渔业累计完成用电211.2043万千瓦时，同比上升13.23%。第二产业用电量18622.8188万千瓦时，同比下降2.59%，占全社会用电比重39.32%。第三产业

2022年5月31日，温州最大海岛工业分布式光伏项目顺利投产 （张弘 摄）

用电量13697.2655万千瓦时，同比增长7.89%，占全社会用电比重28.92%。城乡居民生活用电量14804.8129万千瓦时，同比增长11.19%，占全社会用电比重为31.26%。

【洞头区电网发展“十四五”规划】2022年4月7日，洞头区印发《温州市洞头区电网发展“十四五”规划》，重点任务是做好供电保障，服务社会民生；提升装备水平，消除薄弱环节；服务清洁能源，助力低碳发展；促进多元融合，提升电网弹性；深化数智应用，实现可观可控；补强辅助设施，支撑优质服务。“十四五”期间电网发展建设总投资为6.36亿元。其中，电网输变电新建工程总投资4.40亿元，电网输变电设备改造项目总投资0.99亿元。至2025年，洞头区供电可靠率99.980%，综合电压合格率99.98%，供电质量得到巨大提升。

【电网基础建设】2022年，洞头区推动主网工程建设，完成温州洞头常青—深水110千伏线路工程可研，落实35千伏霓屿输变电工程站址，投运常青变、深水变35千伏送出工程，完成洞头3771线技改工程。推进配电网建设，完成南塘湾（环岛路）、东岙顶（东岙沙滩）、九厅（客南路）等架空线路和白迭隧道配变台区等迁改和“上改下”，持续提升配网标准联络率和全自动FA投入率。投运市域首家政府机关能源托管项目。全面摸排小区充电桩配套改造需求，落实充电配套设施改造资金70万元。立项投资566万元新建状元岙一期港口岸电。

【新型电力系统建设】2022年，洞头区供电公司提出“村、镇、区”三级分布式智能电网新型电力

2021—2022年洞头区行业用电分类情况一览表

表22

项目类别	本年累计用电量（万千瓦时）	上年累计用电量（万千瓦时）	同比增长(%)	占比（%）
全社会用电总计	47362.6566	45352.232	4.43%	100%
A.全行业用电合计	32557.8437	32037.8254	1.62%	68.74%
第一产业	237.7594	223.8259	6.23%	0.5%
第二产业	18622.8188	19118.5942	−2.59%	39.32%
第三产业	13697.2655	12695.4053	7.89%	28.92%
B.城乡居民生活用电合计	14804.8129	13314.4066	11.19%	31.26%
城镇居民	5692.5026	6264.7093	−9.13%	12.02%
乡村居民	9112.3103	7049.6973	29.26%	19.24%

（国网洞头区供电公司提供）

系统建设路径，建成（迭代）鹿西乡镇级和大瞿、南策村居级新型电力系统，相关项目入选省2023年新型电力系统试点项目计划，相关建设成果获浙江省电力行业协会2022年新型电力系统建设典型经验三等奖。投产温州最大海岛工业分布式光伏项目，签约全市最大港口岸电项目，立项智慧互动型充电站关键技术研究。全年新能源并网容量7444千瓦，需求响应资源池可响应负荷达区域最高负荷的15%。

【电力安全管理】2022年，洞头区供电公司健全安全激励约束机制，修订安全奖惩实施意见，加大安全生产反违章惩处力度。深化“3060”隐患闭环管理机制，重点完成35千伏架空线路与东海液化储气站安全距离不足、洞头3771线永强段交通要道“路中杆”等重大安全隐患问题治理。开展安全工器具类违章顽疾靶向整治。“三降三年”工程和安全生产专项整治三年行动收官，通过省公司安全生产巡查“回头看”。确保电网安全运行，未发生八级及以上安全事件，电网故障同比压降85.67%。全面落实安全生产“四个管住”，连续五个月指标位居全省前五。首次独立主持开展110千伏变电站首检，提升变电站安全运行水平。推动区政府发布全区中央空调柔性控制建设方案，实现公共楼宇中央空调接入负荷柔控系统3个。

【惠民助企助推共富】2022年，洞头区供电公司主动服务融入政府公共服务网络和城乡治理体系，推进“用电无忧”营商环境落地建设。保障浙能LNG、华港LNG、状元岙港二期等重大项目专线供电，高效服务211省道延伸项目、华田特种材料、方舟工程机械等重点交通、工矿企业新增用电需求。投运市域首家政府机关能源托管项目，实现能耗数据实时统计核算、用能设备一键智能管控。投产温州最大海岛工业分布式光伏项目，签约全市最大港口岸电项目，立项智慧互动型充电站关键技术研究。实现数智化供电所全覆盖，推进电力营销数字化转型。开展“幸福霞光”特殊群体户内安全用电隐患整治。实现乡镇、街道用电业务“村网通办”全覆盖，推动城乡办电服务同质化均等化。打造全市首个“电力驿站+爱心超市”融合服务站点，助力村民乡风文明提升。建设大瞿、南策岛高可靠性海岛微电网集群，实现偏远海岛、乡村供电服务均等化。

（王蓓蕾）

供水行业

【概况】2022年，温州市自来水有限公司洞头分公司主要承担洞头区范围的制水生产、管网加压、营业收费、管网建设、管网抢修等供水服务工作，服务人口约15万人。南片四街道水源主要来自龙湾状元水厂，经温州至洞头陆域引供水工程（一期）输送，设计规模5万立方米/日。自备长坑水厂一座，制水能力1.2万立方米/日。大门镇有两个小型水厂，其中，岙底水厂制水能力2000立方米/日，取枫树坑水库原水，杨梅田水厂制水能力1000立方米/日，取杨梅田水库原水。温州市大门产业基地应急引水工程（洞头段）翁垟泵站和小门配水站已通水，日输水设计规模5万立方米左右。鹿西乡有小型水厂一座，制水能力1500立方米/日，已建海水淡化厂一座制水能力500立方米/日。截至年底，全区村村通、户户通基本覆盖，在册户表数4.6万多户。洞头分公司获评洞头区四星“清廉国企”。

【供水服务】2022年，洞头区有非居民户表数3183户，居民户表数43164户，全年总供水量1031万吨，其中大门153万吨，鹿西25万吨，本岛853万吨。实现用水业务“同城同服务、全城通办”。夏季，洞头区受高温连续无雨影响，出现供水缺口，洞头分公司通过船运、车送方式把自来水送达居民家中，缓解居民用水困难。全年共接听热线处置3370多起，应急抢修600多起，处置率100%。

（吕孙萍）

【二次供水民生实事工程建设】2022年8月，洞头区中高层住宅小区二次供水设施改造一期工程批准建设，建设地点位于金海湾、海湾三区、遂安花苑、海港花园、海上人家5个小区，其中民生实事任务涉及海港花苑、遂安花苑、海湾三区3个小区。改造内容为小区泵房及内部设施（水泵、储水设备、电气、自控及仪表、安防系统）、管道、阀门和水表等内容，施工工期为60天。项目合同价501万元，建设经费为温州市自来水有限公司出资和区财政统筹，项目出资比例为温州市自来水有限公司出资1/3，洞头区财政统筹2/3。项目业主为温州市洞头区政府北岙街道办事处。截至年底，完成民生实事小区改造任务3个。涵盖地下室管道安装、入户立管安装、水泵房墙体砌筑粉刷、防水粉刷、水箱基础浇筑、墙面瓷砖铺贴，水泵设备安装等。

（叶天鸿）

【洞头区陆域引调水工程一期开工】2022年4月20日，洞头区陆域引调水工程一期项目开工建设。该项目位于鹿西乡昌鱼礁码头，概算投资4.25亿元，预计工期24个月，主要包括温州至洞头陆域引供水第二通道工程洞头段（管线）及鹿西乡引供水工程（管线+鹿西加压泵站）。陆域引调水工程责任单位是温州市自来水有限公司，施工单位是中交上海航道局有限公司，建设单位是温州市洞头水利发展有限公司，监理单位是浙江水专工程顾问有限公司。

（林小芳）

大门海洋经济示范区

【概况】2012年3月，大门海洋经济示范区挂牌成立，功能定位为浙江海洋经济发展示范区先行区、温州对台经贸合作试验区。2015年4月，根据省、市关于瓯江口产业集聚区体制调整的意见，成立瓯江口产业集聚区洞头大门岛分区管理委员会，实行“一套人马、三块牌子”运作模式。管理上实行示范区、大小门岛投资开发有限公司、大门镇“三位一体”的模式。2020年6月，实行“一套人马、两块牌子”独立运作模式，以洞头区政府管理为主。2022年9月，不再保留温州瓯江口产业集聚区洞头大门岛分区管理委员会（温州市洞头区大门海洋经济示范区管理委员会）机构设置。

大小门岛是连接长三角经济区与海西经济区的重要节点，东南距洞头区北岙街道15.5千米，南隔大门水道距元觉街道状元岙港区7.5千米，西临乐清黄华9.5千米、龙湾灵昆11.2千米，北向隔海距玉环楚门6.2千米。大小门岛岸线资源丰富，岸线总长59.13千米，其中深水岸线16.1千米，大门岛岸线长约42.18千米、小门岛岸线长约16.95千米。大小门岛拥有丰富的浅海滩涂资源，10米等深线以内浅海面积约1.77万公顷，其中潮间带滩涂面积约0.68万公顷。

2022年1月至9月，大门海洋经济示范区完成固定资产投资24.07亿元，完成华顺散货船建造等亿元以上项目落地2个。完成固定资产投资25.64亿元，高新技术产业投资5440万元，高新技术产业增加值3907万元，制造业投资1.01亿元，规上工业产值7.19亿元，限上批发业商品销售额45.5亿元，海运运输货运周转量增速18.21%，公路运输货运周转量增速26.41%。浙能液化天然气（LNG）接收站项目顺利推进；华顺能源、开程新材料、力强科技等15个项目加快建成；中油二期石脑油罐区试运行，推进中燃油气转运中心项目建设；LNG冷能空气分离等小门A地块招商项目洽谈顺利推进。推进42项政策处理任务，涉及340多户，全程平稳、零舆情。投用乐清至大门引水工程，彻底结束大门群众“靠天吃水”历史。建成岙底隧道、浙能LNG保障通道、大门消防站等一批基建项目，小门污水处理厂建设在开展场地平整和基坑开挖；大小门石化智慧合规园区建设智慧合规园区硬件部分建成投用。小门岛市政路网工程完成中油管廊迁改政策处理；大门镇黄岙片区排涝工程完成土地征占（借）用补偿。

【机构撤销】2022年9月，根据《关于明确温州海洋经济发展示范区管理体制若干问题意见》及《关于调整洞头大门岛分区管委会管理体制的函》文件，不再保留温州瓯江口产业集聚区洞头大门岛分区管理委员会（温州市洞头区大门海洋经济示范区管理委员会）机构设置，原洞头大门岛分区管委会承担职责和机构编制由大门镇党委（人民政府）按照属地管理原则承接并统筹管理。

【大门产业基地应急引水工程投用】2022年8月，大门产业基地应急引水工程投用，工程于2018年4月16日开工建设。项目内容主要包括输水管线、翁垟加压泵站、小门岛配水站等。引水管线起点为翁垟加压泵站，经出水段、大门大桥、环岛路供至终点为小门配水站的高位水池。全线管道长约9.8千米（陆地段管道长约3.6千米，桥上敷设管道长约6.2千米）。其中，翁垟加压泵站设计规模4.9万平方米/天，站区围墙内建设用地面积10062平方米；小门岛配水站设计规模4.9万平方米/天，站区围墙内建设用地面积8360平方米。项目建设单位是温州大小门岛投资开发有限公司，设计单位是中国市政工程华北设计研究总院有限公司，监理单位是温州华邦工程项目管理有限公司，施工单位是济南城建集团有限公司。

【开程沥青混凝土搅拌站项目建成】2022年1月，开程沥青混凝土搅拌站项目建成投产，项目于2019年3月开工建设，是温州市唯一的全封闭式环保型沥青商品混凝土搅拌站项目。项目总占地面积约1.81公顷（27.2亩），总投资1亿元。项目建设单位是浙江开程新材料有限公司，设计单位是温州市工业设计院，监理单位是温州雄邦项目管理有限公司，施工单位是温州市东风建筑工程公司。

（林轩锐）

信息化管理与服务

【概况】2022年，洞头区持续深化一体化智能化公共数据平台建设，提升数字资源配置效率。制定《浙江省公共数据条例》宣贯方案。做好省重大应用贯通落地、两端推广。加强应用贯通工作督查，督促部门开通应用账号，推动应用落地，全年发布政务督查通报5期。完成省重大应用“一本账S2”中涉及的数字政府系统应用的全部贯通任务。村社战疫系统、防台指令一屏锁定、浙海安康应用、工程档案全过程归集服务、投资项目作战指挥系统等项目推广应用。洞头基层智治平台正式上线运行。相继实施政务外网平台提升、政务外网安全体系、区府大院网络改造工程等项目建设。洞头区加大数字经济系统建设，渔业大脑获评省产业大脑优秀案例，新增省“云上企业”1家，市级企业技术中心、“两化融合”试点示范企业各1家。完成省化工大脑平台接入，诚意药业成为温州唯一纳入省化工监控点企业。

【数据支撑体系建设】2022年，区大数据管理中心推进数据信息归集共享。督促部门做好IRS项目登记、云资源申请、组件建设工作。持续推进数据归集，累计实施归集工单110条、编制数据目录2158个、涉及数据29838项。通过省IRS平台，全年回流各类数据19项，支撑空间中心、基层智治平台、防台一指令等项目建设，向省市里申请数据接口217个。建好数据仓专题库。完善区级数据仓，接入应用数据库11个、入库数据8864万余条，发布数据目录接口98个，发起接口申请调用1.27万次。建立渔业资源、人口地址、旅游信息等8个专题库，支持数智渔业、浙海安康、导游通等应用建设10项。制定《浙江省公共数据条例》宣贯方案，利用“线上+线下”形式宣传、解读及专题培训，组织宣贯情况调查评估和执法监督检查，扩大知晓率和覆盖面。

（张琦彦）

【信息化应用试点建设】2022年，浙海安康、工程档案全过程归档服务两个应用成为省级试点项目，“渔小二”渔业综合管理服务系统顺利提级为省级应用。浙海安康应用场景架构、子场景功能设计、数据清单融入省域空间2.0，与省市应急体系实现指令闭环。区住建局主编的《浙江省房屋建筑工程电子文件归集标准》入选省级标准。两篇信息在《浙江政务信息（专报）》进行刊发。

【城市一网统管】2022年8月，洞头基层智治平台正式上线运行，基本构建“1+6+N”[1个运行总览中心，6个业务联动运行中心（指事件协同中心、预警研判中心、指标监测中心、综合指挥中心、考核评价中心、城市空间中心），N个特色应用]功能框架体系。通过平台，共对接数字城管等8个系统事件流，接入村社战疫系统、电动自行车智治、海上综合智管等多个区级应用。搭建自然语言分析模型，实现风险事件自动预警，部署融合通信系统，推动IP网络、移动网络、固话网络、视频网络等多网一体融合。实施社会治理中心线上指挥大厅改造，推动社会治理中心顺利入驻。通过市基层智治大脑，共上架各类智能要素组件11个。开展城市运行指标梳理，开展多轮指标收集工作，进一步确认指标内容、数据来源、更新频次等有关信息，重点对接时空云平台、百家信、导游通、数智渔业等平台数据，按照“党建统领、经济生态、平安法治、公共服务”4条跑道，做好指标分类整理，共汇集各类指标470多项，基本形成城市运行指标体系。推进空间中心建设，实施空间中心图层服务、图层预览、展示面板等功能开发，归集洞头全域白模数据和倾斜三维数据，上线街镇实景三维地图，提供地理测绘、经济、人口、基础设施等地图服务，基本构建空间中心“1+1+1+N”（1个空间数据仓、1张二三维数字空间底图、1套空间治理组件和N个行业应用）功能架构，实现空间中心平台上线运行。

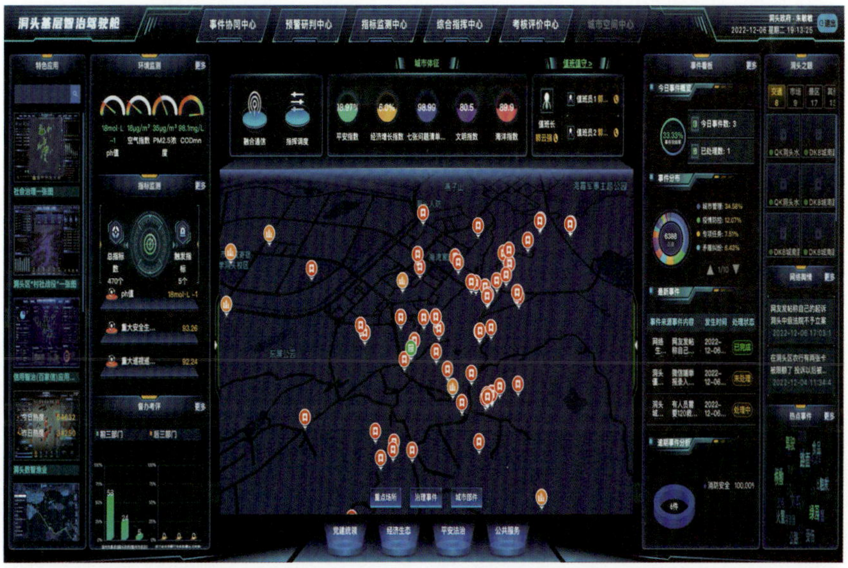

2022年8月2日，洞头基层智治平台上线试运行。图为平台系统截图
（区大数据管理中心提供）

【电子政务水平提升】2022年，区大数据管理中心规范电子政务网络运维。相继实施政务外网平台提升、政务外网安全体系、区府大院网络改造工程等项目建设，部署终端安全防护、数据库加密与访问控制、数据脱敏、数据防泄密、数据安全态势感知等平台系统，全年发现并处置各类网络安全威胁2.23万次。加强门户网站管理。实施门户网站适老化及无障碍改造，通过中国互联网协会互联网站改造评测。梳理信息公开目录，完成政务公开页面改版。做好区政府门户网站、依申请公开系统、政务新媒体日常运行监测，及时修补信息不规范、安全漏洞等问题。推广智慧办公应用。指导各部门做好OA系统各功能使用，提升各部门办公效率。浙政钉激活率、日均活跃率分别为100%和88%，上线智慧云办公待办和督办待办2个浙政钉组件，上架洞头电动自行车、村社战疫系统、百家信等11个应用。

（张琦彦）

【信息基础设施】2022年，新建5G通信基站64个，新建铁塔基站10个，改造铁塔基站68个，合计完成142个，完成率183%。截至年底，全区（不包括灵昆街道）共建有5G宏站290个，已实现北岙东屏主城区基本全覆盖和其他街道有覆盖点。

（唐霏霏）

【电信洞头分公司】2022年，中国电信洞头分公司设有营业厅3个、营业服务网点7个。截至年底，全区拥有固定电话1.03万户，移动手机用户3.48万户、宽带用户2.48万户。全年业务收入5347万元。建设工程10个，分别为城关6个、海经2个、大门2个，投资金额172.44万元。新建LTE4G基站19个，搬迁基站3个，自建和共享联通室分5套。5G无线网络联通承建和新建基站20个，建成5G室分12个，累计建成5G基站122个。建设洞头全域传输100G/ONT和政企OTN的勘察、建设和开通。宽带接入设备从GPON升级至XGPON，解决日益增加的千兆带宽及FTTR业务发展需求。

（仇鹤颖）

【移动洞头分公司】2022年，中国移动通信集团浙江有限公司洞头分公司设有综合部、市场部、网络部、政企部及北岙、外岛两个区域，下辖新城、北岙、东屏、霓屿、元觉、大门、鹿西7家营业厅和20家移动代销点。全年实现运营收入超1亿元，通话用户超10.6万户，移动通话用户份额超83.2%；5G终端用户数4.9万户，移动用户渗透率为46.24%，移动宽带用户数超3.7万户。获评年度浙江移动明星县公司。全年网络建设总投资近2000万元，累计建设4G逻辑基站722个，新增5G站点69个，累计开通5G基站245个，5G网络实现全域覆盖。完成通信管道建设26.9孔千米，政府投资建设3.5孔千米，管道总孔千米数487.4孔千米，路网管道覆盖率提升至92.5%。光缆皮长3281千米，规划新建5个节点机房，完成鹿西岛OLT千兆更新升级及全岛主干光缆下地、元觉—青山岛海底光缆规划建设等建设项目，千兆光线路终端覆盖率100%。实现南策、大瞿、大竹峙、青山岛等岛屿的网络覆盖，完成青山岛—元觉岛海底光缆建设，新建4/5G基站2个，实现青山岛通信网络全覆盖。开展“数字银龄跨越鸿沟”“雷锋月”“红七月”等志愿活动15多场，覆盖村社32个，服务群众近3万人，发送公益防诈短信20万条。承建12个ICT项目，完成旅游三色预警“岛游通”平台项目开发，提供科学调度依据，协助交警指挥交通，十一假期面向游客发送近2万条疏导短信，助力洞头全域接待游客约31.84万人次。疫情期间，开展社会疫情防控志愿服务20多场，出动人员176人次。完成20多场大型现场活动网络保障工作，组织开展防汛抗台、隔离点网络保障等工作，解决民宿、工地等专项网络覆盖需求，联动政府部门做好海上花园文旅宣传、安全反诈宣传和抗疫宣传等工作，全年各类信息发送量超100万条。

（叶颖颖）

【联通洞头分公司】2022年，中国联合网络通信有限公司洞头区分公司完成主营业务收入1478万元，5G用户同比净增67.4%，宽带用户同比净增23.3%。截至年底，累计建设完成4G基站289个，新建5G基站投资1500多万元，全域累计完成建设5G基站101个，各类专线电路160多条；千兆宽带覆盖率占比达80%。全年，管线建设投资150多万元，累计投资1000多万元，共计完成管道建设150孔千米。建设100G/PEOTN城域网，建设政企业务和普通业务两张网网络，出口总带宽均达到100G。

（林泊含）

交 通

综述

【概况】 2022年，洞头区完成交通投资41亿元，同比增长62.8%。实施重点交通工程建设项目共8个，计划投资4.03亿元，完成投资额41882万元（含S211项目投资），为计划的103.93%。完成公路运输货运周转量87288.92万吨千米，同比增长49.83%，全市排名第一位；完成水路货物运输周转量273.45亿吨千米，同比增长17.22%；完成集装箱吞吐量58.3万标箱，同比增长17.4%。甬莞高速公路（G1523）洞头支线完成工可审查。推进211省道、325省道、浙南水运中心等项目建设，蓝湾二期破堤通海工程、蓝湾二期三盘港疏浚工程投用，加快推进沙岙综合交通码头及接线工程。实施330国道钢护栏彩妆30千米，公路铺装黑化36千米。状元岙港5#、6#泊位及深水航道工程开工全年完成集装箱58万标箱，货物吞吐量1000万吨；海运周转量增速全市前列；海运总运力首破100万吨。大门至本岛客运班线开通。实施65周岁以上老年人、残疾人、困难群众免费乘车政策，全年优惠金额308万元。开展“清港净海”、超限超载、非法码头等专项整治行动。牵头开展坝头健康监测服务点工作，推行货车司机闭环管控机制，全年转运涉疫人员6234人次，运送核酸样本约120万管。洞头区入选2022年“四好农村路”全国示范县创建名单。

（杨 瑶）

【甬莞高速公路（G1523）洞头支线工程可行性研究审查】 2022年11月24日至25日，甬莞高速公路（G1523）洞头支线工程可行性研究报告评审会在洞头召开并通过审查，会议由省发展改革委和省交通运输厅联合主持，省、市两级相关单位、项目沿线县（市、区）有关部门代表及特邀专家参加会议。该项目起点接金丽温高速公路东延线，路线总体呈东西走向，连接温州湾新区和洞头区，终点位于霓屿布袋岙，接在建211省道，总长约22千米，双向四车道一级公路标准，设计时速100千米。同步建设状元岙港区连接线，长约2千米，双向两车道二级公路标准，设计时速60千米。

（曹 彬）

【洞头入选“四好农村路”全国示范县创建单位】 2022年12月29日，交通运输部办公厅、农业农村部办公厅、国家邮政局办公室、国家乡村振兴局综合司公布2022年度“四好农村路”全国示范县创建单位名

2022年11月24日，甬莞高速公路(G1523）洞头支线工程可行性研究报告评审会举行（区融媒体中心提供）

单，确定201个县级单位为2022年度“四好农村路”全国示范县创建单位。洞头名列其中。洞头区围绕“海上花园”建设和乡村振兴战略，实施高质量建设“四好农村路”。完成连港环岛公路、环岛西线、鸽隔线等农村公路养护大中修工程。实现全区建制村通达率100%，百人以上自然村通硬化率100%。全区公路总里程246.862千米，农村公路191.072千米，占75.12%，其中农村公路桥梁13座、隧道18座。

（陈 鑫）

【燕子山水陆综合开发工程（一期）开工】2022年5月20日，燕子山水陆综合开发工程（一期）工程正式开工。项目位于洞头区北岙街道水桶雷码头，总投资约1.2亿元。包含新建500总吨级车渡泊位、300总吨级客运泊位、100客快艇泊位各1个，车客渡码头1座、待渡车架空平台1座、快艇泊位连接平台和栈桥各1座（兼挡浪功能）、趸船1艘、防波堤1座、港池疏浚、护岸加固、液压系统及一期水电等码头配套设施，购置车客渡船1艘。设计通过能力3.8万辆/年、21.7万人/年。建成后承接现小北岙码头的岛际客运交通功能，并兼顾海上公务执勤、海上游运营等多元功能。项目由洞头交通发展股份有限公司负责实施，舟山市交通规划设计院设计，中建港航局集团有限公司施工，浙江港湾工程项目管理有限公司监理。

【洞头区疏港道路建设工程开工】2022年11月20日，洞头区状元岙港区临港产业园基础设施项目——洞头区疏港道路建设工程开工。项目起点接330国道延伸线K0+400处，路线沿老公路向东北延伸，经状元村、小北岙村，在K1+050后路段偏离老路开挖山体穿过，设计终点K1+690，位于温州状元岙港区化工码头内。全长1.69千米，采用二级公路标准，设计时速60千米，路基宽18米。项目业主为洞头区人民政府元觉街道办事处，代建实施单位为洞头交通发展股份有限公司，设计单位为河南省交通规划设计研究院股份有限公司，施工单位为河南省祯祥路桥科技有限公司，监理单位为温州诚合交通工程监理有限公司。

【霓屿南北通道建设工程开工】2022年7月1日，霓屿南北通道建设工程开工。项目起点位于霓中路终点处，终点位于霓正线K3+520，路线全长2.763千米，设计时速30千米，为新建三级公路。K2+771—K2+K2+763路段路基由8米渐变到6.5米。项目实施单位为温州市洞头交通发展股份有限公司，设计单位为核工业西南勘察设计研究院有限公司，施工单位为浙江路业建设工程有限公司，监理单位为温州筑诚交通工程监理有限公司。

（黄婷婷）

公路

【概况】2022年底，全区共有公路55条，总里程246.862千米。其中，高速公路1条，里程5.141千米；普通国道2条，里程50.649千米；农村公路52条，里程191.072千米。公路网密度为197.49千米/百平方千米。全区所有街道（乡镇）及行政村实现通准四级以上等级公路。330国道洞头段年平均日交通量为1.379万辆，拥挤密度为0.46；330国道灵昆段年平均日交通量为2.6692万辆，拥挤密度为0.89。推进国省道、农村公路专项养护工程。常态化开展公路日常保洁，清运路面垃圾700吨。实施洞头区65周岁以上老年人、残疾人、困难群众持卡免费乘车优惠政策。连港环岛公路获评省“十大最美农村公路”。

【公路养护】2022年，温州市洞头区公路与运输管理中心完成普通国省道养护大中修工程7.99千米、农村公路养护大中修工程12.635千米、隧道设施提升4座、维修加固桥梁1座，总投入约2736万元。开展洞头区迎宾环线公路提升工程，完成游步道路面改造提升约6000平方米。全年修复沥青路面7454平方米，完成路面坑洞修复767多处。完成桥隧定期检查、状元大桥预防性养护工作。实现全区主干公路、通景公路精细化管养。

【打击货运车辆超限超载行为】2022年，区公路与运输管理中心联合公安交警、市场监管、行政执法局等部门，开展超限超载“蓝剑1号、蓝剑2号、蓝剑3号、蓝剑4号”“百吨王”“清零”等专项整治行动，打击辖区内货运车辆超限超载运输行为。把货运源头失信名单内企业列为重点监督检查对象，定期约谈并加强现场检查，加大对货运源头监管力度，完成数据直连工作。全年开展措时执法近40次，联合公安交警、行政执法局等执法29次，跨区域联合执法4次，累计查处货运车辆超限超载案件319起，包括超限率100%及以上案件121起，处罚没款27.97万元。

【非法营运车辆专项整治】2022年，为进一步规范洞头客货运输市场秩序，强化源头安全管理，洞头区严厉打击“非法营运车辆”从事道路运输非法经营，区公路与运输管理中心在区职教中心路段、仁济学院路段、330国道等主干道设卡检查，通过管理非现场执法点大数据分析对非法营运实施精准打击。全年开展非法营运车辆专项整治18次，联合交警部门1次，查获非法营运车辆9辆，非法营运案件9起，其他道路运输违法行为40起，缴纳罚没款12.07万元。

【连港环岛公路获评省首批“十大最美农村路”】2022年7月30日，浙江省交通运输厅公布浙江省首批“十大最美农村路”评选结果，洞头区连港环岛公路（三盘桥头至白迭段公路）获评浙江省首批“十大最美农村路”。连港环岛公路按国家二级公路建设标准建造，全长12.856千米，双向两车道（局部为四车道），沿线有桥梁1座，长33米；隧道6座，长1646米。公路起于三盘大桥，途经燕子山、杨文工业区、岙仔村、惠民村、东岙村、洞头村、南塘工业区、长坑村，终点至白迭村，为洞头区主要县道之一。

（陈素婷）

道路运输管理

【概况】2022年，全区拥有客运经营企业1家（温州交运集团洞头有限公司），公交企业2家（温州交运集团洞头有限公司、温州市洞头旅游文化发展有限公司）。全区公交线路（含农村班线）共25条，拥有公交车辆100辆3299座。其中城区公交线路11条，营运公交车40辆，核载人数1935人；农村班线14条，营运客车60辆1364座；跨区客运班线4条，洞头—温州（包含洞头至汽车南站、温州新城站、附一新医、龙湾机场、动车南站、温州茶山校区），洞头—虹桥、大门—温州、大门—柳市，共有营运客车18辆483座；旅游包车9辆，其中省际包车6辆231座、县内包车3辆57座。全区拥有巡游出租车经营企业3家，巡游出租车共110辆440座（其中本岛100辆，大门5辆，鹿西5辆），出租车从业人员170人。拥有驾驶员培训学校2家，小型教练车41辆，摩托车11辆。全区拥有汽车维修企业34家，其中二类机动车维修企业10家，三类专项维修企业9家，摩托车维修业户4家，汽车快修11家。全区共有属地货运企业64家（其中集卡企业27家，危货企业2家，普货企业28家含筹备期11家，货代企业7家），共有货运车辆699辆。全年完成公共交通客运量（不含出租车）、公共交通客运周转量（不含出租车）分别为395.63万人和5706.8万人千米；完成货运量535万吨，增长1.97%；货物周转量59064.5万吨千米，增长26.98%。春运期间投入客运车辆110辆3308座，其中跨区客运班线客车20辆540座位，跨区公交13辆307座，本岛城区、城乡公交车55辆2038座位，外岛片（大门、鹿西）短途班线客车22辆423座；巡游出租车110辆440座。

【城乡客运发展】2022年，洞头区延伸环岛公交线路（8路），终点站由原蓝港花苑延伸至风门枢纽站；优化调整2路公交班线两个班次延伸至南塘湾公园；实施洞头区困难群众、持证残疾人和65周岁以上市民凭卡免费乘坐公交车，同步推出老人卡、关爱卡免年检免充值服务。取消霓屿客运站场、元觉客运站场；优化洞头—乐清客运班线运营线路，优化后线路里程减少18.5千米，票价减少6元/张；启动大门—洞头道路客运班线运营。完成对外客运班线定制化运营4条。洞头区儿童友好城乡公交特色班线“小螺号”启动，共投入4辆班车，其中2辆为城关车站—霓屿班线、2辆为城关车站—三盘班线。

【运输行业管理】2022年，洞头区累计投入资金约168万元，新（改）建公交停靠站点24个，其中电子化候车亭19个；累计投资约336万元，购置纯电城市公交车4辆。全年更新新能源巡游出租车10辆，累计共有新能源出租车96辆，全区巡游出租车新能源车占比87%。全年淘汰国三及以下营运柴油货车1辆。培训道路运输行业驾驶员39人。完成机动车驾驶员培训2359人，其中小型车培训893人，摩托车培训1466人。全年更换公益广告700多张、线路图420张，清理公交站点小广告80多次。根据《温州市洞头区人民政府办公室印发〈关于促进航运物流产业发展的若干意见〉的通知》，兑现2021年度贴息补助金额3394.75元，受补助企业为温州市洞头信达物流有限公司。全年公示注销已停止经营或不符合经营条件的货运企业2家。开展驾培机构学员阶段性学时报审，全年共上传报审总量2021条，人工抽查2021条，通过1916条，退回105条，学时审核抽查率100%，退回率9.49%；完成2021年度全省城乡交通一体化自评估，得分98.42分，符合AAAAA标准。

【大门至洞头本岛道路客运班线开通】2022年8月1日，大门至洞头本岛道路客运班线开通运营，运营车辆全部采取高一车型。全程约56千米，线路往返大门沙岩客运站、马观线、振兴西路、大翁线、大门大桥、北口大桥、瓯江口新区（瓯江口大道、雁鸣路、瓯石路、雁升路）、330国道、滨海大道、海兴路、海西路、滨海大道、连城大道、城关车站，途中停靠仁前途、小门山、附二院瓯江口院区、乐成寄宿中学站点。单程运行时间约70分钟，票价20元，单向日发8个班次，往返16个班次。

【道路运输行业爱心助考活动】2022年6月7日至10日，区公运中心组织以“爱心护航 暖心送考”为主题的道路运输行业爱心助考活动，连续第十六年举办“爱心送考”志愿活动。活动安排高考爱心接送车辆83辆，其中城市公交车20辆、城乡公交车5辆、机动中巴车辆3辆、教练车12辆、巡游出租汽车43辆，为考生提供免费接送服务。爱心接送车辆采取常规运营、一对一定点接送、招手即停以及提前预约等形式，考生可凭准考证，招手免费乘坐。温州易学驾驶培训有限公司在考点门口设立服务点为考生免费提供饮用水、纸巾、药品等服务。

（童汝慧）

2022年洞头城区公交（或城乡公交）线路一览表

表23

序号	线路名称	线路走向	单程（千米）
1	公交1路	下行：洞头新城客运站、屿仔村口、久一重工、永宏电器、东启电器、九厅村、老干部活动中心、海霞广场、新城人本超市、人民医院、城关车站、区府广场、农贸市场、农商银行、社区矫正中心、经信局、疾控中心、育才花苑、埭口村、洞头第一中学、打水鞍村（海天佳境）、蓝港花苑 上行：蓝港花苑、打水鞍村（海天佳境）、洞头第一中学、埭口村、育才花苑、疾控中心、经信局、社区矫正中心、农商银行、农贸市场、区府广场、城关车站、人民医院、新城人本超市、海霞广场、老干部活动中心、九厅村、东启电器、永宏电器、久一重工、屿仔村口、洞头新城客运站	10
2	公交2路	下行：大王殿村、东沙村、二垄村、岙仔新村、双垄村、新城人本超市、人民法院、供电局、海悦城下行、行政服务中心、洞头乐成寄宿中学、消防局、交警大队、移动公司、城关车站、区府广场、农贸市场、农商银行、社区矫正中心、经信局、疾控中心、育才花苑、风门、风门嘉园、南塘花苑、九亩丘海创园、铁炉头村口、南塘湾公园 上行：南塘湾公园、铁炉头村口、九亩丘海创园、南塘花苑、风门嘉园、风门、育才花苑、疾控中心、经信局、社区矫正中心、农商银行、农贸市场、区府广场、城关车站、移动公司、交警大队、消防局、洞头乐成寄宿中学、行政服务中心、海悦城上行、供电局、人民法院、新城人本超市、双垄村、岙仔新村、二垄村、东沙村、大王殿村	13.1
3	公交3路	下行：城关车站、区府广场、农贸市场、农商银行、金典时代、金田、人民法院、海霞广场、新城客运站、三盘大桥北、花岗、沙角、兴港家园、活水潭村、沙岗、内深门、沙岗、和平岙、状元岙、小北岙、小北岙码头 上行：小北岙码头、小北岙、状元岙、和平岙、沙岗、内深门、沙岗、活水潭村、兴港家园、沙角、花岗、三盘大桥北、新城客运站、海霞广场、人民法院、供电局、行政服务中心、金田、金典时代、农商银行、农贸市场、区府广场、城关车站	15.4
4	公交5路	下行：洞头新城客运站、九厅村、老干部活动中心、中央公馆、教育一幼、海霞军旅、人民医院、城关车站、区府广场、农贸市场、农商银行、金典时代、移动公司、供电局、市民活动中心、实验小学、洞头乐成寄宿中学、行政服务中心西门、温州医科大学滨海校区、小朴、大朴、大长坑、南塘花苑、风门嘉园、风门、海港花苑 上行：海港花苑、风门、风门嘉园、南塘花苑、大长坑、大朴、小朴、温州医科大学滨海校区、行政服务中心西门、洞头乐成寄宿中学、实验小学、市民活动中心、供电局、移动公司、金典时代、农商银行、农贸市场、区府广场、城关车站、人民医院、海霞军旅、教育一幼、中央公馆、老干部活动中心、九厅村、洞头新城客运站	13.2
5	公交6路	下行：白迭村、沙岙村、凸垄底民宿、小长坑村、南塘湾公园、铁炉头村口、九亩丘海创园、南塘花苑、风门嘉园、风门、埭口村、育才花苑、疾控中心、经信局（住房公积金中心）、社区矫正中心、农商银行、农贸市场、区府广场、城关车站、人民医院、新城人本超市、海霞广场、洞头新城客运站 上行：洞头新城客运站、洞头新城客运站、老干部活动中心、海霞广场、新城人本超市、人民医院、城关车站、区府广场、农贸市场、农商银行、社区矫正中心、经信局（住房公积金中心）、疾控中心、育才花苑、埭口村、风门嘉园、南塘花苑、九亩丘海创园、铁炉头村口、南塘湾公园、小长坑村、凸垄底民宿、沙岙村、白迭村	12

续表23

序号	线路名称	线路走向	单程（千米）
6	公交7路	下行：城关车站、人民法院、实验小学、海霞广场、新城客运站、三盘大桥北、西山头、大岙、阜埠岙、后山头、观音堂、开元度假村、下尾村口、下尾 上行：下尾、下尾村口、开元度假村、观音堂、后山头、阜埠岙、大岙、西山头、三盘大桥北、新城客运站、海霞广场、实验小学、人民法院、金田、城关车站	8
7	学生公交7路	沙角、兴港家园、活水潭、沙岗、内深门、外深门、石子岙、霓北中学、桐岙、下社、网鼻寮、雁升路瓯帆路（返程为雁升路灵华路）、S1瓯江口、瓯江口发展大楼、附二医瓯江口院区、霓贤路瓯华路、瓯江口规划展示馆	8
8	观光旅游环线（8路）	下行：洞头旅游集散中心、新城人本超市、双垄村、大沙岙路口、东岙村、国际放生台、台湾观光工场、中普陀、风门枢纽站 上行：风门枢纽站、中普陀、台湾观光工场、国际放生台、东岙村、大沙岙路口、双垄村、新城人本超市、洞头旅游集散中心	10
9	S1公交线路（9路）	下行：城关车站、人民法院、海霞广场、洞头新城客运站、三盘大桥北、花岗、沙角、兴港家园、活水潭村、沙岗、内深门、外深门、石子岙、霓北中学、桐岙、下社、网鼻寮、雁升路灵华路、S1瓯江口、瓯江口发展大楼、附二医瓯江口院区、霓贤路瓯华路、瓯江口规划展示馆 上行：瓯江口规划展示馆、霓贤路瓯华路、附二医瓯江口院区、瓯江口发展大楼、S1瓯江口、雁升路瓯帆路、网鼻寮、下社、桐岙、霓北中学、石子岙、外深门、内深门、沙岗、活水潭、兴港家园、沙角、花岗渔村、三盘大桥北、洞头新城客运站、海霞广场、人民法院、城关车站	39.5
10	夜间公交（10路）	下行：洞头新城客运站、九厅村、老干部活动中心、海霞广场、新人本超市、人民医院、城关车站、区府广场、农贸市场、农商银行、社区矫正中心、经信局（住房公积金中心）、疾控中心、育才花苑、埭口村、洞头第一中学、打水鞍村（海天佳境）、蓝港花苑（台湾观光工场） 上行：蓝港花苑（台湾观光工场）、打水鞍村（海天佳境）、洞头第一中学、埭口村、育才花苑、疾控中心、经信局（住房公积金中心）、社区矫正中心、金典时代、移动公司、人民医院、新人本超市、海霞广场、老干部活动中心、九厅村、洞头新城客运站	8

水路运输管理

【概况】2022年，洞头区新招引企业1家，淘汰低小散企业2家，辖区现有水运企业19家，总运力93.47万吨，较上年同期新增8.56万吨，运力规模连续12年居全市第一位，占比全市超70%。全区在册船舶105艘，其中普货船90艘，油船12艘，LNG船（液化天然气运输船）1艘，拖轮2艘。船舶呈现大型化、专业化发展趋势，船舶平均吨位8901载重吨，同比增长44.66%。完成水路货物周转量360亿吨千米，同比增长17.04%。

【水路经营领域专项整治】2022年，区交通运输局以“春雷行动”“清港净海”百日行动等专项行动为契机，加强码头、堆场巡查力度，落实常态化监管机制，针对涉私船舶、非法砂石船舶、商渔船防碰撞、“三无船舶”，联合公安、海事、海警、自然资源和规划等单位，加强辖区相关水域、码头、非法冲滩点、宕口监管；通过电子围栏系统、夜间突击巡查、高频次联合巡查巡航等多种方式，形成常态化监管巡查机制；成立海洋联合执法队，打击相思岙、百步信等在各类非法砂石码头进行装卸作业行为。全年开展联合行动42次，查获非法靠泊船舶6艘，走私船舶2艘，移交处理装卸人员故意遮挡电子监控设备1起。

【小型休闲船艇专项整治】2022年，区交通运输局联合海事、公安、农业农村、文广旅体、街道（乡镇）等单位，整治从事旅游、垂钓、体育等运动休闲船艇。建立多部门联合执法机制，对相关船舶扣押至特定扣押点拆解。全年开展专项行动22次，取缔无证休闲船艇20艘、无证客船1艘。

（陈素婷）

港口

【概况】2022年，洞头区拥有状元岙港区、大小门岛港区两大核心港区，辖区有港口经营企业8家，泊位总数13座，其中万吨级泊位4座。全年新增港口水运投资26亿元，开工建设状元岙港区二期5#、6#两个5万吨级兼靠10万吨级集装箱专用泊位及后方，浙能、华港两大百亿LNG项目码头及罐区完成主体建设，温州港核心港区深水进港航道主体开工。状元岙港新辟美西远洋集装箱干线，11条外贸航线参与共建印尼、菲律宾、越泰等“一带一路”重要节点国家，大小门港LPG液体散货运输网络辐射中东、欧美，全年进出港船舶2000多艘次。全年实现集装箱吞吐58.3万标箱，同比增长17.4%；货物吞吐量1000万吨，同比增长12.6%。

【温州港状元岙港区再添外贸新货种】2022年4月20日，载有5.9万吨外贸砂的“深圳”轮靠泊温州港状元岙港区接卸作业，标志着温州港集团成功引进新货种，充实温州地区外贸进口货源种类。温州港集团走访对接客户，依托引进外贸钢坯、生铁等新货种经验，为该业务量身定制物流方案，最终促使此项业务落户温州港状元岙港区。

【温州至东南亚直航新航线】2022年3月31日，“海丰川崎”轮在温州港状元岙港区8号泊位完成93个标准箱装船作业，启程驶向越南胡志明市，标志着温州港再添一条东南亚新航线。该航线沿途挂靠日本、韩国、越南、柬埔寨、泰国等6个国家和地区的11个港口，由海丰集运投入1800标准箱集装箱船运营，每周一挂靠温州港，为客户提供4天直达越南胡志明市、6天直达柬埔寨西哈努克，8天直达泰国快速直航服务。

【状元岙港区两座5万吨级码头开工建设】2022年3月29日，温州港5座5至10万吨级码头集中开工，概算总投资33亿元。其中状元岙港区二期工程5#、6#泊位包括2个5万吨级集装箱专业泊位，码头平台总长626米、宽50米，设计集装箱年通过能力为100万标箱。建设内容包括，2个5万吨级集装箱专业泊位及5#、6#、7#泊位后方堆场，概算总投资19亿元。

2022年4月20日，满载5.9万吨外贸砂的“深圳”轮靠泊温州港状元岙港区进行接卸作业 （区交通运输局提供）

工程责任单位是温州港集团有限公司，施工单位是中交第三航务工程局有限公司宁波分公司，设计单位是中交第三航务工程勘察设计院，监理单位是上海东华建设管理有限公司。

【温州港核心港区深水进港航道主体开工】2022年11月17日，温州港核心港区深水进港航道主体工程正式开工建设。该项目是温州港状元岙港区、大小门岛港区重要的公共基础设施，也是温州港深水航道建设重要组成部分。项目总里程42.1千米，主要包括外航道、状元岙港区航道以及大小门岛港区航道三部分，其中，外航道规模为5万吨级双线、26.6万立方米LNG船单线全潮通航，10万吨级船舶单线乘潮通航；状元岙港区内航道规模为5万吨级双线、21.5万立方米LNG船舶单线全潮通航，10万吨级单线乘潮通航；大小门岛港区内航道满足26.6万立方米LNG船舶单线全潮通航。项目责任单位是温州市港航管理中心，设计单位是中交上海航道勘察设计院有限公司，施工单位是中交上海航道局有限公司，监理单位是浙江港湾工程项目管理有限公司。

【温州首条直达美国洛杉矶的远洋集装箱干线开航】2022年4月30日17时45分，装载着826 TEU的“锦美（AS SERENA）”轮缓缓驶离浙江温州状元岙国际集装箱码头，标志着温州首条直达美国洛杉矶远洋集装箱干线成功开航。该航次航线始发港为上海港，挂靠青岛港和温州港，目的港为美国洛杉矶港。该航线实现国内货物可从温州直达美国西海岸，航期15天，节约航运成本。

（叶明志）

城乡建设

综述

【概况】2022年，温州市洞头区住房和城乡建设局紧扣"产业聚变、城市蝶变、幸福跃变"阶段性战略重点，出台《关于进一步促进洞头区房地产市场良性循环和健康发展的若干措施》等政策，房地产市场三项关键性指标增速位居全市前列。海峡同心共富特色产业风貌区摘得浙江省城乡风貌样板区"金名片"，指导元觉街道、霓屿街道、鹿西乡美丽城镇建设工作，协调推进项目落地39个，市政三年行动收官。组织建筑工地安全生产月观摩会和红色工地观摩会，牵头举办各类培训50多场，创成市级标化工地3个。开展建筑市场行为、施工合同履约评价及保障农民工工资支付等各类专项执法检查，新建绿色建筑面积45.21万平方米，城镇新建绿色建筑比例达100%，可再生能源应用面积9.22万平方米，太阳能光伏建筑一体化装机容量0.29万千瓦，新开工装配式建筑面积28.91万平方米，完成率144.56%。创新开发"建设工程全过程归集服务系统"，入选全省住房城乡建设系统数字化应用场景第一批试点项目及试点单位。牵头起草全国首个《房屋建筑工程电子文件归集标准》，入选省建筑节能与绿色建筑及相关工程建设标准制修订计划。

【《房屋建筑工程电子文件归集标准》起草】2022年8月19日，由洞头区住建局牵头起草的《房屋建筑工程电子文件归集标准》在杭州召开编制启动会，省建设厅工改办、省造价总站（省标准站）、杭州城建档案馆、湖州城建档案馆及相关单位参加启动会议。《房屋建筑工程电子文件归集标准》主要内容为着眼当前工程档案归集验收低效高耗难题，该标准出台后将全面统一工程档案归集流程、格式、路径等内容，实现企业资料、档案接收以及相关部门业务协同标准化管理，确保建设工程各阶段电子文件"有效归集、一文多用、一键归档"，有效实现"一地创新，全省共享"。

【洞头区建设工程"百岛杯"奖（优质工程）评选活动】2022年，洞头区组织开展2022年度建设工程"百岛杯"奖（优质工程）评选工作。评选范围为洞头区行政区划内（不含海经区、灵昆街道及昆鹏街道）工程项目和注册地在洞头区内（不含海经区、灵昆街道及昆鹏街道）具有独立法人资格的建筑业企业在洞头区外承揽的工程项目。工程项目原则上应于2020年9月30日至2022年9月30日竣工，完成竣工验收且已投入使用，用户反映良好。并获评区级及以上"建筑安全文明施工标准化工地"。按规定提交相关材料，经评选，温州市社会福利养老院建设工程；仁济学院教师公寓；洞头区霓屿紫菜现代园二期工程；洞头区霓屿紫菜现代园一期工程3标段；龙港镇世纪新城片区3-32地块建设项目；洞头区元觉义校迁建工程；浙江华田特种材料有限公司厂房扩建工程；温州奥本轻工机械有限公司2020扩建项目；年产4000吨精密电子装联用助焊剂、年产1500吨精密电子清洗剂及年产1500吨胶黏剂、三防漆建设项目等9个项目获"百岛杯"奖（优质工程）。

【洞头区建设工程全过程归集服务系统应用】2022年，建设工程全过程归集服务系统开发建设。为解决建设工程档案资料的管理长期处于被“忽视”状态，无法及时收集、归档，资料造假等现象。通过互联网络，及时掌握建设单位、监理单位和施工单位工程资料的形成、收集、管理等情况，实现对建设工程竣工档案收集、整理的实时指导，保证建设工程竣工档案能及时报送和顺利交接，确保建设工程资料的真实性、完整性、准确性和系统性。打通“浙里建”、投资项目在线审批 3.0 等 6 个系统，实现工程档案在全省范围内共享利用，减少企业基础信息反复填报。如，洞头东沙渔港旅游项目在档案归集后，质量监管、规划、消防、人防等相关部门可按需调取电子文件，避免企业多头填报提交，职能部门也能更加高效进行项目监管与数据查询。2021 年 8 月，建设工程全过程归集服务系统入选全省住房城乡建设系统数字化应用场景第一批试点项目及试点单位。

【审批服务与招投标领域整治】 2022 年，洞头区住建局开辟绿色审批通道，开展工程审批、竣工验收上门服务，全年办理审批事项约 1400 件，政务服务“一网通办”率达 99.25%，工程建设项目实现 100% 线上审批。一体式推进工程施工安全、文明施工、建筑质量、消防安全等事项监管，开展铁锤行动、危大工程整治、招投标领域整治等专项行动，下发各类风险提示单、隐患整改通知单约 350 份，立案处罚 8 起。

（许扬）

规划编制和管理

【概况】 2022 年，温州市自然资源和规划局洞头分局探索构建洞头国际生态旅游岛国土空间设计体系，协助市局做好温州市国土空间总体规划编制，完成“三区三线”划定方案和洞头区国土空间总体规划研究报批成果。批复实施控规成果 4 个和详细规划技术审查 10 个，指导各街道（乡镇）开展新一轮多规合一实用性村庄规划修编。开展洞头国际生态旅游岛国土空间设计国际征集，把国土空间设计贯穿规划编制和管理全过程。全年召开洞头区规委会主任专题会议涉及规划项目 4 次，研究审议规划及方案共计 11 个。

【国土空间总体规划编制】 2022 年，温州市自然资源和规划局洞头分局配合市局做好温州市国土空间总体规划，完成“三区三线”划定方案并经自然资源部质检通过；主动向上争取城镇开发边界约 2913.33 公顷（4.37 万亩），实现资源新突破，为状元岙港区、状元南片、大门新区、小门岛等重要产业片区以及乡村重点区域留足空间。推动国家海洋公园保护与开发互利共赢。谋划完成洞头区国土空间总体规划研究报批成果，获市“瓯江杯”一等奖。

【国土空间详细规划编制】 2022 年，洞头区批复实施《洞头区霓屿街道田岙屿地块控规》《洞头状元岙南片区控规修编》《洞头区北沙东片区 C 组团大王殿片控规修改》等 4 个规划成果，推动零碳产业园、东沙港不夜城等一批市、区重点项目实施建设；协助完成《洞头区霓屿街道布袋岙片区控规修编》《温州港状元岙港区（元觉北片）B-01、B-02、B-04、B-05、B-06、B-07、B-12 地块控规修改》《洞头区粮食储备中心库及配套建设工程选址报告》《洞头区鹿西乡集镇控规 C-01、C-02 地块修改》等详细规划成果技术审查 10 个。指导各街道乡镇开展大长坑村、下社村等新一轮多规合一实用性村庄规划修编。

【国土空间设计国际征集】 2022 年，温州市自然资源和规划局洞头分局谋划启动《温州市洞头区国际生态旅游岛国土空间设计国际征集》工作，通过成立专班、竞赛比拼、设计经验分享与头脑风暴碰撞，激发设计强劲动力与思路。由面到点探索构建总体、详细、专题管控的国土空间设计导则体系，以“设计 + 服务”闭环式工作，把国土空间设计贯穿规划编制和管理全过程。项目总费用 1450 万元。截至年底，完成项目资格预审、招标文件发布、集体动员大会、座谈踏勘，开展专班中期方案交流、评标等工作。

（夏建伟）

建筑业

【概况】 2022 年，洞头区建筑业作为第一大税源，持续保持稳定发展态势，全区登记在册的建筑业企业共 192 家，施工总承包企业 75 家。其中，一级资质施工总承包企业 4 家、二级施工总承包企业 13 家、三级施工总承包企业 58 家。全年建筑业省内产值 58 亿元，较上年下降 26.6%。建设行业税收 6.5 亿元，占全区税收 74%，税收贡献度创历史新高。出台《关于进一步规范小额建设工程项目施工发包工作的实施意见（试行）》，完成兑现约 1.6 亿元政策奖励。首次启动“百岛杯”项目评选，区内外 9 个优质项目入选。全面推进建设领域保函替代 5 类保证金工作，为企业减负 2.6 亿元。

（陈秦皓）

【“无欠薪区”创建活动】 2022 年，洞头区住建局开展“根治欠薪”夏、秋季专项执法检查，全年累计检查项目40多次，共受理处理欠薪投诉举报20多起，为130名农民工追发工资200多万元，完成国务院2022年度保障农民工工资支付考核工作。

【农房建设全生命周期管理服务】2022年，区住建局实施洞头区农房全生命周期服务管理制度，坚持日常服务与专项整治相结合，全年开展在建农房施工质量与安全专项检查2次，检查在建农房50多户，为60位农村村民建房提供设计咨询、建房质量安全等服务，保障农房建设质量与安全。

【绿色建筑及建筑节能工作】2022年，区住建局紧盯建筑领域“双碳”工作要求，提升新建建筑节能设计标准，全年新建绿色建筑面积45.21万平方米，城镇新建绿色建筑比例100%。可再生能源应用面积9.22万平方米，太阳能光伏建筑一体化装机容量0.29万千瓦，新开工装配式建筑面积28.91万平方米，年度目标完成率144.56%，超额完成市对区考核任务。

（李嘉宝）

【建筑工程质量与施工安全管理】2022年，洞头区在建项目共36个，其中房建项目31个，建筑面积96.91万平方，市政工程5个，总工程造价3.41亿元，全年共检查工地356次，发放安全隐患限期整改通知单225份，停工整改通知书18份。实施行政处罚线索移交11起，立案处罚9起；约谈项目企业12个次，累计对124家次的施工、监理企业的各种不良市场行为、现场行为进行信用扣分。下发质量隐患整改通知书77份，工程抽查记录105份，在建住宅工程已进行分户验收4个，竣工验收项目31个，消防备案23个，消防验收10个，形成质量工程档案31个。

【标化工地创建】2022年，洞头区标化工地创建完成5个，达到省级标化工地项目1个；符合市级标化工地优良要求项目3个，符合市级标化工地示范要求项目2个，创标率100%。

【建筑工程行业专项检查】2022年，洞头区住建局开展施工现场混凝土质量专项检查监理专项检查、住宅全装修、地下管线施工安全专项整治、起重机械、深基坑、高支模、等专项检查，发放整改通知书71份，提升各专项领域的工程质量和主体责任意识。

【建筑工程质量社会监督机制】2022年，为不断提高工程质量抽查符合率和群众满意度，提升建筑工程品质，建立建设工程社会监督机制，支持社会公众参与监督、合理表达质量诉求。区住建局对黄金海岸和元觉安置房两个项目开展社会监督团活动，邀请社会各界人士进行现场踏勘并提出建议和整改意见，对发现施工质量违反建设标准强制性条文，督促有关单位在规定时间内整改并及时反馈整改情况，对拒不整改，造成恶劣影响的，按照上限处罚。

【洞头区勘察设计与建筑市场以及工程施工质量监管专项整治行动】2022年4月19日，为规范全区勘察设计市场与建筑市场行为，提高勘察设计水平和工程施工质量，有效防范和化解发生重大风险，促进全区建设领域高质量发展，区住建局制订《2022年温州市洞头区勘察设计与建筑市场以及工程施工质量监管专项整治行动方案》。整治范围和整治内容为勘察设计市场和质量子专项、建筑市场子专项、工程施工质量子专项。通过自查自纠阶段、深化部署阶段、全面排查阶段、市级督导抽查、总结提升阶段等。

（韩乐菲）

城镇建设

【概况】2022年，洞头区住建局完成《温州市洞头区城镇建设管理委员会章程》编制工作，按照《洞头区市政设施建设三年行动计划》

2022年10月30日，北岙街道新城社区鸿雁花苑完成6台电梯改造　（李建国 摄）

方案，推进五水共治、交通治堵、历史建筑、园林绿化、绿道、加装电梯、停车场建设及老旧小区改造项目等民生建设任务。其中，新建雨污管网各3千米，新建智能水表500只，新建屋顶雨水收集系统5个，新增绿地7公顷，新建提升绿道3千米，新建市政道路3千米，打通断头路1条，新增公共停车位150个，专用停车位400个，完成老旧小区改造2个，绿色社区6个，完成既有住宅加装电梯6台。

（许扬）

【“大建大美”专项工作】2022年，洞头区以提升城市品质、增强城市功能、补齐民生短板、优化宜居环境为工作重点，推进“大建大美”建设。完成“精建精美”专项工作项目22个。开展“大建大美”建筑工程质量安全监督执法“铁锤”6号行动，督查工作落实情况、安全生产、扬尘排水、防水工程、混凝土工程、市政道路工程、桩基工程、住宅全装修工程质量、工程检测、消防工程实体质量、勘察、设计、施工图审查、建筑市场行为、在建农房等内容。

（叶旭东）

【美丽城镇建设】2022年，洞头区持续推进新时代全省美丽城镇建设首轮收官之年工作任务，其中，霓屿街道创成省级美丽城镇样板（农业特色型），元觉街道被列入基本达标城镇名单。统筹城乡融合发展各类建设平台，全年被列入美丽城镇计划建设项目39个，已开工39个，开工率100%。计划投资额13.22亿元，累计完成投资额13.5067亿元，完成率102.13%。

（黄臻臻）

【省级美丽宜居示范村创建】2022年9月，北岙街道白迭村获省级美丽宜居示范村优秀村庄称号。2022年12月，申报元觉街道状元村省级美丽宜居示范村建设考核验收（待省厅统一考核验收）。元觉街道沙岗村和鹿西乡东臼村被浙江省住建厅列为2023年省级美丽宜居示范村试点建设村庄。

【洞头海峡同心共富特色产业风貌样板区获省级样板】2022年10月10日，浙江省城乡风貌整治提升工作专班办公室公布2022年度第二批城乡风貌样板区名单，洞头海峡同心共富特色产业风貌样板区上榜。洞头区海峡同心共富特色产业风貌区，位于本岛东南部的半屏岛，以半屏社区为核心，北抵半屏大桥，南靠山脊线，西至“海上第一屏”，东临海岸线，总面积130.25公顷。该片区依托“中心渔港”的中心辐射作用，结合韭菜岙村旅融合项目、同心小镇交流空间、海岛石厝打造“三心”特色产业平台，聚力特色产业发展片、民俗文化展示片、自然生态保护片的“多片”发展模式，形成“一带三心多片”的功能结构建设模式，共推海峡同心共富特色产业风貌区建设发展。

（张于江）

住房建设与保障

【概况】2022年，洞头区编制《洞头区城镇住房保障“十四五”规划》，制定《关于加快发展保障性租赁住房实施方案》，开展第三次全省城镇房屋调查登记工作，全面查清城镇房屋建筑权属、用途、管理等基础信息以及建筑幕墙使用情况，共调查登记录入系统9352幢，危房整治1处。开展全区年度退休职工一次性住房补贴申请工作，共涉及37个单位48人，发放住房补贴资金113万元，房改房上市交易审批36宗，共出具干部职工住房情况协查反馈证明50多宗。全年新增公租房保障14户（含新就业人才），全区在保对象195户，累计保障438户1011人，发放公租房低收入补贴72.4206万元。城镇住房保障覆盖率9.07%，对低保、低边符合条件的申请家庭做到应保尽保。新增公租房租赁补贴12户，累计保障受益户数422户，受益人数972人，累计发放住房租赁补贴72.4206万元。

（张群峰 曾晶蓉）

2022年9月，北岙街道白迭村　（北岙街道提供）

【洞头区城镇住房保障“十四五”规划编制】2022年，区住建局推进《洞头区城镇住房保障“十四五”规划》编制。规划范围包括北岙、东屏、元觉、霓屿4个街道及大门镇和鹿西乡，陆域面积约172.5平方千米。分析发展现状，回顾“十三五”城镇住房保障情况、成效及存在的问题。分析发展形势、机遇、挑战及“十四五”城镇住房需求预测。

【加快发展保障性租赁住房实施方案】2022年6月30日，为加快发展保障性租赁住房，进一步完善住房保障体系，着力缓解新市民、青年人等群体住房困难问题，根据上级文件精神，区政府办公室印发《关于加快发展保障性租赁住房实施方案》。保障对象为无住房且稳定就业的新市民、青年人，特别是从事基本公共服务人员和创新创业人员等群体。发展方式为新建、改建、盘活（购买）等。区保障性租赁住房工作领导小组根据项目特征，组织住建、发改、经信、自然资源和规划、生态环境等相关部门，对申报保障性租赁住房的项目实施联合审查认定。并规定相关运营规则，承租期间，运营管理单位要加强对承租人的动态管理。承租人条件发生变化的，应及时变更租赁合同，调整租金标准。不符合条件的，按照市场租赁住房租金收取。方案自2022年8月1日起施行，有效期至2026年12月31日。

【城乡房屋安全管理】2022年，洞头区制订《温州市洞头区自建房屋安全隐患排查整治工作实施方案》，完成全区自建房隐患排查、整治及系统录入工作。累计录入排查信息38898条，录入率达100%。排查出危房69处，其中C级61处、D级8处，69处危房均已完成实体解危。联合第三方开展房屋建筑自然灾害综合风险普查工作，共排查城镇房屋9508幢、农村房屋35222幢，已通过国家、省、市各级质检。开展宗教场所建筑安全隐患排查整治工作，对全区210处宗教（民间信仰）活动场所展开“回头看”“地毯式”排查，鉴定房屋共194处，其中C级3处、D级1处，4处危房已实体解危。

（张群峰）

【人才住房保障】2022年，洞头区制定《洞头区人才配租管理办法》，规范人才准入标准。全年人才租房补贴在保26人，累计发放人才补贴23.67万元，累计入住人才公寓173人。制订人才房房源筹集方案，加快人才房供应，明确46套房源从仁济学院房源中筹集作为人才配售房，并于11月21日发布人才配售公告。

（曾晶蓉）

【白蚁防治】2022年，区住建局新建房屋白蚁预防实施房地产、厂房等项目10个，安装监测装置1400个。为社区、小区、个人上门灭治服务50多次，免费为市民发放白蚁药水300多公斤、受益户数500多户。组织人员，在新城广场、小区文化礼堂等人流集中场所开展白蚁危害宣传，向民众发送宣传资料300多份。

物业管理

【概况】2022年，洞头区住建局攻坚文明城市创建，完成全区36个物业小区462个楼道单元三轮“全覆盖式洗楼”工作。完成近8000平方米道路破损修复，近2.5万平方米绿化整治和近5万平方米楼道粉刷，同步推进5000多套消防设施维修更换和近1000个停车位施划。统筹推进共享社·幸福里建设，完成11个无物业小区清零任务。通过“海霞红管家+栋号长制度”模式，发动小区党员干部，壮大基层自治队伍。完成2022年度物业“两金”和住房发展基金6600万元竞争性存放招标工作。建成全域覆盖的白蚁防治网，免费服务公益类已竣工项目以及全区物业小区，全年上门服务消杀80多次。无物业小区清零行动任务完成100%。通过“温州市产业政策奖励兑现与监管系统”，为符合政策条件物业企业发放疫情防控费补助3万元，惠及物业企业3个，惠及物业小区23个。派出巡查人员342人次，开展物业小区消控室专项检查20多次，疫情防控专项检查60多次。试点推进金典时代小区业委会换届及加强选配工作，妥善处置海悦城璟园、大门御海首府等近120件信访问题。

【物业小区整治】2022年，区住建局围绕文明城市创建工作，对28个物业小区开展综合整治，绿化补植3200平方米（修剪3.5万平方米）、灭火器更换1526个，楼道粉刷4.4万平方米，停车位划线800个，飞线整治300多处，投入改造资金152万元。开展高层建筑消防专项整治行动，完成中央公馆、碧海云天等23个物业小区消防隐患挂牌攻坚，整治隐患点1800多处。召开物业小区消防、疫情防控工作部署会10多次，约谈企业负责人3次。完成消防隐患问题整治11个。

【无物业小区整治】2022年5月18日，为扎实推进市区无物业小区整改提升，全面加强无物业小区物业管理，建立健全长效管理机制，切实打造“干净、整洁、有序”的人居环境，助力建设更高水平全国文明城市，区委组织部、区精神文明建设指导中心、区住建局、区综合行政执法局联合印发《市洞头区无物业小区整治工作方案》。主要措施包含优化环境卫生、规范停车秩序、完善基础设施、建立物管制度、联合执法进小区、营造宣传氛围。按照集中攻坚阶段、巩固提升阶段、长效保持阶段实施。无物业小区整治工作作为瓯江红“共享社·幸福里”建设考核评价重要内容，列为党委（党组）书记抓党建述职评议的重要内容。截至年底，完成11个无物业小区清零任务。

【物业“两金”公开招标存放】 2022年11月24日，为建立和完善洞头区物业专项维修资金、住宅物业保修金（简称“两金”）竞争性存放机制，提高资金效益，区住建局对物业“两金”资金竞争性存放实行公开招标。全区“两金”累计约4500万元。本次招投标共吸引银行报名8家，评标采用综合评分法，评标指标分为资金年综合收益率指标、技术系统服务水平及对“两金”管理中心前期财务资金整理和清算服务承诺。最终洞头农村信用合作联社中标。

（陈 哲）

住房公积金管理

【概况】 2022年，温州市住房公积金管理中心洞头分中心办理各类公积金提取加发放贷款48148.58万元，同比增长16.03%，其中，公积金提取22311.38万元，同比增长5.59%，发放贷款25837.2万元，同比增长26.86%。全年向区财政上缴廉租房建设资金454万元，远超历年。成立瓯江口扩面专班，建立瓯江口企业扩面数据库。创成省级巾帼文明岗。

【住房公积金扩面】 2022年，全区实缴净增1299人，累计公积金缴存人数12035人。城镇住房公积金缴存人数覆盖率居全市第一位。协同8个部门联合发文推进村社干部建缴，村社干部、网格员参建475名。联合区旅游产业协会，鼓励民宿从业人员建制缴存，助力乡村振兴服务共同富裕。全面推开教育行业劳务派遣制教师职工建制扩面。推进房地产开发、建筑施工企业行业扩面。联合洞头工行推行退役军人建缴公积金优惠政策。

【住房公积金归集】 2022年，全区公积金归集总额31185.55万元，完成年度计划104.4%。推进2022年度基数调整，住房公积金月归集总额由调整前的2400万元，提高到2650万元，增长10.42%。组织实施2022年度资金竞争性存放工作，完成总额4700万元一年期增值收益资金定期存款。

【住房公积金提取】 2022年，公积金洞头分中心办理各类公积金金提取总额22311.38万元，比上年增长5.59%。加快数字化进程，将公积金纳入事业单位人员“一件事”办理，线上服务更加集成化；畅通长三角“跨区域通办”，推行网上办事，全年共办结政务2.0业务7889多件。

【住房公积金贷款】 2022年，受瓯江口房地产市场热度影响，瓯江口房地产开发、建筑施工企业行业扩面，准入楼盘项目7个，公积金洞头分中心发放住房公积金贷款额25837.2万元，完成年度计划138.91%。3月，推出促进房地产市场良性循环和健康发展措施，加大住房公积金支持缴存职工租赁住房力度，住房公积金缴存职工申请无房租赁提取住房公积金的，每月提取额度由最高1200元提高至1400元；住房公积金缴存职工在政策执行期购买家庭首套住房申请个人住房公积金贷款的，最高贷款额度单人缴存的提高15万元，双人缴存的提高30万元；加大缴存职工个人住房公积金贷款额度支持，贷款额度计算办法中缴存时限倍数提高至5倍作为基数，最高倍数增至11倍；缴存职工家庭申请个人住房公积金贷款的，贷款最低首付款比例由30%调降至20%。缴存职工家庭申请第二套自住住房住房公积金贷款的，贷款最低首付款比例由50%降至40%。注重贷款风险防控，年末贷款保持零逾期，低于全省平均水平。

（柯芳芳）

房地产管理

【概况】 2022年，洞头区新开盘商品房项目8个，上市供应面积为13.47万平方米，供应套数1565套，一手房销售套数788套，销售面积7.08万平方米，交易金额为9.48亿元，商品住宅均价达到11493元/平方米。每季度开展房地产市场秩序检查专项行动，开展养老诈骗专项整治行动，落实房地产双随机检查，组织开展房地产开发、销售、中介机构等问题排查整治，累计出动检查20多次，全年发放责令整改通知书9份，压实房地产企业主体责任，规范房地产领域市场行为。

【房地产指标】 2022年，洞头区新增上市楼盘面积为13.47万平方米，同比下降43%，销售面积为7.08万平方米，销售额9.48亿元，增速23%。累计房地产开发投资额达11.22亿元，同比下降7.2%，全年商品房住宅均价11493元/平方米，增长1.4%。制定首套房0.6%购房

2022年8月16日，新开盘的商品房——铂景湾　　（区住建局提供）

补助政策，召开企业座谈会，入企走访，强化政策宣传，全年审核完成购房补助申请118件。

【房地产预售资金监管】2022年，区住建局开展房地产预售资金监管专项检查10多次。拉网式排查在售楼盘，根据项目风险等级，对全区在建12个房地产项目建立完备的资金监管机制。全年预售资金监管账户累计收入34.5亿元，累计支出33.5亿元，累计余额1亿元。

【房地产市场秩序专项整治】2022年，为进一步加强房地产市场监管，区住建局开展房地产市场秩序专项整治，重点整治房地产开发企业隐瞒有关情况、提供虚假材料，或采用欺骗、贿赂等不正当手段取得商品房预售许可行为；未依规把商品房预售资金存入监管账户、违规超节点使用预售资金，在房产销售、租赁中，对交易当事人隐瞒真实交易信息等。整治方式通过自查自纠、专项检查。强化部门联动，建立预警机制，落实日常房地产双随机抽查，每季度组织开展房地产开发、销售、经纪机构等问题排查整治，累计出动检查20多次，发出责令整改通知书9份，完善房地产监督检查相关制度。

（曾晶蓉）

城市管理

【概况】2022年，洞头区划定实行城市化管理区域。推进系列市政配套建设，南塘新LNG气化站投用。城北污水处理厂建成运营，完成文明城市创建城区市政道路破损修补及设施修复项目，改造提升埭口河橡皮坝工程。市政设施及城市内涝自然灾害综合风险普查工作通过省市级质量检测。省民生实施项目洞头区中高层住宅小区二次供水设施改造一期工程完工。建成迎宾沿线绿化30千米，实现“六边三化三美”，完成政策处理235户，修复沿线道路3万平方米，清除环境疤点1.2万平方米，提升城市家居156处。洞头区海上花园绿化彩化美化委员会成立。实施绿色图章制度，建立长效养护管理机制。出台全区今冬明春绿化彩化美化提升方案、“三角梅村村栽”评比奖补办法。城区更新、新增停车位1800多个，设置夜间临时停车道路。督促解决乱张挂、乱倾倒等问题2541个，指导整改空中线乱拉1400多米，覆绿补绿3.3万平方米，更新路面标志标线1.2万平方米、交通隔离栏5900米，提升连城大道小游园园路，完成霞光大道、烈士路路面修复，路面提升累计超3万平方米。持续开展“服务进社区”活动，运用“城管驿站”服务平台，开展养犬一站式服务、垃圾分类、市容法律咨询等志愿活动6场，解决社区、群众身边急难愁盼问题58个。落实每季度民情座谈会，协调解决“开渔期”鱼贩生产经营问题3个、解决企业周边路灯不亮等市政问题7个。

【市政设施维管】2022年，温州市洞头区综合行政执法局指导、监督全区市政公用设施维护和管理工作，加强城区燃气、供水管理和监督工作。完成排水户水质抽检45家；完成洞头区市政桥梁及隧道常规定期检测、市政道路脱空检测；完成道路起伏不平等病害治理1.56千米，更新路面标志标线1.2万平方米，路面提升累计超3万平方米；桥梁跳车治理2座；完成省级节水型小区创建工作；供气设施安全检查58处；疏通低洼区域管道25处；共累计更换破损井盖125处，道路维修面积960平方米，安装道路中央隔离栏约5900米，完成隔离栏移交工作。更换公益广告50多块。

【河道保洁管理】2022年，区综合行政执法局坚持“管养结合，齐抓共管”工作理念，重点做好海滨河、埭口河、铜山河、长坑河、南塘河等13条河道动态巡逻频率，全年组织开展考核12次，区域河道巡查120多次、出动巡查人员365人次。

【城市绿化养护】2022年4月11日，区综合行政执法局与浙江易拓

2022年，洞头区迎宾环线霓屿“花之情”改造提升完成 （郭卫民摄）

园林开发有限公司签订《温州市洞头区城区及主干公路绿化养护保洁项目合同》，启动绿化市场化养护监督考核工作。全年重点开展补种补栽、抗台保苗、园林绿化精细化工作，针对城区主要道路、公园、广场、游园、进行绿化补植提升，对绿化养护修剪维养增加作业频率，实现主次干道修剪统一，公园广场园容环境优美、园林绿地保洁无死角的养护效果。完成绿地复绿补植面积32875平方米，整理场地14256平方米，绿地垃圾处理4560多车次，断档移栽苗木1564多平方米，投入人工1565多工次对公园绿地进行冲洗清洁，出动清洗车136车次保洁人员3000人工次，修复公园积水10多处。

【园林绿化工作】 2022年，洞头区建成区绿地率及公园绿地服务半径覆盖率提升。温州市数字园林系统（市智慧园林平台）涉绿项目协同管理系统信息填报达标；完成“双随机、一公开”模式绿地种植土质量调查；“浙里无废”系统平台完成洞头区“无废公园”申报并通过5个；把迎宾环线霓屿“花之情”及港航B05绿地列为改造提升微型公园任务内容；南塘湾湿地公园2021年改造部分列为提质改造公园绿地项目；海韵大道通过市级绿化美化示范路申报；海悦城璟园通过温州市园林式居住区申报；做好儿童友好公园（同心公园和南塘湾公园）两个试点单元的友好化指导工作。

【农村污水运行维护】 2022年，区综合行政执法局与浙江建投环保工程有限公司签订《洞头区农村生活污水处理设施运行维护》合同。组织运维人员对农村生活污水处理终端及管网开展水质检测监督、应急抢修等日常巡查工作，处理管网堵塞、设施受损等问题。全年累计巡检4493次，发现问题113处，完成整改113处。截至6月底提前完成全年121个标准化运维任务指标。对接大数据中心，完成洞头区农村生活污水治理管理服务系统部署，并投入使用。

【垃圾分类管理】 2022年，区综合行政执法局采取环卫公司上门收集+有害垃圾兑换站定时定点兑换方式，开设运行有害垃圾收集线路，完成1000多吨易腐垃圾资源化利用，完成大件垃圾拆解1万吨，各类垃圾资源化利用率100%，垃圾分类城镇回收利用率40.16%，其中完成渣土泥浆资源化50.8万吨。生活垃圾增长率为−10%。组织开展垃圾分类专题培训会2场，垃圾分类进校园活动5场。进村居、酒店、企业、市场等开展宣传指导，精准宣教2场40多人。洞头综合执法曝光平台发布“红黑榜”4期。通过市公众号发布洞头垃圾分类相关信息15篇。开展垃圾分类执法专项行动，全年立案查处10起，责令整改75起。5月，洞头区城南易腐垃圾处理终端完工建成并投入使用。

【文明城市创建攻坚】 2022年，区综合行政执法局以“路长制+”

为基础，优化15分钟即时整改机制，机关干部均下沉街面，定点定岗管控，开展环境卫生、市容秩序、流浪犬管理、绿地管理等动态排雷行动，整改各类卫生环境问题2489处、捕捉流浪犬987只、拆除隐患户外店招126处。督促解决乱张挂、乱倾倒等问题2541个，指导整改空中线乱拉1400多米。牵头10个部门建立“街道吹哨、部门报到”联合执法机制，累计发出责令改正通知书100多份，处罚30多起，停业整顿门店3家。

【全域污水管网项目建设】2022年，洞头区推进全域污水管网建设专项债项目，完成中心街上段污水管网改造和城南路提升两个项目，新建排水管网约40千米，完成埭口河橡皮坝改造提升，疏通杨文、南塘工业排水管网，提升全区排水能力。完成旧城区污水管网图纸设计、新城一期设计方案、本岛各片区管网排查等多项前期工作，全年累计完成投资额4700多万元。

（叶天鸿）

【燃气安全管理】2022年，区综合行政执法局以城镇燃气“百日攻坚”为契机，通过进企业、进社区、进小区、进学校、进食堂、进机关、进农户“七进”活动，提升市民群众的安全用气意识和事故防范能力。全年燃气安全执法检查886次，立案8件，罚没款11.05万元。截至年底，管道覆盖小区37个，工商业用户32家，服务对象约1万户，供气量408.81万立方米。新建燃气管网2.7千米，完成4个老旧小区管道设施隐患整改、管道改造2.05千米。启用智慧管道燃气监控预警系统，着力提高燃气运行安全效率。

【南塘LNG气化站投产】2022年10月14日，温州市洞头管道燃气有限公司南塘LNG气化站试运行。该气化站位于南塘工业区，占地面积8610平方米、总投资额3500万元，历时16个月建成，储罐2座，总储量达300立方米，最大出站流量6000米^3/小时。工程于2021年6月开工，属于洞头区重要民生工程。工程责任单位是温州市洞头管道燃气有限公司，设计单位是杭州市城乡建设设计院股份有公司，施工单位是中建宏图建设发展有限公司和西安建工绿色建筑集团有限公司，监理单位是浙江正展工程项目管理有限公司。

（谢小燕）

综合行政执法

【概况】2022年，温州市洞头区综合行政执法局推动“执法总目录＋综合执法＋专业执法＋乡镇执法”“1＋3”事项清单目录25个领域1497项事项落地实施，案件办理涵盖11个类别领域，覆盖率44%，联合区教育部门开展联合执法8次，联合交警部门开展人行道违停整治25次，开展民宗领域执法业务培训3次，办理划转领域部门移交案件12起。梳理洞头本级辖区执法事项清单与赋权街镇执法事项清单，明确职责边界，形成区级综合行政执法法制审核中心方案，梳理监管、举报、信访、复议、

2022年10月14日，温州市洞头管道燃气有限公司南塘LNG气化站试运行　（区综合执法局提供）

诉讼5张清单，制定《洞头综合行政执法实务手册》，探索构建新型行政执法工作体系，推动数字化系统推广，实现全省“大综合一体化”执法监管数字应用执法人员开通率100%，街道（乡镇）系统参数配置完成率100%。健全与区法院、区司法局的良性互动机制。开展合法性审查5次，受理行政复议2次，化解行政复议争议1件。全年受理并办结企业信用信息修复2件。组织开展普法宣传，共发放宣传单近2000份，开展各类宣传、进社区宣讲20多次。

【市容环境综合整治】 2022年，区综合行政执法局针对占道经营、流动摊贩等方面开展专项治理60多次，累计清理流动摊600多起，发放限改通知书100多份，流动摊贩、占道经营处罚30多起，处罚小广告乱张贴13起，报送停机号码5个。

【洞头区“大综合一体化”改革】 2022年，洞头区推进“陆上一支队伍+海上一支队伍”建设，形成“执法总目录+综合执法+专业执法”三张清单，全区7个街道（乡镇）成立综合行政执法队，镇街赋权全覆盖。区综合行政执法队核增参公编制10名，部门执法力量下沉街镇比率61.39%；“13+2”支执法队伍打通重组实现“1+8”队伍架构，完成“大综合一体化”行政执法改革评估研究。探索“1+8”执法队伍融合办公、“一体执法”路径，“陆上一支队伍+海上一支队伍”获评全市十佳标志性成果，《洞头区权责清单动态调整管理办法》被列为全市25例“大综合一体化”行政执法改革制度成果之一。推进“海上一支队伍管执法”建设，农业农村部门承接生态环保、自然资源等部门划转涉海涉渔执法事项68项，突出对小型休闲船艇管理、海上渣土倾倒监管等涉海事项、海上治理“一件事”处置，构筑海洋综合行政执法联动协同格局，开展联合执法16次，立案2起。动态完善执法目录、综合执法、专业执法“三张清单”，全年完成执法事项5322项、综合执法事项1517项、专业执法3822项，综合执法事项占比为28.5%。制定街道（乡镇）执法清单“基础库+自选库”，把综合行政执法领域的18个领域110项执法事项及其他领域共119项纳入自选库。应用省“大综合一体化”执法监管数字应用平台，探索建立“共享法庭”，加强行政审判和行政执法有效衔接；探索建立区级综合行政执法法审中心。

【行政处罚案件办理】 2022年，区综合行政执法局办理一般程序案件立案155件，人均办案2.98件。办结142件，同比增长13%，简易程序办案3400件，罚没总金额173.56万元。提交局案审会集体讨论重大行政处罚案件9件。

【数字应用赋能执法】 2022年，区综合行政执法局落实省综合行政执法办案平台和全省“大综合一体化”执法监督数字应用系统贯通使用率为100%。全部认领省市下达的执法监管“一件事”50个场景应用，发起跨部门“综合查一次”行动26次，出动执法人员130多人次，变“多头交叉执法”为“综合一次执法”。正式运行渣土非法倾倒预警系统。

【人行道停车秩序管控】 2022年，区综合行政执法局依照“布局合理、规范停放、方便为民”原则，在城区更新、新增停车位1800多个，设置夜间临时停车道路，缓解停车难问题。通过“早7晚7”错峰执法、高频劝导警示、强制拖车、设置阻车桩等方式，引导群众文明停车。全年共查处人行道违停5500多起，超上年度18%。

【无违建创建成果巩固】 2022年3月17日，区综合行政执法局出台《洞头区违法建设防控治理实施意见》，修订区“无违建区”创建信访投诉处理工作制度。深化农房规划精细分类，优化农房建设审批，强化农房建中监管。建立全区农村“一户一档”、城镇“一楼一档”3.5万宗，包含合法面积、违法面积、土地性质、违建处置等40多项信息，保障建筑信息精确可查。结合“大综合一体化”行政执法改革，依托防违控违综合管理信息平台，完善区、街道（乡镇）、村社三级网格巡查防控管理机制，实现即时反馈交办。获评浙江省无违建创先争优示范县（市、区），附带奖励“跨省增减用地指标”60亩。

【跨区域建筑垃圾倾倒整治】 2022年10月20日，渣土非法倾倒预警系统投入实战应用，对进入洞头工程渣土车实现在线监测，明确由社会治理中心（试运行期间暂由公安指挥中心）负责观察监控，执法人员强化夜间值守配备，形成预警到处置“渣土整治一件事机制”。截至年底，预警系统共产生8次预警信号，温州市综合行政执法局联合交通部门对6起涉及未经核准和超载运输行为实行一案双查，实施长期限扣押非法运输工具26辆，公安部门对为非法倾倒行为提供条件3名行为人作出行政拘留处罚决定。

（叶天鸿）

商 贸

综述

【概况】2022年，洞头区贯彻落实省市促进消费升级、完善商贸流通体系建设等工作要求，新培育小上限9家、跨境电商2家。全年实现社会消费品零售总额31.5亿元，比上年增长1.9%。洞头区引企业拓销售，推动限上四大行业发展，全年新增入统限上企业11家，超额完成任务，全年限上批零住餐销售总额再创新高，首次迈上110亿元大关，达113.88亿元，比上年增长8%。截至年底，全区入统限上商贸企业共有59家，其中批发企业有22家、零售10家、住宿11家、餐饮16家。组织市级著名商业街、商贸发展示范村、特色餐饮名店等创建评选，北岙中心街获评市级著名商业街，北岙福满楼美食城获评温州特色餐饮名店。投放两期消费券，促动限上住宿餐饮消费1000多万元。

【消费品零售】2022年，洞头区实现社会消费品零售总额31.5亿元，同比增长1.9%。其中，限上消费品零售额4.9亿元，同比增长6.5%。完成限上批发业销售额110.27亿元，同比增长8%；限上零售业销售额为1.74亿元，同比增长13.5%。限上住宿业营业额实现0.98亿元，同比下降2.7%，全市第9位；限上餐饮业营业额实现0.89亿元，同比增长21%。

【医药销售】2022年，洞头区限上龙头医药销售企业为浙江德宁医药有限公司和浙江固德医药有限公司等。其中，浙江德宁医药有限公司主要从事康宁集团所属各大医院及其他医疗机构、药店的业务，全年销售额3.17亿元，同比增长67%；浙江固德医药有限公司主要从事民营医院、诊所和药店的OTC业务，全年销售额1.86亿元。

【电子商务】2022年，洞头区累计实现网络零售额6.7亿元，同比下降1.2%。洞头区网络零售额前三名的行业分别是服饰鞋包、食品保健、文化娱乐，占比依次为40.9%、23.7%、13.1%，三大行业网络零售总额相当于洞头区网络零售总额的77.8%。由于平台偏好、产品属性等因素影响，洞头区传统企业或中小网商对第三方电子商务平台选择倾向前三名依次是淘宝、天猫、京东。全年洞头区累计在淘宝、天猫、京东平台上产生的网络零售额占洞头区在重点监测平台网络零售总额的比重分别为55.4%、38.9%、5.6%。截至年底，洞头区在重点监测第三方电子商务平台上共有各类活跃网络零售网店300家，相当于注册零售网店总数的30.3%，活跃网络零售网店总数在温州市县（市、区）排名第11位，在全省排名第82位。

（李隆隆）

【食盐专营】2022年，温州市洞头区盐业公司共调入盐产品435吨；年底库存量381吨。销售各类盐产品337吨，其中小包装碘盐销售96吨，企业利润总额21万元。全区儿童合格碘盐覆盖率87.14%，孕妇合格碘盐覆盖率99.05%。截至2022年底，共有食盐零售配送客户资料178家，配送客户150家。

（胡芳媛）

2022年洞头区涉药单位一览表

表24

类别	单位名称	地址
药品生产企业	浙江诚意药业股份有限公司	温州市洞头区化工路118号
批发企业 连锁总部	浙江固德医药有限公司	温州市洞头区北岙街道溢香路86号B幢
	浙江德宁医药有限公司	浙江省温州市洞头区北岙街道飘香路3号A幢102室
	浙江温周药铺有限公司	温州市洞头区北岙街道溢香路86号B幢302室
处方药店	温州市洞头联益医药零售有限公司	温州市洞头区北岙街道健康巷17号
	温州市洞头花旗药店	温州市洞头区北岙街道中心街67号A8-10
	温州市洞头一品堂药店	浙江省温州市洞头区北岙街道城南大道38号一层
	温州市洞头同益药品零售有限公司	温州市洞头区北岙街道连城大道12号
	温州市洞头恭诚药品零售有限公司	浙江省温州市洞头区大门镇沙岩街45号
	温州市洞头康民药品零售有限公司	温州市洞头区北岙街道中心街373-375号
	温州一正药房连锁有限公司洞头店	温州市洞头区北岙街道中兴路38号一楼第1间
	温州一正药房连锁有限公司洞头城南店	温州市洞头区北岙街道城南大道9号、11号
	温州一正药房连锁有限公司洞头城中店	温州市洞头区北岙街道中心街168-4、168-6号
	温州一正药房连锁有限公司洞头北岙店	温州市洞头区北岙街道烈士路31号
	国药控股好喜好大药房连锁（温州）有限公司洞头店	温州市洞头区北岙街道城南大道1号
	温州三德大药房医药连锁有限公司东屏店	温州市洞头区东屏街道惠中路30号
	温州三德大药房医药连锁有限公司洞头平民药房	洞头区北岙街道中心街212号
	温州叶同仁医药连锁有限公司洞头店	浙江省温州市洞头区北岙街道连城大道4、6-1号
	浙江瑞人堂康盛堂大药房医药连锁有限公司温州洞头连城店	浙江省温州市洞头区北岙街道连城大道12号
	浙江瑞人堂康盛堂大药房医药连锁有限公司温州洞头沙岩店	浙江省温州市洞头区大门镇沙岩街28号一楼
	英特一洲（温州）医药连锁有限公司洞头店	浙江省温州市洞头区北岙街道中心街406、408、410号
	温州市布衣大药房连锁有限公司洞头大门店	温州市洞头区大门镇富民街9号-4、9号-5
	温州市洞头同致药品零售有限公司	温州市洞头区霓屿街道海滨南路28号第一层
	温州市洞头鹿西玉琴药店（普通合伙）	温州市洞头区鹿西乡兴渔路12号
	浙江瑞人堂康盛堂大药房医药连锁有限公司温州洞头北岙路店	浙江省温州市洞头区北岙街道中兴路73号
	温州百晓大药房连锁有限公司洞头北岙店	浙江省温州市洞头区北岙街道烈士路101号
乙类非处方药店	温州市洞头一帆药店(普通合伙)	温州市洞头区东屏街道仙岩路317弄11号
	温州市洞头海英药店	温州市洞头区东屏街道城南路129号

（区市场监管局提供）

对外贸易

【概况】2022年，洞头区进出口总额23.6亿元，增速29.67%，增速排名全市第七位。其中，出口总额7.72亿元，增速21.12%；进口总额15.87亿元，增速34.28%。洞头区从事进出口业务的企业共59家，其中生产型企业28家，贸易型企业31家，其中生产型自营出口额3.48亿元，同比增长2.05%；贸易型企业自营出口额4.23亿元，同比增长43.14%。2022年，出口超1000万美元的企业有5家，出口达500万—1000万美元的企业有3家，2022年进口超500万美元的企业只有一家，为浙江中燃华电能源有限公司，占全区进口总额的97.54%。

【落实开放型经济政策】2022年，洞头区优化市场采购贸易补助政策和跨境电商贸易补助政策，加强政策保障，对接招引跨境电商平台，发展外贸新业态。组织企业申报开放型经济、外贸增长等政策，对企业参加展会、出口信保等外贸经济活动给予政策支持，兑现外贸优惠政策资金522.87万元，惠及企业70家次。全年兑现2021年度外贸优惠政策资金223.52万元，惠及企业58家次。

【外贸新业态培育】2022年，温州市盛翔供应链管理有限公司开展市场采购贸易业务，累计完成市场采购贸易出口6709万元；温州市洞头安厦贸易有限公司跨境电商出口5100万元。累计培养跨境电商人才218人，建成公共海外仓并上线省系统1个。

（杨伶俐）

烟草专卖

【概况】2022年，温州市洞头区烟草专卖局（分公司）实现税利7764.87万元，增长3.17%，直接缴纳洞头税款1377.26万元，汇总缴纳省税务1543.18万元，地方财政贡献额1456.24万元（含转移收入）。累计建成现代终端195户，占比21.86%，布点一体机四全门店188户，建成农网现代终端18户。推进终端整改治理，全年累计整改现代终端33户，普通终端22户，治理无效户86户。

【卷烟销售】2022年，洞头区烟草专卖局实现卷烟销量6514.78箱，销售额同比增长2.24%；单箱销售额同比下降1.07%；毛利同比增长2.03%。实现税利7764.87万元，同比增长3.17%。重点品牌销量6017.23箱，同比增长5.94%，销量占比92.37%；共育品牌销量共销售2412.076箱，同比增长13.59%；定制品牌销量97.48箱，同比增幅17.06%。建成雪茄特色体验终端2家。

【卷烟打假打私】2022年，洞头区查处案件95起，查获“三包烟”总量4639.2条，总案值达61.49万元。查处首起专车运假案件，查获假冒卷烟865条；合作单位查获假冒卷烟12890条。全年移送互联网涉烟案件2起，其中“4·26”案件逮捕2人，刑拘2人，案值200万元以上。查处违法违规大户案件7起，取缔违法违规大户1户。查获违法卷烟4639.2条，其中查获省外流入真烟总量4225.9条，查获省外无证运输“双5”以上案件7起。打击无证零售电子烟、网络销售、向未成年人销售电子烟等违法违规行为，劝导2户无证户主动下架电子烟。实现网上办证率99.68%，全年共办理依申请办理许可证事项310份，有效许可证净减25份，实现全年许可证总量稳中有降目标。

（鲍迪雅）

供销合作经济

【概况】2022年，洞头区农合联会员总数242人，农合联线上农技专家库成员5名。成立霓富乐海水养殖专业合作社联合社，推进乡镇农合联实体化运作；民宿、渔业单托获市级（四星级）示范性产业农合联。培育市级示范社2家，区级

2022年3月9日，“洞头羊栖菜”地理标志证明商标质押贷款授信1亿元。图为授信仪式

（区供销合作社提供）

示范社5家，清理空壳社8家。渔业单拖产业农合联和民宿产业农合联申报市级星级评定。开展全区22家“洞头紫菜”“洞头羊栖菜”地理标志证明商标企业、合作社集中授权许可使用；完成化肥应急储备任务50吨。举办“从浪尖到舌尖”、“线上幸福大buy年直播”、“妈妈味道”·洞头美食进省委党校、百县千碗“妈妈的味道”洞头美食进温医大学等活动10多场。改造提升灵昆基层社供销超市750平方米；建设百鲜园渔农产品网络直播基地1500平方米；开设10个线下网点、入驻3家线上平台，构建基层流通网点4家、农产品直营店（专柜）4家；通过星贝、喜康、金海蕴等多家公司设立海外仓，辐射全国百余个城市及东南亚15个城市。全年合作社经营收入4.88亿元，同比增长1.86%。

【支农惠农服务】2022年，洞头区发放全市首笔350万元政银企险合作“洞头羊栖菜”地理标志证明商标质押贷款，副市长王彩莲作出批示肯定和推广；开展全区22家“洞头紫菜”“洞头羊栖菜”地理标志证明商标企业、合作社集中授权许可使用；完成50吨化肥应急储备任务，组织春耕夏种“农资下乡”活动5次，配送化肥110多吨，同比市场价格优惠15%，共让利10万多元。回收处置各类农药废弃包装物16400件，完成全年回收处置任务量的100%。

【美食产业共富】2022年，洞头区供销社实地开展创建服务10多次，共发展洞头小吃门店、连锁店、加工企业（作坊）及各类经营主体50多家，新增从业人员60多人，经营总额超5500万元。组织开展小吃技能培训及农家乐业主小吃专题培训3期，共培训学员161人。举办“从浪尖到舌尖”、“线上幸福大buy年直播”、“妈妈味道”·洞头美食进省委党校、百县千碗“妈妈的味道”洞头美食进温医大学等活动，其中“妈妈味道·洞头美食进省委党校活动”共组织10多家经营业主，推出羊栖菜烙饼、姜糖猫耳朵、紫菜团圆饭、冲浪大黄鱼等特色小吃10多种，现场销售3万余元。

【合作经济发展】2022年，洞头区供销社健全完善基层社管理制度和治理机制，履行社有资产出资人职责，加强社有资产管理，统筹优化配置供销系统社有资产资源；通过薄弱基层社改造，扩大为农服务投资力度，在灵昆基层社改造500平方米永丰供销超市提升农超对接、生活便民等能力建设。统筹农资日用工业品公司、区为农服务中心、庄稼医院、“百鲜园”渔农产品直播基地等为农服务设施，完善供销为农经营服务体系。培育示范性农民经济合作组织5家，清理空壳社8家。

（张鸣宇）

粮食行业

【概况】2022年，洞头区完成新增700吨储备粮任务，全区储备粮食达到1万吨规模，其中早籼谷4000吨、晚籼谷4000吨、小麦2000吨。开展储备粮和储备食用油库存检查，库存粮油质量合格率、储存粮油品质宜存率、入库与储存期间质量检验建档率均100%，储备粮油全部达到“一符四无”标准要求。九厅中心粮库继续保持“三星级”粮库称号。新中心粮库被列入前期重点项目建设库。

【粮食应急预案演练】2022年，区发改局实行每周一报价格监测制度，疫情期间实行日采价监测机制，全区12个粮食应急监测点对2个主要品种粮食价格进行监测，及时掌握全区粮食市场价格变动情况，稳定全区粮食市场提供预警信息。平抑市场因疫情原因引起的抢米事件，保障市场粮食供应货足价稳。继续与12个粮食供应点签订粮食应急供应协议，建立粮食应急运输企业运输机制，保障突发情况下的粮食应急供应。实行市场口粮抽检制度，建立“放心粮油店”5家。

【粮食产销合作】2022年，洞头区开展省际间粮食产销对接活动，并建立稳定粮食购销关系，保持与江苏等产粮区粮食产销合作关系，实行储备粮代储模式。

（洪星）

邮政管理

【概况】2022年，中国邮政集团有限公司温州市洞头区分公司设立市场营销部和寄递事业部，下辖北岙、大门、鹿西、东屏、霓屿5个邮政支局（所）和元觉业务代办所1个。公司从业人员58人，其中在岗职工30人，劳务工28人。全区共有邮路7条，农村邮路1条，邮路单程总长519千米，城市投递道段16条，农村投递线路4条，其中汽车投递道段3条，摩托车投递道段2条，电动自行车投递道段9条，电动三轮车投递道段5条。村邮站建设总计73个，其中一类站58个，三类信息化村邮站15个，共有村邮员86名，其中专职11名。全年邮政业务总量完成1837万元（不含邮储银行部分），同比增长4%。菜鸟裹裹在洞头邮政落地。

【邮政行业服务】2022年，邮政洞头分公司通过经营模式改变和业务叠加，助推普服网点创新转型。

霓屿、元觉、东屏、鹿西4个普通服务网点叠加邮快合作和代售缴业务，发展窗口寄递。开展服务进军营活动，做好军人包裹和邮件收寄工作。全年邮政业务总量完成1837万元（不含邮储银行部分），同比增长4%，其中，国内函件2.48万件，同比增长97%；国内包裹快递76.67万件，同比增长34.27%；机要件359件，同比下降11%；年末邮储日均余额达1.9亿元（不含邮储银行部分），同比增长27%；汇票2笔（不含邮储银行部分），同比下降60%；全年累计收订报纸158万份，同比下降5%，全年累计收订杂志6.97万份，同比增长14%。

【客货邮融合】 2022年，邮政洞头区分公司对接区交通局、财政局、邮管局、洞头长运公司等部门，推进三级物流体系建设，助力快递进村。洞头“客货邮”融合和邮快合作有效有序运行。鹿西乡设中邮驿站6个，整合投送所有进岛邮件，利用公交巴士实现邮件投递到户，累计投送邮件20多万件，其中公交代运6万余件。洞头—温州上行交邮路线助力农产品销售，洞头客货邮事迹先后在《人民日报》、“学习强国”平台刊登。

【农村电商运营】 2022年，邮政洞头区分公司基于邮乐网、建立“温邮振兴馆”，为广大百姓提供网络代购、农产品销售及其他服务，线上线下助力农产品进城、工业品下乡，搭建双向流通体系，销售动态农特产品，并建设温州大同城网络，推动海岛特产“浪尖到舌尖”，实现生鲜产品上午寄、下午达的目标。全年销售海特产品3万余单。

【菜鸟裹裹快递成立】 2022年7月7日，菜鸟裹裹快递在洞头邮政公司落地。洞头邮政公司加大人员和车辆投入，成立转揽队伍，配置3人为菜鸟专揽投递员。加强主动客服，提升服务质量，改善客户用邮体验，菜鸟裹裹业务步入业务发展轨道。从成立之日起至年底，业务量为5.4万件。

（洪丽娟）

市场管理与服务

【概况】 2022年，洞头区共有商品交易市场7家，其中农贸市场6家，生产资料市场1家。有四星级文明规范市场1家（北岙农贸市场），三星级规范市场4家（大门、元觉、森活之家、东屏农贸市场），“五化”农贸市场3家（北岙、大门、元觉农贸市场），放心农贸市场5家（北岙、大门、东屏、元觉、森活之家农贸市场）。首个农贸市场共享直播间建成。

【农贸市场疫情防控】 2022年，区市场监管局成立农贸市场疫情防控专班，派驻专人驻点农贸市场，全年共出动8000多人次参与农贸市场疫情防控值守，督促市场主体执行“四个一律”“三个到位”防控措施，严把市场入口关；加强市场内巡查频次，劝导经营户、顾客规范佩戴口罩；要求市场主体做好休市后场所消杀工作，落实每日消杀制度。依托数字化科技手段，通过线上远程视频监控，实时掌握农贸市场疫情防控动态信息；严格落实疫苗接种政策，由局业务科室联合市场公司相关人员成立专班，落实专人，点对点对每位经营户进行疫苗接种动员，对接种情况进行跟踪。

【农贸市场提档升级】 2022年，区市场监管局加速推进放心农贸市场建设。通过制订实施方案、现场检查指导、组织参观学习、集中培训等多种形式推进放心农贸市场创建工作，森活之家农贸市场创成省三星级放心农贸市场。完善农贸市场精细化管理，实现全区农贸市场远程监控全覆盖，推广使用可降解塑料购物袋。

【首个农贸市场共享直播间建成】 2022年9月15日，区市场监管局在北岙农贸市场创新打造全区首个共享直播间，打通“小个专”特色

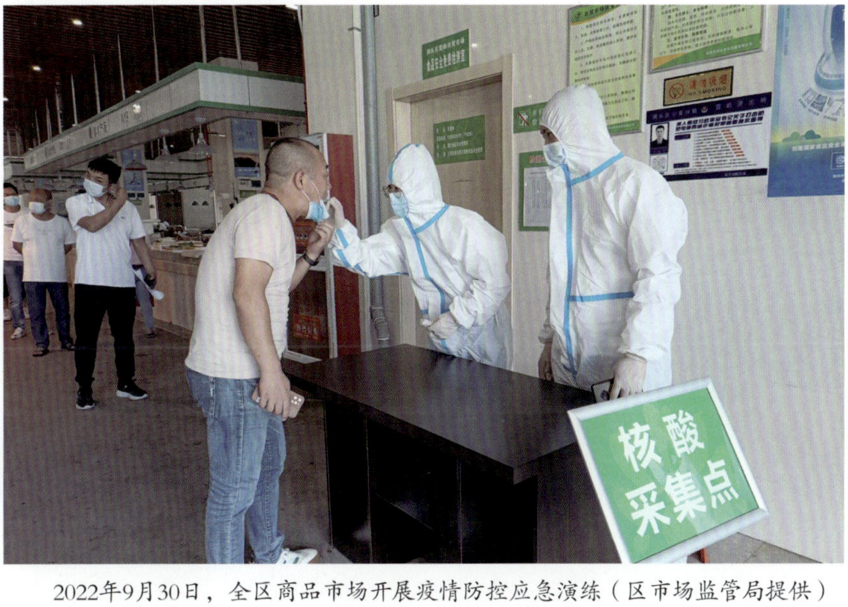

2022年9月30日，全区商品市场开展疫情防控应急演练（区市场监管局提供）

2022年洞头区农贸市场一览表

表25

市场名称	地址	开业时间	市场建筑面积（平方米）	市场星级	是否放心市场
北岙农贸市场	北岙街道烈士路58号	1992年1月10日	6907.3	四星级	是
大门农贸市场	大门镇振兴路147号	2001年2月1日	3246	三星级	是
元觉农贸市场	元觉街道小北岙行政村	2014年7月3日	965	三星级	是
霓屿农贸市场	霓屿街道布袋岙村霓中路	2022年3月1日	1122.86	无	否
森活之家新城菜市场	新城区腾飞路18号一层	2021年10月1日	2920	三星级	是
东屏农贸市场	东屏街道中心区E、F、G地块	2016年11月15日	2100	三星级	是

（区市场监管局提供）

渔农产品销售渠道，为农贸市场经营户提供免费服务，先行先试平台直播“带货”路径，以“农贸市场+直播带货”的新兴业态带动共同富裕。全年平台创收25万元。

（曾晓浠）

餐饮住宿业

【概况】2022年，洞头区限上住宿餐饮销售额1.87亿元，增长7.28%。其中，限上住宿销售额0.98亿元，由于受疫情影响同比减少2.68%；限上餐饮销售额0.89亿元，增长21%；全年新增上限住宿餐饮企业4家。截至年底，全区有限上住宿企业11家，限上餐饮企业16家，全年新上限住宿餐饮企业4家。龙头住餐企业为开元、南洋、溢香等。北岙福满楼美食城入选2022年温州特色餐饮名店，知味园、小石屋渔家乐等2家餐饮店入选2022年省级“百县千碗”美食体验店。

（李隆隆、杨盈盈）

【餐饮市场主体数量】2022年，全区共有餐饮服务单位1094家，其中小型餐饮服务单位821家，占比约75.05%；大中型以上餐饮服务单位110家，占比约10.05%；单位食堂163家，占比约14.9%。

【餐饮食品安全】2022年，区市场监管局加大隔离点供餐、网络餐饮、校园及周边等重点餐饮领域食品安全监管和专项整治力度，努力打造文明、安全用餐环境。全年开展餐饮抽检138批次，不合格9批次，立案9起，其中餐具消毒不合格2起。全面保障集中隔离点食品安全监管，建立“1+1+N”监管责任体系，打好“约谈、督查、贴牌、曝光”闭环管控组合拳，确保集中隔离点供餐食品安全零事故。全面推进“阳光厨房”建设、“外卖封签”使用覆盖面，外卖餐饮单位“阳光厨房”激活率100%，外卖封签使用率100%。发布网络餐饮红黑榜8期，首次运用“浙江外卖在线”，查处一起餐饮食品安全案件，罚没款5万余元。

（金霜）

2022年12月27日，小石屋渔家乐入选2022年省级“百县千碗”美食体验店
（区市场监管局提供）

综述

【概况】洞头是浙江省重点风景名胜区，现有七大景区，分别是仙叠岩景区、半屏山景区、东沙景区、大门岛景区、鹿西岛景区、竹屿岛景区和大瞿岛景区，景点400多个。旅行社3家，分社3家，即新境界旅游有限公司、大自然旅行社有限公司、华夏旅行社有限公司、温州市精诚国际旅行社有限公司洞头分公司、温州金菠萝国际旅游有限公司洞头分公司、温州嘉顺旅游有限公司洞头分公司。

2022年，洞头区编制国际生态旅游岛规划，推进半屏山海洋省级旅游度假区建设。全年推进文旅产业项目建设35个，建成韭菜岙村旅融合、名品广场等项目，推动海霞青年营、金岙101投用营业；牵头谋划EOD文旅项目24个，涉及融资额度超13亿元。建成旅游“微改精提”项目60个，新增市级文旅消费集聚区（示范点）5个。“智慧文旅”入选全省“文旅大脑”改革试点，新增省首批金AAA级景区村培育村庄1个、省AAA级景区村2个、省首批“百县千宿”培育民宿11家。开展“海在彼岸·美在洞头”文旅消费、中国旅行者大会生活节等活动，发放文旅消费券1219万元，推出八大景区门票优惠套餐、30多种“限时购”等文旅促消费产品。开展文旅网红大咖百岛洞头采风行、旅游推荐官探秘百岛等活动，各级平台累计曝光量2.56亿次，主流媒体报道洞头文旅2150多次。全年接待游客291.2万人次，同比下降4.4%，实现旅游总收入34.6亿元，同比下降3.1%。洞头海岛公园入选全省大花园“耀眼明珠”，仙叠岩—半屏山（同心小镇）景区获评省级智慧景区。

【洞头海岛公园入选全省大花园“耀眼明珠”】2022年4月20日，浙江省发展改革委公布全省第二批大花园耀眼明珠名单，共有八大类26个耀眼明珠上榜。洞头海岛公园获评全省大花园“耀眼明珠”品牌，系全市唯一、全省唯二。洞头坚持生态立区，实施十大花园细胞工程，重塑蓝色海湾，厚植生态优势，两次入选全国蓝色海湾整治试点；建立“海宿”品牌，打造七彩洞头村、“中屿等到你”等一批网红打卡点，建成滨海运动基地，推出五大主题旅游线路，丰富海岛体验，获评2021年浙江省新时代美丽乡村示范区；受邀参加自然资源部贵阳国际论坛作典型交流。

【国际生态旅游岛规划】2022年，洞头区委托中国科学院院地理科学与资源研究所编制《洞头区国际生态旅游岛建设规划》。该规划围绕建设国际生态旅游岛目标，秉持国际化发展思路，突出“生态旅游”理念，结合国家全域旅游示范区、国家级旅游度假区和国家AAAAA级旅游景区创建，重点解决洞头目前旅游发展要素资源及空间瓶颈，谋划产品业态“国际化”，构建基础配套“国际化”，提升服务品质“国际化”，探索洞头未来旅游与未来城市、未来乡村相融合的发展策略，建设具有独特魅力的宜居宜游的“海上花园”，主要包含产业空间、产品体系、项目体系、交通体系、群岛风貌、旅居环境、建设机制、旅游品牌等。

【半屏山海洋旅游度假区规划】2022年12月8日，《半屏山海洋度假区》完成省级评审稿。该规划于2021年7月委托浙江大学城乡规划设计研究院有限公司编制，规划期限为2021—2035年，规划范围根据《浙江省人民政府关于设立洞头半屏山海洋省级旅游度假区的批复》文件中划批范围而定，东至头龟东侧，南至南策岛网头礁南缘，西至拨浪鼓防浪堤西侧，北至北妈段北缘。总规划面积为22.16平方千米，其中陆域面积8.22平方千米、海域面积13.94平方千米。以“一心两带四区”为空间布局。培育滨海休闲旅游度假产品、花园村庄旅游产品、夜间星光旅游产品、艺术科普研学产品等交互式海岛旅游产品，构建半屏山休闲度假旅游产品体系。打造七大标志性工程。

【“智慧文旅”入选全省“文旅大脑”改革试点】2022年12月7日，浙江省文化和旅游厅公布全省“文旅大脑”改革试点名单，温州市洞头区“智慧城市—智慧文旅”支撑模块入选。洞头区“智慧城市—智慧文旅”支撑模块以“洞头智慧文旅”旅游服务平台为载体，以数字化手段提供实时有效的旅游资讯、畅通顺达的旅游交通服务、主客共享的旅游环境，推进旅游为民、旅游惠民，着力满足游客多层次、个性化、便捷化旅游需求。洞头区先后实施“洞头智慧旅游一期”“洞头智慧旅游二期”“智慧城市—智慧文旅”“旅游交通三色预警”等项目。“洞头智慧文旅”旅游服务平台接入全区所有国有景区和文博场馆、涉旅停车场21个、重点卡口267个、气象探测点4个，全年平台共产生数据4379万条。该平台有全域客流、场馆客流、车流等16类动态数据，以及餐饮、酒店、民宿等46类文旅静态基础数据。

【国际生态旅游岛国土空间设计国际征集工作】2022年11月2日，区委办公室 区政府办公室印发《关于〈温州市洞头区国际生态旅游岛国土空间设计国际征集〉招投标阶段的实施方案》。设计范围为洞头区北岙街道、东屏街道、元觉街道、霓屿街道和鹿西乡，陆域面积72.8平方千米，其中重点片区详细设计面积不小于7平方千米。范围涵盖了洞头本岛、状元岙岛、霓屿岛、三盘岛、半屏岛、大瞿岛、鹿西岛等主要岛屿，汇集了洞头众多海洋生态和滨海旅游优势资源。

包含两个工作层次，层级一为国土空间总体设计及重点片区详细设计策划，层级二为国土空间重点片区详细设计深化、国土空间设计导则体系构建等设计深化以及全过程咨询服务。设计作品需要突出国际化视野和前瞻性思维，既能为国土空间保护、开发、利用、修复提供翔实的设计指引，又能展现洞头海上花园价值内涵、空间图景和品质特色，以高品质国土空间设计助力海岛洞头实现“产业聚变、城市蝶变、幸福跃变”。通过开展现场调研，中期交流、外出考察，定标交流，形成《浙江省温州市洞头区国际生态旅游岛国土空间总体设计及重点片区详细设计策划》。

（王施施）

旅游市场营销

【概况】2022年，洞头区印发《2022年洞头区“海在彼岸·美在洞头”文旅消费推广活动方案》。运用“政府补贴、商家让利、平台惠销”模式，陆续投放文旅消费券100万元，推出景区门票优惠、VIP畅游卡等文旅淡季促消费活动，推广海岛春游线路产品，推动“海在彼岸·美在洞头”文旅消费推广活动，举办2022洞头“周末沙滩派对”暨2022年灯塔音乐季、2022中国旅行者大会生活节暨“海在彼岸·美在洞头”点亮洞头国际不夜岛等系列文旅节庆活动，联合东屏街道开展七夕系列主题活动、带动大门、鹿西等地同步启动灯塔音乐季。联合到重庆参加推介会，组织文旅企业参加昆明国际旅交会、成都旅交会等，组织旅行商到洞头踩线。开展文旅网红大咖百岛洞头采风行及旅游推荐官探秘百岛活动，运用微信公众号、微博、抖音等新媒体平台，推介“美景、美宿、美食、美购”，借助携程、一订出发、“洞头超惠玩”微商城等平台，发售优质文旅产品，扩大宣传营销辐射范围。全年推出“神奇百岛·风情洞头自驾之旅”“遇见舌尖上的洞头”“遇见17°的山海洞头”“非遗匠心·百岛工业之旅”“海霞风采红色研学之旅”“蓝色海岛漫步之旅”“海上花园·蓝色牧歌乡村游”等数十条精品旅游线路，其中“神奇百岛·风情洞头”自驾之旅荣登2021浙江文化和旅游总评榜获“2021浙江共享共富十佳自驾行精品线”，“海上花园·蓝色牧歌乡村游”获评农业农村部“2022中国美丽乡村休闲旅游行精品景点线路”。持续加强“诗画浙江·百县千碗”品牌建设，重点推进“百县千碗·百岛十二鲜”进高校、中小学校、省委党校工作，知味园和小石屋渔家乐入选2022年省级“百县千碗”美食体验店。洞头海霞培训中心研学实践教育基地、洞头区东海贝雕艺术博物馆研学实践教育基地获评浙江省中小学生研学实践教育基地（第三批），“快乐之本”社工（亲子公益）服务研学基地获评2022年温州市中小学生研学实践教育基地。洞头海霞村获批市级文化和旅游消费集聚区，半屏山1.1文创中心、尼珂波咖啡烘焙工厂、“艺+”手作、雅绿洗护用品工作室等4家单位获批市级文化和旅游特色消费示范店。

【文旅淡季促消费活动】2022年，洞头区陆续开展多次文旅淡季促消费活动，包括推出景区门票优惠政策、限时大抢购活动，推广“VIP畅游卡”及海岛春游线路产品，投放文旅消费券100万元，通过“政府补贴、商家让利、平台惠销”模式，提振淡季消费旅游市场，撬动消费近千万元。其中新春文旅消费季涵盖民宿限时大抢购、文旅消费券、景区门票优惠、景区幸运大抽奖等系列活动，由洞头区文广旅体局联合区旅发公司共同举办，伴度假酒店、金海岸开元度假村、白迭艺术村、浪花谷等网红精品民宿、酒店参与14家。

【灯塔音乐季活动】2022年6月23日，洞头区开展“周末沙滩派对”暨2022年灯塔音乐季活动，为游客提供一场集海鲜美食、沙滩音乐SHOW、沙滩市集等元素于一体的狂欢派对。活动现场设有沙滩市集，包括精美文创产品、百岛特色小吃、咖啡甜品、手作体验等，推出限定版灯塔音乐季沙滩音乐SHOW，邀请歌手、乐队在沙滩驻唱。整合海霞军旅、海岛渔村、非遗文化等旅游资源，推出“打卡最美洞头”行动，选择热门景区、精品民宿、特色餐饮等场所为洞头网红打卡点，把景点串珠成链，编制百岛洞头旅游打卡地图，配套开展抖音大赛。

【温州文旅重庆推介会】2022年8月6日，2022“渝”见温州·旅动山城——温州文旅重庆推介会在重庆举行。推介会通过温州文旅资源展示、特色旅游产品推介、定制线路发布、“瓯剧”文艺表演等形式，全方位呈现温州丰富文化和旅游资源。温州市文广旅局发布针对大型动车团、飞机团、飞机切位、500人以上旅游专列等类型团队为重庆市民量身定制的政策，雁荡山、楠溪江、鹿城、瓯海、洞头、瑞安等地文旅局分别介绍优惠政策。洞头区文广旅体局工作人员用重庆方言，向当地市民推介海岛旖旎风光、美味海鲜、精致民宿及极具魅力蓝海，邀请重庆市民到百岛洞头养心、避暑、度假。通过串联小洱海、仙叠岩景区、南麂列岛、渔寮大沙滩等著名景点，推出以“洞头、平阳、苍南”为主的活力海洋之旅精品线路。由温州市文化广电旅游局主办。

【2022中国旅行者大会生活节活动】2022年9月16至17日，2022中国旅行者大会生活节暨“海在彼岸·美在洞头”点亮洞头国际不夜岛活动在东岙沙滩举办，为2022东亚文化之都·温州——中国旅行者大会配套活动。活动现场设立音乐舞台、背包客市集、滨海放映厅、飞盘运动区等系列文娱活动体验区域，及艺术家创作的当代先锋艺术风格艺术品参与展示。活动由温州市人民政府主办，温州市文化广电旅游局、区人民政府及携程集团共同承办。

（朱意如）

乡村旅游

【概况】2022年，洞头区围绕“国际旅游岛”战略目标，推进A级景区村建设。北岙街道东沙村、东屏街道金岙村创成省AAA级景区村，东屏街道东岙村被列入浙江省首批金AAA级景区村庄培育名单。截至年底，全区有省AAA级景区村17个。全年度增加民宿55家，新增床位493张，省级银宿11家、市级示范性精品民宿8家、市级“侨家乐”民宿3家、市级示范性民宿集聚村7个、区星级海宿48家，有民宿被纳入全省首批“百县千宿”培育名单11家。截至年底，全区民宿总数为594家、床位数6146张。

【乡村休闲旅游行精品景点线路推介】2022年9月22日，农业农村部通过线上直播方式举办“2022中国美丽乡村休闲旅游行精品景点线路”推介活动，发布了52条精品线路以及198个精品景点。包括洞头区1条”海上花园·蓝色牧歌休闲游”精品线路、5个景点。该精品线路由洞头区文化和广电旅游

2022年9月16至17日，2022中国旅行者大会生活节在洞头东岙沙滩举办

（区文广旅体局提供）

体育局设计，洞头区农业农村局推荐，行程共两天，把小朴村、海霞村、东岙村、半屏山、隔头村串珠成线。

【创成省AAA级景区村2个】 2022年12月21日，北岙街道东沙村、东屏街道金岙村获评“浙江省AAA级旅游景区村庄”。东沙村位于洞头本岛的东北部，与双垅村、大王殿村相邻，三面环山，一面临海，拥有浙江省一级重点渔港、省级文保妈祖宫等优势资源。总面积3.15平方千米，其中陆地总面积为0.15平方千米，村级产业以海洋捕捞、旅游服务业为主。随着乡村旅游兴起，逐步形成红色渔港、妈祖宫、“民宿集群”、共富工坊、村史馆（妈祖陈列馆）、百年榕树等六大旅游打卡点。半屏社区金岙村位于整个半屏岛中部，陆域面积0.52平方千米，辖4个自然村。金岙以“生态+文化+产业”发展理念，通过基础配套设施建设，打造成为集旅游休闲、民俗文化、文创生活等功能于一体的海峡两岸交流基地和实践基地，创成省级最美宜居示范创建村。全村以“古村石韵·写意金岙”为建设主题，包括花园村庄、森林公园、生态水景观等项目，保留“石阶”“石墙”“石屋”组景，还原“古井、古树、古村”风貌，打造有氧漫道、露营平台、观海栈道、水体景观等休闲项目，形成一山一海，一步一景，诗和远方就在脚下的诗意古村风光。引进海峡云村金岙101项目，新建成民宿10幢，床位15张，西餐厅、粤菜馆、咖啡屋等新型旅游业态产业，增加村集体经营性收入每年近30万元。

【东岙村入选省金AAA级景区村培育名单】 2022年7月22日，浙江省文化和旅游厅、浙江省农业农村厅联合印发《浙江省文化和旅游厅 浙江省农业农村厅关于启动景区村2.0版工作的通知》（浙文旅资源〔2022〕13号），东屏街道东岙村入选浙江省首批金AAA级景区村庄培育名单。景区村2.0版的升级。东屏街道东岙村位于洞头本岛东南部，东傍大沙岙、仙叠岩景区，南望神州海上第一屏仙叠岩景区，西临国家一级渔港——洞头中心渔港。依托人文景观和自然景观特有资源和发展优势，发展具有七夕特色的乡村旅游业，探索景区依托复合开发模式、民俗文化引领等模式，形成旅游种类丰富、特色文化突出、整体结构合理旅游产业格局，实现“城里人下来、农村人回来、游客住进来、老百姓腰包鼓起来”。该村先后获评全国美丽休闲村庄、省级首批“农家乐”特色示范村、浙江省百强魅力乡村、浙江省美丽乡村精品村、省AAA级旅游村庄、省级卫生村、省级文明村，市级小康示范村、市级生态村等。

【入选省首批“百县千宿”培育名单11家】 2022年12月23日，浙江省文化和旅游厅公布全省首批“百县千宿”培育名单，区白迭艺术村民宿、花田花地民宿、白迭汐语民宿、杺园民宿、水云见·潮民宿、大门岛居民宿、海天左舍民宿、兴海汐景民宿、时光里民宿、静舒心居民宿、聆海左舍民宿等11家入选该名单。洞头区紧抓文旅产业高质量发展战略机遇，把民宿产业作为助推共同富裕、乡村振兴、全域旅游发展的有效载体，探索开发文旅融合新业态，推动民宿产业提质升级，走出一条特色民宿产业道路。洞头民宿产业规模效应逐步显现，已成为洞头乡村美、产业兴、百姓富的重要支撑。

（张佳妮）

旅游行业管理

【概况】 2022年，温州市洞头区文化和广电旅游体育局加强旅游行业监管，组织开展景区防汛防台检查、景区森林防火检查、旅游新业态项目检查等活动，规范旅游市场秩序。常态化开展文旅体市场疫情防控，制定《洞头区文旅体场所疫情防控管理体系及记分实施细则》，组织开展行业疫情防控分组检查和小单元大排查专项行动，从严审批监管各类文旅体活动、旅行社经营活动、行业从业人员，强化监管行业领域疫情防控落实，全年开展各类安全巡查400多次，文化旅游市场无重大安全事故发生。制定景区景点及沙滩管理工作方案、露营旅游管理规范等规范性文件。开展技能人才培养“展翅行动”，全年举办民宿管家、旅游酒店管理等培训4场，累计培训人员300多人次。

【旅游行业监管】 2022年，区文广旅体局制定《洞头景区景点及沙滩管理工作方案》《洞头区露营旅游管理规范》，修订印发《洞头区旅游突发公共事件应急预案》《洞头区文化和广电旅游体育局防台防汛防旱应急预案》《洞头区文化和广电旅游体育局防台防汛防旱领导小组工作指南》；指导区旅发公司开展景区疫情防控全流程应急演练、景区春季消防应急演练景区防汛防台应急演练、景区防恐防暴应急演练等活动，提升景区工作人员对突发疫情事件、火灾、洪涝台灾害及暴力恐怖事件的应急处置能力。加强旅游新业态项目监管，联合区市场监管局、区交通运输局、区农业农村局、区资规局、洞头海事处等单位开展新业态项目检查5次，整治海霞军事主题公园、观音礁沙滩等旅游新业态项目存在的安全隐患。

【文旅体领域疫情防控】2022年，区文广旅体局制定《洞头区文旅体领域疫情防控管理体系》《洞头区文旅体场所疫情防控记分实施细则》，推动文旅体领域疫情防控规范化、精准化；实施旅行社组接团报备制度，持续开展旅行社组接团情况排查，并视情启动旅行社旅游经营活动管理“熔断”机制；常态化组织开展文旅体行业疫情防控检查，督促各类文旅体经营场所全面落实常态化防控措施。

【从业人员培训】2022年，区文广旅体局推进技能人才培养“展翅行动”，举办民宿管家、客房和餐饮服务员、短视频制作、旅游酒店管理等培训活动，累计培训人员300多人次；组织景区讲解员参加省第三届诗路文化带旅游景区讲解员大赛温州选拔赛；配合区委人才办制定文旅人才新政等制度，优化人才发展政策环境，促进文旅人才队伍建设。

【市文化和旅游消费集聚区与特色文旅消费示范点】2022年12月21日，温州市文化广电旅游局公布第二批温州市文化和旅游消费集聚区与特色文旅消费示范点名单。洞头区海霞村入选市级文化和旅游消费集聚区，半屏山1.1文创中心、尼珂波咖啡烘焙工厂、“艺+”手作、雅绿洗护用品工作室4家单位入选市级特色文旅消费示范点。

【民宿女管家获省民宿女管家技能竞赛个人综合项目一等奖】2022年6月24日，洞头区民宿女管家张丽凡参加2022年浙江省民宿女管家技能竞赛获浙江省民宿女管家技能竞赛个人综合项目一等奖。2022年浙江省民宿女管家技能竞赛由浙江省总工会主办。竞赛分为个人单项赛和个人综合赛，其中，个人单项赛设房务技能、餐饮摆台、咖啡冲泡三个赛项。个人综合赛初赛分理论考试和技能实操两部分，按理论考试得分权重30%和技能实操初赛得分权重70%折合成绩后择优进入决赛，决赛仅设技能操作。

（盛成）

旅游项目开发

【概况】2022年，洞头区加快文旅招商项目落地，全区文旅在建项目27个，总投资214.44亿元。区文广旅体局共牵头服务文旅项目6个，全年累计完成投资30.2亿元。对接华侨城、中青旅、万年基业等头部文旅企业，建成名品广场、韭菜岙村旅融合等项目，海霞青年营正式营业、金岙101试运营。推进EOD文旅项目建设，谋划梳理EOD文旅项目34个，总投资12.56亿元，加快推进项目论证、方案设计、可行性研究等前期工作。落实旅游业“微改造、精提升”项目，全年完成试点项目35个，投资2亿元。启动大沙岙仙叠岩景区旅游提升工程，推进东沙不夜港项目建设。海峡云村金岙101项目累计完成投资额3051.6万元，约占总投资的75%。

【青山欢乐岛建设】2022年，洞头区成立青山欢乐岛项目工作协调小组，出台柔性工作专班实施方案，梳理开园前重点工作事项建设方面11项和运营方面10项，明确攻坚任务、处置路径、责任部门和完成时限等。该项目位于元觉街道青山岛，总用地约155亩，推进滨海浴场、豪华环岛游轮、环岛景观休闲大道、日出东方观光平台、东海渔场垂钓等，半山度假酒店、海岛度假客栈等度假项目建设。项目主体单位是浙江重山实业有限公司，设计单位是湖南视点建筑设计有限公司，建设单位是浙江重山实业有限公司，施工单位是温州市瑞广建设工程有限公司，监理单位是北京中联环建设工程管理有限公司。

【海霞青年营正式营业】2022年6月24日，由洞头区旅发公司投资建设并自营的海霞青年营正式营业。海霞青年营是洞头区首个国企自营，集住宿、餐饮、会务、休闲功能于一体的度假酒店；位于北岙街道海霞村，项目总用地面积约1.72万平方米，总建筑面积约4000平方米。包括26栋特色石厝建筑，内有44间客房，配备豪华包厢、自助餐厅、会议室、茶水吧、KTV、露天泳池等。该项目由中国美术学院主持设计，主要对海霞村收储的26幢民居及周边环境进行整体修缮。项目主体单位是温州市洞头旅游文化发展有限公司，建设单位是温州市洞头旅游文化发展有限公司，施工单位是浙江恒富泰康建设有限公司，设计单位是中国美术学院风景建筑设计研究总院有限公司。

【金岙101试运营】2022年5月1日，金岙101试运营。金岙101位于半屏岛中部山顶，坐落于金岙村内，分布在山尾、岙唇、路湾、金岙4个自然村，总用地面积约14万平方米，主要建设内容包括29幢民房建筑改造、夜景亮化、游乐设施、苗木种植、园路铺装、景观小品、标识标牌等。项目工程概算金额为3985.7339万元。项目主体单位是温州市洞头旅游文化发展有限公司，设计单位是北京森磊源建筑规划设计有限公司，建设单位是温州市洞头旅游文化发展有限公司，施工单位是温州永旭建设有限公司。

【韭菜岙村旅融合项目】2022年10月，启动韭菜岙村旅融合项目(韭菜岙游客集散中心）建设。该项目位于东屏街道半屏韭菜岙A-01（02）地块，用地面积11908.71平方米，地块属于国有划拨建设用地，浙江左舍文化产业有限公司于2018年12月1日与区旅发公司签订租赁协议。项目总建筑面积约6694平方米（其中地上建筑面积5805平方米），总投资5182万元，主要建设10幢民宿、停车场及相关景观配套工程。

（曾云燕）

【东沙不夜港开工建设】2022年9月25日，东沙不夜港项目开工建设。该项目选址于洞头区东沙渔港片区，总用地面积约15010平方米，总建筑面积约10353平方米，主要建设内容包括一期北沙东片区C组团大王殿片C-18地块，总用地面积为9429平方米，总建筑面积6917.78平方米。二期大王殿B-09b地块（原旧厂房、渔网堆场）出让地块内，总用面积为5581平方米，总建筑面积3680平方米。项目总投资约9962万元。项目主体单位是温州市洞头旅游文化发展有限公司，设计单位是浙江众匠建筑设计有限公司（东沙一期），海德联创设计集团有限公司（东沙二期）；建设单位是温州市洞头旅游文化发展有限公司，施工单位是浙江恒富泰康建设有限公司（东沙一期），浙江立鹏建设有限公司（东沙二期）；监理单位是浙江晟业工程咨询有限公司（东沙一期），浙江金穗工程项目管理有限公司（东沙二期）。

（庄坤炀）

旅游设施建设

【概况】2022年，洞头区开展迎宾环线项目建设，完成霓屿坝头入城口景观节点改造提升项目(一期)的竣工验收与（二期）洞头区霓屿坝头生态停车场建设项目；海霞村配套停车场建设工程投入运营使用；南塘旅游集散新停车场建成，有停车位838个、商铺8间，公厕及配套用房各1间，总投资达200万元。持续推进海峡云村金岙101项目，累计完成投资额3051.6万元，约占总投资的75%。投资136万元建设洞头东岙、沙岙沙滩微景观改造提升工程。规划海霞营地建设，打造洞头海岛旅游度假核心示范区及城乡营造美学创新样板区，总投资约1.88亿元，建设内容主要包括两个部分：一期提升海霞村周边石厝房改造及配套设施建设，二期收购海霞军事主题公园并改造提升。

【东岙、沙岙沙滩微景观改造提升工程竣工验收】2022年10月12日，洞头东岙、沙岙沙滩微景观改造提升工程完成竣工验收。项目自2021年12月开工,总投资136万元。主要建设内容为网红木屋、木船休息区、仪式场景、潮拍打卡、海天之境、围栏及柱子改造沙滩洗漱区域及标识标牌等景观改造。工程由洞头区旅游发展中心负责，浙江楚峰建设发展有限公司施工，中新凯瑞工程咨询有限公司监理。

（陈振阳）

【大门马岙潭度假区】2022年3月，大门马岙潭度假区开工建设。该项目总用地面积17457平方米（包括21.82亩地块），总建筑面积17366平方米，其中客房建筑面积11200平方米，车库及后勤设施建筑面积3000平方米等。项目总投资约19834万元，其中工程费用约15373万元。截至年底，完成红线范围内围挡搭设，红线范围内12处建筑物拆除，林地清理，场地平整。项目主体单位是温州市洞头旅游文化发展有限公司，设计单位是浙江华坤建筑设计院有限公司，建设单位是温州市洞头旅游文化发展有限公司，施工单位是忠源建设有限公司，监理单位是新恒丰咨询集团有限公司。

（陈振阳）

【名品广场建成】2022年9月1日，建成。该项目位于新城一期01—10地块（洞头时代影院旁），用地面积为1.19公顷（17.89亩），建筑面积37952.25平方米，工程概算金额2亿元。集住宿、餐饮、购物和休闲为一体的高端商业综合体。名品广场由温州茂富企业管理有限公司开发建设。

（曾云燕）

【霓屿坝头入城口景观节点改造提升项目（一期）竣工验收】2022年4月9日，霓屿坝头入城口景观节点改造提升项目（一期）竣工验收。主要建设内容包括地面找平、停车场混凝土浇筑、沥青路面施工、石材铺贴、绿化苗木种植景观照明等。工程投入251.85万元。工程由洞头旅游文化发展有限公司负责，浙江立鹏建设有限公司负责施工，杭州中宇建筑设计有限公司设计，温州市百岛工程项目管理有限公司监理。

（蔡海鹏）

金融业

综述

【概况】2022年，洞头区本外币存贷款余额合计405.9亿元，同比增长25.3%，排名全市第一位，其中本外币存款余额186亿元，同比增长20.1%，排名全市第三位，本外币贷款余额219.9亿元，同比增长29.7%，排名全市第一位。全年不良贷款率持续低位运行，不良贷款率0.46%，低于全市平均水平0.17个百分点。制定出台《助力实体经济稳增长金融十条政策》《洞头区助企纾困稳经济大盘的若干意见》《洞头区涉海类作业“共富保险超市”试点实施方案》。财通证券洞头营业部正式开业，9月21日，温州银行瓯江口支行成立。截至年底，全区共有银行8家、保险公司7家、小贷公司2家、证券营业部1家、典当行1家。

【融资畅通工程】2022年，洞头区制造业贷款新增3.81亿元，同比增长39.9%，小微企业贷款新增11.53亿元，同比增长24.4%，民营企业贷款新增16.36亿元，同比增长32.7%，“首贷户”新增250户，政策性融资担保在保额新增1亿元，金综平台新增放贷8.6亿元。4月1日，促成区政府与中国农业发展银行温州分行签订合作框架协议，授信150亿元助力洞头创新建设共同富裕海上花园。8月16日，落地洞头区首笔国家政策开发性金融工具，温州市洞头城市发展有限公司就陆域引调水项目向农发基金公司申请到位资本金6856万元，基金期限19年，利率3.52%。

【海岛普惠创新试点】2022年，洞头区引导农商行成立海洋绿色金融服务中心，全市首创“地理标志证明”商标质押融资模式，推动“鹿西大黄鱼”集体商标质押贷款落地，做大“两菜贷”“黄鱼贷”，落地全区首笔碳减排贷款。深化“信用金融”试点工作，洞头区小额普惠贷款农户授信面99.92%，行政村授信面100%，社区授信面70%，拓宽农村融资渠道。8月中旬，上线“全民授信”2.0版，推动“全民授信”扩面提额，惠及百姓10535户8.97亿元。开展数字人民币试点工作，应用实现旅游景区、医院、乡镇街道卫生院、农贸市场、大型商超全覆盖。全年数字人民币交易8.3万笔4.82亿元。

【资本市场培育】2022年，洞头区出台新一轮企业上市挂牌优惠政策，企业上市奖励金额从500万元提高到1200万元。加大培育企业上市后备力度，建立由区主要领导亲自挂帅的企业上市“双组长”工作机制，健全企业上市议事协调机制，完成省股交中心挂牌企业1家（尤零电子）。加强企业上市挂牌扶持服务，梳理完善拟上市企业后备梯队，谋划产业资本有序进入金海蕴生物。

【金融风险监管与防范】2022年，洞头区做好“大起底大整治大提升”专班及“除险保安”“养老诈骗整治”等相关工作，组织开展辖区内2家小额贷款公司和1家典当行省级年度监管评级工作和金融安全生产现场检查工作，完成对小额贷款公司、典当行2021年风控现场检查发现问题整改。推进困难企业“资金链、担保链”风险防范化解等工作。协调鸿鹏汽配公司展期贷款1400万元，全年完成困难帮扶“白名单”销号企业1家。组建金融讲师团，开展金融风险防范宣传和非法集资专题活动7场。组织开展全科网格员金融风险防范处置能力提升培训。

【金融助企服务】2022年，洞头区落实支付手续费减免、贷款利率优惠等减费让利金融政策。截至年底，辖区银行机构累计减费让利1.18亿元，惠及企业和个人7594户；累计办理延期、展期及无还本续贷业务等9.94亿元，惠及企业和个体工商户894户。搭建政银企对接桥梁，深化金融“三服务”“百地千名行长进民企送服务专项行动”“共同富裕金融专员行动”等活动，截至年底，累计开展银企对接会135场，走访企业421家，帮助企业解决问题294个，落实融资金额8.7亿元，拓展首贷户601户（含个体工商户），涉及金额9.79亿元。

【财通证券洞头营业部揭牌营业】2022年1月10日，洞头区首家券商营业部——财通证券洞头营业部揭牌营业。财通证券作为第一家入驻洞头的证券公司，向辖内符合相关条件的企业提供股份制改造、新三板挂牌、IPO上市辅导与保荐、股票承销以及再融资等全方位上市服务。

（倪肖乒）

【民营企业管理】2022年，洞头区持续推进“万名干部进万企”专项行动，建立并逐步完善“两万”行动工作机制，召开区“两万”工作布置会，健全“万名干部进万企”行动工作机制，制订《关于提质优化“万名干部进万企”行动的工作方案》，建立133家重点企业点对点干部挂钩服务机制。截至年底，通过助企员走访、政企恳谈会等渠道收集企业问题242个，化解242个。新增企业中高级职称4人，创建全市首批产教融合站点5个。工艺人才王安义获评浙江省工艺美术大师，实现全区在该奖项上零的突破。

（鲍珊珊）

【金融惠企政策】2022年，洞头区贯彻落实省、市纾困政策，制作政策汇编书和明白卡，开展政策宣传进企服务。全年发放政策宣传资料5000多册，联合出台《洞头区助企纾困稳经济大盘的若干意见》等文件；实现产业政策线上直通车办理，加快兑现速度，精简政策申报流程，实施温馨申报提醒和手把手填报指导服务，全年兑现产业政策资金约2700万元。

（唐霏霏）

银行

【概况】2022年末，洞头区本外币存款余额186.01亿元，同比增长20.1%，排名全市第三位；本外币贷款余额219.87亿元，同比增长29.70%，排名全市第一位。全区金融机构核销不良贷款0.19亿元，不良贷款余额0.98亿元，不良贷款率0.45%。支农支小再贷款累计发放4000万元，获普惠小微贷款支持工具资金734.31万元；为洞头区陆域引调水工程引入农发行资金支持6856万元。率先实现温州市首单数字人民币在国库集中支付领域试点应用。全年办理洞头区数字人民币缴税16笔，金额73.41万元。储蓄国债销售额1172.5万元，完成率117.25%。国库核算业务收入24.21万笔，38.67亿元；支出3.53万笔，56.51亿元；完成103222笔3.53亿元退税，累计拨付“两直”资金4682笔1.95亿元；累计为纳税人办理个人所得税、增值税免抵退、六税两费等政策性退税1.60万笔，涉及金额6.95亿元。

【金融服务实体经济】2022年，洞头区落实支农支小再贷款、普惠小微贷款支持工具、碳减排支持工具、科技创新和交通物流再贷款等政策工具。支农支小再贷款累计发放4000万元，两家法人机构普惠小微贷款比年初新增3.34亿元，获普惠小微贷款支持工具资金734.31万元；发放碳减排再贷款1610万元、科技专项再贷款2.05亿元、交通物流再贷款83.96万元。截至年底，洞头民营经济贷款余额67.18亿元，同比增长28.3%；普惠口径小微贷款余额48.86亿元，同比增长40.7%；制造业贷款余额13.37亿元，同比增长39.9%。持续开展“三服务”“首贷户拓展”“三张清单”等小微金融融资对接服务，组织“金融助商惠民，助推景区个人工商户发展”等专题活动。全年走访249家企业，解决问题15个，实现融资3.86亿元；“首贷户”累计支持企业199户，金额8.6亿元。持续加大对“贷款码”、温州金融综合服务平台等宣传对接力度。全年“贷款码”扫码量818户，发起融资需求18.08亿元，融资落地10.72亿元。严格落实LPR（贷款基础利率）改革要求，实施延期还本、无还本续贷和“减费让利”工作。累计贷款减息让利533万元；12月，企业贷款加权平均利率为4.29%，比年初下降90个基点。落实小微市场主体开户费、转账手续费等降费免收业务6项，累计惠及小微企业和个体工商户68516户，免收各项费用495万余元。

【数字人民币试点工作】2022年4月，人行洞头支行率先成立数字人民币试点工作领导小组，出台《洞头区数字人民币试点工作方案》《洞头区数字人民币工作任务清单》等政策文件。实现旅游景区、医院、乡镇街道卫生院、农贸市场、大型商超应用100%全覆盖，党政机关个人钱包覆盖率97%，党政机关对公钱包覆盖率71%。首创将数字人民币知识培训纳入党政机关周一夜学必修课。截至年底，全区开展数字人民币夜学活动51场，覆盖1536人次。开展数字人民币促消费活动，共计投入资金23.2万元。对公钱包完成0.19万个，完成率96.75%，全市排名第四位；个人钱包完成5.07万个，完成率163.64%，全市排名第二位；交易笔数完成7.7万笔，完成率334.93%，全市排名第四位。

【海洋金融产品推广和应用】2022年，人行洞头支行持续强化乡村振兴领域信贷投放。截至年底，涉农贷款余额99.23亿元，同比增长39.7%；农户贷款余额60.85亿元，同比增长19.1%。加大海域使用权和船舶马力等抵质押品推广和应用，为渔民捕捞设备更新改造提供4.38亿元信贷资金支持。发放全市首笔地理标志证明商标质押贷款，“鹿西大黄鱼”集体商标质押贷款成功落地。加大民宿收益权质押贷款模式推广，民宿收益权质押贷款累计支持177户3043万元。

【金融支持海岛共同富裕】2022年，人行洞头支行制定出台《金融支持打造高质量发展建设共同富裕示范区海岛样板“五大金融滴灌工程”实施方案（2022—2025年）》。截至年底，洞头海洋经济贷款114.61亿元，同比增长20.1%。落实共富金融专员派驻行动，建立“两库”（共同富裕金融专员人才库和金融专员帮扶成效案例库），通过共富金融专员派驻行动向5000多户渔农户和合作社发放贷款近10亿元。实施“新型农业经营主体金融直通车”行动，为无贷新型农业经营主体开通“扫码融资+政策担保+绿色通道+利率优惠”一站式融资服务。全年支持35家新型农业经营主体获贷款1.01亿元。指导洞头农商行成立全市首家海洋绿色金融服务中心，打造金融支持绿色低碳经济的海岛样板。绿色贷款余额30.57亿元，同比增长66.8%，高于各项贷款增速37.1个百分点。全年“海洋碳汇贷”累计发放144笔，贷款余额1619万元。

【征信服务和成果应用】2022年，人行洞头支行创新“四位一体”低收入农户贷款模式。截至年底，“四位一体”低收入农户贷款支持202户，余额2346.8万元。与市场监督管理局签订《合作备忘录》，实施百日攻坚行动，率先完成清单内企业经营范围修改工作。开展央行（企业）内部信用评级，对10家企业进行信息采集和申报工作。结合央行再贷款资金申请和使用，强化评级结果应用。推动“二信评定”与“全民授信”工作深度融合，助力“海霞诚信贷”迭代升级，“海霞诚信贷”支持7551户，贷款余额7.17亿元。

【移动支付场景建设】2022年，人行洞头支行推进应用场景建设，覆盖商超、农贸市场、停车场、早餐店等多个领域，开展云闪付“1元吃早餐”“1分钱停车”、9期手机银行惠民等活动，累计产生交易量16.96万笔。完成移动支付示范县申请工作。全年完成移动支付交易量63.95万余笔，完成率106.31%，平均支付月活跃用户数8246，完成率181.16%。

【金融助农服务点建设】2022年，人行洞头支行组建“助老助农服务驿站”共建机制，把养老服务驿站与银行卡助农服务驿站相叠加，提供生活照料、卫生保健、金融服务等功能的一体式综合驿站，外埕头村综合驿站完成建设。组织辖区内13家三星级及以上助农服务点开展“旧币换新钞”主题活动4期。30家助农服务点全年开展3期助农服务点满减优惠活动，累计带动移动业务量7000多笔。

【网络新型违法犯罪治理】2022年，人行洞头支行联合区公安反诈中心建立对接机制，开展涉案资金查控优化工作。全年协助公安机关止付账户204户，资金1381.29万元；冻结账户805户，资金760.2万元。开展异地新增涉案账户倒查，按季开展存量账户核查，开展“一人多个I类户”和长期不动户排查清理。全年，“一人多个I类户”清理管控1910户、长期不动户清理管控超10万户。全年涉案账户39户，核减8户，涉案账户数量各县（市、区）最少。

（林靖岚）

【中国银行洞头支行】2022年底，中国银行股份有限公司洞头支行本外币各项存款余额4.67亿元，比年初增加1380万元，其中公司存款余额2.29亿元，个人存款余额2.38亿元。本外币存款时点市场份额7.13%。本外币贷款余额15.15亿元，比年初增加4.68亿元，其中公司贷款11.57亿元，零售贷款3.59亿元。本外币贷款时点市场份额13.68%，较年初提升1.36%。全行不良贷款65万元，不良贷款率0.04%。全年实现营业收入6275.90万元，其中利息收入4979.34万元，拨备前利润1703.84万元。获中行全省二季度“季季拼”山区26个县组第一名。

（吕孙攀）

【中国农业银行洞头支行】2022年底，中国农业银行股份有限公司温州洞头支行本外币存款余额

38.26亿元，较年初新增4.57亿元，四行份额58.38%。其中，对公存款余额23.2亿元，个人存款余额15.06亿元。各项贷款余额71.32亿元，较年初新增14.53亿元，四行市场份额64.38%。全年实现拨备前利润1.88亿元。不良贷款余额1669万元，不良率0.23%，稳定实现双下降。全区设人工网点3家、惠农服务点3个，设24小时自助设备服务点4家设备8台。推出抵押e贷、首户e贷、续捷e贷等产品10多项，小微客户突破百户，贷款金额2.69亿元。获批共同富裕、瓯江口片区开发等多个政府类项目贷款，实现投放超20亿元；个贷总量突破20亿元，四行份额提升0.35%，普惠贷款比年初增加9500万元，总量超11亿元。发放全市首张军人优待证，四行份额60%。在全区建设金融自治村41个，占比45%，村民信用建档1.35万户，推出线上化“惠农e贷”投放5.03亿元，涉农贷款总量突破40亿元。

（谢晶晶）

【中国建设银行洞头支行】2022年底，中国建行股份有限公司洞头支行本外币各项存款时点余额11.93亿元，本外币各项存款日均余额9.9亿元；各项贷款时点余额12.21亿元，新增3.99亿元；中间业务收入1127万元；全年拨备前考核利润2745万元。投放洞头城市发展有限公司“人才公寓”项目、“小门岛建筑用石料”项目及洞头新农村建设发展有限公司“停车场项目”。强化银政合作，利用建行生活平台承接政府消费券，累计发放餐饮类消费券4400多张、住宿类消费券3900多张。

（洪薇）

【中国工商银行温州洞头支行】2022年底，中国工商银行股份有限公司温州洞头支行各项存款余额10.67亿元，较年初增加0.48亿元。其中储蓄存款余额5.39亿元，比年初增加0.44亿元；对公存款余额3.21亿元，较年初减少0.55亿元。各项贷款余额12.08亿元，较年初增加2.56亿元。个人贷款余额8.42亿元，增长稳定。公司贷款余额3.33亿元，较年初增加0.89亿元，其中，累计投放海霞基地项目贷款8500万元，小门岛矿山项目1.4亿元，洞头燃气项目700万元，为信达物流申请专项贷款84万元，为浙江诚意药业申请科技创新贴息贷款2000万元。全年拨备前利润3124万元，较同期增加804万元。个人不良贷款从年初的0.24%下降到0.14%，实现不良贷款三连降。提出助力稳经济20条服务举措。推广数字人民币工作，建立代发工资场景和工会红包场景。截至年底，全区共有114家商家为工行数币使用商家，交易金额121万元。

（王燕妮）

【洞头农村商业银行】2022年底，浙江温州洞头农村商业银行股份有限公司各项存款余额74.14亿元，新增11.66亿元，增长18.66%，存款增量占全区银行业增量的37.57%，市场占比40%；日均存款余额72.81亿元，较上年度增加12.8亿元。各项贷款余额65.01亿元，新增11.11亿元，增长20.61%，贷款增量占全区银行业增量的22.04%，市场占比29.57%；日均贷款余额61.09亿元，较上年度增加10.26亿元。全行五级不良贷款余额5531.23万元，比年初增加886.9万元，不良率0.85%，较上年度下降0.01个百分点。全年各项财务总收入4.14亿元，同比增加5704.14万元，增长16%；拨备前利润1.36亿元，同比增加1856.49万元，增长15.79%。截至年底，通过三标准一机制发放贷款81笔，贷款余额2138.48万元。小微企业贷款余额26.11亿元，新增4.77亿元，增长22.33%；首贷户新增207户，占全区银行业首贷户的90%以上；小微企业覆盖率21.17%，较年初上升2.2个百分点。百元存款付息率2.09%，较年初下降0.05个百分点，比全市平均低0.04个百分点；百元贷款收息率6.08%，较年初下降0.22个百分点，高于全市平均0.25个百分点；息差3.99%，优于全市平均水平0.29个百分点。新增大额贷款4户，较上年度减少4户，降幅50%。

全年完成信用修复123笔2205.82万元，办理在线赋强公证107笔2722.07万元。完成不良清收1874笔5591.89万元。“全民授信·海霞诚信贷”授信1.17万户11.63亿元；共支持个人贷款2.05万户42.97亿元，较年初增加5.9亿元，增长15.91%。小区内开设“四个办”政务服务超市，实现58项高频政务业务“预约办”与“上门办”，上线“共享社·幸福里”财务管理系统5家、数字服务系统44家。建设智慧场景58个，较上年新增21个，新增交易581.94万笔4.46亿元，相关账户沉淀资金1.29亿元。拓展S211工程项目部、中交上海航道局等区级重点项目账户，中标温州新博会展有限公司等市级重点项目账户；市级轮流招标中标率70%，洞头全区招投标中标率82%。开发信贷资金流向、贷款五级分类管理、员工征信查询规范化等管理模型6个，自建审计数据平台风险模型5个，上线合作方账户明细交互系统、省级绩效考核平台等管理系统8个。全年推广和试点省级项目59个，完成率92.19%。

（邵芳）

【中国邮政储蓄银行洞头支行】2022年底，中国邮政储蓄银行股份有限公司温州市洞头区支行各项存款余额7.79亿元，较上年净增1.67亿元，其中个人存款余额5.66亿元，对公存款余额2.13亿元。各项贷款余额9.05亿元，较上年增加4061万元。不良贷款余额561.8万元，不良率0.62%。新增手机银行2103户、自主收单有效商户162户、数字人民币个人钱包6674户、数币收单商户176户。发放小微企业贷款2.59亿元，其中，发放无还本续贷1.11亿元，小微易贷0.04亿元。全年累计交易跨境人民币结算0.15亿元。向洞头小门岛石化产业基地温州液化天然气项目（LNG）放款1亿元；发放首笔碳减排贷款，金额1610万元；发放“专精特新”小企业信用贷款1笔，金额740万元。

（胡晶晶）

【温州银行洞头支行】2022年底，温州银行股份有限公司洞头支行存款总额205886万元，其中人民币对公存款161671万元，人民币储蓄44215万元，人民币对公存款比年初新增29792万元，增速22.59%；各项贷款余额149320万元，比年初新增27401万元，其中对公贷款105305万元，个人贷款44015万元。海运行业发放贷款余额突破1亿元。

（杨倩倩）

【洞头富民村镇银行】2022年底，浙江洞头富民村镇银行股份有限公司各项贷款余额10.44亿元，比年初增加0.79亿元；贷款户数5040户，比年初增加361户；各项存款时点余额12.6亿元，比年初增加2.98亿元，日均存款余额11.66亿元，比年初增加2.5亿元；存款户数1.6万户，比年初增加1076户；资本充足率11.46%，流动性比例75.52%，拨贷比2.75%，拨备覆盖率232.72%，成本收入比45.29%；财务总收入9239万元，财务总支出6955万元，账面利润2284万元，净利润1741万元。

（洪力）

【小额贷款公司】2022年，洞头区有小额贷款公司2家。洞头区诚意小额贷款股份有限公司全年贷款余额8077.93万元，累计发放贷款金额9595万元，实现税金351.7万元，实现利润801.05万元，净利润575.90万元。洞头区恒博小额贷款股份有限公司共为洞头区的小微企业、渔农户、水产养殖户、渔农业加工户、其他个体工商户发放贷款299笔，期末贷款余额10056万元。本年营业收入990.36万元，实现税收223.12万元，净利润497.61万元。

（陈文静、王慧颖）

保险

【概况】2022年，洞头区共有保险公司7家。截至年底，洞头保险机构保费收入30486.25万元，同比上升20.64%，理赔支出9773.93万元，同比增长19.87%。组织开展“共富保险超市”试点工作，开展养殖产业、海产品加工业、海上休闲活动、海上旅游观光的全维度保险业务；全国首创羊栖菜养殖保险，落地全省首单海钓人员意外保险，经验成果获“学习强国”平台和《浙江日报》《温州日报》等媒体报道。

（倪肖乒）

【中国人民财产保险公司洞头支公司】2022年，中国人民财产保险公司洞头支公司实现保费收入7737.42万元，同比上年增速18.92%。其中，车辆保费收入5175.13万元，财产险保费收入295.07万元，意外健康险保费收入1489.94万元，责任险保费收

2022年洞头金融机构人民币存贷款情况表

表26　　单位：万元

单位 项目	存款		贷款	
	余额	比年初增减	余额	比年初增减
中国工商银行股份有限公司洞头支行	105745	4114	120772	26061
中国农业银行股份有限公司温州洞头支行	382435	45658	713232	145263
中国银行股份有限公司洞头支行	45488	729	151541	46818
中国建设银行股份有限公司洞头支行	139627	42274	219733	134608
中国邮政储蓄银行股份有限公司洞头支行	77909	16722	90419	4320
温州银行股份有限公司洞头支行	205886	38784	149320	27400
浙江温州洞头农村商业银行	741399	116579	650063	111067
浙江洞头富民村镇银行	126084	29773	103647	8418

（人行洞头支行提供）

入447.82万元，船舶货运险保费收入98.98万元，信用保证保险保费收入46.86万元，农业保险保费收入60.13万元，普惠金融保险保费收入123.49万元。连续13年承保洞头区桥梁公路一切险附加公众责任险，为洞头区11座桥梁提供3.4亿元风险保障。连续15年承保全区自然灾害公众责任险。连续6年承保全区残疾人意外险，为洞头区4247名残疾人提供2.2亿元风险保障。为全区3级至5级及以下堤防、海塘、水闸、堰南坝等水利工程提供3.7亿元风险保障。持续开展由政府主导的商业补充医疗保险项目——“温州益康保”，全区累计参保突破6.37万人，参保率56.76%，居全市各区县第一位，超过全市平均水平1.57倍，全年完成赔付543.99万元，惠及2226人，其中单笔最高赔付22.04万元。牵头区域4家财险主体成立“区建责险共保体”“区农民工工资支付履约险共保体”，首创“共同富裕保险专员”团队，打通保险服务群众“最后一公里”。成立公司免费上门代办年检服务小队、事故车辆救援小队。获评浙江省十家“特色服务窗口”。

全年受理案件21435件，赔款支出4223.96万元，其中车辆赔款支出2730.1万元，财产险赔款支出227.13万元，意外险赔款支出367.17万元，责任险赔款支出88.07万元，农险赔款支出0.8万元，船货险赔款支出33.193万元，大病医疗赔款支出724.1万元。

（孙珠芬）

【中国人寿保险洞头支公司】2022年，中国人寿保险股份有限公司洞头区支公司实现保费7797.13万元，比上年减少34.02万元，下降0.44%。全年理赔给付支出667.04万元，比上年减少90.16万元，下降11.91%。全年其他各类给付金额922.55万元，比上年增加42.91万元，增长4.88%。全年给付各类年金、满期金等领取金额合计512.05万元。为全区6个街道（镇）村干部开展意外伤害、医疗保险及补充养老保险业务，推广渔工补充保险，开展农村小额意外保险、男女性安康等涉农险种。参与学生安全保障体系建设，全年学生共发生赔案238件，保险理赔金额28.66万元。全覆盖推广老人意外伤害保险，全年老年人共发生赔案343件，保险理赔金额55.45万元。

（林征宇）

【中国人寿财产保险洞头支公司】2022年，中国人寿财产保险股份有限公司温州洞头区支公司全险种保费收入2180万元，同比增长26%，保费增量450万元，非车险保费收入310万元，非车占比14.30%；同比增长32%，保费增量95万。全年公司车险案件立案2753件，已决案件2728件，已决赔款959.83万元，未决案件260件，未决赔款1159.9万元，车险日历年度赔付率64.07%，车险结案率95.39%；非车险立案6件，已结案件6件，非车险日历年度赔付率0.82%，非车险案件结案率100%。全险种日历年度赔付率58.09%。反欺诈案件共计拒赔2.3万元。对接同业公司与他们形成区共保体合作关系，分别签署安责险和农民工履约保证保险共保协议并出单。

（钱立军）

【中华联合财产保险洞头支公司】2022年，中华联合财产保险洞头支公司共完成保费收入1357.54万元，同比增长9.81%，增长额121.24万元。其中车险保费收入994.28万元，同比增长2.1%；非车险保费收入363.26万元，同比增长37.95%。全年报案件数1390件，其中有效报案件数1335件；已决案件1374件，已决金额481.58万元；未决案件51件，未决金额561.53万元。

（王紫迎）

【中国太平洋财产保险洞头支公司】2022年，中国太平洋财产保险股份有限公司公司洞头支公司保费收入3640.08万元，同比上浮31.38%。其中车险保费2715.21万元，非车保费收入924.87万元；2022年赔款支出1930.04万元，全年赔付率53.02%。全险种保费占洞头区保险行业第二位。

（苏　慧）

【泰康人寿保险公司洞头支公司】2022年，泰康人寿保险公司洞头支公司实现保费1506.83万元，比上年减少701.28万元，下降30.45%。全年赔付支出341.04万元，比上年减少73.56万元，下降17.74%。为全区6个街道（镇）村干部开展意外伤害、医疗保险及补充养老保险业务。

（陈建新）

【新华人寿保险公司洞头支公司】2022年，新华人寿保险公司洞头支公司实现保费5607.8万元，比上年增加139.2万元，增长2.5%。全年理赔件数209件，合计给付支出553.9万元，比上年减少112.3万元，下降20%。全年各类给付金额720.3万元，比上年减少172.7万元，下降19.3%。全年给付各类生存金、满期金、保单红利等领取金额合计166.4万元。

（林选挺）

生态建设

综述

【概况】2022年，温州市生态环境局洞头分局围绕“共同富裕 海上花园”建设目标，统筹协调推进疫情防控和污染防治，开展各项生态文明建设，生态环境公众满意度保持全市第一位。《洞头区生态文明建设规划（2021—2030年）》通过省级评审。完成《“绿水青山就是金山银山”基地建设三年复核评估报告》和《洞头诸湾·共富海上花园”生态环境导向开发EOD项目实施方案》。实施状元岛河道水系治理、绿色矿山创建和修复、花园海岛建设、十里湿地生态建设等项目4个。推进三星级无废城市建设，基本完成“无废城市”申报书、建设工作总结、指标资料台账等申报材料准备工作。完成“无废细胞”创建24个。入选生态环境部首批8个美丽海湾优秀案例之一、全省美丽海湾建设先行区。霓屿街道、大长坑村等1个街道和4个村入选省级第二批低零碳乡镇街道和村社区试点单位。

【生态环保督察整改】2022年，洞头区落实“七张清单问题”建设，推进“生态环境问题发现·督察在线”应用场景，实时录入问题并整改，形成问题整改闭环。第二轮中央生态环保督察涉及全区事项27个，完成25项（立行立改长期坚持7项），按计划推进举一反三问题2项，完成率93%。第二轮中央生态环保督察反馈点名“洞头区浅滩一期围涂和疏港公路配套石料矿山占地约63万平方米，生态破坏严重”，采取“边开采，边治理”的生态治理修复方案，倒排方案，提早1个月完成整改。重点推进央督重复信访件“观音礁废弃矿山”问题3件，采取简易治理，提早完成整改销号。省委专项督察岙仔村房地产开发项目、洞头区殡仪馆两个重复信访件按期完成销号。二轮央督信访件及2021年省委专项督察信访件全部完成整改销号，2022年省委专项督察期间无信访件。

【洞头EOD项目被纳入中央生态环保金融支持项目储备库】2022年，洞头区委区政府启动谋划“洞头诸湾·共富海上花园”EOD项目，借助EOD项目的生态环境导向开发模式，旨在决生态治理问题，带动产业发展、促进共同富裕。项目按照“1个目标、1个主体、4大子项目、5个样板”的“1145”总体思路实施，即以“拓展“绿水青山就是金山银山”转化通道，打造生态创造价值的海岛样板”为目标，以生态环境治理与产业融合发展为主线，实施海洋生态环境治理、全域旅游配套基础设施提升、海上休闲运动开发、康养产业开发4个子项目，打造海岛海湾海滩修复样板、生态环境治理项目市场化运作样板、海岛旅游片区开发样板、古村落盘活利用样板和海洋经济推动的共同富裕样板等5个样板。项目共15项工程，其中生态环境治理工程就有7个（集镇片三级雨污管网整治、“无废海滩”建设、海岛山体与矿山生态修复与治理、红树林蓝碳保护开发示范基地建设、港区扬尘污染治理、大门岛美丽海湾提升、沙滩整治修复及配套基础设施建设），总投资28.8亿元，用于生态环境治理11.69亿元，占总投资40.6%。9月30日，洞头EOD项目正式通过生态环境部评审，被纳入中央生态环保金融支持项目储备库。

【审批改革服务】2022年，洞头区完善网上办理流程和办事指南，推行电子材料网上受理，继续深化“零次跑”工作，行政许可线上办理率100%。全年办理环评报告书（表）审批25件，完成登记表备案28件。全面研判做好重点项目全程跟踪服务，参与重大招商引资项目的前期对接，研判拟招商引资项目、提出环保准入意见和落地可行性分析，全年累计反馈项目环保准入意见26个。推行助企惠企政策，出台绿色金融方案。推行柔性执法，全年办理“首违不处罚”案件3件，修复企业信用11家次。

【环境信访处置】 2022年，洞头区落实“三联系、三反馈”工作制度，细化年度重点难点信访件处置，对完成信访处置重点件全部对照整改清单进行“回头看”。共受理和处置信访投诉37件，同比减少22件，降幅37.29%。按污染类型看，涉废气类的16件，涉建设项目2件，涉噪声类16件，涉废水类3件。全年无退回重办件，信访处置率100%，无省、市来信来访交办件和未化解重复举报件。

（杨海潮）

生态环境建设

【概况】 2022年，洞头区创建国家级生态文明示范区，打造全国“绿水青山就是金山银山”实践创新海岛样板目标，完成《洞头区生态文明建设规划（2021—2030年）》编制，通过省级生态文明示范区复核、全国“绿水青山就是金山银山”实践创新基地建设三年评估工作，洞头打造绿水青山就是金山银山转化海岛样板实践在浙江新闻频道报道，入选全省首批生态文明建设实践体验地。建立EOD项目、无废城市等专项工作专班或领导小组，推进美丽洞头建设各项任务落实，运用“陆上1＋8”“海上一支队伍”执法体系，镇街“一支队伍管执法”理念，破解生态领域多部门参与治理困境，提升生态保护与监管效能。2022年生态环境公众满意度列全市第一位。

【《洞头区生态文明建设规划（2021—2030年）》通过省级评审】 2022年9月23日，洞头区编制《洞头区生态文明建设规划（2021—2030年）》通过省级评审。该规划指导洞头区开展国家生态文明建设示范区创建，重点对洞头区国家、省级生态文明示范区建设指标现状进行评估分析，共涉及指标52项，其中约束性指标28项，参考性指标24项，洞头已达标47项。工作举措包括创新生态体制机制，建立完善源头管控、过程监管、后果严惩及环保金融政策，构建良好生态体系，开展海岛生态保护修复，推动碳达峰碳中和行动，深化环境污染防治及完善环境风险监管体系，实施分区分级管控。科学划定三区三线，优化国土空间，打造蓝色生态屏障。加快产业转型升级，推进传统产业绿色低碳转型升级，培育海洋新兴经济，发展现代海洋渔业以及发展生态旅游、医疗康养等海洋特色产业。加强海岛宜居建设，推进新型城镇化、花园洞头建设，倡导绿色生活方式。挖掘传统海洋文化。弘扬海霞、海洋文化，培育生态文明意识，推进生态文明宣教载体建设。

【生态文明建设示范】 2022年，洞头区打造全国“绿水青山就是金山银山”实践创新海岛样板，按照实践创新基地管理规程要求，完成基地建设三年建设评估工作，对标完成35个“两山”实践三年行动方案重点指标，11项机制体制创新，51项重点及20项“两山指数”评估。牵头开展扬尘污染防治百日攻坚行动，抓好污水零直排建设提质扩面，落实饮用水源保护地生态补偿。推进三星级无废城市建设，推动生产生活方式绿色化、无废化。开展“绿剑2022”之“清废”“净水”“蓝天”中高考“静音”等环保专项行动。围绕绿色生产生活试点、美丽体验地等生态满意平台，推进生态满意度和五水共治幸福感宣传，洞头美丽海湾建设、“绿水青山就是金山银山”

2022年8月31日，洞头区入选省第一批生态文明建设实践体验地（区生态环境局提供）

转化等经验案例在省生态环境厅微信公众号发布。入选全省首批生态文明建设实践体验地。

【生态修复】2022年，洞头区加快省级山水林田湖草试点保护修复。完成年度投资6525万元，实施状元岛河道水系治理、绿色矿山创建和修复、花园海岛建设、十里湿地生态建设4个项目，推进海岛山水林田湖草生态系统性修复。状元岛河道水系治理项目总治理水域面积为27.63万平方米，岸线设计总长9994米，雨洪截留系统总长2951米；绿化面积63.73万平方米，其中包括道路红线内绿化面积2.26万平方米，完成年度投资1918万元。绿色矿山创建和修复项目完成观音礁废弃矿山、仙田岗料场、77省道料场修复验收，完成瓯飞料场、寨楼1矿2座绿色矿山评估，完成年度投资900万元。花园海岛建设项目已建设彩色健康林约677.8公顷（10167亩），森林抚育约1021.5公顷（15323亩），完成年度投资250万元。十里湿地生态建设项目完成红树林种植30公顷，增加潮间带生物多样性，海洋碳汇功能逐渐体现，年度完成投资2400万元。

【洞头入选省首批生态文明建设实践体验地】2022年8月31日，省美丽浙江领导小组办公室公布第一批浙江省生态文明建设实践体验地，全省共有13个县（市、区）入选，洞头区榜上有名。首批生态文明建设实践体验地洞头区包含三个生态文明建设实践示范点，分别是一个走出绿色发展新路的渔村——东岙村，一段社会资本参与治理的岸线——韭菜岙，以及一座守护鸟类天堂的小岛——南北爿山鸟岛。洞头深入践行习近平生态文明思想，通过实施“破堤通海”工程、打造“十里湿地”、建设“生态海堤”、实施“渔港疏浚”、复原沙滩岸线等项目。依托渔村可开发滩涂、沙滩、渔港等13类海洋资源优势，按照“外面越旧越好、里面越新越好、环境越美越好”要求，指导渔家民宿绿色发展，打造海霞、东沙、半屏等生态旅游经济圈，辐射带动周边餐饮、旅游等业态开发，形成13个精品村。坚持生态环境持续改善，开启绿色低碳生活。创建全市首批全域污水零直排区，建成环岛慢行绿道，引领公众环保低碳生活，涌现出“海霞妈妈”、海岛卫士等34支志愿者队伍，生态环境公众满意度持续保持全省前列。曾获评国家级生态县、国家级海洋生态文明建设示范区、全国蓝色海湾整治修复试点、全国第二批绿水青山就是金山银山实践创新基地等。

（甘芯毓）

2022年洞头区环境空气污染物平均浓度值及优良率一览表

表27

项目 时间	PM2.5(微克/立方米)	PM10(微克/立方米)	二氧化氮(微克/立方米)	二氧化硫(微克/立方米)	一氧化碳(CO)第95百分位数(毫克/立方米)	臭氧(O_3)最大8小时滑动平均第90百分位数(微克/立方米)	空气质量优良率（%）
1月	30	39	18	6	0.8	109	96.8
2月	19	25	12	6	0.7	112	100
3月	19	32	19	6	0.7	118	100
4月	18	29	15	6	0.6	140	93.3
5月	16	22	11	6	0.6	146	100
6月	9	17	8	6	0.5	119	100
7月	13	24	6	7	0.5	135	100
8月	11	21	6	7	0.5	122	100
9月	16	28	8	7	0.6	182	80
10月	13	26	6	6	0.4	134	100
11月	15	23	13	7	0.6	106	100
12月	18	38	14	8	0.5	95	100
均值	17	27	11	6	0.6	131	97.5
GB3095—2012二级标准年平均限值	35	70	40	60	24小时平均：4	日最大8小时平均：160	—

（市生态环境局洞头分局提供）

环境质量

【概况】2022年，洞头区空气质量优良率97.5%，同比下降1.6%；PM2.5平均浓度为17微克/立方米，同比下降5.6%；市控以上地表水断面达III类水质以上比例100%；洞头区昼间城市区域噪声平均等效声级为52.9分贝，评价结果为二级（较好）；昼间城市道路交通噪声路长加权平均等效声级为64.6分贝，评价结果为一级（好）；2类、4类声功能区达到国家标准。

【环境空气质量】2022年，按照《环境空气质量标准》（GB3095—2012）评价，洞头区城市空气质量自动监测站有效监测天数359天，空气质量优良率为97.5%，其中一级（优）有214天，占总天数的59.6%；二级（良）有136天，占总天数的37.9%；三级（轻度污染）有9天，占总天数的2.5%。全年洞头区PM2.5平均浓度为17微克/立方米，与上年相比下降5.6%，全市排名并列第一位，全省排名并列第二位；空气质量优良率97.5%，与上年相比下降1.6%。全年环境空气质量级别非优良的天数9天，首要污染物为PM2.5（1天）和臭氧(O_3)（8天），臭氧日最大8小时平均第90百分位数浓度为131微克/立方米，同比上升6.5%。

【饮用水源】2022年，长坑水库为洞头区县级以上饮用水源地，监测结果表明，长坑水库水质达到《地表水环境质量标准》（GB 3838—2002）Ⅲ类水标准，全年县级以上饮用水源地水质达标率100%。

【跨行政区域河流交接断面】2022年，洞头区的跨行政区域河流交接考核断面设在长坑水库。根据《浙江省跨行政区域河流交接断面水质保护管理考核办法》，监测项目为pH、水温、溶解氧、高锰酸盐指数、氨氮、总磷、化学需氧量，考核指标为高锰酸盐指数、氨氮、总磷。长坑交接断面水质类别为Ⅱ类，考核结果为优秀。

2020—2022年跨行政区域交界断面水质统计结果及年际比较一览表

表28　　单位：毫克/升

项目 年度	高锰酸盐指数	氨氮	总磷	功能要求类别	水质类别
2020年	2.7	0.09	0.018	Ⅱ	Ⅱ
2021年	3.1	0.16	0.018	Ⅱ	Ⅱ
2022年	2	0.1	0.016	Ⅱ	Ⅱ

（市生态环境局洞头分局提供）

2021—2022年市控以上地表水水质统计结果及年际比较一览表

表29

监测站位	功能要求类别	2022年水质类别	2021年水质类别
长坑水库	Ⅱ	Ⅲ	Ⅱ
龙潭坑水库	Ⅱ	Ⅱ	Ⅱ

（市生态环境局洞头分局提供）

2021—2022年洞头区街道（乡镇）水库水质一览表

表30

监测站位	2022年水质类别	2021年水质类别	功能区水质要求
枫树坑水库	Ⅱ	Ⅱ	Ⅱ
前坑寮水库	Ⅲ	Ⅲ	Ⅴ
元觉水库	Ⅲ	Ⅱ	Ⅲ
石子岙水库	Ⅲ	Ⅲ	Ⅳ
南山水库	Ⅱ	Ⅱ	Ⅱ

（市生态环境局洞头分局提供）

2021—2022年酸雨监测结果及年际比较一览表

表31

内容 年度	样品数（个）	酸雨率（%）	降水PH值	
			均值	波动范围
2022年	100	61	4.99	4.18—7.17
2021年	90	50	5.19	4.28—7.22

（市生态环境局洞头分局提供）

2022年洞头区降尘量监测结果及年际比较一览表

表32　　单位：吨/平方公里・月

月份	2022年降尘量	2021年降尘量
1月	2.3	2.1
2月	1.2	0.9
3月	2.1	0.9
4月	0.9	1.1
5月	0.8	1.9
6月	1.6	2.0
7月	2.2	1.2
8月	1.5	1.6
9月	2.1	1.7
10月	1.7	2.0
11月	2.8	2.8
12月	1.1	2.1
均值	1.7	1.7

（市生态环境局洞头分局提供）

2021—2022年洞头区域环境噪声统计及年际比较一览表

表33

区域名称	2022年Leq（dB）	2021年Leq（dB）
北岙街道（昼间）	52.9	52.2

（市生态环境局洞头分局提供）

2021—2022年洞头区道路交通噪声（等效声级）统计及年际比较一览表

表34

测点编码	道路名称	测点位置	路段长（米）	路面宽（米）	2022年昼间Leq（dB）	2021年昼间Leq（dB）
1	中心街	洞头区环保局	1246	11	66.7	62.9
2	连城大道	天天乐大药房斜对面	800	20	66.3	65
3	新城大道	佳信平价超市	1825	20	64	63.6
4	海滨大道	海滨大道48号	1120	24	65.6	67.4
5	岭背东路	岭北东路32号	940	9	59.4	63.8
6	车站路	车站路14号	718	9	65.6	64.7
平均	—	—	—	—	64.6	64.4

（市生态环境局洞头分局提供）

【市控以上地表水断面】2022年，长坑水库、龙潭坑水库为洞头区市控以上地表水监测站位。市控以上地表水水质每月开展一次监测，监测项目为《地表水环境质量标准》（GB 3838—2002）表1基本项目24项及透明度、叶绿素a，共26项。监测结果表明，长坑水库水质综合评价为《地表水环境质量标准》（GB 3838—2002）Ⅲ类，达不到功能区要求；龙潭坑水库水质综合评价为《地表水环境质量标准》（GB 3838—2002）Ⅱ类，达到功能区要求。

【乡镇水库水质】2022年，按照全市地表水环境质量监测网络建设工作要求，开展乡镇街道水库水质监测，监测项目为氨氮、总磷、高锰酸盐指数、溶解氧。

【降水】2022年，洞头区酸雨监测点位于北岙街道县前路53号，监测项目为pH、电导率、降雨量及SO_4^{2-}、NO_3−、F—、C1—、NH_4+、K+、Na+、Ca^2+、Mg^2+。全年共采集降水样品100个，降水的pH值范围为4.18—7.17，pH均值为4.99，酸雨率为61%，与上年相比酸雨率上升11%。洞头区属中酸雨区。

【降尘】2022年，洞头区降尘监测点位于北岙街道县前路53号，降尘年均值为1.7吨/平方千米·月，与上年相比降尘量持平。全市排名第六名，全省排名并列第15名，达到浙江省控制标准。

【声环境质量】2022年，洞头区昼间城市区域噪声平均等效声级为52.9分贝，评价结果为二级（较好）；昼间城市道路交通噪声路长加权平均等效声级为64.6分贝，评价结果为一级（好）；2类、4类声功能区达到国家标准。

（陈松康）

2020—2022年洞头区噪声功能区监测结果及年际比较一览表

表35

单位：dB(A)

测点名称	标准适用区	国家标准		2022年		2021年		2020年	
		Ld	Ln	Ld	Ln	Ld	Ln	Ld	Ln
警池巷20弄6号	2类标准区	60	50	49.9	43.5	52	44.6	50.8	41.8
中心街260号	4类标准区	70	55	54.6	47.6	56	42.2	52.9	45.7

（市生态环境局洞头分局提供）

环境管理

【概况】2022年，洞头区深入实施《洞头区近岸海域水污染防治三年行动方案》，完成全区范围327个入海排污口采样、溯源及“一口一策”整治方案。制订印发《温州市洞头诸湾美丽海湾建设方案》，实施陆源污染治理、生态系统保护修复、亲海空间质量改善、海洋环境监测能力建设等14个项目，总投资4.47亿元。制订实施《洞头诸湾专项清漂行动实施方案》，启动“无废海滩”建设，实施完成5轮湾滩双月考核，评选最美湾滩5个，最脏湾滩10个，围绕队伍建设、源头减量、上岸处置、科技支撑等方面，提升洞头重点湾滩海上漂浮物治理能力。完成温州环发公司“刚性危废填埋场”危废处置设施建设工程，推进涉土源头综合防治和园区地下水专项调查。初步完成洞头大小门临港石化产业区地下水污染专项调查。

【空气质量管理】2022年，洞头区制订《洞头区2022年清新空气行动实施计划》，落实部门协调机制。制订印发《洞头区塑料注塑、橡胶压铸行业整治提升行动方案》，完成行业整治提升工作塑料注塑工序企业10家和橡胶压铸企业1家（除1家企业搬迁外）。完成联欣电镀厂行业整治提升央督整改销号工作。燃气锅炉低氮化改造锦达味业有限公司1台，燃气锅炉淘汰裕康食品有限公司1台。联合区公安分局、区交运局，开展柴油车路查路检12次、遥感监测4次、入户抽测5次；开展国三非营运柴油货车淘汰补助，全年累计共淘汰12辆，柴油车黑烟抓拍；完成重型柴油车监管系统柴油货车OBD保有量在线率低整改。开展建筑工地、矿山、工业企业非道移动源机械入户抽测12次；完成加油站油气回收监测工作3家。联合住建、执法、交通等部门对建筑工地、矿山、交通工程、道路保洁、未建设地块等扬尘污染防治检查10次，共检查建筑工地9家、重点矿山3个、交通工程2个、码头1座、未建设地块11个，发现问题89个；开展330国道1个道路扬尘自动监测点监测工作。联合执法部门对3个街道辖区内秸秆焚烧查3次，开展大门镇2套秸秆焚烧高空瞭望监管工作，新增北岙气象局秸秆焚烧高空瞭望设施建设1套。

【河（湖）长制管理】2022年，洞头区结合《温州市河长履职电子化考核评分细则》，利用“温州市河（湖）长制信息管理系统”平台、“温州河（湖）长通”App、“掌上基层”App、微信群、“绿水币”积分小程序等实现河长制工作“云办公”，提高河长履职“三率”水平，做到河长“巡、管、护”三到位。全年10条区级河道履职合格率100%，优良率50%。36条乡镇级河道履职合格率97.2%，优良率41.6%。

【治水督查】2022年，市生态环境局洞头分局开展“找寻查挖”专

洞头区海滨河　（区农业农村局提供）

项行动，围绕涉水问题整改落实、断面水质反弹返劣、城镇“污水零直排区”建设成效、黑臭水体反弹、城镇污水处理短板、违法违规排污现象、饮用水安全隐患、水域海域岸线安全盲区、农村生活污水治理效能、“肥药两制”是否落地等方面，全面排查全区36条河道、5个完成污水零直排区建设街道（乡），排查各类问题总数共计139个，其中街道（乡）级自查102个，区级自查37个（包括一般问题32个、重点问题5个），整治完成率100%。完成区级（平阳查洞头）互查问题41个问题整改；完成市级互查(绍兴查洞头)9个问题整改，其中涉及重点问题4个。全年“找寻查挖”行动总共整治问题189个。

【“污水零直排区”建设】2022年，洞头区实施污水零直排提质扩面建设，完成大门镇污水零直排提质扩面工程，共投资275万元，修复提升仁前途村、岙底村、大溪居、豆岩村污水管网更新改造及污水终端，实现雨污分流。完成东屏街道污水零直排提质扩面工程，共投资240多万元，提升改造惠民河周边污水管网。

【“无废城市”创建】2022年，洞头区推进“无废城市”建设工作，落实全域“无废城市”建设工作实施方案（2022—2025年），重点围绕创建“四张清单”，57项创建指标体系，聚焦24个“无废细胞”建设创建任务。全年57项“无废城市”建设创建指标全部完成，24个“无废细胞”均通过区级验收工作，初步完成“无废城市”申报申请材料编制和评估，并向省市提交申报申请。

【土壤污染防治】2022年，市生态环境局洞头分局完成制定《洞头区东屏街道污染耕地污染源管控成效评估方案》。开展重点监管企业土壤隐患排查和自行监测工作6家，完成化工园区地下水污染调查任务1个。落实化肥和农药用量“双减”工作，农药减量0.6吨，化肥减量3.12吨。农村生活污水处理设施行政村覆盖率84%，全区20吨以上农村生活污水处理设施23个，实现监测全覆盖，出水水质达标率为85.95%。

【排污权交易】2022年，市生态环境局洞头分局完成1家企业4笔政府储备量出让工作，合计储备出让化学需氧量0.8吨、氨氮0.08吨、二氧化硫0.004吨、氮氧化物0.52吨，收缴金额10.9992万元。

【排污许可证管理】2022年，市生态环境局洞头分局共办理排污许可首次申请、变更、延续47件，其中首次申请1件，变更45件，注销1件；共完成排污登记办理登记、变更、注销等44件，其中登记22件，变更20件，注销登记2件。完成排污许可证企业2020—2022年能源数据填报24家。

【环境辐射管理】2022年，市生态环境局洞头分局办理辐射许可2件。完成7家辐射单位国家、省辐射平台信息维护，年度执行报告检查和审核工作；完成辐射安全隐患现场排查和区人民医院除险保安整改工作，开展“6·5”环境日辐射安全宣传和再生资源收储中心熔炼宣贯和辐射检测仪配置整改工作。

【智慧环保】2022年，市生态环境局洞头分局完成洞头区“智慧环保”系统项目升级。签订智慧环保配套硬件设备运维合同，对3个PM2.5空气自动监测站和4个自动噪声监测点开展运维；完成网络安全等级保护智慧环保平台等级测评，形成智慧环保定级报告，并上报信息系统安全等级保护备案表。

【碳达峰和碳中和行动】2022年，洞头区完成2021年温室气体清单编制工作。北岙街道白迭村、东屏街道半屏社区开展首批省级低（零）碳村（社区）试点创建，开展省级第二批低零碳乡镇街道和村社区试点申报，霓屿街道、北岙街道大长坑村、东屏街道寮顶回族村、元觉街道沙岗村、大门镇大荆村共1个街道4个村居入选试点单位。完成排污许可证企业2020—2022年能源数据填报24家。

（杨海潮）

【环境执法】2022年，洞头区聚焦山体生态环境非法破坏、建筑泥浆非法倾倒入海、非法石子加工、紧固件行业环保管理混乱等方面环境问题，开展涉水、涉气、涉废等各项执法行动，打击企业监测数据弄虚作假、企业恶意偷排、漏排等环境违法行为。开展“绿剑2022”之“清废”“净水”“蓝天”“静音”等环保专项行动，检查企业192家余次，出动人员572多人次，发现整改企业环境问题51个，作出行政立案调查8件，作出行政处罚5件，作出不予处罚或轻微违法行为不予处罚3件，罚款金额66.3万元。

【环境风险管控】2022年，洞头区推进生态环境安全领域“大起底、大整治、大提升”专项行动，做好生态环境领域除险保安工作，聚焦重点区域、重点行业、重点企业、重点环节开展环境安全隐患排查工作。全年共排查出企业生态环境安全隐患问题40多处，共有完成应急预案备案企业14家，完成应急预案修编工作重点环境风险源单位4家，全区全年无发生任何突发性环境污染事件。

（周　昱）

海洋生态环境保护

【概况】2022年，洞头区搭建“非法倾倒渣土预警平台”，全年预警非法倾倒渣土车292辆次、查处16辆次。竣工投用浙南首个500吨国家溢油设备库。总投资近30亿元的“洞头诸湾·共富海上花园”EOD项目纳入中央生态环保金融支持项目储备库，成为全国首个海洋环境综合治理类项目。蓝湾二期工程通过验收，获批省级蓝色海湾整治项目，洞头诸湾入选全国8个美丽海湾案例。生态环境公众满意度稳居全市第一。建成蓝色海湾整治研发中心实验室。温州市洞头区海洋与渔业发展研究中心牵头海洋生态环境保护重大项目——温州市国家蓝色海湾整治修复二期项目实施，制定国家海洋行业标准《海洋生态修复成效评估技术规范 第3部分：海湾》并送审，开展中国太平洋学会蓝色海湾研究分会学术交流，推广应用蓝色海湾生态修复成果。《修复蓝色海湾 打造生态共富海岛样板》获浙江省高质量发展建设共同富裕示范区最佳实践。

【美丽海湾建设】2022年，洞头区制定印发《温州市洞头诸湾美丽海湾建设方案》，分解落实美丽海湾建设任务。加快陆源污染治理，完成城北污水处理厂建设及投用，完成全区范围327个入海污染源排口采样、溯源及“一口一策”整治方案，推进规范化整治。推进海域海岛生态修复，完成北岙、霓屿堤坝等海岸线整治修复22千米，破堤通海工程拆除堤坝247米，新增红树林面积25.6公顷，完成王山头、西山头、青山岛等沙滩修复约15公顷。拓展公众亲海空间，投入300多万元开展美丽海湾监测、湾滩常态保洁，开展6轮湾滩双月考核，评选最美湾滩6个，最脏湾滩12个。制订实施《洞头诸湾专项清漂行动实施方案》，探索“海上环卫”试点，洞头2个二级以上渔港建立废油回收及追溯机制，建立渔港海漂垃圾收集处置体系。洞头诸湾入选全省美丽海湾建设先行区，重点建设蓝海保育型美丽海湾。

【海岛生态保护修复】2022年，洞头区持续推进蓝色海湾整治修复、山水林田湖草生态保护修复试点，统筹生态保护一体化系统性修复。完成2022年洞头国家级海洋公园、南北爿山岛重点生物多样性调查，记录维管束植物679种，鸟类156种，昆虫642种，其中一级保护动物1种、二级保护动物22种和二级保护植物3种。完成“破堤通海、生态海堤、十里湿地、退养还海”等二期蓝湾36项子项目，总投资4.5亿元，启动二期蓝湾验收准备工作。谋划大门沙枫港、鹿西妩人岙等海岸带生态修复项目4个，总投资8000万元。实施重点海湾清漂专项行动，加强入海污染源管控。启动“无废海滩”建设，探索海上环卫机制，把海漂物治理从湾滩向海域延伸，做好海岛鸟类栖息地保护恢复。6月，央视新闻客户端、《浙江新闻联播》《浙江日报》等30多家媒体报道南北爿山“万鸥齐飞”情况。

（应凌锋）

【二期蓝色海湾竣工】2022年12月16日，二期蓝色海湾全面竣工，通过专家组验收。温州洞头蓝色海湾整治行动（2019）共4大类工程，36个子项目，总投资4.51亿元。截至2022年底，36个子项目已全部完成。工程完成情况基本达到100%。项目实际完成投资额45859.39万元，投资完成率102%，其中中央资金使用率94%。项目完成堤坝生态化改造16180米，修复沙滩17.16万平方米，整治修复岸线2800米；破堤通海拆除大堤247米，新建约300米桥梁连接原有道路，开挖约4500米生态海沟；修复滨海湿地约86.2公顷（1293亩），退养三盘港传统木质小网箱，三盘港、温州港及红树林区域共清淤154.63万方；修复山体20.7公顷。

【蓝色海湾整治研发展示中心实验室建成】2022年12月，洞头区建成蓝色海湾整治研发展示中心实验室，项目位于霓屿产业园，包括生态修复实验室、无菌实验室、PCR分资实验室和大气及蓝碳研究实验室，配备气相色谱仪、原子吸收光谱仪、生物显微镜、高速离心机等37台试验仪器。将用于进行苗木栽培及适应性研究，建立生态监测和红树林病害防控系统，对保护和修复好红树林，建设良好的海洋生态环境有着积极引领意义。

（吾娟佳）

【近岸海域水质监测】2022年，根据《2022年温州市洞头区海洋生态环境公报》，洞头近岸海域水质与上年相比总体持平。全年第一类和第二类水质占监测海域面积比例为66.7%，较上年同比减少6.1%。劣四类水质占监测海域面积比例为5%，较上年同比减少6.1%。8月水质最好，第一类和第二类水质占监测海域面积比例达到95.2%。2022年上半年和下半年全区环境功能区水质达标率分别为40%、60%，不符合功能区指标为无机氮和活性磷酸盐。洞头城南污水处理厂入海排污口全年4次监测均未发现超标排放，排污口对海洋环境基本未造成危害。全区近岸海域共发生赤潮3起，发生时间为4—8月，较上年减少1起。

（应凌锋）

教育

综述

【概况】2022年，洞头辖区共有47所学校（含温州教师教育院洞头分院、温医大仁济学院、浙江工贸职业技术学院、温州技师学院、温州护士学校、温州外国语学校、温州外国语小学、洞头一中、温州市乐成寄宿中学），归洞头区教育局管理的辖区学校共38所。其中，职高1所、初中6所（含九年一贯制学校2所）、小学10所、公办幼儿园10所、民办幼儿园11所。在校生总数15687人，其中职高1058人、初中3686人，小学7024人，幼儿园3919人。全年教育经费投入6.94亿元，其中国家财政性教育经费5.79亿元。全年共资助贫困学生879人次，资助金额127.44万元。其中政府资助737人次94.5万元，社会资助142人次28.64万元。出台《洞头区规范民办义务教育发展专项工作实施方案》，制定《洞头区校园突发事件应急预案》《中小学（幼儿园）退出领导岗位干部管理的意见》，深化教研教学改革，出台从教研到教学“1+1+1”（1个建议、1个意见、1个指南）指导文件。元觉义务教育学校新校和职教中心二期教学楼、瓯江口第二幼儿园、光华学校，建成瓯江口第三幼儿园建成投用。确定为省智慧教育平台试点地区。

【高中优质教育资源提升】2022年5月13日，省委书记袁家军到洞头调研信访工作，接待群众反映当地高中优质教育资源缺乏问题。袁家军听取诉求和意见，并与省教育厅、市人民政府、市教育局、区人民政府、区教育局现场商量解决方法，给予明确回复。指出教育对推进共同富裕、促进社会公平起着根本性作业，要加快补齐山区县海岛县的教育短板，努力办好人民满意的教育。此后，洞头区教育局与市教育局沟通并制定相关方案：为洞头区初中学科教研员提供到市教研院挂职锻炼学习平台，开展“市直属+洞头”联合教研方式帮带洞头区教师发展中心，签订结对协议；开设“温州学问通”平台助力，市教育局发动市内名优教师上网课，为洞头中小学师生提供专项服务，实现名师精准智援辐射；开展“银龄讲学”支持助教，区教育局向省教育厅争取至少安排2位银龄教师支持洞头一中、至少安排3位银龄教师支持洞头初中教育发展；增加市本级4所省一级特色示范普通高中对洞头区的统筹招生名额，在原有18名基础上增加到32名；开放“市本级5所+洞头一中”市区融通招生政策，从2022年秋季招生开始，参照其他3个区政策，对洞头区实行六校统招；市教育局面向洞头区中小学教师开展“绿色耕耘”订单式送培到区培训项目；市教育局在市中小学教师教育项目及正高职称评审推荐等方面给予洞头区名额或政策倾斜。

【入选国家级义务教育优质均衡先行创建区】2022年4月27日，教育部公布义务教育优质均衡先行创建县（市、区、旗）名单，洞头区成为温州首个国家义务教育优质均衡先行创建区。浙江省4地入选，温州仅洞头区入选。洞头区五年教育财政投入累计达17.88亿元，年均增长率为3.48%，确保教育经费的“两个比例”“三个增长”。通过合并、迁建、新建、扩建等形式优化校网布局调整，推动城乡教育资源的优质均衡配置。深化“扬帆行动”教育改革，与温州大学合作建立“海霞名师工作室”并引进14名名优特级教师作为导师。推动教育数字化改革，实施教育信息化项目应用28项，全区所有中小学计算机教室配有率和普通教室配有多媒体设备占有率100%。五年投入约4000多万元，相继完成网络环境升级改造、新型教学空间建设、“互联网+义务教育”、中小学教室视觉环境改造提升等民生实事。进位升等全区教育水平，加速教育优质均衡发展，从“学有所教”向“学有优教”转变。不断缩小城乡教育差距，结合“互联网+义务教育”和教育共同体组建要求，组建教育集团12个，实现公办学校集团化办学覆盖率100%。降低城乡师资差距，优化师资建设顶层设计，率先全面实施教师“区管校聘”管理改革试点工作，突破教师交流轮岗的管理体制障碍，更新教师流动政策，促进区内师资均衡配置。

【跨地区教共体组建】2022年3月22日，洞头区与龙湾区跨地区教育共同体结对帮扶仪式在龙湾区第二小学举行。洞头区6所学校与龙湾学校结成2022年跨地区教育共同体，分别是龙湾区实验中学与洞头区海霞中学、龙湾区第二实验中学与洞头区实验中学、温十五中与洞头区灵昆中学、温二十中与洞头区第二中学、龙湾区实验小学与洞头区霓屿义校、龙湾区第二小学和洞头区城关小学。“支援山区26县和6个海岛县组建跨地区教共体结对学校500所”为浙江省2022年民生实事项目之一，洞头区教育局与支援方龙湾区教育局对接谋划，组建跨地区教共体结对学校，推动区域义务教育优质均衡发展。

学前教育

【概况】2022年，洞头区制定出台《洞头区发展学前教育第四轮行动计划（2022—2025）》，加强公办幼儿园暑期托管服务和暑期托管服务收费管理，推进幼儿园与小学双向科学衔接等，通过全国学前教育普及普惠区创建省级评估，完成小规模民办园撤并提升，洞头区瓯江口第二幼儿园投入使用，洞头区灵昆幼儿园创成浙江省一级幼儿园，区元觉幼儿园、城关中心幼儿园、海悦城幼儿园、瓯江口第一幼儿园、瓯江口第二幼儿园创成浙江省二级幼儿园。截至年底，全区共有21所幼儿园，其中公办园10所，民办园11所。幼儿入园数为3919人，幼儿园教职工人数652人，其中专任教师343人。公办园在园幼儿覆盖率为56.52%，优质园（省一、二级以上）16所，在园幼儿覆盖率为77.19%，其中，一级园5所，在园幼儿覆盖率为41.4%。幼儿教师持证率、等级园覆盖率和普惠园覆盖率均为100%，居全市前列。

【新园建设】2022年9月1日，洞头区瓯江口第二幼儿园投用。幼儿园位于瓯江口聆涛苑小区，占地面积5400平方米，建筑面积4069.02平方米，办学规模12个班，可容纳360名幼儿。园所主体建筑为U形建筑，按照省一级级标准配置。该园为区教育局下属股级公益一类事业单位，采用公办民营模式，不核定人员编制，经费由温州瓯江口产业集聚区管委会根据受委托管理方的管理水平及幼儿园办园质量等，与受委托方协商确定，经费来源为幼儿保教费收入和温州瓯江口产业集聚区管委会社会事务综合服务局的补助奖励经费，是洞头区瓯江口第二所公办民营幼儿园。

【薄弱民办幼儿园整合撤并】2022年9月29日，区教育局出台《洞头区发展学前教育第四轮行动计划（2022—2025）》，整合提升小规模民办幼儿园，洞头区城关中心幼儿园搬迁至新园，东屏中心幼儿园、北岙双兴幼儿园停止办学，整体提升区域幼儿园教育质量，促进学前教育优质发展。

【公办幼儿园暑期托管工作】2022年6月13日，区教育局印发《关于做好洞头区公办幼儿园暑期

2022年3月22日，洞头区与龙湾区跨地区教育共同体结对帮扶工作签约仪式在龙湾区第二小学举行　（区教育局提供）

托管服务的通知》，正式启动公办幼儿园暑期托管服务项目，旨在解决家长后顾之忧。挖掘公办幼儿园现有资源，对瓯江口第一幼儿园、瓯江口第二幼儿园、元觉幼儿园、霓屿幼儿园等托幼一体化办园指导，满足人民群众入公办幼儿园托班需求。

【洞头区幼儿园与小学双向科学衔接工作】 2022 年 4 月 18 日，为帮助幼儿实现从幼儿园到小学平稳过渡，区教育局印发《洞头区全面推进幼儿园与小学双向科学衔接的实施方案》，举行洞头区幼小衔接工作推进会暨讲师团巡回宣讲专题培训，成立 5 所市级幼小衔接实验校（园）和 6 所区级幼小衔接实验校（园），全区域开展幼小衔接工作，区教育局获温州市教育局认定为市幼小衔接实验区。区教育局获温州市第二届幼儿园教师专业素养大赛优秀组织奖，公办组和民办组两个团队均获团队赛一等奖，单项赛两个一等奖。

【深化区域“海 +”课程】 2022 年，区教育局落实《洞头区幼儿园深化课程改革实施方案》，深化区域“海 +”课程，引领优秀传统文化进校园，开展儿童友好城市创建之洞头闽南童谣进校园活动。梳理全区闽南童谣，精选《指纹瑶》《天黑黑》《乞鸟歌》《地名谣》《黄鱼穿金袍》《烤船谣》《迎客歌》《海龙王娶妻》《渔歌对唱》《划龙船》等 10 首适宜儿童传唱的闽南童谣，践行“童谣趣玩”理念，创编主题下闽南童谣游戏玩法，形成闽南童谣主题资源包，推广闽南童谣传唱宣传视频，传承洞头海文化，创玩洞头海游戏。

【全国学前教育普及普惠区创建通过省级评估】 2022 年 11 月 24 日至 25 日，省教育厅督导评估专家组对全区开展全国学前教育普及普惠区创建省级督导评估工作。评估

2022年洞头区乡镇（街道）在园幼儿覆盖情况一览表

表36

序号	单位	幼儿园数		幼儿数			
		公办（个）	民办（个）	公办（人）	公办覆盖面（%）	民办（人）	民办覆盖面（%）
1	北岙街道	2	4	887	55.19	720	44.81
2	东屏街道	1	1	222	72.07	86	27.93
3	灵昆街道（含昆鹏街道）	3	5	533	24.48	808	75.52
4	元觉街道	1	0	104	100	0	0
5	霓屿街道	1	0	228	100	0	0
6	大门镇	1	1	195	68.42	90	31.58
7	鹿西乡	1	0	46	100	0	0
合计		10	11	2215	56.51	1704	43.49

（区教育局提供）

2022年洞头区幼儿园情况一览表

表37

序号	幼儿园名称	地址	性质	等级
1	洞头区教育幼儿园	北岙新城区城南大道136号	公办	省一级
2	洞头区教育第二幼儿园	北岙镇赴学路23号	公办	省一级
3	洞头区教育第三幼儿园	东屏街道惠民村长寿巷42弄22号	公办	省一级
4	洞头区元觉幼儿园	元觉街道状中巷44号	公办	省二级
5	洞头区霓屿幼儿园	霓屿乡曙光路88号	公办	省二级
6	洞头区鹿西幼儿园	鹿西乡海景街158号	公办	省二级
7	洞头区大门幼儿园	大门镇勤奋路8号	公办	省二级

续表37

序号	幼儿园名称	地址	性质	等级
8	洞头区灵昆幼儿园	灵昆街道瓯绣大道4099号	公办	省一级
9	洞头区瓯江口第一幼儿园	集聚区灵昆街道灵德路167号瓯江口公元里小区	公办	省二级（预）
10	洞头区瓯江口第二幼儿园	温州市洞头区灵昆街道霓翔路56号（瓯江口聆涛苑）	公办	省二级（预）
11	洞头区城关中心幼儿园	洞头区北岙街道车站路98号	民办	省二级
12	洞头区太阳岛幼儿园	新城区广场路3号	民办	省二级
13	洞头区育才幼儿园	北岙镇中心街570弄10号	民办	省二级
14	洞头区海悦城幼儿园	北岙街道新城区海兴路15号	民办	省二级
15	洞头区快乐幼儿园	东屏镇府前路8号	民办	省三级
16	洞头区大门镇第二幼儿园	大门镇大溪巷10号	民办	省三级
17	洞头区灵昆中心幼儿园	灵昆街道繁灵街	民办	省一级
18	洞头区灵昆永兴幼儿园	灵昆街道叶先村	民办	省二级
19	洞头区七壹教育沙塘幼儿园	灵昆街道沙塘街	民办	省三级
20	洞头区七壹教育实佳幼儿园	灵昆街道兴灵路2号	民办	省三级
21	洞头区七壹教育乐岛幼儿园	灵昆街道海思村	民办	省三级

（区教育局提供）

2022年洞头区公办幼儿园教师、幼儿数据一览表

表38

幼儿园名称	教师		学生数（人）	大班		中班		小班	
	在职数（人）	在编数（人）		班级数（个）	学生（人）	班级数（个）	学生数（人）	班级数（个）	学生数（人）
教育幼儿园	39	26	507	5	167	5	170	5	170
教育第二幼儿园	33	23	380	4	132	4	132	4	116
教育第三幼儿园	22	14	222	3	92	2	64	3	66
霓屿幼儿园	23	13	228	3	91	3	71	3	66
元觉幼儿园	14	8	104	1	32	1	34	2	38
鹿西幼儿园	8	4	46	1	14	1	15	1	17
大门幼儿园	17	6	195	3	99	2	53	2	43
灵昆幼儿园	23	16	269	3	89	3	90	3	90
瓯江口第一幼儿园	14	0	180	2	70	2	60	2	50
瓯江口第二幼儿园	10	0	84	1	15	1	23	2	46
合计	203	110	2215	26	801	24	712	27	702

（区教育局提供）

组通过听取政府自评及有关工作汇报、现场查阅资料、随机抽查全区公民办幼儿园、访谈相关部门负责人等方式，对照全国学前教育普及普惠区创建指标进行逐项对表检查，重点掌握全区普及普惠水平、政府保障及幼儿园保教质量等方面情况。洞头区以高分高标准通过全国学前教育普及普惠区创建省级评估。此前，2021 年 10 月，洞头区启动全国学前教育普及普惠区创建工作，成立工作领导小组，制订《温州市洞头区全国学前教育普及普惠区创建工作实施方案》，强化对全区幼儿园园舍条件、办园理念、文化环境、保育教育、卫生保健的指导帮扶，针对普及普惠区创建各类指标补齐短板，全面提升区域幼儿园办园质量。

【幼儿园发展性评价考核结果】 2022 年 11 月，洞头区人民政府教育督导委员会办公室公布 2021 学年洞头区中小学（幼儿园）学校发展性评估考核结果，考核优秀单位为区教育幼儿园、区教育第二幼儿园、区教育第三幼儿园、区灵昆幼儿园、区灵昆街道中心幼儿园、区太阳岛幼儿园、区城关中心幼儿园。良好单位为区霓屿幼儿园、区元觉幼儿园、区瓯江口第一幼儿园、区育才幼儿园、区快乐幼儿园、区灵昆永兴幼儿园、区灵昆七壹集团幼儿园、区海悦城幼儿园。合格单位为区大门幼儿园、区鹿西幼儿园、区大门镇第二幼儿园等。

义务教育

【概况】 2022 年，全区小学 12 所（含九年一贯制学校小学段 2 所），小学班级 196 个，在校学生 7124 人（含女生 3332 人），其中新居民子女 1582 人，特殊儿童 95 人。小学适龄学生入学率、巩固率、新居民子女入学率均 100%，特殊儿童入学率 100%。小学新生班级 35 个，新生招生 1234 人；小学毕业班级 33 个，小学毕业生 1172 人，升学率 100%。初中 7 所（含九年一贯制学校初中段 2 所、温州市乐成寄宿中学初中段 1 所），班级 99 个，在校学生 3686 人（含女生 1702 人），其中新居民子女 570 人，特殊儿童 49 人。初中适龄学生入学率、年巩固率、新居民子女入学率、特殊儿童入学率均 100%；初中新生班级数 25 个，新生招生 939 人。初中毕业班级 33 个，毕业生 1228 人，初中毕业生升入高中阶段学校 1220 人，初中升学率 99.35%，普职招生比例 46.09:53.91。民办义务教育学位纳入政府购买服务目录，创成温州首个国家义务教育优质均衡先行创建区。霓屿义务教育学校教共体案例入选浙江省城乡义务教育共同体典型案例。洞头区将民办义务教育学位纳入政府购买服务目录。大门镇中心小学“双减”优秀实践案例获评浙江省第八批“双减”优秀实践案例。

【民办义务教育学位被纳入政府购买服务目录】 2022 年 7 月 8 日，区委、区政府印发《洞头区规范民办义务教育发展专项工作实施方案》，洞头区教育局开展民办义务教育学校退出工作。建立政府购买学位（服务）机制，把购买民办义务教育学位纳入全区政府购买服务目录中，购买学位标准为初中生均 5000 元 / 年，购买对象为初二全部洞头学籍学生 400 人，购买时间为 1 年。设置过渡期为 2 年，至民办初中学生毕业后，民办义务教育学校转为公办学校。通过严格实施学籍管理办法、优化普通高中招生方案、优化学校管理、优化师资队伍等，确保过渡期内学校稳定。

【海霞中学与温州市南浦实验中学实施集团化办学】 2022 年 9 月，为认真贯彻落实省委书记袁家军在洞头区调研时讲话精神，根据《温州市中小学“教研共富”三年行动计划（2022—2024 年）》（温教研〔2022〕24 号）文件精神，温州市洞头区海霞中学与温州市南浦实验中学教育集团建立集团化合作办学关系。双方签订集团化办学协议书，南浦实验中学优秀教师与海霞中学、霓屿义校跟岗教师建立师徒结对。洞头区海霞中学与温州市南浦实验中学教育集团集团化办学是补全山区海岛县教育短板的深度实践。集团化办学是深化教育体制改革、促进教育优质均衡发展必然趋势。也是扩大优质教育资源辐射面，推进共同富裕的重大举措。

【入选省“双减”优秀实践案例】 2022 年 7 月 12 日，洞头区大门镇中心小学“双减”优秀实践案例《“四微”常态共享教研，助推“双减”轻负提质》入选浙江省第八批“双减”优秀实践案例。通过聚焦微问题，实现“要我教研”向“我要教研”的转变；聚核微课例，激活“个体思考”和“合作教研”的双赢；聚联微智慧，疏通“智慧交流”到“内化提升”的空间；聚力微评价，缓解“双减”挤压与“双增”提高的矛盾。助推“双减”轻负提质。全年选送 29 篇“双减”优秀实践案例参与省市级评比，获评省级“双减”优秀实践案例 1 篇，获评市级“双减”优秀实践案例 5 篇。

【入选省城乡义务教育共同体典型案例】 2022 年 12 月 15 日，省教育厅公布浙江省城乡义务教育共同体区域和学校典型案例名单，洞头区霓屿义务教育学校案例《以智论教·以趣启智·智趣合一——以“智趣”为导向的两地师徒结对形式的

2022学年洞头区义务教育基本情况表

表39

街道（乡镇）	小学				初中				入学率（%）		年巩固率（%）		升学率（%）	
	当年毕业		当年招生		当年毕业		当年招生							
	班级数（个）	人数（人）	班级数（个）	人数（人）	班级数（个）	人数（人）	班级数（个）	人数（人）	小学	初中	小学	初中	小学	初中
合计	33	1172	35	1234	33	1228	25	939	100	100	100	100	100	100
北岙街道	16	546	14	538	12	463	7	294	100	100	100	100	100	100
灵昆街道	6	239	6	255	5	197	4	153	100	100	100	100	100	100
东屏街道	3	122	2	72	7	281	7	267	100	100	100	100	100	100
大门镇	3	129	3	95	4	142	4	117	100	100	100	100	100	100
元觉街道	2	41	1	39	2	46	1	36	100	100	100	100	100	100
霓屿街道	2	72	2	56	3	99	2	72	100	100	100	100	100	100
鹿西乡	1	23	1	10	0	0	0	0	100	0	100	0	10	0
昆鹏街道	0	0	6	169	0	0	0	0	100	0	100	0	0	0

（区教育局提供）

跟岗学习》榜上有名，入选省级学校典型案例。在温州市教共体案例获奖名单中，洞头区区域典型案例以及学校案例共5篇获市级一、二、三等奖。

【小学段作业改革研讨活动】2022年12月7日，浙江省作业改革温州实验区小学段首次研讨活动暨温州市小学素养作业研究项目组第三次研讨活动在洞头区实验小学举行。浙江省作业改革温州实验区各区县小学段联系人、温州市第三轮课堂变革与国家级基础教育优秀教学成果推广应用项目《减负提质“素养作业”建设行动》负责人及洞头区部分小学素养作业改革项目组成员参加研讨活动。活动中，洞头区教师发展中心副主任黄志清作题为《“双减与双新”视域下的教改引擎》报告，洞头区实验小学校长朱扬华作《基于“阅读+”导向的素养作业重构》经验分享，乐清市教育研究培训院副主任牟原喜作《1+N：跨学科主题学习的作业设计与实施》报告，温州市市府路小学教导主任徐赛白作《尚好、尚行、尚学——基于真实情景的小学实践性作业设计分享》报告，温州市马鞍池小学副校长陈方白作《推进作业改革 星圃迭代创新》报告，温州市瓯海区潘陈桥庄小学校长林毓海作《基于作业优化的“六学”课堂构建行动》报告；洞头区实验小学数学教师汪秀雷作《聚焦数据意识，发展核心素养》素养作业研究报告，黄凤霞教师和404班孩子共同演绎《条形统计图》一课，龙湾区教师发展中心小学数学研训员王小莲老师作《区域推进教·学·评一致性的作业改革研究》报告。活动全程线上直播。

中等职业技术教育

【概况】2022年，温州市洞头区职业技术教育中心共有班级30个，在校生1058人（职高972人、技校86人）。高三毕业班级11个，毕业生384人，其中，电子电工专业128人，学前教育专业53人，旅游服务与管理专业35人，计算机专业60人，电子商务专业78人，艺术类30人。毕业生384人，就业（升学）384人，就业率100%；直接就业40人，占比10.42%；升入高一级学校人数344人，占比89.58%；对口就业379人，对口就业占比89.58%。高一招生11个班级，在校生380人，其中，电子技术应用专业121人，幼儿保育专业62人，高星级饭店营运与管理专业56人，计算机专业45人，电子商务专业64人，工艺美术专业33人。全校电子专业、计算机专业和工艺美术专业共104人参加高职招生考试，上线104人，上线率为100%，录取率100%，26人被双高学校录取，创历史新高。洞头区入围年度市县职成教发展考核优秀单位。洞头职教中心舞狮队夺得 2022 年浙江省民俗体育精英赛舞狮赛项一等奖。洞头职教中心获评温州市规范型“清廉学校”。陈建略入选温州市第七届名校长名教师名班主任名单，吴钟栅入选浙江省“百千万”高技能领军人才培养工程。电子电器应用与维修专业建设获评省中职高水平学校和专业建设中期绩效评价“良好”档次。

【洞头获评职成教发展考核优秀单位】2022 年 6 月 15 日，浙江省教育厅确定 2021 年市县职成教发展考核优秀单位，洞头入围优秀单位名单，获评一类地区省二等奖。洞头中等职业教育围绕地方产业发展，通过资源整合，布局调整，形成了电子与信息、现代文商旅两大与相关产业紧密配套的专业群；其中电子电器应用与维修专业入选省中职高水平专业建设名单。推进洞头区职教中心二期迁建工程建设，加快推动技能型人才培养提速提质，形成全日制中等职业教育、开放高等教育、非学历培训等多层次、多形式办学格局。多家大中小型企业、单位、行业协会参与产教融合，电子电器应用与维修持续推行省“双高建设”下的现代学徒制；电子商务专业培育出全省职业教育改革典型案例；高星级饭店运营与管理专业助力学校加入浙江省旅游产业产教融合联盟，并与浙江旅游职业学院联办中高职一体化班；学校依托幼儿保育专业成为温台学前教育产教联盟理事单位。完成近 1 万人次社会培训工作，依托区职教中心社区学院、电大分校，完善全民终身学习教育服务体系，促进海岛共同富裕教育普惠发展。

【职教中心与浙江旅游职业学院合作办学】2022 年 9 月，洞头区职业技术教育中心与浙江旅游职业学院开展合作办学，开设旅游类相关专业“中高职一体化”五年制班，并正式招生，招生数为 35 人。区职教中心旅游专业课开办于 1996 年。除理论知识外，学生还学习导游、西餐、调酒、茶艺等实训课程。洞头区旅游资源丰富，旅游行业人才需求量大。通过合作办学，旨在探索构建多元立交的新时代技术型旅游人才培养路径，为推动洞头区旅游产业高质量发展贡献职教人力量。此前，2021 年 10 月，浙江旅游职业学院与区职教中心就山海协作“双高校结对帮扶”签约。“中高职一体化”五年制班的学生在完成高中学业后，经考核合格后可转入浙江旅游职业学院继续学习二年，毕业后即可获得全日制大学专科学历。

【校园技能节暨文化素养大赛】2022 年 5 月 20 日，洞头区职教中心举办 2022 年校园技能节暨文化素养大赛，以“技能，让生活更美好”为主题，突出“技能成就出彩人生”“技能支撑强国战略”等内容。赛项涉及电子电工、电子商务、旅游服务与管理、计算机、幼儿保育、工艺美术等六大专业大项和“四史”知识、文学 PK、数学素养、英语技能等四大素养大项，共近 30 小项，赛事超 50 场次，参赛人数超 1140 人次。

【洞头职教中心舞狮队获浙江省民俗精英赛一等奖】2022 年 11 月 5 日至 6 日，由浙江省体育局主办的 2022 年第四届浙江省民俗体育精英赛舞龙舞狮比赛在温州九山公园举行。温州洞头职教中心舞狮队获 2022 年浙江省民俗体育精英赛舞狮赛项一等奖。该队成立于 2022 年 7 月，成员 11 名。此次民俗比赛共 17 支队伍参赛，洞头职教中心舞狮队由周海波、甘志康、周晋宇、吕熠翀、许楚越、张君赫、姚晨、叶芷言、张心怡、叶瀚骏、周馨蕊等 11 名队员参与比赛。

成人教育

【概况】2022 年，浙江开放大学洞头学院（原洞头区社区学院）完成成人专科毕业 60 人、浙大本科毕业 3 人，其中，2022 年春季专科毕业 51 人（行政管理本科 20 人，行政管理专科 12 人，学前教育本科 14 人，学前教育专科 5 人）。洞头区开放学院专科、本科招生共 59 人，其中春季行政管理专科招生 12 人，行政管理本科 8 人，秋季行政管理招生 31 人（专科 25 人、本科 6 人），秋季学前教育招生本科 8 人。完成成人初中、高中学历提升毕业生 364 人；秋季成人双证制高中新生招生 106 人，累计成人高中学籍系统在籍学员 279 人。完成成人大专、本科招生报名考试 790 人（成人高校 487 人，自考 244 人、开放大学 59 人）。霓屿社区学校“相约有霓，屿你同学融合共建全龄幸福学堂”获市未来社区终身教育十佳典型案例；区教育局《“汇学洞头·智享未来”洞头未来社区终身学习场景的构建与探索》项目获温州市教育领域第二届数字化改革创新应用大赛一等奖第一名；区教育局（社教办）“幸福 e 家课堂：家庭教育我发声”课程资源获浙江省社区家庭教育优质课程资源；老师颜贤通获评市百姓学习之星，北岙街道社区学校“海淘工艺培训”和东屏水族贝壳工作室“贝壳画创作大讲堂”获市终身学习品牌项目；浙江广播电视大学正式更名为浙江开放大学洞头学院。

【成人学习培训】2022 年，区中职学校协同区职业技能“展翅行动”成员单位开展各类社会人员培训3945人次，占全市下达指标3000人次的131.5%，其中家政及养老服务从业人员培训量1875人次、面向“两后生”（指初中后和高中后未升学的学生）培训量287人次；开展社区教育进文化礼堂活动390场次，社区教育进农村文化礼堂覆盖率95.38%。全年录入省学分银行平台学习成果数48362人次（中职学校3945人次、成人学校42417人次），占常住人口数32.4%（省均值20%）。

【三级社区（老年）教育办学体系建设】 2022年，洞头区完善“区县—镇街—村社”三级社区（老年）教育办学体系，社区学校（老年学堂）入驻“浙学通”平台比例100%，各街道（乡镇）老年学堂挂牌率100%。东屏街道和鹿西乡老年学堂完成市政府民生实事项目验收；灵昆沙塘社区分校获评市“文化礼堂+社区学校”共同体示范项目；霓屿街道布袋岙社区分校、鹿西东臼社区分校、东屏街道半屏社区分校、北岙街道长坑社区分校申报创成市二级社区分校。海窑艺术馆获评市终身学习体验基地。全区建成浙江开放大学洞头学院（含洞头区社区学院、洞头区老年开放学院、社区家庭教育指导服务中心）1所，街道（乡镇）级社区学校（含老年学校、成人文化技术学校、家长学校）7所。

【浙江开放大学洞头学院揭牌成立】 2022年12月1日，浙江开放大学洞头学院揭牌成立，浙江广播电视大学正式更名为浙江开放大学洞头学院。该学院由洞头区人民政府举办与领导，区教育局负责管理，业务接受上级开放大学指导与管理，整合共享中职教育、社区教育、国家开放大学教育资源，开展社会培训、学历提升教育和社区终身教育服务，打造服务全民终身学习和培育新时代工匠的“汇学洞头”教育品牌。

【“汇学e生”未来社区终身学习场景打造】 2022年，洞头区开发应用“汇学e生”终身学习服务系统，打造体系化、数字化、融合化终身教育品牌。该系统通过“邻里学堂、人人网校、学习地图、热门推荐、个人中心”等五大应用场景，对接浙里办、浙政钉、之江汇教育广场、浙学通、省学分银行等平台定制学习资源，为社区居民提供个性化资源推送、学习趋势预测、学习指数分析等服务。该项目被纳入洞头区数字社会重大改革项目，获温州市第二届教育领域数字化创新应用大赛一等奖。

【全民终身学习活动周】 2022年10月27日，2022年洞头区全民终身学习活动周开幕式在大门幼儿园举行。活动周以“大力发展社区教育 构建终身教育体系”为主题，活动表彰获评浙江省现代化社区学校、省市终身学习品牌、省市市民终身学习体验基地、市区级“百姓学习之星”单位和个人，对三所老年学堂（社区学校）、老年学习苑（社区分校）授牌。与会人员还观看大门镇终身教育展播片。展示幼儿舞蹈《宝贝宝贝》、少儿朗诵《大写中国》、越剧《九斤姑娘十只桶》、集体朗诵《我们在深秋怀念你》和舞蹈《打开幸福门》等节目。活动由洞头区教育局、洞头区大门镇人民政府主办，洞头区社区学院、洞头区大门社区学校承办。

【老年教育培训】 2022年5月，洞头区7个街道（乡镇）级社区学校整合资源，均挂牌成立镇街级老年学堂。洞头区老年开放学院和7所老年学堂整合社区教育机构资源，灵活采用短时制培训、长时制培训、在线平台学习等方式，落实民生实事项目“老年智能技术应用培训”，全年共完成老年智能技术应用培训4708人次。

【社区家庭教育培训】 2022年，洞头区教育局依托社区学校发文成立洞头区社区家庭教育指导服务中心，督促指导10所中小学智慧家长学校创建活动，督促指导街镇7所社区学校发文增挂社区家长学校牌子，并把家长教育课程纳入社区教育进文化礼堂总体课程服务清单。区教育局、区妇联、各乡镇（街道）等部门组建社区（家庭）教育讲师团，利用每年全民阅读节、终身学习活动周等载体，开展“庭院绿化美化”“家庭教育指导”等职业技能培训150多人次；集中开展社区教育进东屏街道中仑文化礼堂和北岙街道大长坑文化礼堂等送教服务2场次160多人次；4月举行全区“爱阅读·亲子慧”亲子悦读比赛，共评选出优秀家庭29个，区书香家庭、书香教师和书香学生50个，并引导中小学、幼儿园进行书香家庭、阅读推广先进个人等典型宣传。

特殊教育

【概况】 2022年，洞头区有3～18周岁持证残疾儿童少年157人，其中视力残疾1人、言语残疾2人、听力残疾16人、智力残疾83人、肢体残疾32人、精神残疾11人、多重残疾12人；在各类学校安置入学共152人，入学率96.82%；其中学前段入学11人、入学率100%，义务段入学92人、入学率96.84%，高中段入学47人、入学率95.92%，三个学段入学安置率均超省市水平。全区特殊儿童在校注册电子学籍106人，在23所中小学（幼儿园）实际安置随班就读或送教上门。举办特殊儿童“特别的你·特别的毕业礼”主题个人画展，现场展示用左手绘画的64幅画作。全区中小学（幼儿园）建有资源教室数22个，配有专兼职资源教师22人，实现各街道（乡镇）和招收5名残疾儿童的学校建有资源教室和配备资源教师“两个全覆盖”。洞头区霓屿幼儿园创成温州市示范性资源教室。实验中学资源教师叶帅获2022年“浙江省特教园丁提名奖”。洞头区实验中学入选省教育学会特教分会第五届理事成员单位，陈松财入选省教育学会特教分会第五届理事。

【资源教师业务培训会暨学前融合教育推进会】 2022年3月15日，洞头区教育局特殊教育指导中心在霓屿义务教育学校、霓屿幼儿园召开全区资源教师业务培训会暨学前融合教育推进会，会议围绕资源教室的建设使用、资源教师研训活动、随班就读质量管理、送教上门规范服务等方面展开研讨，助推全区融合教育高质量发展。全区22所随班就读试点学校教学管理干部和资源教师参加培训。

【非持证特殊儿童医学评估】 2022年3月29日至4月11日，洞头区教育局联合温州市第七人民医院开展非持证特殊儿童医学评估，分别在大门镇小、城关小学、东屏小学、灵昆小学四校设测评点，对各校筛查初报52名特殊儿童进行儿童韦氏智力测查和家长问卷调查。5月初市第七人民医院反馈诊断结果，教育局会同卫健局、残联、民政局相关科室业务骨干参与在线研判交流，最后认定智商70以下、学习障碍严重的个别学生为年度随班就读对象，并为相关学校提出个别化教育教学措施。

【市资源教师基本功大赛获佳绩】 2022年8月8日，温州市教育局公布第三届资源教师基本功大赛结果，经过笔试、面试等环节，评出学前、小学、中学组一等奖9名、二等奖14名、三等奖23名。洞头区霓屿幼儿园戈韦捷获小学组三等奖、大门镇小陈文雅获小学组三等奖，霓屿义务教育学校苏燕平获中学组二等奖。此前，7月8日，比赛在温州市蒲鞋市小学桥儿头校区举行。

【市融合教育优秀教育教学案例获奖】 2022年11月28日，市教育教学研究院公布2022年温州市融合教育优秀教育教学案例评审结果，经评审，共评出融合教育优秀教育教学案例一等奖4名、二等奖5名、三等奖8名。其中，洞头区实验中学校长纪玉丕的《看见：让融合教育心动成长》和资源教师叶帅的《优化助学伙伴团队，助力随班就读学生成长》两个案例分获市一等奖和二等奖。

【霓屿幼儿园通过市示范性资源教室创建验收】 2022年12月15日，温州市示范性资源教室评定小组到洞头区霓屿幼儿园开展市第四批示范性资源教室评估认定。对照市示范性资源教室认定细则，从组织管理、资源团队建设、资源教室建设、个案管理和工作成效等五个方面进行台账查阅，并对资源教室工作达成度进行赋分。评估组评价洞头区霓屿幼儿园在融合教育方面取得的成效，通过温州市第四批示范性资源教室评估认定。

民办教育

【概况】 2022年，洞头区有民办中学1所，民办幼儿园11所。学科类培训机构实现清零，非学科类培训机构从102家压减为56家。民办中学初中段学生818人，高中段学生1285人，教职工总人数195人，专任教师164人。全区民办幼儿园教职工270人，专任教师138人，持有教师资格138名，持证率100%；大专以上学历教师136名。11所民办园均被认定为普惠性民办幼儿园。全年民办幼儿园均年检合格。

【非学科类校外培训机构资金监管】 2022年3月1日，洞头区“双减”工作专班召开非学科类校外培训机构预收费资金监管工作会议。区教育局、科技局、文广旅体局相关负责人参加会议。会议强调预收费监管的必要性和紧迫性，要求所有校外培训机构积极开立预收费资金托管专用账户，按照规定收费，主动接受学生家长和社会各界监督，并将举报电话与收费标准张贴于醒目位置。7月4日，区教育局与区文广旅体局联合组织召开非学科类培训机构负责人会议，对列入全国校外教育培训监管系统的7家非学科类培训机构召开资金监管专题会议；7月7日，区教育局、文广旅体局等部门及有关街道（乡镇）协调联动，对全区各类校外培训（托管）开展全面随机督查。

【校外培训机构检查】 2022年，洞头区查处无证办学等违规培训机构7家，立案4起，列入黑名单培训机构5家。其中，3月26日，发现洞头区楚文信息咨询有限公司存在较严重违规行为，未按照《温州市新型冠状病毒肺炎疫情防控工作领导小组办公室关于进一步强化社会面疫情防控的通知》文件要求所有培训机构（含托管）暂停线下服务，及非学科类培训机构举办学科类培训违规行为。根据有关法律规定，交由区综合行政执法局立案查处；5月6日，发现某艺术培训机构参与小学语文学科培训。检查人员责令其负责人陈某立刻停止学科类培训，并立即做好学生退费工作，由区综合行政执法局立案查处；5月24日，掌上执法平台发出联动执法指令，洞头区教育、综合执法、消防、市监、民政等五个部门执法人员按照统一部署对校外培训机构开展“综合查一次”行动。

教育设施建设

【概况】2022年，洞头区教育系统小型基建财政项目共20项，涉及财政资金715万元，涉及中小学幼儿园12所及直属单位1个。其中，投入220万元加固改造大门镇中心小学旧教学、城关一小食堂、教育第三幼儿园旧教学楼专项危房；投入70万元温馨教室电路改造实验小学、城关一小、城关二小、东屏中心小学、霓屿义校、鹿西中心小学；投入330万元完成实验小学食堂外墙改造和校园文化改造。完成《洞头区教育专项规划（2020—2035年）（中间成果）》编制，职教中心迁建二期工程完成主体工程，开工建设大门中心幼儿园迁建工程，完成北岙、东屏学前教育提升项目立项工作。新改造教室交互式多媒体45套，中小学覆盖面92%；为89个中小学教室安装空调新风系统，覆盖面90%。新配置手摇式可升降课桌椅1535套。

【元觉义务教育学校新校揭牌】2022年1月25日，元觉义务教育学校新校揭牌。该新校区位于状元岙南片区05-05b、05-05c地块，按照浙江省一级教育学校标准建设，项目总用地面积约33350平方米，总建筑面积约17000平方米，学校办学规模为27个班级，学生人数为1215人。主要建设内容包括教学及辅助用房、办公用房、生活服务用房、运动场及景观附属设施等。项目由洞头区教育局负责实施，于2019年8月开工建设，2021年12月竣工投用。设计单位温州市联大建筑设计有限公司，施工单位是温州建设集团有限公司，监理单位是浙江鼎力工程项目管理有限公司。

【职教中心迁建二期主体工程完成】2022年，洞头区职教中心迁建二期工程主体工程完成。该工程建设用地面积为78674平方米，总建筑面积为13101平方米，新建实训楼建筑面积3125平方米，新建宿舍楼建筑面积2555平方米，新建体育楼建筑面积1879平方米，新建艺术楼建筑面积4918平方米，新建架空机动车停放建筑面积624平方米。项目总投资概算5890.52万元，其中直接工程费4929.95万元，其他费用520.51万元，预备费261.80万元，建设期利息178.26万元。项目于2020年12月3日开工建设。由方远建设股份有限公司和温州市联大建筑设计有限公司作为联合体于2020年11月中标，监理单位为浙江晟业工程咨询有限公司。

【实验小学校园文化建设工程完工】2022年8月，洞头区实验小学校园文化建设工程完工投用。工程于2022年7月开工建设，经费约180万元。工程主要对校内公共空间进行整体改造，通过整体设计，分期实施方式，把学校门厅、走廊、景观区角、庭院等改造为学生非正式多元学习空间。第一阶段改造包括绿化、园路铺装、叠水池、景观桥、花坛、景墙等。项目由浙江新苑建筑设计有限公司设计，温州晟昌工程建设有限公司负责施工。

【教育数字化应用】2022年9月，洞头区“汇学e生”未来社区教育服务系统项目获温州市第二届教育领域“移动5G杯”数字化改革创新应用大赛一等奖。项目建设围绕开放共享、融会贯通的数字化学习理念，构建“1+3+5+N”[1个教育大脑，融合数据与模型；3端（服务端、治理端、管理端）应用对象，集成服务与治理；5大应用场景（邻里学堂、人人网校、学习地图、热门兴趣、成长中心），兼顾线上与

2022年1月25日，洞头区元觉义务教育学校新校揭牌仪式（区教育局提供）

线下；N个特色功能（达人招募、积分奖励、扫码学习等）]社区教育服务体系，整合“浙学通”等共建共享智能数字中心，以“浙里办”作为入口，联动社区学院、7所社区学校和东屏街道半屏社区分校等开展线下试点，旨在打造出线上线下相结合的未来社区终身学习新场景。

招生考试

【概况】2022年，洞头区教育局完成初中学业水平文化考试、初中学业水平英语听力考试、高职职业技能考试、普通高校单独招生考试、全国成人高校招生考试等各项考试工作。6月7日，洞头区参加单独考试考生208人，设洞头职业技术教育中心考点1个，开设考场7个。11月5日至6日，全国成人高校招生考试参考人数573人，开设高起专、专升本两大类，共开设考场21个。

【洞头区义务教育阶段学校招生工作】2022年6月30日，区教育局印发《洞头区2022年义务教育阶段学校招生工作实施方案》，深入推进“两为主”“两纳入”。随迁子女义务教育入学由原来的“必须持有居住证满六个月”放宽至“持有居住证明”；由原来的“必须缴纳半年以上社保”放宽至“社保为非必须材料”“在温州市区内连续缴纳社会保险的，优先安排就近入学”。企业外来用工子女入学，只需持有洞头区居住证明和在洞头区用人单位签订（或劳动部门备案认的）劳动合同或营业执照即可享有义务教育权益。2022年秋季洞头区新招随迁子女入读小学236人，初中162人。9月，义务教育阶段转入随迁子女40人，转出8人，义务教育阶段在校就读的随迁子女共有2152人，小学1582人，初中570人。实现全区随迁子女100%就读义务教育学校。

【初中学业水平英语听力考试】2022年4月23日，洞头区举行英语听力考试，参加考试学生1206人，全区共设7个考点50个批次。其中海霞中学考点9批次，223名考生；实验中学考点11批次，270名考生；元觉义校考点2批次，44名考生；乐成寄宿中学考点10批次，234名考生；霓屿义校考点2批次，98名考生；洞头二中考点6批次，145名考生；灵昆中学考点8批次，192名考生。

【初中学业水平文化考试】2022年6月16日至17日，洞头区初中学业水平文化考试报名共1206人，全区共设考点5个，开设考场42个。其中海霞中学考点223名考生，设考场8个；实验中学考点270名考生，设考场9个；乐成寄宿中学考点376名考生，设考场13个，洞二中考点145名考生，设考场5个；灵昆中学192名考生，设考场7个。

【高职职业技能考试】2022年，洞头区举行高职考试2次。其中，6月8日，洞头区高职职业技能理论考试参考人数164人，开设计算机、旅游服务、电子与电工、服装、商业、外贸等6类，设考场7个；11月19日，高职职业技能操作考试，考点设洞头职业技术教育中心，参考人数174人，开设电子与电工、计算机2类，设考场6个。

师资队伍建设

【概况】2022年，洞头区公办学校有教职工1384人，专任教师1094人，其中公办幼儿园教师189人，小学教师568人，初中教师255人，职高教师82人；中级职称445人，占32.2%；高级职称209人，占15.1%；研究生学历27人，本科学历872人，大专学历193人。全年招录新教师47人，其中研究生3人；新评聘高级教师11人、一级教师21人、二级教师2人。全区所有初中设立市级名师工作站，开设市名师工作室25个，126名骨干教师参加为期2年学习。

【名师培养工作】2022年，洞头区培育初中特级教师1名，培育市名校长、名班主任各1名，市名师4名，超额完成年度人才培育目标。王贤平（霓屿义校）、陈建略（职教中心）、陈晓玲（灵昆中学）、吴维斌（灵昆一小）、余娟娟（鹿西小学）和臧乐乐（城关一小）等6位教师被评为温州市第七届名校长名教师名班主任。

【洞头区中小学（幼儿园）教职工校际流动实施办法试行】2022年6月27日，洞头区教育局出台《温州市洞头区中小学（幼儿园）教职工校际流动实施办法（试行）》（洞教〔2022〕52号），明确教职工校际流动条件和流程，促进学校间师资合理配置，优化教师队伍结构。在原有教师交流机制上延袭、优化，包含交流型、服务型和调剂型三种流动类型，提出“在同一学校连续任教满3年方可申请流动，在同一学校任教满9年应申请流动；教职工在全区内至少要有3所学校工作经历”（简称“393”流动机制）。全年交流人数达到75人。

【洞头区中小学（幼儿园）行政人员退出管理岗位若干规定试行】2022年6月27日，为进一步深化干部人事制度改革，完善全区中小学（幼儿园）行政人员退出机制。区教育局出台《温州市洞头区教育局关于中小学（幼儿园）行政人员退出管理岗位的若干规定（试行）》，提出中小学、幼儿园中男性年满55周岁，女性年满50周岁的正校级行政人员；男性年满53周岁，女性年满48周岁的副校级行政人员原则上退出管理岗位。退出管理岗位对象：原则上在原学校正常上班，并按在职在编人员管理；“退岗”不“褪色”，发挥“传帮带”作用；“闲岗”变“贤岗”，服从调配安排跨校指导；“退岗”不“退管”，担任专兼职督导视导员或责任督学。

【课题研究与论文评比】2022年，洞头区教师申报课题250项，立项202项，其中综合类课题42项，教学类课题75项，教师小课题85项；市年度课题立项10项，推广运用类课题立项10项，市第三批课堂变革项目立项15项，共35项。市各类结题课题参评30多项，获得一等奖1项，二等奖7项，三等奖7项，获奖率达67%。区中小学（幼儿园）论文评比收到参评论文490篇，评选出优秀教育教学论文296篇，占60.4%，其中一等奖43篇，二等奖105篇，三等奖148

2022年区教育教学课题、论文获奖情况一览表（市一等奖以上）

表40

序号	作者	题目名称	成果出处	获奖等第（发表）	获奖（发表）时间	作者单位
1	刘建广	漂洋过海，带着学生和“菜”去家访	浙江省教育科学研究院 浙江省教育学会	省“家访中的育人故事”寒假家访优秀案例	2022年3月	区第二中学
2	叶艳丽	微活动：基于智能平台的小学生整书读写评的策略研究	温州市教育科学规划领导小组办公室	市学科教材与教学课题一等奖	2022年11月	区城关第二小学
3	颜丽函 吴学俊	一本三导：区域推进“作业+课堂”联动优化的行动研究	温州市教育教学研究院	市论文一等奖	2022年6月	区教师发展中心
4	黄志清 陈伟斌	“五诊”合参　破“减”成蝶　提质“增”效——“双减”视域下小学整体教学视导“轻负高质”工作新生态	温州市教育教学研究院	市论文一等奖	2022年6月	区教师发展中心
5	王光伟 颜丽函	三阶六环：智慧教育支持下的名师工作室深度研修场景	温州市教育教学研究院	市论文一等奖	2022年6月	区教师发展中心
6	蔡海鸥	三循：探寻整本书阅读的新路径	温州市教育教学研究院	市论文一等奖	2022年6月	区实验小学
7	叶玲玲	Excel项目化：儿童立场视域下的核心素养学习发生——以《数据的整理》一课为例	温州市教育教学研究院	市论文一等奖	2022年6月	区实验小学
8	林建程	格物致知：中职语文融合社会主义核心价值观教育策略	温州市教育教学研究院	市论文一等奖	2022年6月	区职业技术教育中心
9	郑梦瑶	三行五步：“1+X”证书制度下构建中职电商教学新范式的实践探索	温州市教育教学研究院	市论文一等奖	2022年6月	区职业技术教育中心
10	张夏燕	个性作业：初中数学学困生微作业单设计策略	温州市教育教学研究院	市论文一等奖	2022年6月	区实验中学
11	郑伶俐	用好·用活·用足初中《英语作业本》初探	温州市教育教学研究院	市论文一等奖	2022年6月	区元觉义务教育学校
12	吴冬冬	张开双臂就是长城——初中道德与法治八年级上册《坚持国家利益至上》教学设计	温州市教育教学研究院	市中小学价值观教育优秀教学设计一等奖	2022年11月	区第二中学

（区教育局提供）

篇。区在研课题相关项目（教育叙事、微调研、德育课例和“双减”案例）评比，参评项目156篇，其中教育叙事62篇，微调研41篇，德育课例36篇和“双案”案例17篇。按获奖比率要求评出获奖教育叙事37篇，获奖微调研25篇，获奖德育课例21篇，获奖“双减”案例11篇。组织相关内容参加市级评比，市项目化案例评比，4项获市级奖；市“双减”案例评比，入选温州市“月十佳双减案例”7个；市价值观教育优秀教学设计评比，市一等奖1篇，二等奖2篇，三等奖2篇；市价值观教育课堂教学评比，市二等奖1个；“我的家访育人故事”评比，省一等奖1篇。全年获省城乡义务教育共同体典型案例1篇、省级“双减”优秀实践案例1篇，获市级“双减”优秀实践案例5篇。

【**学科教研员结对签约**】2022年9月19日，为响应《浙江省教育厅第四部门印发〈关于促进山区26县教育跨越式高质量发展实施方案〉的通知》，实施《温州市中小学“教研共富”三年行动计划》，温州市教育教学研究院与洞头区教育局签约学科教研员结对。

主要包含五个方面教研合作：合力推动“市直+洞头”的联合教研新方式，增加洞头优秀教师展示和提升机会，拓宽视野、激活内驱、提升素养；推进“教学视导+管理视导”的调研新机制，进行问题式把脉，形成循渐式整改跟进；建立市教研员+区教研员的结对模式，采用动态跟岗和常态跟岗相结合的灵活方式，提升教研员水平；打通“科研+教研”的以助力赋能场景，用科研的力量助推教研能力提升；采取教研大数据+支持行动策略，借助“云教研”为洞头中小学学校的精准教学与实证教研提供技术服务。

【**吕良栋入选第十三批浙江省特级教师**】2022年9月8日，省教育厅公布第十三批浙江省特级教师名单，303名教师入选，其中52人为浙江省特级教师（定向服务），洞头区霓屿义务教育学校吕良栋老师入选第十三批浙江省特级教师（定向服务）。

平安校园建设

【**概况**】2022年，洞头区教育局制定《温州市洞头区校园安全专项整顿提升工作方案》，深化“平安校园”建设，实现校园安全综合治理规范化、制度化、精细化，确保师生平安和校园稳定，全面加强防范未成年人性侵害和校园欺凌工作。以“安全教育周”“安全生产月”和“消防安全宣传月”活动为载体，依托“全国安全教育平台”等信息化教育手段，全区在全国安全教育平台接受安全网络教育学生17726名。组织开展防范学生溺水、防范校园欺凌、防范电信网络诈骗和防范学生性侵害、“4·15”国家安全日、“11·9”消防日等专题教育活动。

【**校园安全管理**】2022年，洞头区教育局建立校园安全隐患排查月督查机制，开展校园安全防范、消防安全、实验室危化品安全、燃气安全、交通安全、食品安全等校园安全专项检查。全年组织检查指导学校974所次，发现指导整改隐患632处，校园安全隐患均整改完毕。

【**校园安全专项行动**】2022年，洞头区教育局以“安全教育周”“安全生产月”“消防安全宣传月”活动为载体，依托“全国安全教育平台”等信息化教育手段，开展“校园安全专项行动”。全区15468名学生在全国安全教育平台接受安全网络教育，消防安全、交通安全、食品安全等安全教育取得实效；根据时间节点和季节变化，适时开展防范学生溺水、防范校园欺凌、防范电信网络诈骗和防范学生侵害、“4·15”国家安全日、“6·26”国际禁毒日、“11·9”消防日、“12·2”全国交通安全日等专题教育活动。联合区委政法委开展为期三周的洞头区“校园反邪学生宣讲员”大赛，全区17所中小学，共260名选手通过走进校园、走进班级、走进课堂等进行反邪教警示宣讲，受教学生1万余人次。

【**首届市中小学应急救护知识和技能现场比赛获佳绩**】2022年12月15日，洞头区选派教师参加温州市中小学应急救护知识和技能现场比赛。通过应急救护知识笔试、心肺复苏（含AED）模拟操作和创伤基本技术模拟操角逐，获团体一等奖2个、二等奖1个，其中灵昆一小和洞头二中分别荣获小学组、初中组市级一等奖，职教中心荣获高中组二等奖，洞头区教育局获优秀组织奖。

校园文化建设

【**概况**】2022年，洞头区美丽校园创成率、文化特色项目培育率为100%；精品社团培育累计123个；累计创成区级以上文明校园16所、省级数字家长学校10所、区级以上劳动示范校16所。印发《洞头区“浙江有礼 兰草馨香”文明新实践活动》，每月持续开展“红色基因传承”等十大主题教育；组织开展第六届全区中小学讲海霞故事现场赛、“学党史·讲历史”红色记忆少年宣讲团宣讲活动、2022

年“小海霞”研学夏令营”红色研学等“海霞魂”传承教育活动及中小学大课间、足球、羽毛球、游泳、阳光体育、田径等比赛6项，城关小学创成市大课间特色校；围绕“走近学生心灵，引领健康成长”主题，开展中小学“心理健康教育“六个一”活动、“家访智慧故事征集评比活动”“心理漫画征集评比”“健康微课评比”“洞头区首届“情绪急救比赛”等活动，让心理健康教育常态化，促进青少年健康成长。洞头职教中心夏文豪、实验小学陈宣妍和实验中学郑临格等三人获温州市“新时代好少年”。2021学年浙江省大一新生成绩发布，洞头区以94.33%的合格率位居全省第一名。

【“红色基因传承”等十大主题教育】 2022年7月25日，区教育局印发《洞头区“浙江有礼·兰草馨香”文明新实践实施方案》，从7月开始，全区16所中小学每月分主题、分对象常态化开展“传承红色基因”“人人学礼，我为洞头代言”“最美诚信学子”“最美家风传承”“文明出行，我最棒”“我为人人，人人为我”“简洁达人秀”“做一个文明上网的学生”“光盘行动 反对餐饮浪费”“文明旅游 健康出行”等十大主题教育。全年开展诸如志愿服务、文明家风、公勺公筷、垃圾分类、爱国主义等活动760场，参加文明新实践活动中小学生11558名。

【“海霞魂”传承文明教育】 2022年，区教育局开展校园系列故事评比征集、持续做好国防教育4个100%（全区中小学军人荣誉墙设置100%，国防教育融入课程100%，走进军营体验100%，军训及始业教育100%）、持续开展“我在海霞故乡寻红根”“小海霞”入队入团教育实践、“小海霞”红色研学活动等。4月评选区级“新时代海霞好少年”25名，其中少年评为“温州市新时代好少年”3名，让孩子们在讲、研、练中了解海霞历史、熟悉家乡海霞故事，旨在传承海霞精神，做好海霞传人，引导学生听党话、感党恩、跟党走。

【“情绪急救”情境模拟比赛】 2022年7月4日，洞头区举办首届中小学“情绪急救”情境模拟比赛。比赛共分小学组、中学组、校长组3个组别，通过现场抽签方式确定参赛者序号。比赛采取真实情景再现形式进行，由参赛者与助演（每组2名助演）共同完成。8月，选派5名教师参加温州市教育局举行全市中小学“情绪急救”情境模拟比赛，元觉义校副校长罗建谊获一等奖，城关二小校长林素珠、实验小学教师潘晓微、陈献娟获二等奖，海霞中学教师张玲艳获三等奖。

【首支“心‘洞’在线”心理健康志愿服务队伍成立】 2022年12月20日，洞头区首支“心‘洞’在线”心理健康志愿服务队成立，首批志愿教师共7名（江锦萍、叶帅、杨燕燕、李月梅、孙璐、苏燕平、柯珊珊），均为区骨干心理教师。心理健康服务队定期召开会议，开辟寒假“心洞在线”栏目，推出心理健康宣教视频四期。

【洞头区中小学艺术节表演类比赛】 2022年洞头区中小学生艺术节表演类比赛分别于4月9日至10日、4月16日至17日在实验小学举行，比赛主题是“民族魂·中国梦”。全区17所中小学校200多个节目1000多人参加比赛。经评委现场评定，最终30个节目获一等奖，58个节目获二等奖，99个节目获三等奖。

【洞头区中小学生体育节足球比赛】 2022年5月23日至27日，洞头区中小学生体育节足球比赛在蓝港足球场、大朴足球场举行。比赛设置小学组和初中组男子、女子共四个组别。小学、初中组各组分别录取前八名；初中组前三名、小学组前六名各授予一名优秀教练员称号，共决出金牌、银牌、铜牌各4块。比赛由区教育局、区文广旅体局联合主办。

【洞头区中小学生体育节羽毛球比赛】 2022年5月21日至22日，洞头区中小学生体育节羽毛球比赛在霓屿义校举行。比赛设置初中组团体赛，小学组个人赛形式。小学组、初中组均录取前八名，初中组前三名、小学组总分前六名各授予一名优秀教练员称号，共决出金牌、银牌、铜牌各4块。比赛由区教育局、区文广旅体局联合主办。

【洞头区中小学生体育节乒乓球比赛】 2022年9月23日至24日，洞头区中小学生体育节乒乓球比赛在昊星乒乓球俱乐部举行。比赛设置初中组、小学组团体赛和个人赛形式，团体赛（队赛）和个人赛均取前八名，初中组前三名、小学组总分前六名各授予一名优秀教练员称号，共决出金牌、银牌、铜牌各4块。比赛由区教育局、区文广旅体局联合主办，洞头区昊星乒乓球俱乐部承办。

（曾盈盈）

科学技术

综述

【概况】2022年，洞头区科技创新指数为133.5，居全省第57位，全市第六位。全社会R&D（研究与试验发展）经费占GDP比重为2.23%，居全市第五位。全年规上工业研发经费1.34亿元，增速14%，居全市第八位；高新技术产业投资额5.01亿元，增速101.4%，居全市第一位；高新技术产业增加值6.53亿元，下降7.6%，居全市第12位；高新技术产业增加值占规上工业增加值比重41.9%，居全市第12位；技术交易额2.46亿元，完成率136.46%，居全市第二位；生命健康制造业产值8.09亿元，下降3.2%，居全市第13位；创新券使用73.56万元；完成发明专利产业化项目申报并通过市级立项2项。出台《科技创新促进共同富裕十项举措》《科技创新推动工业经济高质量发展若干政策》，兑现科技政策资金2485万元，惠及企业81家；34家企业获得科技贷款7600万元，贴息补助183万元。率全市之先成立科技特派员联盟，帮助企业和渔农民解决技术难题52项。“银龄跨越数字鸿沟”“群团助力双减”等完成率均居全市前三位。

【温州市洞头区科技局正式挂牌】2022年4月，温州市洞头区科技局正式挂牌独立运行。2021年11月24日，市编办批复温州市洞头区科学技术局单独设置，作为洞头区政府工作部门，机构规格为正科级，不再在洞头区经济商贸和信息化局挂牌。区科技局行政编制6名（其中4名从区经信局划入），设内设机构3个（其中社会发展科技科、高新技术及产业化科从区经信局成建制划入）。洞头区海洋与渔业发展研究中心由归口洞头区农业农村局管理调整为归口洞头区科技局管理，12月，洞头区海洋经济科技服务中心正式并入办公。

【洞头区科技特派员创新联盟成立】2022年9月28日，洞头区科技特派员创新联盟成立仪式暨工作交流会举行。会议宣读《洞头区科技特派员创新联盟工作规程》《洞头区第一届科技特派员创新联盟成员名单》。与会人员围绕科技特派员助推洞头产业发展展开交流讨论。科技特派员创新联盟旨在创新科

2022年4月7日，温州市洞头区科学技术局正式挂牌　　（区融媒体中心提供）

技服务模式，完善沟通联络机制，加强人才技术信息交流，整合协调创新资源，推进海岛乡村振兴及海洋特色产业全链条服务工作，为洞头“两菜一鱼”产业发展贡献科技力量。

【科技创新主体培育】2022年，洞头区创成国家级高新技术企业6家（新认定3家，重新认定3家），省级科技型中小企业13家，入库国家科技型中小企业31家，省级高新技术企业研发中心1家，市级企业研发中心3家。全区共拥有国家级高新技术企业22家，省科技型企业82家，国家级科技型中小企业31家，省级企业研究院1家，省级企业技术研发中心7家，市级企业技术研发中心16家。

【国家高新技术企业培育】2022年，洞头区新认定国家高新技术企业3家，即温州亿通自动化设备有限公司、温州明远新型建材有限公司、浙江中欣航电装备制造有限公司；重新认定国家高新技术企业3家，即温州久一重工有限公司、浙江方舟工程机械设备有限公司、温州市环境发展有限公司。

【省科技型企业培育】2022年，洞头区新认定浙江省科技型中小企业13家，即温州市永宝紧固件有限公司、温州亿云智能科技有限公司、浙江华田特种材料有限公司、温州吉加科技有限公司、温州益禾电子科技有限公司、温州丰吉网络科技有限公司、温州锦瑞建设有限公司、温州敏思科技有限公司、浙江上电阀门有限公司、温州瓯宏智能科技有限公司、温州润衡建筑承包有限公司、温州亿腾建设有限公司、温州市鑫立信电子科技有限公司。

【企业研发机构培育】2022年，洞头区创成省级高新技术企业研发中心1家，即浙江省迪特高强度螺栓高新技术企业研究开发中心；市级企业技术研究开发中心3家，即温州市信立达履带铁齿高新技术企业研究开发中心、温州市海力砂轮高新技术企业研究开发中心、温州市耐斯康护用品高新技术企业研究开发中心。

【科技成果转化】2022年，洞头区拓展网上技术市场，做好“技术难题征集”“成果推介”等活动，完成技术合同交易额2.46亿元，发明专利产业化项目2项，分别为喹吖啶酮颜料系列产品、46S/50S电机。

【科创平台建设】2022年，洞头区推进洞头海洋生物科技示范孵化基地建设，出台《洞头区大孵化器集群发展三年行动计划（2022—2024年）》，通过招投标程序，招引海洋生物科技示范孵化基地运营机构1家，签订《洞头海洋生物科技示范孵化基地运营合作协议》，并启动试运营。推进“浙江工商大学温州海洋食品技术转移转化中心”和“浙江海洋大学温州技术转移转化中心”2个技术转移转化中心建设，于11月底完成共建协议签约。

【科研项目及经费使用管理】2022年，洞头区恢复区级科研项目立项，投入财政科研经费795万元支持项目12项，拉动社会资本研发投入2482万元。全球率先投用“大黄鱼智能无网声波海洋牧场”养殖新模式。与省农科院、自然资源部海洋二所合作的“红树林生态系统固碳增汇”“海洋蓝碳生态系统增汇”项目列入省“尖兵”“领雁”科研攻关项目。诚意药业“帕拉米韦原料药及制剂的研发”项目列入市级“揭榜挂帅”重大科研攻关榜单，获200万元科研经费支持。诚意药业“超级鱼油”“蝉花虫草产业”等海洋生物制药高新技术项目启动实施。《洞头蓝色海湾生态修复工程关键技术与应用》获2022年省生态环境科学技术奖二等奖。《羊栖菜杂交育种新品系选育、扩繁和评价技术的开发与推广》获市农业丰收奖二等奖，授权国际、国内发明专利各1项。

【科技服务】2022年，洞头区出台《科技创新推动工业经济高质量发展若干政策》，全年兑现科技优惠政策资金2485万元，较上年提高54.2%。出台《洞头农商银行“科创指数贷”贷款管理办法》，支持5家企业获得1500万元科技贷款，科技贷款贴息补助资金支持185万元。深化“科技企业专项服务行动”，率全市之先成立科技特派员联盟，帮助企业和渔农民解决技术难题52项。

（黄林芝　陈　梁）

知识产权

【概况】2022年，洞头区申请专利274件，其中发明59件，实用新型133件，外观设计82件；授权专利357件，其中发明25件、实用新型210件，外观设计122件。全年知识产权质押融资额39290万元。办结首件专利侵权纠纷行政裁决案件。全年兑现发明专利授权补助16件，全区有效发明专利拥有量156件，专利质押新增发明专利12件，每万人高价值发明专利拥有量5.6件以上。

【知识产权质押融资】2022年，洞头区知识产权质押融资额39290万元，同比增长54.7%。其中，商标质押授信24500万元，专利质押授信14790万元。发放全市首笔地理标志证明商标质押贷款，“洞头羊栖菜”地理标志质押集体授信1亿元，发放贷款450万元。

【知识产权保护】2022年，洞头区联合发起温州北片知识产权综合执法司法保护联盟，与乐清、永嘉三地八部门联系配合，强化行刑衔接。办结洞头区首件专利侵权纠纷行政裁决案件，裁决结果驳回投诉。

2022年洞头区新授权发明专利基本情况一览表

表41

序号	专利号	专利名称	专利权人	专利类型
1	2019113942988	一种阀门同轴度加工工艺	温州蓝天管件阀门有限公司	发明
2	202010520353X	一种喹吖啶酮颜料或其混晶颜料的生产方法	温州金源新材料科技有限公司	发明
3	2020103191222	镀锡铜带镀层防氧化助焊剂及其制备方法	浙江力强科技有限公司	发明
4	2021110223504	一种深层搅拌桩智慧综合监测系统	温州瓯宏智能科技有限公司	发明
5	2020116187795	一种盖梁预制和智能养护台座	浙江瓯越交建科技股份有限公司	发明
6	2021106657248	一种基于虚拟现实技术的填埋场三维模拟综合管理系统	温州市环境发展有限公司	发明
7	2020109864461	一种半悬浮式人工鱼礁	海经（温州）海洋科技股份有限公司	发明
8	201911080356X	一种养殖羊栖菜初级产品干品品质等级分类方法	温州市洞头区水产科学技术研究所 温州大学	发明
9	2019110803536	一种养殖羊栖菜初级产品单位鲜/干重产量及含水量评价比较方法	温州市洞头区水产科学技术研究所 温州大学	发明
10	2020116015375	一种单触点信号开关	温州市三峻轿车配件有限公司	发明
11	202110459487X	通用型三防漆脱漆剂及其制备方法	浙江力强科技有限公司	发明
12	2020107966600	一种10kV配网用工器具存放装置	国网浙江省电力有限公司温州市洞头区供电公司；国网浙江省电力有限公司温州供电公司；国网浙江省电力有限公司；国家电网有限公司	发明
13	2021104594865	三防漆修复剂及其制备方法	浙江力强科技有限公司	发明
14	2020113157020	一种无苯瓷砖胶泥	温州明远新型建材有限公司	发明
15	201610759506X	一种木屑烘干机	庄德恩	发明
16	2020115494809	一种预拌干混防水石膏砂浆	温州明远新型建材有限公司	发明
17	2020115531136	一种预拌干混防水保温石膏砂浆	温州明远新型建材有限公司	发明
18	2021102133671	一种羊栖菜幼孢子体栽培的单位质量评价及差异比较方法	温州市洞头区海洋与渔业发展研究中心； 温州大学	发明
19	2020104186096	一种伏立康唑的制备方法	浙江诚意药业股份有限公司	发明
20	2021105978097	一种医疗废弃物无人进料系统及其医疗废物周转箱	温州市环境发展有限公司	发明
21	2020105451402	一种维生素K1的纯化工艺	浙江诚意药业股份有限公司	发明
22	2021104025050	一种无网养殖声波船及其养殖方法	黄鱼岛海洋渔业集团有限公司	发明
23	2021111092613	羊栖菜海洋养殖装置及其工艺	温州佳海食品有限公司	发明

续表41

序号	专利号	专利名称	专利权人	专利类型
24	202010796750X	一种10kV配网接地线安全管理系统	国网浙江省电力有限公司温州市洞头区供电公司；国网浙江省电力有限公司温州供电司；国网浙江省电力有限公司；国家电网有限公司	发明
25	202110754041X	一种抽滤实验装置及方法	林哲鑫	发明

（区市场监管局提供）

【首笔国家地理标志证明商标质押贷款发放】2022年3月，洞头区发放温州市首笔地理标志证明商标质押贷款。区市场监管局联合人行洞头分行、洞头区供销社，探索地理标志证明商标质押融资可能性，推动知识产权价值转化，召开商标监管部门、金融监管部门、协会主管单位、贷款实施银行四方协调会，理顺出质人、债权人、债务人权利义务，制定地理标志证明商标质押融资协议与贷款业务操作指引，办理温州市首件地理标志证明商标质押并发放首笔贷款，以“洞头羊栖菜”地理标志证明商标为质押物，对使用“洞头羊栖菜”地标企业总授信1亿元。温州星贝海藻食品有限公司作为首批受惠企业，贷款350万元。

（陈 捷）

气象科技

【概况】2022年，温州市洞头区气象局成立汛期气象服务工作小组，开展气象监测预报能力提升工程，推进《洞头区防汛防台抢险救灾能力提升50条措施》，结合激光测风雷达和毫米波云雷达建设，启动洞头海洋生态气象综合监测基地建设。建立健全离岛群众紧急救治转运气象保障服务机制。完成海经区4套区域自动气象站建设。围绕疫情防控、三服务、渔业产业数字化建设、全国气象防灾减灾示范区建设，加强农村气象科普和文化建设，持续推进气象科普进农村活动、落实“共享社、幸福里”气象科普项目工作。推进气象灾害风险转移机制，推广适应“两菜一鱼”生产需求的气象灾害风险指数保险。

【国家级“避暑旅游目的地”品牌创建】2022年，洞头区气象局挖掘洞头气候资源优势，打造国家级“避暑旅游目的地”品牌，提高全区生态休闲和蓝色康养胜地的知名度。10月，洞头避暑旅游目的地申报书通过国家气候中心初审。洞头区是全国14个海岛区（县）之一。属亚热带海洋性季风气候类型。夏少酷暑，冬无严寒，光照充足，雨水丰沛，温暖湿润。年平均气温18.1℃，最冷月为1月，平均气温8.1℃，最热月为8月，平均气温27.8℃，气候条件非常适合避暑旅居。据旅游部门有关统计数据，全年洞头区旅游接待人数291.2万余人。

【气象站升级改造】2022年，温州市洞头区国家基本气象站综合改造工程完成项目竣工验收。通过观测场周边地块填充改造，附属用房内部改造、外墙围墙真石漆、水电线路和照明系统改造等综合建设，改善和保护探测环境，提高气象站的安全性和标准化水平。推进《洞头区防汛防台抢险救灾能力提升50条措施》，完成激光测风雷达和毫米波云雷达建设，洞头海洋生态气象综合监测基地依托两部雷达启动实际监测任务。

【气象服务保障】2022年，洞头区气象局制作发布重要气象报和内参等决策服务材料112期、岛际交通及休闲游航线专报789期，重大活动和节日等专题服务339期，预

2022年，温州市洞头区国家基本气象站综合改造工程完成竣工验收（区气象局提供）

警信号101期，其中发送短信67万余条。联合霓屿街道，持续深化紫菜全生命周期服务；联动区市场监督管理局，制定紫菜养殖保险理赔气象指数地方标准，完成紫菜精细化气候区划图，并为洞头人保、渔业互保建立保险理赔快车道。制定《2022年渔农业气象服务周年方案》，全年发布渔农气象专题服务218期。推进浙江温州海洋经济发展示范区气象保障服务，海经区气象保障服务方案已通过审核，依托洞头气象平台，培养专业气象人才；气象服务融入瓯江口应急指挥系统；加密布设气象监测自动站；建立常态化工作机制，实现双方信息共享、资源共享。落实建设经费125万元，维持经费41万元。完成海经区4套区域自动气象站建设。在政务网搭建重大户外活动气象全流程数字订制服务平台。

【气候影响评价】 2022年，洞头区极端最高温度34.3℃，没有出现高温天气。全年本站大风2天，大雾28天，台风个数与常年偏多，未造成较大灾害，总体全年气候温暖宜人，适宜旅游。全年本站出现8级及以上大风2天，较常年偏少；大雾28天，较常年（34.8天）偏少。岛际交通受大风影响出现间歇性停航11天。

（邵建红）

防灾减灾

【概况】 2022年，洞头区极端灾害性天气防范应对工作规则试行，区气象局与区防指办、瓯江口产业集聚区防汛办联合印发《极端灾害性天气预警叫应规则》《极端灾害性天气预警信息和工作指令"两个直达"实施方案》；推动《温州市气候资源保护和利用条例》纳入全区周一夜学学习。建立健全区极端灾害性天气应对"1+N"工作机制。先后开展应急演练12次，参演总人数431人。聚焦"八张风险清单"，开展逆周期、汛前排查、再排查再整改、落实"六个必须"等隐患排查专项行动4轮。实战化运用洞头区村社防台系统。全区储备物资27类10万余件，避灾安置场所规范化提升累计63个，累计创成国家级综合减灾示范社区12个。持续推进自然灾害风险普查，完善普查数据库，相关工作经验在浙江应急管理报刊发推广。

【落实叫应制度】 2022年，洞头区气象局与洞头区防指办、瓯江口产业集聚区防汛办联合印发《极端灾害性天气预警叫应规则》《极端灾害性天气预警信息和工作指令"两个直达"实施方案》；结合海岛灾害高发频发特点，联合洞头区防汛办编制《温州市洞头区气象灾害预警公众防御指引》、印发《温州市洞头区极端灾害性天气防范应对工作规则（试行）》、修订《洞头区灾害性天气警报发布业务细则》；组建叫应人员浙政钉工作群，必要情况下通过浙政钉实现语音叫应，同时对接通信部门，设置专属移动电话，开展人工叫应工作。

【气象预警一键达应急广播平台】 2022年，洞头区气象局联合区大数据中心、区华数公司采用"主动式渠道"方式把突发事件预警信息发布系统与应急广播平台对接，在全市率先实现气象预警一键达应急广播平台，根据需要进行全区、分区、点对点播发，实现预警信息村级精准快速传播、靶向直达。联合区应急管理局出台《洞头区农村应急广播气象灾害预警信息发布机制》，明确发布策略，规范发布内容与审核。

【人工影响天气作业】 2022年11月1日8时至11月4日11时，洞头区气象局联合区公安分局在鸽尾礁开展人工增雨作业，通过密切关注天气形势，监测降水云系变化，发射增雨火箭弹8枚，全区面雨量30.1毫米。

（邵建红）

【森林防灭火工作】 2022年，洞头区按照"1+6+11"架构成立区山火应急处置指挥中心，设综合信息组、扑救指挥组、督查巡查组，派出督查巡察组54组181人次，制止野外用火行为28起，立案4起。创新布设森林防火高位云台5个，采取"视频巡察+红外线温感监测+无人机巡山+森防队巡逻+护林员巡山"，辖区森林火灾"天眼"预警监测系统覆盖度100%，严格管制野外用火，确保"零火点""零冒烟"。开展森林防火进村、进企、进校等五进警示教育，利用广播、巡逻车等设备播放温州话、闽南话、普通话三语森林防火影音，累计开展宣传活动12场次，辐射人员超5000多人次。

【东屏街道岙仔村入选省综合减灾示范社区名单】 2022年11月30日，省应急管理厅公布2022年浙江省综合减灾示范社区名单，温州市8个社区入选，创建数量居全省第二，洞头区东屏街道岙仔村入选。通过社区自荐、街道（乡镇）评审，县级审核和听取工作汇报、查阅档案资料、实地查看等形式开展综合评估，围绕组织管理、风险隐患治理、基础设施建设、应急物资保障、应急力量建设、预案编制与演练、宣传教育、创建特色等8个方面43项。岙仔村通过多种形式防灾、减灾知识宣传教育，提高居民对各类灾害风险的认识。网格员结合洞头网格平台App，定期对村内重点点位进行巡查，发现问题并及时上报。街道建立专门微信群，实现与村社的预警信息共享。

（叶卓然）

2022年洞头区避灾安置场所一览表

表42

序号	级别	场所名称	场所地址
1	区级	洞头区避灾安置中心（区人民剧院）	北岙街道新城大道273号
2	区级	洞头区避灾安置中心（洞头区实验小学）	温州市洞头区北岙街道海虹路2号
3	乡镇级	北岙街道避灾安置中心（北岙街道办事处）	温州市洞头区北岙街道北岙街道霞晖大道335号
4	乡镇级	大门镇避灾安置中心（洞头区第二中学）	大门镇振兴西路1号
5	乡镇级	灵昆街道避灾安置中心（灵南小学）	灵昆街道上岩头村
6	乡镇级	东屏街道避灾安置中心（洞头区实验中学）	东屏街道育才路61号
7	乡镇级	元觉街道避灾安置中心（活水潭村村部）	元觉街道活水潭村村部
8	乡镇级	元觉街道避灾安置中心（元觉义务教育学校）	元觉街道活水潭村状元南片
9	乡镇级	霓屿街道避灾安置中心（霓屿义务教育学校）	洞头区霓屿街道布袋岙新区
10	乡镇级	鹿西乡避灾安置中心（乡政府办公楼）	鹿西乡新办公楼
11	村级	北岙街道区市民文体活动中心避灾安置点	洞头区市民文体活动中心
12	村级	北岙街道区财政局避灾安置点	北岙街道腾飞路79号
13	村级	北岙街道区第一中学避灾安置点	洞头区第一中学
14	村级	北岙街道区城关小学避灾安置点	洞头区城关小学（顶寮路42号）
15	村级	北岙街道海霞学院避灾安置点	原职教中心
16	村级	北岙街道城南社区避灾安置点	北岙街道中心街380号
17	村级	北岙街道小长坑村避灾安置点	北岙街道小长坑村村部
18	村级	北岙街道东郊村避灾安置点	北岙街道人民西路65号
19	村级	北岙街道九厅社区避灾安置点	北岙街道燕山路458号
20	村级	北岙街道柴岙村避灾安置点	北岙街道城北路1095弄7号
21	村级	北岙街道鸽尾礁村避灾安置点	北岙街道原鸽尾礁小学
22	村级	北岙街道大王殿村避灾安置点	北岙街道兴港东路158号
23	村级	北岙街道三盘社区大岙避灾安置点	北岙街道大岙村村部
24	村级	北岙街道银海社区避灾安置点	银海社区办公楼
25	村级	北岙街道海霞村避灾安置点	海霞村村部
26	村级	北岙街道大长坑村避灾安置点	长坑中路52号
27	村级	北岙街道上新社区避灾安置点	温州市洞头区北岙街道水产巷8号
28	村级	北岙街道打水鞍社区避灾安置点	温州市洞头区北岙街道打水鞍路3号1幢

续表42

序号	级别	场所名称	场所地址
29	村级	北岙街道双垅村避灾安置点	双垅路169号
30	村级	北岙街道小三盘村避灾安置点	人民路130
31	村级	灵昆街道灵昆一小避灾安置点	灵昆街道叶先村
32	村级	灵昆街道双昆村避灾安置点	灵昆街道双昆村老年活动中心
33	村级	灵昆街道上岩头村避灾安置点	上岩头村村部
34	村级	大门镇中心敬老院避灾安置点	大门镇沙岩后巷40号
35	村级	大门镇沙枫港村1避灾安置点	大门镇枫树路4号
36	村级	大门镇东浪村避灾安置点	大门镇东浪路50号
37	村级	大门镇西浪村避灾安置点	大门镇西浪路22号
38	村级	大门镇岙面村避灾安置点	岙面村居家养老服务照料中心
39	村级	大门镇岙底村避灾安置点	大门镇岙底村村部
40	村级	大门镇乌仙头村避灾安置点	大门镇乌仙头村村部
41	村级	大门镇黄岙社区避灾安置点	大门镇甲山致富路2号
42	村级	大门镇大溪居避灾安置点	大门镇城门路6号
43	村级	大门镇长沙社区避灾安置点	大门镇振兴西路93号
44	村级	大门镇豆岩村避灾安置点	大门镇海安路1号
45	村级	大门镇仁前途村避灾安置点	大门镇前途路40弄1号
46	村级	大门镇小门村避灾安置点	大门镇常青16弄4号
47	村级	大门镇大荆村避灾安置点	大荆村居家养老服务照料中心
48	村级	大门镇营盘基村避灾安置点	大门镇金明巷6号
49	村级	大门镇小荆村避灾安置点	大门镇小荆村小荆路28号
50	村级	大门镇朝阳居避灾安置点	大门镇朝阳街10弄18号
51	村级	大门镇观音礁村避灾安置点	大门镇振兴东路1012号
52	村级	大门镇潭头村避灾安置点	潭头服务中心三楼
53	村级	大门镇兰湖洞居避灾安置点	温州市洞头区大门镇振兴路169号
54	村级	大门镇沙枫港村2避灾安置点	大门镇沙岙村村部
55	村级	东屏街道社管中心避灾安置点	东屏街道府前路8号
56	村级	东屏街道岙仔村避灾安置点	东屏街道临海路1号

续表42

序号	级别	场所名称	场所地址
57	村级	东屏街道寮顶村避灾安置点	东屏街道城东路149号
58	村级	东屏街道东岙顶村避灾安置点	东屏街道仙岩路397号
59	村级	东屏街道后坑村避灾安置点	东屏街道中龙路61号
60	村级	东屏街道后寮村避灾安置点	东屏街道城东路68号
61	村级	东屏街道中仑村避灾安置点	东屏街道中仑巷18号
62	村级	东屏街道蓝港社区避灾安置点	东屏街道蓝港花苑D区1幢101室
63	村级	东屏街道东港社区避灾安置点	东屏街道仙岩路127弄36号
64	村级	东屏街道东岙村避灾安置点	东屏街道东岙路140—144号
65	村级	东屏街道半屏社区避灾安置点	半屏社区南屏路5号
66	村级	东屏街道外埕头片区避灾安置点	东屏街道金埕路95号
67	村级	元觉街道文化大礼堂避灾安置点	元觉街道文化礼堂
68	村级	元觉街道深门村避灾安置点	元觉街道状元西路102号
69	村级	元觉街道小北岙村避灾安置点	元觉街道小北岙村委
70	村级	元觉街道状元村避灾安置点	元觉街道状元街168号
71	村级	元觉街道沙角村避灾安置点	元觉街道沙角新街20弄
72	村级	元觉街道沙岗村避灾安置点	元觉街道兴岙路20号
73	村级	霓屿街道正岙村避灾安置点	霓屿街道霓兴路21号
74	村级	霓屿街道郎等村避灾安置点	霓屿街道景山路58号
75	村级	霓屿街道上社村避灾安置点	霓屿街道龙川路33号
76	村级	霓屿街道下社村避灾安置点	霓屿街道龙兴路1号
77	村级	霓屿街道桐岙村避灾安置点	霓屿街道上虹路18号
78	村级	霓屿街道石子岙村避灾安置点	霓屿街道霓东路37号
79	村级	霓屿街道长坑垅村避灾安置点	霓屿街道长宁路288弄100号
80	村级	霓屿街道下郎村避灾安置点	霓屿街道上郎路1号
81	村级	霓屿街道办事处避灾安置点	霓屿街道滨海北路2号
82	村级	鹿西乡东臼村避灾安置点	鹿西乡兴明路88号
83	村级	鹿西乡扎不断村避灾安置点	鹿西乡东红路73弄71号
84	村级	鹿西乡山坪村避灾安置点	鹿西乡山坪路123号
85	村级	鹿西乡昌鱼礁村避灾安置点	鹿西乡兴华路53号
86	村级	鹿西乡口筐村避灾安置点	鹿西乡富兴街1号
87	村级	鹿西乡鹿西村避灾安置点	鹿西乡鹿西村村委会

（区应急管理局提供）

文 化

综述

【概况】2022 年，洞头区制定《关于高质量打造海上花园文化高地加快推进共同富裕海岛样板建设的行动计划（2022 年）》，不断完善公共文化阵地，着力提升文化服务水平，全面推进文旅融合发展。完成新建文化驿站 1 个、15 分钟品质文化生活圈 50 个。渔灯舞、海陶、贝壳画等入选市级优秀传承基地、瓯越非遗百家坊。开展文化下乡及各类文艺赛事活动，举办文化和自然遗产日开幕式、第三届“民星秀”等传统节庆活动，常态开展渔民画展览、渔灯制作培训、七夕民俗风情节、渔嫂厨艺比拼等文化惠民服务 1222 次，参与 18 万余人次。建成温州技师学院入选市级非遗工作站，入选市级星级文化驿站 6 家，区渔文化艺术普及工程入选省公共文化高质量发展案例，海霞文化入选省文化标识创新培育项目。全年创作歌曲、舞蹈、小品等文艺精品近 100 个。获各级群众文化活动大奖 68 项，其中国家级奖项 3 项、省级奖项 36 项、市级奖项 29 项。

【东海贝雕艺术博物馆新馆建成】 2022 年 10 月 1 日，东海贝雕艺术博物馆新馆建成投用。新馆位于洞头区新城燕子山公园内，该馆用地面积 2823.69 平方米，展厅总面积 5350 平方米。设有陈设展览教育与服务区、藏品库区、行政与技研分区、大师工作室与研究所等。其中，展区分为“亚洲螺钿展”与“一带一路螺钿展”，集中展出中国、日本、韩国、越南、缅甸及其他“一带一路”共建国家和地区的螺钿艺术藏品，总投资 5000 万元。工程责任单位是浙江阚螺文化有限公司，设计单位是浙江新创规划建筑设计有限公司，施工单位是浙江一丰建设有限公司，监理单位是浙江南正项目管理咨询有限公司。馆内常年开设研学课程 20 多个。

【海霞文化纳入浙江省首批文化标识建设创新培育项目】 2022 年 10 月 14 日，省文化和旅游厅公布浙江省首批文化标识建设创新培育项目名单，洞头区“海霞文化”入选，并以公开招标采购方式获项目经费

2022年10月1日，东海贝雕艺术博物馆新馆建成　（区文广旅体局提供）

35万元。洞头区聚焦“中国首选民兵文化旅游目的地”，围绕“中国一流、浙江唯一”海霞文化红色之旅目标，以海霞村为核心，建设海霞小镇。完成海霞学院、海霞青年营、海霞军事文化园、女子民兵连纪念馆改扩建提升工程、红星大道沿线景观提升工程。文化标识建设旨在夯实资源基础、提升文化遗产保护传承水平，激活文旅产业发展动能，赋能新时代文艺创作，实现文化惠民。浙江省首批立项100个“浙江文化标识”培育项目涵盖全省11个设区市。

【洞头区入选省公共文化服务高质量发展典型案例】 2022年6月，由浙江省文化和旅游厅主办的“浙江省公共文化服务高质量发展典型案例”榜单出炉。温州三个项目上榜，其中洞头区“渔乡艺网”渔文化普及工程入选，获“全民艺术普及类”典型案例。共收到全省11个市44个县（市、区）51项案例，内容涉及公共文化服务制度建设、新空间打造、全民艺术普及、全民阅读推广、乡村文化建设、公共文化服务数字化、公共文化服务社会化等多个主题类别。经过逐级遴选、专家评议、综合评审，最终确定浙江省公共文化服务高质量发展典型案例21个。洞头区依托丰富海洋渔文化资源，打造“渔民画之乡”文化品牌，组织开展渔民画作品研讨、渔民画人才培养、渔民画精品创作、渔民画产业培育等“渔文化”农村技艺普及，培训提升一批海岛渔民画创作者，创作近千幅渔民画作品，全国、省、市级等各类专业性比赛和展览中获奖92个，入选115个。

（叶冰洁）

【第七次全国县级以上公共图书馆评估定级工作】 2022年，为贯彻落实《文化和旅游部 国家发展改革委 财政部关于推动公共文化服务高质量发展的意见》精神，发挥以评促建、以评促管、以评促效能提升的作用，促进公共图书馆事业高质量发展，文化和旅游部开展第七次全国县级以上公共图书馆评估定级工作。洞头区图书馆按照《县级公共图书馆评估标准细则》，对照馆藏规模、资源数量、服务质量、学术影响力等各项指标。明确评估范围和内容，分工整理材料。通过调查、比较分析等方法，找出图书馆优势和不足之处。根据评估结果，制订相应改进计划，并逐步实施。开展定期评估，及时调整和优化评估指标和方法。12月，区文化广电旅游局完成自评，温州市文化广电旅游局、温州市图书馆、温州市图书馆学会组成专家评估组通过听取汇报、查阅电子台账、实地抽查等方式，围绕服务效能、业务建设、保障条件等方面，对洞头区图书馆进行实地核查和评估。

【图书馆改造提升】 2022年10月，洞头区图书馆改造提升馆内二楼儿童友好空间设施启动，建筑面积约700平方米，共包括五个区域，分别为低幼绘本区、亲子互动阅读区、青少年自习区、青少年休闲阅读区、表演区。更新完善标识导引，完成图书馆智能WiFi项目。整体设计风格以海洋风情为主，圆弧形拐角处理，流线型家具陈设，及各空间多个互通等。项目总体投资180万元，霞光建设集团有限公司设计，洞头区旅发公司代建。

（叶晶晶）

【洞头区第七届家庭文化节暨首届海洋童玩节】 2022年5月29日，为宣传儿童友好理念、推进家庭文明建设、助推社会和谐稳定，洞头区第七届家庭文化节暨首届海洋童玩节在区市民活动中心启动。启动仪式上，洞头区实验小学亲子表演唱《妈妈宝贝》，洞头区教育幼儿园选送海洋动物绘本故事《蟹兄弟闯世界》，带领大家领略海洋文化和非遗文化的无限魅力；洞头区文化馆、洞头区书法协会选送家庭助廉节目《渔歌倡廉》，通过书法写意、古筝演奏的形式，倡议党员干部家庭做廉洁家庭的践行者、守护者、引领者。活动中，与会领导为最美家庭、全国文明实践巾帼志愿阳光站、优秀家风故事、家教案例、家训格言获奖代表、儿童友好实践基地代表颁发证书和授牌。举行“看见·幸福家”儿童友好亲子集市，共有300多户亲子家庭参加活动。集市共设特色摊位8个，包含海洋动物故事绘本阅读、儿童保护知识大转盘、“不要‘暴’，要抱抱”全家福、儿童友好城市拼贴画、特色美食敲虾制作等亲子手工、亲子美食、亲子游戏项目等。现场开展“送法进万家 家教伴成长”主题宣传活动”、“千岗‘童’行 共筑美好”巾帼文明岗公益行等活动。活动由洞头区纪委区监委、区委宣传部、区妇联、区文明指导中心、区教育局、区文广旅体局联合主办。

文化交流活动

【概况】 2022年，洞头区举办海洋文化节暨民星秀活动，组织全民阅读节等系列文化活动，开展渔民画展览、渔灯制作培训等。举办温州市百名美术家文化惠民基层行美术作品展、2022“书香洞头”全民阅读节、“喜迎二十大 同走共富路”2022年洞头区送戏曲下乡公益演出活动、“儿童友好 家庭美好”第七届家庭文化节成果展暨首届表演艺术类培训机构公益大联盟展演活动，联合开展“5·18”国际博物馆日活动。全年开展庆元宵、文化进万家等新春文化活动100多场，累计3万余人次参与。举办洞头·平阳文化走亲——洞头优秀渔民画作品线上展、“山海相约 书画传情”瑞安·洞头文化走亲书画展、洞头·鹿城文化走亲暨洞头优秀摄影作品展等15场文化走亲和接亲活动。获评温州市百名优秀阅读推广人4人。

【**温州市百名美术家文化惠民基层行美术作品展**】2022年2月10—28日，温州市百名美术家文化惠民基层行美术作品展在洞头区文化馆一楼展厅展出，共展出优秀美术作品近30幅。展出美术作品涉及中国画、油画、版画、渔民画等画种，美术家通过下基层、到乡村、进社区，了解各地民风民俗和新农村建设，用自己手中的画笔，抒发自己真情实感，描绘美丽乡村和美好生活。展览由市文联主办。

【**瑞安·洞头文化走亲书画展**】2022年6月21—30日，“山海相约 书画传情”2022年瑞安·洞头文化走亲书画展在洞头区文化馆展出，共展出书画作品41幅。参展书画作品风格多样、题材丰富，呈现出鲜明的瓯越特色和动人的文化魅力。活动由瑞安市文化和广电旅游体育局、洞头区文化和广电旅游体育局主办，瑞安市文化馆、温州市洞头区文化馆承办。

【**乐清·洞头文化走亲文艺演出**】2022年7月24日，“喜迎二十大 同走共富路”2022乐清·洞头文化走亲文艺演出暨省第十五次党代会精神文艺宣讲活动在元觉街道状元村文化礼堂举行。晚会共有11个节目，包含声乐、舞蹈、模仿秀、变脸等。活动由乐清市文化和广电旅游体育局、温州市洞头区文化和广电旅游体育局、温州市洞头区元觉街道办事处主办，乐清市文化馆、温州市洞头区文化馆、温州市洞头区元觉街道状元村承办。

【**鹿城·洞头文化走亲美术展**】2022年7月27日至8月3日，鹿城·洞头文化走亲——“美丽乡村 共富家园”鹿城区美术作品展在洞头区文化馆展出，共展出作品40多幅。作品描绘出美丽乡村高质量发展繁荣景象，通过艺术表达方式，表达对祖国美好未来深情祝福。活动由鹿城区文化和广电旅游体育局、洞头区文化和广电旅游体育局主办，鹿城区文化馆、洞头区文化馆承办。

（金如龙）

2022年洞头区文化活动（展演）获奖情况一览表

表43

序号	作品名称	作品类别	创作人员	参加活动名称	获得奖项
1	《我们的直播间》	舞蹈	李孙灶 洪星星 张杨杨	浙江省首届青少年艺术大赛（舞蹈）	金奖
2	《超级奶爸》	舞蹈	洪星星 张杨杨	2022年温州市群众舞蹈大赛	创作银奖、表演银奖
3	《又见半屏山》	音乐	张海军（辅导）	温州市第十届音乐新作演唱(演奏)大赛	创作银奖、表演铜奖
4	《咔嚓》	小品	王子震	温州市第八届戏剧小品大赛	创作铜奖，表演银奖
5	《七夕成人节》	渔民画	林 彬	“百年荣光·红心向党”全国农民画展	入展
6	《锦蟹漾波香四海》	渔民画	吴黎明		入展
7	《同心向党》	渔民画	詹海萍		入展
8	《海之味》	水粉组画	黄昭勇	浙江省群文美术文旅融合写生作品展	入展
9	《寿昌古镇》	油画	黄昭勇	浙江省群文美术干部五市、县（区）写生走进建德展	入展
10	《梅城老街》	油画	黄昭勇		入展
11	《网红新渔村》	渔民画	陈海英	“乡村百景图 画卷绘共富”浙江省现代民间绘画（农民画）创作展	入展
12	《龙行盛世》	渔民画	陈海贞		入展
13	《白露、秋分海蜇大且肥》	渔民画	陈佳颖		入展
14	《启程》	渔民画	陈钦煅		入展

续表43

序号	作品名称	作品类别	创作人员	参加活动名称	获得奖项
15	《捡鲜姑娘》	渔民画	林彬	“乡村百景图 画卷绘共富”浙江省现代民间绘画（农民画）创作展	入展
16	《丰收的喜悦》	渔民画	林满慧		入展
17	《欢乐渔家》	渔民画	王洁灵		入展
18	《美丽渔村共同奔小康》	渔民画	吴秀云		入展
19	《鱼汛归来鱼满舱》	渔民画	许爱花		入展
20	《迎亲》	渔民画	叶爱珠		入展
21	《渔归棕飘香》	渔民画	叶宇彤		入展
22	《渔丰早市渔妇忙》	渔民画	詹海萍		入展
23	《贝嵌瓷器梅兰竹菊纹》五件套	贝雕	陈灿渊	“锦绣华章”2022长三角民间艺术文创大展	入展
24	《网红新渔村》	渔民画	陈海英	浙江省文化馆海外推广线上项目浙江现代民间绘画展	入展
25	《火红的日子》	渔民画	陈钦煅		入展
26	《织网姑娘》	渔民画	林彬		入展
27	《休渔》	渔民画	林美君		入展
28	《琴歌鱼跃》	渔民画	罗纯香		入展
29	《锦蟹漾波香四海》	渔民画	吴黎明		入展
30	《七彩梦》	渔民画	吴秀云		入展
31	《 兴旺渔村》	渔民画	许爱花	浙江省文化馆海外推广线上项目浙江现代民间绘画展	入展
32	《 福鱼迎丰年》	渔民画	叶爱珠		入展
33	《同心向党》	渔民画	詹海萍		入展
34	《风中的鱼》	色粉画	黄昭勇	浙江省第四届粉画优秀作品邀请展	入展
35	《金色的鱼》	色粉画	黄昭勇		入展
36	《海鲜日记10-10》	色粉画	黄昭勇	浙江省第三届水彩、粉画写生展	学术奖
37	《大海的鲜味》	水粉组画	黄昭勇	温州市第九届群文视觉艺术大展	铜奖
38	《海上花园，众鱼盛装喜迎二十大》	渔民画	吴秀云		铜奖
39	《网网奔小康》	渔民画	陈文锜		铜奖
40	《大海的韵律海带丰收》	渔民画	张孚千		银奖
41	《紫菜丰收圆舞曲》	渔民画	林美君		银奖
42	《印阐》系列	铜版画	董敏洁		入展
43	《黄山名居》	油画	方海防		入展
44	《潮潮丰产》	渔民画	陈钦煅		入展
45	《人欢鱼跃庆丰年》	渔民画	叶爱珠		入展

续表43

序号	作品名称	作品类别	创作人员	参加活动名称	获得奖项
46	《年年有鱼》	渔民画	陈海英	温州市第九届群文视觉艺术大展	入展
47	《云的浪漫》	摄影	罗小安		入展
48	《两岸同心海面置》	摄影	陈裕法		入展
49	《乌石滩星空》	摄影	潘支边		入展
50	《海上仙境》	摄影	潘支边		入展
51	《醉美防坡堤》	摄影	杨海贵		入展
52	《民俗烟花节》	摄影	金如龙		入展
53	《半屏半屏》	摄影	金如龙	第三届海峡两岸影像文化周	入展
54	《汉董仲舒传原文》	书法	朱海平	温州市第九届群文视觉艺术大展	入展
55	《王阳明 训蒙大意示教读》	书法	朱海东		入展
56	《虚舟题跋》	书法	王云广		入展
57	《全民手机摄影视角下文化馆技艺普及的思考》	理论	金如龙	2022年浙江省摄影征文比赛	金奖

（区文广旅体局提供）

群众文化

【概况】2022年，洞头区制订《温州市洞头区第四届海洋文化节实施方案》，完善文化驿站、乡村艺术团、城市书房、文化派驻员等考核评估办法，评出2022年度市级星级文化驿站6个、区星级文化驿站5个，区星级乡村艺术团3支，认定区级乡村文化能人51名。举办海洋文化节暨民星秀活动，组织全民阅读节、“文化三服务”、“自然和文化双遗产日”、文化驿站等系列文化活动500多场，开展渔民画展览、渔灯制作培训等文化惠民服务1200多次，免费开放兰小草等公益培训班30个，服务群众50多万人次。深化送文化下乡和文化进万家等文化惠民润心活动，送戏下乡56场，送书1万余册，讲座展览136场，文化走亲12场，文化驿站分享活动100多期。全年创作歌曲、舞蹈、小品等文艺精品近百个。

2022年2月10日，温州市百名美术家文化惠民基层行美术作品展在洞头区文化馆一楼展厅展出 （区文广旅体局提供）

【洞头区第四届海洋文化节活动】2022年9月16日，为展示洞头海洋文化艺术魅力，推动产业聚变、城市蝶变、幸福跃变，创新建设共同富裕海上花园，提升市民文明素质和城市 文化品位，加强海洋文化的传承与创新，区委宣传部、区文化和广电旅游体育局、区文学艺术界联合会联合印发《洞头温州市洞头区第四届海洋文化节实施方案》，于8月至11月举办洞头区第四届海洋文化节。活动主题是“喜迎二十大 同走共富路”，各街道办事处、各乡镇人民政府、区文化馆、区图书馆、区市民活动中心、区非遗中心参与协办。通过开展赛事、展演、展览等形式文化惠民活动，包含洞头区第三届“民星秀”、温州市第九届群文视觉艺术大展洞头区选拔赛暨洞头区第三届视觉艺术展、洞头区首届表演艺术类培训机构公益大联盟展演、诗语七夕·爱的传说——2022中国·洞头第15届七夕民俗风情节、2022年鹿西岛黄鱼文化节暨沙滩音乐节、迎头鬃、开捕节等活动。

【洞头区第三届“民星秀”】 2022年11月7日晚，“礼赞二十大 奋进新征程”洞头区宣传贯彻中共二十大精神文艺演出暨第三届“民星秀”在中仑村文化礼堂举行。活动在洞头原创广场舞歌曲《很想去洞头》中拉开序幕。经角逐，海之韵乡村艺术团《奉献》、金秋乡村艺术团《我的祖国》、越音俪人乡村艺术团《没有共产党就没有新中国》获金奖，新城乡村艺术团《我爱你中国》、中华韵乐之容乡村艺术团《秋日私语》、大门镇乡村艺术团《我们在深秋怀念你》、东岙顶乡村艺术团《行走洞头》获银奖。活动线上同步直播，视频点击量近10万人次。活动由洞头区委宣传部、洞头区文化和广电旅游体育局、洞头区文学艺术界联合会、洞头区融媒体中心主办，洞头区文化馆、各街道（乡镇）承办。

（叶冰洁）

【全民读书活动】 2022年，洞头区图书馆组织各类读者活动369场，参加102437人次。开展全民阅读节活动264场，参加55199人次。其中，2022“书香洞头”全民阅读节围绕“奋进新征程 阅读再出发”主题开展系列活动，分为推广宣传、书香满城、云上阅读、趣味科普、便民惠民、阅读风采6大板块，39项系列活动。

【线上点单活动】 2022年，洞头区图书馆在“浙里文化圈”服务平台“文化点单”栏目上传活动2项，分别面向幼儿园小朋友的绘本故事会和小学生的趣味读书会，每个活动项目可供点单12场，共推出课程24节。点单故事会以红色故事为主题。

（叶晶晶）

2022年11月7日，“礼赞二十大 奋进新征程”洞头区宣传贯彻中共二十大精神文艺演出暨第三届“民星秀”活动举办　　（区文广旅体局提供）

【文化驿站活动】 2022年，洞头区市民活动中心开展文化驿站活动48场，其中线下文化驿站活动共32场，参与960人次；线上活动16场，浏览量6500人次。通过微信、QQ、微博、公众号、温州文化云等平台发布活动信息；活动内容包括书画、舞蹈、科技、声乐、手工、花艺、读书会、非遗民俗艺术等，融合温州市文化驿站点单服务；鼓励和支持社会力量开展创新专题专场活动。

（甘莹莹）

文化遗产

【概况】 2022年，洞头区组织签订区对街道（乡镇）、街道（乡镇）对村居及村居对个人三级文物安全责任书。继续落实文物安全责任人公告公示制度，完成省保单位3处及区级文保单位责任人33处公示，全年开展文保单位巡查318家次，巡查三普登录点110家次。联合消防部门开展消防培训演练进文保单位、进传统民居集聚村，共开展消防培训演练活动9场。建成乡村博物馆3家。垅头渔灯队伍受到央视海外频道拍摄和（意大利）直播，渔灯舞参加CCTV-7《老兵，你好》摄制组拍摄向全国播出。传承人方国华《海陶·擎·侧把壶》获2022温州国际时尚文化产业博览会文化创意奖，《海陶·隐·案头缸》获2022年浙江省博物馆文创产品大赛金奖；陈灿渊、王卫东、王帆、叶晶晶的《贝嵌花梨木送福茶托》入选“2022年温州特色产品伴手礼”名录，海陶艺术馆获评温州市最美公共文化空间，水族贝壳工作室获评市特色文旅消费示范点，贝雕博物馆入选浙江省中小学生研学实践教育基地。截至年底，全区拥有国家级非遗项目2个，省级非遗项目12个，市级非遗项目53个，区级非遗项目88个；国家级非遗代表性传承人2人，省级非遗代表性传承人9人，市级非遗代表性传承人32人，传承集体1个（洞头区民间文艺家协会）；区级非遗代表性传承人58人(其中离世8人)；省级非遗生产性保护基地1个，市级非遗传承基地12个，市级体验基地2个，区级传承基地20个，区级体验基地8个，区级非遗展馆1个，非遗教学基地2个，省级传统节日基地2个，亚洲螺钿艺术博物馆（东海贝雕艺术主题公园）1个。

【乡村博物馆通过省级验收】 2022年8月，浙江省文物局公布省第二批389家乡村博物馆名单，洞头区海陶艺术馆、洞头区中仑村史馆、洞头区朝阳民俗馆等3家乡村博物馆上榜。中仑村史馆位于东屏街道中仑村，馆内共分为前言、氏族谱系、出土文物、后垄街、帆布染烤、风俗民情（迎头鬃、鱼灯、七夕、妈祖）、乡贤榜、特色展销等板块，全面系统地演绎洞头中仑村的人口迁移及历史演变。海陶艺术馆位于北岙街道，馆内分内海陶泥料、海陶茶器、海陶花器、海陶食器、海陶禧器、海陶伴手礼等展示区。在传承中国千年制陶工艺的基础上，考虑到海泥特性，海陶艺术馆开发出系列学生研学、旅游体验课程，也成为现代艺术交流、传统非遗传承的新载体。朝阳民俗馆位于大门镇朝阳文化礼堂内，以展示地方民俗为主线，突出海洋文化特色，展示本地历史演变及特色文化，主要分为海防篇、海运篇、文化篇、生活篇、特色篇等五大部分。其中，民俗文化主要展示浙江省非物质文化遗产传承基地岙底太阴宫及大门舞灯笼、灯板龙、大荆马灯、石浦马灯等地方特色文化。

【不可移动文物保护】 2022年，洞头区完成省级文保单位大门寨楼寨墙及张氏家族墓监控设备安装和区级文物保护单位岭背陈森宅侧门损坏加固，及省级文保单位岙内叶宅前宅侧门门楣断裂安全隐患整改工作。

【“5·18”国际博物馆日活动】 2022年5月18日，是第四十六个国际博物馆日，洞头区文物保护所联合洞头区海陶艺术博物馆举办主题为“博物馆的力量”的“5·18国际博物馆日”活动，洞头区职业技术中学62名学生参加。

（杜传省）

【洞头脚擂鼓申报第六批省级非遗代表性项目名录】 2022年6月至12月，洞头区开展第六批省级非物质文化遗产代表性项目申报工作。洞头脚擂鼓起源于100多年前，洞头道教乐队在做道场时，鼓手累了会不经意地把脚抬放到鼓面歇息，听到法师法板拍响，急忙挥手击鼓，脚也跟着擂动，这就是洞头脚擂鼓原始形式。后艺人们发现双手挥槌击鼓时把脚放在鼓面上擂动，用脚来控制鼓声强弱，鼓声不同凡响，演奏别有特色，遂逐步演化成单独演奏节目。近年来，洞头区通过设立传承基地，组建洞头脚擂鼓文艺表演队，开展进景区、进校园、进社区等传习传承活动，展示洞头民间艺术，推动文旅融合以脚擂鼓为素材的舞蹈《擂鼓声声迎归帆》配以闽南原生态歌曲《乞鸟歌》，用鼓声传递对出海家人深切思念和对满载而归的美好期待，获评全国第十九届群星奖，入选国家艺术基金项目，并在中央电视台三套《我要上春晚》等节目中展演。截至年底，全区有国家级非物质文化代遗产代表性项目2个，省级13个，市级53个，区级88个。

【非物质文化遗产基地、工坊、工作站创建】 2022年，洞头区创建申报市级非遗瓯越百家坊2个、省级非遗工坊项目3个、市优秀传承基地3个、市级非遗工作站1个、市级共享社、幸福里非遗百家坊3个、省级非遗民宿1个。其中，浙江阚螺文化有限公司“贝雕”入选省级非遗工坊，海陶艺术馆“海陶”入选温州市级首批瓯越百家坊，东屏水族贝壳工作室“贝壳画”入选第二批瓯越百家坊，温州技师学院“瓯韵染绣”入选温州市首批非遗工作站，“遇见海民宿”入选省级非遗主题民宿。洞头区教育幼儿园非遗传承基地《海洋动物故事》、东屏街道垅头村非遗传承基地《渔灯舞》获评温州市级优秀传承基地。海陶艺术馆获温州市最美公共文化空间，水族贝壳工作室获市特色文旅消费示范点，贝雕博物馆获浙江省中小学生研学实践教育基地基地。

【非物质文化遗产保护队伍建设】 2022年，洞头区出台新一轮非遗传承基地、体验基地及代表性传承人考核办法和评估细则。在全区28个传承（体验）基地、48个代表性传承人中，评出合格、优秀等不同档次传承（体验）基地18个，代表性传承人合格及优秀36个。通过文化部对国家级非遗传承人年度评估和绩效考核1人、国家级非遗项目保护单位考核评估验收2个、省级传统音乐项目实地考核2个。举办全区非遗传承人、非遗志愿者综合业务能力提升培训班，开展鱼灯舞、民间歌谣、渔民画、脚擂鼓等项目团队培训，提升非遗保护团队技艺。

【洞头区文化和自然遗产日系列活动】 2022年6月11日，“海在彼岸·

2022年6月11日，2022年温州市洞头区“文化和自然遗产日”系列宣传活动暨非遗集市开幕式在韭菜岙沙滩公园举行　（区文广旅体局提供）

美在洞头”文旅消费季——2022年洞头区文化和自然遗产日系列宣传活动暨非遗集市开幕式在韭菜岙沙滩公园开幕。启动仪式上，表彰2021年度温州市优秀非遗传承基地、温州市非遗体验基地创建示范点和第六批浙江省非遗代表性传承人、第五批温州市非遗代表性传承人、第二批温州市非遗代表性传承团体等，颁发奖牌和证书。现场展播七夕、贝雕、东岙普度节等6个项目短视频，妈祖祭典图片展览。举办充满特色的非遗集市体验活动。活动还邀请龙湾吹糖人、糖画非遗体验项目。开展洞头婎讲洞头海洋动物故事大赛、非遗视频线上展播、《中华人民共和国非物质文化遗产法》有奖知识竞答、遗产保护队伍及传承人研培研讨、七夕成人节、渔民画比赛、百场“非遗在社区”等系列活动10个，历时5个多月。

【非物质文化遗产展示宣传】 2022年，洞头区拍摄纪录片《贝雕》项目在中央电视台科教频道《匠人匠心》栏目第九十四集播出。短视频《年俗渔灯舞》入选全省“文化年”展播；《探索发现》纪录片《家乡至味》在中央电视台播出。贝雕、蟹壳画、海陶、渔灯等参加温州“东亚文化之都”展览展示。鱼灯，妈祖神像，贝雕系列产品入选国家非遗馆、省级非遗馆藏品项目13个件。渔民画作品入选省现代农民绘画（农民画）创作展12幅。贝雕、海陶2个项目参加温州市文化和自然日现场体验直播间直播，5个视频参加浙江省文化基因解码工程短视频大赛；8个项目入编市级第四期“东瓯遗韵”；海洋动物故事洞头吉祥物“海海”动态表情包“生活篇”成果发布；组织推荐选手参加“浙江省非遗少年说”故事大赛40多名，获一等奖1名。

（陈献英）

2022年洞头区历史建筑名录一览表

表44

序号	名称	类别	类型	年代	复查/新发现	地址及位置
1	九斤水桶擂码头	近现代、重要史迹及代表性建筑	交通道路设施	20世纪60年代	复查	洞头区北岙街道九斤村燕子山西北角山脚
2	大长坑水库	近现代、重要史迹及代表性建筑	水利设施及附属物	20世纪60年代	复查	洞头区北岙街道长坑村大长坑自然村
3	小文岙水井	古建筑	池塘井泉	清	复查	洞头区北岙街道九仙村小文岙自然村海口神庙后山脚
4	小文岙拱桥	古建筑	桥涵码头	清	复查	洞头区北岙街道九仙村小文岙自然村海口神庙后山脚
5	仙岩西路水井	近现代、重要史迹及代表性建筑	水利设施及附属物	民国	复查	洞头区东屏街道东岙村姚宅屋后
6	南山坪水井	近现代、重要史迹及代表性建筑	水利设施及附属物	20世纪60年代	复查	洞头区大门镇沙岙村南山坪自然村王家件宅东北角
7	活水潭水井	古建筑	池塘井泉	清	复查	洞头区元觉街道活水潭村半岭自然村
8	山坪水井	近现代、重要史迹及代表性建筑	水利设施及附属物	20世纪50年代	复查	洞头区鹿西乡山坪村

（区文广旅体局提供）

洞头区非物质文化遗产传承基地一览表

表45

序号	申报地	项目名称	传承基地名称	批次	基地负责人
1	洞头区	七夕成人节	洞头区东屏街道东岙村	市级第二批	洪求伟
2	洞头区	贝雕、鱼灯	洞头区东屏小学	市级第二批	郭海生
3	洞头区	妈祖祭典	洞头区北岙街道东沙村	市级第二批	陈华良
4	洞头区	鱼灯舞	洞头区北岙街道大岙村	市级第三批	南少奇
5	洞头区	鱼灯舞	洞头区东屏街道垅头村	市级第三批	陈钦滨
6	洞头区	陈十四娘娘信俗	洞头区霓屿街道布袋岙村	市级第三批	林孝宝
7	洞头区	妈祖祭典	洞头区元觉街道沙角村	市级第三批	叶宋顺
8	洞头区	中仑舞龙	洞头区东屏街道中仑村	市级第三批	叶明稳
9	洞头区	小朴马灯	洞头区北岙街道小朴村	市级第三批	林小德
10	洞头区	鸟灯舞	洞头区鹿西乡鹿西小学	市级第四批	刘玉飞
11	东屏街道	迎头鬃	中仑村村史馆	市级第五批	陈后省
12	北岙街道	海洋动物故事	洞头区教育幼儿园	市级第六批	侯仙琴
13	洞头区	海洋动物故事	洞头区实验小学	区级第一批	朱杨华
14	洞头区	妈祖信俗	洞头区大门镇岙底村	区级第二批	陈碎才
15	洞头区	海洋动物故事	洞头区图书馆	区级第三批	汪海虹
16	洞头区	贝壳舞	洞头区文化馆	区级第三批	洪星星
17	洞头区	吹打乐—龙头龙尾	洞头区文化馆	区级第三批	洪星星
18	北岙街道	道教音乐	北岙太阴宫	区级第三批	郭良建
19	大门镇	番薯烧酿制技艺	番薯烧酿制基地	区级第三批	王银存
20	北岙街道	贝　雕	洞头东海贝雕工艺品有限公司	区级第四批	陈灿渊

（区文广旅体局提供）

洞头区非物质文化遗产体验基地一览表

表46

序号	申报地	项目名称	体验基地名称	批次	基地负责人
1	洞头区	贝雕	洞头区东海贝雕艺术博物馆	市级第一批	陈灿渊
2	洞头区	贝壳画、船模	洞头区东屏水族贝壳工作室	市级第四批	陈琴瑶

续表46

序号	申报地	项目名称	体验基地名称	批次	基地负责人
3	洞头区	鱼灯制作	洞头区市民活动中心	区级第一批	赖朝伟
4	洞头区	海鲜药膳	洞头区溢香国际大酒店	区级第一批	杨森权
5	洞头区	海陶	温州至朴海陶文化有限公司	区级第一批	方国防
6	洞头区	船模	洞头区元觉街道乡愁馆	区级第一批	陈成乔
7	洞头区	木雕	洞头区杨艺木雕有限公司	区级第一批	杨松苗
8	洞头区	七夕成人节	洞头区东岙村	区级第一批	洪求伟

（区文广旅体局提供）

洞头区非物质文化遗产项目代表性传承人一览表

表47

序号	姓名	性别	项目名称	申报地区或单位	类别	批次	级别
1	许根才	男	海洋动物故事	洞头区	民间文学	第五批	国家级
2	吴江	男	妈祖祭典	洞头区	民俗	第五批	国家级
3	叶永福	男	贝雕	洞头区	传统美术	第一批	省级
4	许楚义	男	海洋动物故事	洞头区	民间文学	第三批	省级
5	陈春龙	男	贝雕	洞头区	传统美术	第一批	省级
6	黄振励	男	七夕成人节	洞头区	民俗	第三批	省级
7	许江北	男	道教音乐（洞头海岛道教音乐）	洞头区	传统音乐	第三批	省级
8	施书宝	男	吹打（洞头龙头龙尾）	洞头区	传统音乐	第一批	省级
9	洪求伟	男	七夕成人节	洞头区	民俗	第六批	省级
10	郑大志	男	贝雕	洞头区	传统手工技艺	第二批	市级
11	叶园华	女	贝壳舞	洞头区	传统舞蹈	第一批	市级
12	郭温林	男	妈祖信俗	洞头区	民俗	第一批	市级
13	林洪存	男	洞头海岛道教音乐	洞头区	传统音乐	第一批	市级
14	柯位福	男	东岙普度节	洞头区	民俗	第一批	市级
15	邱爱绒	女	洞头海岛歌谣	洞头区	民间文学	第一批	市级
16	颜怡旦	男	小朴马灯舞	洞头区	传统舞蹈	第三批	市级
17	洪娟妹	女	迎火鼎	洞头区	民俗	第三批	市级
18	洪娟妹	女	妈祖祭典	洞头区	民俗	第五批	市级

续表47

序号	姓名	性别	项目名称	申报地区或单位	类别	批次	级别
19	叶素英	女	菜油姜	洞头区	传统手工技艺	第三批	市级
20	陈增卷	男	鱼灯	洞头区	传统手工技艺	第三批	市级
21	林孝宝	男	陈十四娘娘信俗	洞头区	民俗	第三批	市级
22	叶宋顺	男	妈祖祭典	洞头区	民俗	第三批	市级
23	叶元拢	男	船模	洞头区	传统手工技艺	第三批	市级
24	张星文	男	马灯舞（小朴马灯舞）	洞头区	传统舞蹈	第四批	市级
25	王卫东	男	贝雕	洞头区	传统美术	第四批	市级
26	吕诸彬	男	木渔船制造技艺	洞头区	传统技艺	第四批	市级
27	黄冬央	女	番薯类小吃制作技艺	洞头区	传统技艺	第四批	市级
28	张高取	男	泥艋制作技艺	洞头区	传统技艺	第四批	市级
29	陈钦琪	男	中仑舞龙习俗	洞头区	民俗	第四批	市级
30	陈素贞	女	冬至鸡母狗馃习俗	洞头区	民俗	第四批	市级
31	郑根霖	男	鱼灯舞（洞头鱼灯）	北岙街道	传统技艺	第五批	市级
32	侯仙琴	女	洞头海洋动物故事	洞头区教育幼儿园	民间文学	第五批	市级
33	林丽丽	女	脚擂鼓	洞头区	传统音乐	第一批	区级
34	张强	男	木雕	洞头区	传统美术	第一批	区级
35	陈学平	男	鹿西鸟灯	洞头区	传统技艺	第一批	区级
36	黄朝暖	男	鸡母狗馃制作	洞头区	传统技艺	第一批	区级
37	王银存	男	番薯烧酿制技艺	洞头区	传统技艺	第一批	区级
38	柯育萍	男	铜人药典	洞头区	传统医药	第一批	区级
39	金祥才	男	迎头鬃	洞头区	民俗	第一批	区级
40	叶元丰	男	贝雕	北岙街道	传统美术	第二批	区级
41	方国防	男	海陶	北岙街道	传统美术	第二批	区级
42	陈钦煅	男	渔民画	北岙街道	传统美术	第二批	区级
43	曾英娟	女	蕃薯粉食品加工技艺	东屏街道	传统技艺	第二批	区级
44	杨松苗	男	木雕	霓屿街道	传统技艺	第二批	区级
45	叶明稳	男	中仑黄龙	东屏街道	民俗	第二批	区级
46	刘金钗	女	马灯（跑马灯）	大门镇大荆村	传统舞蹈	第三批	区级

续表47

序号	姓名	性别	项目名称	申报地区或单位	类别	批次	级别
47	陈海环	女	鱼灯舞	东屏街道垅头村	传统舞蹈	第三批	区级
48	陈静	女	海蜇舞	元觉街道	传统舞蹈	第三批	区级
49	颜厥志	男	脚擂鼓	北岙街道	传统音乐	第三批	区级
50	柯育萍	男	海鲜药膳	洞头区	传统医药	第三批	区级
51	洪求新	男	东岙普渡节	东屏街道	民俗	第三批	区级
52	童孝辉	男	陈十四娘娘信俗	霓屿街道	民俗	第三批	区级
53	陈灿渊	男	贝雕	洞头贝雕博物馆	传统美术	第三批	区级
54	王帆	男	贝雕	东海贝雕工艺品有限公司	传统美术	第三批	区级
55	叶晶晶	女	贝雕	北岙街道	传统美术	第三批	区级
56	陈琴瑶	女	贝壳画创作技艺	洞头东屏水族贝壳工作室	传统美术	第三批	区级
57	陈定生	男	海蜇加工技艺	北岙街道	传统技艺	第三批	区级
58	陈祥林	男	妈祖祭典	霓屿街道	民 俗	第三批	区级

（区文广旅体局提供）

洞头区非物质文化遗产项目名录一览表（市级以上）

表48

序号	项目名称	类别	申报地区或单位	入选时间	批次
1	海洋动物故事	民间文学	浙江省洞头区	2011年5月23日	国家级第三批
2	妈祖祭典（洞头妈祖祭典）	民俗	浙江省洞头区	2011年5月23日	国家级第三批（扩展项目）
3	吹打（洞头龙头龙尾）	民间音乐	洞头区	2007年6月14日	省级第二批
4	贝壳舞	民间舞蹈	洞头区	2007年6月14日	省级第二批
5	贝雕	民间美术	洞头区	2007年6月14日	省级第二批
6	海洋动物故事	民间文学	洞头区	2009年6月25日	省级第三批
7	道教音乐（洞头海岛道教音乐）	传统音乐	洞头区	2009年6月25日	省级第三批
8	七夕成人节	民俗	洞头区	2009年6月25日	省级第三批
9	东岙普度节	民俗	洞头区	2009年6月25日	省级第三批
10	陈十四信俗	民俗	洞头区	2009年6月25日	省级第三批
11	妈祖信俗	民俗	洞头区	2009年6月25日	省级第三批
12	洞头海岛气象谚语	民间文学	洞头区	2012年7月5日	省级第四批

续表48

序号	项目名称	类别	申报地区或单位	入选时间	批次
13	鱼灯舞（洞头鱼灯）	传统舞蹈	洞头区	2012年7月5日	省级第四批
14	迎头鬃	民俗	洞头区	2012年7月5日	省级第四批
15	龙头龙尾	民间音乐	洞头区	2007年1月9日	市级第一批
16	贝壳舞	民间舞蹈	洞头区	2007年1月9日	市级第一批
17	贝雕	民间美术	洞头区	2007年1月9日	市级第一批
18	洞头海洋动物故事	民间文学	洞头区	2008年12月12日	市级第二批
19	洞头海岛歌谣	民间文学	洞头区	2008年12月12日	市级第二批
20	洞头海岛气象谚语	民间文学	洞头区	2008年12月12日	市级第二批
21	洞头脚擂鼓	传统音乐	洞头区	2008年12月12日	市级第二批
22	温州道教音乐（洞头海岛道教音乐）	传统音乐	洞头区	2008年12月12日	市级第二批
23	鱼灯舞	传统舞蹈	洞头区	2008年12月12日	市级第二批
24	鱼生腌制技艺	传统技艺	洞头区	2008年12月12日	市级第二批
25	海鲜药膳	传统医药	洞头区	2008年12月12日	市级第二批
26	迎头鬃	民俗	洞头区	2008年12月12日	市级第二批
27	东岙普度节	民俗	洞头区	2008年12月12日	市级第二批
28	洞头七夕成人节	民俗	洞头区	2008年12月12日	市级第二批
29	正月初九拜天公	民俗	洞头区	2008年12月12日	市级第二批
30	陈十四信俗	民俗	洞头区	2008年12月12日	市级第二批
31	妈祖信俗	民俗	洞头区	2008年12月12日	市级第二批
32	鹿西岛灯舞	传统舞蹈	洞头区	2009年6月11日	市级第三批
33	陈元光信俗	民俗	洞头区	2009年6月11日	市级第三批
34	马灯舞（小朴马灯舞）	传统舞蹈	洞头区	2009年6月11日	市级第三批（扩展项目）
35	温州小吃（墨鱼饼）	传统技艺	洞头区	2009年6月11日	市级第三批（扩展项目）
36	冬至鸡母狗馃习俗	民俗	洞头区	2010年6月12日	市级第四批
37	做祭	民俗	洞头区	2010年6月12日	市级第四批
38	船模工艺（洞头船模工艺）	传统美术	洞头区	2009年4月29日	市级第四批（扩展项目）
39	菜油姜传统加工技艺	传统技艺	洞头区	2011年12月31日	市级第五批
40	网具编制技艺	传统技艺	洞头区	2011年12月31日	市级第五批

续表48

序号	项目名称	类别	申报地区或单位	入选时间	批次
41	杨府爷信俗	民俗	洞头区	2011年12月31日	市级第五批
42	海岛做红圆红龟习俗	民俗	洞头区	2011年12月31日	市级第五批
43	温州（洞头）婚嫁习俗	民俗	洞头区	2012年12月17日	市级第六批
44	温州（洞头）生养习俗	民俗	洞头区	2012年12月17日	市级第六批
45	中仑舞龙习俗	民俗	洞头区	2012年12月17日	市级第六批
46	洞头俚语	民间文学	洞头区	2014年1月7日	市级第七批
47	洞头传统钓业	传统技艺	洞头区	2014年1月7日	市级第七批
48	鱼卤油酿制技艺	传统技艺	洞头区	2014年1月7日	市级第七批
49	张网打桩技艺	传统技艺	洞头区	2014年1月7日	市级第七批
50	迎火鼎	民俗	洞头区	2014年1月7日	市级第七批
51	番薯类小吃制作技艺	传统技艺	洞头区	2014年11月6日	市级第八批
52	海蜇加工技艺	传统技艺	洞头区	2014年11月6日	市级第八批
53	木渔船制造技艺	传统技艺	洞头区	2014年11月6日	市级第八批
54	泥艋制作技艺	传统技艺	洞头区	2014年11月6日	市级第八批
55	三盘虾皮生产技艺	传统技艺	洞头区	2014年11月6日	市级第八批
56	船眼睛习俗	民俗	洞头区	2014年11月6日	市级第八批
57	上梁习俗	民俗	洞头区	2014年11月6日	市级第八批
58	迎阁	民俗	洞头区	2014年11月6日	市级第八批
59	海蜇舞	传统舞蹈	洞头区	2015年12月11日	市级第九批
60	海岛过年习俗	民俗	洞头区	2015年12月11日	市级第九批
61	海岛丧葬习俗	民俗	洞头区	2015年12月11日	市级第九批
62	海岛水灯习俗	民俗	洞头区	2015年12月11日	市级第九批
63	作敬	民俗	洞头区	2015年12月11日	市级第九批
64	请谱	民俗	洞头区	2016年11月25日	市级第十批
65	六月六习俗	民俗	洞头区	2016年11月25日	市级第十批
66	海岛祝寿礼俗	民俗	洞头区	2016年11月25日	市级第十批
67	洞头海岛端午节习俗	民俗	洞头区	2020年8月12日	市级第十一批

（区文广旅体局提供）

文化设施

【概况】2022年，洞头区螺钿艺术博物馆完成验收并投入使用。截至年底，洞头区拥有区图书馆、区文化馆、区非遗展览馆、区文体中心、洞头先锋女子民兵连纪念馆，以及东海贝雕艺术博物馆和金洲动物博物馆2家民间博物馆等一批区级大型文化场馆。区、街道（乡镇）、村（社区）三级公共文化设施网络基本健全，新建15分钟品质文化生活圈50个、文化驿站1家，建成投用7个街道（乡镇）综合文化站（其中一级文化站2个、二级文化站3个、三级文化站2个）、农家书屋60家、城市书房6家、百姓书屋9家、文化驿站13家，实现村级文体活动场地全覆盖。

（叶冰洁）

【洞头区市民活动中心】2022年，洞头区市民活动中心接待量突破6万人次，文体中心接待9万人次，“红色印迹馆”为主要开放场所，其中教育场馆多功能厅提供免费外借服务，全年配合区委办、区府办、区委组织部、区委宣传部、区文明指导中心、团区委等部门开展现场活动近100场次。全年常规培训开设17个班，总人数205人，创收25.065万元。共完成主题活动13场，其中线上活动4场，线下活动9场，服务市民5000多人。组织开展“庆元旦 迎新年”线上答题活动，参加人数500人；“喜迎冬奥 面向未来”冰雪知识竞答线上活动，吸引400多名市民参加；开展两期“童心共迎元宵”（春灯花语元宵会）线上活动，近1000名小朋友参与活动；“幸福三八节 千份多肉喊你领”活动，为近1000名妇女送去温暖；“春日之约 答题送风筝”活动，吸引500人参加；“向爱告白——show出你的故事”母亲节主题活动，展示100位母亲的故事；“儿童友好—家庭美好”洞头区第七届家庭文化节暨首届海洋童玩节主题活动，吸引近300户亲子家庭参加；端午节主题活动，40对亲子参加活动；“玩转中秋·月球登陆”吸引600多人参与；重阳老少游（进社区：小长坑、九厅社区），参与人次近200人。

（李小艳）

【洞头剧院】洞头剧院于2002年8月10日开工建设，2004年9月9日竣工。剧院位于洞头霞晖大道273号，总用地面积3300平方米，总建筑面积6794平方米。有观众厅（1031个座位），面积为1000平方米，舞台符合剧院丙级标准，面积为360平方米，宽14.8米，进深13.5米，台口高度6.9米，主台后面为化妆室、排练室，面积300平方米，侧楼一楼设有小型会议室2个及配套用房，面积201平方米。二楼有一个中型会议室，面积800平方米。2022年，洞头区剧院承接洞头区三级干部大会、“两会”等重要会议10场，租金收入两万元。9月，11号强台风“轩岚诺”期间，安置民工200人，常态化做好全国文明城市迎检工作。

（陈卫民）

【洞头文化馆】洞头区文化馆是洞头区文化和广电旅游体育局所属公益一类正股级财政全额拨款事业单位，新馆建筑面积为3021.80平方米，2020年9月10日，洞头区文化馆新馆正式投入使用。新馆位于洞头区文体中心，拥有小剧场、综合功能厅、排练室、展厅、美术室、声乐室、舞蹈室等功能室，场所常年免费对外开放。2021年首次获评国家一级文化馆。全年区文化馆获各级群文活动大奖68项，国家级奖项3项，其中入展3项；省级奖项36项，其中金奖2项，学术奖1项，入展29项，荣誉称号4项；市级奖项29项，其中银奖6项，铜奖5项，入展14项，市级荣誉4项。其中舞蹈《我们的直播间》获浙江省首届青少年艺术大赛金奖，论文《全民手机摄影视角下文化馆技艺普及的思考》获2022年浙江省摄影征文比赛金奖，《同心向党》等3幅渔民画作品入选“百年荣光·红心向党”全国农民画展，色粉画《海鲜日记10-10》获评浙江省第三届水彩粉画写生作品展学术奖等。全年开展文化下乡及各类文艺赛事活动200多场，线下服务群众16万余人次。组织开展“我们的中国梦 文化进万家”2022年迎新春洞头区送文化下乡、“礼赞二十大 奋进新征程” 洞头区宣传贯彻党的二十大精神文艺演出暨第三届“民星秀”、2022年洞头区送戏（戏曲）下乡巡演等系列品牌大型活动。组织举办2022年迎新春优秀摄影作品巡回展、洞头区第三届视觉艺术展、温州市百名美术家文化惠民基层行美术作品展、洞头区渔民画院校巡展（省委党校）等展览23场。打造数字文化馆，创新公共文化服务模式，群众通过手机端、PC端等设备可以享受到线上预约咨询、慕课学习、精品欣赏等服务。推进15分钟品质文化圈建设，截至年底，公众平台关注人数近1.5万人，推出云精品、云展览、云课堂、云演出等活动，线上服务26万余人次。区文化馆专业干部赴实验小学、上新社区、教育二幼、仁济学院等7个未成年艺术普及点，开展美育课堂8期，涉及音乐、舞蹈、器乐、戏剧小品等艺术门类，服务未成年人1000多人次。开展全民艺术普及活动进机关、进社区、进部队、进校园等，4人获市级全民艺术普及推广大使称号。指导全区文化驿站13家，共开展300多期活动，包含80场线上活动，共服务1.6万余人次。

（金如龙）

【洞头图书馆】 2022年，洞头区图书馆馆藏图书总量469465册，新增馆藏27432册，订购纸质期刊129种，接收赠送图书68种166册，地方文献年新入藏216种353册，新增电子图书2326册。区图书馆接待读者235555人次，文献借还297906册次，读者借还41920人次。新增图书流通点11个，送书下乡13187册，超额完成文化惠民任务。洞头区图书馆获评“最美温州人·三八红旗集体”，2022年度区行风政风双评议中获评满意中层科室（基层站所）。

【城市书房】 2022年，洞头区花园里城市书房、市民活动中心城市书房获评五星城市书房；新灵景园城市书房获评四星城市书房；瓯江口城市书房获评三星城市书房。瓯江口城市书房获评2022温州市最美公共文化空间。截至年底，洞头区共有城市书房6家，分别是市民活动中心城市书房、同心公园城市书房、新灵景园城市书房、东屏城市书房、花园里城市书房以及瓯江口城市书房。截至年底，6家城市书房共有藏书7万余册。

【百姓书屋】 截至2022年底，洞头区共有百姓书屋8家，分别是元觉百姓书屋、石子岙百姓书屋、岭背百姓书屋、东沙渔港百姓书屋、鹿西百姓书屋、大门百姓书屋、南炮台山百姓书屋、叶先村百姓书屋。截至年底，各百姓书屋共有藏书3万余册。

（叶晶晶）

【洞头区新华书店】 2022年，洞头区新华书店共发行图书（片）556500册(张)，比上年增加0.28%。其中，发行哲学社会科学类图书4914册，比上年减少63.17%；文化教育类259933册，比上年减少3.61%；文学艺术类1624册，比上年增加97.56%；自然科学技术类311册，比上年减少5.83%；少儿读物类1597册，比上年减少62.51%；学生课本263890册，比上年增加9.81%；其他出版物20522册，比上年增加3.41%。总销售额655.5948万元，比上年增加21.07%；人均从区新华书店购书42.68元。

（朱海帆）

图书馆儿童友好项目　（区文广旅体局提供）

文化礼堂建设与管理

【概况】 2022年，洞头区“量身定制”文化礼堂建设方案，打造一批集村史民俗、非遗文化、理论宣讲于一体的综合文化阵地，实现全区500人以上村居全覆盖。依托“宣传嘉”平台，深化文化供给机制、点单派单机制，把全区机关事业单位、社会团体和民办非企业单位资源向平台集聚，打造文化供给资源共享云，精准化提供服务，推动服务活动落地见效。借鉴未来社区、未来村庄建设经验，把互联网、大数据、人工智能与文化礼堂深度融合，发挥数字化改革的赋能驱动作用，打破文化礼堂原有发展边界和局限，探索“未来礼堂”应用场景创建。全年开展系列惠民活动1500多场，组织开展活动500多场。

【文化礼堂管理】 2022年，洞头区试行文化礼堂“红黄蓝”三色管理，实现全区500人以上村居全覆盖。“量身定制”建设方案，打造一批集村史民俗、非遗文化、理论宣讲于一体的综合文化阵地。农村文化礼堂建设组建文化礼堂志愿服务总队，与新时代文明实践中心做好融合，建强文化礼堂总部。

【文化礼堂活动】 2022年，全区各文化礼堂开展民俗礼仪等活动800多场，针对中老年人开设红色星期天活动52场。在文化礼堂活动中融入乡闻大讲坛、红歌大传唱、乡村大舞台、擂台大比拼等“四大”活动环节，开展系列惠民活动1500多场，提升文化礼堂志愿服务含金量。组织开展元宵猜灯谜、端午包粽子、中秋吃月饼等民俗活动和春节迎新、重阳敬老、儿童开蒙等活动500多场。

（曾琦钰琼）

新闻出版管理和电影工作

【概况】2022年，洞头区以创建“扫黄打非”基层示范点为抓手，以完善“扫黄打非”治理体系为主要支撑，持续推进“护苗”“净网”“秋风”“固边”“清源”五大专项行动，查处“扫黄打非”案件5件。推进温州印智治平台使用，完成辖区内印刷企业账号注册迁移15家。全年累计为企业和个人登记版权作品314件，助推全国版权示范城市创建工作。

【“扫黄打非”工作】2022年，洞头区理顺“扫黄打非”工作机制，结合“新风”“正道”两大集中行动，持续抓好“护苗”“净网”“秋风”“固边”“清源”五大专项行动，组织开展护航二十大出版物市场和印刷行业专项检查，“耽美”类出版物专项整治，涉党史领域境外有害出版物及信息专项整治，网络文化环境监管、校园周边环境、宗教场所出版物、物流寄递行业等重点领域专项整治工作。全年开展各类文化执法检查226次，查处“扫黄打非”案件5件。依托新时代文明实践中心和文化礼堂阵地，把“护苗”“净网”等“扫黄打非”专项行动结合志愿服务，设计实施一批“扫黄打非”志愿服务项目。申报创建“扫黄打非”基层示范点，大门镇、霓屿街道、北岙街道城中社区获评2022全市“扫黄打非”进基层示范点。联合区政法委开展全区网格员专题培训工作，提升网格员业务水平和能力，各基层站点共报送“扫黄打非”线索113条。

【印刷发行业监管】2022年，洞头区推进温州印智治平台使用，完成辖区内印刷企业账号注册迁移15家，督促企业做好印刷五项制度台账及时上传，以及台账抽查和辅导。联动区公安、市场监管、文化综合执法等部门，开展护航二十大印刷企业专项检查行动，行政处罚印刷企业因五项制度执行不到位1家。

【全国版权示范城市创建工作】2022年，洞头区完成国企和党政机关软件正版化安装工作。开展“4·26”世界知识产权日有关版权保护方面知识宣传活动。加强以企业为主体的版权体系建设，实施“版权兴企”，发动贝雕、海陶、渔民画等一批具有洞头特色的文创企业登记版权作品，全年累计为企业和个人登记版权作品314件，完成年度登记任务。

（方雯君）

广播电视

【概况】2022年，温州市洞头区广播电视台围绕区委、区政府中心工作，关注“农村、农业、渔农民”，服务渔农民生产和生活。实施网络安全加固提升，对电视播出系统等级保护三级系统按照等保2.0标准进行复测，并通过备案。完成洞头700Mhz频率迁移工程。重新修订网络信息安全应急预案，完善应急响应机制，健全《播控机房管理制度》《供配电管理制度》《机房进出安全管理制度》等系列安全管理制度。启动存档DV带转录抢救工作，共转录数字音视频2797个。全年《洞头新闻》播出319天，累计359档，广播专题节目278期，公益广告300多条，时长达200多个小时。启动全区76个村居农村应急广播，助力疫情防控。制作三语种（普通话、温州话、洞头话）公益广告，利用应急广播、户外大屏及电视滚动播放文明城市建设海报及公益宣传片。

【专题宣传】2022年，洞头人民广播电台电视栏目《蓝色风》《蓝海岸》《蓝土地》深入渔村一线，策划采制推出《“非遗+文创”领域的“她”力量》《“网红”老师善用短视频 用心“透见”职教生活》《百岛连心桥·委员有话说——文明城市创建 我们在行动》《端午食“黄”寓意安康》《颗颗怪藤壶 撑满“钱袋子”》《43家“共富工坊”让海岛百姓家门口就业》等46期电视专题节目。广播栏目《蓝色港湾》播出节目136期，立足渔字，重新调整板块设置，根据节目对农定位的特点，围绕共同富裕，从打造集渔农业生产、加工体验、销售服务于一体的乡村产业发展模式角度，关注“共富工坊”的逐步发展；关注乡贤能人回乡创业故事。

【广播新媒体化】2022年，洞头人民广播电台品牌栏目《百姓茶坊》和旅游类栏目《出发吧去旅游》逐步尝试音视频相结合方式。策划推出《“春”说“两会”》专栏。在“两会”期间，用volg形式带大家进入“两会”会场、走进政协委员分组讨论，近距离感受委员为民发声、倾情履职的“第一现场”。与政协联合，策划推出“百岛崇学，书韵共享”从叶嘉莹先生名篇中认识宋韵文化活动新媒体直播，引领政协委员和机关干部自觉将读书与履职、学习与实践相结合。

（张茁莹）

新闻传媒

【概况】2022年，温州市洞头区融媒体中心对标“四力”“三贴近”要求，加强与中新社浙江分社、温州日报社建立战略合作，温州日报洞头分社落地。全年“洞头发布”微信公众号发稿2750条，阅读量突破418万人次；“百岛洞头”App发稿1.6万篇，总阅读量478万；洞头新闻网发稿17635篇，总阅读量7474万头次；文艺副刊《半屏山》版面40个。

2022年11月8日，温州日报洞头分社揭牌仪式举办　（区融媒体中心提供）

【主题宣传】 2022年，区融媒体中心围绕党的二十大、奋楫笃行开新局、共同富裕、疫情防控、文明城建设、兵团化作战、重大项目建设、惠民幸福实事等年度重大主题宣传活动做好专题选题策划。提前着手“沿着习近平总书记走过的路——海上花园建设20周年”“两会”“党代会”和“5·12”护士节等大型宣传报道策划。防疫剧情片《是一米线，不是吃米线》《无间道之防疫篇》，洞头融媒视频号阅读量破百万人次；《非法捕捞禁渔期》洞头抖音号阅读量超300万人次。联动区档案局推出解放洞头70周年系列新媒体报道，协助组织部做好人才特刊编辑刊发。实施《航拍洞头 行摄百岛》计划，以地理科普+航拍形式纪录洞头岛屿地理状态。

【发挥媒体监督功能】 2022年，区融媒体中心深入一线“明采暗访”，依托“洞头发布”等新媒体主平台，持续推出文创曝光台，优化升级《督查聚焦》电视曝光栏目，全年共采制播发《记者蹲点：街头直击不文明交通行为》《记者探访：井盖、路面破损严重 这些背街小巷需“整容”》《记者暗访：社区健身器材缺乏管护“带病上岗”》等30多期新闻舆论监督报道。收集群众反馈的问题线索，了解“两代表一委员”声音，做好《人大政府咨询会》《政协连心桥》电视专题、访谈等，在基层社会治理中发挥媒体力量，促进政府、群众双向沟通。

【外地媒体看洞头】 2022年，区融媒体中心发布内宣6187篇，外宣1896篇。其中国家级媒体146篇，省级419篇，市级1320篇。与中央电视台联动，配合中央电视台7套完成《老兵你好》访谈栏目洞头专场录制；制作《2022这样干郭云强：创新书写建设共同富裕海上花园新篇章》《生态中国沿海行——浙江洞头：浪尖采海鲜 美味润舌尖》《洞头鹿西鸟岛“万鸥齐飞”》《春雾洞头 美景如画》等爆款短视频被中央广电总台、央视朝闻天下、共同关注、新闻直播间、中国新闻、新华社、学习强国等10多家国家级媒体接续报道。其中，新华社客户端刊发《雾锁岛城 美景如画》浏览量破百万人次，为146.3万次。

（张茁莹）

2022年洞头区融媒体中心获奖作品一览表

表49

序号	作品	作者	奖项名称	获奖等级	授奖单位
1	《在深研细读中擦亮高质量发展底色》	陈宣锟	2022年浙江省县市新闻奖	一等奖	浙江省新闻工作者协会县级融媒体工作委员会
2	《快艇非法电鱼拒检查 疯狂冲滩终被抓》	林　磊 洪高岑 方莹莹 郭婷娴 夏秀女	2022年浙江省县市新闻奖	三等奖	浙江省新闻工作者协会县级融媒体工作委员会
3	《“儿子你好，请签收录取通知书！”一封来自北京大学录取通知书送达我区》	林　磊 洪高岑 彭晟佑 王丛文 邵康妍	2022年浙江省县市新闻奖	二等奖	浙江省新闻工作者协会县级融媒体工作委员会

续表49

序号	作品	作者	奖项名称	获奖等级	授奖单位
4	《航拍洞头·行摄百岛》	刘 畅 郑 树 范贺然 王静霞 陈 鑫 赵梦瑶 苏友凡 王容容	2022年浙江省县市新闻奖	三等奖	浙江省新闻工作者协会县级融媒体工作委员会
5	《洞头区启用国内首个大黄鱼智能无网声波海洋牧场》	苏煜晗 王丛文 苏友凡	2022年浙江省县市新闻奖	三等奖	浙江省新闻工作者协会县级融媒体工作委员会
6	《把握新机遇 书写新图景——洞头正迈向共同富裕海上花园新时代》	高海龙 厉海晓	2022年浙江省县市新闻奖	三等奖	浙江省新闻工作者协会县级融媒体工作委员会
7	《孩子们眼中的多彩童年》	海霞小作家班（集体）	2022年浙江省县市新闻奖	三等奖	浙江省新闻工作者协会县级融媒体工作委员会
8	《我区启用全球首个大黄鱼智能无网声波海洋牧场》	苏煜晗 王丛文 苏友凡 金天霜	2022年温州新闻奖	三等奖	温州市新闻工作者协会
9	《又是一年丰收时 海上牧场黄鱼迎丰收》	刘 畅 郑 树 范贺然 赵梦瑶 韩 栋 苏友凡 王容容	2022年温州新闻奖	三等奖	温州市新闻工作者协会
10	《齐心携手 迈向共同富裕未来乡村》	郭婷娴 刘芬芳 张海河 王丛文 苏煜晗 刘 畅 王从华	2022年温州新闻奖	三等奖	温州市新闻工作者协会
11	《中国渔政 凌晨出击 守海护渔》	林 磊 洪高岑 方莹莹 郭婷娴 夏秀女	2022年温州广播电视节目政府奖	一等奖	温州市文化广电旅游局
12	《我区启用全球首个大黄鱼智能无网声波海洋牧场》	苏煜晗 王丛文 苏友凡 金天霜	2022年温州广播电视节目政府奖	三等奖	温州市文化广电旅游局
13	《又是一年丰收时 海上牧场黄鱼迎丰收》	刘 畅 郑 树 范贺然 赵梦瑶 韩 栋 苏友凡 王容容	2022年温州广播电视节目政府奖	三等奖	温州市文化广电旅游局
14	《齐心携手 迈向共同富裕未来乡村》	郭婷娴 刘芬芳 张海河 王丛文 苏煜晗 刘 畅 王从华	2022年温州广播电视节目政府奖	三等奖	温州市文化广电旅游局
15	《快艇非法电鱼拒检查 疯狂冲滩终被抓》	林 磊 洪高岑 方莹莹 郭婷娴 夏秀女	2022年温州广播电视节目政府奖	三等奖	温州市文化广电旅游局

（区融媒体中心提供）

2022年国家级媒体重要报道洞头新闻篇目一览表

表50

序号	标题	作者	刊播媒体
1	浙江 新年开训 异地联动演练拉开新年度训练大幕	陈 鑫 郑 树 刘 畅 苏友凡	央视新闻频道（CCTV-13）
2	浙江温州洞头区政企携手让外地员工暖在身边	陈滨献 王从华	《光明日报》
3	浙江洞头：政企协作让外地员工“暖”在身边	陈滨献 王从华	中国新闻网
4	留工稳岗｜@省外留洞头职工家属，请收下这份大礼包！	陈滨献 王从华	腾讯网
5	浙江洞头：笔墨馨香暖人心 防疫春联添年味	邵康学 王丛文	中新网
6	温州洞头：笔墨馨香暖人心，防疫春联添年味	邵康学 王丛文	《光明日报》
7	洞头：出台措施留员工稳岗位促生产	潘 杉 陈 鑫	学习强国

续表50

序号	标题	作者	刊播媒体
8	幸福温州丨新春走基层·温州洞头为留温儿童点亮“微心愿”	王从华　庄　缘	学习强国
9	海岛浙江洞头今春“第一网”陆续开捕	余佩遥　王从华	中新网
10	浙江洞头书写海岛渔村“共富”新愿景	陈宣锟　王静霞 赵梦瑶　邵康学	中新网
11	百人共唱洞头版《一起向未来》：奏响共富花园美好乐章	郑益群	搜狐网
12	温州洞头：百人共唱《一起向未来》	郑益群	学习强国
13	浙江洞头：百名音乐人创作民间版《一起向未来》献礼冬奥	郑益群	央视频
14	浙江洞头：百名公益音乐人齐唱共同富裕海上花园	郑益群	中新网
15	浙江洞头：百名公益人音乐人齐唱共同富裕海上花园	郑益群	中新网浙江
16	温州洞头：百人共唱《一起向未来》	郑益群	学习强国
17	文化进万家·温州洞头：共唱《看那万家灯火》	方荣巩　郑益群 苏友凡　陈超凡	学习强国
18	浙江洞头：百名音乐人创作民间版《一起向未来》献礼冬奥	郑益群	中国网
19	浙江温州：寒潮来袭 490艘渔船归港避风	潘　杉　郑　树	新华社
20	扬“海霞精神” 浙江洞头打造新时代民兵建设“重要窗口”	邵康学　陈　鑫　王静霞	中新网
21	温州洞头：成立女子舞龙队，舞出海岛新春新气象	黄　勉　王丛文 庄海文　金向春	学习强国
22	兵团化作战 常态化比拼！洞头擘画共富花园大赶考蓝图	王　艺　庄海文	《人民日报》
23	温州洞头渔民画展勾勒海岛群众幸福跃变	庄　缘　郑　树	《光明日报》
24	浙江洞头渔民画展：勾勒海岛生活幸福跃变	庄　缘　郑　树	中新网
25	春季海鲜大量上市 味美生鲜正恰时	庄　缘　王从华	新华社
26	“中国羊栖菜之乡”迎丰收 加强海区规划和科学管理	苏煜晗　陈　鑫	中新网
27	温州洞头：“中国羊栖菜之乡”喜迎丰收	苏煜晗　陈　鑫	《光明日报》
28	浙江洞头：最美海岛四月天 羊栖菜丰收正当时	苏煜晗　陈　鑫	中新网
29	“长寿菜”来自浙江？！沿海的“小众食材”，甚至卖到了国外……	苏煜晗　陈　鑫	中新社
30	最美海岛四月天 羊栖菜丰收正当时	苏煜晗　陈　鑫	新华社
31	最美海岛四月天 羊栖菜丰收正当时	苏煜晗　陈　鑫	凤凰新闻
32	最美海岛四月天 羊栖菜丰收正当时	苏煜晗　陈　鑫	腾讯新闻
33	最美海岛四月天 羊栖菜丰收正当时	苏煜晗　陈　鑫	网易新闻
34	最美海岛四月天 羊栖菜丰收正当时	苏煜晗　陈　鑫	新浪新闻

续表50

序号	标题	作者	刊播媒体
35	浙江温州市区唯一离岛乡镇告别“靠天吃水”历史	余佩遥 王丛文 潘道阳	中新网
36	乡村振兴丨温州洞头乌仙头村：“农业＋产业” 打响农旅文化品牌	彭晟佑 王从华	学习强国
37	影像温州丨春拍大赛·温州洞头：春雾岛城 美景如画	刘 畅	学习强国
38	68天兵团化作战 浙江洞头健康驿站竣工投用	潘 杉 邵康学	中新网
39	春雾岛城 航拍温州洞头	刘 畅 郑益群	中新网
40	最想去的地方丨海上花园——洞头	新闻采访部	学习强国
41	浙江洞头举行《蓝土地文库》（第八辑）首发式	潘 杉 陈经宝	中新网
42	《蓝土地文库》（第八辑）首发，温州洞头让海岛文学出圈	潘 杉 陈经宝	《光明日报》
43	影像温州丨春拍大赛·温州洞头：春雾岛城 美景如画	刘 畅 郑益群	学习强国
44	影像温州丨春拍大赛·温州洞头：春雾岛城 美景如画	刘 畅 郑益群	中新网
45	温州洞头区开展全员核酸检测	庄海文	《人民日报》
46	温州洞头：交警穿越人海扶起摔倒老人 群众纷纷伸援手	吕为珍 庄海文	学习强国
47	温州洞头：渔民放生国家一级保护动物蠵（xī）龟	韩 栋 郑元富 庄海文	《人民日报》
48	休渔防疫两不误 筑牢渔船渔民安全防线	邵康学 洪建栋	中新网
49	浙江洞头：响应“双碳”目标 迈出产业聚变新步伐	潘 杉 陈 鑫	学习强国
50	浙山浙水丨温州“鸟岛”万鸥齐飞	陈 鑫 苏友凡	央视新闻
51	幸福温州丨洞头鹿西鸟岛“万鸥齐飞” 人与自然和谐共生	陈 鑫 苏友凡	学习强国
52	快讯 浙江温州：洞头海洋保护区群鸟齐鸣	陈 鑫 苏友凡	中央电视台财经频道
53	浙江温州：洞头海洋保护区群鸟齐鸣	陈 鑫 苏友凡	中央电视台中文国际频道
54	浙江温州 洞头海洋保护区群鸟齐鸣	陈 鑫 苏友凡	中央电视台新闻频道
55	活力温州丨先进储能装备制造项目签约 温州洞头风电零碳产业园跑出“第一棒”	彭晟佑 王丛文	学习强国
56	青山绿水丨洞头鹿西鸟岛“万鸥齐飞” 人与自然和谐共生	陈 鑫 苏友凡	学习强国
57	意大利作家唐云探寻洞头闽瓯文化	王丛文	凤凰新闻
58	浙江温州：洞头海洋保护区群鸟齐鸣	陈 鑫 苏友凡	中央电视台农业农村频道
59	幸福温州丨在家门口就可以考试 温州洞头区首个摩托车智能化考场投入运行	苏煜晗 郑 树	学习强国
60	温州人丨今天我出镜·陈其标：夕阳虽晚 余晖灿烂	彭晟佑 潘道阳	学习强国
61	浙江洞头：共富花园大赶考 兵团作战晒“战绩”	余佩遥 王丛文	中国新闻网

续表50

序号	标题	作者	刊播媒体
62	“疫”不容辞 洞头巡察“尖兵”尽显担当	张文杰　庄海文	中国蓝新闻
63	浙江洞头：海岛电网实现全省首次“一键复电”，岛上2715户村民今夏防台再添利器	林小芳　吴隆东　庄海文	学习强国
64	“浙”6种色彩“奔富”图，见证“共富”之美！	郑益群　王静霞　胡程远	中新网
65	端午食“五色”	郑益群　王静霞　王容容	中央电视台综合频道（CCTV-1）
66	守护海洋健康 我们把“水里”的问题在“岸上”解决	郑益群　王静霞　胡程远	中国新闻网
67	温州洞头：110千伏深水变“周年体检，电网运行再添新保险	李如春　吴隆东 董夏林　庄海文	《人民日报》
68	温州洞头：多元业态添“玩味” 海岛旅游市场人气“爆棚”	庄缘　潘道阳	学习强国
69	炎热酷暑去哪里？温州洞头带你看海上花园	郑益群　苏友凡　刘畅	中新网
70	战高温 浙江温州洞头建筑工人“火热”奋战抢进度	洪建栋　潘道阳	中新网
71	这里是温州·60秒带你看洞头	郑益群　苏友凡 刘　畅　范贺然	学习强国
72	区县新闻丨温州洞头:“山海”提升工程让海岛群众享受高质量医疗服务	陈滨献　潘道阳　郑益群	学习强国
73	温州洞头：避暑纳凉 海岛“沙滩游”人气火爆	庄海文　王从华 郑益群　范贺然	学习强国
74	温州洞头转移各类人员6484人 1324艘船只进港避风	陈滨献　邵康学 庄海文　郭婷娴	《人民日报》
75	温州洞头连港环岛公路入选浙江省首批“十大最美农村路”	庄　缘　王从华　郑　树 郑益群　范贺然	学习强国
76	温州洞头“共享实验室”：可为食品企业提供234项检测项目	陈滨献　黄　勉 郑益群　范贺然	学习强国
77	温州洞头：保障“源头”到“龙头”安全用水	庄　缘　王丛文	人民网
78	温州市首张保健食品生产许可证落地洞头	王丛文　洪建栋	学习强国
79	浙江温州：台风“轩岚诺”逼近 400多艘渔船归港避风	彭晟佑　洪建栋	新华社
80	浙江温州：台风“轩岚诺”逼近 400多艘渔船归港避风	彭晟佑　洪建栋	凤凰新闻
81	鲜味情报站 浙江温州：海上牧场“黄鱼岛”寻鲜记	苏友凡	央视财经频道（CCTV-17）
82	鲜味情报站 浙江温州：七夕至 感受中国人的鲜美生活	苏友凡	央视财经频道（CCTV-17）
83	台风“轩岚诺”逼近 温州洞头400多艘渔船回港	彭晟佑　洪建栋	中新网
84	做足准备 严阵以待 温州洞头全力抗击台风“轩岚诺”	彭晟佑　潘道阳	人民网
85	海运因台风停航 84岁海岛老人摔伤多部门紧急救援	潘　杉　庄　缘　苏友凡	央视新闻
86	台风“轩岚诺”逼近 浙江各地严阵以待	潘　杉　陈　鑫	新华社
87	台风天里的生命接力	潘　杉　庄　缘　苏友凡	学习强国
88	浙江洞头 社会治理新模式 守护平安海岛	韩　栋　王静霞　彭晟佑 苏友凡　郑　树 刘　畅　陈超凡	中央电视台新闻频道（CCTV-13）

续表50

序号	标题	作者	刊播媒体
89	温州洞头：东海开渔日 百舸争流竞扬帆	郑益群　苏友凡 王丛文　赵梦瑶	新华社
90	温州洞头万亩紫菜苗下水40天后可品尝到头茬紫菜	庄　缘　王从华	学习强国
91	东海开渔日 浙江温州洞头百舸竞发	郑益群　苏友凡 王丛文　赵梦瑶	中新网
92	温州洞头：东海开渔日 百舸争流竞扬帆	郑益群　苏友 王丛文　赵梦瑶	学习强国
93	阅读阵地向海上延伸 温州洞头让有声读物进入渔民日常生活	苏煜晗　洪建栋	学习强国
94	中国农民丰收节 耕海牧渔乘风破浪 海上“巨无霸”筑牢“蓝色粮仓”	苏煜晗　陈　鑫　王丛文	央视财经频道（CCTV-2）
95	我国多地“海上粮仓”迎来丰收	苏煜晗　陈　鑫　王丛文	央视新闻频道（CCTV-13）
96	丰收节里看“丰”景 我国多地“海上粮仓”迎来丰收	苏煜晗　陈　鑫　王丛文	央视新闻频道（CCTV-13）
97	生态中国沿海行——浙江洞头：浪尖采海鲜 美味润舌尖	郑益群　范贺然　赵梦瑶 刘　畅　苏友凡　陈超凡	中央2套新闻频道（CCTV-2）
98	看这里！鱼　鱼　鱼　鱼　鱼	范贺然　刘　畅	央视新闻公众号
99	温州洞头：巡视整改出成效 海岛渔业大“聚变”	苏煜晗	央视新闻
100	浙江温州 社会治理新模式 守护平安海岛	韩　栋　王静霞　彭晟佑 苏友凡　郑　树 刘　畅　陈超凡	央视社会与法频道（CCTV-12）
101	浙江洞头：万亩紫菜迎秋收	黄　勉　陈经宝	新华社
102	浙江温州：新养殖模式拓宽渔业生产空间	苏煜晗　陈　鑫　王丛文	中央电视台农业农村频道
103	浙江洞头：走近鱼米之乡 感受鱼满网谷满仓的喜悦	韩　栋　苏友凡 郑　树　范贺然	央视频
104	浙江洞头：海鱼捕捞 新鲜分装	郑　树　刘　畅	央视财经频道（CCTV-17）
105	温州洞头：唤醒东沙港 走宽共富路 奋力打造“渔港综合体”	黄　勉　王从华 郭婷娴　金向春	人民日报客户端
106	浙江洞头：万亩紫菜迎秋收	黄　勉　陈经宝	澎湃新闻
107	海浪里飞出致富歌	陈超凡	中央电视台财经频道（CCTV-2）
108	浙江省首单海钓人员意外保险在温州洞头落地	潘　杉　王从华	学习强国
109	温州洞头：“紫菜贷”解决融资难题 助养民增收致富	庄海文　苏友凡　郑　树	人民网
110	浙江洞头：寒潮来袭 484艘渔船归港避风	赵梦瑶　潘道阳	凤凰网
111	寒潮来袭 浙江温州洞头484艘渔船归港避风	赵梦瑶　潘道阳	中新网
112	浙江洞头：寒潮来袭 484艘渔船归港避风	赵梦瑶　潘道阳	新华社
113	温州洞头：创新垃圾投放模式 打造宜居村居环境	庄　缘　王从华	学习强国

续表50

序号	标题	作者	刊播媒体
114	浙江省首单海钓人员意外保险在温州洞头落地	潘　杉　王从华	学习强国
115	温州洞头：“智能+数字”开启渔村垃圾分类新模式	潘　杉　王丛文	学习强国
116	聚焦药品保供 各地药企开足马力 加快生产保供应	王丛文	中央电视台新闻频道（CCTV-13）
117	药品保供 各地药企开足马力 加快生产保供应	王丛文	中央电视台财经频道（CCTV-2）
118	核酸采样点变身发热诊疗点 洞头百姓就近就医更便捷	庄海文　陈经宝	学习强国
119	新闻观察：中国各地药企加快生产保供应	王丛文	中央电视台中文国际频道（CCTV-4）
120	浙江多地推出发热诊疗站 方便市民就诊配药	庄海文　陈经宝	中新网
121	幸福温州丨温州洞头：政府“买单” 海岛2万名老人免费享受意外伤害保险	洪建栋　王从华	学习强国
122	温州洞头：半屏山“留愿亭”落成 盼两岸半屏合璧	胡程远　王从华	学习强国
123	老兵你好：“海霞”风帆别样红——洞头先锋女子民兵连	新闻采访部	央视国防军事频道（CCTV-7）
124	温州洞头：制药企业开足马力加快药品生产保市场供应	王丛文　郭婷娴　金向春	中国之声

（区融媒体中心提供）

数字电视

【概况】2022年，温州市洞头华数广电网络有限公司设有综合办、财务管理部、市场营销部、客服管理部、技术工程部，除北岙营业厅外还设大门、鹿西、元觉、霓屿4个广电站。重点推进“关爱有声”“视频监控一体化”等12个智慧广电ICT项目，项目金额合计1630.51万元，项目覆盖残疾人，惠企政策，公安、医养、养老、文化等多个行业。全年经营收入2183.5万元，完成年度预算指标100%。开展自查和隐患排查整改工作，自查发现并整改隐患8处；执行重保期“零报告”制度，全年未出现安全播出责任事故。

【广电提升工程】2022年，洞头区华数公司完成2020—2022年网改规划，实现三年全网双向运营能力目标。FTTH信号覆盖用户4.22万户；全年完成零星工单263单，配合农村建设完成拆房移线路174处，安全隐患排查配合电力杆线路迁改完成82处。完成新城海韵大道、大门隧道、鸽尾礁——大王殿接线公路以及复兴路等管道工程，共7.1千米。全年完成干线巡检12次，总计505.5千米；完成OTN、SDH环网维护工作12次。配合文明城市建设，完成小区及街巷飞线整治55个；配合乡村建设拆房移线174处，安全隐患排查及配合电力杆线路迁改82处。全年项目立项22个，金额为334万元。

【应急广播】2022年，洞头区华数公司对接社区、村居，推进应急广播覆盖面。接入大数据应急广播专线，共推送点位142个，每日应急广播在线情况联系单反馈，每周安排巡检5个村居确保广播正常运行，共完成点位修复38个。全年监控由第三方承包代维模式，每日公安监控在线情况联系单反馈，共推送监控点位499个，在线点位超95%，故障处理响应时间及时，做到本岛24小时内修复，外岛范围48小时内恢复。

【服务保障】2022年，洞头华数公司优化网格划分和人员配比，规范网格日常服务工作，完善服务质量绩效考核。全年系统维修工单3333张，安装工单2523张，维修时限平均不超过12小时。“96371”客服热线于4月底全部归集到丽水，强化服务过程中线上线下的监督与反馈，提升用户满意度。营装维、集客维保年度服务质量考核成绩排名均进入全省前5名，获评2022年度全省有线广播电视运营服务省级优秀单位。

（陈秀兴）

卫生

综述

【概况】2022年，洞头区建立健全和落实行政执法内部监督机制，提高执法人员执法水平。全年审查涉疫情防控工作合同4件，审查规范性文件2件，申请强制执行案件2件，审查疑难行政处罚案件21件，推送2起涉企免罚案例被纳入全区典型案例，全年未发生因执法引起的行政诉讼、行政复议。全省首创“慢病管理达标患者”最高3500元药品免费额度，创新开发“两慢病健康管理”App并获国家专利。推进“山海”提升工程，指导区医院二甲创建。率全市之先建成智慧健康站12家，改造村卫生室2家，启用血管造影DSA技术。推进老年人“光明”“口福”健康行动，制定“婚、生、养、教”生育配套政策。启动托育服务中心工程前期，千人托位数位居全市第一位。发放计生家庭城镇养老保险、城乡居民社会养老保险、奖特扶等补助资金2653万元，涉及1万多人。全年开展核酸采样检测，接种新冠疫苗等工作。全年接诊发热患者9497人、收治患者600人。开展辖区医疗卫生、传染病防治、职业卫生、公共卫生等卫生健康领域执法检查，完成国家双随机任务89家，省级双随机任务153家，抽查事项覆盖率100%。截至年底，全区有医疗卫生机构95家，区级医疗卫生机构有区人民医院、区疾病预防控制中心、区妇幼保健计划生育服务中心、区卫生计生行政执法大队4家；街道（乡镇）医疗卫生机构有社区卫生服务中心5家，中心镇卫生院1家，乡级卫生院1家；村级医疗卫生机构有社区卫生服务站15家、村卫生室28家，门诊部4家，诊所23家，医务室9家。区中医院与大门镇中心卫生院合署，区120急救中心挂靠在区人民医院，大门120急救站挂靠在大门镇中心卫生院。全区有各类卫生从业人员1086人，其中卫生技术人员892人。

2022年，洞头区创成省级健康促进区，医疗“山海”提升工程省级优秀、健康浙江考核连续三年获优秀等级。鹿西乡卫生院党支部获省卫健系统先锋党支部，区卫生健康局获市级“模范机关”称号。

（庄鹏建）

【医政审批服务】2022年，区卫生健康局梳理许可主事项44条，清理涉批事项中110个涉第三方证明材料，保留证明材料16项，实现减证便民。全年审批窗口共办理652件许可件，无不满意件。建立医疗机构校验现场审查制度，组织召开校验工作安排部署会，成立医疗机构校验专家组，提升校验现场审查内容、标准。通过开展现场审查，对部分医疗机构形成暂缓校验意见书，明确整改措施和整改时限，促进医疗机构依法执业、提升医疗质量。推行网上办、邮寄办、延时办等普惠服务，引导群众线上办理，实现审批事项一次都不用跑。霓屿、灵昆等地医疗机构开展送证上门活动。

【新冠疫情防控】2022年，洞头区围绕“外防输入、内防反弹”总策略和“动态清零”总方针，制定全流程疫情防控手册并组织各类疫情防控演练，举行温州市海港口岸疫情防控应急演练。推进“七队三单”建设，指导开发“村社战疫”数字化系统，创新工作方法。建立“七队五单”，统筹保障医疗资源调配、药品物资争取、重症人员转运、舆论宣传等工作，根据“早发现、早识别、早干预、早转诊”四早工作要求，及时动态跟进药品物资储备、老年群体健康、医院病床周转等情况。

【洞头区公共卫生服务中心项目二期结顶】 2022年12月，洞头区人民医院改扩建工程暨区公共卫生服务中心建设工程二期工程主体结顶。该项目位于洞头区北岙街道新城二期E—08地块，用地面积2.93公顷（44亩），总建筑面积7.08万平方米，其中地上建筑面积4.64万平方米，地下建筑面积2.44万平方米，主要建设内容包括新建一栋医疗综合楼、应急楼、辅楼及地下室土建、二次装修、给排水、消防、供配电、弱电、暖通及总图工程，工程总投资约5.21亿元，开工建设时间为2021年9月21日。工程建设单位是区卫生健康局，代建单位为洞头城市发展有限公司，施工单位为上海建工四建集团有限公司，监理公司为浙江华杰工程咨询有限公司。

（苏丽华）

【洞头区首个健康驿站揭牌启用】 2022年4月23日，洞头区首个健康驿站正式揭牌启用。该健康驿站位于元觉街道状元岙南片区01—02e地块，用地面积约1.3万平方米，总建筑面积约12500平方米，为双层结构方舱，按照“一人一间一卫”“三区两通道”标准，建设有隔离病房300间、医护宿舍43间。开工建设时间是2022年2月2日，总投资概算为3608.56万元。项目业主单位是洞头区元觉街道，代建单位是温州市洞头城市发展有限公司，监理单位是浙江华杰工程咨询有限公司，设计单位是杭州市建筑设计研究院有限公司。

【洞头区健康驿站工程（二期）项目开工建设】 2022年6月3日，健康驿站工程（二期）项目开工建设，8月31日通过竣工验收。该项目位于状元岙南片区01—02c、01—02d地块，用地面积约16.5亩，总建筑面积约8400平方米，建设内容包含隔离间200间，医护间50间，物资库房118平方米，垃圾房90平方米，洗消房27平方米，污水处理系统，配电房以及室外附属工程等。项目总投资概算为3608.56万元。项目业主单位是洞头区元觉街道，代建单位是温州市洞头城市发展有限公司，监理单位是浙江华杰工程咨询有限公司，设计单位是温州设计集团有

2022年洞头区卫生医疗机构（单位）情况一览表

表51

序号	卫生机构	床位数（张）	编制内人数（人）	编制外人数（人）	执业医师人数（人）	助理医师人数（人）	门诊人数（人）	占地面积（平方米）	建筑面积（平方米）
1	洞头区人民医院	280	371	57	133	1	400535	17201	27020
2	洞头区疾控中心	0	30	4	11	4	0	1224	1757
3	洞头区妇计中心	0	21	2	9	3	7118	492.31	1678.16
4	北岙街道社区卫生服务中心	0	30	17	10	7	75693	270	1506
5	灵昆街道社区卫生服务中心	0	41	17	19	0	41747	1203.2	920.84
6	洞头区大门镇中心卫生院	56	60	12	28	4	98627	5727.7	7115.72
7	东屏街道社区卫生服务中心	0	21	9	6	2	69200	440.76	1051.17
8	元觉街道社区卫生服务中心	0	16	1	7	2	29105	1400	1210
9	霓屿街道社区卫生服务中心	18	23	5	5	3	22239	2666.68	3088
10	洞头区鹿西乡卫生院	14	21	6	8	4	58403	2034.5	2939.37

（区卫生健康局提供）

限公司。

【洞头首家方舱医院完成竣工验收】2022年8月22日，洞头区人民医院改扩建工程（南塘分区）项目完成竣工验收，是洞头首家方舱医院。该项目位于南塘工业区标准厂房一期2号楼，总用地面积5417平方米，总建筑面积5385平方米，由原厂房混凝土框架结构改建。主要建设内容包括床位200个、医护休息室、物资库房、洗消房、垃圾房、办公室、空调通风系统、污水处理系统、配电房以及室外附属工程等。旨在加强统筹调配风险人群管控、转运、收治等力量，为疫情防控和病患救治提供有力保障。工程业主单位是洞头区卫健局，代建单位是温州市洞头城市发展有限公司，监理单位是温州市百岛工程项目管理有限公司，设计单位是温州设计集团有限公司。

（侯斌燕）

【无偿献血】2022年，洞头区开展无偿献血8场，完成无偿献血总人次1187人，完成区域无偿献血总量340.05升，完成市级考核指标。

（徐齐恩）

卫生改革

【概况】2022年，洞头区深化“医疗、医保、医药”联动改革，推进公立医院改革和现代医院管理制度，实施医保总额预付、城乡居民基本医疗保险门诊费用按人头定额结算，推动药品零差率、耗材零加成。持续优化与温医大附二医、温州市人民医院、温州市中医院合作办医。基层中医馆覆盖率和社区卫生服务站（村卫生室）中医适宜技术服务覆盖率均100%，基层就诊率67.02%。全年家庭医生付费签约量15727人，签约服务时间160662月，核拨经费124.38万元，均创历史新高。林琴、尤华伟分别获浙江省优秀家庭医生和优秀乡村医生称号，曹亮亮团队获浙江省优秀家庭医生团队称号。

【“山海”提升工程】2022年，洞头区人民医院搭建以系统疾病为中心组织架构，建立胆结石诊疗中心，肾（泌尿系统）结石诊疗中心，内镜中心、胃肠病诊疗中心、肺结节远程会诊中心、妇科微创诊疗中心洞头分中心等六大诊疗中心，开设疼痛门诊、精神卫生门诊，推进心脑血管早期介入治疗DSA（数字减影血管造影技术）项目建设，开展钬激光碎石术、首例复杂骨盆手术等新技术新项目29个。全年开展三四级手术294例，CMI（病例组合指数）值为0.81，分别同比提升34.01%和4.94%。温医大附二院——洞头区人民医院获评2021年度浙江省医疗卫生“山海”提升工程优秀单位。

【“两慢病”改革】2022年，洞头区持续深化医共体模式下高血压、糖尿病“两慢病”全周期健康管理和基层首诊改革，通过“11+7”免费药品、慢病精细化管理、慢病绩效改革等措施，两慢病患者管理逐步达到“两提高、两稳定、两降低”目标。“11+7”免费药品累计使用26.86万盒（瓶），使用金额189.26万元，使用8658人。“两慢病”患者收费签约10932人，同比增长34.69%，“两慢病”患者基层就诊136505人次，同比提升34.73%，“两慢病”患者基层就诊率80.35%，同比提升2%。全省首创“慢病管理达标患者”可享受最高3500元的“两慢病”药品免费额度，创新开发“两慢病健康管理”App，对患者开展精细化管理，累计申报89人，管理61人，累计使用药品费用12.22万元。

【基层医疗卫生设施提升】2022年，洞头区制定《大门镇中心卫生院医疗服务能力提升三年行动方案》，与温州市中医院签订新一轮医疗帮扶协议，大门镇中心卫生院急诊留观、胃镜室开诊，开放住院诊疗服务，通过2022年省级优质基层服务行推荐标准评审。鹿西乡卫生院每周二常态化开设5G云诊疗服务，建成并运行离岛“120”院前急救站。元觉街道社区卫生服务中心“两慢病”获市级基层特色科室。完成改扩建村卫生室2家，在全市率先完成智慧健康站建设12家。

（徐齐恩）

【深化医共体管理】2022年，洞头区制定各院区能力提升“项目清单”与“新项目、新技术、新服务”清单，实施清单目标管理，加强对离岛鹿西、大门帮扶与支持力度。各院区分别建成住院病房1家、留观病房2家、移动PCR实验室1家、DR影像2家、胃镜检查1家。“山海”提升向各院区辐射，开辟鹿西“5G云诊疗”附二专家工作室，每周二常态化开展网络诊疗工作，开设心血管、神经内科专家每周安排1天到成员单位坐诊、讲座，实现山海提升专家在医共体成员单位服务全覆盖。

（陈丽丽）

健康洞头建设

【概况】2022年，洞头区制定年度健康洞头建设工作要点，常态化召开各层级会议，实施督查机制，实施“将健康融入所有政策”策略，建立公共政策健康审查制度，开展10个政策回顾性审查，提出意见28条，采纳18条。培育健康温州行动示范样板6个，举办首届“健康达人”评选，选出健康达人和5名健康达人提名各5人。创成省级健康促进区，健康浙江考核连续三年获得优秀等级，名列全省第30位、全市第三位。

【洞头区省级健康促进区创成】 2022年12月，洞头区创成省级健康促进区。根据《洞头区创建浙江省健康促进区实施方案》部署，分阶段召开启动会、协调会、推进会，并开展4次联合督导和技术指导，洞头区委、区政府通过将创建省健康促进区列为“一把手”工程，将创建任务项目化、项目清单化、清单具体化，上下贯通、协同作战。同时立足海岛实际，实施“六大”健康行动，有效提升全民健康水平和健康素养。坚持以点带面，挖掘创建特色和亮点，打造富有洞头元素的健康品牌。全区建成公共体育场地设施300多个，经常锻炼人口比例从2020年28.8%提升到2021年29.4%。建成健康社区（村）42个，培育健康家庭5856户，健康促进机关31家，创成健康促进企业10家。形成“1+6”健康促进医院网络，建成健康促进学校金牌1所、银牌7所、铜牌9所，无烟党政机关48家，健康促进学校、健康促进医院和无烟党政机关覆盖率100%。建设健康主题公园4个，健康步道7条，健康食堂23个，健康餐厅21个，健康小屋10个，健康街区1条，5G家未来健康医疗新场景12个。健康细胞步步覆盖，形成全民崇尚健康的浓厚氛围。

（王丽静）

【健康浙江考核连续三年优秀】 2022年7月30日，省委、省政府健康浙江建设领导小组办公室通报2021年健康浙江建设考核结果，洞头区为考核优秀等级，连续三年获优秀等级。区委、区政府深入实施健康洞头行动，制定年度健康洞头建设工作要点，推进健康洞头建设。组织召开健康洞头建设和行动的联络员会议、部门对接会、工作推进会，明晰责任、分解任务、部署工作重点。建立健康影响评价制度，推进健康融万策。健康洞头建设工作被纳入《2022年度区直单位、街道（乡镇）绩效考核办法》，定期开展现场巡查、技术指导和业务督查，把健康洞头建设列为区人大常委会年度监督工作内容。联合开展健康环境、健康服务、健康保障、健康素养、健康产业等。实施生活垃圾分类管理，农村生活垃圾分类处理行政村覆盖率100%。开展健康素养进文化礼堂、健康宣教进社区进学校进机关活动，新增健康企业、健康村、健康家庭等健康细胞3837个，居民健康素养水平从2021年的35.4%提升至2022年40%。打造健康大脑+体系，新建智慧健康站12家，改扩建标准化卫生室2家，基层就诊率67%以上。纳入全省生命健康工程的投资额完成率154.6%，区人民医院改扩建工程加快推进，健康驿站一期和二期完成建设并投入使用，方舱医院一期和二期完成建设。

【健康洞头行动“健康达人”评选活动】 2022年11月23日，区健康办组织开展2022年度健康洞头行动“健康达人”评选活动。活动经过各单位推荐申报、专家初筛审核，选出10名健康洞头行动“健康达人”候选人。候选人经过健康体质测试、应急救护技能比试、健康知识测试、风采展示等四个环节比拼，最终获首届健康洞头行动“健康达人”称号5人，获“健康达人”提名5人。

【爱国卫生运动】 2022年，洞头区制定实施《洞头区全国文明城市十大顽疾专项整治工作方案》，出台《关于建立健全全国文明城市建设工作常态长效机制的实施意见》等文件，完善议事决策机制，实现文明创建经常化、制度化。完成全国文明城市国家和省级测评，全市10轮文明城市测评中，洞头区排名第一5次，4个街道共获“最优街镇”红旗荣誉10次。落实重点单位、重点场所病媒生物防制责任，规范开展病媒生物消杀和密度评估认可工作。统筹美丽乡村建设、厕所革命、垃圾分类及城乡环境综合整治等，每月开展“最脏单位”“最差垃圾分类村居”“最脏村居”“最脏厕所”“最脏街巷”“最脏道路”“最脏小区”“最脏工地”“最脏湾滩”“最脏餐饮店”等10个最脏类别考核。实施“烟头不落地”行动，通过在全区优化布局灭烟设施设备、发送“烟头不落地”倡议书和提醒短信、开展烟头有奖兑换活动、加大对不文明吸烟现象处罚力度、把乱扔烟头列入洞头十大不文明行为专项整治工作，实施每日动态清零等十大活动举措。全年完成大门镇豆岩村等省级卫生村申报推荐工作7个及省级卫生村5个和市级卫生村考核复评工作2个。全区创成省级卫生村61个，省级卫生村覆盖率93.8%，居全市第一位。

（余建林）

疾病预防控制

【概况】 2022年，温州市洞头区疾病预防控制中心推进“健康促进区”建设，落实新冠肺炎疫情防控及重点传染病防控、免疫规划、慢性病防治、职业病防治等工作，保障全区人民生命健康安全。全年参加各类业务培训104项221人次，岗前培训7人。开展各类业务培训27场，培训646人次。制订年度生物安全工作计划，全年实验室生物安全体系运行稳定，未发生生物安全事故，实验室操作人员未发生职业暴露事件。6月，通过浙江省市场监管局专家认定现场复评审。全年疫情防控预算经费支出640.61万元，其中设备及试剂耗材635.34万元。设备及试剂耗材总投入893.6万元。组织新冠防控相关工作培训10多次，开展新冠应急演练多次；支援海经区疫情防控工作，组建海经区疾控组；协助开展“两会”期间、中高考、成人高考等大型聚集性活动疫情防控工作；开展隔离点疫情防控指导工作及隔离点消杀效果评估等工作。全年开展阳性病例流行病学调查15起，密接调查506起、次密及重点关注人员近1471人。开展阳性物表及可疑阳性物表调查6起。出动应急队员400多人次。累计检测核酸标本231337份，完成人群血清新冠抗体监测。区疾病预防控制中心获年度区“最强支部”、结直肠癌筛查“先进集体”及市专业技能竞赛团体一、二、三等奖等。

【免疫规划】 2022年，洞头区合计接种新冠病毒疫苗438401剂次，18周岁以上全程剂次任务完成率110.64%。12周岁至17周岁全程剂次任务完成率111.71%。3周岁至11周岁全程剂次任务完成率110.6%。全年全区免疫规划疫苗共接种15425剂次，常规一类疫苗接种率90%以上，脊灰麻疹均95%以上。新出生儿童建卡、建证率100%。儿童基础免疫的各类疫苗接种率均99%以上。AEFI被动监测53例，其中一般反应47例，偶合症3例，异常反应2例，总报告监测率为3.96/万。

【传染病管理】 2022年，洞头区报告甲乙丙类传染病731例，总发病率为491.23/10万，发病数较上年上升82.29%。其中甲乙类传染病179例，发病率为120.29/10万；丙类传染病552例，发病率为370.95/10万。新发感染患者首次随访采样送检率100%，在治患者病毒载量检测比率97%，病毒载量抑制比例100%。随访检测比例90%，配偶检测比率100%。全年为在治患者提供治疗费用约3万元。结核发病率34.27/10万，登记管理肺结核患者37人，其中28例病原学阳性。开展学校2022级新生结核病筛查各项工作，无新发现结核病患者。肺结核患者慈善项目共补助患者14名5.1万元；联合区慈善总会制订《2023—2025年度“自由呼吸”——贫困肺结核患者经济补助项目实施方案》。10月至12月，开展流感标本主动监测工作，完成流感样品检测66份，其中BV阳性15份，甲型H3阳性2份。

【聚集性传染病疫情处理】 2022年2月，洞头区报告1起由乙型流感引起的多点聚集性疫情。涉及全区学校4所，波及班级4个学生62人，历时1个月，采取加强监测、隔离患病学生及场所通风消毒等措施后，疫情得到控制。全年报告托儿所聚集性诺如病毒感染疫情1起，学校聚集性诺如病毒事件1起，通过停课、消毒、通风、健康指导等措施后，疫情均得到控制。

【地方病监测】 2022年5月，洞头区开展地方病监测工作。共收集学生碘盐及尿碘各210份，孕妇碘盐及尿碘各105份。全区碘盐覆盖率为92.06%（要求＞95%），碘盐合格率为98.97%，合格碘盐食用率为91.11%（要求＞90%）。儿童尿碘中位数为141.5微克/升，碘缺乏率为29.52%（要求＜50%），孕妇尿碘中位数为151.6微克/升（要求＞150微克/升），孕妇碘缺乏率为49.52%。对210名8岁至10岁学生进行甲状腺B超检查，未发现甲状腺肿大学生。

【居民健康服务】 2022年，洞头区管理高血压11299人，规范管理8063人，规范管理率71.36%，血压控制7258人，血压控制率64.24%；糖尿病管理4175人，规范管理3216人，规范管理率77.03%，空腹血糖控制3007人，血糖控制率72.02%。高血压高危人群管理3858人，管理率3.16%，糖尿病高危人群管理3177人，管理率3.09%。录入浙江省重性精神病人信息管理系统内六大类严重精神障碍患者数665例，管理661例，管理率99.4%，规范管理643人，规范管理率96.69%，面访624人，面访率93.83%，服药640人，服药率96.24%，规律服药605人，规律服药率90.98%。全区期望寿命80.13岁。慢病监测报告糖尿病发病数657例，肿瘤发病数955例，冠心病急性事件发病数75例，脑卒中发病数620例。全年报告死亡个案1028例，粗死亡率6.7‰，诊断不明比例1.56%。

【健康教育】 2022年，洞头区创建浙江省健康促进区，新创健康促进机关28家、健康村8个、健康企业9家、健康家庭3790户、健康主题公园1个、健康步道1条。开展线上、线下相关主题活动10场。到社区、学校、企业、城区繁华路段通过亲子游戏、全民健身、义诊咨询、展板展出等方式开展宣传活动。组建健康教育讲师团，到学校、社区、农村文化礼堂等场所开展巡讲活动289场，受众11220人。完善健康教育资料库，编印宣教资料13种12万余份，制作村居宣传栏模板6期12套，下发村居和相关单位。实施洞头区国民营养计划，指导并组织相关重点机构开展培训指导工作。洞头区居民健康素养监测水平为37.86%。

【食品安全风险监测】2022年，洞头区按照风险监测计划（省级监测52份，自主监测105份）开展食品安全风险监测工作。全年区疾控中心共采集食品167份开展风险监测，其中省级监测52份，自主监测115份，完成全年任务106.37%（167/157）。收到自主检测结果反馈项目360条，自主检测项目完成率为103%（360/350）。

【生活饮用水监测】2022年，洞头区结合供水现状，对各街道（乡镇）主要出厂水和末梢水（即农村生活饮用水与城市水）在枯水期和丰水期期间各采样监测1次。全区不同季节各街道（乡镇）出厂水共检测水样16份，检测结果均合格。监测采集81份水样，其中城市水样40份，农村水样41份，监测指标40项检测项目，检测合格的水样有81份，农村生活饮用水合格率为100%。城市水质合格率100%（城市水为二次供水）。

【职业病危害监测】2022年，洞头区完成用人单位工作场所职业病危害因素检测检验项目工作（主要以粉尘和噪声超标为准）40家，其中自主检测完成15家。完成用人单位职业病防治基本情况调查和现场检测工作并及时进行网络报告；下半年随机抽取企业4家合计60名人员开展职业健康素养调查，对6家重点危害企业开展重点行业职业健康风险评估，完成对用人单位职业项目危害申报指导工作。对区人民医院职业病相关科室进行业务指导，协同省、市疾控相关专家开展职业病质控检查工作。

【学校卫生监测】2022年，洞头区对9所监测点学校开展学生健康状况综合监测与常见病干预调查，内容包括学生身高、体重、肺活量、视力、血红蛋白、血压、龋齿、沙眼、脊柱弯曲异常、对数视力表和屈光检查。全年洞头区儿童青少年恒牙患龋率为46.43%，近视率为50.09%。开展学校教学环境监测，教室人均面积合格率（92.86%）、黑板面照度均匀度（90.48%）等合格率较高，课桌椅分配符合率、黑板面平均照度等合格率较低。

【食源性疾病监测】2022年，洞头区共上报食源性疾病病例269例，食品暴露信息填写率100%，采样257例，采样率95.54%，检测出2例副溶阳性病例，阳性率为0.81%。269例病例中男性143例，女性126例，男女性别比是1∶1.13；患者职业分布以家政、学生为主，占所有病人的比例分别为42.38%、21.19%；患者均为门诊就诊，无住院病例。

【重点场所消毒监测】2022年11月，对全区7家托幼机构和1家养老院开展监测工作，检测样品124个，合格103份，合格率83.1%。对3家医疗卫生机构进行消毒工作检查和消毒质量监测，检测样品102个，合格90份，合格率88.2%。

（杨丽悦）

2022年洞头区疾病预防控制主要指标完成情况一览表

表52

内　容	计划指标数	完成情况
高血压规范管理率	65%	71.36%
血压控制率	60%	64.24%
糖尿病规范管理率	65%	77.03%
血糖控制率	55%	72.02%
严重精神障碍报告患病率	4.5‰	4.47%
严重精神障碍规范管理率	98.5%	96.69%
严重精神障碍规律服药率	70%	90.98%
报告死亡率	5.5‰	6.62‰
死因不明比例	＜5%	1.66%

续表52

内　容	计划指标数	完成情况
重点行业职业健康风险评估	6家	6家
重点行业职业危害因素监测	40家	40家
食源性疾病监测	180例	269例
居民健康素养水平	37%	37.86%
15岁以上居民现在吸烟率	18%	16.11%
健康素养进农村文化礼堂活动	100%覆盖	100%覆盖
中小学校中达到省健康促进学校标准的学校比例	100%	100%
日常风险评估每月1次，开展专题风险评估	日常风险评估每月1次，开展专题风险评估1次	日常风险评估每月1次，开展专题风险评估1次
开展应急演练或拉练	1	5
儿童建卡（证）率	100%	100%
首剂乙肝疫苗及时接种率	95%	99.68%
肺结核报告发病率	34.9/10万	29.8/10万
在HIV/ADIS患者中结核病的筛查率	100%	100%
艾滋病病毒感染者梅毒筛查比例	90%	91%
现存活艾滋病病例抗病毒治疗比例	93%	82.56%
艾滋病病例报告数据质量核查覆盖率	100%	100%
性病漏报率和重报率	0	0
公众对性病防治知识的知晓率	—	50%

（区疾病预防控制中心提供）

妇幼保健

【概况】2022年，温州市洞头区妇幼保健计划生育服务中心统筹疫情防控和妇幼健康工作，落实儿童友好城市和共同富裕示范区市域样板建设，保障全区妇女儿童的健康。实现洞头区连续17年孕产妇零死亡。每月组织开展妇幼健康教育相应主题宣传活动10多场、制作海报60张、横幅12条、户外宣传栏12期，制作宣传资料6种。全年分发宣传资料8000多份、宣传品4000多份，受众8500多人次。

【洞头区母婴健康服务工作】2022年11月7日，洞头区制订《加强母婴健康服务工作方案》，明确责任主体，细化责任目标，推进孕产妇健康服务工作。全年产前筛查率95.95%，产后访视率97.92%，孕产妇系统管理率92.01%，婴儿死亡率1.6‰，0岁至6岁儿童健康管理率97.65%。提升婴幼儿照护服务。拓展幼儿托育资源，助推儿童友好城市建设。全区有备案托育机构16家，托位数708个，托育机构保育人员持证率98.97%。建成婴幼儿照护服务驿站3家，洞头区人民医院被评定为三星儿童友好医院。区婴幼儿养育实训基地开展培训近200人次，养育照护小组活动15场次，助力婴幼儿的健康成长。

（苏丽华）

【婚前医学检查和优生检测】2022年，区妇计中心按照“免费婚前医学检查”和“国家免费孕前优生健康检查”工作要求，定期开展业务学习和自查整改。全年婚检人数为278，婚检率为93.92%，婚检发现疾病85人，其中指定传染病人数4人；国免优生检测人数为514人，覆盖率80.56%；针对有风险因素人员，依据检测结果开展电话随访，医学指导检测结果给妊娠带来的风险。

【孕产妇管理】 2022年，区妇计中心根据温州市卫健委《关于开展全市孕产妇妊娠风险评估和管理工作的通知》要求，加强对社区督导与培训，及早发现早孕人员，督促建册等措施，提高早孕建册率，建立符合本地实际、运转协调孕产妇分级管理体系。全年活产数626人，其中早孕建册582人，早孕建册率94.17%；产后访视613人，访视率97.92%；系统管理576人，系统管理率92.01%。全年抢救危重孕产妇2例，抢救成功率100%。

【儿童保健管理】 2022年，洞头区活产数626人，新生儿访视人数614人，访视率98.08%，5岁以下儿童死亡1人，死亡率为1.60‰，婴儿死亡1人，死亡率1.6‰，新生儿死亡1人，死亡率为1.6‰；3岁以下儿童1991人，系统管理1921人，3岁以下儿童系统管理率为96.48%；7岁以下儿童6821人，保健管理6661人，7岁以下儿童保健覆盖率为97.65%。对全区托幼机构工作人员进行健康体检，共检查645人，合格人数645人，合格率100%。全年区人民医院活产数255人，新生儿遗传代谢疾病筛查数253人，筛查率为99.2%，可疑患儿9例均按要求召回复查，确诊9例。听力实际筛查255人，筛查率为100%。

【妇女健康服务】 2022年，洞头区组织开展城乡妇女“两癌”检查

2022年洞头区妇幼卫生主要指标完成情况一览表

表53

内　容	计划指标数	完成情况
孕产妇死亡率	<9.5/10万	无孕产妇死亡
婴儿死亡率	<6.5‰	1.60‰
5岁以下儿童死亡率	<8.5‰	1.60‰
孕产妇系统管理率	≥90%	92.01%
产前筛查率	≥90%	95.95%
产妇住院分娩率	≥99%	100%
高危孕妇住院分娩率	≥100%	100%
妇女剖宫产率	≤36%	41.69%
0—6岁儿童健康管理率	≥95%	97.65%
新生儿遗传代谢病筛查率	≥99%	99.22%
新生儿听力筛查率	≥99%	100%
新生儿先心筛查	90%	98.43%
5岁以下儿童Hb检测率	≥90%	92.20%
6个月内婴儿纯母乳喂养率	≥65%	70.94%
孕产妇艾滋病、梅毒和乙肝检测率	>90%	100%
农村妇女增补叶酸服用率	100%	100%
母子健康手册注册	≥90%	92.58%
ASQ发育筛查	85%	89.45%
城乡“两癌”筛查	任务2500例	宫颈癌检查4077例 乳腺癌检查4039例
婚前医学检查率	≥90%	93.92%
国免优生检测覆盖率	≥80%	80.56%

（区妇计中心提供）

项目。完成城乡“两癌”宫颈癌检查人数4077例，乳腺癌检查人数4039例，确诊宫颈癌1例，乳腺癌2例，患者均接受治疗。住院分娩产妇孕期接受艾梅乙检测255人，检测率100%，其中早期检测人数215，早期检测率84.31%，发现梅毒阳性病例孕产妇1例。强化“互联网＋避孕药具”发放服务，指尖药具微平台注册会员累计667人，发放避孕套624盒。完成年度药具计划执行，药具出入库严格按照规定要求验收。全区在各社区卫生服务中心和婚前医学检查点共设置8个免费叶酸发放点，联合村责任医生和联络员及时掌握待孕妇女情况，使计划怀孕妇女能领取免费叶酸，全区农村适龄妇女新增叶酸服用人数981人，叶酸服用率为100%。

【婴幼儿照护服务】 2022年，区妇计中心坚持妇幼民生普惠，通过市里培训学习，建成街道（社区）婴幼儿照护服务驿站3家。开展养育照护小组活动15场次，参加活动家庭81组；发挥区级婴幼儿照护实训基地职能，对婴幼儿照护民生实事项目单位开展卫生保健等工作指导15次。完成全区第八轮窝沟封闭工作，应封闭学生700人，实际封闭817人，完成率117%。

（郭丽君）

卫生执法监督

【概况】 2022年，温州市洞头区卫生健康行政执法队聚焦新冠疫情防控工作重点，践行“大综合一体化”行政执法改革，围绕卫生监督领域群众关心关注问题开展各类专项整治。检查各类医疗机构、公共场所、用人单位、餐饮具集中消毒单位、学校等单位1501家，完成国家级、省级双随机检查242家。全年查处各类违法案件197件，罚没款27.566万元。开展医疗卫生机构疫情防控监督检查555家次，督促问题整改36个。

【疫情防控监督检查】 2022年，区卫生健康行政执法队加强医疗卫生机构、美容美发场所等疫情防控监督检查。全年出动执法人员3516人次，检查医疗卫生机构555家次，督促问题整改36个；针对美容美发场所，发送短信5000多条，拨打电话3600多个，处置各类督办件、整改件等约50件。参与区疫情防控特别机动队值班值守，牵头做好人员管理、流程优化、信息报送、物资管理、后勤保障等工作，参与值班958人次。

【卫生行政执法专项行动】 2022年，区卫生健康行政执法队开展医疗废物专项行动、医疗乱象专项治理行动，督促指导全区89家医疗机构完成医疗乱象专项自查报告；督查1辖区内抗（抑）菌制剂生产企业及药店、母婴店、婴幼儿洗浴场所等部分生产经营单位6家；督导企业落实职业卫生管理，检查各类企业20家，立案查处6起，其中首次轻微违法不予处罚2起。

【公共领域卫生安全监管】 2022年，区卫生健康行政执法队强化公共场所卫生监督管理，出动执法人员680多人次，检查政府定点接待场所、民宿、旅馆等住宿场所200多家；检查游泳场所5家，水质监测3家。抽检10个监测点管网末梢水、二次供水样品40份，餐饮具样品40件，合格率均100%。开展食品安全宣传，加强餐饮具集中消毒企业指导，巩固食品安全区创建成果。

【学校卫生安全监管】 2022年，区卫生健康行政执法队加强中高考及学校开学期间学校卫生监督指导，督促学校落实疫情防控、传染病防治及学校卫生管理等各项工作，对校园周边住宿场所卫生状况进行监督检查，筑牢校园卫生安全防线，全力保障全区广大师生健康安全。全年共检查学校10家。

【“数智卫监”建设】 2022年，区卫生健康行政执法队紧盯“数智卫监”建设，全区6家政府定点接待酒店接入省“住宿场所透明保洁智能监管系统”，接入率85.71%；公立医疗机构、社会办医疗机构、村卫生室接入省“诊疗行为监督在线”，接入率分别为86.96%、72%、15.38%。接入医疗机构全部实现诊疗行为风险管控项目实时监测；完成餐饮具集中消毒企业接入省“集中消毒餐饮具企业智能监管系统”1家；申报职业病危害的用人单位通过省“职业健康在线”开展职业危害因素自查，自查率83.03%。

【公共事务延伸管理服务】 2022年3月，温州市洞头区公共事务延伸管理服务中心（挂区政务服务中心瓯江口片区分中心牌子）成立。区卫生健康行政执法队派员入驻区公共事务延伸管理服务中心，围绕《洞头区公共事务延伸管理服务中心组建进驻工作方案》延伸管理职能任务要求，落实卫生监督工作。开展监管对象调查摸底。做好职业卫生监督检查与指导服务，检查重点企业11家，指导服务47家；定期开展医疗机构、公共场所监督巡查，帮助成立苏宁物流核酸检测点，解决外来卡车司机、周边企业和人民群众核酸检测问题；督促2家医院做好文明城市创建问题整改，指导行政村、个体医和“四小行业”开展文明创建。

（唐欢非）

【卫生应急】2022年，洞头区完善卫生应急各项工作制度，通过基础设施建设和人员培训，提高卫生应急救援能力。抓好卫生应急机制建设、医疗防疫物资储备、人员培训、应急演练和突发事件处置等各项卫生应急工作。修编《洞头区突发公共卫生事件应急预案》《洞头区突发公共事件医疗卫生救援应急预案》和《洞头区突发呼吸道传染病疫情应急预案》《洞头区重大传染病疫情防控应急预案》等专项预案。组织开展卫生急救技能比武、卫生应急处置知识竞赛和新冠肺炎疫情应急处置培训等各类应急培训和演练20多次，参加人员1200多人次。抓好卫生应急队伍建设，建立紧急医学救援、突发急性传染病防控队、突发中毒事件处置队、核和辐射突发事件处置队、心理危机救援队等应急救援队伍共计各类专业应急人员近50人，汛期明确医疗救治小组、抢险救灾小组等相关工作小组及责任人，建立18人应急处置队伍。做好应急联动值班，落实24小时应急值班制度，第一时间处置应急联动平台报警信息，全年累计处置报警信息近400条。

（郑海冬）

医疗服务

【概况】2022年，洞头区推进“山海”提升工程，开展新技术新项目。建立上海医疗专家洞头联络站。大门卫生院通过省级优质基层服务行推荐标准评审。开设鹿西5G云诊疗服务，建立离岛120院前急救站。全省首创“慢病管理达标患者”最高3500元的药品免费额度，创新开发“两慢病健康管理”App并获国家专利。持续推广“11+7”两慢病免费药品使用。洞头区人民医院开放床位280张，总诊疗423837人次。全年完成各类手术1476例，其中三、四类手术295例。6家成员单位院区门诊641270人次。全年招聘专业技术人员14名，晋升副高2人，晋升正高4人。收获各类锦旗表扬信30多件次，创成区级五星清廉单位1家，“厚德精医三环共筑”党建品牌获区级优秀，医共体共青团委员会获评温州市五四红旗团委，医院护理部获评温州市先进护理学会，医院急诊科获评温州市青年文明号。

【推进“山海”提升工程】2022年，区人民医院借助温医附二院优质资源，推动临床重点专科群建设，开设胆囊结石、内分泌、泌尿结石专家诊疗团队和博士专家门诊、胃肠病诊疗中心，呼吸内科申报通过省级县域龙头学科。卒中、胸痛、创伤三大医疗救治中心建成，胸痛中心完成胸痛患者接诊220人次，卒中中心优化救治流程，溶栓30人次，DSA通过区民生实事项目并完成前期工作，创伤中心ISS≥16分患者抢救成功率95%。三大医技共享中心建成，病理共享中心制片优良率均在95%以上，开展远程术中冰冻病理阅片、远程常规病理阅片诊断、会诊，检验共享中心检验检查互认。医共体内通过微信、5G远程会诊平台实现医疗服务共享，提升离岛服务能力，与温医大附二院通过企业微信平台、腾讯会议等实现远程会诊。温医大附二院——洞头区人民医院获评2021年度浙江省医疗卫生“山海”提升工程优秀单位。

【医疗服务提升】2022年，洞头区围绕“加快补短强弱，不断满足服务需求”“解决难点堵点，切实提升服务效能”“弘扬正能量，逐步提升群众就医体验”重点任务，实施医疗服务提升行动、推广改善医疗服务创新措施。通过医疗质量提升月、服务环境提升月、信息流程提升月、医德医风提升月、绩效考核提升月等5个主题提升月活动，完善互联网+护理服务项目14项、开通中药饮片外包配送服务、各病区护理单元开展“一科一品”优质服务活动等服务创新举措。

【惠民利民工程】2022年，区人民医院完成“儿童友好城市——儿童友好医院”创建工作，并通过市级评审，获评“三星级”儿童友好医院。完成省级健康促进区创建医院督查。完成各院区两癌筛查工作，完成结肠镜筛查273例。新开设疼痛门诊、精神（心理咨询）门诊，提高血透中心运行效率增加收治患者人数，推广颞三针治疗耳鸣等中医适宜技术，提升中医康复科业务能力，开展新技术、新项目29项。深化“最多跑一次”改革工作，加强运维保养，强化资源整合，全面升级、拓宽一站式综合服务，完善预约诊疗制度，提升智能结算能力、优化检验检查服务。完成国家医保接口改造，上线医保智慧平台，上线并完善5G云诊疗平台。

【5G云诊疗项目正式启动】2022年11月29日，洞头区鹿西乡5G云诊室，患者黄建忠通过视频连线，完成与温医大附二院专家的“5G云诊疗”、医保移动支付，并获取“智能云药柜”所需药品。鹿西卫生院常态化5G云诊疗项目正式启动，包含送药上门、送医到家、开展线上远程多学科联合会诊、中医诊治、中药免费配送等服务。5G云诊室内智能设备，可为岛上群众提供心血管内科、神经内科、全科诊疗服务，以及测量体温、体重、血压、体脂等常规体检项目。

（陈丽丽）

体 育

综述

【概况】2022年，洞头区以“喜迎亚运、全民健身”为契机，落实温州市社会力量办体育全国试点工作。调整优化打造国家海上国民休闲运动中心项目设计方案，签订建设战略合作框架协议。完成“洞头区文化体育综合体”项目概念性方案。全年举办体育赛事活动12余场，组队参加各级比赛获国家级赛事奖牌8枚，省级12枚，市级45枚。参加浙江省第十七届运动会第一阶段帆板级、激光4.7级帆船比赛，提前完成2022年市政府和区政府签订参加省运会责任书任务要求。举办首届体育舞蹈（国标舞）城市邀请赛等体育赛事15场。实现人均体育场地面积突破3.31平方米。

【体育产业发展】2022年，洞头区依托洞头海洋资源禀赋，打造国家海上国民休闲运动中心，持续发展韭菜岙沙滩公园，常态化运营海上游，引进水上飞板、拖伞、热气球等海洋运动新产品，东沙渔港建设海钓产业基地，成立远洋海钓俱乐部，实现传统岸钓、矶钓向深海钓拓展，做强洞头“全国海钓基地”品牌；培育奥浦、奥浪帆板帆船俱乐部，为游客提供帆板帆船体验，打造青少年帆板帆船培训基地。规划建设85.84千米“环浙步道”主线洞头段融入体旅元素，选取网红打卡点纳入主线中，吸引大量游客驻足游玩。

【获评2018—2021年度省群众体育工作成绩突出集体】2022年10月20日，浙江省体育局印发《关于表扬2018—2021年度浙江省群众体育工作成绩突出集体和个人的通报》，洞头区武术协会名列其中。洞头区武术协会坚持以“规范化、制度化、常态化、细节化”管理，贯彻《浙江省全民健身实施计划》，推进武术健身运动，开展健身气功、排舞、太极拳（剑）、木兰拳（扇）等功法套路培训，及海之韵乡村艺术团形体课培训等健身技能公益教学，推动全区群众健身体育活动开展，引导广大群众积极投身体育锻炼，助推社区、企业健身运动。参与相关部门的宣传演出和展示活动，参加温州市职工运动会、温州市各类武术项目锦标赛、全民运动休闲大会等赛事活动。温州市第十七届运动会上夺取4金3银6铜共13枚奖牌，多次代表温州市出征浙江省健身气功站点联赛并多次入围总决赛，参加2020年全国健身气功网络视频系列大赛获“网红达人奖”。获评AAAA级社会组织、温州市四星级优秀乡村艺术团、温州市四星级健身示范点等。

群众体育

【概况】2022年，洞头区举办温州市第三届职工运动会飞镖比赛、温州市老年人健身秧歌交流比赛、洞头区第九届“职工杯”篮球赛暨温州市第二届全民篮球赛（洞头赛区）、洞头区首届体育舞蹈（国标舞）城市邀请赛等群众性体育赛事活动，指导协会开展半马、健步走、徒步等活动。全年新增社会体育指导员近百名。洞头区武术协会获评2018—2021年度浙江省群众体育工作成绩突出集体。

【体育促进健康科学健身大讲堂系列活动】2022年6月25日，洞头区首场运动促进健康科学健身大讲堂在区市民活动中心举办。活动听取瑞安市人民医院主治医师、硕士研究生蔡浩烨关于中长跑损伤的预防与康复指南讲座。参加会议学员经培训和基本动作现场考核，近60人获《社会体育指导员》三级证书。7月23日，第二期体育促进健康科学健身大讲堂在区市民活动中心举行，邀请温州市医科大学朱荣教授讲授《运动与健康》相关课程。全区各协会体育爱好者80余人参加。9月24日至25日，邀请温州医科大学附属第二医院赵新儿医生在区市民活动中心讲授《慢病营养防控》相关课程，体育协会会员、街道基层卫生人员、健康方式指导员等80余人参加。活动由洞头区文广旅体局主办，洞头区马拉松协会承办。

【“8·8”全民健身日系列活动】 2022年8月8日，是全国第十四个“全民健身日”，洞头区2022年“全民健身日”主题活动启动仪式在同心公园举行。启动仪式上，表演健身排舞《运动集结号》等，开展健身慢跑活动。现场为洞头区老年体育协会、洞头区武术协会等18家文体协会颁发2021年度洞头区体育单项协会突出贡献奖、优秀组织奖等。期间免费开放游泳馆、羽毛球馆、篮球馆、健身房等体育场所等。洞头区庆祝“全民健身日”系列体育活动，包括举办“全民健身日”主题活动启动仪式、青少年儿童乒乓球等级积分赛等。此前，8月6日至7日，昊星中国爱乒乓培训学校举行洞头区首届“文明创建杯”青少年儿童乒乓球等级积分赛。全区170名青少年儿童乒乓球爱好者参赛。陈沐之获1000分组冠军、侯宝树获1100分组冠军、陈梓煊获1200分组冠军、张洛歌获1300分—1400分组冠军。赛事由区文广旅体局、区融媒体中心、区妇女联合会、区北岙街道办事处主办，昊星中国爱乒乓培训学校承办。

【洞头区首届体育舞蹈（国标舞）城市邀请赛】 2022年9月10日至11日，洞头区首届体育舞蹈（国标舞）城市邀请赛在洞头南洋国际大酒店举行。来自平阳、乐清、瑞安、苍南、永嘉瓯北及温州三大城区各机构代表队近500人参赛，参赛2100余人次。大赛设置单人精英赛，单人精英新星赛，名次淘汰赛及等级赛。其中大精英赛有12人获奖，小精英赛有40人获奖，名次赛有611人次获奖，等级赛有959人次获奖。赛事邀请全国青年冠军黄一航＆徐诗琪、少儿精英赛冠军陈子妍、少儿双人12岁、14岁精英赛冠军叶浩杨、汤佳灿，以及精英赛大满贯得主林意涵展示舞技。比赛由洞头区文化和广电旅游体育局主办，洞头区体育舞蹈协会承办，温州市乔豆文化发展有限公司执行。

【温州市第三届职工运动会飞镖比赛】 2022年9月22日，温州市第三届职工运动会飞镖比赛在溢香国际大酒店举行，来自各县（市、区）总工会、各产业系统工会10支代表队50名运动员参加。比赛分为团体赛和个人赛两个赛别。经角逐，温医大附一院的郑秀云获女子个人赛第一名，浙江图盛输变电工程有限公司陶宇获男子个人赛第一名，温医大附一院获本次团体赛第一名。比赛由温州市总工会、温州市体育局、温州市体育总会等联合主办，洞头区总工会、洞头区文化和广电旅游体育局承办。

【温州市第二届全民篮球赛（洞头赛区）举行】 2022年9月16日至22日，洞头区第九届“职工杯”篮球赛暨温州市第二届全民篮球赛（洞头赛区）开赛，全区12支代表队参赛。经过7天35场角逐，最终区教育系统代表队夺得冠军，区综合执法队获亚军，区公安系统代表队获季军；区农业农村局代表队、北岙街道代表队、霓屿街道代表队、区通信广电系统代表队、区经信系统代表队分获四名、五名、六名、七名、八名。

【洞头区第二十九届“长寿杯”门球联谊赛】 2022年11月21日，洞头区第二十九届“长寿杯”门球

2022年9月22日，温州市第三届职工运动会飞镖比赛在溢香国际大酒店举行
（区文广旅体局提供）

联谊赛在城南社区门球场举行。全区 12 支中老年门球队 100 余人参赛。比赛共分两个阶段举行，第一阶段采取小组循环赛制，第二阶段采取淘汰赛制，最终元觉队获冠军、小长坑队获亚军、海霞队获季军。比赛由洞头区文化和广电旅游体育局、洞头区门球协会、洞头区北岙街道办事处、洞头区老年人体育协会联合主办，洞头区北岙街道城南社区党总支、洞头区北岙街道城南社区居委会承办，浙江华强科技有限公司赞助。

竞技体育

【概况】 2022 年，洞头区新注册运动员 300 人，累计在册运动员共计 1190 人（不含待审核人数），市级转正 12 名。洞头区籍运动员参加上级比赛，获国家级赛事奖牌 8 枚（金牌 2 枚、银牌 1 枚、铜牌 5 枚），省级 12 枚（金牌 6 枚、银牌 4 枚、铜牌 2 枚），市级 45 枚（金牌 7 枚、银牌 17 枚、铜牌 21 枚）。组队参加浙江省第十七届运动会第一阶段帆板级、激光 4.7 级帆船比赛，获 2 枚金牌、1 个第四名、3 个第五名，总分 35 分，提前完成 2022 年市政府和区政府签订参加省运会责任书的任务要求。举办洞头区中小学生体育节足球、羽毛球、游泳、田径、乒乓球等比赛以及洞头区中小学生阳光体育比赛。

【浙江省第十七届运动会帆板比赛夺 2 金】 9 月 6 日至 9 日，浙江省第十七届运动会帆板级、激光 4.7 级帆船比赛在玉环市漩门三期帆船（板）训练基地举行。全省 80 名帆船、帆板运动员参加，比赛共设置 2 个大项、3 个小项，产生金牌 17 枚。洞头籍运动员获 2 枚金牌。9 月 7 日，洞头籍运动员叶轩成获帆板男子乙组长距离赛个人金牌。9 月 9 日，洞头籍运动员鲍俊楠获场地赛金牌。

【洞头区中小学生体育节游泳比赛】 2022 年 9 月 25 日至 26 日，洞头区中小学学生体育节游泳比赛在市民文体中心游泳馆举行。赛事小学组设置 11 岁至 12 岁和 10 岁以下两个年龄段男子、女子共四个组别，设有 50 米和 100 米自由泳、蛙泳项目，初中组设置男子和女子两个组别。设有 100 米和 200 米自由泳、蛙泳项目。每个组别取前 8 名，共决出金牌、银牌、铜牌各 24 块。比赛由洞头区教育局、洞头区文化和广电旅游体育局联合主办，洞头区海晨体育文化有限公司承办，洞头区海陶艺术馆赞助。

【洞头区中小学生体育节篮球比赛】 2022 年 11 月 6 日至 9 日，洞头区中小学生体育节篮球比赛在元觉义校举行，全区 18 个代表队 400 多名运动员参加比赛。经比拼，最终实验中学包揽初中组男、女冠军，鹿西小学和东屏小学分获小学男子和女子组冠军。比赛由洞头区教育局、洞头区文广旅体局主办，洞头区户外协会承办。

【洞头区中小学生体育节田径比赛】 2022 年 10 月 31 日至 11 月 1 日，洞头区中小学生体育节田径比赛在洞头一中举行，全区 18 个代表队 300 多名运动员参加比赛。经过两天比拼，最终洞头实验小学和洞头实验中学分获中小学团体总分第一名，此次比赛共有 5 人打破同年龄最高纪录。

2022年洞头区籍运动员参加体育竞赛成绩一览表

表54

序号	级别	姓名	竞赛名称	参赛项目	名次
1	国家级	陈雨浓	首届世界龙舟联赛（福州站）	奥运组男子500米直道竞速	第一名
2	国家级	陈雨浓	首届世界龙舟联赛（福州站）	专业组男子200米直道竞速	第三名
3	国家级	陈雨浓	首届世界龙舟联赛（福州站）	奥运组男子200米直道竞速	第三名
4	国家级	陈雨浓	首届世界龙舟联赛（福州站）	专业组男子500米直道竞速	第三名
5	国家级	陈雨浓	2022年世界陆上赛艇锦标赛（中国站）	男子竞速划艇（乙组U20）陆上赛艇500米	第四名
6	国家级	胡航鸣	2022年全国空手道少年锦标赛	少年男子团体型	第一名
7	国家级	池钦妮	2022年全国空手道少年锦标赛	少年女子团体型	第二名

续表54

序号	级别	姓名	竞赛名称	参赛项目	名次
8	国家级	刘之冰	2022年全国空手道少年锦标赛	少年女子团体组手	第三名
9	国家级	胡航鸣	2022年全国空手道少年锦标赛	少年男子个人型	第五名
10	国家级	郑蔺鸣	2022年全国U17女子排球锦标赛	排球	第三名
11	省级	胡航鸣	2022年浙江省第十七届运动会空手道比赛	男子丙组团体型	第三名
12	省级	吴承函	2022年浙江省第十七届运动会空手道比赛	女子丙组团体型	第三名
13	省级	汪秀棚	2022年浙江省第十七届运动会国际式摔跤比赛	自由式男子乙组50公斤	第五名
14	省级	胡航鸣	2022年浙江省青少年空手道锦标赛	丙组男子个人型	第一名
15	省级	林生凌	2022年浙江省青少年空手道锦标赛	丙组男子团体组手	第一名
16	省级	胡航鸣	2022年浙江省青少年空手道锦标赛	丙组男子团体组手	第一名
17	省级	吴承函	2022年浙江省青少年空手道锦标赛	丙组女子团体型	第三名
18	省级	刘佳俊	2022年浙江省青少年武术散打锦标赛	男子丙组42公斤	第五名
19	省级	段军成	2022年浙江省青少年武术散打锦标赛	男子乙组65公斤	第五名
20	省级	林生凌	2022年浙江省青少年空手道锦标赛	丙组男子个人组手	第三名
21	省级	叶轩成	2022年浙江省青少年帆板级、激光级4.7帆船锦标赛	长距离赛	第四名
22	省级	叶轩成	2022年浙江省青少年帆板级、激光级4.7帆船锦标赛	场地赛	第六名
23	省级	叶轩成	2022年浙江省青少年帆板级、激光级4.7帆船锦标赛	障碍赛	第六名
24	省级	叶轩成	2022年浙江省第十七届帆板级、激光级4.7帆船比赛	长距离赛	第一名
25	省级	叶轩成	2022年浙江省第十七届帆板级、激光级4.7帆船比赛	场地赛	第四名
26	省级	叶轩成	2022年浙江省第十七届帆板级、激光级4.7帆船比赛	障碍赛	第五名
27	省级	鲍俊楠	2022年浙江省青少年帆板级、激光级4.7帆船锦标赛	障碍赛	第二名
28	省级	鲍俊楠	2022年浙江省青少年帆板级、激光级4.7帆船锦标赛	场地赛	第二名
29	省级	鲍俊楠	2022年浙江省青少年帆板级、激光级4.7帆船锦标赛	长距离赛	第二名
30	省级	鲍俊楠	2022年浙江省第十七届帆板级、激光级4.7帆船比赛	场地赛	第一名
31	省级	鲍俊楠	2022年浙江省第十七届帆板级、激光级4.7帆船比赛	长距离赛	第五名
32	省级	鲍俊楠	2022年浙江省第十七届帆板级、激光级4.7帆船比赛	障碍赛	第五名
33	省级	郑蔺鸣	2022年浙江省第十七届运动会排球比赛	女子乙组	第一名
34	省级	郑蔺鸣	2022年浙江省少年女子排球锦标赛	女子乙组	第二名
35	市级	林生凌 吴承洋 叶柏桥	2022温州市青少年部（儿童）空手道锦标赛	男子丙组团体型	第三名

续表54

序号	级别	姓名	竞赛名称	参赛项目	名次
36	市级	蒋涵熵 林生凌 叶柏桥 陈炜杰	2022温州市青少年部（儿童）空手道锦标赛	男子丙组团体组手	第二名
37	市级	吴承洋	2022温州市青少年部（儿童）空手道锦标赛	男子丙组个人型	第三名
38	市级	蒋涵熵	2022温州市青少年部（儿童）空手道锦标赛	男子丙组个人组手50公斤	第三名
39	市级	陈炜杰	2022温州市青少年部（儿童）空手道锦标赛	男子丙组个人组手45公斤	第二名
40	市级	胡航鸣	2022温州市青少年部（儿童）空手道锦标赛	男子乙组个人型	第二名
41	市级	胡航鸣	2022温州市青少年部（儿童）空手道锦标赛	男子乙组个人组手50公斤	第二名
42	市级	吴承函	2022温州市青少年部（儿童）空手道锦标赛	女子丙组个人型	第五名
43	市级	庄渝涵	2022温州市青少年部（儿童）空手道锦标赛	女子丙组个人组手+42公斤	第一名
44	市级	张佑彤	2022温州市青少年部（儿童）空手道锦标赛	女子丙组个人组手37公斤	第二名
45	市级	吴紫菱	2022温州市青少年部（儿童）空手道锦标赛	女子丙组个人组手42公斤	第一名
46	市级	吴紫菱 吴承函 郑瑜增	2022温州市青少年部（儿童）空手道锦标赛	女子丙组团体型	第一名
47	市级	庄渝涵 郑瑜增 吴承函 吴紫菱	2022温州市青少年部（儿童）空手道锦标赛	女子丙组团体组手	第二名
48	市级	黄熠凡	2022温州市青少年部（儿童）空武术散打锦标赛	男子甲组65公斤	第一名
49	市级	夏江林	2022温州市青少年部（儿童）空武术散打锦标赛	男子甲组85公斤	第一名
50	市级	刘之冰	2022温州市青少年部（儿童）空武术散打锦标赛	女子乙组48公斤	第一名
51	市级	段军成	2022温州市青少年部（儿童）空武术散打锦标赛	男子甲组65公斤	第二名
52	市级	刘佳俊	2022温州市青少年部（儿童）空武术散打锦标赛	男子乙组48公斤	第二名
53	市级	吴瑞浩	2022温州市青少年部（儿童）空武术散打锦标赛	男子甲组52公斤	第三名
54	市级	陈荣�	2022温州市青少年部（儿童）空武术散打锦标赛	男子乙组48公斤	第三名
55	市级	杨邦仪	2022温州市青少年部（儿童）空武术散打锦标赛	男子乙组70公斤	第三名
56	市级	周国富	2022温州市青少年部（儿童）空武术散打锦标赛	男子乙组52公斤	第三名
57	市级	肖　涛	2022温州市青少年部（儿童）空武术散打锦标赛	男子甲组80公斤	第三名
58	市级	伊俊杰	2022温州市青少年部（儿童）空武术散打锦标赛	男子乙组70公斤	第三名
59	市级	杜　杭	2022温州市青少年部（儿童）空武术散打锦标赛	男子丙组39公斤	第三名
60	市级	张锌彦	2022温州市青少年部（儿童）空武术散打锦标赛	男子丙组48公斤	第三名
61	市级	林恩羽	2022温州市青少年部（儿童）空武术散打锦标赛	女子丙组42公斤	第三名

续表54

序号	级别	姓名	竞赛名称	参赛项目	名次
62	市级	李 威	2022温州市青少年部（儿童）空武术散打锦标赛	男子甲组70公斤	第五名
63	市级	周艺飞	2022温州市青少年部（儿童）空武术散打锦标赛	男子甲组56公斤	第五名
64	市级	李天涯	2022温州市青少年部（儿童）空武术散打锦标赛	男子甲组75公斤	第五名
65	市级	黄昌程	2022温州市青少年部（儿童）空武术散打锦标赛	男子甲组90+公斤	第五名
66	市级	陈启锵	2022温州市青少年部（儿童）空武术散打锦标赛	男子乙组56公斤	第五名
67	市级	邓良宇	2022温州市青少年部（儿童）空武术散打锦标赛	男子乙组60公斤	第五名
68	市级	李文凯	2022温州市青少年部（儿童）空武术散打锦标赛	男子乙组75+公斤	第五名
69	市级	周庄亮	2022温州市青少年部（儿童）空武术散打锦标赛	男子甲组60公斤	第五名
70	市级	张文康	2022温州市青少年部（儿童）空武术散打锦标赛	男子乙组56公斤	第五名
71	市级	李诘富	2022温州市青少年部（儿童）空武术散打锦标赛	男子丙组56+公斤	第五名
72	市级	苏亦尘	2022温州市青少年部（儿童）空武术散打锦标赛	男子丙组42公斤	第五名
73	市级	黄家乐	2022温州市青少年部（儿童）空武术散打锦标赛	男子丙组56公斤	第五名
74	市级	朱安乐	2022温州市青少年部（儿童）空武术散打锦标赛	男子丙组42公斤	第五名
75	市级	苏义铭	2022温州市青少年部（儿童）空武术散打锦标赛	男子丙组48公斤	第五名
76	市级	吴高强	2022温州市青少年部（儿童）空武术散打锦标赛	男子丙组45公斤	第五名
77	市级	温含毅	2022温州市青少年部（儿童）跆拳道锦标赛	男子甲组58公斤	第二名
78	市级	陈博远	2022温州市青少年部（儿童）跆拳道锦标赛	男子丙组40公斤	第二名
79	市级	蔡伙牧	2022温州市青少年部（儿童）跆拳道锦标赛	男子丁组42公斤	第二名
80	市级	洪杨	2022温州市青少年部（儿童）跆拳道锦标赛	男子丙组52+公斤	第三名
81	市级	庄瑾旭	2022温州市青少年部（儿童）跆拳道锦标赛	男子丁组42公斤	第三名
82	市级	刘张宇	2022温州市青少年部（儿童）跆拳道锦标赛	男子甲组64公斤	第三名
83	市级	庄瑾羽	2022温州市青少年部（儿童）跆拳道锦标赛	女子丁组40+公斤	第三名
84	市级	杨晨瑞	2022温州市青少年部（儿童）跆拳道锦标赛	男子丁组27公斤	第五名
85	市级	许铭倩	2022温州市青少年部（儿童）跆拳道锦标赛	女子丁组25公斤	第五名
86	市级	潘俊宇	2022温州市青少年部（儿童）摔跤锦标赛	男子甲组60公斤	第二名
87	市级	胡员诚 董佳乐	2022温州市青少年部（儿童）摔跤锦标赛	男子丙组团体50公斤	第三名
88	市级	汤锌涵	2022温州市青少年部（儿童）射击锦标赛	男子丙组10米气步枪	第六名
89	市级	纪荣威	2022温州市青少年部（儿童）射击乒乓球单项锦标赛	男子单打	第五名
90	市级	武恩扬	2022温州市青少年部（儿童）射击乒乓球单项锦标赛	女子单打	第八名

续表54

序号	级别	姓名	竞赛名称	参赛项目	名次
91	市级	郑泽宇	2022温州市青少年儿童田径分龄赛	跳高	第二名
92	市级	陈奕锦	2022温州市青少年儿童田径分龄赛	800米	第五名
93	市级	方艺璇	2022温州市青少年儿童田径分龄赛	垒球	第五名
94	市级	苏恬恬	2022温州市青少年儿童田径分龄赛	三项全能	第五名
95	市级	苏恬恬	2022温州市青少年儿童田径分龄赛	跳高	第六名
96	市级	姜耀琪	2022温州市青少年儿童田径分龄赛	跳高	第六名
97	市级	郑泽宇	2022温州市青少年儿童田径分龄赛	400米	第七名
98	市级	陈兰迪	2022温州市青少年儿童田径分龄赛	跳远	第八名
99	市级	陈方翰	2022温州市青少年儿童田径分龄赛	100米	第八名
100	市级	姜耀琪	2022温州市青少年儿童田径分龄赛	三项全能	第八名
101	市级	朱云龙等12人	2022温州市青少年部（儿童）男子排球锦标赛	乙组排球	第六名
102	市级	吴雨林等15人	2022温州市青少年部（儿童）U系列足球锦标赛	女子U10—11组	第八名
103	市级	张可心等15人	2022温州市青少年部（儿童）U系列足球锦标赛	女子U9组	第六名
104	市级	李杰等15人	2022温州市青少年部（儿童）U系列足球锦标赛	女子U12—13组	第八名
105	市级	黄展鹏等4人	2022温州市青少年儿童乒乓球（团体）锦标赛	男子团体B组	第三名
106	市级	叶哲成等3人	2022温州市青少年儿童乒乓球（团体）锦标赛	男子团体C组	第八名
107	市级	王宗泽等3人	2022温州市青少年儿童乒乓球（团体）锦标赛	男子团体B组	第五名
108	市级	朱家铭等3人	2022温州市青少年儿童乒乓球（团体）锦标赛	男子团体D组	第八名
109	市级	郭金翰4人	2022温州市青少年儿童乒乓球（团体）锦标赛	男子团体E组	第七名
110	市级	武恩扬等3人	2022温州市青少年儿童乒乓球（团体）锦标赛	女子团体E组	第四名
111	市级	孙一凡等4人	2022温州市青少年儿童乒乓球（团体）锦标赛	男子团体F组	第八名
112	市级	赵涛等4人	2022温州市青少年儿童乒乓球（团体）锦标赛	女子团体F组	第八名
113	市级	汪佳妮	2022温州市青少年儿童田径分龄赛	垒球11岁女子	第一名
114	市级	陈孜杨	2022温州市青少年儿童田径分龄赛	垒球10岁男子	第二名
115	市级	张荠轩	2022温州市青少年儿童田径分龄赛	垒球岁10女子	第二名
116	市级	陈思扬	2022温州市青少年儿童田径分龄赛	跳高11岁男子	第三名
117	市级	汪佳妮	2022温州市青少年儿童田径分龄赛	三项全能11岁女子	第二名
118	市级	张荠轩	2022温州市青少年儿童田径分龄赛	三项全能10岁女子	第二名
119	市级	刘淇铭	2022温州市青少年儿童田径分龄赛	3000米14岁男子	第三名

续表54

序号	级别	姓名	竞赛名称	参赛项目	名次
120	市级	陈思扬	2022温州市青少年儿童田径分龄赛	跳远11岁男子	第三名
121	市级	林济轩	2022温州市青少年儿童田径分龄赛	1500米13岁男子	第三名
122	市级	叶苏泠	2022温州市青少年儿童田径分龄赛	60米栏13岁女子	第七名
123	市级	叶雅琪	2022温州市青少年儿童田径分龄赛	1500米13岁女子	第五名
124	市级	刘淇铭	2022温州市青少年儿童田径分龄赛	1500米14岁男子	第八名
125	市级	胡轩扬	2022温州市青少年儿童田径分龄赛	铁饼15—16岁男子	第七名
126	市级	游乐爱	2022温州市青少年儿童田径分龄赛	400米14岁女子	第七名
127	市级	郭佳怡	2022温州市青少年儿童田径分龄赛	400米14岁女子	第八名
128	市级	蔡涵雪	2022温州市青少年儿童田径分龄赛	1500米13岁女子	第四名
129	市级	林星好	2022温州市青少年儿童田径分龄赛	跳高12岁女子	第八名
130	市级	李哲烁	2022温州市青少年儿童田径分龄赛	跳远17—18岁男子	第七名
131	市级	陈欣悦	2022温州市青少年儿童田径分龄赛	跳高13岁女子	第五名
132	市级	吴悦冉	2022温州市青少年儿童田径分龄赛	跳高13岁女子	第四名
133	市级	林星好	2022温州市青少年儿童田径分龄赛	标枪12岁女子	第六名
134	市级	苏道烨	2022温州市青少年儿童田径分龄赛	标枪17—18岁男子	第八名
135	市级	甘桦桦	2022温州市青少年儿童田径分龄赛	跳远15—16岁男子	第六名
136	市级	陈子航	2022温州市青少年儿童田径分龄赛	三级跳远15—16岁男子	第八名
137	市级	甘桦桦	2022温州市青少年儿童田径分龄赛	三级跳远15—16岁男子	第七名
138	市级	金芷煊	2022温州市青少年儿童田径分龄赛	三级跳远15—16岁女子	第四名
139	市级	陈诗琪	2022温州市青少年儿童田径分龄赛	三级跳远15—16岁女子	第五名
140	市级	范歆然	2022温州市青少年儿童田径分龄赛	铁饼14岁女子	第六名
141	市级	郭佳怡	2022温州市青少年儿童田径分龄赛	铁饼14岁女子	第五名
142	市级	闫旭	2022温州市青少年儿童田径分龄赛	铅球15—16男子	第八名
143	市级	庄梓琦	2022温州市青少年儿童田径分龄赛	铁饼17—18岁女子	第四名
144	市级	叶苏泠	2022温州市青少年儿童田径分龄赛	200米栏13岁女子	第六名
145	市级	吴悦冉	2022温州市青少年儿童田径分龄赛	标枪13岁女子	第六名

续表54

序号	级别	姓名	竞赛名称	参赛项目	名次
146	市级	陈诗琪	2022温州市青少年儿童田径分龄赛	跳远15—16岁女子	第八名
147	市级	范歆然	2022温州市青少年儿童田径分龄赛	标枪14女子	第四名
148	市级	庄瑾旭	2022温州市青少年儿童田径分龄赛	800米11岁男子	第四名
149	市级	陈昭宏	2022温州市青少年儿童田径分龄赛	标枪15—16岁男子	第六名
150	市级	叶雅琪	2022温州市青少年儿童田径分龄赛	800米13岁女子	第八名
151	市级	游乐爱	2022温州市青少年儿童田径分龄赛	800米14岁女子	第七名
152	市级	陈孜杨	2022温州市青少年儿童田径分龄赛	三项全能10岁男子	第六名
153	市级	朱雯铃	2022温州市青少年儿童田径分龄赛	三项全能10岁女子	第六名
154	市级	廖耿馨	2022温州市青少年儿童田径分龄赛	三项全能10岁女子	第七名
155	市级	林梦焓	2022温州市青少年儿童田径分龄赛	三项全能11岁女子	第六名
156	市级	林济轩	2022温州市青少年儿童田径分龄赛	800米13岁男子	第五名

（区文广旅体局提供）

体育场所建设

【概况】2022年，洞头区规划建设“环浙步道”14条。完成省、市为民办实事工程6项，建成百姓健身房3家、村级全民健身广场1个、登山健身步道1条、篮球场1个。其中省城市（市一类）百姓健身房1个、省农村百姓健身房2个。

【“环浙步道”主线洞头段建设规划】2022年5月，洞头区规划建设“环浙步道”。“环浙步道”洞头段主线共分14条线路即本岛片12条线路及大门岛、鹿西岛各1条线路。安装指引柱（标距柱）146根。其中，本岛片指引柱96根、标距柱8根；大门岛指引柱8根、标距柱11根；鹿西岛指引柱20根、标距柱3根。计划安放标识标牌65块。其中：本岛片入口牌19块、主信息牌1块、次信息牌11块、提示牌15块；大门岛入口牌4块、主信息牌牌1块、提示牌4块；鹿西岛入口牌2块、主信息牌1块、提示牌7块。

【百姓健身房建设】2022年10月，洞头区建成百姓健身房3个。其中，洞头区北岙街道小朴社区省城市（一类）百姓健身房位于北岙街道小朴社区新建安置房一楼，建筑面积约240平方米，总投资约60万元，内有运动设施有氧器械12台、力量器械5台、辅助器械3件等；鹿西乡鹿西村百姓健身房位于鹿西乡鹿西村，建筑面积约125平方米，总投资约8万元，内有运动设施有氧器械2件、力量器械2件、辅助器材3件、棋盘棋牌4副等。鹿西乡山坪村百姓健身房位于鹿西乡山坪村，建筑面积约85平方米，总投资约8万元，内有运动设施有氧器械2件、力量器械2件、辅助器材3件、棋盘棋牌4副等。

【村级全民健身广场建设】2022年4月，霓屿街道正岙村村级全民健身广场开工建设，10月完工投用。该运动场位于正岙村新村部前空地，场地面积约2600平方米，内设有篮球、羽毛球、门球场、健身路径等运动项目。总投资约30万元。

【登山健身步道建设】2022年10月，洞头区霓屿街道大贡岭登山步道完工投用。该步道长约5千米，总投资约500万元，途径布袋岙村、石子岙、同兴村等。内建栈道、砾石道、间隔石道、台阶等。

【篮球场建设】2022年10月，洞头区大门镇西浪村篮球场提升工程完工投用。拥有场地面积约608平方米，内铺篮球运动地面，球场围网，配灯光照明设施，总投资约20万元。

（颜孙琼）

2022年洞头区省、市民生实事项目建设一览表

表55

序号	项目名称	具体建设地址	建设单位
1	省城市百姓健身房	北岙街道小朴社区	北岙街道小朴社区
2	省农村百姓健身房	鹿西乡鹿西村	鹿西乡鹿西村
3	省农村百姓健身房	鹿西乡山坪村	鹿西乡山坪村
4	省村级全民健身广场	霓屿街道正岙村	霓屿街道正岙村
5	市新建或提升篮球场	大门镇西浪村	北岙街道西浪村
6	市登山健身步道	霓屿街道大贡岭	霓屿街道

（区文广旅体局提供）

2022年洞头区体育（健身设施）建设项目一览表

表56

序号	项目名称	具体建设地址	受赠单位
1	新增或更新健身苑点	北岙街道新城社区碧海云天	北岙街道新城社区
2	新增或更新健身苑点	北岙街道小长坑村	北岙街道小长坑村
3	新增或更新健身苑点	北岙街道小朴社区联建房	北岙街道小朴社区
4	新增或更新健身苑点	东屏街道办事处旁	北岙街道中仑村
5	新增或更新健身苑点	元觉街道沙角广场	元觉街道沙角村
6	新增或更新健身苑点	元觉街道沙角兴港家园	元觉街道沙角村
7	新增或更新健身苑点	霓屿街道正岙村村部	霓屿街道正岙村
8	新增或更新健身苑点	霓屿街道上社村	霓屿街道上社村
9	新增或更新健身苑点	霓屿紫菜园	霓屿街道办事处
10	新增或更新健身苑点	灵昆街道新灵景园	灵昆街道王相村
11	新增或更新健身苑点	大门镇美岙村	大门镇美岙村
12	新增或更新健身苑点	大门镇营盘基村	大门镇营盘基村
13	新增或更新健身苑点	大门东屿村	大门东屿村
14	新增或更新健身苑点	大门长沙社区	大门长沙社区
15	新增或更新健身苑点	鹿西乡鹿西村	鹿西乡鹿西村
16	新增或更新健身苑点	鹿西乡山坪村	鹿西乡山坪村
17	省城市百姓健身房	北岙街道小朴社区	北岙街道小朴社区
18	省农村百姓健身房	鹿西乡鹿西村	鹿西乡鹿西村
19	省农村百姓健身房	鹿西乡山坪村	鹿西乡山坪村
20	省村级全民健身广场	霓屿街道正岙村	霓屿街道正岙村
21	市新建或提升篮球场	大门镇西浪村	北岙街道西浪村
22	市登山健身步道	霓屿街道大贡岭	霓屿街道办事处

（区文广旅体局提供）

人力资源管理

【概况】2022年，洞头区完成新招引大学生3069人，博士3人，分别完成年度任务的170.5%、150%，完成率均居全市第一位。提前完成“浙派工匠”民生实事，累计培训3088人次，新增技能人才1394人，其中高技能人才575人，分别完成目标任务的123.52%，154.88%，115%。招引中高层次“百岛菁英”人才16人，面向社会公开招考事业单位人员共118名。开展机关事业单位编外用工招考12期，招聘209人。城镇新增就业1932人，完成目标任务的115%。发放创业担保贷款598万元。常态化征集并发布岗位3500个，助企招工370人。培训各类就业技能人才3405人次。开展管理岗位职员等级首轮晋升工作。全年入选省市高技能人才培养项目7人。温州市洞头区人力资源和社会保障局获浙江省人力资源和社会保障系统先进集体、市深化改革开放成绩突出集体、市“幸福温州”建设成绩突出集体、市科技创新和人才工作成绩突出集体称号。

（林书娴）

【人才人事管理】2022年，洞头区事业单位面向社会公开招聘单位人员118人。开展全区事业单位统一公开招聘工作，面向社会公开招聘事业人员40人；通过“单招单考”及赴高校招聘教育卫生部门教师28名、校医5名、医卫人员27名；开展中高层次人才招聘，面向全国招才16人；聘用医学定向委培生1人；配合退役军人事务局安置转业士官。审批事业单位岗位设置变动172件次，涉及人员岗位变动306人次；完成事业单位人员流动审批145人，其中调离本区10人，区外调入2人。走访重点企业“一对一”解读温州市人才新政3.0和“510+行动计划”等人才政策。开展政府工作津贴调研工作，制定政府津贴调整方案。梳理汇总现有人才政策，建立完善“政策找人”机制，全年发放各项人才补贴192.97万元，惠及1526人。

【省市高技能人才培养项目】2022年，洞头区做好高技能人才选树推荐，入选“浙江工匠”“浙江青年工匠”“瓯越工匠”等省市高技能人才培养项目7人。9月30日，浙江省恒博电气制造有限公司陈娜娜、温州唯一视觉企业发展有限公司黄信乐等2人入选“浙江工匠”；12月19日，机电人才潘汉广、旅游人才张丽凡2人入选“瓯越工匠”；12月30日，温州市洞头管道燃气有限公司陈江驰、浙江迪特高强度螺栓有限公司徐东峰、温州市洞头区瓯越职业培训学校林鑫玉3人入选“浙江青年工匠”。

【职员等级晋升管理】2022年9月，洞头区根据《关于县以下事业单位建立管理岗位职员等级晋升制度的意见》文件精神及省市工作要求，开展底数排摸和综合研判工作，制定问题清单和风险清单，完成工作实施细则制定，并开展管理岗位职员等级首轮晋升。全区共完成事业管理岗位人员晋升职员等级111名。

【专业技术人员培养】2022年，洞头区推进人才选拔培养工作。推荐参与省市中、高级职称评审175人，完成初级专业技术职称评审及确认139人。教育系统一级教师参评26人，通过21人。协助完成教育系统中、高级教师自主评聘副高级聘用2人，中级聘用17人；协助区医共体完成卫生高级专业技术职务任职资格自主评聘正高级聘用2人，副高级聘用9人。

【“510计划”大学生招引攻坚行动】 2022年，洞头区通过“掌上端”+“网页端”+“线下端”三端发力，打造立体式招聘矩阵全覆盖，开展42场线上线下引才活动，发布大学生岗位3963个，新招引大学生3069人，硕士58人，博士3人，大学生和博士完成率均排名全市第一位。35周岁以下大学生净增数完成率100.7%，完成市下达的考核指标。

【引才环境优化】 2022年，洞头区实施大学生“家燕归巢”实习计划，组织开展“高校学子企业行”活动，全年发布实习岗位270个，吸引大学生到企事业单位实习112名。兑现“510+计划”资金待遇，全年累计发放就业补贴、实习补贴、驿站补贴等28.6万元，惠及67人。

【机关事业单位编外人员管理】 2022年，洞头区组织开展机关事业单位编外用工招考12期（其中公安5期，社工2期，法院1期），发布岗位356个，招聘209人。制订编外用工薪酬待遇调整方案，保留原工资结构，分档调增岗位工资和司龄工资标准，适当调增特殊岗位津贴标准，人均月增资386元。

【人力资源服务机构指导服务】 2022年，洞头区人力资源和社会保障局指导人力资源服务机构建设供需对接平台，开展中介机构重点人员核酸检测等工作。洞头人才公司先后获评第二届温州市诚信人力资源服务机构、浙江省人力资源服务企业信用等级五星企业、浙江省人力资源服务企业信用等级评定前50强等。

（林生毅 王 丹）

2022年洞头区各类专业技术人员一览表

表57　　　　单位：人

序号	类别	合计	高级	中级	初级
1	工程技术人员	583	72	207	304
2	农业技术人员	54	2	15	37
3	科学技术人员	2	0	2	0
4	卫生技术人员	638	115	182	341
5	教育人员	1311	261	579	471
6	经济人员	169	19	103	47
7	会计人员	94	3	23	68
8	统计人员	18	1	8	9
9	律师公证人员	7	0	0	7
10	播音人员	14	0	1	13
11	艺术人员	20	2	5	13
12	图书档案、文博人员	33	4	8	21
13	新闻、出版人员	45	4	15	36
14	体育人员	7	0	5	2
15	其他人员（政工）	25	0	15	10
	总计	3030	483	1168	1379

（区人力社保局提供）

2022年洞头区部分人才优惠待遇专项补助一览表

表58

序号	姓名	性别	单位	类别	奖励期限（分五年）	奖励金额（万元）
1	胡建雄	男	温州市洞头区人民医院	领军人才引培工程专项人才	2021—2025年	2
2	黄志平	男	温州市洞头区人民医院	领军人才引培工程专项人才	2021—2025年	2
3	陈松国	男	温州市洞头区大门镇中心卫生院	领军人才引培工程专项人才	2020—2024年	2
4	叶兴辉	男	温州市洞头区人民医院	领军人才引培工程专项人才	2020—2024年	2
5	陈声荣	男	温州市洞头区人民医院	领军人才引培工程专项人才	2020—2024年	2
6	曾春萍	女	温州市洞头区人民医院	领军人才引培工程专项人才	2020—2024年	2
7	陈秉诚	男	温州市洞头区人民医院	领军人才引培工程专项人才	2020—2024年	2
8	陈国志	男	温州市洞头区人民医院	领军人才引培工程专项人才	2020—2024年	2
9	张高伟	男	温州市洞头区人民医院	领军人才引培工程专项人才	2020—2024年	2
10	郭建琪	男	温州市洞头区人民医院	领军人才引培工程专项人才	2020—2024年	2
11	杨丽君	女	温州市洞头区疾病预防控制中心	领军人才引培工程专项人才	2020—2024年	2
12	吴钟栅	男	温州市洞头区职业技术教育中心	领军人才引培工程专项人才	2020—2024年	2
13	胡恩忠	男	浙江省圣傲姬实业有限公司	领军人才引培工程专项人才	2020—2024年	2
14	刘乐飞	女	温州市洞头区人民医院	领军人才引培工程专项人才	2019—2023年	2
15	郑小平	女	温州市洞头区疾病预防控制中心	领军人才引培工程专项人才	2019—2023年	2
16	戴海东	男	温州市洞头区人民医院	领军人才引培工程专项人才	2018—2022年	2
17	南爱珍	女	温州市洞头区人民医院	领军人才引培工程专项人才	2018—2022年	2
18	洪丽君	女	温州市洞头区疾病预防控制中心	领军人才引培工程专项人才	2018—2022年	2
19	蔡后富	男	温州市洞头区疾病预防控制中心	领军人才引培工程专项人才	2018—2022年	2

（区人力社保局提供）

就业创业

【概况】2022年，洞头区城镇新增就业1932人，完成目标的115%；就业困难人员再就业116人，完成目标的155%；扶持创业116人，完成目标的110%，带动就业412人。发放创业担保贷款598万元。常态化征集并发布岗位3500个，助企招工370人。推动“瓯洞就业一体化”引导群众就业。成立“就业帮扶联盟”，实施精准就业增收帮扶。探索低龄老人就业机制，为低龄老人提供就业保障。培训各类就业技能人才3405人次。搭建“线上＋线下”供需平台，借助“洞头人社”公众号常态化发布岗位信息，开展“乡村巡回微招工”，打造“就业超市”，把就业岗位送到家门、送进超市，实现全区村社、大型超市全覆盖。累计开展招聘活动8场，发布就业岗位信息3233个，助企招工340人。全区5个村社上榜“浙江省返乡入乡合作创业村”考核优秀单位。

【推动“瓯洞就业一体化”】2022年，洞头区推动“瓯洞”就业一体化，通过设“服务站”、建“储备库”、增“公交班次”，让跨堤就业作为共富手段逐步由群众零散自发向政府主导转变，实现从“家门口”到“厂门口”公共交通等系列就业服务，引导群众在海经区累计实现就业约 650 人。

【低收入家庭就业帮扶】2022 年，区人力社保局针对失业人员、就业困难人员等各类低收入家庭劳动力，通过成立“就业帮扶联盟”、建立就业帮扶“三张清单”（包责清单、服务清单、就业路径清单）、扩充“公益性岗位”“带岗培训”“来料加工”岗位等举措，实施精准就业增收帮扶，助力“扩中提低”。指导村社合理开发公益性岗位。开展“乡村巡回微招聘”“就业援助暖心活动”，介绍低收入群体入企就业。全年累计开发公益性岗位 73 个，帮扶低收入家庭就业 98 人，分别完成全年区级民生实事“帮扶低收入家庭劳动力就业”目标的 146%、140%。

【低龄活力老人就业机制建立】2022 年，洞头区推进“探索低龄活力老人就业机制”项目，围绕建立多元化岗位开发机制、低龄老人就业信息档案库、工伤保险社会补充机制、银龄和谐劳动联合保障机制、公益培训帮扶机制等五大方面指导区内培训机构按一定招生比例面向低龄老人灵活开展公益培训，为政策补贴覆盖范围外的低龄老人提供技能提升保障。全年建立低龄老人“一人一册”帮扶档案 280 个，开展公益培训 50 人次；面向企业征集爱心岗位达 170 多个，助力实现上岗再就业 73 人；在岗老人实现保险全覆盖，通过联合保障机制调处纠纷 10 多起。

【就业技能人才培养“展翅行动”】2022 年，洞头区以区域内产业发展需求与群众就业意向为导向，围绕旅游休闲服务、家政康养服务、乡村发展服务、企业蓝领人才及社会服务等五大方面开设民宿管家、车工、海霞直播等培训项目 34 个，为全区群众提供精准化、个性化技能培训服务，牵头 14 个行业部门累计完成各类技能培训 58 期，技能人才培训 3405 人次。

（张 庆）

【洞头 5 个村获浙江省返乡入乡合作创业村考核优秀】2022 年 5 月 24 日，浙江省人力资源和社会保障厅发布《关于公布 2021 年度返乡入乡合作创业村考核优秀单位的通报》，洞头区元觉街道沙角村、东屏街道东岙村、东屏街道东岙顶村、大门镇大荆村和营盘基村等 5 个村社上榜浙江省返乡入乡合作创业村考核优秀单位。洞头区搭建从政策咨询、创业辅导到人力资源、技能培训的全链路指引，优化服务营造“亲清”环境，三年累计发放贷款 2740 万余元，为 30 多家创业实体贴息 60 万余元，“贷”动就业数百人。深挖海岛资源特色与群众需求实际，灵活设置技能培训项目，三年累计开设项目近 170 班次，培训超 8000 人次，培育了一批“浙江青年工匠”“温州工匠”等高层次技能人才。联合民政、妇联等民生部门及街道（乡镇），成立“就业帮扶志愿服务联盟”。鼓励引导培训机构实施低龄老人公益培训、指导村社开发更多公益性岗位。创新设立视频探岗“求职导游”、政策图解“A4 工程”、乡村巡回“送岗上门”、跨堤就业“直通巴士”等载体。

（林 迪）

劳动者权益维护

【概况】2022 年，温州市洞头区劳动保障管理中心联合相关部门、街道（乡镇），组织开展“除险保安·三查一用”专项行动、“治欠打非百日清零”暨“根治欠薪”冬季专项行动、清理整顿人力资源市场秩序专项行动、工时和休息休假权益维护专项检查和“安护航迎亚运”等专项检查，重点做好根治欠薪工作，迎接国务院农民工工资支付考核，巩固并提升“无欠薪”示范区创建工作。推进劳动监察入驻瓯江口洞头区公共事务延伸管理服务中心，保障各行业劳动者合法薪酬权益。全年检查用人单位 1896 家，向企业下发《劳动保障监察询问通知书》132 份、《劳动保障监察限期改正指令书》82 份，受理处理投诉举报件 272 件，“110”社会应急联动指令 108 件，部级欠薪线索 80 件，网络平台信访件 84 件，为 1512 名工人追回工资 1592.74 万元。全年未发生重特大恶性欠薪事件，并代表浙江高分完成无欠薪国考任务。

【劳动仲裁效能提升】2022 年，洞头区劳动人事争议仲裁院推行异地受理和受理登记制度，开通劳动纠纷化解绿色通道，推进工资、工伤争议速裁机制改革，推行“三庭一书”及“互联网 +”服务，执行要素式办案，推进“信访 + 监察 + 仲裁”有效联动，发挥劳动仲裁法律援助工作站作用，实现本地区 60% 的劳动争议案件首先在基层一线得到化解，保障调解仲裁服务“便民、利企、高效”。

【劳动争议案处理】2022 年，区仲裁院共处理劳动人事争议案件 350 件，其中案前调解及网络调解 289 件，不予受理 3 件，立案处理劳动争议案件 58 件，结案金额 280.2 万元。全年劳动人事争议案件调解成功率 87.7%，仲裁结案率 98.3%，网络办案率 71.2%。

【“治欠打非百日清零”暨“根治欠薪”冬季专项行动】2022 年，洞头区成立工作专班，组织开展欠薪投诉集中接访 3 次，多部门联合检查 9 次，出动 163 多人次，共检查用人单位 357 家，其中在建工程

47个，涉及劳动者4387人。专项行动开展期间，未发生极端讨薪事件，未发现用人单位恶意拖欠农民工工资违法行为，政府投资项目、国企项目、交通、水利等工程建设项目未发生“一票否决”事项。

【“安薪护航迎亚运”专项行动】2022年，洞头区对重大投资建设项目、重点企业开展专项检查，出动检查人员110人次，检查各类用人单位161家，其中在建工程项目51个，涉及劳动者1541人；共发放询问通知58份，限期改正责令27份；协调处理欠薪事件18起，立案查处14起，其中行政处罚1起，为197人追回工资204.35万元，行动期间案件全部“清零”，无发生群体性、突发性事件。

（汪素婷　吴琼琼）

社会保障

【概况】2022年底，洞头区各项社会保险基金（包括养老、工伤、失业）收入103554万元，与上年同比，增加12722万元，增长14%；支出107043万元，与上年同比，增加支出13745万元，增长15%；当年结余赤字3489万元，滚存结余66195万元。其中，养老保险总收入101403元，支出104860万元，当年结余赤字3457万元，累计滚存结余61608万元；工伤保险基金总收入768万元，支出1000万元，当年结余赤字232万元，累计结余1726万元；失业保险基金总收入1383万元，支出1183万元，当年结余200万元，累计结余2861万元。

全年机关事业养老保险参保5864人，其中退休1546人；企业养老保险参保42461人，其中退休12079人；城乡居民养老保险参保37898，其中领取待遇18093人；被征地（退渔）渔农民基本生活保障覆盖至6个街道（乡镇）86个村，参保人数6909人，其中领取待遇5041人。工伤保险参保37921人，其中建筑施工企业22327人。失业保险参保17765人。5月，区城镇职工基本养老保险业务全面切入全国统筹信息系统，完成上线运行任务。

【在建工程项目工伤预防实行“三色”管理实施】2022年6月7日，洞头区印发《关于在建工程项目工伤预防实行“三色”管理实施方案》。全市率先推进工伤保险向工伤预防提级，推出在建工程工伤预防“三色管理”机制，通过发布蓝色告知书、黄色预警单、红色整改令等举措，健全工伤预防工作体系，推进全区安全生产与平安建设。“工伤预防三色管理”共筑“平安鼎”。方案推行后，工伤事故发生数比上年同期下降50%。全年共受理工伤157件，认定工伤151件，未发生行政复议和行政诉讼。

【社会保障卡】2022年，洞头区全面推进社会保障卡申领推广和服务工作。新增实体社会保障卡1484张，持卡人数13.22万人，基本实现应发尽发，应领尽领。推广电子社保卡申领工作，全年新增电子社保卡持卡人员1.6万人，总持卡人数9.86万人。新增线上线下制卡网点3个，制发卡网点共计20个，制卡网点均实现线上线下和上门服务，主城区基本形成10分钟快速办卡服务圈。拓展社会保障卡在文旅、交通、医疗等多个场景应用。持续推进养老待遇入卡，实现新增养老待遇和存量养老待遇入卡率分别为95%以上和75%以上。

【机关企事业城乡退休人员待遇调整】2022年，洞头区根据省人力资源和社会保障厅、省财政厅《关于2022年调整退休人员基本养老金的通知》要求，上调全区退休人员工资，连续第七次同步调整机关事业单位和企业退休人员基本养老金，其中企业退休人员为连续第十八次上调。本次调资惠及全区13103名退休人员，机关事业人均月增资229.84元，企业人均月增资126.77元，自2022年1月1日起执行。城乡居民退休人员基础养老金由每人每月270元调整为每人每月315元，惠及全区1.76万名城乡居民退休人员。为确保被征地农民基本生活保障与市区实现同城同待遇，自2022年9月1日起，洞头区被征地农民基本生活保障待遇标准同步调整至887元/月。

【社会保障服务】2022年，区人力社保局整合窗口红色代办员、村居干部、社银网点经办人员力量，针对老年群体建立人社事项多维代办服务体系，为老年群体代办业务387件。聚焦群众和企业最关心高频事项，推出人社政策微课堂，以海报形式宣传社保政策，共发布32期。参与录制短视频，“社保人说社保”向社会宣传参保必要性和相关政策信息，共发布12期。优化上门代办模式，组建窗口志愿服务队，结合实际情况为离岛群众、老年人、残障人士等特殊群体提供上门代办服务，累计开展上门代办服务35次。细化下沉代办模式，优化村居集中收件、统一转送等流程机制，实现社保高频事项下沉属地村居，并落实社银网点、村居专人业务代办。各村居累计为群众代办事项427件。推进政务2.0平台建设，大厅一网通办收件数19341件，一网通办率90.85%。推广政务通、全球通等举措，畅通区外人员办事渠道，累计为区外人员通过线上渠道办理业务185件。连续3年获评洞头区最满意窗口单位。

【全国统筹信息系统上线运行】2022年2月22日，国务院办公厅发布《关于加快推进电子证照扩大应用领域和全国互通互认的意见》，要求年底前，社会保障卡等个人常用证照基本实现电子化，在全国范围内标准统一、互通互认。浙江省于4月18日12时起，全省社保集中系统切换至全国统筹信息系统，5月13日全省恢复。洞头区组建"全国统筹信息系统上线运行"专班，强化测试系统模块实战演练，开展技术对接。其间，累计推送宣传短信28000多条，发放宣传海报1000多份，开展4轮业务培训会，梳理服务事项89项，全面保障系统切换平稳推进。业务停止办理期间，136项近8千笔业务无发生投诉、信访、舆情事件。

（王小燕）

医疗保障

【概况】2022年底，洞头区户籍人口参保人数（不含灵昆街道）111008人，参保率99.97%；医保基金收入41999万元，同比增长10.21%；基金支出30664万元，增长8.13%，基金累计结余72422万元，增长19.52%。全区有医保定点医疗机构7个（不含灵昆街道），其中，区人民医院1个，街道（乡镇）卫生服务中心6个。医保定点药店16家。温州市洞头区医疗保障局推进"益康保"参保扩面，全区参保率56.89%，居全市第一位。连续三年获浙江省、温州市医疗保障工作先进单位；获评全市"引领型"清廉建设单位和五星级清廉机关。

【洞头区"医保纾困·携手共富"实施】2022年11月21日，为健全防范化解困难群众因病致贫返贫长效机制，增强对困难群众基础性、兜底性保障，根据《温州市人民政府办公室关于印发温州市"医保纾困·携手共富"实施方案的通知》及"扩中提低"专项行动决策部署，印发《洞头区"医保纾困·携手共富"实施方案》。适用对象为浙江省大救助平台中由各级民政部门认定的特困、低保、低边和纳入低保、低边的因病致贫对象，及县级以上人民政府规定的其他特殊困难人员；由医保部门认定为其他因病致贫返贫的支出型困难人员。主要通过筹建"医保云银行"统筹基金，完善残疾人全民健康补充医疗保险应保尽保、应享尽享政策，延长因病致贫支出型困难人员追溯医疗救助政策时限，建立健全高额医疗费用化解机制，试行全民健康补充医疗保险参保人员基层诊疗优惠政策，实施"医疗救助一件事"改革，加强困难精神障碍患者救助等措施。截至年底，实现困难人员资助参保率、医疗救助落实率、高额医疗费用化解率"三个100%"，累计发放救助资金694.38万元，惠及困难群众1.1万人次，提前完成长护险扩面等省市区民生实事任务。实施阶段性医保缓缴政策，帮助全区中小微企业渡过难关，共缓缴基金2089万元。

【医保改革】2022年，区医保局深入推进医保支付方式改革。开展住院统筹基金DRGs付费改革、基层门诊按人头付费与"两慢病"结合的试点改革工作，扩增"两慢病"免费药品目录为"11+7"。建立健全"结余留用、超支分担"责任共担机制，引导定点医疗机构主动控制医疗成本，规范医疗行为，实现医疗费用与服务质量双控。试行两年共结余留用区医共体医保基金784.42万元；落实药品耗材招采制度，实时监测约定采购量，实施督导激励机制，推进各批次药品、高值耗材集中采购和使用工作。

【基金监管】2022年，洞头区打造"医保信用数字监管"应用，推动创建"医保无欺诈区"，出台《温州市洞头区创建"医保无欺诈区"工作方案》。全年评定区两定机构20家，其中优秀3家、良好10家、中等5家、较差2家。联合7家医疗机构对72名医护人员进行信用评分，累计查处两定机构14家，通报批评11家，暂停医保支付13家，终止医保协议1家，追回医保基金9.6万元，稽核外伤事故350例，拒付56.9万元，全年未发生欺诈骗保案件。创成市级医疗保障基层服务示范点2处、市级医疗保障定点医疗机构示范点1处。

【益康保参保扩面】2022年，洞头区完善多层次健康保险体系，通过专班实体化、工作日常化、进度图表化、行动一体化，推进益康保参保扩面。全区6个街道（乡镇）均完成考核任务，完成整村参保村居23个，落地企业大单团单，全区企业实现全员参保201家，全员企业职工及学校代扣代缴参保数量全市第一位。创新投保工作模式，开展党员干部"微心愿"认领保额活动。对残疾人士、困难人群开展资助参保，累计完成1937名医疗救助对象和2985名（剔除低保低边）残疾人资助参保工作，实现困难群众参保率100%。全区参保率56.89%，居全市第一位。

【医保便民惠民服务】2022年，区医保局助力全区开展疫情救治，争取抗疫资金2200万元。打通美林、布洛芬、阿兹夫定等药品购买渠道。持续推进医保购药一件事改革，投入医保药柜3台，涵盖医保OTC药品884种、慢性病药品225种，飞药商城累计完成配送

2000多单、药柜购药1700多单。完成区内所有定点医药机构接口改造验收、医保业务经办测试、本地化医保政策调整落实、历史数据清洗迁移等工作，完成15项标准编码100%落地，实现智慧医保稳定上线。推出上门办、邮寄办、帮办代办等服务，惠及152人次，培训176名医保网格员做优县乡村三级服务网络。窗口办件量达1.2万多件，获锦旗4面和感谢信13封。

（倪文超　陈露男）

民政事务管理

【概况】2022年，洞头区首创社会救助全流程绩效管理应用，纳入省民政厅数字化改革试点和市数字化改革一本账。迭代老年食堂“e”食无忧场景应用，入选全省数字化改革“一地创新全省推广”一本账。推行“海霞红管家”小区治理模式，深化“智慧村社通”平台应用，通过省级城乡社区治理与服务创新实验区创建验收。实现22项基本殡葬服务费用全免，累计为群众节省办丧费用37万多元。实施低收入家庭综合帮扶试点扩面行动，全量归集16个部门8大模块、80项救助帮扶政策，累计救助帮扶1500多人次。实现全区92个村（社）困难群众“家门口”一站式救助。出台慈善发展促进行动方案，探索“慈善共富积分”机制，推进“慈善共富服务点”建设，全年累计募集善款善物400多万元，受益群众近1万人。改造提升示范型居家养老服务照料中心8家，新增、改建老年食堂和助餐点15家，受益老人1000多人。创成老年友好街镇1个和老年友好村社4个。实施“海岛支老”“真爱到家”系列帮扶行动，开展为老添衣、助浴助洁、康复理疗等服务，惠及老人近2000名。推进“护苗成长”专项行动，主动救助孤困儿童29名。集中开展婚姻登记补领补办，登记数同比增长83.81%。

完成省级城乡社区治理与服务创新实验区创建，通过结项验收评估并获评优秀成绩。创成省级引领型农村社区和市级完善型农村社区。完成专职社区工作者招录39名。

【民政事业数字化改革成果】2022年，洞头区搭建社会救助全流程绩效管理应用，纳入市数字化改革一本账和省民政厅数字化改革试点，并在省市民政系统数字化改革会议路演。全面推广老年食堂“e”食无忧场景应用，新增用餐主动发现、配送餐全流程监管、资金补助一键达等子场景，完善老年人助餐配送餐数字化服务，项目入选全省数字化改革“一地创新全省推广”一本账，入围全市高质量发展建设共同富裕示范区市域样板首批最佳实践应用。开发“洞头后事帮”系统上线运行，汇集身后事联办、网上祭扫、墓穴管理、殡仪服务等多场景功能，实现群众户籍注销、死亡证明、火化预约等身后事一键办理。

【洞头区惠民殡葬政策实施意见】2022年3月31日，为进一步深化殡葬改革，突出殡葬基本服务公益属性，落实惠民殡葬政策，减轻群众办丧负担，引导人民群众树立绿色、环保的殡葬理念，洞头区出台《关于进一步推行温州市洞头区惠民殡葬政策的实施意见》，免除遗体接运、守灵、告别、火化、骨灰安放、祭扫费用等22项基本殡葬服务全流程费用。继续推行特殊对象殡葬救助制度、执行少数民族殡葬优待政策、推行节地生态安葬。本实施意见自5月1日起实施，实施后，《洞头县人民政府办公室关于洞头县殡葬基本服务项目实行免费的通知》（洞政办发〔2011〕81号）和《温州市洞头区人民政府办公室关于调整洞头区殡葬基本服务项目的通知》（洞政办发〔2019〕8号）文件废止。截至年底，累计减免费用37.35万元。联合多部门实施丧事简办全流程监管，累计巡查256例，处理违规办丧2例。

【未成年人关爱保护服务】2022年，洞头区开展未成年人关爱保护服务，落实特殊儿童政府兜底保障，帮助28名儿童纳入困境儿童救助保障，1名儿童纳入社会散居孤儿救助，并完成1名儿童收养评估登记工作。强化未成年人保护机制建设，联合区检察院、公安分局深入开展涉未成年人性侵案件复盘分析，制订出台《关于加强老少妇残等特殊群体关爱服务管理工作的实施方案》《洞头区“护苗成长”专项行动实施方案》，通过实施重点工作6项，建立五大保护机制。完善基础未成年人保护队伍和阵地建设，督促各街道（乡镇）实现儿童主任岗位津贴100%发放，组织开展儿童主任业务培训。改造提升街道（乡镇）未保站和村（社）儿童之家，共新增省级示范儿童之家1家、市级示范型儿童之家3家，实现街道（乡镇）未保站全覆盖。开展多部门联合保护，牵头会同区检察院组建工作专班，开展预防和惩治未成年人违法犯罪专项行动，通过开展重点开展各类培训机构从业人员入职查询、酒吧、网吧等娱乐行业、住宿行业等重点领域违规接待未成年人联合执法检查、校园周边安全检查，未成年人防溺水专项保护等。

【养老服务】2022年底，全区共有60周岁以上老人3.29万人，占户籍总人口的21.36%。其中，65周岁以上老人2.4万人，占户籍总人口15.58%；80周岁以上老人

4634人，90周岁以上老人663人，百岁老人7人。投用市福利养老院项目，建设认知障碍照护专区床位20张。改造提升示范型居家养老服务照料中心8家，新增、改建老年食堂和助餐点15家，全区村居配送餐服务覆盖率78.26%，居全市首位。选取高龄、独居老人家庭安装智能安全守护监测设备150户，为街道（乡镇）养老服务中心配备智能终端设备7家，实现居家智能化设备配备率100%。创建老年友好街镇1个和老年友好村社4个，创成市级样板村社2个。打造“康养+”品牌，建立养老机构与医疗机构签约服务机制，医养合作率100%。实施“海岛支老”“真爱到家”“老年助餐服务‘四个一’”系列帮扶行动，惠及老人2000多人。

【温州市社会福利养老院（洞头项目）工程竣工】 2022年1月28日，洞头区推进温州市社会福利养老院（洞头项目）工程竣工。该项目位于洞头区霓屿街道布袋岙片区C—17地块，为洞头撤县设区后市级公共服务设施首个落户洞头的项目，也是洞头区域内规模最大的养老服务设施项目。项目占地面积1.38万平方米，建筑面积约1.38万平方米，总投资8992万元，设计床位300张，为全市首家集指导、实训、医养融合于一体的多功能示范护理型养老机构。项目于2019年9月17日启动建设。工程建设单位为温州市社会福利养老院，建设单位为温州市城乡建设投资有限公司，勘察单位为温州工程勘察院有限公司，监理单位为温州华夏建设监理有限公司。

【婚姻登记】 2022年，洞头区办理结婚登记864对，离婚受理279对，离婚登记172对，补领离婚14对，婚育户294对。为夫妻提供免费婚姻调解、辅导服务659对，成功调解185对，调解成功率55%。推进集中补领证试点工作，补发结婚登记证1158件，补领离婚登记13件。完善结婚登记和生育登记办理流程，成功办结“婚育一件事联办”事项302件。婚姻档案信息化扫描2478件，跨区域办理84对。无证件、档案遗失现象。

【社工管理】 2022年，洞头区启动首批专职社区工作者招聘工作，完成专职社区工作者招录39名。全年通过社工专业考试81人，其中助理社会工作师通过74人，社会工作师通过7人。截至年底，全区共有持证社工438人，其中国家级社会工作师80人、国家级助理社会工作师358人。

【社会组织登记管理】 2022年底，洞头区依法登记社会组织共302家，其中，社会团体148家，民非(民办非企业单位)153家，基金会1家。成立登记社会组织5家，变更13家，注销12家。推进打击整治非法社会组织专项行动，开展行业协会商会乱收费专项清理整治和“僵尸型”社会组织执法查处工作，9家“僵尸型”社会组织年检通过6家，注销2家，撤销1家，上报打击整治非法社会组织1家。超额完成社会组织年度“双随机”抽查工作30家，完成学科类营利性培训机构转登民办非企业单位工作2家。

【区划地名管理】 2022年，洞头区完成国家地名信息库专项质量建设行动，完成地名地址数据归集、治理和上图工作，数据归集率和上图率均100%。联合住房和城乡建设部门累计审批住宅小区名称3处，出具地名证明774个，编制门牌号数116个。开展规范市区道路地名管理工作，落实好5条道路路牌缺失、污损等整改工作。

【行政区划管理】 2022年，洞头区行政区划代码为330305，共辖街道6个、镇1个、乡1个，含城市社区17个，未改制居2个，行政村74个。注重发挥社区典型示范作用，创成省级农村引领型社区1个、市级完善型示范社区1个。牵头开展“清廉村居”创建，制定清廉指数责任分解表，推进全区32个村居开展三、四、五星“清廉村居”创建，共创成五星级“清廉村居”2个、四星级7个、三星级12个

（蔡丽诗）

2022年6月，温州市社会福利养老院正式建成　　（区民政局提供）

2022年洞头区行政区划一览表

表59

街道（乡镇）	所辖村居
北岙街道	岭背社区、上新社区、城中社区、新城社区、银海社区、打水鞍社区、城南社区、三盘社区、风门社区、九厅社区、小朴社区、大长坑村、小长坑村、柴岙村、海霞村、鸽尾礁村、大王殿村、东沙村、双垅村、小三盘村、大朴村、东郊村、九仙村、隔头村、白迭村
灵昆街道	王相村、叶先村、海思村、沙塘村、双昆村、上岩头村、周宅村、北段村、九村村
大门镇	朝阳社区、甲山社区、长沙社区、美岙村、寨楼村、豆岩村、杨梅田村、仁前途村、营盘基村、小门村、东屿村、乌仙头村、大荆村、小荆村、岙底村、岙面村、潭头村、西浪村、东浪村、石浦村、沙枫港村、观音礁村、大溪居、兰湖洞居
东屏街道	蓝港社区、半屏社区、中仑村、后坑村、东岙村、东岙顶村、垅头村、惠民村、后寮村、寮顶村、岙仔村
元觉街道	花岗村、沙角村、活水潭村、沙岗村、深门村、状元村、小北岙村
霓屿街道	布袋岙村、石子岙村、同兴村、桐岙村、上社村、下社村、下郎村、郎等村、正岙村、长坑垄村
鹿西乡	鹿西村、口筐村、东臼村、昌鱼礁村、山坪村、扎不断村
昆鹏街道	雁鸿社区

（区民政局提供）

2022年洞头区养老机构一览表

表60

序号	养老机构名称	地址
1	温州市洞头区爱之家社会福利院	洞头区打水鞍村委旁
2	温州市洞头区金色黄昏颐养院	洞头区北岙街道城北路1088-9号
3	温州市洞头区北岙街道北沙社区如家托老所	温州市洞头区北岙街道兴港中路30弄18-20号
4	温州市洞头区小九厅养老院	温州市洞头区燕山路119弄13-15号
5	温州市洞头区东屏街道叶雪英养老院	温州市洞头区东屏街道育才东路2号
6	温州市洞头区东屏街道东港社区方荣东托老所	温州市洞头区东屏街道惠民巷52弄40号
7	洞头亦家养老服务有限公司（亦家康养）	霓屿街道霓中路158-1号
	温州市福利养老院（温州市养老服务指导中心）	温州市瓯海区霓屿街道霓福路6号

（区民政局提供）

2022年洞头区街道（乡镇）养老服务中心一览表

表61

序号	乡镇（街道）	养老服务中心名称	地址
1	北岙街道	北岙街道养老服务中心	城南社区繁荣街11弄

续表61

序号	乡镇（街道）	养老服务中心名称	地址
2	大门镇	大门镇养老服务中心	大门镇沙岩后巷40号
3	东屏街道	东屏街道养老服务中心	惠民村村部
4	霓屿街道	霓屿街道养老服务中心	正岙村村部附近（原小学）
5	元觉街道	元觉街道养老服务中心	活水潭村和港家园1楼
6	鹿西乡	鹿西乡养老服务中心	洞头区鹿西乡口筐村原华华小学
7	灵昆街道	灵昆街道养老服务中心	新灵景园A幢1楼

（区民政局提供）

2022年洞头区居家养老服务照料中心一览表

表62

序号	乡镇（街道）	居家养老服务照料中心名称	建成时间
1	北岙街道	北岙街道上新社区居家养老照料中心	2012年
2	北岙街道	北岙街道银海社区居家养老照料中心	2012年
3	北岙街道	北岙街道岭背社区居家养老照料中心	2012年
4	北岙街道	北岙街道城中社区居家养老照料中心	2012年
5	北岙街道	北岙街道风门社区居家养老照料中心	2012年
6	北岙街道	北岙街道新城社区居家养老照料中心	2013年
7	北岙街道	北岙街道小三盘村居家养老服务照料中心	2016年
8	北岙街道	北岙街道九仙村居家养老服务照料中心	2016年
9	北岙街道	北岙街道隔头村居家养老服务照料中心	2015年
10	北岙街道	北岙街道三盘社区居家养老服务照料中心	2017年
11	北岙街道	北岙街道东沙村居家养老服务照料中心	2016年
12	北岙街道	北岙街道鸽尾礁村居家养老服务照料中心	2018年
13	北岙街道	北岙街道东郊村居家养老服务照料中心	2018年
14	北岙街道	北岙街道小朴社区居家养老服务照料中心	2015年
15	北岙街道	北岙街道小长坑村居家养老服务照料中心	2018年
16	北岙街道	北岙街道大长坑村居家养老服务照料中心	2016年
17	北岙街道	北岙街道打水鞍社区居家养老照料中心	2012年
18	北岙街道	北岙街道城南社区居家养老服务照料中心	2016年

续表62

序号	乡镇（街道）	居家养老服务照料中心名称	建成时间
19	北岙街道	北岙街道大王殿村居家养老服务照料中心	2018年
20	灵昆街道	灵昆街道北段村居家养老服务照料中心	2018年
21	灵昆街道	灵昆街道双昆村居家养老服务照料中心	2014年
22	灵昆街道	灵昆街道灵南社区居家养老服务照料中心	2014年
23	灵昆街道	灵昆街道灵东社区居家养老服务照料中心	2014年
24	灵昆街道	灵昆街道九村村居家养老服务照料中心	2014年
25	灵昆街道	灵昆街道海思村居家养老服务照料中心	2016年
26	大门镇	大门镇观音礁村居家养老服务照料中心	2013年
27	大门镇	大门镇小门村居家养老照料中心	2013年
28	大门镇	大门镇寨楼村居家养老服务照料中心	2017年
29	大门镇	大门镇小荆村居家养老服务照料中心	2016年
30	大门镇	大门镇乌仙头村居家养老服务照料中心	2017年
31	大门镇	大门镇潭头村居家养老服务照料中心	2015年
32	大门镇	大门镇仁前途村居家养老服务照料中心	2017年
33	大门镇	大门镇甲山村居家养老服务照料中心	2017年
34	大门镇	大门镇大溪居家养老服务照料中心	2017年
35	大门镇	大门镇大荆村居家养老服务照料中心	2016年
36	大门镇	大门镇朝阳社区居家养老服务照料中心	2016年
37	大门镇	大门镇岙面村居家养老服务照料中心	2017年
38	大门镇	大门镇岙底村居家养老服务照料中心	2015年
39	东屏街道	蓝港社区居家养老服务照料中心	2015年
40	东屏街道	中仓村居家养老服务照料中心	2017年
41	东屏街道	后坑村居家养老服务照料中心	2017年
42	东屏街道	半屏社区居家养老服务照料中心	2016年
43	东屏街道	垅头村居家养老服务照料中心	2018年
44	东屏街道	寮顶村居家养老服务照料中心	2016年
45	东屏街道	岙仔村居家养老服务照料中心	2016年
46	东屏街道	东岙顶村居家养老服务照料中心	2012年

续表62

序号	乡镇（街道）	居家养老服务照料中心名称	建成时间
47	霓屿街道	布袋岙居家养老服务照料中心	2012年
48	霓屿街道	长坑垄居家养老服务照料中心	2016年
49	霓屿街道	上社居家养老服务照料中心	2016年
50	霓屿街道	下社居家养老服务照料中心	2016年
51	霓屿街道	石子岙居家养老服务照料中心	2016年
52	霓屿街道	下郎居家养老服务照料中心	2017年
53	霓屿街道	郎等居家养老服务照料中心	2016年
54	霓屿街道	正岙居家养老服务照料中心	2015年
55	霓屿街道	同兴居家养老服务照料中心	2016年
56	元觉街道	小北岙居家养老服务照料中心	2016年
57	元觉街道	活水潭村居家养老服务照料中心	2016年
58	元觉街道	花岗村居家养老服务照料中心	2017年
59	元觉街道	沙岗村居家养老服务照料中心	2016年
60	元觉街道	沙角村居家养老服务照料中心	2016年
61	元觉街道	深门村居家养老照料服务中心	2020年
62	元觉街道	状元村居家养老照料服务中心	2022年重建
63	鹿西乡	鹿西村居家养老服务照料中心	2016年
64	鹿西乡	口筐村居家养老服务照料中心	2018年
65	鹿西乡	东臼村居家养老服务照料中心	2017年
66	鹿西乡	扎不断村居家养老服务照料中心	2015年
67	鹿西乡	山坪村居家养老服务照料中心	2015年

（区民政局提供）

2022年洞头区老年食堂（助餐点）一览表

表63

序号	街道	机构名称	地址
1	北岙街道	北岙街道养老服务中心食堂	北岙街道繁荣街11弄150号
2	北岙街道	北岙街道东郊村居家养老服务照料中心爱心食堂	北岙街道东郊村西沟自然村老协边
3	北岙街道	北岙街道小朴社区居家养老服务照料中心爱心食堂	北岙街道双朴路187弄37号

续表63

序号	街道	机构名称	地址
4	北岙街道	北岙街道隔头村居家养老服务照料中心爱心食堂	北岙街道沙岙路143号
5	北岙街道	北岙街道鸽尾礁村居家养老服务照料中心爱心食堂	北岙街道鸽尾礁巷36号-2
6	北岙街道	北岙街道大长坑村居家养老服务照料中心爱心食堂	北岙街道长坑中路59号
7	北岙街道	北岙街道小长坑村居家养老服务照料中心爱心食堂	北岙街道铁炉头城西路638号
8	北岙街道	北岙街道打水鞍社区居家养老服务照料中心爱心食堂	北岙街道海天佳境文化礼堂
9	北岙街道	北岙街道小三盘村居家养老服务照料中心爱心食堂	北岙街道人民路130号
10	北岙街道	北岙街道大王殿村居家养老服务照料中心爱心食堂	北岙街道大王殿村兴港东路158号
11	北岙街道	北岙街道银海社区助餐点	北岙街道警池巷1号
12	北岙街道	北岙街道城南社区助餐点	北岙街道中心街380号
13	北岙街道	北岙街道上新社区助餐点	北岙街道水产巷8号
14	北岙街道	北岙街道城中社区助餐点	北岙街道中心街40号
15	北岙街道	北岙街道岭背社区助餐点	北岙街道邻背路34号
16	北岙街道	北岙街道风门社区助餐点	北岙街道长顺路与溢香路交叉路口
17	北岙街道	北岙街道新城社区助餐点	北岙街道霞光大道285米正东方向
18	北岙街道	北岙街道大朴村助餐点	北岙街道大朴村村部
19	北岙街道	北岙街道东沙村助餐点	北岙街道东沙村村部
20	灵昆街道	灵昆街道灵南社区老年食堂	灵昆街道灵昆街
21	东屏街道	东屏街道养老服务中心食堂	东屏街道惠民巷38号
22	东屏街道	东屏街道蓝港社区老年食堂	东屏街道府前路8号D幢1单元101室
23	东屏街道	东屏街道惠民村助餐点	东屏街道育才东路92弄54号
24	东屏街道	东屏街道东岙村助餐点	东屏街道东岙路186弄5号
25	东屏街道	东屏街道东岙顶助餐点	东屏街道东岙顶村部
26	东屏街道	东屏街道垅头村助餐点	环岛公路与滨海路交叉口东460米
27	东屏街道	东屏街道中仑村助餐点	东屏街道府前路51号
28	东屏街道	东屏街道后寮村助餐点	东屏街道城东路
29	东屏街道	东屏街道后坑村助餐点	东屏街道中龙路
30	东屏街道	东屏街道岙仔村助餐点	东屏街道临海路1号

续表63

序号	街道	机构名称	地址
31	东屏街道	东屏街道寮顶村助餐点	东屏街道寮顶村村部
32	元觉街道	元觉街道养老服务中心中央食堂	元觉街道和港家园一楼
33	元觉街道	元觉街道花岗村居家养老服务照料中心老年食堂	元觉街道花岗路16弄6、7号
34	元觉街道	元觉街道状元老年食堂	元觉街道状元村状中巷1号
35	元觉街道	元觉街道小北岙村助餐点	元觉街道状元街30号
36	元觉街道	元觉街道活水潭助餐点	元觉街道和港家园西侧80米
37	元觉街道	元觉街道沙角村助餐点	元觉街道沙角新街38号
38	元觉街道	元觉街道沙岗村助餐点	元觉街道兴岙路20号
39	元觉街道	元觉街道深门村助餐点	元觉街道内深门巷
40	霓屿街道	霓屿街道养老服务中心中央食堂	霓屿街道正岙村霓兴路12号
41	霓屿街道	霓屿街道布袋岙村老年食堂	霓屿街道霓中路143号
42	霓屿街道	霓屿街道下社村老年食堂	霓屿街道滨海北路121-1号
43	霓屿街道	霓屿街道上社村老年食堂	霓屿街道上社村龙川路33号
44	霓屿街道	霓屿街道正岙助餐点	霓屿街道正岙村村部
45	霓屿街道	霓屿街道下郎村助餐点	霓屿街道下郎村村部
46	霓屿街道	霓屿街道郎等村助餐点	霓屿街道郎等村村部
47	霓屿街道	霓屿街道桐岙村助餐点	霓屿街道S332延伸线
48	霓屿街道	霓屿街道石子岙助餐点	元觉街道霓东路
49	大门镇	大门镇养老服务中心老年食堂	大门镇沙岩后巷40号
50	大门镇	大门镇岙面村居家养老服务照料中心老年食堂	大门镇南岙面村村部旁
51	大门镇	大门镇仁前途村老年食堂	大门镇仁前途村部
52	大门镇	大门镇大溪居居家养老服务照料中心老年食堂	大门镇大溪居村村部旁
53	大门镇	大门镇大荆村老年食堂	大门镇大荆村村部处
54	大门镇	大门镇小荆村老年食堂	小荆西云寺东侧50米
55	大门镇	大门镇乌仙头助餐点	大门镇乌仙头村部处
56	大门镇	大门镇朝阳社区助餐点	大门镇朝阳社区
57	大门镇	大门镇甲山社区助餐点	大门镇致富路与振兴东路交叉路口

续表63

序号	街道	机构名称	地址
58	大门镇	大门镇长沙社区助餐点	大门镇长沙社区
59	大门镇	大门镇岙底助餐点	大门镇岙低村村部
60	大门镇	大门镇杨梅田村助餐点	大门镇杨梅田村村部
61	大门镇	大门镇营盘基村助餐点	大门镇营盘基村村部
62	大门镇	大门镇寨楼村助餐点	大门镇寨楼村村部
63	大门镇	大门镇西浪村助餐点	大门镇西浪村村部
64	大门镇	大门镇潭头村助餐点	大门镇潭头村村部
65	大门镇	大门镇沙枫港助餐点	大门镇沙枫港村部
66	鹿西乡	鹿西乡养老服务中央老年食堂	鹿西乡鹿西村
67	鹿西乡	鹿西乡东臼村老年食堂	鹿西乡东臼村村部
68	鹿西乡	鹿西乡山坪村助餐点	鹿西乡山坪村村部
69	鹿西乡	鹿西乡昌鱼礁村助餐点	鹿西乡昌鱼礁村部
70	鹿西乡	鹿西乡鹿西村助餐点	鹿西乡鹿西村村部
71	鹿西乡	鹿西乡口筐村助餐点	鹿西乡富兴街
72	鹿西乡	鹿西乡扎不断村助餐点	鹿西乡扎不断村村部

（区民政局提供）

社会救助

【概况】2022年，洞头区新增低保低边138户257人、新增特困人员15人，取消低保低边123户274人。截至年底，全区共有低保对象961户1420人，低保边缘对象274户670人，特困供养救助对象144户145人，城乡低保认定标准为1035元/月，城乡低保边缘认定标准为1627.5元/月，每月发放低保金约120万元，全年发放低保金和水价气价补贴1209.47万元，特困供养生活补助金（含中心敬老院运营）301.43万元，临时救助资金194.11万元（其中春节慰问148.11万元）。强化残疾人两补复核，清查残疾对象4421人，新增残疾人两补对象378人，注销278人，发放生活补贴262.75万元，护理补贴416.02万元。坚持困难群众定期探访，实现每季度探访率、幸福清单送达率100%。实施低收入家庭综合帮扶集成改革，归集各类救助帮扶政策80项，组织相对低收入家庭资格核定1410户2266人。

【社会救助管理工作机制建设】2022年1月17日，洞头区印发《关于进一步完善温州市洞头区社会救助管理工作的通知》。把低保、低边审核确认权限、特困人员救助供养审核确认权限、临时救助审批权限完全下放至街道（乡镇），完善“一事一议”机制（申请受理、家庭经济状况核对和入户调查、组织民主评议、审核、集体讨论研究、公示、审核确认或审批、备案），推进社会救助一件事集成化改革，完善困难学生资助认定管理机制，规范特困人员救助供养管理，明确资金使用管理，规范救助对象身份证明材料使用，完善社会救助工作机制。自2022年2月1日起施行。

【低收入家庭综合帮扶集成改革】2022年10月19日，洞头区开展低收入家庭综合帮扶集成改革。帮扶试点扩面，在原东屏街道30户低收入家庭帮扶试点工作基础上，组织全区各街道（乡镇）开展帮扶试点。帮助87名低收入家庭成员实现就业，落实微心愿193个，开展慈善助学127人次，开发公益性岗位、爱心（幸福）岗位129个，开发来料加工、摊位等产业29项，链接公益慈善资源12项。制订《洞头区关于开展低收入家庭综合帮扶在线综合推广试点工作的实施方案》，重点做好社会力量帮扶、就业帮扶和产业增收三个子场景试点应用。全量归集救助帮扶资源，发动各部门、街道（乡镇）、社会组织及其他企事业单位归集已有救助帮扶政策，并按照生活保障、住房保障、医疗救助、教育保障、生活支出减免、就业创业帮扶、公共服务、社会力量参与八大模块进行细化分类，最终整合完善80项帮扶政策，实现政策突破3项。打造线上+线下救助服务联合体，全年共新建街道（乡镇）级助联体服务站3家，区级助联体1家，并引导各街道（乡镇）通过组建帮扶服务队实现全区92个村（社区）助联体服务点全覆盖。通过省大救助平台做好线上助联体配置，发布15个帮扶项目。

【孤困儿童救助】 2022年，全区有留守儿童184人、孤儿7人、困境儿童30人。孤困儿童基本生活费标准从1840元/人·月提高到2090元/人·月，增幅13.59%，累计发放孤困儿童生活补助117万元。健全未成年人保护工作机制，开展洞头区“护苗成长”专项行动。改造提升街道（乡镇）未成年人保护工作站4家，创成省级和市级街道（乡镇）示范型儿童之家3家。开展“真爱到家幸福微实事”困难学生家庭温馨书房配置工作，为75名有需求的困难家庭学生改善家庭学习环境。开展福彩资助系列活动，全年资助困境儿童10名，困难大学新生35名，困难老年人20名，累计发放福彩公益金31万元。实施孤儿助学工程，享受每学年1万元助学金的孤儿3名。

【特困人员供养】 2022年，全区共有特困人员145人，其中集中供养25人，分散供养120人。全年累计发放特困供养生活补助金（含中心敬老院运营）25.22万元，其中，分散供养生活补助20.43万元，集中供养生活补助4.79万元。

（蔡丽诗）

2022年洞头区特困对象分布情况表

表64　　单位：人

序号	街道（乡镇）	集中供养	自愿散养
1	北岙街道	11	22
2	灵昆街道	0	11
3	大门镇	7	26
4	东屏街道	2	42
5	元觉街道	2	5
6	霓屿街道	2	11
7	鹿西乡	1	3
合计	–	25	120

（区民政局提供）

【医疗救助】 2022年，洞头区完成4515名困难群众城乡医保参保和5038名温州益康保资助参保工作，医疗救助32278人次，支出医疗救助金556万元，累计化解高额医疗费用困难人员24人，涉及医疗费用115.92万元。实现医疗救助、资助参保和高额医疗费用化解三个100%。推行长期护理保险制度，全年累计受理失能认定申请44人，评估通过36人，支付失能人员护理费用24.4万元。

（倪文超）

民族宗教工作

【概况】 2022年，洞头区（除灵昆街道、昆鹏街道外）共有宗教场所84处，其中佛教场所11处，基督教场所16处，道教场所57处，民间信仰活动场所109处，登记备案教职人员104人。全区少数民族总人口3991人，回族人口3250人，占比81%。全年共巡查宗教场所1000多处，100%完成涉C、D级危房场所实质解危。中普陀文化园一期工程基本建成。洞头区东屏街道寮顶村军事文化园被列入首批温州市民族团结进步教育基地培育单位名单。

【民族团结进步工作】 2022年，洞头区聚焦民族村共同富裕建设，建成寮顶石榴红家园，启动军事坑道文化园二期建设，寮顶军事坑道文化园获评市级民族团结进步教育单位，全年接待团体开展红色研学活动30多批次，金顶葡萄园等一批乡贤助乡兴项目投产投用，村集体经济超40万元；聚焦铸牢中华民族共同体意识，丰富民族团结进步“6+1”工作载体，培育北岙石榴红志愿服务队，开展民族团结进步宣传月、“讲团结、聚合力、促和谐”爱心拉面送温暖接力等活动，全年开展民族团结进步宣讲120多场，传统文化教学10场，覆盖2000多人次。慰问走访少数民族困难群众31名。

【宗教场所管理】2022年，洞头区坚持将民宗领域除险保安作为首要工作，以“1+6”专项工作为重要抓手，健全宗教事务管理规范和标准，排查整治民宗系统各领域各类风险隐患，全年共巡查场所1000多处，100%完成涉C、D级危房场所实质解危，实现宗教（民间信仰）活动场所可燃气体报警器应装尽装；全年靠前劝阻1起非法宗教活动，取消新发现私聚点1处，违反相关规定罚没款11万余元，形成打击假冒教职人员借教敛财典型案例，进一步强化警示教育效果；全年开展普法宣传教育进场所61场，创成省级消防宣传“五进”工作试点单位1处，倡议宗教界参与各类慈善公益活动20多场，中普陀文化园素食馆正式对外开放，推进宗教中国化。

【全市佛教协会理事培训班在洞头区中普陀寺举行】2022年5月31日至6月2日，为深入推进全市佛教界“爱党爱国爱社会主义”主题教育，全面贯彻落实全国和省、市宗教工作会议精神，进一步坚定佛教界走与社会主义社会相适应道路的信心和决心，2022年全市佛教协会理事培训班在洞头区中普陀寺举行，全市各地共174名佛教界代表人士参与培训。培训传达了全国、省、市宗教工作会议精神，设置了中共党史、新中国史、改革开放史和社会主义发展史，法律法规、时势政治、规范化管理等专题课程。温州市民宗局副局长马建新，洞头区委常委、统战部部长戴冕，温州市佛教协会会长智明法师等出席开班仪式。

（欧阳红杏）

老龄工作

【概况】2022年，洞头区共有60周岁以上老年人3.31万人，占户籍总人口21.56%。为65周岁以上老年人提供免费体检，并建立健康档案。实施“老年健康专项行动”，为老年人开展“光明”“口福”“营养改善”“失智老人关爱”和健康服务“智慧助老”五大行动。为60周岁以上洞头户籍老人购买老年人意外伤害保险。开展老年人心理关爱项目试点工作，对北岙街道城中社区65岁以上老年人445人开展健康素养调查和评估，促进老年人心理健康。开展“老年健康宣传周”“敬老月”等活动。举办洞头区第36届老年人运动会。截至年底，洞头区100周岁以上老年人5人，其中北岙街道2人、大门镇2人、霓屿街道1人。东屏街道寮顶村村民李金星获评全省“敬老爱老助老模范人物”。

【老龄服务】2022年，洞头区为户籍60周岁以上老年人及515位低保（含特困人员）购买意外伤害保险，全年支出保费30万元，获意外伤害赔偿老人204位，累计赔付60万元。推进老年健康促进行动，宣传普及老年健康科学知识，利用“老年健康宣传周”“敬老月”等开展宣传活动，共开展老年人健康知识讲座48场，发放宣传资料3000多份，走访慰问部分村居老干部、百岁老人、老有所为代表及医养结合机构开展慰问，投入经费5万余元。

【老年健康专项行动】2022年，洞头区通过实施针对老年人自理能力、认知功能、视力功能、口腔健康、营养状况、心理健康等的早期筛查干预措施，开展老年人“光明”“口福”“营养改善”“失智老人关爱”和健康服务“智慧助老”五大行动。完成老年糖尿病患者眼底筛查176人，建立老年人口腔档案2543名、建立老年人营养监测档案2364名、开展老年人认知功能评定2207名、开展老年人情感状态评估2061名。

【打击整治养老诈骗专项行动】2022年，洞头区成立卫健系统开展打击整治养老诈骗专项行动领导小组，召开卫健系统开展打击整治养老诈骗专项行动工作部署会。采取“线上+线下”方式，多形式、多渠道开展宣传教育。开展活动18次，发布信息5条，印制宣传资料2500份，横幅13条，海报45张。成立老年人宣讲团，开展反诈宣传“六进”活动，利用“医师节”“敬老月”等节日，开展涉老反诈有奖问答。

（林春芬）

关心下一代工作

【概况】2022年，温州市洞头区关心下一代工作委员会贯彻落实《关于加强新时代关心下一代工作委员会工作的意见》，聚力海霞精神传承，实施铸魂扶优帮困系列行动。通过部门联动，聚焦青少年所需，持续做强擦亮“海霞少年”“关爱助学·一路相随”“老少携游”等工作品牌载体，加快形成“大关工”工作格局，助力洞头儿童友好城市建设。全年新闻信息获国家级媒体录用82篇，中国火炬网站录用46篇，中国火炬公众号录用35篇。省级媒体录用118篇，浙江关工委网站新星网录用101篇，浙江省关工委微信公众号录用11篇，浙江新闻客户端录用6篇。

【“海霞少年”品牌】 2022年，区关工委厚植“海霞少年”品牌。选树一批海霞少年先进典型。联合区文明指导中心、区教育局、团区委、区妇联等单位以“爱岛、尚武、励志、奉献”的“海霞精神”为标准评选海霞好少年25名。组建“海霞少年艺术团”，开展“海霞少年带您游海霞”“海霞少年唱红歌”等活动。组织区适龄中小学生开展“老少同耕共植”活动5期，累计参加活动200多人次。联合元觉街道、团区委等单位开展“老少携手乘风破浪·海霞少年扬帆启航”主题研学活动5期，累计参与500多人次。组织开展“海霞少年·科技点亮未来梦想”专题研学活动10期，累计参与飞行体验青少年800多人次。

【帮困助学】 2022年，区关工委深化“关爱助学·一路相随”载体，通过对接区建筑行业协会、杭州洞头商会等社会团体，“精准结对”中小学生59名，制作“结对帮扶信息卡”畅通双方联系，开展全链条全方位的关爱帮扶。对长期结对的大学生，搭建就业服务平台，根据专业向其推介相关就业岗位，助力“家燕归巢”。暑期组织“五老”家访慰问受助青少年，全年累计慰问全区困难青少年238名，其中通过关工委关爱基金发放助学金26.1万元，撬动社会资金参与助学40多万元。

（张 玮）

慈善工作

【概况】 2022年，温州市洞头区慈善总会共募集善款552.83万元，各类救助支出328.1万元，直接受助群众达12080人次。开展“自由呼吸——贫困肺结核病人补助项目”等临时救助共支出63.65万元。全年“慈善一日捐”募集善款金额为127.17万元。成立洞头区“乡村振兴公益基金”和“政协委员助残共富慈善捐赠项目”。全年开展送医义诊活动3次，共服务856名群众。

【区慈善总会第一届理事会第五次会议】 2022年6月22日，洞头区慈善总会第一届理事会第五次会议在洞头农商银行五楼报告厅召开。会议总结慈善和疫情防控工作，部署工作任务。听取会长叶永辉关于《洞头区慈善总会第一届理事会第五次会议工作报告》。审议通过《洞头区慈善总会2021年度财务收支情况及2022年度资金预算安排报告》。监事会监事长作关于《洞头区慈善总会2021年度财务收支情况》监审意见。副区长张攀参加会议并讲话。

【洞头区乡村振兴公益基金成立】 2022年10月17日，区农商银行成立“乡村振兴公益基金”，共捐赠资金500万元，分五年实施，用于洞头全区乡村公益事业和扶贫济困等慈善事业，包括乡村教育与文化、乡村医疗健康、低收入农户脱贫、新型农户培育等领域。

【慈善活动开展】 2022年，洞头区慈善总会组织开展“慈善大礼包”活动，共支出5.8万元，为280户困难家庭送去年货礼包；开展春节重症助医慰问，向尿毒症、白血病、癌症患者救助支出14万元；开展慈善大学生助学、“四个一万工程”万向助学等助学活动，全年助学共支出22.95万元；慰问特困老人88人次，支出7.04万元；中秋节到霓屿敬老院慰问五保老人13名；建军节期间走访慰问现役、退役军人家属和困难军人家属66户，为每户送上1000元慰问金；开展“爱心卡车暖百岛”系列活动；开展“夏日送清凉”活动，共为空巢老人、困难群众、建筑工人、环卫工人等群体送上487份夏日避暑物品的清凉礼包；开展“慈善助残·阳光暖居”活动，为全区近180户贫困残疾人送去价值3万元的抗寒物资。

【爱心义诊惠民生 “村里村外”暖民心】 2022年6月11日，洞头区慈善总会在大门镇小门村文化礼堂开展“送医送药下乡”活动，服务群众。此次送医送药下乡活动医疗组由10名经验丰富医务工作者组成，开展内科、外科、骨伤科、血压血糖检测、B超、妇科常见病、老年病防治宣传讲座等义诊服务，并配备专业医疗器械。活动采取分批次形式，为小门村内近500名老年群众提供医疗检查、问诊等医疗服务。

（卓 越）

计生服务

【概况】 2022年，洞头区共出生688人（包括往年出生28人），出生率4.48‰，自然增长率-1.42‰，当年户籍出生人口性别比106.90，国统出生人口性别比105.12，全员人口信息覆盖率为99.28%、准确率为97.98%，免费孕前优生健康检查覆盖率80.56%。

【人口计生优质服务】 2022年，洞头区落实国家免费孕前优生健康检查、产前筛查（诊断）、生育登记等服务项目。全年共免费孕前优生健康检测514人、报销手术并发症对象32人次，生育登记632人，产前筛查补助193人，产前诊断补助23人。新增公共场所母婴设施1家，完成公共场所母婴室提档升级13处。强化计划生育特殊家庭服务，实现落实联系人制度、落实家庭医生签约服务、设立特殊家庭就医“绿色通道”均100%。

【计生利导政策兑现】2022年，洞头区按照“老人老办法、新人新办法”的原则，落实好奖扶、特扶、城乡保、城镇保、公益金、计划生育特殊家庭慰问等计生利导政策。全年兑现资金2654余万元、惠及9622人。其中，奖扶1167人补助307.122万元，特扶137人补助113.16万元，城乡保1910人补助73.73万元，城镇保6280人补2146.4513万元，计生公益金10人补助5.3万元。

（林春芬）

城乡居民生活

【概况】2022年，洞头城乡居民收入稳步增长。全年城镇常住居民人均可支配收入60315元，较上年增长6.2%，人均收入水平居全市第八位，增速居全市第一位；人均生活消费支出38663元，同比增长8%。全年农村常住居民人均可支配收入39091元，较上年增长8.6%，人均收入水平居全市第六位，增速居全市第一位；人均生活消费支出29383元，同比增长10%。

【城镇常住居民生活】2022年，洞头区城镇常住居民人均可支配收入增长，主要是机关事业单位以及企业员工薪酬稳步增长，各行业工资收入水平提高，全年城镇居民家庭人均工资性收入34642元，占总收入的57.4%，同比增长7.2%。经营净收入6626元，增长较快，同比增长9%，主要是洞头乡村旅游持续火爆，洞头游客量大增，住宿、餐饮、旅游相关产业等经营效益可观，旅游性收入增长较快，带动其他经营性收入较快增长。财产净收入和转移净收入增速平稳，同比分别增长6.2%和2%，财产净收入增速较往年偏慢，主要是因为市场需求不足，来自居民服务性收入增长不快，房价平稳，房租未有明显提价，以及全区居民理财产品不多。全区城镇居民人均生活消费支出38663元，同比增长8%。八大类消费支出呈现“七增一降”态势。生活用品及服务类（家具、耐用品、个人护理用品等）增长最快，人均3583元，增长14.8%。其余消费增长类别按增速大小分别为交通通信类人均3658元，增长5.8%。衣着类人均2750元，增长4.3%，居住类人均10260元，增长11%。医疗保健类人均2365元，增长2.7%，食品烟酒类人均11280元，增长4%，教育文化娱乐类人均3981元，增长5.6%。从消费结构来看，与上年同期相比呈下降趋势，其他用品和服务类（首饰手表、旅住费、美容美发等）人均786元，下降11.3%。食品消费支出仍然占据最大份额。物价相对比较稳定，人均食品消费支出占总消费支出的29.2%，恩格尔系数趋势平稳，全区城镇居民生活质量总体较好，消费呈多样性发展，衣着、居住、交通、通信等消费支出均有增加。

【农村常住居民生活】2022年，洞头区农村常住居民人均可支配收入主要特点：经营净收入较快增长，是农村居民收入的主要来源。农村居民人均经营净收入17429元，占总收入的44.6%，较上年净增加804元，增长4.8%。经营性收入稳步增长主要得益于全区渔业增收，特别是紫菜、羊栖菜增产增收和洞头乡村旅游持续火爆，洞头游客量大增，民宿、渔家乐等经营效益可观，旅游性收入同比增长较快，收入增长明显。工资性收入保持平稳增长态势。全年农村居民家庭人均工资性收入13531元，占总收入的34.6%，同比增长9%。主要得益于企业薪酬和民工工资逐年增长。转移净收入增长较快，财产净收入平稳增收。全区农村居民人均非经营净收入21662元，占总收入的55.4%，较上年净增2278元，增长11.8%。转移净收入增长，主要是全区贯彻落实中央收入分配制度，普遍提高农村养老金标准。财产性收入主要依赖于利息收入和房屋出租。

从各类支出的增速来看，八大类消费支出呈现“八增零降”态势。医疗保健类增长最快，人均2718元，增长33.8%。其余消费增长类别按增速大小分别为居住类人均7190元，增长14.1%。生活用品及服务类（家具、耐用品、个人护理用品等）人均1495元，增长0.02%。食品烟酒类人均9700元，增长9.5%。教育文化娱乐类人均3699元，增长1.1%。交通通信类人均2259元，增长7%。其他用品和服务类（首饰手表、旅住费、美容美发等）人均495元，增长1.9%。衣着类人均1827元，增长2.9%。从支出构成来看，食品消费支出仍然占据最大份额，主要是因为食品类消费支出为刚性支出，占总消费支出的33.2%。居住、文教娱乐、医疗保健等发展性和享受性消费支出有所增加，所占比重稳步提高，全区农村居民消费支出逐步向服务性消费支出分流。

截至年末，城镇居民人均居住面积63.8平方米，农村居民人均居住面积68.8平方米。每百户城镇居民家庭家用汽车拥有量42辆，每百户农村居民家庭家用汽车拥有量31辆。

（郑海仙）

志愿服务

【概况】2022年底，全区注册志愿者25618人，较上年新增426人，志愿者队伍73支(其中注册21支)。全年组织青年志愿者开展乡村振兴、全域旅游、新青年下乡、平安宣传、大型赛会、关爱重点青少年、看望孤寡老人、垃圾分类、治水护水等志愿活动651场，参与志愿服务93432人次，服务时长36123小时。组织开展“弘扬雷锋精神·奉献点亮青春”、守护“未”蓝，等你“来”、“庆国庆·喜迎二十大”凝心聚力和“学习二十大·奋进新征程”暨第37个志愿服务活动。组织志愿工作专题培训、“志愿浙江”等培训4次，完成新时代文明实践中心云平台迁移，贯通日活跃率名列全市第二名、全省第三十八名。全年全区文明实践中心、所站和区海霞志愿服务总队开展各种文明实践活动2300多场。开展文明城市“洗街洗楼”等行动，组建“文明城市建设百人志愿指导团”，开展国测点位、文明停车等劝导工作。洞头区红领巾公益基金设立，全年累计募集社会资金34万元。“海霞妈妈”获评浙江省优秀志愿服务组织，国网供电“阳关存折”项目获评温州市志愿项目大赛金奖（第二名），获市优秀志愿者等奖项5个，评选区年度优秀社会志愿服务组织9个。

【志愿服务中心任务工作】2022年，洞头区组织“抗疫情·创文明·促平安”大会战志愿服务进网格暨“3·5”学雷锋志愿服务月活动，区四套班子带头参与村社、小区环境治理，通过“一包五联”“洗街洗楼”等行动载体，全年下沉志愿者12000多人次，时长9万多小时，开展“洗街洗楼”、无物业小区环境整治、文明礼让劝导等志愿服务。组织海霞红、老民兵等志愿服务队负责国测点位主要交通路口的“礼让斑马线”活动，全年共参与志愿者达3312人次、服务时长6700小时。组织开展文明城市建设志愿服务，组建“文明城市建设百人志愿指导团”，开展国测点位、文明停车、文明旅游等指导劝导工作。联动温州医科大学仁济学院实施“幸福来敲门 文明进万家”志愿服务行动，组织300多名大学生青年志愿者认领6条主次干道，开展“洗街”和文明停车劝导等志愿服务，参与志愿者达3312人次、服务时长达6700小时。评选表扬年度优秀社会志愿服务组织9个，开展困难志愿者春节走访慰问15人次，组织两次抗疫隔离点（核酸检测点）慰问活动，开展社会志愿组织专题调研，指导团队和项目建设，启动《洞头故事志愿(第一卷)》编撰。

【洞头区“青蜂”志愿服务队成立】2022年5月10日晚，团区委在时代影院举行洞头共青团影厅首映式暨“青蜂”志愿服务队成立仪式，活动现场邀请美团外卖、顺丰快递、百世汇通以及极兔等小哥们参与仪式。区委组织部、区交通运输局以及团区委的领导为队伍负责人授旗，由“小哥”们组成的洞头区“青蜂”志愿服务队正式成立。

【青年志愿服务】2022年，洞头区发挥青年志愿者作用，组建“1+6+N”骨干志愿者队伍，发动1579名团员青年参与村社疫情防控、文明城市创建、除险保安等工作。洞头区微动力志愿服务队、百岛志愿者协会携手海霞女民兵开展送腊八粥。洞头青年防疫志愿服务队协助街道社区、超市等开展卡口管理、测温扫码、入户宣传、人员排查等志愿活动。区住建局“砼心砼德”志愿服务队和区住建局团委联合开展以“弘扬雷锋精神·奉献点亮青春”为主题的志愿服务活动和“携手共富·洞建未来”为主题的主题团日活动。洞头团区委联合温州医科大学仁济学院青年志愿者启动“幸福来敲门 文明进万家”志愿服务行动，联合区顺风车联盟、微动力志愿服务队、百岛志愿者协会、户外运动协会及温州医科大学仁济学院青年大学生开展第十届“爱心助考 圆梦未来”助力高考志愿服务活动，联合温州医科大学“新马可波罗——未来大使”实践团到洞头东岙海滩组织开展“守护‘未’蓝，等你‘来’”公益净滩主题活动，联合各乡街道（乡镇）道激活网格化应急志愿者队伍参与网格大排查，联合区委统战部、区妇联、区微动力志愿服务队、区新联会共同开展“少年急救官”暑期公益培训。联合开展爱心服务一条街、“庆国庆·喜迎二十大·共享社.幸福里”凝心聚力重阳节主题活动、让城市更美丽暨“爱心凝聚 情暖环卫”主题活动、“敬老、爱老、为老百姓办实事”“心贴心，与老同乐”志愿微行动。“共享社·幸福里”党群微家定点免费为群众发放“养正辟疫汤”等。青年解决群众微小事300多件，累计服务时长超2万小时。

（高凡舒 杨慧）

先进模范人物

【符帮武】男，1984 年出生，38 岁，中共党员，籍贯海南省东方市，浙江诚意药业股份有限公司 106 车间主任，洞头区总工会兼职副主席。他 2007 年入职浙江诚意药业，扎根洞头 15 年，凭借过硬的技术和勇于创新的精神成长为企业技术骨干，通过技术革新和小改小革提高生产效率和产品质量，帮助企业获得国家科技重大专项课题奖。通过研究改变工艺操作细节，确定国家二类新药托拉塞米的大车生产工艺，获得温州市科技奖二等奖，并先后被列入浙江省重大科技项目及国家重大火炬科技项目，获得国家专项科技资金补助 200 多万元。他提出的“盐酸氨基葡萄糖精制回流法”由于大大降低产品中乙酸残留，2021 年度获评“五小”竞赛温州市职工先进操作法，并解决了国外专利到期大品种盐酸度洛西汀的中试生产工艺问题，该品种还获得国家科技重大专项课题奖，获得国家补助基金 400 万元，为企业发展作出了贡献。曾获评温州市“优秀新居民”、温州市“劳动模范”、第三届“百佳新温州人”、温州市第二届“银锤奖”杰出职工等。2022 年 4 月 28 日，中华全国总工会发布《关于表彰 2022 全国五一劳动奖和全国工人先锋号的决定》，符帮武获全国五一劳动奖章。6 月，获温州好人（孝老爱亲）称号。

【林加帅家庭】洞头区林加帅和梁晨家庭热心公益，积极组织开展敬老、助学、扶残、环保、拥军、亲子公益等志愿服务活动超千场，服务社会超 16 万小时。2005 年 12 月 5 日，林加帅和梁晨发起成立洞头第一个纯民间公益组织“快乐之本”洞头义工群。因为参加无偿献血而相识的两个年轻人，怀揣着公益梦想，从工作上的伙伴，变成生活上的伴侣。他们倡导公益理念，举办简约的低碳婚礼，没有拍摄婚纱照，把节省的喜糖钱和婚礼费用，用于为全区养老院的老人送糖果，并捐出 1 万元，支持公益团队志愿服务。婚后两人身体力行成为造血干细胞志愿者，一起签订器官捐赠协议。2008 年，他们共同参加国家第一次社工职称考试，成为温州第一批国家持证社工。2012 年，夫妻俩成立温州市级第一家民办社工机构：温州市快乐之本社工服务中心（5A 级慈善组织）。先后创办“ican 自助参”残障自强工作室、快乐小屋青少年社工事务所，培育“我们爱一起・亲子公益帮”等项目，通过打造家庭公益品牌，拍摄家庭教育微视频，开展家庭探访计划、家庭教育读书会、请环卫工人吃早餐、“千人彩绘安全帽”、亲子徒步等丰富的家庭公益活动。8 年共组织 3000 多个家庭参与亲子公益，以“社区探访—团队共创—街头劝募—关爱实践”形式，共筹集资金 35 万元，关爱帮扶弱势群体 2000 人次。亲子公益帮项目作为典型，受邀参加在北京召开的第二届公益筹款人大会。2021 年，林加帅家庭以打造社工主题和公益文化兼具的青年旅舍为目标，创办温州地区唯一一家经总部认可的青年旅舍——温州国际青年旅舍，夫妻俩以旅舍为家，当起管家和管家婆，引入文化驿站、书吧、家庭影院，1500 平方米的丰富互动体验空间，为公益服务活动提供阵地保障。在妻子的支持下，林加帅专注公益之路，他先后担任温州市十三届人大代表、浙江省社工师协会副会长，浙江省社会工作和志愿服务协会副会长。他获评全国助残先进个人、中国优秀青年志愿者、浙江省杰出志愿者、浙江省优秀志愿服务工作者。2022年5月15日，洞头区林加帅家庭获评全国最美家庭。

【吕良栋】1985年10月出生，2008年9月参加工作，海霞中学社政教师。他先后任教于元觉义校，霓屿义校，海霞中学。工作14年来，他形成了“微视·内生·尚善”的课堂教学风格。在此教学理念的引领下，他在专业上取得了巨大的发展。2018年破格两年评上高级职称，2019年被评为温州市名教师，获浙江省教坛新秀等称号。获全国中学历史优质课评比一等奖、浙江省历史与社会优质课评比一等奖。多篇论文、课题在省市评比中获奖，并发表于学科核心刊物。多次担任省市级优质课评比评委，市区级各类骨干、职称评审评委工作。2022年9月，吕良栋获评第十三批浙江省特级教师。

【周祝弟】女，1973年3月出生，洞头区霓屿街道下郎村村民。她十几年如一日，精心抚养无血缘关系的侄孙女，视如己出，不求回报，村里邻里都为之感动，被大家称为最美“婆妈”。18年前，她丈夫的嫂嫂毅然离家出走至今未归，其哥哥只得外出打工谋生，留下了年仅16岁的儿子欧某在家。看着生活无人照料的欧某，婶婶周祝弟像对待自己的儿子一样把欧某留在身边照顾。成人后的欧某认识了一个女生，相恋期间生下一名女婴，女婴的妈妈生下孩子没多久也离家出走了，看着婴儿嗷嗷待哺，周祝弟于心不忍，便又把女婴收在身边悉心照料，像对自己亲孙女一般养育。如今，女孩已经读六年级，是个品学兼优的新时代海霞好少年。周祝弟，用微光点亮温暖的好“婆妈”。2022年1月，被评为“浙江好人”（孝老爱亲）。

【林琴】女，1981年11月出生，洞头区大门镇中心卫生院主治医师。作为一名家庭医生，尽管年轻但真诚待人，也深受居民信任。家庭医生签约服务自网格化管理后，她负责潭头村常住人口400多人，其中高血压100多人，糖尿病50多人，低保户10多人。利用门诊、下村等形式完成一般人群、重点人群、特殊人群的签约服务，提供健康评估、出诊入户、家庭护理等个性化服务；通过联系电话、建立微信群等，有针对性地对患者进行在线健康宣教、慢病管理、用药指导、预约就诊等。休息时间上门为瘫痪的尿潴留患者导尿；电话指导糖尿病患者用药，安排专家远程会诊；下村随访及时发现独居老人高血压并通知家人；一对一为在外经商者父母签约结对，并定期服务与家属汇报。作为全科医生，新冠疫情肆虐后坚守一线岗位，发热门诊，集中隔离点，流调排摸等抗疫一线全力奋战风雨无阻。2022年5月，林琴获评浙江省“优秀家庭医生”。

【尤华伟】1975年3月出生，汉族，执业助理医师，1999年参加工作。20多年来他一直坚守在最基层的医疗卫生工作岗位上，默默奉献，立志为一方百姓解除病痛，他每天兢兢业业、任劳任怨、不怕苦、不怕累，始终牢记给患者解除病痛，让患者在精神上给予安慰。他所在的村卫生室由两个自然村合并而成，常住人口大约1500人，年轻人大部分都外出务工，只留下老年人和小孩。他经常帮助就医困难的群众，不管天气多么恶劣，一个电话，一句承诺。碰到家庭困难的患者就医，经常自己垫付医药费，免费为家庭困难患者治疗和送药。随着国家医改的深入开展家庭医生签约服务，他利用休息时间下村入户，不厌其烦耐心宣传家庭医生签约的相关政策，使更多村民了解家庭医生签约的好处，更好的解决了农村两慢病看难看病贵的问题。他还定期与社区卫生服务中心工作人员下村开展卫生健康讲座，免费为村民量血压、测血糖，得到广大村民的好评与认可。配合区卫健局、疾控中心及当地社区卫生服务中心的各项相关工作，预防接种、责任医生、家庭医生签约工作等等。特别是疫情期间，作为基层一线的村卫生室，日夜奋战在抗疫一线，走村串巷，人员管控，每个点上都有他的身影。作为一名乡村医生，他以最大的热情投入到农村医疗卫生事业，为基层卫生事业无私奉献青春热血，成为一名村民心目中最贴心的乡村医生。2022年5月，林琴获评浙江省“优秀乡村医生”。

【陈素芳】女，1968年7月出生，东屏街道垅头村村民。丈夫未出意外前，夫妻俩一个“讨海”一个织网，生活质朴而温馨。2008年，丈夫在外海捕捞作业时遭遇寒潮，被海浪击中昏迷不醒。后经过治疗，林国忠被诊断为全身瘫痪。照顾一个全身瘫痪的病人实在太难了，且丈夫还是一位一米八的大高个，又高又壮，而陈素芳身高不足一米六。但瘦弱的她不放弃，把一切照顾事宜全揽在自己身上。为了能照顾好丈夫，她不停地学习、摸索，为了不让丈夫肌肉萎缩、生褥疮，她每三小时就会给丈夫翻身一次。时间久了，夜里就像脑子里上了闹钟一样每隔三小时便准点醒来。由于全身无知觉，排便是最困难的，她就用手帮丈夫排便。十多年如一日，陈素芳保持着初心，照顾丈夫、养育孩子。在他的照料下，原本全身瘫痪的丈夫，能起身坐上轮椅。近年，陈素芳还把年迈的婆婆接到身边照顾。虽然清苦，但一家人生活一起。她用这份沉甸甸的爱扛起生活的重担，诠释一位农村渔嫂的质朴和善良。2022 年 1 月，获评温州好人（孝老爱亲）。

【胡婷婷】女，汉族，1989 年 10 月出生，中共党员，大学学历，浙江洞头人，共青团浙江省委常委、洞头先锋女子民兵连副指导员、温州市海霞文旅培训发展有限公司市场部主任。她于 2007 年 11 月加入洞头先锋女子民兵连，其间快速成长为连队骨干，历任班长、排长、副政治指导员兼团支部书记等职务；参加过洞头先锋女子民兵连建连 50 周年、55 周年、60 周年军事演习、南京军区郭兴福教学法 50 周年庆典活动、浙江省四套班子军事日科目汇报演示等大型活动；服役期间考取导游证、摩托艇证、A3 驾驶证、初级社工证，她积极投身到全面打造新时代民兵建设重要窗口的实践中。曾获评“优秀女民兵”“优秀骨干女民兵”“优秀团干部”“优秀民兵干部”“优秀区队长”。2022 年 2 月，获评温州好人（敬业奉献）。

【郭丁先】男，1969 年 9 月出生，洞头区东屏街道岙仔村村民，浙洞渔 02932 船老大。2022 年 2 月 17 日，洞头受冷空气和西南暖湿气流共同影响，沿海海面出现了大风浪。上午 8 点 50 许，浙洞渔 02938 船不慎发生侧翻，船只开始沉没，7 名船员全部落水。郭丁先船舶对讲机系统里传来紧急呼救信号：“浙洞渔 02938 船体已倾斜，有侧翻沉没危险，请求救助！”海水冰凉刺骨，一旦落水，持续低温将导致肢体麻木失去活动能力，甚至休克，后果不堪设想。时间紧急、情况紧急，郭丁先当机立断，马上调转船头、开足马力，全速前往出事地点。到达事发地后，郭丁先一边通过扩音器安抚落水人员，一边观察海面情况，寻找时机开展救援行动。凭借多年海上经验，在经过 5 圈徘徊后，郭丁先找到突破口，控制渔船躲避网具等杂物，冲进内圈，靠近落水人员。经过半个多小时的抛救生圈、拉人上船等一系列救援行动，最终所有落水人员被安全救上渔船。2022 年 3 月，获评温州好人（见义勇为）。

【倪国强】男，1967 年 2 月出生，籍贯温州洞头，现任上海寰能电力工程有限公司董事长。他反哺桑梓，助力乡村振兴，主动拆除自家老房子，为大门镇小门大桥的建设让路，出资 100 余万元用于大门镇乡村振兴建设。他用心行动，以爱助学，已结对 8 名初中生直至他们大学毕业，出资 50 万元设立第一期国强教育基金，累计为 183 位学生和 20 位教师颁发奖金 23.25 万元。他热心慈善，争做公益“带头人”，慰问老党员、贫困老人，为环卫工人提供免费早餐，出资采购 1.2 万口罩，捐赠 20 万建设“兰小草”驿站等。他承诺，要将自己个人财产的 20%—30% 用于公益事业，帮助更多需要帮助的人。2022 年 5 月，获评温州好人（助人为乐）。

【叶小龙】男，1973 年 7 月出生，中共党员，籍贯浙江温州，1991 年 6 月进入洞头人民法院工作。在基层海岛法庭的三十余载时光里，爱岗敬业、无私奉献、扎根基层，服务群众，根据海岛渔民作业特点，创造性地落实海岛巡回审判模式、推进便民诉讼措施，走进田间地头、渔民船头办理案件，累计服务群众一万五千余人。31 年来，叶小龙办理的案件无一例违反法律程序，每次案卷质量评查都以高分通过。徒步翻山越岭、两地船渡、上门立案，是他作为基层司法人全心全意为民服务的初心体现，其“叶式调解法”被海岛百姓一致点赞，被大家称为“农民法官”。2013 年因工作突出获评“全市十佳优秀调解能手”；2014 年因工作突出，获评温州市法院优秀调解法官；2017 年其家庭获评全国“最美家庭”。2022 年 10 月，获评温州好人（敬业奉献）。

最美洞头人

【叶胜】男，1987 年 5 月出生，中共党员，籍贯浙江温州，2011 年参加公安工作，现为温州市公安局洞头区分局民警。中秋大潮汐，男子因捡海螺被困礁石，眼看海水不断凶猛上涨，危难时刻，他及时赶到，奋不顾身跳入海中救下被困男子。工作以来，叶胜长期抽调参与侦办扫黑除恶、各类专案，总是能从细节着手，拓展侦查思维，通过对关键证人的取证、资金分析、固定关键证据，通过证据链梳理，多次在零口供的情况下把犯罪嫌疑人绳之以法。从警十一年来，他始终不忘初心、牢记使命，一直奋战在侦查办案、服务群众的一线，争当“三能”铁警，从警期间曾获个人三等功两次。2022 年 11 月，叶胜获评洞头区第八届“最美洞头人”。

【叶美兰】女，1971 年 10 月出生，洞头区霓屿街道布袋岙村人，中共党员，现任洞头区霓屿街道启航就业帮扶中心法人代表、霓屿残疾人之家负责人。她对残疾人非常关爱，尤其在得知邻居老人智力残疾无人照顾的情况下，她主动长期照顾直至去世。2018 年 10 月，她积极响应洞头区残联号召，投身到“残疾人之家”创办工作中，为霓屿辖区患有身体残疾的村民提供就业机会，创办之初不顾亲戚朋友劝阻，一心为残疾人就业奉献一己之力，共有22名残疾人在她厂里上班，有患有精神残疾，语言障碍，肢体，智力等疾病。2021年12月，获评区第七届“最美洞头人”。2022年11月，叶美兰获评洞头区第八届“最美洞头人”。

【陈素娟】女，回族，1968年出生，现任东屏街道寮顶回族村书记，洞头区团结进步促进会会长。洞头区东屏街道寮顶回族村是洞头唯一的少数民族村，陈素娟是土生土长的寮顶人。2018年从广电退休后，经过任命，回到村子担任村党支部书记。2017年2月，洞头启动首轮花园村庄建设。陈素娟借助人脉组织发动30余名在外乡贤慷慨解囊，为寮顶村建设筹集捐款200多万元。成功建好花园村庄，以回族文化挖掘为魂，以培育“本色民族，绿色生态，红色军旅”美丽经济为基。努力打造好“三回、三园、三心”的好路子。在发展中真正提高村民生态幸福指数，把寮顶打造成温州民族特色的旅游村。2018年，她便拿出任书记的工资聘请专人负责村里事务性工作，而自己象征性领着“1元”工资为寮顶奔走。为让村民看到实实在在的变化，陈素娟当起第一个吃螃蟹的人，她改造自己位于岭头村的楼房，建起1号院汉族馆，打出住一夜包两餐“99元+”的广告。接着，她又动员亲戚修缮旧房，建起2号院回族馆和5号院满族馆。陈素娟带领村级党组织，发挥乡贤榜样作用，创新“新乡贤”治理模式，通过成立乡贤理事会，让乡贤积极参与到移风易俗、环境整治、疫情防控、疫苗接种等基层治理中。推出“党员说家事”活动，建立道德评议团和百事帮助团，组建腰鼓队，开展回汉茶话会、趣味运动会、排舞大赛等活动，引导村民讲道德、遵道德、守道德。陈素娟先后获评浙江省“担当作为好支书”、温州市优秀党员，当选第十三届温州市党代表、洞头区政协委员等。2022年11月，陈素娟获评洞头第八届“最美洞头人”。

【朱海威】女，1982年4月出生，现为北岙街道大长坑村专职网格员。朱海威2013年8月进大长坑村工作，作为该村的一名专职网格员，以一颗真诚心，十分热情地为村民办好每一件事，成了村里的一名“百事通”。深知疫情防控基层工作头等大事，每天她都穿上网格蓝马甲走街串巷，带领妇女执委入户发放宣传单，把疫情防范知识宣传用语音录到音像机，放在骑电瓶车上，骑到村居能够到达的每个角落。积极排查每户人家情况，保障户不漏人，人不漏户，第一时间掌握村民是否外出务工，第一时间向村民推送疫情信息。她按照网格定位、多元化服务，信息化管理，全方位覆盖要求，对辖区实行严密的网格化管理。大长坑村因地理位置靠近南塘工业区，外来人员接近400人，出租房有85家，需要定期采集重点人员，特殊人员、重点场所，然后对数据进行摸底排查，掌握实时信息。日常工作中要开展平安巡查、反诈骗宣传、处理村民纠纷等，时刻要第一时间了解，第一时间赶到，第一时间化解，保证网格内的村民平安稳定。2019年1月，大长坑村文化礼堂建成并开堂，她主动接手文化礼堂管理员一职，共组织开展大大小小的各种活动300多场，全身心投入把村居和礼堂当成自己的第二家，每天上班打扫文化礼堂卫生已成为一种习惯。对于村居开展活动，她都亲力亲为，设置活动主题，安排时间，组织人员等等。2021年，她被评为第四届温州市“最美文化礼堂人”。2022年11月，朱海威获评洞头第八届“最美洞头人”（最美网格员）。

【陈美景】女，1977年7月出生，洞头区霓屿街道下社村网格员。村民只要提起陈美景，都会翘首点赞。村子里的老人说：“亏得有美景，三天两头过来照看着，不然我都吃不上安生饭了。”不管是刮风下雨还是烈日炎炎，她总在村子里走街串巷，为村民排忧解难。她是村里的一名网格员，又是“霓好”志愿者服务队队长。按陈美景自己的说法是：都是些小事情，但是一不留心就会酿成大错。所以她宁愿多走访几趟，多问问、多看看，她说要把自己村里的这张网织密织紧。她是乡亲们的贴心人。有位精神病患者，家人不在身边，老忘记吃药，陈美景隔三差五上门提醒。她是基层一线的急先锋。平时忙着走访高龄独居老人、空巢老人，陪她们聊天，排忧解难。她是疫情防控的逆行者。疫情期间，作为一名普通基层工作人员，冲在疫情防控的战斗的第一线。主动要求连续10多天值下社村北村口每天早上6点的第一班岗。作为村里的网格员、宣传员、代购员，每天值完班后陈美景都要挨家挨户把下社村307户人家走一遍发放宣传单、登记群众的需求、派送生活物资，经常持续工作10多个小时没有休息，忙得都来不及摘口罩喝口水。为了更好地投入疫情防范工作，她每天早上5点就出发，夜里11点回家，因为没有时间照顾，她就只能把孩子托付给父母。2022年11月，陈美景获评洞头第八届“最美洞头人”。

【苏丽丽】女，1982年11月出生，中共党员。2001年毕业后，在台州市中心医院ICU工作，到2014年12月调回洞头区人民医院急诊科工作，担任科室总带教，协助护士长做好科室的管理。2016年12月洞头人民医院开始组建ICU，她担任ICU护士长，承担ICU护理管理及ICU成立前各项准备工作。2017年1月12日ICU正式投入使用。2021年2月调到感染管理科，从原来单一护理工作变成医院感染管理的各项院感防控工作，甚至整个洞头区卫健相关系统的院感防控措施落实的监管、督促、提升。不但要求医院感染管理科的管理工作要更加仔细、认真、负责，同时要掌握新知识、新理论，杜绝各种院感风险，防止院内感染的发生。她积极地查阅各种文献，学习医院感染管理的各项相关专业知识，掌握医院感染管理的各项法律法规，建立健全医院感染管理的各项规章制度；定期组织医院感染管理相关知识及技能培训；修订院内各项新冠肺炎疫情防控制度。积极参加温州市、洞头区等各级各类新冠疫情防控巡查、督查，为洞头区隔离点、医共体成员单位以及个体医等提供医院感染相关方面培训、考核40多场；参加各类核酸采集以及机场动车站专班工作，巡查、督查大规模核酸采集现场工作，及时发现感染防控风险并给予指导解决。她还为元觉健康驿站隔离场所和洞头区方舱医院建设提出了意见建议。2022年11月，苏丽丽获评洞头第八届“最美洞头人”。

【欧婵娴】女，1985年7月出生，中共党员，温州泰顺人，现任国网温州市洞头区供电公司海霞供电所所长助理。2002年欧婵娴加入部队，是洞头先锋女子民兵连里的一名“女战士”；2006年退伍转业之际，她加入洞头电力大家庭，分配到元觉供电营业厅工作，工作伊始，她便遇到了第一个难题——大瞿、南策岛是浙江省最后通电的两个岛屿，她从一个岛到另一个岛，做“户户通电”回访，详细了解岛上之前用电情况、存在问题等，她的工作本上密密麻麻记录的都是她的工作细节。2007年，海霞电力女子服务队成立，她本着“退伍不褪色，退役不退志”良好作风，她带领队员共同打造“电亮深‘海’蓄日‘霞’光”“洞电·阳光小屋”等品牌公益项目。2011年，公司成立以她姓名命名的营业窗口——“欧婵娴营业窗口服务示范工作室”。2015年，欧婵娴参与挂牌成立浙江省沿海地区首个“海上营业厅”，主动为大瞿、南策两个孤岛的居民和长期出海的渔农民们提供“一站式”服务和用能整体解决方案，改“坐商”为“行商”，打造乡村地区“5分钟办电圈”，给渔民带来便捷。至今，“海上营业厅”累计行驶552千米，办理业务342起，服务渔民数量超过500户。2022年11月，欧婵娴获评洞头第八届“最美洞头人”。

【倪国强】男，1967年2月出生，浙江温州洞头人，现任上海寰能电力工程有限公司董事长。出生在60年代的倪国强生，乘着改革的东风积累了一定的财富，但他时刻记着老父亲对他小时候的教诲——吃水不忘挖井人，致富不忘家乡情，这几年他一直走在回报家乡的公益之路上，他用平凡真诚的爱心温暖了无数需要帮助的人。反哺桑梓助力乡村振兴。他主动拆除自己家的几间老房子，为小门大桥的建设让路，为政策处理推进起到带头作用。2017年大门镇政府发动乡贤捐资助力大门乡村振兴建设时，身在上海的倪国强除了自己捐助8万元，还动员身边的亲朋好友捐款。2019年大门慈善分会成立，他也第一时间捐助20万元。累计为大门村居捐款超100多万元。共克时艰 勇担社会责任。2020年的疫情，在上海居家不能随意外出期间，他主动请缨充当小区的防疫工作者。他通过自己的人脉关系采购了1.2万个口罩，委托大门一点点公益社会组织，分发到车站、菜市场、码头人流量密集处等需要的地方。用心行动，以爱助力教育事业。他资助洞头二中8名初中学生，每人每年3000元，一直到大学毕业。为母校洞二中出资50万元，设立第一期国强教育基金，专门用于奖励二中学业优秀和家庭贫困的学生，第一年共有51名学生受到资助。2021年，他又将大门镇小的学生纳入受助范围，设立大门“最美教师”奖教金。为183位学生和20位教师颁发了23.25万元的奖金。热心慈善 争做公益“带头人”。他主动出资20万元建设“兰小草”驿站。免费给全镇的低保低边对象、环卫工人等提供夏天烧茯茶、冬天烧暖粥。2022年11月，倪国强获评洞头第八届“最美洞头人”。

【童燕翔】女，1979年6月出生，无党派人士，洞头区灵昆幼儿园园长。从教二十五年来，先后在多所学校任职。2018年2月，组织安排她参与灵昆幼儿园建设。一年多时间，创建小组从她一个人变成3人创建小组，在设计、美化环境的过程中，她们经过反复论证，博采众长，制定出详尽的规划设计方案。并在教职工招聘、招生工作、校园文化创建等工作中，她们放弃休息加班加点，为了幼儿园的孩子，舍弃陪自己孩子，为了大家，忘小家。不管是新冠疫情防控还是抗台值守，她总是带头冲在疫情处置和防汛抗台工作第一线。在抗击台风“利奇马”时，她和保安等一起当起了人肉沙包，全力抵抗暴风雨对幼儿园大门的猛烈撞击。保住了玻璃大门和室内设施。在一次校园日常巡检中她不慎摔伤，膝盖肿得像面包，等她有空去医院的时候已经错过了最佳时机，大夫说她只有通过静养加每日的持续理疗才能修复。但由于人手不够加上创建在即，于是每天她一瘸一拐地坚持来上班，就用膏药喷雾来缓解疼痛，导致现在左腿膝盖骨变形突出，天气稍有变化就疼痛。正是在她这种奉献精神的感召下，老师们深受感动和鼓舞，排除万难和她一起并肩作战、共同进退，才有了灵昆幼儿园的迅速发展。她是幼儿园的领头人，更像是教职工的大家长，倡导每位教师都有要求进步的愿望，善于“扬长”，她深信每个人都有自己的优势。她用自己的人格魅力、扎实的业务素养和创新精神感染了全体教职工，她经常亲自指导教师进行环境创设、区角活动材料的制作，在课程引领方面，她根据园本特色，亲临第一线实践，引领课程建设和教师的专业成长，从而全面加快了幼儿园教育改革前进的步伐。带领团队竭力为洞头幼教事业蓝图的勾画做出自己的贡献。2022 年 11 月，童燕翔获评洞头第八届“最美洞头人”。

【**魏国庆**】男，1983 年 12 月出生，中共党员，江苏新沂人。2001 年 12 月入伍，2018 年退出现役，在温工作十八年，服现役期间一直从事消防救援、社会救助、消防安全管理及消防安全风险评估等相关专业工作。2018 年 4 月，魏国庆转业考试时以政治考核分和总分“双第一”成绩主动申请进入北岙街道办事处工作，承担消防安全、安全生产、森林防火、抗洪抢险等“平安建设”方面重点工作。工作中，魏国庆任劳任怨，做事认真负责，主动向身边同事学习请教并优化相关工作流程，提高办事效率。北岙街道作为洞头区中心城镇，各类商家企业密集，居住出租房、合用场所火灾防控任务繁重，基层消防隐患治理难度大。据排查统计，北岙街道辖区内登记在册居住出租房、合用场所约 1866 家，存在消防安全隐患单位近三分之一。面对工作中存在的部分房东业主消防安全意识淡薄，对整治工作不配合等困难，魏国庆利用休息时间具体分析研究对策。为进一步完善消防安全防控网络，破解“最后一公里”执法落地瓶颈，魏国庆多次对接消防部门，和他们探讨消防行政委托执法的具体做法，研究消防行政委托执法的法律依据、方式程序等相关问题。魏国庆联合综合执法队在 240 天内完成对出租房、合用场所消防安全隐患 450 多处点位整治，切实消除部分火灾隐患。在抗击台风“利奇马”行动中作为应急小分队队长，时刻身先士卒、冲锋在前，两天两夜仅仅休息 5 个多小时，处理警情 10 多起，每次应急结束回到单位都是匆匆忙忙一碗泡面解决温饱。他始终以“为人民服务”为宗旨，坚持做好每一件有意义的事，在工作、生活的过程中，思索意义，用时间和琐事来“沉淀”自己，这也就是自身价值的体现。2022 年 11 月，魏国庆获评洞头第八届“最美洞头人”。

2022年度洞头区市级以上先进集体一览表（部分）

表65

获奖单位	奖项名称	获奖时间	授奖单位
洞头区	2021年度法治浙江（法治政府）建设优秀单位	2022年3月	省委全面依法治省委员会
洞头区	浙江省中长期青年发展规划试点优秀单位	2022年3月	共青团浙江省委
洞头区	2021年度全省无邪教创建示范工作成绩突出集体	2022年3月	省委平安领导小组
洞头区	2021年度“平安区”	2022年4月	省委、省政府
洞头区	浙江省高质量发展建设共同富裕示范区最佳实践（第一批）——“生态文明建设先行示范”最佳实践	2022年5月	省高质量发展建设共同富裕示范区领导小组办公室
洞头区	浙江省第一批生态文明建设实践体验地	2022年8月	省美丽浙江领导小组办公室
洞头区	浙江省2021年度无违建创新争优示范县（市、区）	2022年10月	省“三改一拆”行动领导小组办公室

获奖单位	奖项名称	获奖时间	授奖单位
洞头区	2022年度全省深化“千万工程”建设新时代美丽乡村（农村人居环境提升）工作优胜县	2022年12月	省“千村示范、万村整治”工作协调小组办公室
实验中学	浙江省现代化学校	2022年2月	省教育厅、省人民政府教育督导委员会
东屏社区学校	浙江省现代化学校	2022年2月	省教育厅、省人民政府教育督导委员会
元觉街道	2021年度浙江省“五水共治”(河长制)工作考核优秀乡镇(街道)	2022年2月	省治水办(河长办)
灵昆街道	2021年度浙江省“五水共治”(河长制)工作考核优秀乡镇(街道)	2022年2月	省治水办(河长办)
洞头区委办	2021年度全省党政系统机要密码工作优秀单位	2022年3月	省委
区委政法委	平安护航建党100周年成绩突出集体	2022年3月	省委、省政府
市住房公积金管理中心洞头分中心	省级巾帼文明岗	2022年3月	省妇女联合会
洞头区老科协	浙台经济社会融合发展突出贡献单位	2022年3月	省委办公厅、省人民政府办公厅
北岙街道鸽尾礁村	浙江省级善治示范村	2022年4月	省乡村振兴领导小组办公室
大门镇小门村	浙江省级善治示范村	2022年4月	省乡村振兴领导小组办公室
鹿西乡山坪村	浙江省级善治示范村	2022年4月	省乡村振兴领导小组办公室
灵昆街道双昆村	浙江省善治村	2022年4月	省乡村振兴领导小组办公室
灵昆街道海思村	浙江省善治村	2022年4月	省乡村振兴领导小组办公室
元觉街道社区卫生服务中心	浙江省“家医党员先锋团队”	2022年5月	浙江省基层卫生协会
区海霞培训中心	第二批浙江省政法系统思想政治教育基地	2022年6月	省委政法委
区妇联	浙江省“人民满意的公务员集体”	2022年9月	省委、省人民政府
北岙街道白迭村	2021年度全省美丽宜居示范村创建优秀村庄	2022年9月	省建设厅、省美丽宜居办
东屏街道东岙顶村	浙江省美丽庭院特色村	2022年9月	省妇联、省农业农村厅
东屏街道	浙江省第二批城乡风貌样板区	2022年10月	省城乡风貌办
东屏街道岙仔村	2022年浙江省综合减灾示范社区	2022年11月	省减灾委员会
霓屿街道下社村	浙江省清廉村居建设示范村	2022年12月	省委农村工作领导小组、浙江省农业农村厅
霓屿街道	2022年度全省美丽城镇省级样板	2022年12月	省城乡环境整治工作领导小组办公室
元觉街道	2022年度全省美丽城镇建设基本达标城镇	2022年12月	省城乡环境整治工作领导小组办公室
北岙街道大长坑村	2022年度浙江省美丽乡村特色精品	2022年12月	省“千村示范、万村整治”工作协调小组办公室
大门镇仁前途村		2022年12月	
东屏街道东岙顶村		2022年12月	
洞头区委党史研究室（区地方志研究室）	全省地方志工作先进集体	2022年12月	省人民政府地方志办公室

续表65

获奖单位	奖项名称	获奖时间	授奖单位
元觉街道退役军人服务站	2022年浙江省“新时代枫桥式退役军人服务中心（站）”	2022年12月	省委退役军人事务工作领导小组办公室
灵昆街道退役军人服务站		2022年12月	
鹿西乡退役军人服务站		2022年12月	
灵昆街道九村村退役军人服务站		2022年12月	
东屏街道半屏社区退役军人服务站		2022年12月	
霓屿街道上社村退役军人服务站		2022年12月	
北岙街道岭背社区退役军人服务站		2022年12月	
北岙街道城南社区退役军人服务站		2022年12月	
大门镇朝阳社区退役军人服务站		2022年12月	
洞头区人力资源和社会保障局	浙江省人力资源和社会保障系统先进集体	2022年12月	省人力资源和社会保障厅
洞头区经信局	2021年度民营经济示范城市创建（民营经济高质量发展）先进集体	2022年1月	市委、市人民政府
洞头区司法局		2022年1月	
洞头区市场监管局		2022年1月	
洞头区投资促进服务中心		2022年1月	
洞头区总工会		2022年1月	
洞头区工商联		2022年1月	
洞头区北岙街道办事处		2022年1月	
东屏街道	第四批市级“四好农村路”暨美丽乡村公路示范乡镇(街道)	2022年6月	市人民政府
区委政法委	“幸福温州”建设成绩突出集体	2022年3月	市委、市政府
区委统战部		2022年3月	
区精神文明建设指导中心		2022年3月	
区民政局		2022年3月	
区司法局		2022年3月	
区人力资源和社会保障局		2022年3月	
区文化和广电旅游体育局		2022年3月	
区市场监督管理局		2022年3月	
区文联		2022年3月	
区人力资源和社会保障局	2022年度科技创新和人才工作成绩突出集体	2022年12月	市委、市政府
区教育局		2022年12月	

2022年度洞头区市级以上先进个人汇总表（部分）

表66

获奖人员	奖项名称	获奖时间	授奖单位
符帮武	2022年全国五一劳动奖章	2022年4月	中华全国总工会
周婵	2016—2020年度全省普法工作先进个人	2022年1月	省委、省政府
倪海平	2021年度荣誉天平纪念章	2022年1月	省高级人民法院
叶小龙	2021年度荣誉天平纪念章	2022年1月	省高级人民法院
周建青	全省法院2021年度个人二等功	2022年2月	省高级人民法院
刘东升	2020-2021年平安浙江建设先进个人	2022年3月	省委、省政府
叶礼健	平安护航建党100周年通报表扬	2022年3月	省委、省政府
林琴	2022年浙江省“优秀家庭医生”	2022年5月	省基层卫生协会
汪娟娟	全省机关事务工作先进个人	2022年9月	省人力资源和社会保障厅、省机关事务管理局
张孚庆	2022年浙江省“银龄跨越数字鸿沟”科普专项行动成绩突出个人	2022年9月	省科协、省老干部局、省教育厅、省卫生健康委员会等
李素勤	2022年浙江省26个山区县和海岛的优秀社区卫生服务中心主任	2022年12月	省基层卫生协会
林声俊	2021年度民营经济示范城市创建（民营经济高质量发展）先进个人	2022年1月	市委、市政府
陈文锲		2022年1月	
吴生瑶		2022年1月	
杨伶俐		2022年1月	
庄海东	2021年度民营经济示范城市创建（民营经济高质量发展）先进个人	2022年1月	市委、市政府
陈超才		2022年1月	
庄鹏远		2022年1月	
叶礼健		2022年1月	
吴玉华	“幸福温州”建设成绩突出个人	2022年3月	市委、市政府
王进宏		2022年3月	
庄志剑		2022年3月	
李　璐		2022年3月	
郑元富		2022年3月	
卓桂枝		2022年3月	
陈礼挺		2022年3月	
方荣巩		2022年3月	
叶海燕		2022年3月	
王友谊		2022年3月	

续表66

获奖人员	奖项名称	获奖时间	授奖单位
翁彩敏	常态化疫情防控事迹突出个人	2022年3月	市委组织部
陈志锋		2022年3月	
郑海冬		2022年3月	
南琴慧	创建平安建设示范市工作表现突出个人	2022年4月	市委、市政府
曾国耿	2022年度科技创新和人才工作成绩突出个人	2022年12月	市委、市政府
张孚庆		2022年12月	
张立宁		2022年12月	
叶建成	2022年度温州市优秀网格长	2022年12月	市党建统领网格智治工作专班办、市委组织部
倪玲莉	2022年度温州市优秀专职网格员	2022年12月	市党建统领网格智治工作专班办、市委组织部
张 靓		2022年12月	
蔡素丽		2022年12月	

（洞头年鉴编辑部）

洞头区组织机构及负责人名录

中共洞头区第二届委员会

书　记　郭云强

副书记　何莉平（女）

　　　　林　铁

常　委　郭云强

　　　　何莉平（女）

　　　　林　铁

　　　　戴　晃

　　　　陈细团

　　　　郑锋利

　　　　赵　爽（女）

　　　　林上达

　　　　吴肃锋

洞头区第十五届人大常委会

主　任　刘素婷（女，2月任）

副主任　侯合海（2月任）

　　　　张孚标（2月免）

　　　　李　毅（2月任）

　　　　蔡国华

　　　　陈后春

　　　　甘海选（女，2月任）

党组书记　刘素婷（女）

党组副书记　侯合海

党组成员　李　毅

　　　　张孚标（2月免）

　　　　蔡国华

　　　　陈春飞

　　　　甘海选（女，2月任）

洞头区人民政府

区　长　何莉平（女，2月任）

代区长　何莉平（女，—2月）

常务副区长

　　　　刘素婷（女，2月免）

　　　　郑锋利（2月任）

副区长　叶锦丽（女，2月免）

　　　　黄　伟

　　　　张方任

　　　　张　攀

　　　　郑锋利（2月转任）

　　　　贾约拿

　　　　肖晓锵

　　　　陈佳劲（挂职，3月任）

党组书记　何莉平（女）

党组副书记　郑锋利

党组成员　黄　伟

　　　　张方任

　　　　张　攀

　　　　郭显玉

　　　　贾约拿

　　　　肖晓锵

　　　　陈佳劲（2月任）

政协第九届洞头区委员会

主　席　汪慧平

副主席　张释忠（2月免）

　　　　叶明久（2月免）

　　　　郭杭峰（2月免）

　　　　张长霓（女，2月免）

叶锦丽（女，2月任）
赵海山（2月任）
郑雪园（女，2月任）
秘书长　曹其忠
党组书记　汪慧平
党组副书记　戴　晃
党组成员　张释忠（2月免）
叶明久（2月免）
曹其忠
赵海山（2月任）

■中共洞头区纪律检查委员会

书　记　吴肃锋
常务副书记　叶先锋（2月任）
副书记　郭陆军
常　委　郭陆军
陈冬梅（女）

■洞头区监察委员会

主　任　吴肃锋（2月任）
代主任　吴肃锋（2月免）
副主任　吴肃锋（2月免）
郭陆军
叶先锋（3月任）
委　员　郭陆军
陈冬梅（女）
王祖杰

区纪委区监委机关
办公室主任　黄相华（7月免）
庄建洲（12月任）
干部室主任　郭仕堆
宣传教育室主任　苏志毅
信访室（申诉复查室）主　任
陈阳熹
党风政风监督室主任
叶海婵（女）
案件审理室主任
陈荣海（11月任）
第一纪检监察室主　任　蔡宏伟
第二纪检监察室主　任　王光珊
第三纪检监察室主　任　林学星

区委巡察办
主　任　黄鹏林
副主任　郑振华
区委第一巡察组
组　长　金海娇（女，11月免）
蔡鹏程（女，11月任）
副组长　陈后品
副科长级巡察专员
郑　华
区委第二巡察组
组　长　唐建业
副组长　柯受营（3月免）
黄胜贤（3月任）
区委第三巡察组
组　长　苏　盛
副组长　汪秀琪
副科长级巡察专员
李明设

区纪委区监委派驻机构
派驻第一纪检监察组
组　长　高浩程
副组长　郑元军（11月免）
周志勇
陈晓莉（女，11月任）
派驻第二纪检监察组
组　长　陈声为
副组长　陈立曼
张艳玉（女）
派驻第三纪检监察组
组　长　张忠强
副组长　黄海碧
曾国耿（7月免）
叶　成（11月任）
派驻第四纪检监察组
组　长　朱小才
副组长　张剑辉
派驻第五纪检监察组
组　长　陈后银
副组长　陈松飞
唐海滨（3月任）
驻区人民法院纪检监察组
组　长　宋　浩
驻区人民检察院纪检监察组
组　长　周秋艳（女）
驻公安洞头分局纪检监察组
组　长　曾文虎

■区委工作部门

区委办公室［挂区档案局、区委机要局（区密码管理局）、区保密委员会办公室（区国家保密局）牌子、区委政研室牌子］

主　任　赵海山（2月免）
方均坦（3月任）
副主任　方均坦
郑祥飞（3月免）
吴励光　林忠星
王大标（12月免）
许生浩
林罗义（7月任）
方秀菊（女，兼，9月任）
室务会议成员　童王平
高浩程
吴亦鹏（11月任）
保密委专职副主任
郑祥飞（3月免）
吴励光（7月任）
保密办主任、国家保密局局长
王大标（兼，12月免）
区委机要局（区密码管理局）局长
王大标（兼，12月免）
档案局局长　童王平（兼）
室务成员、派驻第一纪检监察组
组　长　高浩程

区委组织部（挂区公务员局牌子；挂区委直属机关工作委员会牌子；保留区委老干部局牌子；挂区委新经济与新社会组织工作委员会牌子）

部　长　赵　爽（女）
常务副部长
甘海选（女，2月免）
詹景伟（3月任）
副部长　詹景伟
彭增炜（11月免）
曾华鸿
陈后安（兼，12月免）
甘寒冬（兼）
郑元永（兼，12月任）
部务成员、派驻第三纪检监察组
组长　张忠强
部务成员　陈来霞（女，5月任）

周方前（11月任）
纪建波（11月任）

区委新经济与新社会组织工作委员会
书　记　曾华鸿（5月任）
副书记　彭增炜（兼，11月免）
张立志（兼，7月免）
委　员　施国强（兼）
金岳燕（女）

人才办专职副主任
纪建波（11月任）

区委直属机关工作委员会
书　记　赵　爽（女，兼）
专职副书记
陈来霞（女，5月任）

区委老干部局
局　长　甘海选（女，兼，2月免）
詹景伟（兼，3月任）

区关心下一代工作委员会
主　任　叶国胜（聘任）
常务副主任　彭增炜（11月免）
周方前（11月任）
专职副主任　吕焕伟（7月免）
林一鹏（7月任）
区党建服务中心
主　任　纪建波（11月免）
叶丽丽（女，11月任）

区公务员局
局　长　彭增炜（兼，11月免）

区委宣传部（挂区新闻出版局、区精神文明建设指导中心、区政府新闻办公室、区互联网信息办公室牌子）
部　长　林上达
常务副部长　吴玉华（11月免）
副部长　高海龙
王静静（女，3月任）
区网信办主任
吴玉华（兼，11月免）
区政府新闻办主任　高海龙
部务成员、派驻第四纪检监察组组长　朱小才
区社科联主席
陈坤沈（3月免）
许　环（女，11月任）
副主席　叶　晓（11月免）
林　磊（11月任）

区精神文明建设指导中心
主　任　陈坤能
副主任　朱明炬
陈成乔（12月任）

区委统战部（挂区民族宗教事务局、区政府侨务办公室牌子）
部　长　戴　冕
常务副部长　邱亚顿
副部长　彭德金
张立志（兼，7月免）
王正瑛（女，挂职，7月免）
张奇峰（7月任）
许生然（兼，12月任）
民宗局局长
邱亚顿（兼，3月任）
部务成员、派驻第五纪检监察组组长　陈后银
部务成员　欧阳红杏（女，7月任）
区委政法委员会
书　记　林　铁
副书记　郑锋利
黄　伟
刘东升
倪小龙（7月免）
王昌海
陈凤燕（女，7月任）
委　员　邱新楚
周方前（11月免）
陈凤燕（女，7月免）
王恭顺
梁祥赞（11月任）
林　岌（12月任）
政治处主任
陈凤燕（女，7月免）
林　岌（12月任）
委务成员　南琴慧（女）
区社会矛盾纠纷调处化解中心（8月，机构更名区社会治理中心）
党组第一书记
林　铁（兼，9月免）
党组书记　刘东升（兼，9月免）
党组成员、主任
方秀菊（女，9月免）
党组成员、常务副主任
倪小龙（兼，7月免）
李军民（兼，9月免）
副主任　陈振东（兼，9月免）
戴婉贞（女，9月免）

区社会治理中心（8月，机构更名，挂区城市运行中心和区综合信息指挥中心牌子）
党组第一书记
方均坦（兼，9月任）
党组书记、主任
方秀菊（女，9月任）
副主任　陈振东（9月任，11月免）
戴婉贞（女，9月任）
李军民（兼，9月任）
陈凤燕（兼，女，9月任）
陈斌斌（兼，9月任）
郭建新（兼，9月任，12月免）
杨空军（兼，9月任）
陈一诚（兼，9月任）
叶　根（11月任）

区委全面深化改革办（挂区最多跑一次改革办公室）
主　任　陈宣陆（11月免）
林　铁（兼，11月任）
第一副主任
郑锋利（兼，11月任）
常务副主任
陈宣陆（11月任）
副主任　朱岳奇
室务会议成员
何掌霞（兼，女，12月免）
陈盈盈（女，12月任）

区公共资源交易管理办

主　任　陈宣陆（兼，11月免）
　　　　陈盈盈（兼，女，12月任）
副主任　朱岳奇（兼，11月免）

区委机构编制委员会办公室

主　任　甘寒冬
副主任　曾健康
　　　　陈来霞（女，5月免）
　　　　曾国耿（7月任）
室务成员　黄海辉

区委台湾工作办公室（挂区政府台湾事务办公室牌子，区台商台胞服务中心）

主　任　许小萍（3月任）
副主任　林焕勇
室务成员、区台商台胞服务中心
主　任　郑　冰（女，11月免）
　　　　杨志平（11月任）

区委区府信访局

局　长　林忠星
副局长　李明营
　　　　李军民
信访督查专员　林　立（3月免）
　　　　　　　许荣华（3月任）

区档案馆（区委党史研究室）〔合署办公，挂区地方志研究室牌子〕

馆　长（主任）　童王平
副馆长　陈兵宽
副主任　曾焕定
副馆长　杨　静（女）

区融媒体中心（区广播电视台）

党组书记、主任（台长）
　　　　方荣巩（11月免）
　　　　南建东（11月任）
党组成员、副主任（副台长）
　　　　郑巨峰　郭建春
　　　　林　磊（11月免）
　　　　王　艺（11月任）
党组成员、新闻采访部主任
　　　　郑益群
党组成员、总编室主任
　　　　张海河

区海霞学院（6月，机构更名撤销党组）

党组书记　南建东（6月免）
院　长　倪建锋（6月免）
副院长　陈盈盈（女，6月免）
　　　　林建华（6月免）

区海霞培训中心（6月，机构更名建立党组）

党组书记、主任
　　　　南建东（6月任，11月免）
　　　　陈松涛（11月任）
党组成员、主任
　　　　倪建锋（6月任，7月免）
党组成员、副主任
　　　　陈盈盈（女，6月任，12月免）
　　　　林建华（6月任）
　　　　钱飞琴（女，7月任）
副主任　郑德江（12月任）

■区人大常委会工作部门

区第十五届人民代表大会监察和法制司法委员会

主任委员　张孚标（2月免）
　　　　　侯合海（2月任）
副主任委员　黄根忠
　　　　　　王仁建（11月免）

区第十五届人民代表大会财政经济委员会

主任委员　李　毅（2月任）
副主任委员　吴兹敏
　　　　　　张海山（2月任）
　　　　　　陈青委

区第十五届人民代表大会社会建设委员会

主任委员　张孚标（2月免）
　　　　　侯合海（2月任）
副主任委员　柯位宪（2月任）

区人大常委会机关党组

书　记　陈春飞
副书记　金威华
党组成员　黄根忠
　　　　　陈青委
　　　　　郑建林（11月免）
　　　　　柯位宪（11月任）
办公室主任　陈春飞
副主任　郑育丹（女）
　　　　姜　宇（7月任）
监察和法制司法工作委员会
主　任　黄根忠
副主任　韩辉辉
财政经济工作委员会主任
　　　　张海山（1月任）
教科文卫体工作委员会主任
　　　　郑建林（11月免）
　　　　纪玉华（女，11月任）
代表与选举任免工作委员会主任
　　　　金威华
城建环保工作委员会主任
　　　　颜厥炎
农资工作委员会主任　柯友疆
预算工作委员会主任　陈青委
社会建设工作委员会主任
　　　　柯位宪

■区政府工作部门

区政府办公室（挂区政府外事办公室、区大数据发展管理局牌子）

党组书记、主　任　郭显玉
党组成员、副主任
　　　　蔡志文（7月免）
　　　　林声俊
　　　　朱红波（女，3月免）
　　　　郭温胜
　　　　南　海
　　　　庄瑞鹏（12月免）
　　　　林小敏（7月任）
副主任　黄智华
　　　　方智森（12月任）
党组成员、派驻第二纪检监察组组长　陈声为
党组成员　陈一诚（10月免）
　　　　　何掌霞（女，12月任）

区政府外事办公室

主　任　郭显玉（兼）

副主任　林声俊（兼）

区大数据发展管理局

局　长　郭显玉（兼）

区大数据管理中心主任

陈一诚（10月免）

何掌霞（女，12月任）

副主任　陈一诚（10月任）

章　豪（挂职，10月任）

叶　晓（11月任）

区发展和改革局（挂区粮食和物资储备局、区国防动员办公室，与中共温州市洞头区委社会建设委员会合署办公）

党组书记、局长　庄峥嵘

党组副书记　陈坤杯

党组成员、副局长　张孚专

苏友曦

党组成员、区重点项目建设服务中心主任　林忠荣（12月任）

党组成员、区委社建委专职副主任

郑　冰（女，11月任）

区粮食和物资储备局

局　长　庄峥嵘（兼）

区经济商务和信息化局（保留区政府金融工作办公室牌子，挂区民营经济健康发展促进局牌子）

党组书记、局　长　张茂海

党组副书记　陈青翩（7月免）

陆益辉（11月任）

党组成员、副局长

张冰绚（女）

黄胜贤（3月免）

林　立（3月任）

宋文彬（7月任）

区政府金融工作办公室

主　任　张茂海

区金融工作服务中心

主　任　许　环（女，11月免）

陆益辉（11月任）

副主任　周建顺

叶文海（12月免）

邱　珮（12月任）

区民营经济健康发展促进局

局　长　张茂海（兼）

区科学技术局（2022年4月，正式挂牌独立运行；11月，区海洋经济科技服务中心成立，为副科级事业单位）

党组书记、局　长

郑祥飞（3月任）

党组副书记　陈青翩（7月任）

党组成员、副局长

陈志锋（3月任）

柯　敏（3月—11月）

詹育代（12月任）

党组成员、区海洋经济科技服务中心主任　王仁属（11月任）

区委教育工作委员会

书　记　林　铁（兼，11月任）

副书记　詹景伟（兼，11月任）

郭海辉（兼，11月任）

委员、专职副书记

叶海燕（女，11月任）

区教育局

党委书记、局长　郭海辉

党委委员、副书记　叶海燕（女，7月任，11月免专职副书记）

党委委员、副局长

郭建忠

叶元暖

陈晓莉（女，11月免）

党委委员、洞头一中校长

王邦泽（11月免党委委员）

党委委员　颜丽函（女）

市公安局洞头分局

党委书记、局长　黄　伟

党委副书记、常务副局长

庄志剑（3月免）

杨思腾（3月任）

党委委员、副局长

陈后群（3月免）

张志勤

杨思腾

郭剑锋（3月任）

党委委员、政治处主任

郭剑锋（3月免）

季舒钰（3月任）

党委委员、机关党委专职副书记

陈海轮

刑事侦查大队（特侦大队）大队长

曾国板

党委委员、派驻纪检监察组组长

曾文虎

党委委员、交警大队大队长

郑　群

党委委员、法制预审大队（信访科）大队长

杨志群（7月任党委委员）

党委委员、大门派出所所长

曹荣超（7月任党委委员）

警务保障室主任　陈伟前

指挥中心（情报信息大队、反恐怖大队）主任　王志毅

国内安全保卫大队大队长　徐克金

经济犯罪侦查大队大队长　郭献来

网络安全保卫大队大队长　林维敏

禁毒大队政治大队长　陈志成

禁毒大队政治教导员　庄志军

警务督察大队政治教导员　陈志忠

海防大队政治教导员　凌　毅

行政审批科（办证中心）科长

叶明誉（7月免）

北岙派出所所长　杨建华

灵霓派出所所长　林惠乃

东屏派出所所长　叶小川

元觉派出所所长　甘泽民

霓屿派出所所长

季舒钰（3月免）

吕海坎（3月任）

鹿西派出所所长　周文渊

区民政局

党组书记、局　长

纪玉华（女，11月免）

彭增炜（11月任）

党组成员、副局长

陈志锋（3月免）
沈加亮　林　浙
党组成员、区殡仪服务中心主任
柯友兵

区司法局（保留区行政复议局牌子）
党组书记、局　长
周方前（11月免）
梁祥赞（11月任）
党组成员、副局长
叶明铁　施国强
副局长　陈斌斌

区行政复议局
局　长　周方前（兼，11月免）
梁祥赞（兼，11月任）
副局长　叶明铁（兼）

区财政局（挂区政府国有资产监督管理办公室牌子）
党组书记、局　长　黄建敏
党组副书记、副局长
许晓斐（女）
党组成员、副局长
朱海斌
邱蔡芬芬（女）
党组成员、总会计师
林菲菲（女）

区国资办
主　任　黄建敏（兼）
副主任　邱蔡芬芬（兼，女）

区人力资源和社会保障局
党组书记、局　长
陈后安（12月免）
郑元永（12月任）
党组成员、副局长
曾国军
庄海东
童艳艳（女）

区住房和城乡规划建设局［保留区人民防空办公室（区民防局）牌子］
党组书记　郑元永（12月免）
杨小军（12月任）
局　长　郑元永
党组副书记、副局长　朱文杰
党组成员、副局长
庄瑞兴（7月免）
洪正金
孙振亚（挂职，7月任）
副局长　陈清勤（7月任）
党组成员　童思鹏

区人防办（民防局）
主任（局长）
郑元永（兼，12月免）
副主任（副局长）
庄瑞兴（兼，7月免）

区交通运输局
党组书记、局长　褚志攀
党组成员、副局长
谢　铭
林小敏（7月免）
邵进宝（7月任）
副局长　方智森（12月免）
党组成员、区交通运输行政执法队队长　杨正辉（11月免）
李光林（11月任）
党组成员、区公路与运输管理中心主任　李光林（11月免）
王建财（11月任）
党组成员、区港航管理中心主任
张丹丹（女，11月任）
区港航管理中心主任
苏央央（女，11月免）

区农业农村局（挂区渔业局、区水利局牌子、区乡村振兴局牌子）
党组书记、局　长
梁祥赞（11月免）
张　杰（11月任）
党组副书记、副局长
林永志（12月免）
方雅靓（女，12月任）
党组成员、副局长　王　政
副局长　叶艳芳（女，7月免）
吕焕伟（7月任）
党组成员　颜厥果
陈国伟
区海洋与渔业行政执法队大队长
郑元富
区渔船管理服务中心主任
邱　珮（12月免）
庄瑞思（12月任）

区渔业局
局　长　梁祥赞（11月免）
张　杰（11月任）

区水利局
局　长　梁祥赞（兼，11月免）
张　杰（兼，11月任）

区乡村振兴局
局　长　张　杰（兼，11月任）

区海洋与渔业发展研究中心（11月撤销党组，更名为区海洋经济科技服务中心划属区科技局）
党组成员、副主任
王仁属（11月免）
朱晶晶（女，11月免）
党组成员　李昌达（11月免）

洞头区文化和广电旅游体育局（挂区文物局牌子）
局　长　郑雪园（女，2月免）
陈永胜（3月任）
党组书记　陈永胜
党组副书记、副局长　倪瑞瑜
党组成员、副局长
林慷慨（7月免）
副局长　叶艳芳（女，7月任）
党组成员　金均民
张警余（女）
区文化市场行政执法队队长
郑冰峰（12月任）

区旅游发展中心
主　任　金均民
副主任　钱飞琴（女，7月免）

庄瑞兴（7月任）
侯文琼（女，11月任）

区文物局
局　长　郑雪园（兼，女，2月免）

区卫生健康局
党委书记　季晓瀚（女）
局　长　林　敏（女，1月免）
梁友谊（1月任）
副书记（专职）
叶　成（11月免）
郭建国（11月任）
党委委员、副局长
周国伟
郭建国（11月免）
副局长　易先宏（挂职，6月任）
叶稳稳（12月任）
党委委员　郭海祝
洪　震
林国辉
童海光
区人民医院党委书记　童海光
区计生协会常务副会长
林　敏（女，1月免）
梁友谊（1月任常务）
区计生协会专职副会长　郭海祝

区退役军人事务局
局　长　彭世伟（1月免）
党组书记、局　长
陈声伟（7月任）
党组成员、副局长
董希勇（7月免）
柯立军（7月任）
党组成员　侯文慧（女，7月任）

区应急管理局（3月撤消党组，改委员会）
党委书记、局　长　柯繁荣
党委成员、副局长
郭建新（12月免）
李成丰
林高环
彭胜强（12月任）
党委委员　郑荣党
党委成员、总工程师　陈海雄

区审计局
党组书记、局　长　吕建伟
党组成员、副局长　洪剑胜
副局长　陈声进
党组成员、总审计师
吴爱芬（女）

区市场监督管理局（挂区知识产权局牌子）
党组书记、局　长
林　敏（女，1月任局长）
党组副书记、副局长　李孚权
党组成员、副局长　江　济
副局长　张亚勤（女）
党组成员、综合行政执法队队长
郑元聪
党组成员、总工程师
甘欢欢（女）

区知识产权局
局　长　林　敏（女，兼）
副局长　江　济（兼）

区统计局
党组书记、局　长　许生星
党组成员、副局长　陈友华
柯建喜
党组成员　林进静

区综合行政执法局（挂区城市管理局、区综合行政执法指导办、区综合行政执法队牌子）
党组书记、局　长
张　杰（11月免）
林海志（11月任）
党组副书记、党组成员、副局长
黄相华（7月任）
党组成员、副局长
柯立军（7月免）
陈礼遵
杨空军
区城市管理局
党组书记、局　长
林海志（11月任）
副局长　杨空军（兼，12月任）
区综合行政执法指导办主任
林海志（11月任）
区综合行政执法队队长
林海志（兼，11月任）

市自然资源和规划局洞头分局（挂区海洋局牌子）
党委书记、局　长　林观海
党委副书记、副局长　蔡　钦
党委委员、副局长
张海环　李　坪
党委委员、纪委书记
唐海滨（4月免）
党委委员　郭献卫
党委委员、不动产登记服务中心主任　祁　莲（女）
总工程师　陶世成

市生态环境局洞头分局
党组书记、局长　陈旭阳
副书记、副局长　邱东平
党组成员、副局长　王祖妙
林加锋
区生态环境行政执法队队长
李立清

医疗保障局洞头分局
党组书记、局　长
洪宁群
党组成员、副局长
赵　婧（女，11月免）
张熔熔（女）

区机关事务管理中心
党组书记、主　任
许小萍（女，3月免）
朱红波（女，3月任）
党组成员、副主任
彭胜强（12月免）
侯文琼（女，7月任党组成员，11月免）
朱晶晶（女，11月任）

副主任　周必杰（12月任）
党组成员　陈　鹏
　　　　侯文琼（女，7月—11月）

区投资促进服务中心
党组书记、主　任
　　　　陆益辉（11月免）
党组成员、副主任
　　　　王克静（11月任，主持工作）
　　　　王建财（11月免）
　　　　江晓燕（女）
　　　　林高鹤（11月任）

区政务服务中心
党组书记、主　任
　　　　何掌霞（女，12月免）
　　　　陈盈盈（女，12月任）
副主任　陈色伍
　　　　陈松涛（11月免）
　　　　苏央央（女，11月任）
党组成员　马丽丽（女）

区重点项目建设服务中心
主　任　林忠荣（12月任）
副主任　林忠荣（12月免）
　　　　沈永伟
　　　　叶信用
　　　　叶文海（12月任）

区供销合作社
党组书记、主　任
　　　　朱显妙（5月免）
党组副书记、副主任
　　　　林永志（12月任）
党组成员、副主任
　　　　郑晓华（11月免）
　　　　邓伦斌

瓯江口产业集聚区大门岛分区（大门海洋经济示范区）管委会[9月调整为由大门镇党委（人民政府）按照属地管理原则承接并统筹管理]
党委书记　郑锋利（11月免）
主　任　李　毅（9月免）
常务副主任、党委委员（正科级）
　　　　林海志（11月免）
党委委员、副主任
　　　　宋文彬（7月免）
总工程师　陈清勤（7月免）

区城市发展有限公司
党委书记、董事长兼总经理
　　　　彭进贵（7月免总经理）
副董事长、总经理
　　　　吴为立（7月任）
副董事长兼副总经理
　　　　吴鹏展
　　　　吴为立（7月免副总经理）
总工程师　陈裕越
副总经理　潘　奇

区旅游文化发展有限公司
董事长、总经理　林　坚（11月任）
总经理　林　坚（11月免）
副董事长、副总经理　金惠杰
总工程师　陈东东

■政协洞头区委工作部门
办公室主任　曹其忠（7月免）
　　　　蔡志文（7月任）
副主任　武晓峰（4月任）
提案委员会主任　王振宇
经济委员会主任　林海轮
农业和农村委员会主任　颜厥苗
城乡建设和资源环境委员会主任
　　　　林建斌
科技教育卫生体育和文化文史学习委员会主任　苏　娅（女）
社会法制民族宗教和港澳台侨外事委员会主任　王　锡
委员工作委员会主任　陈继海
区政协委员会机关党组书记
　　　　曹其忠
副书记　蔡志文（7月任）
党组成员　林建斌
　　　　陈继海
　　　　颜厥苗
　　　　王　锡

■区人民法院
院　长、党组书记　邱新楚
常务副院长、党组副书记　刘建国
副院长　叶定光（1月免）
　　　　林　涛
　　　　蔡志海（7月任）
政治部主任　朱　江
审委会专职委员
　　　　池进峰（1月免）
　　　　倪海平（7月免）
　　　　刘荣胜（1月任）
执行局局长　吴志法（7月免）
　　　　倪海平（8月任）
大门法庭庭长　郭灵燕（女）
驻区法院纪检监察组组长　宋　浩

■区人民检察院
检察长、党组书记
　　　　王恭顺（2月任检察长）
常务副检察长、副书记
　　　　陈志前（1月免）
　　　　应建国（1月任）
副检察长、党组成员
　　　　应建国
　　　　周雯雯（女）
党组成员　周秋艳（女）
副检察长　张辉星（1月任）
检委会专职委员、党组成员
　　　　刘荣胜（1月免）
　　　　池进峰（1月任）
政治部主任、党组成员　刘友山
检委会专职委员
　　　　张辉星（1月免）
　　　　陈松听（7月任）
大门检察室主任　郭　杰
驻区检察院纪检监察组组长
　　　　周秋艳（女）

■垂直机构
区税务局
党组书记、局　长
　　　　邓　勇（5月免）
　　　　叶东晴（5月任）
党委委员、副局长
　　　　唐东敏

陈　德（11月免）
方玉燕（女，6月任）
纪检组长　徐建斌

市住房公积金管理中心洞头分中心

副主任（主持工作）　庄明贵
副主任　林进国

洞头海事处

处　长　章　义（4月免）
郑若艇（4月任）
副处长　刘世藩（4月免）
苏　靖（4月任）
朱　林（4月任）

温州市盐业公司洞头分公司

经　理　徐宝存

国网洞头区供电公司

总经理、党委副书记
王　亮（3月免）
吴伟银（3月任）
党委书记、副总经理
伍伊凡
副总经理、党委委员
林加阳
周　扬
党委副书记、工会主席、纪委书记
王　雪（女）

区气象局

局长、党组书记　章立浩
副局长　李怀川（4月免）
吴舒婷（女，7月免）
邢文理（7月任）

区烟草专卖局（分公司）

党组书记、局长（经理）
邢加圣
副局长、纪检组组长
曹醒初（3月免）
潘突突（3月任）

中国电信洞头分公司

党委副书记、副总经理（主持工作）　涂建成
党委委员、副总经理　曾焕华
党委委员、纪委书记、副总经理
林淑茹（女，7月免）
党委委员、纪委书记、总经理助理
沈劲松（7月任）

中国邮政集团公司温州市洞头区分公司

总经理　陈素娟（女，11月免）
副总经理　王　静（女）

中国移动洞头分公司

总经理　戴永高（12月免）
林　超（12月任）

中国联通洞头区分公司

总经理　曾善光

中国铁塔洞头分公司

办事处主任　王　乐

洞头华数公司

总经理　倪　颖

中国人民银行洞头支行

行长、党组书记　周文凯
副行长　黄招勇
包建锋
纪检组组长　黄招勇

中国农业银行洞头支行

行　长　丁利挺
副行长　柯受总
纪委书记　胡宗南（5月免）
陈志强（5月任）

中国建设银行洞头支行

行　长　张来敬
副行长　李家骏（5月免）
林温鑫（8月任）

中国工商银行洞头支行

行　长　徐振铃
副行长　邵康辉

中国银行股份有限公司洞头支行

行　长　王挺杰
副行长　邱剑侠（12月免）
潘广铭（12月任）

洞头农村商业银行

董事长　许宪国
行　长　朱建松
副行长　杨德钧（5月免）
杨晓洁（女）
王曙辉（6月任）
监事长　曾华越

中国邮政储蓄银行洞头支行

行长　江一舸

洞头富民村镇银行

董事长　屠善勇
行　长　柯受国
副行长　温作旺（5月免）
徐　策（8月任）

温州银行洞头支行

行　长　王　义
副行长　池进水

中国人民财产保险股份有限公司洞头支公司

经　理　陈　微（女，3月免）
副总经理
杨　林（3月任，主持工作）
副总经理　吴　昊（3月任）

中国人寿保险股份有限公司洞头支公司

总经理　朱定文

中国人寿财产保险有限公司洞头支公司

经　理　颜素贞（女）

中国太平洋财产保险公司洞头支公司

副总经理
张孚俊（3月任，主持工作）

中华联合财产保险股份有限公司洞头支公司
经　理　陈海燕（女）

■社会团体

区总工会
党组书记、主席
　　洪文才（3月免）
主席　甘海选（兼，5月任）
党组书记、常务副主席
　　朱显妙（5月任）
党组成员、副主席
　　陈秋菊（女）
党组成员　庄鹏远

共青团洞头区委员会
党组书记、书记　方雅靓（女）
副书记　朱玲爱（女）
　　陈乐婷（女，5月任）
　　叶梦露（女，挂职）

区妇女联合会
主席、党组书记　吕海棠（女）
副主席、党组成员
　　金岳燕（女）
　　陈轶群（女，挂职）

区科学技术协会
主　席　陈青翩
副主席　张孚庆

区侨联
主　席　许生然（12月免）
副主席　陈其钦
　　苏玲燕（女，挂职，12月任）

区文学艺术界联合会
主　席　苏　娅（女，7月免）
　　林慷慨（7月任）
副主席　曹高宇

区残疾人联合会
党组书记、理事长、副主席
　　陈丽芬（女）
党组成员、副理事长　郑忠霆
党组成员　陈时秒（7月任）

区工业商业联合会（总商会）
常务副主席、常务副会长、党组书记
　　张立志（7月免）
党组书记　许生然（12月任）
专职副主席　陈爱花（女）

区红十字会
会　长　贾约拿（兼，5月任）
常务副会长　洪　震

区社会科学联合会
主　席　陈坤沈（3月免）
　　许　环（女，11月任）
副主席　叶　晓（11月免）
　　林　磊（11月任）

■街道 乡镇

北岙街道
党工委书记　苏剑群
副书记　彭世伟
　　曾中扬
　　叶海燕（女，7月免）
　　柯　敏（挂职，3月免）
　　倪小龙（7月任）
委　员　林加群
　　吴志文
　　温正局
　　杨燕辉（女）
　　杨建华　陈　佳（女）
　　陈　春（挂职）
　　杨森权（兼）
纪工委书记、派出监察办主任
　　吴志文
人大工委主任　林振权
副主任　曾国建
　　应　钧
办事处主任　彭世伟
常务副主任　蔡一帆（7月任）
副主任　陈坤明
　　蔡一帆
　　董以铁（女，挂职，10月免）
　　郭婷婷（女，7月任）
　　朱曾奎（7月任）

灵昆街道
党工委书记　戴显强
副书记　曹一帆（1月免）
　　林宣志
委　员　张爱淑（女，2021年7月免）
　　曹朝晖
　　翁彩敏（女）
　　王光强
　　石耀辉
　　庄勇标（2021年7月任）
　　沈海琴（女，1月任）
纪工委书记　庄勇标
派出监察办主任
　　张爱淑（女，3月免）
　　庄勇标（3月任）
人大工委主任　刘君可
人大工委副主任　王爵锷
办事处主任　曹一帆（1月免）
副主任　翁彩敏（女）
　　陈运林
　　石耀辉
　　黄建海

大门镇
党委书记　苏友山
副书记　柯受志
　　王青青（女，7月免）
　　陈　义（7月任）
纪委书记、派出监察办主任
　　陈伟明
党委委员　唐奎蛟
　　叶方胜
　　甘　泽（3月免）
　　林芬赟（女）
　　胡　麟（11月免）
　　陈伟明
　　林万敏
　　曹荣超
　　童攀攀（5月任）
　　黄　亚（挂职，7月任）
人大主席　朱顺义
人大副主席　王海峰
镇　长　柯受志
常务副镇长　唐奎蛟
副镇长　郭国建

黄月华
王　豪

东屏街道

党工委书记　南海滨
副书记　叶礼健
石耀光（7月免）
王青青（女，7月任）
委　员　叶礼健
邵进宝（7月免）
柯朝旭
王静静（女，3月免）
郭加兵（7月免）
金霞霞（女）
陈　雅（女）
叶小川
谢炳希（7月任）
林川川（3月任）
陈　峰（挂职，7月任）
潘正凯（12月任）
纪工委书记、派出监察办主任
邵进宝（7月免）
谢炳希（7月任）
人大工委主任　周必东
人大工委副主任　陈后勤
办事处主任　石耀光（7月免）
王青青（女，7月任）
常务副主任　陈　雅（女）
副主任　陈群挺
王　瑜
张小兵
何雨田（女，挂职）

元觉街道

党工委书记　陈声伟（7月免）
石耀光（7月任）
副书记　杨祝琦（女）
虞献兵
委　员　陈　义（7月免）
陈成乔（12月免）
周正茂
吕　靖
陈昆仑
甘泽民
杨建国（11月任）
蔡文斌（12月任）
王正瑛（女，7月任）
纪工委书记、派出监察办主任
吕　靖
人大工委主任　叶生杰
人大工委副主任
杨建国（11月免）
办事处主任　杨祝琦（女）
常务副主任　陈　义（7月免）
杨建国（11月任）
副主任　林　海（7月免）
蔡文斌（12月免）
叶艳明（女）
张思敏（女，挂职）
朱重阳（12月任）

霓屿街道

党工委书记　杨小军（12月免）
王友谊（12月任）
副书记　王友谊（12月免）
林　凌
倪永峰（挂职，6月免）
陆千帆（挂职，7月任）
庄瑞鹏（12月任）
委　员　张奇峰（7月免）
张　光
詹育代（12月免）
翁玲玲（女）
林玉明　苏　建
季舒钰
吕海坎（3月任）
郭加兵（7月任）
纪工委书记、派出监察办主任
苏　建
人大工委主任　郭坤碟
副主任　王志敏
办事处主任　王友谊（12月免）
常务副主任　张奇峰（7月免）
副主任　郭志涛
胡晓克
曾婵婵（女）
徐节速（挂职，9月任）

昆鹏街道

党工委书记　曹一帆（1月任）
副书记　温从跃（9月任）
委　员　张爱淑（女）
人大工委主任　许声维
办事处副主任　张爱淑（女）
杨恒昶

鹿西乡

党委书记　陈志华
副书记　蔡鹏程（女，11月免）
林阿华
王大标（12月任）
委　员　许荣华（3月免）
颜孙空
许宸毓
孔繁隆
周文渊（兼）
柯友贤
金许阳
钱志刚（兼）
甘　泽（3月任）
纪委书记、派出监察办主任
柯友贤
纪委副书记、派出监察办副主任
彭盛杰
人大主席　颜贤权
乡　长　蔡鹏程（女，11月免）
王大标（12月任）
常务副乡长　许宸毓
副乡长　吕韵姿（女）
叶　灿

（洞头年鉴编辑部）

街道 乡镇

北岙街道

【概况】北岙街道为洞头区中心城区，是全区政治、经济、文化中心，位于洞头区本岛西北部（包括三盘岛），东临东海，西与霓屿街道隔海相望，南与东屏街道接壤，西北部经洞头峡大桥、洞头大桥与元觉街道相连，距温州市区约68千米。全街道陆域面积26.76平方千米，其中城区面积7.5平方千米。辖11个社区、14个村，户籍数1.78万户，户籍人口4.87万人，常住人口5.65万人。全年北岙街道城乡居民人均可支配收入分别同比增长7.8%和12.5%；规上工业产值15.12亿元，固定资产投资17.82亿元，高新技术产业投资4483万元；全年渔业总产量6.07万吨，建筑业省内产值7.97亿元。全年村级集体经济总收入和经营性收入分别为5682.72万元和3743.06万元。

街道完成杨文工业区A10固盛地块出让，整治高耗低效企业5家，居民区企业搬迁12家。协调解决华信水产资产包处置、吉龙电子土地分割、奥本轻工税务转移等问题30多个，协助金源高性能有机颜料高新技术企业研究开发中心创成省级高新技术企业研究开发中心，培育永丰超市、小石屋等批零住餐企业上限3家。招引嘉恒金属、牧声科技2个亿元以上项目落地，引导永坚金属、基荣锻造等4家企业联合成立五联科技。完成S211省道、区人民医院等9个项目政策处理12项。浙南水运码头项目实现落地，东沙不夜港项目开工，投入400多万元实施柴岙、小朴等3条农村道路改造提升，开工隔头游步道、新垄路两侧提升等2个基础设施类一事一议项目。

全年激活闲置资源71处，累计投入4000多万元打造“漫岛湾”主题街区、海陶博物馆、东沙共富工坊等一批示范性村级产业类项目，建成海霞未来乡村、古渔村未来乡村2个省级未来乡村。举办“创梦海霞·共富市集”“非遗体验文化沙龙”等文旅活动，建成15分钟品质文化生活圈13个。非遗百家坊（海陶）入选温州市首批“瓯越非遗百家坊”，海陶艺术馆入选浙江省第二批乡村博物馆，小朴社区、海霞村、隔头村等3个精品景点入选2022中国美丽乡村休闲旅游行精品景点，获国家推介。

街道疫情防控期间高效协查7.8万人，管理重点人员12700多人，60周岁以上老人新冠疫苗一针接种率87.3%。实体化运营北岙街道养老服务中心，安心老年食堂送餐服务实现城区全覆盖。启动打水鞍社区市级老年友好型社区试点创建，完成鸽尾礁村居家养老照料中心五星级改造提升，开展东沙、东郊、打水鞍、城南等村社居家照料中心四星级评定迎检。开展出租房、合用场所排查，完成“木结构”居住出租房搬离，整治验收“问题村居”。

举办“两个分量有多重”主题实践活动，开展“首善担当创一流　实干争先大赶考”、“村社擂台·三比三看”等活动，创新青蓝师徒结对、攻坚领办等载体。新建住宅小区实体型党支部17个，拓展型党支部16个，自管小组19个。新建村社共享阵地12个，成立“海霞红”共享公益课联盟，创成省级城乡社区治理和服务创新实验区。推进区委巡察城南社区等8个村居巡察整改工作，全年立案8起，党纪处分8人，诫勉谈话6人，通报批评8人。

【社会事业发展】2022年，北岙街道规整划分907个微网格，化解

"四个平台"、矛盾纠纷、消防安全等4500多个问题。全年已依法信访事项听证终结2起国家级信访积案，息访罢诉1起省级信访积案。实行居住出租房、合用场所"四色"管理，排查出租房总数881间、合用场所354间，完成56户独居老人居所消防改造提升，完成城中社区后街"木结构"居住出租房搬离，整治验收银海社区完成消防安全"问题村居"。开展电信反诈及老年人防诈骗宣传活动30多场，电信反诈进文化礼堂覆盖率100%，受教育群众2万余人。

【街道基层社会综合治理】2022年，北岙街道对标制订《洞头区融合型大社区大单元破难行动方案》，围绕省级城乡社区治理和服务创新实验区创建标准，完成验收工作。开展网格员、专职社工集中招聘2轮，辖区49个网格调整为70个网格，化解"四个平台"、矛盾纠纷、消防安全等4500多个问题。制定网格员吹哨奖励及年度考核管理办法。选派700多名社区党员、居民代表、海霞妈妈志愿者等担任兼职网格员、微网格长及楼栋长，根据平战转换要求组建五类编组674组。成立海霞红管家楼长议事会和小北儿童观察团。常态化落实基层治理联席会议、"联合执法进小区"等机制，借助"海霞说事""百姓议事厅"等载体，化解车辆占用消防通道、流动摊贩占道经营、飞线充电等"老大难"问题20多个。

【养老服务体系优化】2022年，北岙街道围绕"老有所养、老有所依、老有所乐"工作理念，投入约180万元，建设占地面积950平方米的北岙街道养老服务中心。通过与爱之家社会福利院签订购买服务，实现居家养老服务照料中心和上门服务等涉老工作社会化运营，养老服务中心配送餐配送范围涵盖城市社区8个。依托村社文化礼堂、为老服务中心平台，为老年群体提供活动场所，组织活动丰富老年人精神生活。全年投入60多万元改造提升鸽尾礁村居家养老服务照料中心。

【共享社·幸福里建设】2022年，北岙街道开展共享幸福线上问卷调查收集需求金点子，征集住宅小区幸福小事34件，制定需求、资源、服务"共享幸福三张清单"，打造邻里客厅、共享工具屋等共享阵地12类。策划共享爱心早餐、共享易物柜等"IP式+场景"党群社群活动65场。成立"海霞红"共享公益课联盟，链接小区住户能人、义工志愿者、社会公益组织等资源开办"共享幸福小课堂"，相关做法登上《中国组织人事报》、《人民日报》新闻客户端、《浙江共产党员》等中央省市媒体。北岙街道创成"共享社·幸福里"重点建设单元15个，获评市级引领型点位2个。

【街道文明城市创建】2022年，北岙街道围绕文明城市建设，全力开展"十乱"整治，完成市区交办的各项任务。全年累计投入近1500万元，修整小区楼道立面约12.5万平方米、补植绿化约2.2万平米、增设停车位2100多个。采购垃圾桶1200多个，更新辖区所有垃圾桶，推进物业小区垃圾分类设施提升改造，建成垃圾分类亭11个。全市第五轮、第六轮、第八轮文明城市测评中获评建成区内最优镇街。

【海霞片区未来乡村建设】2022年，北岙街道围绕"三基三主"建设核心，推动民兵建设、国防教育、军旅文创、军民融合"重要窗口"建设，打造"红色福地·海霞故里"未来乡村。北岙街道海霞片区未来乡村地处洞头本岛的东北部，涉及海霞村、柴岙村、双垄村等7个行政村社，总长约7.5千米，陆域面积5.82平方千米，户籍人口7801人，常住人口3315人，主要产业为渔业、餐饮业及旅游业。该未来乡村按照"美丽经济、生态宜居、文化风貌、四治融合、幸福生活"要求，以"红色IP+"为核心特色，突出"文化"场景引领，带动"产业+教育"场景，在现有"吃住行游购娱"基础要素上，拓展"商养学闲情奇"旅游新要素。试点村备

2022年5月20日，北岙街道开展文明城市创建攻坚誓师活动（区北岙街道提供）

案项目共 29 个，主要建设 1500 平米光电射击馆、海霞军事文化园改造提升、海霞青年营等项目，总投资 50906 万元。

【南塘片区未来乡村建设】2022 年，北岙街道围绕未来乡村以“三化九场景”为载体，打造“三老三新”共生共存、共促共荣的“古渔村”未来乡村海岛样板。北岙街道南塘片区未来乡村位于洞头本岛西南部，涉及隔头、白迭、大长坑 3 个行政村，现有户数 1452 户，总人口 3725 人，常住人口 997 人，总面积约 3.7 平方千米。该未来乡村以打造城里人的向往乐园为目标，发挥环岛西片精品民宿产业集聚的辐射带动效应，突出主客共享、产业融合、文化共生，通过“一环三中心”，打造“老渔民与新村民、老石厝与新业态、老情怀与新风尚”共生共存、共促共荣新时代和谐美丽富裕渔村。试点村备案项目共 30 个，主要建设“趣玩沙岙”、美丽村庄综合环境精提升工程等项目，总投资 8568 万元。

【“一老一小”e 关爱北岙站揭牌】2022 年 11 月 10 日，市人大常委会副主任张洪国到北岙街道人大代表联络站调研医养康养工作和“一老一小”e 关爱场景建设工作并揭幕授牌。“一老一小”e 关爱场景应用属市人大系统谋划基层单元“1261e”系列，即一舱两码六模块一指数 e 系列应用场景中的 8 个 e 系列之一，属于线上数字化平台，设有“知老晓小宣”“商老议小堂”“话老说小汇”“督老促小台”四大模块。该平台可方便群众查询惠民政策、普及落实相关内容，查找医疗、教育、娱乐机构和场所，链接“一老一小”喜欢的相关资源等。代表、群众可通过该平台提出意见建议，并能自动打上标签分流到基层治理四平台、一网通平台等不同后台，到不同部门限时办理、限时回复，形成办理闭环。

（陈 悦）

灵昆街道

【概况】灵昆街道位于温州湾口中部瓯江口内。东接昆鹏街道，西与鹿城区七都街道一水相依，北与乐清市磐石街道、黄华街道隔江相望，南经灵昆大桥与龙湾区瑶溪街道相连、经南口大桥与温州龙湾国际机场相接，系瓯江径流和海流动力共同塑造的产物，形成岛域有一千余年历史，自古以来为温州海口之门户、交通之咽喉、军事之要塞。随着温州城市拥江面海发展战略的推进，乐瓯洞一体化发展格局加深，灵昆成为乐瓯洞开发建设桥头堡、前沿阵地。全街道总面积 22 平方千米，下辖 9 个行政村。辖区内户籍数 5992 户，户籍人口 2.34 万人，外来流动人口 1.097 万人。

灵昆街道推进城中村改造行动，持续攻坚叶先村、王相村、九村村征地拆迁，3 个先行村累计签约 1119 户、腾空 1013 户、拆除 840 户。其中，王相村整村腾空率达 94.93%、叶先村红线范围内腾空率达 92.27%，九村村 E-02、E-03 地块实现清零。全年累计核发房票 1040 张，共计 33.46 亿元。瓯锦大道、昆东路补征地块、瓯江口产业集聚区 1-13 地块等 26 个项目完成政策处理，累计征地约 45.33 公顷（680 多亩），做地 22 宗，超额完成用地指标任务。整治违章建筑 363 处、5.5 万平方米。排查危房 8647 处，解危 D 级危房 7 处，签约危旧房拆迁 24 户。北口大桥、228 国道灵昆段实现通车，市域铁路 S2 线主线基本建成；推进昆九路、瓯江口大道西段、昌秀路等内部联通道路建设。

街道落实“外防输入、内防反弹”总策略和“动态清零”总方针，打造“步行 15 分钟采样圈”。落实“组团包联・分组包户”，平战结合抓好“六队三单”力量调配、实战演练，应对“3・14”莲花超市、“4・6”新灵景园警情、“8・12”阳性病例管控等疫情紧急事件，开展“小单元大排查”行动 3 次、区域核酸检测实战演练 15 场。“场所码”赋码、监控安装均实现 100% 全覆盖。全年市、区级疫情防控先进个人 10 人次，实现疫情防控三年“零破防”。

完成“千亩方”永久基本农田集中连片整治项目，集中整治约 77.07 公顷（1156 亩），总投资 1726.34 万元；53 公顷“百亩方”永久基本农田连片整治项目完成招投标。新增规模经营农业专业合作社 4 家。清剿“加拿大一枝黄花”约 33.33 公顷（500 亩），完成红火蚁调查监测 123 公顷。推行“田长制 + 田长牌”模式，形成覆盖全街道范围的网格化田园管理体系。完成重要农产品播种约 913.33 公顷（1.37 万亩），实现总产量 1.79 万吨。落实农业惠农补贴政策，粮食补助 31.06 万元，惠及 953 户。实施灵昆避风港清淤工程，清淤 4.3 万立方米。开展海洋渔船“减船转产”，更新改造拆减老旧渔船 29 艘。

举办“两个分量有多重”主题实践活动，开展“村村擂台・三比三看”。双昆、上岩头创成市级党建示范村，中心幼儿园党支部入选市级“一社一品”案例精选。全域铺开 9+3“共享社・幸福里”创建工作，周宅村、新灵景园具规模成效，开展各类志愿服务、文娱活动 210 多次，服务群体 1 万余人次。建立“1+28+N”党员日常教育体系，实现党员轮训覆盖率 85%。下派村第一书记 2 名，研判整转“较差”村 1 个。实行党员“红黄绿”三色管理，发展党员 7 名，开展各类专题警示教育活动7次。

【街道社会事业发展】2022年，灵昆街道开展9+3“共享社·幸福里”创建工作，新灵景园养老服务中心常态化运营，新建投用周宅村居家养老服务照料中心、新灵景园儿童游乐“微场所”。建成“15分钟品质文化生活圈”7个。沙塘村文化礼堂创成市“文化礼堂·社区学校”共同体。幸福小区等八大民生实事项目，43件群众急难愁盼“关键小事”全部完成。实施全民参保计划，推动全街道基本养老保险和医疗保险参保持续扩面提质，医保参保16280人，“温州益康保”参保3403人。广泛开展慈善救助活动，救助困难群众5940人，发放救助金240万元。开展技能型人才培训，新增就业培训207人。落实低收入农户“四增一减”帮扶政策，组织开展零就业家庭清零行动，全面消除家庭人均收入1万元以下现象，低收入农户“益康保”保险实现全覆盖。完善低收入农户帮促系统，落实街村帮扶干部“一月一走访”制度，调整配齐街道结对帮扶干部33名，对164户（313人）精准落实帮扶措施。

【街道基层社会治理】2022年，灵昆街道完成重大活动安保工作。创新“1+4+4”网格化管理制度，推动风险隐患“大起底”和“动态清零”，获市委书记刘小涛批示肯定。建成灵昆消防一条街，完成50户独居老人、残障人士居所消防安全改造提升。推行公共安全管家管理、出租房“公寓式”集约化管理模式，保持零事故发生。推进基层防汛防台体系标准化建设，双昆山、单昆山不稳定斜坡防范区隐患全面消除。助力温州水路运输经营领域安全专项治理行动，丰源混凝土有限公司等4座历史问题码头，按照市交通局要求全部销号。处置群体欠薪事件34起、追回工资56.7万元，未发生群体欠薪事件。九村村创成省级“新时代枫桥式退役军人服务站”。推进“大综合一体化”行政执法改革，承接行政处罚事项119项，瓯洞范围内率先启动街道执法办案。100%调处化解纠纷143起（其中非正常死亡案件5件），实现“民转刑”“刑转命”案件零发生。

【街道村级集体经济发展】2022年，灵昆街道村集体经济总收入和经营性收入分别为2874.09万元和1871.77万元，同比分别增长17.16%和30.54%，增长率均超全市平均水平，村均集体收入突破319万元，村均年经营性收入突破167万元。深化“百亿强村”计划，推行“村集体控股+村民入股”模式，沙塘村通过做实农贸市场，确保年收入稳定在300万元以上；周宅村走出“房企代建”新模式，与国内知名房企共建村级三产安置项目，项目总投资约2.5亿元；海思村投资近5300万元建设海思康体中心。

【228国道洞头灵昆段通车】2022年1月27日，228国道洞头灵昆段通车。该工程位于温州瓯江口产业集聚区，北接瓯江北口大桥，南连瓯江南口大桥，是228国道温州段重要组成部分，主线全长3.92千米，均为高架桥，采用一级公路双向六车道设计标准，设计速度80千米/小时，全线设立交互通两处，分别为瓯锦互通和瓯江口大道互通。项目由财政部审批，采用PPP模式建设，总投资约20.95亿元。工程建设单位是瓯江口开发建设投资集团有限公司。由上海建工集团股份有限公司中标实施，服务期15年，含建设期3年，固定运营维护期12年；监理单位是杭州交通工程监理咨询有限公司。

【瓯江北口大桥正式通车】2022年5月27日，温州瓯江北口大桥正式通车。北口大桥北起黄华枢纽，中沿灵昆互通，南至乐成互通；大桥线路全长7913米，其中跨江主桥长2090米；大桥上层为双向六车道高速公路，设计速度为100千米/小时，下层为双向六车道一级公路，设计速度为80千米/小时。通车后乐清市民过江到温州龙湾

灵昆街道南堤公园（2021年拍摄） （灵昆街道提供）

国际机场的车程从1个多小时缩短至15分钟。温州瓯江北口大桥是世界首座三塔四跨双层钢桁梁悬索桥，拥有“世界首座三塔四跨双层钢桁梁悬索桥”“世界首次在多塔连跨大刚度采用混凝土中塔”“世界首例强潮河口深厚软土超大沉井”三个世界级首创。工程概算投资88.36亿元。项目业主单位是温州市交投集团瓯江口大桥公司，施工单位是中铁大桥局集团有限公司。

【获授文明城市建设“最优镇街流动红旗”】 2022年5月23日和9月29日，灵昆街道分别两次获授温州市文明城市建设工作“最优镇街流动红旗”。街道按照“定领导、定任务、定进度、定责任”要求，优化“1161文明格”、划定“10个片区作战”，把创建责任压紧压实并传导到每个时段、环节和个人。通过平战结合考、年度集中考，对九个村进行考核并予以奖励，最大限度激发创文积极性。坚持文明疏导和依法取缔、周二清扫和日日洗楼相结合，解决乱贴画、流动摊贩、出摊经营等问题2800多起、处理违停车辆3000多辆。投入700多万元完成街道办事处大楼周边道路“白改黑”、S1线灵昆站社会停车场新建、5.6万米空中缆线规整、文明公益广告布点宣传，推动南口大桥节点打造和海思文化公园、双昆村绿化景观、沙塘农贸市场“三化”提升。

【灵昆街道获评省“五水共治”优秀街道】 2022年2月12日，浙江省治水办公布2021年度全省“五水共治”工作考核优秀乡镇(街道)，灵昆街道榜上有名。灵昆街道通过旁路活水设施，种植再力花、旱伞草等水生生物，加强河道水体生态自身净化能力，灵昆河、外坦路西河水质稳定在地表水V类标准以上，祥浦河稳定在地表水IV类标准以上。试点引入一体化磁混凝设备，开展外坦路西河水体外循环净化处理，累计处理河水约41.28万吨水，使外坦路西河河水总磷指标稳定在0.36毫克/升以内。聚焦排水管网管理混乱、维养不健全等问题，在率全市之先对辖区所有三级管网委托市排水有限公司统一维养基础上，开展污水泵站修复70多次，修复排水管网问题点位80多处，辖区COD浓度显著提升至225毫克/升，形成城乡污水管理一张网、一步棋，做到雨污分流全覆盖、污水全收集全处理。压实压细河长责任，着重巡查公共场所、居住小区周边水域以及桥梁两侧等卫生死角，做好巡河日志填写，一旦发现涉水相关问题，及时对接清理，全年累计处理巡河问题1330件。实现市控断面水质持续保持在V类水以上，连续6个月灵昆街道河长履职优秀率100%，并排全市第一名。

(林佰露)

东屏街道

【概况】 东屏街道位于洞头村本岛东南部，面朝东海，紧邻城区。由4个住人岛、88个无居民岛组成，陆地面积14.47平方千米。辖9个行政村及2个社区（蓝港社区和半屏社区）。辖区内户籍数7897户，户籍人口2.1万人，常住人口1.59万人。全年实现社会经济总产值22.99亿元，同比增长10%；农村常住居民人均可支配收入39091元，增长8.6%。

韭菜岙蓝色海湾休闲旅游提升项目建成投用，串联仙叠岩、大沙岙等景区，辐射沙滩经济、物业经济。项目月营业收入超500万元，带动就业200多人。“周走访·月研判”专班攻坚完成8个大项17个小项的政策处理工作，海陶政策处理项目扫尾清零，金岙101、珑头湾、岙仔B地块等项目无障碍推进。解决中普陀周边停车接驳、环境提升等问题，协调旅行社推出康养素斋产品，推广素斋康养线路，助力中普陀文化园开园运营。招引温州东海明珠、霖宝沣等生态养殖企业发展“北参南养”“大黄鱼生态养殖”等科技型养殖项目，建成470口网箱大黄鱼苗种培育基地，试养“北参南养”一期项目，产量7万公斤，产值超千万元，成为生态新型养殖示范。谋划实施“共富海上花园”生态EOD项目，推动“沿港星光经济圈”核心区提升、“果蔬公社”“大山旅游综合体”等旅游项目开发，金岙未来乡村公园、军旅文化园、农耕园等惠民项目相继投入运营。开展“渔悦·东屏”民宿联盟民宿管家培育计划、星级民宿评定等。

组织开展海上平安护航“春雷行动”，组织联合“清港”行动2次，完成“三无”渔船取缔拆解13艘，完成80艘仅用于养殖“三无”船舶纳归管理和销号。开展渔船安全生产硬件、卫生设施、船容船貌、智慧设施等方面改造，完成引领示范渔船13艘，落实整治规范渔船25艘，引导老旧渔船减船转产5艘，更新改造300千瓦标准船型渔船4艘，45艘24米以上渔船全部安装拨星通设备。开展渔民安全生产面对面教育培训7次400多人次，组织落实渔业二、三等职务船员和“四小”证培训200多人次。

街道完善民宿党建联盟“共富工坊”体系，招引“满天星”电商平台，推出“东岙厨娘”渔货代购、小众餐饮、私人导游等服务，60%以上厨娘在旅游旺季月收入超3000元，旅游产业户均年收入超20万元，共富工坊的经验做法得到市委书记刘小涛批示。推进两新组织“覆盖攻坚”，实现规上企业、亿元企业两新组织覆盖率100%。

2022年8月4日，东屏街道举行中国洞头第十五届七夕民俗风情节活动
（林丽影 摄）

深化村社干部日常考核、基层治理专项比拼、村社擂台现场比武“三项机制”。持续深化村社财务e监督平台、智慧印章监管平台，倒逼村社财务规范化运作。严格实施护雁十项举措“123”工作法，落实周例会、月质检机制，全面提升村（居）监会业务能力水平。

【街道基础设施建设】2022年，东屏街道城南路市政设施提升改造工程续建项目竣工验收，东岙顶截污纳管、东岙沿海岸线餐饮排水设施改造、韭菜岙片区终端设施及管网提升、惠民河沿线截污纳管改造及周边环境提升工程完工，农村公路改造提升工程续建项目工程完工。中普陀宗教旅游文化园续建工程完成4座主体建筑建设，启动文化园开园。韭菜岙村旅融合项目续建工程完工。温州蓝天管件阀门有限公司（B04地块）扩建工程项目、东岙大酒店开工建设。

【街道海水养殖业发展】2022年，东屏街道实施重大海水养殖项目招商引资，招引温州东海明珠、霖宝沣、叁源等3家企业，其中，“北参南养”一期项目试养完成，13亩养殖海域投放4万公斤海参。大、中瞿岛大黄鱼大规格苗种培育基地建设两个海区面积约3.53公顷（53亩）、470口网箱大黄鱼苗种培育基地，主要开展大规格大黄鱼苗种和品种选优。推进“南策岛西北侧大黄鱼生态化自然养殖”项目实施，规划一期养殖区内2公顷、周长100米圆形深水网箱养殖岱衢族大黄鱼苗种及全阶段合理生态养殖投产。开展羊栖菜人工育苗技术集成与良种推广，建成羊栖菜人工苗种工厂化育苗场640平方米，人工培育羊栖菜优质苗帘3000片，建立羊栖菜良种试验养殖海区5个、养殖户示范户16户。

【乡村旅游业发展】2022年，东屏街道共有民宿333家，床位3426张，渔家乐餐饮82家。完成旅游业“微改造、精提升”项目10个，其中包括韭菜岙村旅融合项目（二期）、韭菜岙沙滩公园提升项目、东岙顶顶厝路形象提升工程、东岙沙滩景观提升工程、东岙村“宿客汇”游客服务中心提升工程、半屏社区宿家游客服务中心等工程。提升打造东岙顶顶厝路，新增精品民宿2家。引进岛尚时尚咖酒屋、沉沉·酒肆复古酒馆店铺2家。引进温州市洞头禹悦文旅有限公司入驻半屏1·1文创中心，完成“洞头有礼”和“ping创”系列文创产品开发及市场投入，与温州大学签订“温州大学—洞头区文创设计中心”“温州大学—洞头区实践教学基地”协议。举办第十五届中国·洞头七夕民俗风情节、2022年音乐灯塔季沙滩派对、“海在彼岸·美在洞头”点亮洞头国际不夜岛、东岙文化周等大型文旅活动。东岙村入选全区首个省级金AAA景区村、创建市级“无废景区”半屏社区金岙片区创成省级AAA景区村，惠民村创成AA级景区村，半屏社区松柏园创成“市级示范性民宿集聚村”。新增四星级“侨家乐·海宿”品牌民宿2家、三星级3家。开展“渔悦·东屏”民宿联盟民宿管家培育计划、星级民宿评定等。

【街道民生事业发展】2022年，街道推进2030低收入家庭综合帮扶集成改革试点，30户低收入家庭收入倍增精准脱贫，街道作为洞头唯一试点多次在全市做典型交流。实施社会救助兜底保障“一事一议”，办理临时救助21例，受理特困对象救助12次，发放救助金14万元。开展困难群众大排查、特困、低保、低边专项核查年度复核和探访关爱、幸福清单送达活动，及时清退脱贫及不符合的救助对象。新增创建老年友好试点村社1个，新建配置基层智慧健康站2家以上，逐步完善居家社区机构相协调、医养康养相结合的现代养老服务体系。开展民政救助数字化改革工作，实现零次跑。截至年底，有养老机构4家，总床位120张。其中建成街道养老服务中心1家（惠民村惠头寮片），建成半屏社区老服务中心，民办养老院2家，设有养老、用餐、康复等功能。高龄津贴新增80岁至89岁老人，每月50元，90岁至99岁高龄津贴增加到每月200元，开展60岁以上困难老人失能排查，完成45位高龄独居老人居家安全守护项目。街道村社养老照料中心9个，医养合作和社会组织承接运行全覆盖，老年食堂2家，助残、配送餐服务覆盖7个村社。全街道乡村公益性公墓17座，骨灰楼1座，节地生态安葬率98%。开展殡葬、清明节文明祭祀宣传和私墓禁新和殡仪活动的日常巡查，查处私墓禁新11例，加强疫情期间丧事简办监管工作。

【街道基层社会治理】2022年，东屏街道围绕“平安护航党的二十大”目标，推进除险保安“百日攻坚”、平安东屏七大专项攻坚行动，全域全局动态清零各类风险隐患763个。做精“以外管外”“党员渔老大调解”“叶小其调节工作室”等调解品牌，调处矛盾纠纷68起件，涉及金额共计289万元。全年调处矛盾纠纷107起，涉及金额共计37.5万元。开展平安护航二十大专项工作，实施东屏街道平安建设七大攻坚行动，完成中共二十大、全国“两会”安保维稳任务，辖区内无重大维稳情况和不可控事件发生。

【温州蓝天管件阀门有限公司扩建工程开工】2022年4月，温州蓝天管件阀门有限公司（B04地块）扩建工程开工建设。项目位于杨文工业区，扩建占地面积约0.19公顷（2.8亩），扩建面积6930平方米，其中车间一扩建1697.63平方米、车间一加层545平方米、车间二扩建4688.34平方米，主要生产高端精密阀门、法兰等，项目投资额1000万元。工程责任单位是洞头区人民政府东屏街道办事处，建设单位是温州蓝天管件阀门有限公司，施工单位是温州国瓯建筑工程有限公司，设计单位是众生设计集团有限公司。

【东岙大酒店工程开工】2022年11月，东岙大酒店工程开工建设。该项目位于东屏街道东岙村B—5a号地块，建筑面积3758平方米，地下面积1050平方米，地上面积2708平方米，耐火等级地上二级、地下一级，抗震烈度六度，抗震等级四级，工程屋面防水等级Ⅰ级，设计合理使用年限为50年，用于餐饮和住宿为一体的商业酒店，项目投资额1500万元。责任单位是洞头区人民政府东屏街道办事处，建设单位是温州市东启汽车零部件制造有限公司，设计单位是北京森磊源建筑规划设计有限公司，施工单位是温州中航建设有限公司，监理单位是北京中联环建设工程管理有限公司。

（王 波）

元觉街道

【概况】元觉街道地处洞头列岛中部，离洞头主城区8千米，距温州市区40多千米，南凭元觉大桥、洞头峡大桥与北岙新城区相连，西跨深门大桥与霓屿相接，北隔黄大峡航道与大门岛隔海相望。全街道由状元岛、花岗岛和青山岛3个主要岛屿组成，辖7个行政村，户籍数3636户，户籍人口1.08万人。全年街道实现工业总产值66344万元，规上企业总产值64145万元，建筑业总产值48823万元，完成固定资产投资126965万元，招商引资到位资金54561万元。

浙江迪特高强度螺栓有限公司获国家级专精特新“小巨人”企业称号。对接华港、青山两个省152重点项目，帮助梳理解决33项重大问题清单，走访规上、建筑行业、物流等企业，协调解决荣和矿山滑坡安全边坡整治、高校企业联动推动技改等一批难题，推出物流纾困九条政策，为企业降本减负45万元。全年完成固定资产投资12.7亿元，同比增长34.2%，温州华港液化LNG储运调峰中心项目年度投资超4.2亿元。招引企业28家，招引资金5.4亿元，同比增长11.1%，华峰能源贸易有限公司成功注册并上限，11家总部经济企业完成税收1500多万元，奖励兑现883.49万元。

街道向上争取状元岙港区临港产业园、新能源制造园等专项债，发债4.34亿元。梳理近亿元文旅工程9个，纳入区第一批EOD实施项目。推进邮轮港综合服务中心、小北岙停车场、相思岙野奢基地、海上骑行漫道、沙角公路驿站、花岗沙角一体化工程等街村项目21个。率全区之先创新性实行“监理常驻”模式，完成小北岙停车场（残疾人之家）供地、状元北片部分地块控规修编、国际邮轮综合服务中心的农转用、沙角村骨灰楼林地审批等，创成省级美丽城镇基本达标乡镇。

街道迭代升级“中屿2.0”旅游富民项目，落地网红摊位、水上碰碰船、花岗码头改造。发动乡贤捐资85万元，状元爱心食堂等幸福要事、民生实事落地见效，“为老送餐服务”实现全域覆盖。顺利投用元觉新义校、新幼儿园，争取恒博教育培优金50万元。规范化建成街道避灾安置中心及深门村避灾点。推进沙角游步道至330国道工程、状元后山道路及330国道疏港公路等基础设施建设。获评和创成省五水共治优秀街道、省污水零直排标杆街镇、省美丽城镇和季度全市人居环境考核优秀街道。村集体经济收入和经营性收入创新高，沙角村、小北岙村实现全民收益分红。沙岗村被评为全省第二批低（零）碳村。与浙江工贸职业技术学院人工智能学院党总支签订“党建联建”合作协议。引导高校资源向辖区制造企业倾斜，帮助企业解决实际问题。

【街道基层社会治理】2022年，元觉街道坚决守好疫情安全防线，建立“三渔”防疫管控十条机制。拆除山海艺墅别墅区5000平方米违建，立案查处3起。强化“3030”隐患闭环管理，推进出租房“一房一策”消防隐患整治，劝停、锁定、搬离违规使用液化气出租房37家，合用场所、老旧民房等重点领域、重点隐患整治率100%。消除防汛防台隐患25处、森林防火隐患点21处。平安护航“全国两会”等重要节点，完成“除险保安”隐患整改582条。全年未发生重大集聚等事件。开展耕地智保，率先完成非农化处置工作。

【街道文明城市建设】2022年，元觉街道组织街道村居两级党员干部、“普心姐妹”、微网格长等与部门下沉干部整治环境卫生，开展文明城市建设。街道村居干部分组包片重点清理整治沿街乱张贴、乱堆放等点位，用铲刀、除胶剂、抹布、铁锹等工具清除清扫路灯及墙面小广告、绿化带及路边垃圾堆放点2600多处；微网格长对包干区域开展拉网式、无死角排查，清理群众房前屋后、无物业小区楼道乱堆放闲置物28次。红马甲对主干道、沿街店铺、小区、背街小巷路面、窨井盖、扶手等公共设施、点位破损进行随手拍500多张，以便让市政维修快速进场；部门下沉干部配合街道干部、村党员志愿者对辖区内无物业小区进行拉网式、全覆盖攻坚整治。

【中屿旅游驿站获评浙江省二级旅游驿站】2022年3月5日，浙江省文化和旅游厅关于公布第一批浙江省旅游驿站（试点）名单，温州市共有6家获评，洞头中屿旅游驿站上榜。中屿旅游驿站地处中屿景区，毗邻沙角村环岛公路。驿站室内外总使用面积约4200平米，室内面积约200平方米，停车场面积共4000平米，共350个停车位。驿站周边婚旅、网红打卡点、古渔村、民宿、餐饮等旅游资源丰富，为游客提供休憩补给、信息咨询、文化展示、购物体验等服务。

【共享爱心食堂揭牌】2022年9月25日，元觉街道状元村共享爱心食堂正式开张。状元村常住人口1400多人，且老人居多。为解决空巢老人和困难老人吃饭问题，状元村两委开办爱心食堂，投入30多万元改造提升空置老活动中心，落实社会力量参与老年助餐、送餐服务。村内乡贤募集近30万元用于改造提升，浙江迪特高强度螺栓有限公司定向捐赠50万元，用于保障五年运营经费。

【恒博教育培优金成立】2022年2月16日，元觉街道恒博教育培优金成立，由浙江恒博电气有限公司董事长郑西平向元觉街道捐赠50万元。根据《元觉街道恒博教育培优金管理办法》，奖励对象为元觉街道辖区内学校、幼儿园及其师生和高考成绩优异的元觉户籍学生，共设立学校扶持、名优教师、优秀学子三项专项奖励，同时构建优秀师生荣誉体系，评选“最美教师”“状元少年”“拼搏少年”等奖项，最高个人单项奖励5000元，家庭困难学生可申请助学补助。9月9日，元觉街道恒博教育培优金举行颁奖活动，共55个集体和个人获奖。

【元觉街道获评省级美丽城镇建设达标城镇】2022年12月，元觉街道通过2022年度省级美丽城镇建设达标城镇验收。街道投入200多万开展绿化美化，精雕细琢园林小品、景观节点23处，打造5千米状元南片生态绿廊。新增公园2个、美丽庭院350户。每年投入100多万元用于河道湾滩日常清理，投入500多万元用于污水管网建设。新增停车位900多个。综合提升绿化设施15万平方米，全面完成农村饮用水提升工程建设，饮用水水质达标率100%。河道排污口整治11个，新建提升农村污水处理池3个，垃圾分类多次考核获全区第一名。建成党群服务中心和邻里中心等一批美丽项目，元觉义校等一批民生实事项目落地投用，元觉幼儿园获评省二级幼儿园。建成文化礼堂7家，实现行政村文化礼堂全覆盖。建有四星级养老服务中心1处，为全市首批康养结合试点。投资2000万元完成中屿旅游提升工程，中屿景区创成国家AAA级旅游景区，年均吸引人气50万人。成立“兰小草”大病救治基金，接力传承“兰小草”精神。

【元觉中屿爱情湾旅游富民工程】2022年9月20日，元觉中屿爱情湾旅游富民工程开工。该工程为洞头区共同富裕项目（二期）的子项目，工程总投资2100万元。项目位于元觉街道沙角村中屿景区，工程内包含野奢基地边坡治理工程、野奢基地项目、花岗码头改造提升工程、沙角活力广场提升等内容。通过对元觉中屿景区周边节点进行建设、提升，全面提高中屿景区面

霓屿街道紫菜育苗中心　　（郭卫民 摄）

貌，提升中屿景区的旅游体验。工程责任单位是元觉街道办事处，设计单位是广设设计有限公司，监理单位是浙江南正项目管理咨询有限公司，施工单位是浙江宝盛建设集团有限公司。

（叶林林）

霓屿街道

【概况】霓屿街道位于温州瓯江口外，洞头区西侧，东至深门大桥与元觉街道接壤，南濒大海，西至灵霓海堤与灵昆相连，北隔瓯江口水道，陆岛连通。1952 年 10 月，南北两屿分别建政为东岙乡、霓屿乡，1956 年初，东岙乡和霓屿乡合并为霓屿公社，1986 年 10 月，经浙江省民政厅批准从霓屿公社析出霓北、霓南两乡。2001 年 11 月，经浙江省民政厅批准，霓北、霓南两乡合并为霓屿乡，2011 年 5 月经浙江省民政厅批准撤乡改设街道，改称霓屿街道。街道有丰富的滩涂资源和海水资源，地形多山，山尖为全区第二高峰，海拔 332 米。全街道辖区包括附近 7 个无人岛和 23 个礁，陆域面积约 11.5 千米，街道所在地距离县城约 15 千米，街道办事处所在地为布袋岙村。1998 年，被浙江省人民政府命名为“浙江省紫菜之乡”，2021 年被评为中国紫菜之乡，紫菜获批国家地理标志证明商标。全街道辖 10 个行政村 32 个自然村。2022 年底，街道户籍数 4795 户，户籍人口 1.45 万人。街道辖党支部 19 个，党员 405 名。

街道完成固定资产投资 4.9 亿元，新增规上企业 2 家，税收 2808.6 万元，同比增长 184%，规上工业产值突破 1.4 亿元，同比增长 103%，限上批发站上 6 亿元大关，同比增长 161%。海洋食品产业园产值突破 2 亿元，创成国家农业科技示范园、省级一二三产融合示范园。投用紫菜育苗中心、紫菜加工厂。吸引社会资本 10 亿元，打造浙南专业性最强的冷链物流中心。运达储能、泥滑公园顺利开工，市社会福利院正式对外营业，联动居家养老服务中心，实现普惠与高端并举，民营与公办并行，新能源、旅游、物流、康养等新业态逐步激活。完成 211 省道、瓯飞料场搬迁等 10 项大型政策处理工作，累计完成滩涂、海区政策处理 320 公顷，完成陆上政策处理 160 公顷。完成霓屿南片内、外东郎 2 个自然村搬迁启动，涉及 188 户、590 人、90 幢民房、126 个产权所有人。

新建文化礼堂 2 家，组织开展各类宣教活动 200 多场次，以“我们的节日”为主题，先后开展各种节庆文化活动 40 多场次。以“星期天善行日”“星期日活动”“善行银行”为载体，组织开展新青年下乡、四千结对、手工培训班、技能比赛、插花艺术培训、爱心义诊、春泥计划等活动 60 多场次。持续推进最低生活保障体系建设，累计发放低保补助资金 725 万元，残疾人补贴 430 万元，救助家庭 955 户。对低收入农户、孤寡老人、生活困难户实行全员挂钩帮扶。开发 48 个公益性岗位，开展劳动就业培训 253 次，惠及 4300 人。推进人居环境革命，累计拆除乱搭乱建 1617 处，清除废旧毛竹等 7300 吨，新增停车位 550 个，西海湾摘去“最脏公路”名号，文明城市创建 3 次排名全市建成区外第一名，获评省级美丽城镇。深化“共享社·幸福里”建设，推出共享药柜等 133 个“共享空间”，“温州益康保”参保率全区第一，建成全区首个市级老年友好型街镇，布袋岙村创成省级美丽宜居示范村，上下社片区创成省级未来乡村，霓屿厨娘、霓家农场等 5 家霓字号共富工坊带动就业 810 人，村集体经济村村超 200 万元，经营性收入增长 25.6%。

【新型城镇化建设】2022 年，霓屿街道推进新型城镇化建设，获批专项债 3.32 亿元，围绕甬莞高速、211 省道两大“主动脉”，按照“一心、一轴、一带、三片区”霓屿新型城镇化建设，获评省级美丽宜居示范乡镇。田岙屿料场、网寮鼻、77 省道料场全部完成修复。正岙自然沙滩启动修复，坡地通海完工。10 月，创成省级低（零）

碳乡镇街道。

【党建品牌建设】2022年，霓屿街道推出“共富e站·霓有话说”特色应用场景，并入选全省首批践行全过程人民民主基层单元培育试点。全年推出“霓有话说”百姓议事62期，解决各类民情民意346条，吸引7000多人次参与议事。推行晚间工作法、民情沟通日，推进“四个平台”和全科网格建设，创新“四联互动”工作模式，推进“一打三整治”，全面实行“一人一船一码”机制，实现船只和船员实名制，有效保障海上养殖安全。

【运达温州洞头高端储能装备制造与示范应用一体化项目】2022年9月9日，位于洞头区霓屿街道田岙屿的运达温州洞头高端储能装备制造与示范应用一体化项目正式开工。该项目总投资10.8亿元，用地面积约8公顷，主要建设高端储能装备制造项目和独立储能电站，涵盖pack集成、储能电池集成产业及独立储能电站示范应用项目。项目由温州祥运新能源有限公司负责。

【霓屿街道获评省级美丽城镇】2022年12月21日，霓屿街道获评全省美丽城镇省级样板。霓屿街道推出13类32个配套子工程的美丽城镇建设项目，成立霓虹强村发展有限公司。以3厘的低利息，10个村共同贷款2000万元，入驻海洋食品产业园区建成紫菜烘干厂。完成霓屿西向道路、布三线公路、美丽生态示范路建设，布袋岙农房集聚（一二期）、霓惠苑、霓凤苑、霓畅苑、霓和苑等6处安置小区成功落地，国鸿·东海湾、精灵海岸魔法庄园等高端公寓完工。打造“一村一品”“一村一景”“一村一韵”，创成上社、下社、桐岙等6个美丽乡村。

【上下社片区入选全省第二批未来乡村试点名单】2022年2月，霓屿街道上下社片区入选全省第二批未来乡村试点名单。以“上和下睦·花园新社”为主题，围绕“一环、三区、三巷”总体布局项目建设，建成紫菜共富工坊、花园石厝、乡宴馆，开发建设“幸福码”系统，推出银龄议事堂、青苗说事团等老少议事平台，设立共享药柜等133个“共享空间”，霓屿厨娘、霓家农场等5家霓字号共富工坊带动就业810人，集体经济村村超200万元，经营性收入增长25.6%。12月14日，省农业农村厅、省财政厅、省城乡风貌整治提升工作专班办公室公布浙江省未来乡村创建成效评价结果，上下社片区为年度创建成效合格村。

（甘泽森）

昆鹏街道

【概况】昆鹏街道位于海经区东南部，西与灵昆街道接壤，东经330国道连通霓屿街道，北经北口大桥连通乐清，南经南口大桥连通龙湾。离龙湾机场约10千米，离温州南站约40千米，经高速可直达苍南，轨道交通S1线、S2线（建设中）连通鹿城、瓯海、龙湾、瑞安等地，交通条件便利，区位优势明显。区域总面积44.06平方千米，其中一期24.8平方千米（已基本建成），二期19.26平方千米（建设中）。2022年10月28日，温州市洞头区人民政府发文同意设立昆鹏街道雁鸿社区居民委员会，社区“四至”为昆鹏街道辖区范围，与昆鹏街道合署办公。辖区户籍数272户，户籍人口584人，常住人口4.4万多人，其中，登记在册流动人口约3.2万人，院校学生约1.2万人。全年规上工业总产值为84.6亿元，总营收88.4亿元，年产值上亿元企业共16家，占规上工业企业总产值的84%。

昆鹏街道推进企业“安全管家”托管服务，助力企业安全生产标准化提升，发现文博园安全生产隐患2004项，完成整改1880项，整改率94%，市、区级挂牌督办事项13件全部完成整改。联合消防站、派出所，开展消防隐患“白＋黑”排查。全年累计发现并整改电动自行车违规停放充电、消防器材配备不齐、消防通道堵塞等消防安全隐患349项。成立昆鹏街道人民调解委员会，邀请专业律师协助工作开展，全年累计受理调解案件397件，接收部委线索移送案件40件，受理信访案件323件。

全域开展“乱占道”“牛皮癣”“垃圾死角”等顽疾专项整治。全年累计发放违停告知单1100多份，联合执法移车313辆，清理非法小广告2480个，开展集中大清扫20多次。推进“河长制”工作，获评全省“五水共治”（河长制）工作考核优秀乡镇（街道）。推进“污水零直排区”创建工作，完成六小行业排水证办理65家，5个生活小区污水零直排工作，开展加拿大一枝黄花防除工作和辖区建筑工地扬尘污染排查，联合城管局共同处置好聆涛苑、锦珑苑和瓯澜苑垃圾分类检查问题10个。

组建“红帆”志愿总队，发动学校、医院、两新企业等主体共1000多人次参与志愿活动。开展“小候鸟”暑期公益课堂、“红七月·服务月”、中共二十大宣讲等公益活动160多场，春节期间慰问留瓯外地员工770人次。组织开展“党群连心，分组包户”工作编组，合计编组44小组，359人次。全年收集群众“关键小事”21件、

2022年11月24日，昆鹏街道举办学习宣传贯彻党的二十大精神——党工委书记党课（昆鹏街道提供）

筛选困难居民“微心愿”31个，改善小区（园区）周边停车难、娱乐少等问题。牵头26家校企党组织，组建五个党建共同体，实现党建活动共同举办，党建项目共同谋划，党建阵地共同打造。创建“共富工坊”3家，其中“厂房车间式”2家（金马文具、天骄笔业）、“来料加工式”1家（恒亚电子），定向吸纳剩余劳动力48名，实现人均增收3767元/月。全年新建党（总）支部14个（其中临时党支部8个），5个交付住宅小区党组织全覆盖，撤销党支部8个（其中6个为后进党支部整转），确定入党积极分子90名，确定发展对象并吸收为预备党员4名，取消预备党员资格1名，处置不合格党员2名。

【街道社会事业发展】2022年，昆鹏街道设立居民医疗保险专户，打通居民属地参加城镇医疗保险渠道。完成昆鹏街道安全警示提升项目，布置警示型、景观型、温馨提示型指示牌192处，建设健康步道3处共计6千米。完成基层防汛体系建设和护士学校、技师学院避灾点标准化建设验收工作。持续开展“两万”行动，领导班子带队走访调研企业40多家，帮助纾困解难，全年解决急难愁盼问题48件，1名驻企服务员获评“我为群众办实事、我为企业解难题、我为基层减负担”工作市级先进个人。

【住宅小区二次供水改造工程】2022年12月，昆鹏街道完成瓯绣苑、瓯澜苑、锦珑苑等三个住宅小区二次供水设施改造工作，项目总投资600万元。该项目由温州市自来水公司全过程代建，旨在解决居民供水安全“最后一公里”问题。

【瓯江口第三幼儿园提升工程】2022年12月，昆鹏街道完成瓯江口第三幼儿园项目提升工程。该项目选址瓯江国际新城·瓯锦苑附近（C-05a地块），东侧为霓澄路，南侧为瓯江口大道，总用地面积5400平方米，折合0.54公顷。项目建设内容包括幼儿园室内装修工程、安装工程、设备及家具购置，室外活动场地、景观小品等，建成后满足区域幼儿就近入园需求，补齐学前教育短板。总投资956万元。项目由昆鹏街道负责，设计单位是浙江视野设计有限公司，施工单位是温州金来建设有限公司，监理单位是温州广汇工程监理公司。

【雁鸿社区成立】2022年10月28日，洞头区人民政府发文（洞政函〔2022〕45号）同意设立昆鹏街道雁鸿社区居民委员会，社区“四至”为昆鹏街道辖区范围，与昆鹏街道合署办公。11月8日，街道成立雁鸿社区选举工作领导小组和专项工作组并印发《昆鹏街道雁鸿社区选举工作方案》；12月9日，选举产生雁鸿社区党总支，12月19日，选举产生居委会、居监会班子。

【辖区社会情况调查】2022年8月，昆鹏街道组织成立专门调查队伍，开展辖区社会情况调查，通过问卷、座谈和探访等形式对小区、企业、工地、学校、医院等地群众开展抽样调查。调查采集样本数3788个，涵盖居民、工人、学生、公职人员等人群，重点了解群众居住生活情况、社会综合评价、群众未来预期，分析各领域存在的问题并提出相应建议。调查结果，群众对昆鹏街道卫生环境、交通便利、社会治安的总体评价较好，满意占比98.9%、86.9%、99.1%，对昆鹏街道发展信心较足，未来五年在昆鹏街道居住生活意愿度60%以上的占95.6%，未来三年在昆鹏街道保持或加大投资的占98.4%。

【共享社·昆鹏街道工人夜市建设】2022年12月，“共享社·昆鹏街道工人夜市”竣工验收。项目选址海经区霓翔南路与灵秀路交叉路口（半岛起步区B—11a地块），先后投入近80万元用于土地平整、围墙建设和地面硬化。建成后实际使用面积约1700平方米，入驻商户30多家，提供餐饮、理发、生活购物等相关服务，一站式解决周边企业工地工人基本生活消费需求。

【“共享社·幸福里”建设】2022年，昆鹏街道以文博科技产业园为试点，打造“共享社·幸福里”园区样板，整合资源开通“小黄帽”公交专线、建成420平方米的篮球场、筹建乡情警务室、增加园区固废处理频次，成立“青创”志愿队，开展防疫、文创等志愿服务20多次。不定期开展节日慰问、法律咨询、安全生产、防汛防台演练等活动。

（周濛濛）

大门镇

【概况】大门镇是洞头区陆域面积最大的建制镇，位于区域西北，乐清湾南端，隔海与台州、玉环、龙湾相望。全镇陆域面积36.26平方千米，下辖19个行政村、2个居委会、3个社区委员会。辖区内户籍数9803户，户籍人口2.67万人，常住人口1.23万人。辖区海水资源丰富，建有滩涂养殖、围塘立体混养养殖和深水网箱养殖基地；岛内平原广阔，山地资源丰富，以大荆、小荆、枫树坑、石浦为主的四大经济林建设初具规模；花岗岩储量达21亿立方米，可开采3.18亿立方米。港口资源丰富，海岸线长42.2千米，可建万吨级以上泊位15个。旅游资源丰富，景点总面积约4.5平方千米，是洞头区省级风景区的主要组成部分。大门镇作为洞头北片中心，拥有得天独厚的区位优势、港口优势、旅游资源优势、花岗岩资源优势和丰富的山海资源优势，是浙江省首批五个“蓝色海洋经济开发示范园区”之一，全国羊栖菜和深水网箱养殖基地，先后获评全国重点镇、全国环境优美乡镇、浙江省AAA级景区镇、浙江省卫生镇、浙江省生态示范镇、浙江省教育强镇、浙江省文化礼堂示范乡镇、浙江省第二批美丽城镇省级样板等称号。

2022年，大门镇海运业运力位居全市第一位；完成规上工业产值55.45亿元，同比增长56.91%，增速排名全区第一位；完成规下工业产值1.4亿元，同比增长50%，增速排名全区第二位；完成招商引资到位资金34.45亿元，同比增长83.11%，增速排名全区第一位；完成限上批发商品销售额67.74亿元，总量领跑全区；完成水运和公路货运周转量，增速各排名全区第二位。

推进浙能LNG项目建成，开程新材料有限公司正式投产，华顺能源有限公司、力强科技有限公司开始试生产，优瑞欣化学有限公司开展设备安装调试，中油二期石油项目完成验收，冠乔气体项目综合楼结顶。投资3.2亿元的大门基础设施（乡村振兴）工程被列入2023年区级专项债包装项目。总投资1.5亿元的大门东片闲置石厝开发利用、大门美丽海湾提升工程、海岛山体与矿山生态修复与治理工程、观音礁海上游（跳岛游）开发工程、大门镇片区污水管网修复建设等5个工程被列入EOD项目。大门消防站、LNG保障通道、农村饮用水水质提升工程、大门配水主干管改造提升等工程建成投用。岙底隧道基本完工。

完成大门新农贸市场便民服务点建设，为全区首个农贸市场便民服务点。高标准化建设级便民服务中心24个村。全年耕地地力补贴，受补户5254户，补贴耕地面积370.68公顷（5560.22亩），合计补贴577265.75元；做好畜牧业生产疫病防控工作全镇共注射免疫数5万羽次，免疫率100%。协调自然局资源局大门自规办理宅基地审批60宗。拆解违规拖拉机10台。完成对在册低保低边人员入户走访年审，发放临时救助金7.18万元，发放丧葬补助金3万元。探访关爱低保、低边、特困1540户，幸福清单送1072户。大门慈善分会和洞头区慈善文化建设基地联合开展“每月一主题”活动，惠及150多人次。全年大门慈善分会发放慰问金12.89万元，收集困难儿童微心愿14人次并联系区慈善总会完成微心愿。完成大门镇红十字会会员发展任务数45人。联合洞头区人社局在辖区内举办居家照护、居家整理收纳、药膳制作师就业培训3期，累计动员大门镇居民参与培训120人。动员“兰小草银龄助养”网络捐赠，共获捐22579元。大门镇仁前途村获评2021年全国综合减灾示范社区，大门镇获评浙江省五星级乡镇（街道）食安办。

【大门镇村集体经济发展】2022年，实现村集体总收入4473.53万元，完成率100.1%，同比增长15.67%；完成经营性收入1839.33万元，完成率100.31%，同比增长29.68%。全镇23个村居全面完成总收入30万元和经营性收入22万元指标，全镇无收支倒挂村。完成考核速度名列全区前列；利用扶贫资金，渔农办有效化解363.16万元扶贫资金，新落地扶贫项目3个，带动近68户低收入农户就业增收，户均增收8310.36元。

【大门镇旅游业发展】2022年，大门镇累计完成接待游客60.1万人次，实现旅游收入1498.4万元。举办“花漾海岛·诗画大门”第六届文化旅游节暨油菜花云赏游活动，推出大门首部油菜花海MV上线，大门马岙潭度假区项目运营管理酒店签约。新增民宿4家，新增床位数30张。完成浙江省旅游“微改造精提升”示范点上报6个。完成温州市级示范性精品民宿申报4家。杨梅田村获浙江省A级景区村，小门村、大荆村获浙江省AA级景区村。定期开展民宿安全检查，累计检查26人次，检查42家次，发现28处安全隐患，全部整改完毕。

【党建品牌建设】2022年，建立跨区域党建联盟，首推来料加工型共富工坊打造，共发展点位24家，家庭式小作坊约350户，带动全镇1800多人就业，创成市三星级共富工坊2家，经验做法在《光明日报》、共产党杂志报道。创新推出“一村一蓝图 奋进共富路”系列走访活动18期，建立每周“板凳日”、月度“干事表”、双月“交叉检”、季度“擂台赛”四项机制，现场办公解决260多件发展要事。投用镇级青奥党群服务中心，完成瑞鑫花园、大荆村等市级试点创建2个，办成“幸福要事”85件，协调解决村发展要事240多件，相关做法获省市媒体报道。

【温州液化天然气码头建成】2022年12月30日，温州液化天然气（LNG）接收站项目配套码头工程完工，标志着浙南地区最大液化天然气(LNG)码头建成。该项目位于洞头小门岛，建设规模为新建15万总吨级液化天然气(LNG)码头1座，可靠泊8万～26.6万立方米LNG船舶，年设计通过能力634万吨，总投资90.36亿元。项目初步设计于2021年1月5日获交通运输部批复，2021年7月开工。监管单位是温州市交通工程管理中心。

【农村饮用水水质提升工程投用】2022年7月，大门镇农村饮用水水质提升工程建成投用。建设内容为13个行政村3966户，11617人的饮用水入户管网建设。大门镇农村饮用水水质及供水能力提升工程Ⅰ标段（大门镇东片农村饮用水工程），项目责任单位是大门镇人民政府，设计单位是温州设计集团有限公司，施工单位是温州骏腾建设有限公司，监理单位是浙江万基工程管理有限公司。大门农村饮用水提质及供水能力提升工程2标段（大门镇中西片饮用水工程），项目责任单位是大门镇人民政府，设计单位是温州设计集团有限公司，施工单位是盐城市市政建设集团有限公司，监理单位是浙江万基工程管理有限公司。

（王慧苡）

鹿西乡

【概况】鹿西乡由鹿西岛和南北爿山、四屿、白龙屿、猫山等12个无人岛和26个礁组成，以岛建乡，以岛为名。鹿西岛地处洞头列岛北部，距离洞头本岛16.4千米，东、南临东海，西南隔黄大峡水道与大门岛的观音礁相对，北与台州地区的玉环县隔海相望，地处温州、台州交界海域的核心位置和交通要塞。全岛东西长6.7千米，南北宽1.3千米，岸线长32.75千米，海域面积102平方千米，陆地面积为10.06平方千米，地形以丘陵为主。辖鹿西村、口筐村、东臼村、山坪村、扎不断村、昌鱼礁村6个行政村。辖区户籍数2344户，户籍人口7816人。

鹿西乡推进民生实事项目建设，启动鹿西大陆引供水工程，谋划岛内供水管网村村通户户通工程。鹿西“小而优”教育获区委区政府专题研究发文实施，挂牌成立洞头区第二所老年学堂。建成鹿东线彩色休闲步道3千米，新增太阳能路灯220套。启动鹿西渔港至白龙屿道路提升、景区村、渔村渔巷、渔民养老等项目设计，加快鹿西交通码头综合体项目初设审批。推出“一鹿幸福”工作载体，办好民生实事4件、乡村两级“幸福要事”23件。党群服务中心、文化礼堂等乡村阵地开展活动80多场次，构建鹿岛15分钟品质文化生活圈，辐射“一老一少”人群1300多人次。

深化“无蚊岛”试点创建，通过国家卫生乡复评，获评市级村貌整治样板乡镇，人居环境综合考评连续五年居全区第一位。开展添绿增彩行动，打造“鹿东花道、海景花街、房前屋后”节点，新增绿化面积5000平方米、栽种各类苗木3000多株。整治修复南北爿

马蹄山露营基地（2022年）　　（鹿西乡提供）

山保护区生态环境、完成北爿林相改造项目，整治道路沿线环境，落实河长制、湾滩长制任务。翻新鸟岛观景平台，“万鸥齐飞、群鸥齐鸣”盛况再次登上央视主流媒体。

【鹿西乡渔业发展】2022年，鹿西乡建成投用妩人砉黄鱼声波无网养殖牧场，首批投苗20万尾。东一黄鱼岛公司获准使用“温州大黄鱼”国家地理标志，获评全省渔业共富主体百强，全年产值破9000万元。落地首家蟹公寓养殖项目，南美白对虾亩产2500公斤、产值破600万元。开展“春雷行动”，完成泊港56艘外省籍渔船安全隐患整改，纳管五项必备配置，实现可视化管控。实施海上“千船引领、万船整治”工程，改造3艘引领船。联动鹿西农商行，打通异地渔船贷款授信屏障，贷款42户7838万元，服务保障90%鹿西在外创业渔船。

【鹿西乡旅游业发展】2022年，鹿西乡启动全岛旅游方案设计，制定旅游三年行动计划，通过国家AAA级旅游景区复评。建成渔人码头、白龙屿旅游休闲带、彩虹湾、渔港漫道、马蹄山露营基地等旅游基础设施。举办沙滩音乐节、抖音短视频大赛等活动。开建总投资2.5亿元的鹿西农业现代园区专项债项目，鹿西整岛旅游片区开发工程纳入“洞头诸湾·共富海上花园”EOD项目库。绘制全域手绘地图，开发鹿西旅游智慧导览系统。建设扎不断村高端民宿，规划设计卖相堂通村道路，招引古村落开发项目。举办“黄鱼宴”特色烹饪培训班2期，培训渔嫂、民宿业主34名。提档升级民宿4家，新增省级银宿1家、星级海宿2家，全年接待游客14.09万人，实现旅游综合收入4300多万元。

【鹿西乡基层社会治理】2022年，鹿西乡实体化运行渔家慧社会治理中心，上线全区首个乡级社会智治数据集成平台。推进“大综合一体化”改革，打造“一队多用、一专多能”执法队伍，深化“船老大”调解品牌，建成“共享法庭”3个，基本形成“矛盾纠纷不出岛、司法服务云上办”调解模式。发挥“1+3+N”（1个网格长+3个专职网格员、兼职网格员、网格指导员+其他人员包括党员、驻村干部、志愿者、民兵、警察等）网格团队作用，细化微网格66个，构建“渡口数据联查”“海岸渡口联防”“重点场所联控”“宣传喇叭联响”“关爱服务联动”等“五联”工作机制。深化“无隐患岛”建设，搭建“1+2”（1个共享法庭长+庭务主任和调解员）共享法庭体系，壮大专业司法调解队伍，“警调衔接”助力矛盾纠纷化解，全年累计完成各类调解案件60多起，涉及金额1970多万元。推进“无邪教”三级联创，辖区内无涉邪教人员。防控打击海上走私1起，全乡电信诈骗案件仅发1起，同比下降50%。全年上报分析报告6篇，参与平安夜巡500多人次，巡察整改隐患问题70多个。

【党建品牌建设】2022年，鹿西乡实施“红色根脉强基工程”，开展“点题式”季度村社擂台，村社组织健康运行指数连续两个季度排全区首位，村集体经营性收入增速位居全区首位，2/3村经营性收入50万元以上。优化党群“渔小二”服务机制，引进2家建筑企业，累计完成税收1977万元，超额完成年度任务。聚焦党建引领“共享社·幸福里”核心要义，推出“一鹿幸福”工作载体，办好乡村两级“幸福要事”23件，打造老年大学堂、5G云诊疗、百姓健身房、爱心长者食堂等共享场景，常态化开展“一老一少”党群服务活动80场次以上，开办“鹿曦周末”公益课堂18期。落实全面从严治党主体责任，抓好抓实村级巡察整改、问题村居整治，获评全区全面从严治党考核优秀单位。全年开展效能专项督查46次，印发督查通报17期，书面通报批评23人，“第一形态”处理干部7人。实施“1+3+8”（1个工作目标：以习近平新时代中国特色社会主义思想为指导，坚持问题导向、效果导向，围绕政治纪律和政治规矩，以全乡党员领导干部为重点，以八项具体举措为抓手，树立实干导向、基层导向、前列导向，打造“极限拼搏、专业作战、务实苦干”的鹿西铁军。3个保障机制：加强组织领导、加强宣传引导、加强督查落实。8项具体举措：强化工作例会抓责任落实、实行“驻村联心”增党群关系、推行“拜师学艺”助干部成长、举办“学习沙龙”促素质提升、开展干部家访送暖心关爱、丰富“离岛生活”强身心健康、组织团建活动激干事活力、加强明察暗访提作风效能）离岛干部成长计划，以导师制帮带、多景式培育、全过程关爱举措提升离岛铁军战斗力。

（林小芳）

附录

文件摘录

洞头区关于建设儿童友好城市的实施意见（摘要）

为切实保障儿童的生存权、发展权、受保护权和参与权，根据国家发展改革委《关于推进儿童友好城市建设的指导意见》(发改社会〔2021〕1380号)和中共温州市委办公室 温州市人民政府办公室《关于建设儿童友好城市的实施意见》（温委办发〔2021〕61号）等有关文件精神，结合洞头实际，现就我区建设儿童友好城市提出如下实施意见。

一、总体要求

高举习近平新时代中国特色社会主义思想伟大旗帜，坚持以人民为中心的发展思想，坚持"儿童优先"的原则，构建面向儿童的"政策友好、服务友好、权利友好、空间友好、产业友好、环境友好"六大友好施政体系，全面保障儿童权利，推进儿童友好理念全面融入城市规划建设，优化儿童成长空间和发展环境，提升儿童产业发展水平，积极助力共同富裕海上花园建设。按照先行试点、系统推进的原则，2022年完成第一批市级13个试点单元及重点项目建设，2023年至2025年，在总结试点经验的基础上全面推广，力争通过三年的努力实现儿童友好元素在村（社区）、学校、医院、场馆、公园等公共空间全覆盖，打造儿童友好城市滨海样板，为温州创建儿童友好国家示范城市贡献洞头力量。

二、工作任务

(一)推进儿童政策友好

1.构建儿童友好政策体系。开展儿童发展现状和儿童需求情况调研，在社会发展各领域的政策制定、规划编制和工作部署中，增加儿童优先的衡量指标和具体措施。制定《洞头区儿童友好城市建设三年行动方案》和配套优待政策，编制儿童友好城市建设试点单元、重点项目清单，确保儿童友好城市建设有序实施。结合洞头实际，推进智慧旅游、智慧交通等领域的儿童友好数字化多跨场景应用建设。[区委办（政研室）、区委改革办、区发改局、区经信局、区教育局、区住建局、区文广旅体局、区卫生健康局、区自然资源和规划分局、区妇联、区大数据管理中心]

2.城市规划建设引入儿童视角。引入"1米高度看洞头"儿童视角，按照城市各类儿童友好空间与设施规划建设标准，完善城市功能布局，优化公共空间设计，在新建项目及城市更新项目中落实儿童友好各项设计要求及配建规定，推进城市建设适应儿童身心发展，满足儿童服务和活动需求。(区发改局、区住建局、区自然资源和规划分局)

3.推动儿童参与城市社会生活。建立健全儿童参与公共活动和公共事务机制，在学校、村(社区)组建儿童议事会，让儿童在学校、社区、政府工作中充分表达其需求和意愿。涉及儿童的重大事项事先听取儿童及监护人意见，保障儿童在社会生活、社区发展、家庭事务中的知情权、表达权和参与权。[(区教育局、团区委、区妇联、各街道（乡镇）]

4.发动社会力量支持儿童发展。通过政府委托、项目合作、重点推介、孵化扶持等方式，积极培育儿童服务类社会组织和志愿服务组织。加大政府购买服务力度，将未成年人关爱服务等更多儿童保护与服务项目纳入政府购买服务指导性目录。加强儿童社会工作专业队伍建设，提高服务技能水平。积极发挥社会工作专业人员在为儿童提供服务、维护儿童权益方面的作用。每个街道（乡镇）至少配备1名专职或兼职儿童社会工作者，每个村（社区）至少设立1名儿童主任。积极对接社会各界爱心人士支持关爱儿童慈善项目。（区民政局、区财政局、区妇联）

（二）推进儿童服务友好

5. 发展育儿友好照护服务。建立以家庭为基础、社区为依托、机构为补充的婴幼儿照护服务体系，发展家庭照护、社区统筹、社会兴办、幼儿园托班、单位自建等多样化、多层次的服务模式，到2025年，每千人拥有3岁以下婴幼儿照护设施托位4.5个，实现街道（乡镇）婴幼儿照护服务机构全覆盖。建立儿童疾病健康管理中心，推动80%的基层医疗机构开展标准化发育筛查。（区教育局、区卫生健康局）

6. 建设儿童友好教育高地。大力推进城乡教育一体化、教育公共服务均等化，促进教育公平、提高教育质量，到2025年实施教育重大建设项目11个，普惠性幼儿园覆盖面达100%，优质幼儿园（一、二级）覆盖率达90%以上。完善普职协调发展机制，进一步统筹优化普通高中、职业技术学校布局结构，努力构建学校特色鲜明、课程优质多样、资源开放共享、体制充满活力的普通高中教育体系。建立学科教师教学质量评价体系，开展学科教师教学质量全过程监测。全面落实“双减”工作要求，完善学校、家庭、社会协同育人机制，规范校外培训机构市场。完善流动人口随迁子女入学制度，义务教育阶段基本实现公办学位全供给。进一步完善特殊教育工作体系，坚持轻度残疾儿童少年随班就读、中重度残疾儿童少年集中教育、个别中重度残疾儿童少年送教上门的原则，到2025年基本普及残疾儿童十五年基础教育。（区教育局、区残联）

7. 提升儿童健康服务水平。关注生命早期1000天健康保障，实施妇幼健康促进行动，到2025年严重多发致残的出生缺陷发生率控制在较低水平。深化明眸皓齿工程，提升眼保健和视力检查覆盖率，到2023年力争实现全区儿童青少年总体近视率在2018年基础上每年降低0.5至1个百分点。持续推进中小学生口腔保健和窝沟封闭等儿童免费保健项目，力争2025年12岁儿童龋齿患病率控制在25%以内。关爱自闭症儿童，完善心理健康教育体系，健全儿童心理咨询和疏导机制、儿童心理危机预警干预机制，探索建立“家—校—医”联防心理干预体系，为有需要的儿童及时提供心理创伤干预。（区教育局、区卫生健康局、区妇联）

8. 健全儿童医疗保障。完善儿童三级诊疗服务网络，加快标准化妇幼保健机构建设，加强医疗机构新生儿科、儿科与儿童保健科建设。加快复合型儿童医学人才培养，提高全科医生的儿科专业技能。完善儿童医疗保障和救助制度，提高重特大疾病保障精准度，进一步加大对罹患大病、慢性病的儿童等特定人群和贫困家庭倾斜力度。落实困境儿童基本医疗保障政策，着力解决贫困家庭、流动人口家庭断保、漏保问题。（区民政局、区卫生健康局、区医疗保障分局）

9. 丰富儿童文体服务供给。加强城市书房、农家书屋等建设，设立儿童阅读区、儿童图书专区，为不同年龄段儿童提供适合其年龄特点的图书。到2025年，建有1所以上多功能儿童活动中心。全面实施国家学生体质健康标准，建立学生体质健康档案。加强适宜儿童的活动设施建设，提倡公共体育设施免费或优惠向周边学校和儿童开放。增加儿童校外活动空间，依托图书馆、市民活动中心、蓝色海洋科普馆、海窑艺术中心等阵地，举办青少年科技、艺术、体育等校外活动。（区委宣传部、区文广旅体局、区妇联、区科协）

（三）推进儿童权利友好

10. 完善普惠型儿童福利体系。积极开展适度普惠型儿童福利制度建设，建立儿童福利保障体系，提升儿童福利水平。推进儿童福利机构转型优化提质，鼓励完善内部家庭式居所，推广家庭式养育模式。探索将普惠性婴幼儿照护服务纳入政府购买服务指导性目录，鼓励婴幼儿照护机构购买意外伤害保险。完善孤儿和困境儿童基本生活补贴标准动态增长机制。统筹推进社会散居孤儿和机构孤儿生活费统一标准，切实加强困境未成年人基本生活兜底保障。（区民政局、区财政局、区卫生健康局）

11. 加强特殊困境儿童分类保障。建立健全分层分类的救助制度体系，落实孤儿、困境儿童基本医疗保障政策。将符合特困、低保、低边条件的儿童家庭纳入救助范围。健全留守流动儿童关爱服务体系，建立健全信息库和动态管理机制。加大对困难家庭重病、重残儿童基本生活保障力度。落实孤儿和事实无人抚养儿童社会保障政策，精准明确保障对象，满足孤儿和事实无人抚养儿童生活、教育、医疗康复、住房等方面需求。[区委组织部（关工委）、区民政局、区财政局、区医疗保障分局、团区委、区妇联]

12. 提高残疾儿童康复服务水平。加强残疾儿童康复服务保障工作，为儿童在定点康复机构的康复费用给予补助。优化残疾儿童筛查、诊断、治疗、康复一体化工作机制，探索建立残疾报告和信息共享制度。完善残疾儿童康复服务制度，提高康复服务质量，满足残疾儿童康复医疗、辅助器具、训练等康复服务需求。加快残疾儿童服务设施建设，完善重度残疾儿童照护服务，推进精神障碍儿童社区康复服务。支持儿童福利机构面向社会残疾儿童及其家庭开展替代照料、育养辅导、康复训练等服务和指导支持。增加孤残儿童养护的专业服务机构数量，提高0—6岁残疾儿童抢救性康复率。（区民政局、区卫生健康局、区残联）

（四）推进儿童空间友好

13. 推动适儿化空间改造。贯彻实施国标、行标、地方标准中涉及儿童使用的公共设施建设指引和强制性标准。统一儿童服务设施和标识标牌系统，推动公共场所建设母婴室、儿童厕位及洗手池、儿童休息活动区等。结合美丽城镇建设、老旧小区改造、未来社区和未来乡村建设，完善社区、村居儿童学习、活动等公共设施适儿化改造提升，打造休憩空间、趣味空间，提升风雨连廊、休息座椅等服务设施的设置。加强对适儿化空间改造工程项目的质量监督和施工安全监管。[区经信局、区教育局、区住建局、区交通运输局、区农业农村局、区文广旅体局、区卫生健康局、区综合执法局、区自然资源和规划分局、各街道（乡镇）]

14. 保障儿童出行安全。完善慢行交通体系，加强人行道、自行车道规划建设。完善校园周边交通安全设施，全面优化现有中小学、幼儿园交通出入口、校园周边步行线路规划和人行设施。以居住小区和学校周边道路为重点，试点推广爱心斑马线等儿童安全出行系统。加强交通安全教育，推广使用儿童安全座椅和安全头盔，推广儿童步行及骑乘非机动车使用反光标识。到2023年，基本实现中心城区居住小区及学校周边道路儿童安全出行全覆盖。（区教育局、区公安分局、区交通运输局、区住建局、区综合执法局）

15. 开展儿童友好单元建设。结合“共享社·幸福里”建设，推动儿童友好元素有机融入，以儿童这一最大公约数推动构建居民生活共同体、基层治理新格局。到2023年，全区基本实现儿童友好元素在未来社区和未来乡村试点和老旧小区改造中全面推广。加快推进示范型“儿童之家”建设，到2025年，全区基础型“儿童之家”覆盖率达100%，示范型“儿童之家”达到儿童之家总数的15%以上。[区委组织部、区民政局、区住建局、区农业农村局、区妇联、各街道（乡镇）]

16. 建设儿童友好的绿色自然生态。加强儿童生态环境保护意识培养，积极开展环境保护和生态文明宣传教育，把生态文明教育纳入国民教育体系，融入课程设置、校园活动、社会实践等环节。推进生态环境科学基地和中小学环境教育社会实践基地建设。倡导低碳生活和绿色消费，鼓励儿童参与“五水共治”、垃圾分类等环保活动，引导儿童践行低碳生活和绿色消费。开展儿童友好公园建设，推进同心公园、南塘湾公园、沙滩公园设置游戏区域和游憩设施。（区教育局、区生态环境分局、区综合执法局、洞头城发公司）

（五）推进儿童产业友好

17. 打造儿童研学产业生态链。重点围绕研学旅游、文化科普、军旅体验、亲子研学等主题，强化资源要素整合和重大项目招引。依托洞头海洋资源和生态资源优势，打造贝雕、海陶、海霞村（军事拓展）等十大研学旅游基地，积极开发海岛生态研学科普、红色海霞研学体验与摄影培训艺术研学四大主题产品，构建集学、游、吃、住、乐等于一体的全产业链研学旅行产业。（区委宣传部、区海霞学院、区文广旅体局、区市场监管局、区投资促进服务中心）

18. 推动儿童文旅产业创新发展。依托青山欢乐岛、“白鹭湾”海渔文化度假区、东海贝雕艺术博物馆等项目建设，推动儿童友好与文旅产业深度融合。进一步发扬传承洞头非遗文化，打造七夕成人节、亚洲螺钿文化研讨会等品牌活动。充分发挥海岛优势举办滨海体育赛事，放大赛事IP“溢出效应”，形成“以会助产、以赛促产、以节兴产”良好局面。（区文广旅体局、洞头旅发公司）

（六）推进儿童环境友好

19. 营造和谐幸福的家庭环境。加强未成年人思想道德建设。深入实施《家庭教育促进法》，出台洞头区家庭教育“十四五”规划，构建学校家庭社会协同育人体系。深入开展最美家庭选树活动，实施“母亲素养十百千万行动”，加强“新时代家庭观”宣传。实施“看见·幸福家”计划，开展“最美家庭双联盟双服务”“千村万户亮家风”等好家风传承弘扬活动，推动社会主义核心价值观在家庭落地生根。（区委宣传部、区精神文明建设指导中心、区妇联）

20. 建设健康向上的人文环境。依托新时代文明实践中心、文化礼堂、乡村“复兴”少年宫、儿童之家等场所，开展儿童友好主题活动，普及“儿童优先、倾听儿童的声音”等核心理念。组织优秀传统文化、非遗文化进校园、进课堂活动，开展共青团、少先队实践活动。开展文化市场专项整治等行动，加大查处传播淫秽、色情、凶杀、暴力、封建迷信和伪科学的出版物及儿童玩具、饰品的力度。鼓励创作符合儿童特点的优秀文化产品。（区委宣传部、区精神文明建设指导中心、

区教育局、区文广旅体局、团区委、区文联）

21.打造健康文明的网络环境。严格网络文化市场管理与执法，集中整治网络游戏、视频、直播、学习类移动应用软件传播影响未成年人身心健康的有害信息。综合防治儿童沉迷网络，建立“政府+网站+学校+家庭+社会”五位一体的青少年网络沉迷防治工作机制，严厉打击侵犯未成年人合法权益的网络违法犯罪行为。（区委宣传部〈网信办〉、区教育局、区公安分局、区文广旅体局）

22.全方位保障儿童安全。健全街道（乡镇）、村（社区）、派出所以及学校一体化、多方联动的儿童保护网络和儿童交通、溺水、中毒等重点易发意外事故预防和处置机制。落实食品安全校（园）长负责制，开展“智安校园”建设，提升校园安全防范能力。加强儿童和学生用品质量安全监管，持续开展监督检查和专项整治。强化防灾减灾儿童安全教育，开展形式多样的安全教育和应急演练活动，储备面向儿童需求的重要应急物资。（区委政法委、区教育局、区公安分局、区应急管理局、区市场监管局）

23.多维度强化儿童司法保护。认真贯彻《未成年人保护法》等法律法规，开展内容丰富、形式多样的法治宣传教育。深化家事审判改革，推进未成年人合法权益最大化。加强未成年人预防性侵害教育，推行女童保护“一校一讲师”制度，严格落实侵害未成年人案件强制报告制度。建立重点人群和高风险家庭排查机制，建立从事未成年人服务工作人员入职审查机制。强化司法监督，加强未成年人专业化法律援助队伍建设，保障符合国家司法救助条件的未成年人获得有针对性的经济救助、身心康复、生活安置、复学就业等多元综合救助。加大未成年工劳动权益保护宣传力度，加强儿童保护普法教育。建立未成年人个案会商制度，支持青少年事务社工机构、相关社会组织参与到涉未成年人保护案件中。（区法院、区检察院、区委政法委、区教育局、区公安分局、区民政局、区司法局、区人力社保局、区卫生健康局、区市场监管局）

24.预防未成年人犯罪。加强对未成年人的预防犯罪教育，降低未成年人犯罪人数占未成年人口比重。建立家庭、学校、社会共同参与的运作机制，对有不良行为的未成年人实施早期介入、有效干预和行为矫治。落实未成年违法犯罪分级干预。及时制止、处理未成年人严重不良行为和未达刑事责任年龄未成年人严重危害他人及社会的行为。对涉罪未成年人坚持依法惩戒与精准帮教相结合，加强涉案未成年人观护帮教，为涉案未成年人提供心理咨询、心理疏导、心理治疗等心理健康服务。探索建立亲职教育制度。保障涉罪未成年人免受歧视，依法实现其在复学、升学、就业等方面的同等权利。（区检察院、区教育局、区公安分局、区民政局、区司法局）

三、工作保障

（一）加强组织领导。成立区儿童友好城市建设工作领导小组，由区委书记任组长，区委副书记、区长任第一副组长，区委、区政府分管（联系）负责人任副组长。领导小组下设办公室和六个专题组，办公室设在区妇联。领导小组实行季度例会制度，研究解决重大问题；专题组实行月度报送制度，协调推进重点工作。建立专家智库，与专业机构和高校建立合作，定期对项目推进和实施情况开展督导评估。

（二）强化工作落实。实行督考通报机制，建立完善儿童友好城市建设工作综合考核机制，实施评价、奖惩、示范相结合的工作模式。将儿童友好城市建设工作经费纳入同级财政预算，整合城市规划、交通道路、文化旅游等各类专项资金支持儿童友好城市建设。

（三）加强宣传交流。开展儿童友好城市公益宣传，倡导儿童友好理念，创新宣传模式，全方位、多形式、立体化宣传儿童友好城市建设中的经验和成效，提高儿童友好城市建设的知晓度和参与度。

关于高质量打造海上花园文化高地加快推进共同富裕海岛样板建设的行动计划（2022年）（摘要）

为贯彻落实《关于加快推进新时代文化洞头建设的实施方案（2021—2025年）》（洞委办发〔2021〕49号）精神，不断提升洞头文化软实力、竞争力和影响力，加快打造与高质量发展建设共同富裕海岛样板相适应的新时代文化高地，特制定本行动计划。

一、总体目标

以提升城市精神凝聚力、地域文化辐射力、城市品牌影响力、公共文化服务力、文化产业竞争力和数智赋能引领力为主攻方向，全面实施十大文化行动计划，走出一条具有洞头特质的文化建设之路，加快打造与高质量发展建设共同富裕海岛样板相适应的新时代文化高地。

二、主要任务

1.文化资源优化行动。优化城乡文化资源配置，高标准规划建设一批代表洞头形象、展现洞头特色的公共文化场馆，推进文化建设与城市发展有机融合。建成亚洲螺钿艺术博物馆，推进名家美术馆建设，打造燕子山文化艺术场馆集聚区。建设1个文化驿站，50个品质文化生活圈，提升街道（乡镇）综合文化站和农村文化礼堂，推进健身场地有效供给扩大，打造“城区10分钟文化圈、运动圈”和“农村20分钟文化圈、运动圈”。进一步巩固提升文化礼堂、文化家园，打造一批临海型、田园型文化礼堂，加强文化礼堂日常管理、活动常态、乡风培育等“建管育用”。

2. 海霞文化赋能行动。加快海霞营地核心区建设，形成“一馆一院一营一路一园”新布局，全面激活海霞红色活力。拓展和推广洞头红色研学线路，发布红色旅游手绘地图，做大做强海霞红色研学，让红色文化“活”起来。完成海霞青年营建设，丰富业态形式，做好常态化运营。做好《渔家姑娘在海边》歌曲在洞头各大景区播放和电话彩铃设置。

3. 文明实践润心行动。深入贯彻《新时代公民道德建设纲要》，在全社会形成良好的道德风尚。深入开展道德模范、“最美人物”、身边好人等系列评选，选树一批典型人物，完善群众参评机制，新建一批道德阵地，用好各类道德场馆，扩大道德示范效应。深化新时代文明实践工作，健全志愿服务相关制度，完善新时代文明实践云平台数字应用，让志愿服务融入生活。深入实施文明城市、文明村镇、文明单位、文明校园等群众性精神文明创建活动，全力打造下社、东岙、半屏等一批乡风文明示范村（社区）。

4. 传统文化传承行动。持续开展闽瓯文化研究工程，推进闽瓯文化寻根行活动，深入研究洞头海洋民俗文化根脉，形成一批以谱牒文化为龙头、以海洋民俗文化为重点的闽瓯文化研究成果。深化文物保护工作，稳步推进文保单位修缮保护和乡村博物馆建设。开展非遗在社区试点工作，打造“非遗集市”的非遗传承品牌活动。围绕“千年商港、幸福温州”挖掘洞头元素，推进叶宅、海蜇行等一批老宅保护开发利用，重现商港辉煌。

5. 文化精品创作行动。建立健全文艺精品创作工作机制，加大对文化“精品、优品、新品”的支持力度，完善尊重原创、鼓励“冒尖”、呵护创作的激励机制，激发文艺工作者的创作热情。

结合共同富裕海岛样板打造，聚焦当代文学、舞台艺术、视觉艺术等重点领域，抓好一批以海岛元素为主题的村歌、故事、舞蹈、戏剧等具有洞头地域特色的文化艺术精品创作，掀起“海岛文化热”。

6. 群众文化普及行动。深化全民技艺普及，健全供需对接、骨干带动、常态赛演、阵地共享等机制，探索建立未来社区、未来乡村文化落地机制，打造“共享社·幸福里”试点样板。深入实施“乡村文艺繁星计划”，以建设“中国广场舞之岛”为抓手，通过打造村民“共同参与、共同创造、共同分享”的公共文化服务新模式，培育村民文化生活自我供给能力，推动“送文化”向“种文化”转变。搭建群众文化交流展示平台，高水平办好海洋文化节、艺术节、全民阅读节等文化活动，让文化融入市民生活，为市民提供多元化、品质化的公共文化服务。

7. 文化产业提质行动。加大文化产业招商引资和机制创新，探索实践文化产业市场化经营，借鉴外地经验，成立文化资产管理委员会。谋划建设区文化艺术中心，支持和鼓励婚旅、海陶、贝雕等一批具有洞头特色的文化产业发展。推进文创产业服务平台打造，孵化一批专精特新小微文化企业。制定《关于加快文化产业发展的若干扶持政策》，加大文化产业和新兴业态文化企业培育力度。加快推进青山欢乐岛、梦幻海湾、白鹭湾海渔文化等一批重大文旅招商项目建设，培育一批在全市具有影响力的文旅体企业。

8. 城市文化培育行动。加强城乡风貌管控，建立城乡规划建设文化评估制度，对各项规划、重大工程和重要建筑的设计建设方案，从文化角度加以考察与评审，全面推进城乡建设“文化+”。稳步推进中心街文化街区、城市会客厅等场景打造，加快推进海上运动中心落地，培育城市时尚文化。加大新媒体平台文化文艺产品生产力度，拓宽抖音、快手、视频号等平台，打造一批非遗、旅游、历史文化、地方民俗等系列短视频，提升平台“黏度建设”。持续做好“海上花园 百岛洞头”文旅IP形象传播，并做好成果应用和展示，形成社会共识和共鸣。

9. 文化品牌提升行动。擦亮洞头文化品牌标识，打造“中国摄影之岛”，定期举办各类赛事活动，打造一批摄影特色村庄和百家摄影主题民宿。举办亚洲螺钿文化研讨会，争创“中国螺钿文化之乡”文化品牌。定期举办“国际海洋诗歌节”“中国渔民画大展”等高规格活动赛事，持续深化妈祖、七夕、紫菜、开捕等海岛特色文化品牌。分类制定“海上花园”系列宣传口号，深入研究“花园元素”在书籍、诗篇、画作、路标及建筑中的应用融入，打造具有辨识度的载体场景，做好重点节点（入城口）“海上花园欢迎您”等标语标识的打造。推进相思树、三角梅等文化挖掘，做好区树区花等文化品牌符号建设和推广。

10. 文化人才引育行动。搭建艺在洞头文艺平台，充分利用政协书画院、文化驿站、文化礼堂等阵地，展现洞头各类文艺人才的成就与风采，以举办个人专场演出、展览、讲座等形式，扩大本土文艺人才和艺术作品的影响力。探索出台文化人才礼遇办法，建立文化人才

"名誉+奖励+地位"的激励机制，建立人才挂钩联系制度，关心关爱文化人才的成长进步。推出"洞头文艺名家新峰计划"，重点培养一批45周岁以下中青年文艺家，强化本地文艺名家培育。深化非遗代表性传承人的认定、管理和扶持工作，壮大非遗项目传承人队伍。

三、组织保障

（一）强化组织领导。各级党委（党组）要坚持党管意识形态不动摇，不断巩固马克思主义在意识形态领域的指导地位。把高水平推进海上花园文化高地建设摆上重要位置，特别是"一把手"要提升驾驭文化工作能力、领导意识形态工作能力，创新性推动文化建设工作，推出一批典型范例，打造地方样板。要把海上花园文化高地建设工作纳入考核考绩，加强督促检查，加强过程监督，加强跟踪问效。

（二）强化创新驱动。持续深化文化体制机制创新改革，谋划推进一批具有牵引力的重大文化改革项目，走出一条具有洞头特色的文化改革发展路子。健全《"最美洞头人"礼遇和帮扶实施办法》，推进全域文明。出台社会力量办文化事业激励政策，使洞头成为社会力量办文化事业的典范。

（三）强化数字赋能。创新文化领域整体智治、文化政务、公共文化服务、文化产业、文明实践、网信智治等数字化综合应用，推动文化领域数据共享、业务协同、互联互通、数智集成，构建跨部门、跨行业、跨层级、跨地域的文化领域工作一体化协同平台，着力提升文化治理水平。同时，要深入研判分析我区宣传思想文化领域存在的难点堵点，打造相适应的特色应用场景，并推荐到省市级数字文化平台。

（四）强化要素保障。全面梳理集成国家和省市支持文化事业、文化产业发展政策，研究制定更有针对性的政策举措，形成强大的政策红利效应。积极探索多元化、多渠道、多层次的财政投入机制，确保财政文化投入水平与区域经济社会发展水平相适应。扩大区级文化产业发展专项资金规模，优化使用办法，加强绩效评价结果应用，提高资金使用效益。

关于实施残疾人家庭共同富裕"369工程"的意见（摘要）

为贯彻落实《洞头打造高质量发展建设共同富裕示范区海岛样板实施方案（2021—2025年）》（洞委发〔2021〕28号）精神，现就推进残疾人家庭共同富裕提出如下意见。

一、总体要求

（一）指导思想

高举习近平新时代中国特色社会主义思想伟大旗帜，深入贯彻落实习近平总书记关于残疾人事业发展的重要论述和党中央、国务院决策部署，坚持以人民为中心的发展思想，坚持以"党旗所向就是残疾人美好生活的方向"为政治引领主线，立足新发展阶段、贯彻新发展理念、构建新发展格局，以解决阻碍残疾人共同富裕的"玻璃门""隐形槛"为主攻方向，奋力打造残疾人共同富裕样板和"重要窗口"特殊风景线，确保全区残疾人在共同富裕和现代化道路上"一个都不掉队"。

（二）总体目标

贯彻落实《全面推进残疾人事业高质量发展 促进残疾人共同富裕意见》（温委办发〔2022〕22号）精神，聚焦洞头残疾人事业发展不平衡不充分的具体问题，紧扣促进残疾人共同富裕和全面发展，突出高质量发展要求，以满足残疾人日益增长的美好生活需要为根本目标，分类、分级、分层、分项实施九项改革创新措施，按照重点领域推广"普惠"、重点群体先行"特惠"的原则，推进助残"最多跑一次"改革、康复融合发展、特殊残疾人全生命周期帮扶、残疾人维权保障、新型辅助性就业帮扶、社会化联动助残等残疾人共同富裕的六个重点领域建设。到2025年，构建城乡社区残疾人庇护服务、残疾人家庭关爱帮扶、"红色领航·残健共融"社会助残等海上花园特殊风景三大支撑体系，努力交出残疾人共同富裕建设高分报表。

二、具体措施

（一）完善城乡社区残疾人庇护服务体系建设

1. 实施特殊儿童康教综合服务改革。推进未成年残疾人成长周期康教综合服务一体化，优化设施建设，建立洞头区特殊儿童康教综合服务中心，按照学龄前、16—20周岁分段，探索义务教育阶段两头延伸的特殊儿童"无长假期"日间托管模式，为特殊儿童提供随班就读适应期、社会融入适应期的日间照料、基础生活常识和能力训练帮教、就业技能培训、居家康养上门指导等相融合的社区康教综合服务，最大限度适应特殊儿童成长周期，最大限度增强残疾儿童成年后适应和融入社会的能力，推动特殊儿童基本康教服务全覆盖。强化专业力量支持，卫健、人力社保、公安、民政、残联等部门组建特殊儿童康教项目指导团队，制定符合本地实际和特殊儿童缺陷补偿需求的康训、职业技能培训、安全防护指导等项目。优化运行机制，保障基础运行资金，有效衔接残疾儿童抢救性康复工作，打通特殊儿童成年后进入"残疾人之家"的转接机制，采取政府购买服务的方式，由助残社工机构承接运行管理，接收学龄前特殊儿童超过5人以上的，每超1人，参照（温委办发〔2022〕22号）

残疾儿童康训费补贴标准给予运行补助，接收特殊学校毕业的残疾学生和其他 20 周岁以下成年心智残疾人，按照“残疾人之家”补助标准给予运行保障，管理人员配备按 1:5 配置。

2. 实施心智残疾人全生命周期庇护。以精神、智力残疾人为主体，全面打通未成年、中青年、老年三个年龄段心智残疾人转送衔接渠道，在不同时期提供针对性、多样化的庇护服务，保障心智残疾人从出生到老年“幼能康复、小能康教、大能工疗、老能安养”。加快复合型残疾人庇护服务机构建设，进一步规范“残疾人之家”运行管理，加大运行保障力度，完善优惠政策，鼓励和支持民办残疾人托养定点机构设置四星级以上“残疾人之家”标准的服务功能，到 2023 年各街道（乡镇）建有三星级以上“残疾人之家”标准的社区庇护服务中心，为辖区重度残疾人提供助残领域“最多跑一次”“喘息服务”（临时托管）等兜底保障服务，霓屿街道社区庇护服务中心按照四星级以上“残疾人之家”标准设置全托服务功能，为心智和重度肢体残疾人提供机构安养适应性过渡期服务。

3. 实施残疾人临时监护应急联动介入。依据《民法典》有关临时监护（临时照护）的规定，全面升级重度残疾人临时托管机制，试行残疾人临时监护应急联动介入，强化政府在残疾人家庭突发事件中的兜底保障职责。以心智残疾人和生活完全不能自理的重度肢体残疾人新办《残疾人证》或提高残疾等级为关口，建立数字化残疾人信息联动预警机制，为出现家庭监护能力突发弱化、短期内无人照料状态的残疾人提供基本生活保障。完善主动发现机制，对发现正在遭受侵害或处于无人照料的疑似残疾人对象，及时介入维护合法权益。健全残疾人公益诉讼机制，对遗弃、虐待等原因实施临时托管或临时托管期间侵害残疾人合法权益的违法行为，依法追究法律责任。全面打通政府惠残资金统筹机制，强化监督闭环，切实将政府惠残政策资金用于残疾人临时监护期间的基本生活、医疗救治等保障性支出。

（二）完善残疾人家庭关爱帮扶体系建设

4. 完善促进残疾人家庭就业政策。试行“1+1”残疾人家庭新型辅助性就业帮扶。建立残疾人家庭居家辅助性就业经纪人机制，为居家照护重度残疾人的直系亲属提供来料加工上门送取服务，各“残疾之家”（残疾人辅助性就业帮扶中心）为庇护对象的居家照护亲属提供辅助性就业。加强对重度残疾人家庭中劳动年龄段内照护人的就业岗位推荐帮扶工作，鼓励和支持各用人单位为职工的心智和重度肢体残疾成年子女提供辅助性公益岗位。

5. 加大残疾人家庭医疗和康复帮扶。实施残疾人全员免费参加商业医疗保险（温州益康保），推进“城乡医疗保险 + 意外伤害保险 + 商业医疗保险”参保全覆盖。推进残疾人社区康复服务网络建设，组织养老机构、社区居家养老服务机构、残疾人托养机构、“残疾人之家”工作人员开展基本康复专业知识和技能的培训。加强居家康复指导精准化，加快残疾人家庭康复器具、辅助器具适配普惠化，建立辅助器具免费短期借用服务机制。扩大辅助器具补贴目录和范围，加大 60 周岁以下、二级以上的三瘫一截肢体重度残疾人购买康复器具、辅助器补贴力度。

6. 重视残疾人家庭关爱帮扶。深化助残领域数字化改革，推进“关爱有声”项目，依托智能音箱设备，借助语音交互技术，为残疾人提供“可说即可得”的精准化、人性化服务。加强残疾人家庭妇幼保健指导，健全心智残疾妇女生理健康、重度残疾人家庭婴幼儿保健等服务机制，加大肢体、视力等重度残疾人家庭育婴帮扶。加强“一老一残”“一小一残”“一户多残”家庭的重度残疾人居家照护帮扶，支持购买居家养老基本服务和向辖区居家养老照料服务中心购买送餐服务，定期组织开展居家照护培训、居家康复、心理辅导等上门指导服务和各类慈善公益活动。关注长期入住市域以外托养机构的洞头籍困难残疾人群体，区残联对收住 10 人以上的机构每年开展不少于 1 次的探访关爱活动。

（三）完善“红色领航 . 残健共融”社会助残体系

7. 加快残疾人共富帮扶网络建设。建立残联机关党群服务分中心，坚持“红色领航 . 群心向党”的核心主线，由区残联统筹助残社工机构、残疾人专门协会、基层残疾人工作者队伍等力量组成运行团队，以区残工委成员单位机关党建服务需求、助残服务需求和残疾人关爱帮扶需求为导向，以“残疾人之家”等残疾人服务机构为平台，以基层残疾人工作网络和社会组织为支持，开展“助残共富先锋行”党建助残结对共建项目和活动，密切区残工委各成员单位与残疾人的联系，引导机关党建力量引领助力残疾人共同富裕。强化残疾人工作领域的政治性、先进性、群众性，积极推荐优秀残疾人参选“两代表一委员”，为区政协委员中的残疾人工作者和残疾人建立专门工作室。健全和完善残疾人社会组织党组织建设，探索建立残疾人专门协会拓展党支部，动员和支持机关事业单位的残疾人（精神、智力残疾人的亲友）党员担任委员，加大对优秀残疾人的引导和教育，鼓励和支持优秀残疾人入团入党，积极发挥残疾人在社会治理和共同富裕的助力作用。探索助残领域网络“文化礼堂”建设，升级残疾人“文创园”功能，为居家照料的重度肢残青年和特殊儿童等特殊群体家庭打造“精神家园”。

8. 推进“阳光助残”系列项目。紧密“党建＋团建＋群建”融合，在区残联设立阳光助残社会实践基地，建立校地协调推进机制，加强和医科院校的全方位合作，在残疾康复理论实践、专业成果转换、医务社会工作人才培育、重大课题研究等方面建立长期、全面、深度、精准的战略合作关系，鼓励医科院校学生志愿者在助残康辅实践“小微创新”，推动形成“红色领航”助残志愿服务、重度残疾人居家康复辅助指导、残疾儿童辅助康教等校地合作品牌项目。广泛动员社会爱心力量，整合社会资源，对居住环境需要提升的残疾人家庭实施“净居亮居暖居工程”，加大无障碍理念培育力度和知识培训广度，推进九类公共场所无障碍服务大提升，积极组织社会各界开展无障碍环境建设评估及体验活动。

9. 加快专职助残社会工作者队伍培育。加大对残疾人专职委员的培训力度，提高专业化社会工作水平。鼓励和支持残疾人参加国家社会工作师资格考试，按照取得资格证书等级分别给予相应金额的培训补助；加大专业助残社工机构培育和扶持，按照辅助性就业、残疾人就业孵化等政策和助残社工培育公益创投项目，为残疾人和残疾人子女提供社工孵化岗位，积极向基层残联、残协推荐和输送残疾人社工。支持助残社工机构承接“两项补贴”项目化服务、“最多跑一次”改革助残代跑服务等政府购买助残领域公共服务事项，对提供的各类就业创业服务项目、活动给予就业创业服务补贴。

三、工作要求

（一）强化组织保障。残疾人家庭共同富裕“369工程”是区委、区政府支持洞头残疾人事业高质量发展、促进残疾人共同富裕的改革创新举措。各街道（乡镇）、各相关部门单位要提高思想认识和政治站位，强化部门齐抓共管、协调联动，认真组织实施，形成推进残疾人家庭共同富裕的强大合力。区残工委负责组织、协调、指导、督促各项工作，建立健全多部门协调联动的推进机制。各职能单位要根据本部门职责，抓紧制订具体配套措施，指定专人负责工作任务的落实和推进，确保残疾人家庭共同富裕各项工作取得实效。

（二）强化监测机制。建立完善指标评估体系，对各项任务执行情况进行督查、监测和跟踪问效，及时发现和解决执行中的问题。区政府残工委要对实施情况进行中期检查评估和末期评估，各相关单位要及时开展工作总结，分析工作中存在的问题，抓好整改落实，提炼工作经验，在打造“新时代全面展示中国特色社会主义制度优越性重要窗口”和海上花园特殊风景线上形成总体效应，在促进残疾人共同富裕上取得成效。

（三）强化宣传引导。广泛宣传残疾人家庭共同富裕各项举措，及时准确发布信息和政策解读，正确引导社会预期。深入挖掘报道残疾人家庭共同富裕的典型案例和精彩故事，引导公众参与，提高残疾人为主的群众对残疾人家庭共同富裕工作的知晓率、获得感和满意度。

（洞头年鉴编辑部）

2022年洞头区国民经济和社会发展统计公报（摘要）

（2023年3月23日）

2022年，洞头坚持以习近平新时代中国特色社会主义思想为指导，全面落实“疫情要防住、经济要稳住、发展要安全”重要要求，统筹抓好“稳进提质、除险保安、塑造变革”，积极推动产业聚变、城市蝶变、幸福跃变，各项事业发展迈上新台阶。

一、综合

初步核算,2022年全区地区生产总值137.16亿元（不含海经区地区生产总值111.48亿元，下同），比上年增长5.4%（5.8%）。分产业看，第一产业增加值7.74亿元，增长8.8%；第二产业增加值53.92亿元，增长2.8%，其中工业增加值31.89亿元,增长6%；第三产业增加值75.5亿元,增长7.1%。按户籍人口计算，全区人均地区生产总值89166元（85714元）[按年平均汇率折算为13257美元(12743美元)]，比上年增长5.7%(6.5%)。国民经济三次产业结构为5.7∶39.3∶55.0。

二、渔农业

全年实现农林牧渔业总产值159836万元，比上年增长13.1%；其中农业产值3155万元，增长22.5%；林业产值254万元，下降18.3%；牧业产值1385万元，下降26.4%；渔业产值155038万元，增长13.5%。农作物播种面积1272公顷，比上年增长2.5%；其中粮食作物播种面积781公顷，增长2.4%；粮食作物中谷物播种面积47公顷，下降1.8%，番薯播种面积386公顷，下降0.8%，马铃薯播种面积199公顷，增长4.4%。

全年渔业总产量20.4万吨，比上年增长10.2%，其中捕捞产量14.4万吨，下降4.7%，养殖产量6.0万吨，增长76.1%。拥有“洞头羊栖菜”“洞头紫菜”2个地理标志证明商标；创成国家级渔业健康养殖示范场5家，省级水产健康养殖示范场10家、市级标准化示范基地2家，“瓯越鲜风”品牌授权示范基地3家。

三、工业和建筑业

全年规模以上工业增加值34.93亿元，比上年增长14.8%；其中，装备制造业、战略性新兴增加值分别比上年增长24.8%、38.8%，占规模以上工业的比重分别达44.9%、38.5%。实现规模以上工业总产值183.49亿元，比上年增长7.4%。工业用电量1.69亿千瓦时，比上年下降2.1%，规上工业企业利润总额4.02亿元，比上年下降7%。

全年实现建筑业总产值68.38亿元，比上年下降27.1%；其中，省内建筑业产值58.5亿元，下降26%。全区拥有三级以上资质的建筑企业68家，实现利润总额1.25亿元，下降63.9%。

四、固定资产投资和房地产业

全年限额以上固定资产投资比上年增长25.8%，其中民间项目投资增长5.2%，交通投资增长62.8%，高新技术产业投资增长101.4%，制造业投资增长88.3%，工业投资增长48.1%，生态环保、城市更新和水利设施投资下降13%。年度计划投资五千万以上重点项目完成投资56.16亿元，为年度计划的116.8%。

全年房地产开发投资11.22亿元，比上年下降7.2%；房屋施工面积97.3万平米，比上年增长3.5%；受房地产市场宏观调控政策等因素影响，商品房现（期）房销售面积7.08万平米，比上年下降21.6%。

五、内外贸易和旅游

全年完成社会消费品零售总额61.38亿元，比上年增长16.2%。批零住餐实现销售总额351.45亿元，比上年增长21.5%，其中限上批零住餐销售额299.83亿元，增长24.6%。

实现网络零售额6.7亿元，同比下降1.2%。全年外贸进出口总额23.6亿元，比上年增长29.67%，其中出口额7.72亿元，增长21.12%。按企业类型分，外贸流通企业出口额4.23亿元，增长43.14%；生产企业出口额3.49亿元，增长2.05%。

全年接待游客291.2万人次，比上年下降4.4%，实现旅游总收入34.6亿元，比上年下降3.1%。做好民宿迭代升级文章，东岙村被列入全省首批金3A级景区村庄培育名单，建成星级“海宿”18家。拥有民宿床位6146张，省级银宿11家，金鼎级特色文化主题饭店1家、银鼎特色文化主题饭店1家、四星级饭店1家、三星级饭店1家、市示范性民宿集聚村各7家；省4A级景区城1个、4A级景区镇2个、国家4A级景区1个、3A级景区各2个、3A级景区村17个。

六、交通、邮电和电力

共有海运企业19家，总运力规模93.5万载重吨，拥有万吨级以上船舶22艘（其中5万吨级以上1艘）。全年完成全社会货运量4080万吨，比上年增长20%；货物周转量366.53亿吨·公里，增长17.7%；港口货物吞吐量1000万吨，增长12.6%；全社会客运量797万·人次，下降7.9%，客运周转量14399万人·公里，下降12.9%。拥有外贸航线10条，完成集装箱吞吐量58.3万标箱。

全年固定电话用户11664户，比上年增加47户；移动电话用户143727户，比上年增加9736户；互联网用户159581户，比上年减少24670户，其中宽带用户76047户，比上年增加9940户，移动互联网用户83534户，比上年减少34610户。

全年全社会用电量47363万千瓦时，比上年增长4.4%，其中第一产业用电量238万千瓦时，增长6.3%；第二产业用电量18636万千瓦时，下降4.2%；第三产业用电量13692万千瓦时，增长7.9%；居民生活用电量14797万千瓦时，增长11.1%。

七、财政和金融

全年实现财政总收入27.23亿元，比上年增长3.3%，其中一般公共预算收入17.31亿元，下降1%。一般公共预算支出48.25亿元，增长9.4%。

年末金融机构人民币存款余额185.77亿元，比上年年末增长20.1%，其中住户存款余额94.48亿元，增长21%；金融机构人民币贷款余额219.87亿元，增长30%，其中短期贷款71.82亿元，增长19.1%；中长期贷款余额142.94亿元，增长36.1%。

八、教育和科学技术

年末全区共有小学9所，招生970人，在校生6333人，小学学龄儿童入学率达100%；初中4所，招生831人，在校生2465人，初中入学率达100%；九年一贯制学校3所，招生316人，在校生1178人；完全中学1所，招生339人，在校生1771人，毕业生694人；中等职业教育学校（含技工学校）2所，招生377人，在校生1064人，毕业生383人。义务教育中小学专任教师938人，中等职业教育学校（含技工学校）专任教师84人。全区共有幼儿园21所，其中省一级幼儿园4所，省二级幼儿园7所，省三级幼儿园10所；在园幼儿7838人，幼儿园专任教师318人。

2022年专利申请受理量274件，专利授权量357件，其中发明专利授权25件。新增国家级高新技术企业15家，累计57家；新增省级科技型企业31家，累计149家。

九、文化、体育和卫生

年末全区共有文化馆1个，乡镇文化站7个，图书馆1个，总藏书46.4万册；艺术表演280场，艺术表演观众47.1万人次；拥有文化设施建筑面积6.61万平方米；国家级非物质文化遗产2个，省级非物质文化遗产13个，市级非物质文化遗产88个；省级文物保护单位3处，区级文物保护单位33处；拥有文化信息资源共享基层支中心1个，省文化强镇1个，市级文化强镇1个，省级文化示范村（社区）9个，市级文化示范村（社区）28个，区级文化示范村（社区）29个。建成东海贝雕艺术博物馆并入选省级非遗工坊创建单位，温州技师学院入选市级非遗工作站，海陶、水族贝壳入选市级瓯越百家坊，6家文化驿站入选市级星级文化驿站，区渔文化艺术普及工程入选省公共文化高质量发展案例，海霞文化入选省文化标识创新培育项目。

年末全区共有体育场馆1个，体育场地设施面积49万平方米；现有篮球场63个，门球场14个，健身苑点150个，登山健步道6条。全年参加体育运动会人数10000人次，获国家级以上比赛金牌2枚，获国家级以上比赛银牌1枚，获国家级以上比赛铜牌3枚；获省级体育比赛金牌5枚、获省级体育比赛银牌3枚、获省级体育比赛铜牌4枚；获市级体育比赛金牌7枚。承办省农村文化礼堂运动会健身排舞比赛，市职工运动会飞镖比赛、市全民健身跑比赛（洞头站）、市第二届全民篮球赛。

年末全区共有医疗卫生机构95个，其中医院3家，卫生院（社区卫生服务中心）7家，社区服务站15家，村卫生室28家，个体诊所医务室32家。卫生技术人员842人，其中执业（助理）医师398人，平均每千人拥有医生2.56人；注册护士324人。医疗机构年诊疗121.45万人次；医疗卫生机构床位数412张，平均每千人拥有床位2.65张。妇幼健康管理服务不断强化，实现连续18年孕产妇零死亡，产妇住院分娩比例达100%。5岁以下儿童死亡率1.6‰，婴儿死亡率1.6‰。

十、人口、人民生活

年末户籍总户数5.26万户，户籍总人口15.36万人，其中城镇人口7.12万人，乡村人口8.24万人。按性别分，男性人口7.84万人，女性人口7.52万人，分别占总人口的51%和49%。据卫健部门统计，全年出生人口688人，出生率4.48‰；死亡人口906人，死亡率5.90‰；全年人口自然减少218人，自然增长率为-1.42‰。

全年城镇常住居民人均可支配收入60315元，同比增长6.2%。农村常住居民人均可支配收入39091元，同比增长8.6%。城乡居民收入比由上年的1.58缩小为1.54。

全年城镇居民人均消费支出38663元，农村居民人均消费支出29383元，比上年分别增长8%、10%。城镇居民恩格尔系数为29.2%，农村居民恩格尔系数为33%，分别比上年降低1.1和0.2个百分点。年末城镇居民人均居住面积63.8平方米，农村居民人均居住面积68.8平方米。年末每百户城镇居民家用汽车拥有量42辆，每百户农村居民家用汽车拥有量31辆。

十一、劳动就业与社会保障

全年城镇新增就业1932人，下岗失业人员实现再就业116人。年末城镇登记失业人员404人。举办大型专场招聘会8场，其中赴外招聘2场，共提供就业岗位1124个，达成就业意向253人，开发公益性岗位53个，安置就业困难人员上岗35人。

全年参加城镇职工基本养老保险42461人，参加城乡居民基本养老保险37898人，参加失业保险17765人，参加工伤保险37921人。

年末城镇最低生活保障人数39人，发放最低生活保障金35.5万元；年末农村最低生活保障人数1381人，发放最低生活保障金1218.7万元。低保补助标准每人每月1035元。城乡医疗救助4515人次，医疗救助资金支出802.9万元。共有居家养老服务照料中心67家；民办养老机构8家，养老机构床位数595张。全年办理结婚登记864对，离婚登记279对。

十二、环境保护

累计建成国家级生态街道（乡镇）5个，省级生态街道（乡镇）1个，市级生态村65个，生态村覆盖率95.0%；国家级绿色学校1家，省级绿色学校10家，市级绿色学校8家；省级绿色社区3个，市级绿色社区5个。

全年空气质量有效监测天数359天，其中空气质量达优良的天数350天，环境空气质量优良率97.5%，PM2.5年均浓度为18微克/立方米。

注：

1. 本公报中数据均为初步统计数，部分数据因四舍五入的原因，存在总计与分项合计不等的情况。

2. 地区生产总值、三次产业及相关行业增加值和人均生产总值绝对数按现行价格计算，增长速度按不变价格计算，国民经济行业分类按2017年GB/T4754-2017标准执行。

3. 受调查项目限制，以上的渔农业、建筑业、固定资产投资、房地产业、外贸、交通、电力、金融、专利、劳动就业、保险及环境保护数据不包含瓯江口区域。

4. 部门数据采用市县社会经济基本情况表，为部门上报汇总数据。

（区统计局）

索　引

说　明

一、本类目设数字索引、主题索引和表格索引。

二、数字开头的标目按首位数字大小顺序排列。主题索引中文标目按汉语拼音字母（同音字按声调）顺序排列，同音同调按第二字母的音序排列，依次类推。

三、标目后的阿拉伯数字表示内容所在页码。

四、表格索引按序号排列，仅标注所在页码，不标注分栏。

数字索引

主题索引

A

B

E

F

G

J

K

R

S

T

W

X

Y

Z

表格索引